폴란드
회랑

동프로이센

슈테틴

비수아 강

바르샤바

오데르 강

폴란드

상
슐레지엔

프라하

체코슬로바키아

빈

다뉴브 강

오스트리아

독일이 상실한 영토 1919년		
비무장지대 1919년		
독일이 획득한 영토 1938년		

준비되지 않은 전쟁,
제2차 세계대전의 기원

THE ORIGINS OF
THE SECOND WORLD WAR

준비되지
않은 전쟁

A. J. P. 테일러 지음
유영수 옮김

제2차
세계대전의
기원

페이퍼로드
paperroad

차례

1 독일 포케불프 사를 포격하는 B-17 폭격기. 1943년 10월 9일. 제2차 세계대전은 항공기를 통한 대량 폭격이 본격적으로 등장한 시기이기도 했다.

2 폭격 후 폐허가 된 독일의 시가지를 둘러보며 동요하는 히틀러. 1945년 4월.

3 연합군 최고위원회 사령부에서 독일군의 알프레드 요들 상급대장이 무조건 항복 문서에 서명하고 있다. 1945년 5월 7일. 테이블 왼편의 맨 아래쪽 인물이 요들이다.

1

2

3

4

THE
TREATY OF PEACE
BETWEEN
THE ALLIED AND ASSOCIATED POWERS
AND
GERMANY,
The Protocol annexed thereto, the Agreement respecting
the military occupation of the territories of the Rhine,
AND THE
TREATY
BETWEEN
FRANCE AND GREAT BRITAIN
respecting
Assistance to France in the event of unprovoked
aggression by Germany.

Signed at Versailles, June 28th, 1919.

(With Maps and Signatures in facsimile.)

5

4 1919년 파리강화회의의 네 주역들.
  좌측부터 순서대로 영국의 데이비드 로이드
  조지, 이탈리아의 비토리오 오를란도,
  프랑스의 조르주 클레망소, 그리고 미국의
  우드로 윌슨이다.

5 베르사유조약 협정문의 표지.

6 뉴욕 월스트리트 주식시장의 붕괴는
   대공황의 시작을 알리는 사건이었다.
   1929년 10월 말경.

7 제네바에서 열린 국제연맹 첫 총회의 모습.
   1920년 11월 15일.

6

7

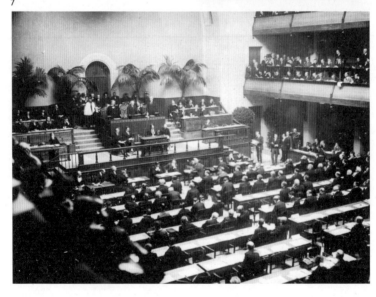

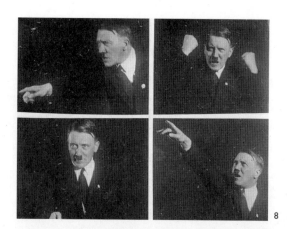

8

9

8 히틀러의 성공에는 연설에서 보여주는
히틀러 특유의 제스처도 한몫을 했다.

9 히틀러가 1925년 출간한 자서전《나의
투쟁》. 이것은 비교적 초기의 판본이다.

10

10 뮌헨협정. 1938년 9월 28일. 왼쪽부터
순서대로 영국의 네빌 체임벌린, 프랑스의
에두아르드 달라디에, 독일의 아돌프
히틀러, 이탈리아의 베니토 무솔리니와
갈레아초 디 치아노다.

11 나치 독일의 주데텐 지역 점령. 1938년 10월.

12 아돌프 히틀러와 체코슬로바키아의 에밀
   하하 대통령. 1939년 3월 15일. 억압적인
   분위기 속에서 하하 대통령은 독일에
   항복해야만 했다.

11

12

13 마지노선은 독일의 침략에 대비해 프랑스가 구축한 대형 요새이지만 정작 프랑스 침공 당시에는 도움이 되지 못했다.

14 파리 입성 이후 에펠탑 앞에 선 히틀러. 1940년 6월.

13

14

15

16

17

15 스탈린그라드 전투에서 반격에 나서는
소련군. 1943년 2월.

16 히틀러의 파괴 명령으로 폐허가 되어버린
폴란드의 수도 바르샤바. 시가지의 대략
85%가 파괴되었다. 1945년 1월.

17 뉘른베르크 전범 재판의 모습. 1946년 3월.
맨 왼쪽 위부터 순서대로 헤르만 괴링,
루돌프 헤스, 요하임 폰 리벤트로프, 빌헬름
카이텔. 그리고 오른쪽 위부터 순서대로,
카를 되니츠, 에리히 레더, 발두어 폰 시라흐,
프리츠 자우켈이다.

일러두기

1. 이 책은 *THE ORIGINS OF THE SECOND WORLD WAR* by A. J. P. Taylor, 1991을 우리말로 옮긴 것이다.
2. 인명과 지명은 브리태니커 백과에 기준해 표기했으며, 몇몇은 저자의 표기에 따랐다.
3. 원문의 각주는 모두 후주로 옮겼으며 옮긴이 주는 본문 중에 각주로 표시했다.

머리말
다시 생각함

나는 내가 지닌 역사에 대한 호기심을 채우기 위해 이 책을 썼다. 매우 훌륭한 한 역사가의 말을 빌리자면, "무슨 일이 일어났는지 그리고 그 일이 왜 일어났는지 이해하기 위해서"다. 역사가들은 종종 일어난 사건에 반감을 갖거나 혹은 그 일이 다르게 진행되었더라면 하고 바란다. 하지만 이미 일어난 사실을 놓고 새삼 할 수 있는 일은 아무것도 없다. 역사가들은 보는 그대로 진실을 기술해야 한다. 그 과정에서 자신이 말하는 진실이 기존의 편견을 뒤흔드는지 아니면 보강하는지 걱정할 필요는 없다. 그런데 이런 생각이 너무 순진했는지도 모르겠다. 내가 재판관이라도 된 것처럼 역사를 다루지는 않는다는 것을 일찌감치 독자들에게 알렸어야만 했다는 생각이 든다. 내가 역사에서 도덕성을 언급한다면, 그것은 나의 판단이 아니라 내가 서술하는 시대의 도덕적 감정을 서술한 것이다. 거기에 나의 도덕적 판단이 개입할 여지는 없다. 그러므로 내가 "베드사유조약"에는 시작부

15

터 도덕적 타당성이 없었다"(83쪽)라고 적더라도 그것은 단지 독일인들이 베르사유조약을 "공정한" 평화 협정으로 생각지 않았으며 연합국 측의 많은 사람들, 얼마 뒤 대다수의 사람들이 그 의견에 공감했다는 뜻일 뿐이다. 그런데 이를 뭉뚱그려 "도덕적이다" 혹은 "비도덕적이다"라고 서술하는 나는 어떤 사람인가? 누구의 관점에서 그렇게 말하는가? 독일인, 연합국, 중립국, 아니면 볼셰비키의 관점인가? 강화조약을 성립시킨 사람 중 일부는 조약이 도덕적이라고 생각했다. 다른 사람들은 어쨌거나 조약은 필요하다고 생각했고, 또 다른 부류의 사람들은 비도덕적이며 불필요하다고 생각했다. 이 마지막 부류에 얀 스뮈츠Jan Christian Smuts, 로이드 조지David Lloyd George, 영국 노동당, 그리고 많은 미국인이 포함되어 있었다. 강화조약의 도덕성에 대한 이러한 의심으로 인해 이후로 조약은 더 쉽게 무너졌다. 또 나는 뮌헨협정**에 대해 "영국 사회에서 가장 뛰어나고 가장 계몽된 사람들의 승리이고, 민족 간의 공평한 처우를 주장해왔던 사람들의 승리이며, 베르사유조약의 가혹하고 근시안적인 면을 용감하게 공격해왔던 사람들의 승리였다"(353쪽)라고 기술했다. 어쩌면 미국의 유머 작가 아티머스 워드Artemus Ward처럼 철자를 바꾸어서 "이거 농담임goak here"이라고 덧붙여야 했는지도 모르겠다. 그래도 완전히 농담만은 아니었다. 뮌헨협정 이전의 여러 해 동안, 국제문제를 공부하는

---

*   Treaty of Versailles. 제1차 세계 대전을 마무리 짓기 위해 1919년 6월 28일에 독일과 연합국이 체결한 평화 조약.

**   Munich agreement. 체코슬로바키아 내 독일인 문제에 대한 독일의 불만을 잠재우기 위해 1938년 9월 29일에 영국, 프랑스, 이탈리아, 독일 4개국이 체코슬로바키아 분할을 결정한 조약.

가장 정통하고 학자적 양심을 지닌 연구자들은 독일이 다른 국가들에게 주어져 있는 자결권을 얻을 때까지 유럽에 평화가 없을 것이라고 주장해왔었다. 뮌헨협정은, 비록 그 형식이 달갑지 않은 것이더라도 어느 정도는 그들의 저술이 가져온 결과였다. 그리고 만약 히틀러Adolf Hitler의 요구에 어느 정도 정당성이 있다고 느껴지지 못했다면 협정의 성립은 한층 더 어려웠을 것이다. 심지어 제2차 세계대전의 와중에 옥스퍼드Oxford 대학 올소울스 칼리지All Souls College의 펠로우 한 명이 망명 중이던 에드바르트 베네슈Edvard Beneš 대통령에게, 예를 들어 체코슬로바키아가 독일인을 150만 명 정도 내보냈더라면 보다 튼튼해지지 않았겠느냐고 묻는 일도 있었다.[1] "유화 정책"*의 기조는 매우 오랫동안 지속되었다. 사실상 이 문제에 절충안은 존재하지 않았다. 350만 독일인이 체코슬로바키아에 머물든지 아니면 모두 나가든지 해야 했다. 체코인들은 제2차 세계대전 후 독일인들을 추방하고 나서야 이 사실을 깨달았다. 나는 히틀러의 요구를 지지하거나 또는 비난하려고 한 것이 아니다. 단지 그의 요구가 왜 그리도 널리 받아들여졌는지 설명하려고 했을 뿐이다.

만일 내 책이 어떻게든 히틀러의 "정당성을 입증했다"고 단순무식하게 생각했던 독일인들이 실망한다면 유감이다. 또 나는 히틀러의 전前추종자들이 내 책을 오해해서건 아니건 반기지 않았냐고 불평하는 영국 사람들에 공감하지도 않는다. 내게는 역사서를 놓고 이러한 주장을 하는 것이 수치스러운 일로 보인다. 역사가는 자신

---

*   Appeasement policy. 상대국의 강경한 행동에 양보·타협으로 온건하게 행동 변화를 유도하려는 정책. 제2차 세계 대전 이전에 영국이 독일을 상대로 취했던 외교정책이 내표석인 예다.

의 책이 여왕의 적을 돕고 격려하게 된다 할지라도(내 책은 그렇지 않지만), 심지어 인류 공동의 적에게 그러할지라도 주저하지 말아야 한다. 나로서는 찾을 수만 있다면 영국 정부에 유리하게 드러나는 사실을 기록할 것이다(이것도 농담임). 오스트리아 위기는 슈슈니크Kurt von Schuschnigg가 시작했고 히틀러는 아니었다고 기록이 말하고 있는데 이를 두고 나를 탓할 것은 없다. 기록에 따르면 히틀러가 아니라 영국 정부가 체코슬로바키아 분할을 주도했다고 하는데 이것도 내 탓이 아니다. 1939년에 영국정부가 독일에 대항하기보다 폴란드 사람들에게 양보하라고 종용하는 데 더욱 고심하고 있다는 인상을 히틀러에게 주었다고 하는데 이 또한 내가 책임질 일이 없다. 이러한 일들이 히틀러에게 유리한 쪽으로 비춰진다면 이는 역사가들이 주의 깊게 검토하지 않고 반복해왔던 기존의 전설 탓이다. 전설은 오래 지속된다. 나는 그 중 몇 가지를 내가 되풀이했던 것이 아닌지 의심하고 있다. 예를 들어 나는 히틀러가 하하Emil Dominik Josef Hácha를 베를린으로 소환했다고 마지막 순간까지 믿었다. 이 책이 교정 중에 있을 때야 기록들을 다시 보고 하하 자신이 베를린 방문을 요청했다는 것을 알아냈다. 사실을 미처 밝혀내지 못한 전설들도 분명 있을 것이다.

　이러한 전설들을 깨뜨리는 일이 히틀러를 변호하는 것은 아니다. 이는 역사적 진실에 기여하는 일이다. 내 책에 대한 비판도 역사적 진실에 기여하는가에 근거를 두어야 하며, 내 책에서 끄집어낸 정치적 도의가 비판의 근거가 되어서는 안 된다. 이 책은 역사의 "수정주의"*와 무관하다. 그나마 관련 있어 보이는 내용도 히틀러가 행

---

　*　역사적 사건에 대한 기존의 주류적인 시각을 재해석하는 입장을 가리킴.

동한 방식이 그동안 우리가 히틀러라면 그랬을 거라고 생각했던 것과 달랐다는 사소한 것일 뿐이다. 나는 전쟁에 대해 책임이 있는지 결백한지 따지는 것이 무의미하다고 생각한다. 주권 국가들로 이루어진 세계에서 국가들은 자신의 이익을 위해 가능한 모든 노력을 아끼지 않는다. 또한 주권 국가는 기껏해야 실수를 했다고 비판받을 수 있을 뿐, 범죄 행위를 했다고 비난받을 수 없다. 비스마르크Otto Eduard Leopold von Bismarck가 1866년에 벌어진 프로이센-오스트리아전쟁에 대해 "오스트리아가 우리의 요구에 대항한 것은 우리가 우리의 요구를 한 것과 마찬가지로 잘못된 것이 없다"고 말했을 때, 그는 항상 그렇듯 옳았다. 일반 시민인 나는 강해지려 하고 지배하려 드는 이러한 모든 노력을 바보 같은 짓이라고 생각한다. 또한 나는 내 조국이 그러한 일에 참여하지 않기를 바란다. 하지만 역사가인 나는 강대국은 역시 강대국이라는 사실을 인식하고 있다. 내 책은 정말로 히틀러와는 거의 관련이 없다. 나에게는 가장 중요한 문제가 영국과 프랑스에 관한 것으로 보인다. 그 두 나라는 제1차 세계대전의 승전국이었고 결정권을 손에 쥐고 있었다. 독일이 또다시 강대국이 되기 위해 노력하리라는 것이 명명백백했고 독일의 지배가 특별히 야만적이리라는 것 또한 1938년 이후 분명해졌다. 그런데도 왜 전승국들은 독일에 대항하지 않았을까? 여러 가지 답이 있다. 소심함, 무지, 도덕적 회의, 그리고 어쩌면 독일이 힘이 세지더라도 소련을 제압해주지 않을까 하는 소망. 하지만 그 답이 무엇이든 간에 이 질문은 내게 중요하며, 내 책의 내용도 그 질문 위주로 구성되어 있다. 그리고 동시에 이 책은 "왜 결국 영국과 프랑스는 독일에 대항했을까?"라는 또 다른 질문도 중요하게 나룬다.

하지만, 몇몇 비평가들은 히틀러 한 사람에게 전쟁 책임 혹은 거의 그에 가까운 책임을 돌리면서 히틀러를 두고 대단한 논쟁을 벌였다. 그러니 본격적으로 논쟁에 참여하려는 것은 아니더라도 나 역시 히틀러의 역할에 대해 조금 더 논의할 것이다. 논쟁에서 이기려는 것이 아니다. 그저 밝히고자 하는 것을 더 잘 밝히고 싶을 뿐이다. 내 생각에 히틀러에 대한 최근의 해석은 두 가지로 나뉜다. 첫 번째 해석은 히틀러가 대규모 전쟁 그 자체를 원했다는 것이다. 그는 독일이 세계 제일의 강대국이 되어 자신이 알렉산더 대왕Alexander the Great이나 나폴레옹Napoleon 같은 세계의 정복자가 되는 결과에 대해서도 막연하게나마 생각했을 것이다. 하지만 그가 전쟁을 원한 이유는 대부분 인간과 사회를 총체적으로 파괴하기 위해서였다. 그는 미치광이이고, 허무주의자이며, 새로운 아틸라Attila였다. 또 다른 해석은 히틀러를 좀 더 합리적이고 어떤 의미에서는 좀 더 건설적인 사람으로 만든다. 이 해석에 따르면 히틀러에게는 일관적·장기적인 계획이 있어, 본디부터 흔들리지 않는 집요함을 가지고 이 계획을 실행했다. 이를 위해 권력을 추구했고 이 계획에 따라 그의 모든 대외정책이 세워졌다. 그는 소련을 타도하고 모든 주민들을 절멸시킨 후 주인 없는 그 땅에 독일인들을 이주시켜서 독일이 동유럽에 거대한 식민 제국을 거느리게 하려 했다. 그러면 일억 내지 이억 독일인들의 제국이 천년 동안 계속될 것이었다. 나는 이러한 주장을 하는 사람들이 정작 내 책에 찬사를 보내지 않았다는 사실이 뜻밖이었다. 왜냐하면 만일 히틀러의 계획이 소련과 대규모 전쟁을 벌이는 것이었다면, 그가 서유럽 국가들에게 일으킨 전쟁은 실수라고 할 수밖에 없기 때문이다. 내가 납득할 수 없는 점도 바로 여기에 있다.

오늘날 학술 연구자들이 동시대 정치가들의 행동을 일관성 있게 해석하려는 것만큼이나 히틀러는 자신이 하고 있는 일에 대해 틀림없이 대단히 많은 것들을 깊이 생각했다. 만일 영국의 채텀하우스* 같은 연구소가 독일에도 있어서 히틀러가 그 연구소에 일자리를 얻어 이후로 해악을 끼치지 않고 생각하는 일에만 전념할 수 있었더라면 세계는 수없이 많은 곤경을 피할 수 있었을지 모른다. 그러나 현실의 그는 행동의 세계에 이끌려 들어갔고, 여기에서 그는, 내 생각으로는, 정확하고 일관성 있는 계획에 따라 행동했다기보다는 그때그때 일어나는 사건들을 이용하며 행동했다. 그가 독일에서 어떻게 권력을 잡게 되었는가 하는 이야기는 나중에 국제 문제에서 보여준 행동과도 연관된 것으로 보인다. 히틀러는 자신이 권력을 목표로 하고 있고 권력을 잡고 나면 엄청난 일을 하겠다고 계속해서 공표했다. 많은 사람들이 그를 믿었다. 치밀한 음모의 결과로 권력을 잡게 되었다는 것이 히틀러에 관한 첫 번째 전설이다. 또한 그것은 깨뜨려야 할 첫 번째 전설이기도 했다. 장기적인 음모는 없었다. 권력의 장악도 없었다. 히틀러는 어떻게 권력을 얻게 될 것인지 알지 못했다. 오로지 거기 도달하고자 하는 신념을 가지고 있었을 뿐이었다. 히틀러를 자신들의 손 안에 넣어 마음대로 움직일 수 있겠다고 믿은 파펜Franz von Papen과 다른 몇몇 보수주의자들이 계략을 꾸며 그를 권좌에 올려놓았다. 히틀러는 그들의 계략에 편승했다. 더욱이 그들의 통제에서 어떻게 빠져나갈지 계획도 없이, 오로지 어떻게든 빠져나가 보겠다는 신념만 가지고 그렇게 했다. 이렇게 전설을 깨뜨려 "수정"하

---

* Chatham House. 영국 런던에 있는 왕립 국제 문제 연구소. 1920년 창설되었다.

면 파펜과 그 동료들에 대한 평가가 낮아지지만 그것이 히틀러를 "변호"하는 것은 아니다. 이것은 그 자체로 의미 있는 수정, 좀 더 정확히 말한다면 역사적 진실을 위한 수정이다.

권력을 잡고 나서도 히틀러는 독일을 대공황에서 벗어나게할 복안을 갖고 있지 않았다. 오로지 그렇게 하려고 결심했을 뿐이다. 경제 회복은 많은 부분 자연적이었다. 히틀러가 정권을 잡기 이전에 이미 시작된 세계 경제 상황의 전반적인 호전에 기인한 것이었다. 히틀러는 두 가지 일로 경제에 관여했다. 한 가지는 반유대주의로, 히틀러가 뮌헨에서 보낸 초창기부터 지하벙커에서 맞은 최후의 날까지 계속해서, 진심으로 옳다고 믿은 일이었다. 문명국에서라면 권력은 물론 지지까지 잃을 수 있었을 행동이었다. 경제적인 관점에서 반유대주의는 부적절했고, 정말로 해를 끼쳤다. 히틀러가 관여한 다른한 가지는 도로와 건축물의 건설에 투입하는 공공 지출을 장려한 것이었다. 히틀러 및 다른 사람들의 입을 통해 어떤 일이 일어나고 있다고 알려진 바를 반복하는 대신에 무슨 일이 일어났는지를 관찰한 유일한 책에 따르면, 독일의 경제가 회복된 것은 민간 소비와 투자, 즉 전쟁과 관련이 없는 종류의 투자가 1928년, 1929년 수준으로 진작되었기 때문이었다.[2] 재군비는 경제 회복과 거의 관련이 없었다. 1936년 봄에 이르기까지 "재군비는 대부분 근거 없는 신화"였다.[3] 사실상 히틀러는 경제 계획을 미리 마련하여 실행하지 않았다. 그는 할 수 있게 된 눈앞에 가장 가까이 있는 일을 실행했을 뿐이다.

제국 의회 방화 사건*에 관한 내용도 이와 다르지 않다. 모든 사람이 그 전설을 알고 있다. 전설에 따르면, 나치는 정치적 독재권에 관한 예외적 법률들을 제출하는 데 구실이 필요했고, 이런 구실을

22

만들기 위해 제국 의회에 스스로 불을 질렀다. 방화를 계획한 사람은 아마 괴벨스Paul Joseph Goebbels 아니면 괴링Hermann Göring일 것이다. 어쩌면 히틀러 자신은 계획에 대해 미리 알지 못했을 수도 있지만 어쨌거나 나치가 방화했다는 것이다. 이 전설을 철저히 때려 부순 사람이 프리츠 토비아스Fritz Tobias다.[4] 나치는 제국 의회의 화재와 아무런 관련이 없었고, 네덜란드 청년 반 데어 루베van der Lubbe가 그의 주장 그대로 단독으로 모든 범행을 저질렀다. 히틀러 및 다른 나치당원들은 제국 의회에 불이 나리라고는 생각도 하지 못했었다. 그들은 정말로 공산주의자들이 불을 질렀다고 믿었다. 그리고 그들은 정말로 자신들이 공산주의자들의 봉기로 위협받고 있다고 믿었기 때문에 예외적 법률들을 제출했다. 확실히, 체포되어야 할 사람들의 목록은 준비되어 있었지만, 나치가 준비한 것이 아니었다. 괴링의 전임자로 사회민주당원이었던 제베링Carl Severing이 이미 준비해놓았다. 여기에도 히틀러에 대한 "변호"란 없다. 단지 히틀러가 사용한 방법이 무엇이었는지 바로잡아 알리고자 할 뿐이다. 히틀러는 돌발적으로 나타나는 기회를 노리고 있었고 마침 기회가 온 것이다. 물론 공산주의자들도 제국 의회의 화재와 아무런 관계가 없었다. 하지만 히틀러는 그들이 관련되었다고 생각했다. 히틀러는 공산주의자들의 위험성을 효과적으로 이용할 수 있었는데, 그렇게 할 수 있었던 주된 이유는 그 자신이 공산주의자들은 위험하다고 믿었기 때문이다. 이러한 일은 또한 이후 국제 문제에 대해 히틀러가 취한 태도와 유사한 면을 보여준다.

---

* 히틀러가 수상이 된 지 한 달이 채 안 된 1933년 2월 27일에 제국 의회 의사당에서 일어난 방화 사건. 현장에서 체포된 방화범 루베가 단독 범행임을 자백했으나, 나치는 사건을 공산주의자들의 계획적인 테러 행위로 몰아 성지석으로 활용했나.

다른 나라들이 히틀러가 자신들에 대한 침략 전쟁을 준비하고 있다고 생각할 때, 히틀러 또한 다른 국가들이 독일이 독립적인 강대국으로 복귀하는 것을 막으려는 의도를 가지고 있다고 확신했다. 그의 믿음이 전혀 근거가 없지는 않았다. 어쨌거나 영국 정부와 프랑스 정부는 적절한 시기에 예방 전쟁을 수행하지 못했다고 비난을 받아왔다.

　　내가 보기에 히틀러가 계획적으로 전쟁을 추구했는가의 문제를 푸는 열쇠가 여기 있다. 그는 전쟁을 목표로 했다기보다 언젠가 전쟁이 일어나리라 기대했다. 자신이 국내에서 내란을 피했던 것과 같이 교묘한 술책으로 전쟁을 피할 수 없다면 결국 전쟁을 맞이할 수밖에 없다고 생각했다. 악의를 가진 사람은 곧잘 다른 사람들도 자신과 같을 것이라 생각한다. 히틀러는 자신이 다른 사람들의 입장이라면 했을 일을 그들도 할 것이라 기대했다. 히틀러가 보기에 영국과 프랑스는 "증오에 사로잡힌 적대국들"이었고 소련은 정말로 볼셰비키가 종종 허세를 부리는 것처럼 유럽 문명을 전복하려는 음모를 꾸미고 있었으며, 루스벨트Flanklin Delano Roosevelt는 유럽을 망치려 하고 있었다. 히틀러가 수하의 장군들에게 전쟁에 대비하라고 지시한 것은 분명 사실이다. 그러나 영국 정부도 그렇게 했고, 그 점에 관해서는 다른 나라의 정부들도 마찬가지였다. 전쟁에 대비하는 것은 참모부의 일이다. 참모부가 정부로부터 받은 명령을 보면 그들이 대비하려는 전쟁이 어떤 전쟁인지 알 수 있다. 그러나 그 명령이 바로 그 나라 정부가 전쟁을 결심했다는 증거가 되지는 않는다. 1935년 이래로 영국의 모든 작전 명령은 독일에 대항하는 데 맞추어져 있었다. 반면 히틀러는 독일을 보다 강하게 만드는 데만 전념했다. 그러므로 만약 군사 계획을 바탕으로 정치적 의도를 (잘못) 판단한다면, 전쟁을 결심한 정부는 독일 정부가 아니라 영국 정부가 될 것이다. 그러나 또한 당연하게도, 사람들은 자기 나라 정부가 한 행동을 해석할 때는 다른 나라에까지 미치지 않는 관대함을 적용한다. 사람들은 히틀러가 사악하다고 생각한다. 그러고 나서 다른 사람들에게 사용하지 않을 증거 사실들 가운데서 그의 사악함의 증거를 찾는다. 사람들은 왜 이런 이중의 잣대를 적용하는 것일까? 그것은 오로지 히틀러의 사악함을 당연한 것으로 무엇보다 먼저 가정하기 때문이다.

　　군사 계획으로 정치적 의도를 추론하는 것은 위험한 일이다. 예를 들어, 몇몇 역사가들은 1914년 이전의 영국-프랑스 군사 회담으로부터 영국 정부가 독일과의 전쟁을 결심하고 있었다고 추론했다. 내가 보기에 좀 더 현명한 다른 역사가들은 이러한 결론이 도출될 수 있음을 부정했다. 영국 정부가 전쟁을 생각했다고 주장하는 역사가들이 말하는 계획은 예방책일 뿐 "침략을 위한 청사진"이 아니라는 것이었다. 그러나 히틀러의 명령은 종종 후자로 해석된다. 한 가지 주목할 만한 예를 들어 보겠다. 1938년 11월 30일, 카이텔Wilhelm Keitel이 리벤트로프Joachim von Ribbentrop에게 히틀러의 지시에 기초해 준비한 이탈리아-독일 군사 회담의 초안을 보냈다. 그중 제3조항은 다음과 같다. "협상의 군사-정치적 기초. 독일과 이탈리아의 프랑스와 영국에 대한 전쟁. 그 첫 번째 목표는 프랑스를 무너뜨리는 것임."[5] 어느 뛰어난 비평가는 이것이 히틀러의 의도에 대한 명백한 증거를 제공해서 나의 논제 전체를 무효로 만든다고 주장했다. 하지만 독일과 이탈리아의 장성들이 만나서 프랑스와 영국에 대한 전쟁 외에 다른 무엇에 대해 이야기할 수 있었을까? 이것은 이탈리아가 참여할 수 있는 유일한 전쟁이었다. 영국과 프랑스의 장성들도 바로 그 시기에 독일과 이탈리아에 대한 전쟁을 논의하고 있었다. 그러나 이 사실은 이들 장성들에게 불리한 쪽으로 생각되지 않았고 더욱이 그들 나라 정부에게 불리한 쪽으로는 더더욱 간주되지 않았다. 카이텔의 초안이 전달된 이후의 상황은 참고할 만하다. 군사 회담을 재촉해온 쪽은 독일이 아니라 이탈리아였다. 초안이 준비된 뒤에도 아무 일도 일어나지 않았다. 1939년 3월 15일 히틀러가 프라하를 점령했을 때도 여전히 회담은 열리지 않았다. 이탈리아인들은 조바심이 났다. 3월 22일에 히틀러는 "군사-정치적 기초는 …… 당분간 연기되어야 한다"는 지시를 내렸다.[6] 회담은 4월 4일이 되어서야 마침내 열렸다. 카이텔은 "이탈리아가 재촉해 회담이 다소 갑작스럽게 시작되었다"라고 기록했다.[7] 이탈리아인들이 전쟁을 결코 원하지 않았고 아무리 빨라도 1942년까지는 준비가 안 되어 전쟁을 치를 수 없다고 주장하고 싶어 했음이 드러났다. 또한 독일 대표들도 그들의 견해에 동의했다. 따라서 깜짝 놀랄 만한 히틀러의 지시는 (이것이 무엇인가를 입증하는 것이라면) 단지 히틀러가 당시 프랑스와 영국에 대한 전쟁에 관심이 없었다는 것을, 그리고 이탈리아는 전쟁을 할 생각이 전혀 없었다는 것을 증명할 뿐이다. 증명이 잘 안되었다면, 역사가들이 문서 전체를 꼼꼼하게 검토하지 않고 따로 떨어진 조항 하나만 붙잡고 늘어지지 않도록 주의해야 한다는 것을 보여주는 사례일지도 모른다.

　물론 영국의 관점에서 보면, 히틀러가 사안들을 들쑤셔 놓는 반면 영국 정부는 이를 진정된 상태로 유지하기 원할 뿐이었다. 독일인들에게 현상 유지가 의미하는 것은 평화가 아니라 굴욕 조약의 지속이었다. 모든 것은 보는 관점에 달려 있다. 결과는 신통치 않았지만, 전승국들은 약간의 수정을 통해 승리의 열매를 유지하려 했다.

패전국들은 패배를 원상태로 되돌려놓고 싶어 했다. 이 후자의 야망은, "침략적"인 것이든 아니든, 히틀러에게만 국한된 것이 아니었다. 모든 독일 정치가들이 그러한 야망을 공유했다. 슈트레제만Gustav Stresemann만큼이나 1918년에 전쟁을 종결시킨 사회 민주주의자들도 그러했다. 하지만 어느 누구도 제1차 세계대전의 패배를 원상태로 되돌린다는 것이 무엇을 의미하는지 명확하게 정의하지 않았다. 히틀러도 예외는 아니었다. 독일인에게 제1차 세계대전의 패배를 원상태로 되돌린다는 것은 잃었던 영토의 회복과, 이전에 오스트리아-헝가리와의 동맹으로 얻을 수 있었던 중부 유럽에서의 우월한 지위를 다시 찾는 것, 그리고 군비에 대한 모든 제한들을 응당 철폐하는 것을 포함했다. 구체적인 규정은 중요하지 않았다. 히틀러를 포함해 모든 독일인들은, 전쟁이든 아니면 다른 방법으로든, 일단 독일이 패배를 원상태로 되돌린다면 유럽에서 지배적인 국가가 될 것이라 생각했다. 그리고 다른 나라에서도 대체로 이러한 생각을 공유했다. "해방"과 "지배"라는 두 가지 관념이 하나로 합쳐져 있었다. 그 둘을 떼어 놓을 수 없었다. 그 둘은 같은 것을 가리키는 두 가지 다른 이름일 뿐이었다. 그리고 두 가지 중 어느 특정한 단어를 사용하는 것만으로 히틀러가 민족적 정의의 수호자인지 유럽의 잠재적 정복자인지가 결정된다.

최근 독일의 한 저술가는 히틀러가 독일을 강대국으로 복귀시키기를 원했다는, 조금이라도 원했다는 이유로 그를 비판했다.[8] 이 저술가는 제1차 세계대전을 통해 독일이 세계적인 규모의 독립된 강대국이 될 수 없음이 드러났고 히틀러는 어리석게도 그 일을 시도했던 것이라 주장한다. 특별할 것 없는 진부한 해석이다. 제1차 세계대전으로, 전쟁에 사실상 참여하지 않은 것이나 다름없는 미국을 제외하고 전쟁에 참여했던 모든 강대국들이 완전히 붕괴되었으니, 이후로도 강대국이 되기 위한 노력을 멈추지 않았던 그 나라들 모두 아마도 어리석었을 것이다. 어떤 강대국도 혼자 힘으로는 총력전의 상황을 헤쳐 나갈 수 없을 것이다. 심지어 총력전을 꾀하는 강대국은 그 준비만으로도 붕괴의 위험에 처하게 된다. 이는 새로운 일이 아니다. 18세기에 프리드리히 대왕Friedrich der Grosse은 프로이센을 강대국으로 만들려고 노력하다가 붕괴 직전까지 몰고 갔다.* 나폴레옹 전쟁으로 프랑스는 유럽에서 차지하고 있던 높은 지위를 잃어버렸고, 다시는 이전의 영광을 되찾지 못했다. 기묘하지만 불가피한 딜레마다. 강대국이 되려는 목적은 대규모 전쟁을 치를 수 있게 되려는 것이지만, 강대국으로 남아 있는 유일한 방법은 싸우지 않거나 혹은 제한된 규모로 싸우는 것이다. 영국이 오직 해전만을 고수하며, 다른 유럽 국가들이 추구하는 전통적 방식의 군사력 건설을 도모하지 않았던 것이 강대국의 지위를 유지할 수 있었던 비밀이었다. 히틀러가 이 사실을 이해하는 데 역사가의 설명은 필요하지 않았다. 독일이 장기전을 치를 능력이 없다는 사실이 바로 히틀러가 계속 고민했던 핵심적인 문제였다. 그리고 만약 다른 강대국들이 독일에 대항해 연합할 경우 독일이 위태로워질 위험이 있다는 점 역시 중요한 문제였다. 이렇게 이야기해볼 때, 히틀러가 독일을 1918년 3월 루덴도르프 공세

---

* 1740년 오스트리아 왕위 계승 문제를 계기로 프로이센이 슐레지엔을 침공한 일을 말한다. 침공 자체는 성공했으나 이후 프로이센에 대항하는 범국가적인 연합이 결성되고 1748년 오스트리아 왕위계승 전쟁 종결 후에도 1756년부터 7년 동안 7년 전쟁을 치르게 된다.

Ludendorff Offensive* 전에 차지했던 위치로 되돌려놓을 수 있다면 모든 것이 잘되리라 생각했던 독일의 장성들보다 더 명민했다. 그러나 히틀러는 독일이 강대국이 되는 것이 어리석은 일이라는 배움을 얻지는 않았다. 대신에 그는 영국이 한때 그랬던 것처럼 교묘한 솜씨로 문제를 피해가기로 마음먹었다. 영국이 해군력에 의존했다면 독일은 속임수에 의존했다. 그는 결코 전쟁을 원하지 않았고, 더욱이 전면전은 그가 가장 원하지 않은 일이었다. 그는 총력전을 치르지 않고 총체적인 승리의 열매를 얻기 원했고, 다른 이들의 어리석음에 힘입어 거의 그 열매를 얻었다. 다른 국가들은 자신들이 총력전과 굴복 가운데 하나를 선택해야 하는 양자택일의 상황에 처했다고 생각했다. 이들이 처음에 택한 것은 굴복이었다. 그다음에는 총력전을 선택했다. 그리고 이 총력전이 히틀러에게 최종적인 파멸을 가져왔다.

이렇게 말하는 것이 그저 짐작만은 아니다. 이러한 생각은 제2차 세계대전 이전 혹은 심지어 대전 중의 독일의 군비 기록으로 분명히 입증된다. 만약 사람들이 두 가지 실수로 인해 판단력이 흐려지지 않았더라면 오래 전에 명백해졌을 터다. 첫째로 사람들은 전쟁 전에 히틀러가 행한 것을 보는 대신 히틀러가 말하는 것을 들었다. 그리고 둘째로 전쟁 후에 증거와 상관없이 일어난 모든 일에 대한 죄를 히틀러에게 뒤집어씌우기를 원했다. 이는 예를 들어, 히틀러가 민간인에 대한 무차별 폭격을 시작했다는 거의 모든 사람들 사이에 널리

---

*   제1차 세계 대전 당시 서부 전선에서 벌어진 독일군의 총공세 작전. 초반에 독일군은 파리 근교까지 진군하며 선전했으나, 물자 부족과 미국의 참전으로 전세가 역전된다. 이후 공세의 막바지에 벌어진 제2차 마른 전투로 독일은 전쟁을 수행할 여력을 상실한다.

퍼져 있는 믿음에서 드러난다. 무차별 폭격은 영국의 전략가들이 시작했다. 그들 중 좀 더 솔직한 사람들이 호언했던 대로 말이다. 그러나 원하기만 한다면 언제든 우리는 버튼 클라인Burton Klein 씨가 냉정하게 분석했던 기록을 이용할 수 있다. 나는 이미 1936년 봄까지 독일의 재군비는 대부분 신화라고 하는 히틀러 집권 초기 3년에 대한 그의 결론을 인용한 바 있다. 이것은 재군비의 예비 단계가, 항상 그러하듯 군사력의 증가를 가져오고 있지 못했다는 것만을 의미하지 않는다. 예비 단계조차도 전혀 심각하게 수행되고 있지 않았다. 히틀러는 외국과 독일 국민들을 일반적으로 생각되는 것과 정확히 반대되는 의미에서 속였다. 히틀러, 아니 보다 정확히는 괴링이 "식량보다 무기"라고 공표했다. 그러나 사실상 히틀러는 무기보다 식량을 우선했다. 클라인 씨의 책에서 임의로 몇 개의 수치를 인용해보겠다. 처칠Winston Churchill에 따르면 1936년에 측정된 두 개의 독립적인 추산에서는 독일의 재군비 지출이 연간 120억 마르크 규모로 평가되었다.[9] 실제 수치는 50억에 못 미쳤다. 히틀러 자신은 나치 정부가 전쟁 발발 전에 900억 마르크를 재군비에 사용했다고 주장했다. 사실상 1933년부터 1938년 사이에, 전쟁에 관련된 것이든 그렇지 않은 것이든, 독일 정부의 총지출이 이보다 조금 많은 액수였다. 1939년 3월 31일에 종료된 6년간의 회계 연도 동안 재군비에 약 400억 마르크가 쓰였고, 전쟁 발발까지는 약 500억 마르크가 사용되었다.[10]

클라인 씨는 독일의 재군비가 왜 그렇게 제한된 규모였는지 설명한다. 첫째로 히틀러는 민간의 생활수준이 떨어져 자신의 인기가 하락하는 일이 없기를 간절히 바랐다. 재군비 때문에 생활수준의 향상이 방해받는 일은 없었다. 재군비에도 불구하고 독일인들은 이전의 어느 때보다 생활 형편이 나아졌다. 그 당시 나치 체제는 비효율적이고 부패했으며 혼란스러웠다. 더 중요한 것은 히틀러가 세금을 증가시키려 하지 않았고 여전히 인플레이션을 두려워했다는 점이다. 제국은행 총재인 샤흐트Hjalmar Schacht를 해임하여 재군비를 위해 재정을 신축적으로 운용할 수 있으리라 예상했지만 그를 물러나게 한 다음에도 재정의 제한이 풀리지 않았다. 가장 중요한 점은 이것이다. 히틀러의 "전쟁 관념이 대규모 전쟁을 필요로 하지 않았기" 때문에 히틀러는 대규모 전쟁에 대한 준비를 하지 않았다. "오히려 그는 독일의 생활공간 문제를 하나하나 점진적으로 해결하는 방식 — 일련의 소규모 전쟁들 — 으로 풀어나가려고 계획했다."[11] 이것은 내가 정치 관련 기록을 연구해 독자적으로 도달한 결론이기도 하다. 히틀러가 전쟁을 전혀 치르지 않고 얻기를 바랐던 것은 아닐까 하는 의심이 들기도 하지만 말이다. 나는 히틀러의 생각에서 정치적 술책과, 폴란드 침공과 같은 소규모 전쟁을 명확하게 선을 긋듯이 구분할 수 없다는 데 동의한다. 그가 계획하지 않았던 유일한 일은 흔히 그의 탓이라 여겨지는 대규모 전쟁이었다.

대규모 전쟁을 준비하는 척하면서 사실상 준비하지 않는 것이 히틀러가 추구한 정치 전략의 본질적 부분이었다. 그리고 처칠같이 히틀러를 경계해야 한다고 주장하는 사람들은 부지불식간에 그를 위해 일하게 되었다. 히틀러의 계책은 참신했고 모든 사람들이 속았다. 예전에 각 나라 정부들은, 현재까지도 대부분이 그러하듯, 자신들이 시인한 것보다 더 많은 액수를 군비에 지출했다. 이는 때때로 자기 나라 국민들을 기만하는 것이었고 때때로 잠재적인 적을 속이는 것이었다. 실례로 1909년에 독일 정부는 제국 의회의 승인 없이 해군 건설을 가속화했다고 많은 영국 국민들로부터 비난받았다. 이 비난은 아마도 사실이 아닐 것이다. 그러나 그 일은 독일이 또다시 그리할지 모른다는 의심을 영속적인 유산으로 남겨놓았다. 그리고 독일이 베르사유조약으로 부과된 군비 철폐를 회피하여 의심이 더 강해졌다. 군비 철폐는 1919년 이후 독일의 정권들이 이점이 거의 없었음에도 불구하고 실행했었다. 히틀러는 이러한 의심을 조장하고 또 이용했다. 이를 매우 잘 보여주는 예가 있다. 1934년 11월 28일, 볼드윈Stanley Baldwin이 독일의 항공력이 영국에 필적한다는 처칠의 진술을 부정한 적이 있다. 볼드윈의 계산이 맞았고 린더만Frederick Lindemann 교수가 제공한 처칠의 계산이 틀렸다. 1935년 3월 24일, 존 사이먼 경Sir John Simon과 앤서니 이든Anthony Eden이 히틀러를 방문했다. 히틀러는 그들에게 독일 공군이 더 우월하지는 않더라도 영국 공군과 이미 대등하다고 말했다. 히틀러의 말은 대번에 믿어졌고 이후로도 쭉 의심받지 않았다. 볼드윈은 신임을 잃었고, 공포가 야기되었다. 한 정치가가 군비를 은폐하는 대신에 부풀려 말할 수 있다는 것이 어떻게 가능했을까? 그러나 히틀러는 그렇게 했다.

독일의 재군비는 1936년 봄까지 대부분 근거 없는 신화였다. 그 뒤에 히틀러가 어느 정도 실체를 불어 넣었다. 동기는 주로 붉은 군대에 대한 두려움이었다. 물론 영국과 프랑스도 재군비를 시작했다. 히틀러는 사실상 다른 국가들과 경쟁적으로 증가시켜 나간 것이고, 게다가 더 급격하게 하지도 않았다. 1936년 10월, 그는 어떠한 구체적인 요구 사항을 내리지는 않았지만, 괴링에게 4년 안에 전쟁을 할 수 있도록 독일 군대와 경제를 준비시키라고 말했다. 최후의 평화 시기인 1938~39년 사이에 독일은 국민 총생산의 대략 15퍼센트를 군비에 지출했다. 영국도 거의 정확하게 같은 비율이었다. 독일의 군비 지출은 뮌헨협정 이후 실제로 삭감되었고, 한동안 낮아진 수준에 머물러 있었다. 실례로 영국의 항공기 생산이 1940년까지 독일을 많이 앞서 있을 정도였다. 1939년 전쟁 발발 당시 독일은 1,450대의 신형 전투기와 800대의 폭격기를 보유하고 있었고, 영국과 프랑스는 950대의 전투기와 1,300대의 폭격기를 가지고 있었다. 독일의 전차 수는 3,500대였고 영국과 프랑스는 3,850대였다.[12] 폭격기와 전투기에 관해 연합국 측의 정보기관은 독일의 군사력을 각각 실제 수치의 두 배가 넘는 것으로 추정했다. 항상 그렇듯이, 히틀러는 대규모 전쟁을 계획하고 준비해왔던 것으로 생각되었다. 그러나 실상 그는 그렇게 하지 않았다.

그런 수치들이 현실을 반영하지 않는다고 반박할 수도 있다. 통계상 독일의 군비가 얼마나 부족했든, 실제로 승패의 판가름이 날 때 히틀러가 두 유럽 강대국을 이겼다는 것이다. 이러한 주장은 메이틀런드Frederic William Maitland가 충고한 바[420쪽 참조]를 거스른 것이고, 일어나리라 예상되었던 결과가 아니라 일어난 결과에 따라 판단한 것이다. 히틀러는 승리하기는 했지만 실수 — 히틀러 자신도 거들었던 실수 — 로 승리했다. 물론 독일인들은 서쪽에서의 방해만 없다면 폴란드를 패배시킬 수 있다고 확신했다. 이 점에서 프랑스가 아무것도 하지 않을 것이라는 히틀러의 정치적 판단이 독일 장성들의 염려보다 더 정확했음이 판명되었다. 그러나 그는 1940년 5월 10일에 벨기에와 네덜란드를 침공했을 때 프랑스를 쳐부숴 전쟁에서 나가떨어지게 할 생각은 없었다. 벨기에와 네덜란드 공격은 연합국의 심탁으로부터 누르를 시기기 위한 방어석인 소지였고, 프랑스 성복은 예상치 못한 덤이었다. 프랑스를 정복한 후에도 히틀러는 대규모 전쟁을 준비하지 않았다. 히틀러는 프랑스에 승리했던 것처럼 큰 노력을 들이지 않고 러시아를 무찌를 수 있다고 생각했다. 독일의 군비 생산은 1940년에서 1941년 사이의 겨울에만 줄어든 것이 아니었다. 군비 생산은 러시아에 대한 전쟁이 이미 시작되었던 1941년 가을에 훨씬 더 많이 줄어들었다. 러시아에서 초반에 좌절을 겪은 뒤에도, 심지어 스탈린그라드에서의 대실패 후에도 중대한 변화는 일어나지 않았다. 독일은 "평시와 같은 전시 경제"를 유지하고 있었다. 오로지 독일 도시들에 대한 영국의 폭격이 히틀러와 독일인들로 하여금 전쟁을 심각하게 받아들이도록 자극했다. 독일의 전시 생산은 연합국의 폭격이 가장 격심했던 1944년 6월에 최고조에 달했다. 심지어 1945년 3월에 독일은 1941년 러시아를 공격할 때보다 사실상 더많은 군수 물자를 생산하고 있었다. 히틀러가 성공에 이른 비밀은 처음부터 끝까지 군사력이 아니라 교묘한 술책이었다. 히틀러는 군사력이 승패를 결정하게 되었을 때 파멸했다. 그 자신 그렇게 되지 않을까 근심하던 그대로의 결과였다.

그러므로 나는 전전戰前의 기간에 대해서는 그저 군사적인 능력보다 정치적인 계산을 더 중요한 것으로 고려하는 쪽이 옳다고 생각한다. 1936년 여름, 힘을 쏟는 곳이 바뀌었다. 그때부터 히틀러뿐아니라 모든 강대국들이 전쟁, 그리고 전쟁 준비를 심각하게 고려하기 시작했다. 1936년의 이러한 변화를 좀 더 분명하게 강조하지 못한 것, 그리고 어쩌면 1937년 가을에서 너무 많은 변화들을 찾아냈던 것은 내 실수였다. 이러한 일은 전설을 떨쳐버리기가, 그렇게 하려고 노력할 때조차도 얼마나 어려운지 보여준다. 나는 호스바흐 메

34

모*에 속았다. 나는 대부분의 저술가들이 주장하는 것만큼 그 메모가 중요한지 의심했지만, 그래도 여전히 모든 저술가들이 그렇게 중요하게 여길 만한 가치가 얼마간 있을 것이라 생각했다. 하지만 틀린 생각이었다. 그리고 이전으로 거슬러 올라가 1936년을 지적하는 비평가들이 옳았다. 자신들의 지적으로 호스바흐 메모의 신빙성이 떨어진다는 사실을 명백하게 인식하고 있지는 않았지만 말이다. 어느 역사가는 "공식 문서"라고 불렀던 이 문서를 나는 더 이상 믿지 않는 편이 낫겠다. 이러한 점들은 전문적인 것이고 일반 독자들에게는 아마도 별것 아닌 것처럼 보일지 모르겠다. 그렇지만 학자들은 일상적으로 그리고 당연히 그러한 전문적인 사항에 중요성을 둔다. 근래의 관례를 따른다면, 공식 문서는 세 가지 요건을 충족해야 한다. 첫째, 서기관이 참석해야 한다. 나중에 정해진 서식으로 문서를 작성할 수 있도록 기록을 해두기 위해서다. 그리고 나서 서기관이 작성한 초안을 참석자들이 교정과 승인을 위해 회람해야 하며, 마지막으로 공식 문서철에 보관해야 한다. 1937년 11월 5일의 회의에 관해서는 호스바흐가 참석했다는 점 말고는 나머지 요건이 충족되지 않았다. 호스바흐는 회의 때 기록을 해두지 않았고, 5일 후에 속기가 아닌 보통의 필기로 기억을 더듬어 회의 내용을 정리했다. 호스바흐가 히틀러에게 내용을 확인받기 위해 두 번 제출했지만, 히틀러는 너무 바빠서 읽을 수 없다고 대답했다. 히틀러의 "유언장"이라고까지 여겨지는 것 치고는 의외로 별다른 주의가 기울여지지 않고 처리된 셈이었다. 어

---

*   Hossbach memorandum. 히틀러가 전쟁을 미리 계획했음을 증명하기 위해 뉘른베르크 전범 재판에 제출된 문서 중 하나. 히틀러의 부관이던 호스바흐Friedrich Hossbach가 작성했다.

쩌면 블롬베르크Fritz von Blomberg는 이 문서를 봤을지도 모르지만, 다른 사람들은 이 문서가 존재하는지조차 몰랐다. 문서가 진짜임을 입증할 수 있는 유일한 증명은 호스바흐 자신의 서명뿐이었다. 문서를 본 사람이 한 명 더 있다. 독일 장성들 중 히틀러의 생각에 가장 회의적이었던 참모총장 베크Ludwig Beck다. 그는 1937년 11월 12일에 히틀러의 주장에 대한 답신을 썼다. 이 답신은 훗날 독일 내부의 "저항운동"이 시작되었다는 증거로 간주되었다. 이 답신을 유도하기 위해 호스바흐가 메모를 기록했다는 견해가 있기까지 했다.

여기까지는 그저 넘겨짚은 내용이다. 당시에는 아무도 그 회의에 중요성을 두지 않았다. 그 뒤 호스바흐는 곧 참모진에서 떠났다. 그의 메모는 다른 잡동사니 서류들과 함께 문서철에 들어 있었고, 그러고는 잊혀졌다. 1943년, 독일군 장교인 키르히바흐kirchbach 백작이 문서철을 하나하나 조사했고 군사사軍事史 담당 부서를 위해 원고를 복사했다. 그 뒤 전쟁이 끝나고 미국인들이 키르히바흐의 복사본을 발견했고, 뉘른베르크 전범 재판에서 기소하기 위해 키르히바흐의 복사본을 다시 복사했다. 호스바흐와 키르히바흐 모두 미국인들의 재복사본이 원본보다 짧다고 생각했다. 특히 키르히바흐에 따르면, 원본에는 노이라트Konstantin von Neurath, 블롬베르크, 그리고 프리치Werner von Fritsch가 히틀러의 주장에 대해 가했던 비판 — 현존 메모에서는 누락되었다 — 이 포함되어 있었다고 한다. 미국인들이 문서를 "편집"했을지도 모르고, 어쩌면 키르히바흐가 다른 독일인들과 마찬가지로 히틀러에게 모든 책임을 전가하려고 했을지도 모른다. 진위를 밝힐 방법은 없다. 호스바흐의 원본과 키르히바흐의 복사본은 모두 소실되었다. 검증되지 않은 복사본의 재복사본 — 그것도 요약되었거나 어쩌면 "편집"된 복사본 — 만 남아 있을 뿐이다. 우리는 그 메모에서 히틀러가 대중 연설에서도 언급했던 주제들, 즉 생활공간 Lebensraum의 필요성과 다른 국가들이 독일이 독립 강국으로 복귀하는 데 반대할 것이라는 확신을 찾아볼 수 있다. 그러나 메모에는 군비 증강에 대한 그저 소망 이상의 어떠한 행동 명령도 포함되지 않았다. 뉘른베르크 재판에서조차 호스바흐 메모는 히틀러의 전쟁 범죄를 입증하기 위한 목적으로 제출되지는 않았다. 그리고 그것은 당연하게 여겨졌다. 호스바스 메모가 그 조작된 최종 형태로 "입증"한 것은, 뉘른베르크에서 기소된 사람들 — 괴링, 레더Erich Raeder, 노이라트 — 이 히틀러의 곁에 앉아 그의 침략 계획을 승인했다는 것이다. 기소된 사람들의 유죄를 입증하기 위해서는 계획이 침략적이었다고 간주되어야만 했다. 정치적 재판에 제출된 증거를 믿는 사람들은 아마도 계속해서 호스바흐 메모를 인용할 것이다. 그러나 그들은 동시에 자신의 독자들에게 메모가 "공식 문서"가 결코 아니고 곤란한 논쟁점이라는 사실을 주지시켜야 할 것이다.[13] 《독일 외교 문서집Documents on German Foreign Policy》의 편집자들은 그렇게 하고 있지 않다.

호스바흐 메모가 히틀러의 의도를 드러내는 유일한 청사진은 아니다. 사실 몇몇 역사가들이 말한 바에 따라 판단해보건대, 히틀러는 계속해서 그러한 청사진들을 제시했다. 확실히 건축가가 되려는 자신의 야심에 고무되어서 말이다(이것도 농담임). 이 역사가들은 히틀러가 여러 번 청사진을 제시했다고 말하지만 또한 이러한 청사진들을 얼마나 많이 만들어냈는지에 대해서는 생산성을 평가 절하하기도 한다. 그들은 《나의 투쟁Mein Kampf》에서 호스바스 메모로, 그리고 그 다음에는 러시아와의 전쟁 중 작성된 《좌담록Table Talk》으로 된장 건너 뛰어버린다.[14] 사실 히틀러는 연설을 할 때마다 대부분 청사진을 내놓았다. 이런 방식으로 그의 생각이 앞으로 나아갔다. 히틀러 집권 후 백만 부가 팔린《나의 투쟁》에서나, 다수의 대중에게 전달된 연설들에서나 이러한 청사진에 관해 비밀스러운 점이란 분명히 아무것도 없었다. 그러므로 누구든 히틀러의 의도를 간파했다고 자신의 통찰력을 자랑할 이유가 없다. 마찬가지로 명백하게 생활공간에 관한 이야기는 이러한 청사진들 속에 하나의 요소로 항상 등장했다. 생활공간은 히틀러의 독창적인 생각이 아니라 그 시대에는 상투적인 것이었다. 실례로 한스 그림Hans Grimm이 쓴《공간 없는 민족Volk ohne Raum》은, 1928년에 출판되었을 때《나의 투쟁》보다 훨씬 잘 팔렸다. 새로운 영토를 획득하려는 계획들은 제1차 세계대전 기간 중 독일에서 수없이 많이 등장했다. 이전에는 몇몇 괴짜 이론가들이나 극단적 조직들의 계획이라고 생각되었지만, 이제 우리는 좀 더 제대로 알 수 있다. 1961년에 독일의 어느 교수가 독일의 전쟁 목적에 대한 자신의 연구 결과를 발표했다.[15] 독일의 전쟁 목적은 실로 "침략을 위한 청사진"이었고, 그 교수가 칭한 바에 따르면 "세계 권력의 장악"이었다. 이는 곧 독일 통제 하의 벨기에, 독일에 병합된 프랑스의 철광 지역, 독일의 것이 될 우크라이나, 그리고 더 나아가 폴란드와 우크라이나의 주민들이 모두 추방되고 독일인들이 식민植民되는 것이었다. 이러한 계획들이 독일 참모부의 작품만은 아니었다. 계획들은 독일 외무성 그리고 "선량한 독일인"인 베트만-홀베크Theobald von Bethmann-Hollweg도 승인했다. 히틀러가《나의 투쟁》에서 오로지 동쪽에서만 생활공간을 추구하고 서쪽에서 이득을 얻는 것은 부정했을 때, 그는 자신의 훌륭한 전임자들보다 더하기는커녕 실제로 더 온건했다. 히틀러는 단지 우익 집단들의 통상적인 주장을 반복했을 뿐이다. 모든 선동가들과 마찬가지로 히틀러는 대중에게 호소했다. 좌익 정책을 실행하기 위해 권력을 추구하는 다른 선동가들과 달리 히틀러는 대중을 우익으로 끌고 가기 위해 좌익의 방식으로 대중을 지배했다. 이것이 우익이 그를 받아들인 이유다.

하지만 생활공간이 히틀러의 유일한 생각이었을까? 과연 그의 생각을 지배했던 유일한 생각이었을까?《나의 투쟁》을 보고 판단해보자면, 그는 그 책의 대부분을 차지하고 있는 반유대주의에 사로잡혀 있었다. 생활공간에 관한 내용은 칠백 쪽 중 겨우 일곱 쪽밖에 안 된다. 그때 당시 그리고 이후로도 생활공간은 최종적 합리화, 즉 히틀러가 꾸미고 있다는 일들을 정당화하는 일종의 "공상적 계획"으로 언급되었다. 히틀러가 생활공간에 대한 한결 같은 계획을 가지고 있었다고 믿는 사람들과 나의 차이는 아마도 말에 있는 것 같다. 나는 "계획"이라는 말을 준비되고 세부적으로 만들어지는 어떤 것으로 이해하는 데 비해 그들은 "계획"이라는 말을 어떤 경건한, 이번에는 불경한 열망이라는 의미로 받아들이는 것 같다. 내가 이해하는 의미로 보자면 히틀러는 생활공간에 대해 아무런 계획도 가지고 있지 않았다. 정복될 영토 내의 자원에 관한 연구도 없었고, 이 영토가 어떻게 되어야 하는지에 대한 분명한 이해조차 없었다. 이러한 "계획"을 실행하기 위한 요원진의 충원도 없었고, 이주할 독일인에 대한 등록은커녕 조사도 없었다. 훗날 소련 영토 가운데 광대한 부분이 정복되었을 때, 정복 영토에 들어간 통치자들은 그곳에 살고 있는 주민들을 모조리 없애 버려야 하는지 아니면 착취해야 하는지, 그들을 친구로 대해야 하는지 적으로 대해야 하는지 아무 명령도 받을 수 없어 어찌할 바를 모르고 우왕좌왕했다.

히틀러는 분명히 독일이 다시 강대국이 되면 동유럽에서 이익을 얻어내기가 대단히 쉬워질 것이라 생각했다. 이런 예측은 부분적으로는 생활공간에 대한 그의 신념 때문이었지만, 그 이상의 실제적인 고려가 있었다. 잘못 생각했건 그렇지 않건, 오랫동안 그는 서유럽보다는 소련을 패배시키는 쪽이 더 쉬울 것이라 판단했다. 실제로 그는 볼셰비즘이 전쟁 없이도 붕괴될 수 있다고 반쯤은 믿었다. 그리고 이러한 믿음을 많은 서유럽 정치가들도 공유했다. 그래서 그는 어떤 노력도 기울이지 않고 이득을 하나하나 얻어갈 수 있었다. 더욱이 생활공간을 주장함으로써 쉽게 반볼셰비키 십자군으로 비쳐질 수 있었고, 히틀러를 서구 문명의 수호자로 생각하는 서유럽 국가 사람들의 마음을 얻는 데 도움이 되었다. 그러나 그는 이것에만 목매지 않았다. 다른 이득이 따라왔을 때 거절하지 않았다. 프랑스에 대해 승리를 거둔 후, 그는 이전에 그렇게 하지 않겠다고 선언했음에도 불구하고 알자스와 로렌을 병합했다. 그리고 베트만-홀베크가 전에 하려던 대로 벨기에와 북동부 프랑스의 공업 지역을 덤으로 획득했다. 1940년 여름, 히틀러가 영국과 화해하려 했을 때, 화해의 다소 모호한 조건에는 독일의 대영제국 보장이 포함되었다. 그러나 히틀러는 또한 이라크, 어쩌면 이집트를 독일의 영역으로 요구하려고 생각했다. 그러므로 원래 이론이 무엇이었든지 히틀러는 실제에서는 서유럽에서 현상을 유지하고 동유럽에서 이득을 얻는다는 논리적인 방식을 고수하지 않았다. 이 추상적인 이론가는 역시나 자신이 무엇을 할지, 어떻게 할지 미리 생각하지 않고 되는 대로 이득을 찾는 데 열을 올리는 정치가인 것으로 판명되었다.

히틀러는 자신이 얻으려고 했던 것을 충분히 얻었는데, 이는 다른 사람들이 그를 어떻게 다룰지 몰랐기 때문이었다. 여기에서 다시 말하는데, 나는 "유화론자들"을 변호하거나 비난하는 대신 그들을 이해하기를 원한다. 역사가들이 유화론자들을 어리석거나 소심했다고만 써버린다면 그건 잘못하는 것이다. 유화론자들은 실제 문제에 직면해 자신들의 시대가 처한 상황에서 최선을 다했던 사람들이다. 그들은 독립적이고 강력한 독일이 어떻게든 다른 국가들과 조화를 이루며 유럽의 일부가 되어야 함을 인식했다. 훗날의 경험은 그들이 옳았음을 보여준다. 어쨌거나, 우리는 여전히 독일 문제에 대해 끊임없이 논쟁하고 있다. 예를 들어 제정신을 가진 어떤 이가 다른 국가들이 히틀러를 타도하기 위해 1933년에 군대를 동원하여 개입할 수 있었을 것이라고 생각할 수 있겠는가? 그때는 히틀러가 합법적으로 정권을 잡았고 분명히 독일 국민 대다수의 지지를 받고 있었는데 말이다. 아마도 1936년 라인란트에서 히틀러를 몰아내기 위해 개입하는 일 말고 히틀러가 독일에서 더욱 인기 있도록 만들 수 있는 일이 무엇이 있었겠는가? 독일인들이 히틀러를 권좌에 올려놓았고, 그들만이 히틀러를 축출할 수 있는 유일한 사람들이었다. 다시 말하지만, "유화론자들"은 독일의 패배가 유럽 대부분의 지역에 대한 러시아의 지배로 이어지게 될 것을 두려워했다. 훗날의 경험은 그들이 이 점에서도 옳았음을 보여준다. 소련이 독일의 자리를 대신하기를 원했던 사람들만이 "유화론자들"을 비난할 자격이 있다. 그러기에 나는 어떻게 유화론자들을 비난하는 사람들 대부분이 유화론자들이 실패함에 따라 어쩔 수 없이 맞게 된 결과에 대해 마찬가지로 분개하는지 이해할 수가 없다.

"유화론자들"이 그 당시 대부분의 사람들과 대립하는 한정된 집단이었다는 것도 사실이 아니다. 현재 이야기되고 있는 바에 따라 판단해보면, 우리는 사실상 모든 보수당원들이 소련과 동맹을 맺어 독일에 사력을 다해 저항할 것을 지지했고 노동당 전체가 무장 확대를 열심히 부르짖었을 것이라 생각하게 될 것이다. 그러나 이와 반대로, 유화 정책보다 더 널리 지지를 받는 주장이 거의 없었다.《레이놀즈뉴스_Reynolds' News_》를 제외한 영국의 모든 신문이 뮌헨협정에 박수를 보냈다. 전설이 너무나 강해서 내가 이 문장을 쓰고 있는 지금도 믿을 수 없을 정도다. 물론 "유화론자들"은 대부분의 정치가들이 그런 것처럼 그리고 대개 그렇게 하여 칭송을 받는 것처럼, 자신들의 국가를 가장 먼저 고려했다. 하지만 유화론자들은 또한 다른 국가들도 생각했다. 그들은 동유럽의 민족들이 과연 전쟁으로 가장 나은 처우를 받게 될 것인지 의심했다. 1939년 9월 영국의 입장은 분명히 영웅적이었다. 그러나 그것은 주로 다른 국가들의 희생을 대가로 한 영웅주의였다. 영국 국민들은 6년의 전쟁 기간 동안 비교적 적은 피해를 입었다. 폴란드인들은 전쟁 동안 대재난을 겪었으며 전후에도 자신들의 독립을 회복하지 못했다. 1938년에 체코슬로바키아는 버림을 받았지만 1939년에 폴란드는 배반당하지 않았다. 10만에 가까운 체코인들이 전쟁 중에 죽었으나 무려 650만 명의 폴란드인들이 죽임을 당했다. 무엇이 더 나은 것이었을까? 버림받은 체코인들인가 아니면 배반당하지 않은 폴란드인들인가? 나는 독일이 패배하고 히틀러가 파멸한 것을 기쁘게 생각한다. 나는 또한 이를 위해 희생을 치른 사람들에게 감사한다. 그리고 나는 그 희생을 높이 평가하는 사람들의 진실성을 인정한다.

이러한 것들이 이제 역사학적 용어로 토론되어야 할 논쟁거리다. 유화론자들에 대한 기소장을 작성하는 것은 쉬울 듯하다. 아마도 나는 이미 훨씬 전에, 내가 기억하는 한에서 현재 나에 대해 분노를 표출하는 사람들이 공공 연단에서 활발하게 이야기하지 않았을 때, 유화론자들을 때때로 비난해왔던 것에 흥미를 잃었던 것 같다. 나는 오래된 종래의 비난을 반복하기보다 내가 원했던 것들이 왜 효력을 나타내지 않았나를 밝혀내는 데 더 관심이 있다. 그리고 만약 어떤 실수를 비난해야 한다면 나 자신의 실수를 비난하고 싶다. 그러나 일어났어야 하는 바를 말하는 것은 결코 역사가의 의무라 할 수 없다. 역사가의 유일한 의무는 무슨 일이 일어났고 그 일이 왜 일어났는지 밝히는 것이다. 일어난 모든 일을 히틀러의 책임으로 돌리는 한 밝혀지는 것은 거의 없다. 히틀러는 엄청난 힘을 지닌 강력한 요소를 제공했다. 하지만 그 요소는 그저 연료였고, 엔진은 이미 존재하고 있었다. 히틀러는 어느 정도는 베르사유조약의 산물이었고, 어느 정도는 동시대 유럽에 널리 퍼져 있던 관념의 산물이었다. 무엇보다도, 그는 독일의 역사와 독일의 현재의 산물이었다. 독일 국민들의 지지와 협조가 없었다면 그는 아무것도 아니었을 것이다. 여전히 사람들은 히틀러가 모든 일을 혼자서 한 것으로, 심지어 누구의 도움도 없이 몸소 열차를 몰고 가스실에 사람들을 집어넣은 것으로 믿는 것 같다. 그렇지 않다. 히틀러는 독일 민족의 공명판共鳴板이었다. 수천, 수십만의 독일인들이 히틀러의 사악한 명령을 아무런 양심의 가책이나 의문 없이 실행했다. 독일의 최고 통치자로서 히틀러는 독일의 민주주의를 파괴한 책임, 강제 수용소에 대한 책임, 그리고 무엇보다 가장 끔찍한 것으로 제2차 세계대전 동안 여러 민족들을 죽음으로 몰아넣은 책임과 같이 헤아릴 수 없는 악행에 대해 가장 큰 책임이 있다. 그는 문명사회의 역사에서 견줄 만한 것을 찾을 수 없는 사악한 명령을 내렸다. 그리고 독일인들이 그 명령을 집행했다. 하지만 그의 대외 정책은 별개의 문제였다. 그는 독일을 유럽에서, 어쩌면 좀 더 훗날에는 세계에서 지배적인 국가로 만드는 것을 목표로 했다. 다른 강대국들도 동일한 목표를 추구해왔고, 지금도 여전히 그렇게 하고 있다. 그 나라들은 약소국을 자신의 위성 국가로 취급하며, 무장 폭력으로 자신의 중대한 이익을 지키려 하고 있다. 국제 문제에 관해 히틀러에게 잘못된 점이란 없었다. 그가 독일인이었다는 사실을 제외하면 말이다.

1장

FORGOTTEN
PROBLEM

잊혀진
문제

의심과 의문을 던질 만한 넓은 영역이 곳곳에 남아 있었다면 그나마 사람들이 약간의 관심이라도 보였을 것이다. 하지만 모든 사람을 흡족하게 하는 설명이 하나 있었고 그로써 모든 논쟁이 일소되는 듯했다. 바로 히틀러다.

There might still have been some kick in the subject if there had remained great areas of doubt and question. But an explanation existed which satisfied everybody and seemed to exhaust all dispute. This explanation was: Hitler.

제2차 세계대전이 발발한 지 20여 년이 지났고, 전쟁이 끝난 지도 15년이 지났다. 전쟁을 겪어낸 사람들은 아직도 전쟁을 자신들의 직접적인 경험의 일부로 느낀다. 하지만 어느 날 갑자기 그들은 제2차 세계대전이 이전의 역사적 사건들과 마찬가지로 역사 속으로 지나가버렸음을 인식하게 된다. 대학 교수에게 이 순간은, 전쟁이 시작되었을 때 학생들이 아직 태어나지 않았고 전쟁이 끝났을 때의 일조차도 기억하지 못한다는 사실을 떠올려야 할 때 온다. 제2차 세계대전은 대학 교수가 보어 전쟁에 대해 느끼는 것만큼이나 학생들에게 먼 과거이다. 학생들은 부모에게서 제2차 세계대전의 일화를 들었을 수도 있지만, 아마도 무엇인가를 배우고자 한다면 책에서 배울 수밖에 없을 것이다. 걸출한 인물들이 이미 역사의 무대를 떠났다. 히틀러, 무솔리니Benito Mussolini, 스탈린Joseph Stalin, 그리고 루스벨트는 이제 이 세상에 없다. 그리고 처칠은 지도자의 자리에서 물러났다. 오로지 드골Charles De Gaulle 대통령만 두 번째 임기를 보내고 있다. 제2차 세계대전은 더 이상 "오늘"이 아니라 "어제"가 뇌었다. 이에 따라 역사가를

은 새로운 요구에 직면하게 된다. 현대사는 엄밀한 의미에서 사건들이 아직 생생할 때 기록한다. 사건들은 그 생생한 때로부터 판단되며, 독자들 사이에서 즉시 공감을 얻는다. 누구도 자신의 앞에 놓여 있는 윈스턴 처칠 경의 저서와 같은 위대한 작품들을 폄훼하지 않을 것이다. 그러나 역사가가 한 걸음 물러서서 한때는 현대에 속했던 사건들을 초연하게 다시 살펴볼 수 있는 때가 온다. 서임권 투쟁*이나 영국 내전**에 대해 쓴다면 보여줄 수 있는 초연함으로 살펴볼 수 있는 때가 말이다. 적어도 시도는 해볼 수 있는 것이다.

역사가들은 제1차 세계대전 후에 이를 시도했다. 그러나 강조점이 달랐다. 전쟁 자체에는 상대적으로 관심이 덜 쏠렸다. 웨스터너와 이스터너*** 간의 대전략에 관한 논쟁은 로이드 조지와 장성들 사이의 사사로운 설전으로 여겨졌고 학술연구자들은 이를 경시했다. 공식적인 영국 군사사가 기술된 것이 이러한 사사로운 설전에 관한 논쟁적인 공헌인데, 매우 천천히 진행되어 1948년에야 겨우 완성되었다. 군수성을 제외하면 민간 정부의 공식적인 역사를 기술하려는 움직임은 전혀 없었다. 협상으로 평화를 달성하려는 노력에 대해 살펴보는 역사가는 없다시피 했고, 전쟁 목적의 진전에 대해 연구하는 사람도 없었다. 우드로 윌슨Woodrow Wilson의 정책과 같은 결정적인 주제에 대한 세부적인 연구가 나온 것도 비교적 최근의 일이다. 다른

---

*   11세기 후반 이래로 교황과 세속 군주들이 성직의 서임권을 놓고 다툰 일.

**   1642년부터 1648년까지 국왕 찰스 1세를 중심으로 하는 왕당파와 청교도들을 중심으로 하는 의회파 사이에 벌어졌던 분쟁. 통상 청교도 혁명으로 불린다.

***   웨스터너Westerners는 서부 전선을 중시하는 사람들, 이스터너Easterners는 독일 주변의 동맹국들을 쓰러뜨리는 전략을 주장하는 사람들이다.

모든 주제들을 젖히고 역사가들의 관심을 독점한 중대 주제는 전쟁, 즉 제1차 세계대전이 어떻게 시작되었는가 하는 것이었다. 이탈리아 정부를 제외한 모든 열강들의 정부가 외교 문서 중 방대한 양을 공개했다. 학문적 양심을 지닌 역사가라면 자신의 서가에 모든 주요 언어로 적은 책들이 가득 찬 것을 보게 되었고, 자신이 다른 것들을 읽지 못함을 안타까워했다. 프랑스어, 독일어, 러시아어로 된 정기 간행물들이 전적으로 그 주제를 다루었다. 영국의 구치George Peabody Gooch, 미국의 페이Sidney Bradshaw Fay와 슈미트Bernadotte Everly Schmitt, 프랑스의 르누뱅Pierre Renouvin과 카미유 블로크Camille Bloch, 독일의 티메Friedrich Thimme, 브란덴부르크Erich Brandenburg, 폰 베게러Alfred von Wegerer, 오스트리아의 프리브람Alfrd Francis Pribram, 러시아의 포크로프스키Mikhail Nikolayevich Pokrovsky 등 굳이 이름을 들자면 이 같은 역사가들이 제1차 세계대전의 원인에 관한 권위자로 명성을 확립했다.

이 저술가 중 몇몇은 1914년 7월의 사건들*을 집중적으로 다루었고, 다른 이들은 1905년의 모로코 위기,** 혹은 비스마르크 외교까지 거슬러 올라갔다. 다루는 시기가 달라도 여기가 근래의 역사가들이 계속해서 관심을 기울이게 되는 분야라는 데 모든 사람의 의견이 일치했다. 대학의 강좌들은 지금도 몇몇 강좌들이 그러하듯이 1914년 8월까지만 다루었고 그 이후는 다루지 않았다. 학생들도 수

---

* 사라예보 사건이 일어난 6월 28일부터 각국이 전쟁을 선포한 8월 초까지 각국의 외교적 대응.

** 열강들의 승인을 통해 모로코에서 우월한 지위를 인정받으려는 프랑스에 대항하여 독일 황제가 모로코를 방문하며 독일의 이익을 옹호하겠다고 도전함으로써 일어난 국제 위기.

궁했다. 그들은 빌헬름 2세Wilhelm II와 푸앵카레Raymond Poincaré에 대해, 그레이Edward Grey와 이즈볼스키Alexandr P. Izvolski에 대해 듣고 싶어 했다. 그들에게는 크루거 전문*이 파쉔달 전투**보다 더 중요하게 생각되었고 비외르쾨 조약***이 생장드모리엔 합의****보다 중요하게 생각되었다. 현재의 모습을 형성한 중대 사건은 전쟁의 발발이었다. 이후 발생한 일들은 단지 전쟁 발발로부터 불가피하게 귀추된 결과가 뒤죽박죽 얽혀 나온 것이고, 현재에 대해 아무런 교훈이나 중요성을 주지 못하는 것이었다. 우리가 전쟁이 왜 시작되었는지 이해한다면, 우리가 있었던 그 자리에 어떻게 해서 도달했는지 알게 될 것이고 또한 어떻게 해야 또 다시 그리 되지 않을 수 있는지도 당연히 알게 될 것이다.

제2차 세계대전의 경우에는 거의 정반대였다. 독자나 저자나 할 것 없이 중대 관심사는 전쟁 자체였다. 군사 작전이 기술되고 또 기술되었고, 그뿐 아니라 전시의 정치, 특히 연합국 국가들 간의 관계 역시 연구되었다. 1940년 프랑스의 휴전에 관한 책이나 테헤란이나 얄타에서 열렸던 세 강대국의 회담에 관한 책은 그 수를 헤아리기

---

* Kruger telegram. 1896년 1월 3일, 독일 황제가 트란스발, 즉 남아프리카공화국의 크루거 대통령에게 영국인들의 식민지 확장 시도를 저지한 일을 축하하며 보낸 축전.

** Battle of Paschendale. 1917년 제3차 이프르 전투의 일부로 연합군과 독일군 양측이 성과 없이 참호와 진흙탕 속에서 인명을 희생한, 서부 전선에서 가장 끔찍했던 기억으로 남게 된 전투.

*** Treaty of Björkö. 모로코 위기의 와중에 독일 황제와 러시아 황제가 프랑스를 포함한 대륙 연합을 이룰 생각으로 서명했던 조약이지만 곧 폐기되었다.

**** Agreement of St. Jean de Maurienne. 제1차 세계 대전 중 연합국 측 국가들이 오스만 제국의 분할에 관하여 합의한 조약 중 하나.

조차 힘들 것이다. 제2차 세계대전과 관련해 "폴란드 문제"란, 전쟁의 발단이 된 폴란드에 대한 독일의 요구가 아니라 전쟁의 종결과 더불어 시작되었던 소련과 서유럽 국가들의 논쟁을 의미한다. 전쟁의 원인에 대한 관심은 적었다. 새로운 세부 사항들이 드러났지만 전체적인 중요성을 갖는 것은 발견되지 않았다고 대개 생각했다. 이미 답을 알고 있으니 더는 문제를 제기할 필요가 없다. 제2차 세계대전의 원인에 대한 설명을 듣기 위해 참조해야 할 주요 저술가들 — 영어권에서 네이미어Lewis Bernstein Namier, 윌러-베넛John Wheeler Wheeler-Bennett, 위스크먼Elizabeth Wiskemann, 프랑스어권에서 보몽Maurice Baumont과 같은 사람들 — 은 모두 전쟁이 끝난 직후 저서를 출판했고, 전쟁이 진행 중이거나 심지어 전쟁이 시작되기 전에 발전시킨 견해를 발표했다. 제1차 세계대전이 발발한 후 20년 동안 거의 아무도 1914년 8월에 제시된 설명을 수정 없이 받아들이려 하지는 않았다. 그런데 제2차 세계대전 발발 이후 20년이 넘도록 거의 모든 사람들이 1939년 9월에 제시된 설명만을 받아들이고 있다.

물론 정말로 더는 찾아낼 것이 없을 수도 있다. 어쩌면 역사상 중요한 다른 사건들과 달리 제2차 세계대전에는 당시 누구에게나 명백하고 자료나 연구에 의해서도 결코 뒤바뀔 수 없는 분명하고 최종적인 설명이 있었을 수도 있다. 그러나 백 년 후의 역사가들이 이때 일어난 사건들을 1939년의 사람들이 이해했던 것과 똑같이 바라볼 것 같지는 않다. 현재의 역사가는 과거의 역사가들이 내놓았던 해석을 답습하기보다 미래의 판단을 미리 알아내려고 애써야 할 것이다. 그런데 사실 역사가들이 이 주제에 소홀했던 현실적 이유가 있다. 역사가들은 논제를 선정하고 판단을 내릴 때 자신이 처한 상황을 고려

하는 일이 없도록 하여, 사심 없고 공정한 학자가 되려고 애쓴다. 하지만 한 사회 안에서 살아가는 한 명의 인간으로서 역사가는 비록 무의식중에라도 자신이 살고 있는 시대의 요구에 부응한다. 일례로 영국 중세사 연구를 크게 바꾼 저작을 써낸 위대한 타우트Thomas Frederick Tout 교수는 순전히 학문적 방식으로 쌓은 지식에 기반해 정치보다 행정의 중요성을 강조했다. 그렇지만, 19세기에는 역사가가 정치가들을 가르쳤던 반면 20세기 역사가는 미래의 행정공무원들을 교육시키고 있다는 사실이 그러한 변화와 무관하지 않았다. 따라서 두 차례의 세계대전을 연구하는 저술가들도 여전히 문제를 일으키는 것, 혹은 현재에 해답을 제공해주는 것을 고려해야 했다. 누구도 관심 갖지 않을 책을 쓸 사람은 아무도 없을 것이다. 특히 자기 자신에게 흥미롭지 않은 책을 쓰려는 사람은 더더욱 없을 것이다.

제1차 세계대전은 군사적인 측면에서는 따져볼 문제가 거의 없는 것처럼 보였다. 대부분의 사람들, 특히 연합국 측 사람들은 그 전쟁을 마치 상금을 걸고 하는 19세기 권투 시합처럼 어느 한편이 쓰러질 때까지 치고받는 난타전으로 생각했다. 제2차 세계대전을 겪고 생각이 좀 날카로워진 뒤에야 사람들은 제1차 세계대전이 보다 나은 전략이나 정책으로 좀 더 일찍 끝날 수 있지 않았을까 하고 진지하게 토론하기 시작했다. 제1차 세계대전 직후에는 다들 다른 방도가 없었을 것이라 생각했고, 따라서 지난 전쟁에 대한 연구는 현재에 아무런 교훈을 주지 못하는 것처럼 보였다. 반면 전쟁을 벌어지게 만든 중대 문제는 전쟁이 끝난 뒤에도 여전히 국제 문제의 중심에 놓여 있었다. 바로 독일 문제였다. 연합국은 독일의 공격으로 인해 전쟁이 일어났다고 주장할 수 있었을 것이고, 독일 사람들은 연합국이 독일에 강대국으로서의 합당한 지위를 주기를 거부함으로써 전쟁이 야기되었다고 대꾸할 수 있었을 것이다. 양측 주장에서 논쟁이 되는 점은 독일의 지위 문제였다. 독일 말고도 소련부터 극동까지 전 세계에 걸쳐 갖가지 문제들이 존재했지만, 이 문제들은 처리할 수 있는 문제들이고 독일 국민이 이전의 적들과 화해하기만 한다면 평화로운 세계가 오리라 생각하는 것이 온당한 생각이었다. 그러므로 전쟁의 원인에 대한 연구는 긴급하고 실제적인 중요성이 있었다. 연합국의 국민들이 독일이 지게 된 "전쟁 책임"의 허위성을 납득할 수 있다면, 베르사유조약에서 규정하는 처벌들을 가볍게 만들 것이고 독일 국민들을 자신들과 같이 자연적인 대격변의 희생자로 받아들일 수 있을 것이었다. 반대로 독일인들이 자신들의 전쟁 책임에 대해 납득한다면, 그들은 아마 베르사유조약을 정당한 것으로 받아들일 것이었다. 사실상 "수정주의"는 오로지 첫 번째 길만을 따라간 셈이었다. 영국과 미국의 역사가들, 그리고 어느 정도는 프랑스의 역사가들도, 1919년의 강화를 성립시킨 사람들의 생각보다는 연합국 측 정부들에 상당히 더 책임이 있고, 반면 독일 정부는 좀 더 무고했음을 보여주려 애썼다. 독일 역사가들 중에도 반대 논증을 시도한 이는 거의 없었다. 지극히 자연스러운 일이었다. 현실 상황에 대해 가장 초연한 역사가조차도 조국이 전쟁에서 패배하고 전후에 또 다시 굴욕을 당한다면 애국심에 이끌릴 것이다. 다른 한편으로, 대외 정책은 전쟁이 발발하기 전 연합국의 어느 나라에서든 논쟁의 주제였다. 영국에서는 그레이를 비판했던 비판자들이, 프랑스에서는 푸앵카레의 비판자들이, 미국에서는 윌슨의 비판자들이 — 차르 정부를 공격했던 볼셰비키는 말할 것도 없이 — 이제 "수정주의" 견해의 학문적인 지지자로 나서기 시작했다. 이러한 논쟁들의 옳고 그름을 따지는 것이 나라 사이에서든 나라 안에서든 더 이상 중요하지 않다. 이러한 논쟁들이 사람들로 하여금 제1차 세계대전의 원인에 대해 연구하도록 흥미의 불을 지핀 것으로 족하다.

제2차 세계대전의 원인 연구에는 이제까지 이런 불을 지피는 장작이 부족했다. 국제적인 측면에서 독일은, 전쟁이 거의 끝나갈 무렵부터 더는 강대국으로서 세계정세의 중심이 아니었다. 소련이 그 자리를 대신 차지했다. 사람들은 전쟁이 시작되기 전 독일을 상대하면서 생긴 실수가 아니라 전쟁을 하는 도중 소련을 상대하면서 일어난 실수에 대해 알기를 원했다. 더욱이 분단된 독일의 각 부분을 자신들의 동맹으로 끌어들일 계획을 세우는 서유럽 국가들과 소련 양측 모두에게 전쟁 원인을 적게 언급할수록 더 바람직했다. 독일인들은 이렇게 원인 연구를 등한시하는 데 동조했다. 제1차 세계대전이 끝난 뒤 독일인들은 독일이 여전히 강대국 대접을 받아야 한다고 주장했다. 반면 제2차 세계대전 뒤에 유럽이 세계적 사안들의 향방을 결정짓는 일을 그만두어야 한다고 가장 먼저 말한 사람들이 바로 독일인들이었다. 거기에는 독일이 다시는 대규모 전쟁을 도발할 수 없을 것이며, 따라서 어떠한 간섭이나 지배를 하지 않고 자신만의 길을 갈 수 있을 것이라는 무언의 암시가 있었다. 국내적인 측면에서도 양상이 거의 같았다. 전쟁 전 연합국 측 국가들 안에서 격렬한 논쟁이 있었다. 이는 1914년 이전에 있었던 것으로 알려진 그 어떤 논쟁보다 격렬했다. 그러나 논쟁을 벌였던 사람들은 전쟁 동안 서로 간의 다툼을 해결했고 이후로는 대부분 다툼을 잊으려 애썼다. 전에 "유화정책"의 옹호자였던 사람들은 자신들을 정당화하는 더 많은 근거를 가지고 자신들의 옛 정책을 쇄신했고, 이전에 독일에 대항하기를 주장했던 사람들은 오랫동안 지속해온 독일에 대한 경고를 접고 소련에 대항할 필요성을 역설했다.

사람들이 제3차 세계대전의 원인을 이미 연구하고 있는 마당에 제2차 세계대전의 원인 연구는 매력이 별로 없었다. 의심과 의문을 던질 만한 넓은 영역이 곳곳에 남아 있었다면 그나마 사람들이 약간의 관심이라도 보였을 것이다. 하지만 모든 사람을 흡족하게 하는 설명이 하나 있었고 그로써 모든 논쟁이 일소되는 듯했다. 바로 히틀러다. 히틀러가 제2차 세계대전을 계획했고, 오로지 히틀러의 의지가 전쟁의 원인이 되었다는 것이다. 이 설명은 분명히 처칠부터 네이미어까지 독일에 대항할 것을 주장하던 "대항론자들"을 만족시켰다. 그들은 줄곧 그렇게 주장해왔고, 전쟁이 발발하기 전에도 이미 그렇게 주장하고 있었다. 그들은 이렇게 말할 수 있었을 것이다. "우리가 당신들에게 그렇게 말했잖소. 애초부터 히틀러에 대항하는 길 외에는 달리 대안이 없었소." 이 설명은 또한 "유화론자들"도 만족시켰다. 그들은 유화 정책이 현명한 것이었고, 만약 독일이 예기치 않게 미치광이의 손아귀에 들어가지만 않았다면 성공적인 정책이 될 수 있었을 것이라 주장할 수 있었다. 무엇보다도, 이 설명은 뉘우칠 줄 모르는 몇몇 나치주의자들을 제외한 나머지 독일인들을 만족시켰다. 제1차 세계대전 후에 독일인들은 전쟁 책임을 자신들에게서 연합국으로 전가하거나 혹은 아무에게도 책임이 없다고 말하려고 애썼다. 책임을 전체 독일인들에게서 히틀러에게로 돌리는 것은 좀 더 간편한 조작이었다. 그렇게 하는 데 지장이 없게 히틀러가 이미 죽었기 때문이다. 히틀러는 살아 있는 동안 독일에 엄청난 폐해를 끼쳤는지 모른다. 하지만 그는 최후의 순간에 지하 벙커에서 자신을 희생함으로써 보상했다. 아무리 많이 책임 전가를 하더라도 이미 죽은 그를 또 다시 죽일 수는 없을 것이었다. 제2차 세계대전, 강제 수용소, 가스실, 이 모든 일에 대한 비난이 히틀러의 불평 없는 어깨 위에 올려질 수 있었다. 히틀러에게 죄를 뒤집어씌움으로써 나머지 독일인들은 무죄를 주장할 수 있었다. 그리고 이전에는 전쟁 범죄를 말하는 것에 가장 격렬하게 반대했던 독일인들이 이제 그 굳건한 옹호자가 되었다. 일부 독일인들은 히틀러의 사악함에다 특히 그럴듯한 왜곡을 가하려고 애썼다. 히틀러가 분명히 극악무도한 괴물이었기 때문에 결단코 저지되었어야 했다는 것이다. 따라서 히틀러의 죄가 확정된 후 남은 책임은 1936년에 그를 라인란트에서 쫓아내지 못했던 프랑스인들 혹은 1938년 9월에 겁을 먹고 주춤한 체임벌린Arthur Neville Chamberlain의 몫이 될 수 있었다.

제2차 세계대전의 원인에 대해 모두가 기쁘게 동의했다. 그런데 이제 와서 "수정주의"가 무슨 필요가 있는 것인가? 몇몇 중립국 사람들이, 특히 아일랜드에서 처음으로 의문을 제기했다. 그러나 독일에 대한 전쟁에서 중립을 지켰던 사람들마저 소련에 대한 냉전에 참여하면서 대체로 침묵을 지켰다. 역으로 소련 역사가들도 비슷한 고려를 하여 말을 아꼈다. 완고한 수정주의 학파가 미국에 남아 있다. 그들은 제1차 세계대전 후 정치 운동을 하던 사람들 중 활동을 계속하는 사람들인데, 여전히 자기 나라 정부가 다른 어느 나라 정부보다 사악하다고 생각한다. 그들의 저작은 학문적인 관점에서는 그다지 인상적이지 못하다. 더욱이 그들의 수정주의는 주로 일본에 대한 전쟁과 관련되었는데, 그럴 만한 이유가 있다. 히틀러가 미국에 대해 전쟁을 선포함으로써 독일과 미국의 전쟁이 시작되었다. 반대가 아니었다. 그리고 히틀러가 무작정 루스벨트에게 전쟁을 선포하지 않았더라면 루스벨트가 어떻게 미국을 유럽인들의 전쟁에 끌고 들어갈 수 있었을지 상상하기 힘들다. 일본에 대해서도 논쟁의 여지가 크지 않다. 이 문제를 놓고 격론을 벌일 일은 더 이상 없다. 한때 다음과 같은 현실적인 질문이 제기된 적이 있다. 미국이 일본과 협력해야 하는가, 아니면 중국과 협력해야 하는가? 미국은 자신들의 정책에 많은 혼란을 준 몇 번의 사건을 겪고서 답을 얻어냈다. 일본이 극동에서 미국이 유일하게 신뢰할 수 있는 우방이라는 데 대체로 의견이 일치되고 있다. 그러므로 일본과의 전쟁은 어느 한편의 실수 — 물론 일본 측의 실수였겠지만— 로 보인다.

　　이렇게 오늘날의 정치적 상황을 고려해보면 왜 제2차 세계대전의 원인이 격렬한 논쟁의 주제가 되지 않는지 설명하는 데 도움이 된다. 그래도 이것만으로는 역사가들 사이에서 거의 보편적으로 의견이 일치하는 현상을 설명하는 데 충분치 않다. 가장 "현실 참여적인" 학자라도 학문적 기준에 영향을 받기 마련이다. 또한 많은 학자들은 현실에 그렇게까지 깊이 참여하지 않는다. 증거에 논쟁의 여지가 충분히 있었다면, 아무리 널리 받아들여지는 것이라도 대중적인 판단을 논박하는 학자들을 찾아볼 수 있었을 것이다. 그런데 이러한 일이 일어나지 않았다. 증거가 너무 많은 동시에 너무 적다는 두 가지 명백히 모순적인 이유에서 그랬다. 너무 많은 증거라 함은 뉘른베르크 전범 재판을 위해 수집된 증거를 말한다. 이러한 문서들은 끊임없이 발간되어 엄청나게 많아 보이지만, 역사가들이 사용하기에 위험한 사료들이다. 그 문서들은 법률가의 소송 사건을 위한 기초 자료로, 급하게 그리고 거의 아무런 주의를 기울이지 않고 닥치는 대로 수집되었다. 이는 역사가들이 연구를 진척시키는 방법이 아니다. 법률가들은 법정 진술을 목적으로 하고, 역사가들은 상황을 이해하려 한다. 법률가들에게 확신을 주는 증거가 우리 역사가들을 만족시키지 못할 때가 종종 있다. 반면 법률가들에게는 우리 역사가들의 방법이 굉장히 부정확한 것으로 보일 것이다. 하지만 법률가들조차 뉘른베르크에 제출된 증거들에 대해 이제는 틀림없이 메스꺼움을 느낄 것이다. 그 문서들은 전범 재판에 기소된 피고인들의 전쟁 범죄를 입증하고, 동시에 기소하는 측 국가들의 전쟁 책임을 은폐하기 위해 선택되었다. 만약 재판소를 설치한 네 강대국 전부가 아니라 그 중 어느 한 나라가 혼자서 소송을 진행했다면 독일 외의 다른 대상들에게도 비난의 화살이 돌아갔을지 모른다. 서유럽 국가들은 나치-소련 조약을 증거로 제시했을 것이고, 소련은 뮌헨협정과 그 밖에 더 알려지지 않은 모종의 거래들을 제시함으로써 응수했을 것이다. 그러니 네 강대국이 모두 참여한 법정에서 벌어질 수 있는 유일한 상황은 일찌감치 오직 독일에게만 책임이 있다고 전제하는 것이었다. 재판소가 세워지기 전부터 이미 평결은 내려져 있었다. 또한 증거 서류도 이미 내려진 결론을 확증하기 위해 제출되었다. 물론 제출된 문서들은 진짜다. 하지만 "편견으로 가득 찬" 문서이기도 했다. 판단을 그 문서들에 의존한다면, 누구라도 그 문서들에 가득 찬 편견을 극복하는 것이 거의 불가능함을 알게 될 것이다.

만약 우리가 대신에 좀 더 객관적이고 학술적인 방식으로 수집된 증거들을 얻으려 노력한다면, 제1차 세계대전의 원인을 연구했던 우리의 선배들보다 얼마나 자료가 부족한지 알게 될 것이다. 제

1차 세계대전 후 한 세대 안팎이 지나고 이탈리아를 제외한 모든 강대국들은 전쟁 직전의 위기에 관한 외교 문서 거의 전부를 공개했다. 게다가 굉장히 먼 이전 시기를 포괄하고 어느 정도 깊이도 있는 엄청난 양의 공간公刊 문서 시리즈 — 1908년까지 거슬러 올라가는 오스트리아-헝가리 문서, 1898년까지의 영국 문서, 1871년까지의 독일과 프랑스의 문서 — 가 나와 있었다. 러시아에서 발간한 것도 빠진 부분이 좀 더 많기는 하지만 역시 방대한 양이었다. 약간의 명백한 공백은 있었다. 우리는, 이제 채워지고 있지만, 이탈리아 문서가 빠져 있음을 불평할 수 있었다. 지금도 여전히 그러하듯이 세르비아 문서가 결여된 점에 대해서도 불평을 할 수 있었다. 공간된 문서집에 몇 가지 고의적인 누락이 있었을 수도 있다. 또한 학자적 양심을 지닌 역사가라면 누구라도 자신이 문서들을 직접 보기 전까지는 만족할 수 없었을 것이다. 그래도 대체로 말해서 여섯 강대국 중 다섯 나라의 외교를 다른 어느 것에 비길 데 없이 상세하고도 광범하게 추적하는 것이 가능했다. 증거는 아직 완전하게 정리되지 못했다. 우리는 그 증거를 면밀히 살펴봄에 따라 탐구할 만한 새로운 문제들과 새롭게 해석할 여지를 찾아낸다.

1939년 이전 전전戰前 시기 연구에 이용할 수 있는 사료의 양이 제1차 세계대전 전 자료의 양과 얼마나 차이 나는지 안다면 탄식이 나올 것이다. 오스트리아-헝가리는 유럽의 강대국 대열에서 모습을 감췄고, 나머지 다섯 강대국 중 세 나라가 최근까지도 문서고에서 단 한 줄, 한 문장도 증거를 내놓지 않고 있었다. 이탈리아인들은 이러한 누락을 보충하기 시작했다. 그들은 1939년 5월 22일부터 전쟁 발발까지의 문서들을 말산했고, 또한 1861년까지 거슬러 올라가는 문서들을 발간함으로써 조만간 어떤 나라보다 많은 것을 공개하게 될 것이다. 프랑스와 러시아의 정책에 대해서는 여전히 공문서를 통해 밝혀지고 있는 것이 전혀 없는 형편이다. 프랑스인들에게는 변명할 여지가 조금 있다. 1933년에서 1939년 사이 기록되었던 문서들 가운데 대부분이 1940년 5월 16일에 소실燒失되었다. 독일군의 스당 돌파*에 놀라 만약을 위해 소각했기 때문이다. 현재 부본副本이 프랑스의 해외 주둔지로부터 어렵게 재수집되고 있다. 소련이 침묵하는 이유는 소련의 정책 가운데 다른 모든 부분들과 마찬가지로 추측에 맡길 수밖에 없다. 소련 정부에 특히 불명예스러운, 은폐해야 할 무엇이 있는 것은 아닐까? 소련인들이 아무리 먼 과거의 일이라 할지라도 자신들의 행동에 관한 자료를 전체적으로 살펴보는 데 넘겨주는 일을 회피하는 것일까? 어쩌면 소련의 외무 인민 위원회가 기록을 남기지 못할 만큼 자격이 없는 엉터리여서 기록이 하나도 없는 것일까? 아니면 소련 정부가 역사적 주제들에 대한 과거의 많은 논쟁을 겪으면서 자신들의 주장을 지키기 위한 유일한 방패막이가 정부의 지원 하에 증거를 절대 내놓지 않는 것이라는 교훈을 얻은 것일까? 세 강대국들이 이렇게 침묵하는 갖가지 이유가 무엇이든 간에, 결과는 우리가 전간기의 외교 교섭에 관한 계속적인 기록을 독일과 영국 문서에만 의존할 수 있다는 것이다. 그러므로 전간기 국제 관계가 자칫 영국과 독일 두 나라만의 대화로 잘못 비쳐질 수도 있다.

그런데, 독일과 영국 문서도 우리가 이용할 수 있는 자료는

---

* Breakthrough at Sedan. 1940년 5월 구데리안 장군이 독일군 전차부대를 이끌고 아르덴 산림 지역을 통과하여 프랑스의 방어선을 뚫고 공격해 들어간 일.

1914년 이전 시기 자료에 비하면 적절치 못하다. 연합국은 1945년에 독일의 공문서를 획득했다. 그리고 애초에는 1918년부터 1945년까지의 완전한 총서로 발간하려 했다. 그러나 나중에 비용을 이유로 히틀러가 권력을 이어받은 1933년 이후 시기로 축소되었다. 기간을 축소했다고 해서 자료가 온전히 갖추어진 것도 아니다. 1935년부터 1937년까지 상당 기간이 누락되었다. 공문서는 현재 본Bonn에 있는 독일 정부에 반환되어 있다. 따라서 발간이 좀 더 지체되는 것도 무리가 아니다. 더욱이 연합국 측의 편집자들이 아무리 양심적인 사람들일지라도 전쟁 책임에 대한 뉘른베르크의 시각을 별 차이 없이 공유하고 있었다. 한층 더 복잡하게도, 이러한 문서의 소관 부서인 독일 외무성은 종종 히틀러 편에서 일하지 않고 저항했다고 주장했다. 따라서 우리는 특정한 문서가 어떤 진지한 업무를 보여주는 것인지, 아니면 그 문서가 작성자의 무고함을 증명하는 증거를 제공하기 위해 조작된 것인지 결코 확신할 수 없다. 영국의 발간 문서는 베르사유조약을 체결한 때부터 1939년 전쟁 발발까지의 기간 전체를 포괄할 예정이지만 진행 속도가 느리다. 지금으로서는 우리가 1920년대에 대해 참조할 수 있는 것이 사실상 없고, 1934년 중반부터 1938년 3월까지 또 다른 공백 기간이 있다. 문서집은 실행된 영국의 정책에 한정되어 있다. 제1차 세계대전 이전 기간에 관한 문서집에서 시도되었던 것처럼 정책의 동기를 드러내지 않았다. 문서집에는 외무성 내부의 토론 과정을 보여주는 의사록도 거의 없고, 각료들의 심의 과정에 대한 기록도 전혀 없다. 이전 시기보다 수상과 내각이 더 중요하고 외무성이 덜 중요했다는 것이 널리 알려진 사실인데도 말이다.

조금 덜 공식적인 기록들에 관해서는 사정이 더 나쁘다. 세

1차 세계대전을 일으켰던 사람들은 대부분 그 후에도 생존해 자기변명이나 정당화를 위해 상세한 글을 썼다. 제2차 세계대전의 경우에는, 몇몇 지도자들은 전쟁 중에 사망했고 몇몇은 전쟁이 종결되면서 재판 후에, 혹은 재판 없이 처형당했다. 그 밖에 다른 사람들은 너무 자존심이 강하거나 혹은 너무 조심스러워 저술을 하지 않았다. 두 차례의 세계대전이 각각 시작될 당시 결정적인 지위에 있던 사람들이 전쟁 후 출판한 중요한 책을 꼽아 보면 놀랄 만한 차이를 볼 수 있다. 제1차 세계대전에 해당되는 인물들의 목록은 다음과 같다.

> 영국: 수상, 외상
> 프랑스: 대통령, 외상을 겸하고 있던 수상
> 러시아: 외상
> 이탈리아: 수상
> 독일: 재상, 외상

제2차 세계대전에 해당되는 목록은 다음과 같다.

> 프랑스: 외상

총살되었던 이탈리아 외상이 일기를 남겼다. 독일 외상은 교수형을 기다리면서 단편적인 변론을 적었다. 영국 수상이 남긴 몇 조각의 서신이 있고, 영국 외상의 몇 쪽 안 되는 자서전이 있다. 히틀러, 무솔리니, 스탈린 이 세 사람의 독재자와 러시아 외무 장관은 단 한 줄, 단 한 마디도 남기지 않았다. 우리는 통역, 외무성의 서기, 기자

등 종종 알고 있는 것이 일반 대중이나 거의 다를 바 없는 부차적인 인물들의 뒷공론으로 변통하는 데 만족해야 한다.

그러나 스스로 만족할 만큼 충분한 증거를 확보한 역사가는 결코 없다. 나는 10년 혹은 15년을 더 기다린다고 해서 많은 것을 얻을 수 있으리라 생각하지 않는다. 어쩌면 오히려 많은 것을 잃을지도 모르는 일이다. 그 때가 되면 문명의 몇 안 되는 생존자들이 책을 쓰기는커녕 읽기조차 그만두지나 않을까? 그러므로 나는 기록에 의거해 작업을 하여, 미래의 어느 역사가에게 보여질 것 같은 대로 그렇게 이야기를 한번 해보려 시도했다. 그 결과는 역사가들이 얼마나 많은 것을 놓치거나 오해하고 있는지 보여주는 것이 되지 싶다. 그렇더라도, 우리는 계속해서 역사를 써야 한다. 내 뒤의 역사가도 그러겠지만, 나는 종종 무지를 고백하지 않을 수 없었다. 나는 또한 기록을 객관적인 위치에서 공정하게 고찰할 때 (나를 포함해) 사람들이 내놓은 기존의 해석들과는 달리 해석하는 쪽으로 떠밀리는 것을 느껴왔다. 그러나 같고 다르고 한 것이 내게는 중요하지 않다. 나는 무슨 일이 일어났는지 이해하는 데 관심이 있지 변호하거나 비난하는 데는 관심이 없다. 나는 히틀러가 정권을 잡은 그날부터 반유화론자였다. 또한 비슷한 상황이 벌어진다면 의심할 바 없이 다시 그럴 것이다. 그러나 그 점은 역사를 서술하는 데는 적절치 못하다. 돌이켜 보건대, 많은 사람들에게 책임이 있었지만 무고한 사람은 아무도 없었다. 정치 활동의 목적은 평화와 번영을 가져오는 것이다. 그런데 모든 정치가들이 어떤 이유에서든 이에 실패했다. 이 책은 영웅이 없는 이야기다. 어쩌면 악당조차 없었는지도 모르겠다.

2장

제1차
세계대전의
유산

본질적인 문제는 정치의 문제였지 도덕의 문제가 아니었다. 아무리 민주적이고 평화로운 국가가 되어 갈지라도 독일은 여전히 유럽 대륙에서 가장 강한 강대국이었고, 러시아의 퇴장으로 이전보다 더욱 그렇게 되었다.

The essential problem was political, not moral. However democratic and pacific Germany might become, she remained by far the greatest Power on the continent of Europe; with the disappearance of Russia, more so than before.

제2차 세계대전은 대체로 제1차 세계대전의 재탕이었다. 그러나 명백한 차이점들이 있었다. 이탈리아가 두 번의 전쟁에서 각각 반대편에서 싸웠다. 전쟁이 끝나기 전에 다시 돌아섰지만 말이다.* 1939년 9월에 시작된 전쟁은 유럽과 북아프리카에서 벌어졌다. 유럽과 북아프리카의 전쟁은 1941년 12월에 시작된 극동에서의 전쟁과 공간은 아니지만 시간적으로 겹쳤다. 극동 전쟁이 영국과 미국에 엄청난 혼란을 야기했지만, 두 전쟁은 분리되어 있었다. 독일과 일본은 결코 군사력을 연합하지 않았다. 두 전쟁이 정말로 하나로 보인 것은 일본의 진주만 습격이 히틀러의 미국에 대한 선전포고 — 정말로 엄청난 실수였다 — 를 유발한 때뿐이었다. 그 일이 없었다면 극동은 무대 밖에서 이따금씩 주의를 흩뜨리는 역할만 하고, 유럽 전쟁과 그 원인은 그 자체로 하나의 이야기로 취급될 수 있었을 것이다. 제2차 세계대전은 제1차 세계대전 때와 거의 동일한 유럽의 동맹들이 거의 동

* 추축국의 일원이었던 이탈리아는 무솔리니 실각 후에는 연합국으로 선생에 참여했나.

일한 적들과 싸운 전쟁이었다. 전쟁의 형세가 좀 더 격렬하게 앞뒤로 왔다 갔다 하며 변화했지만 전쟁은 독일의 패배라는 매우 동일한 방식으로 끝났다. 두 번의 전쟁 사이의 연관은 더 깊다. 독일은 특히 제2차 세계대전에서 제1차 세계대전 후에 내려진 평결을 뒤집기 위해 그리고 그에 따른 평화 협정을 무너뜨리기 위해 싸웠다. 독일에 대항하는 연합국은, 그다지 의식하지 못했지만 그 평화 협정을 지키기 위해 싸웠다. 그리고 놀랍게도 그들은 이를 이루어냈다. 제2차 세계대전이 진행되는 중에도 많은 유토피아적 계획이 있었다. 그러나 결국에는 폴란드와 발트 해 연안의 국가들을 예외 — 예외라 하기에 확실히 큰 예외지만 — 로 하고 사실상 유럽과 근동의 모든 국경이 달라진 바 없이 예전 상태로 되돌려졌다. 북동부 유럽의 이 지역을 제외하면, 영국 해협부터 인도양에 걸쳐 지도상의 유일한 중대 변화는 이스트라가 이탈리아에서 유고슬라비아로 넘어간 것뿐이었다. 제1차 세계대전으로 과거의 제국들이 멸망했고 새로운 국가들이 탄생했다. 반면 제2차 세계대전으로는 어떠한 국가도 탄생하지 않았고 에스토니아, 라트비아, 리투아니아 이 세 나라만 붕괴했을 뿐이다. 누군가 "그 전쟁이 도대체 무엇을 한 것이냐?"는 다소 노골적인 질문을 던진다면, 제1차 세계대전에 대해서는 "유럽이 어떻게 재편성되는지 결정했다"고 대답할 수 있지만, 제2차 세계대전에 대해서는 단지 "이렇게 재편성된 유럽이 지속되는 것인지를 결정했다"고 대답할 수 있을 뿐이다. 제1차 세계대전은 제2차 세계대전을 설명하고 또한 하나의 사건이 다른 사건의 원인이 된다고 할 수 있는 한에서 사실상 제2차 세계대전의 원인이 되었다.

제1차 세계대전의 결과로 유럽이 재편성되었지만, 이는 전쟁이 일어나게 된 본래의 원인이나 혹은 심지어 의식적으로 가지고 있던 목적과는 완전히 동떨어진 것이었다. 제1차 세계대전에는 이제 사람들이 어느 정도 동의하고 있는 직접적인 원인이 있었다. 프란츠 페르디난트 대공Archduke Franz Ferdinand 암살 사건이 오스트리아-헝가리의 세르비아에 대한 전쟁 선포를 불렀다. 세르비아를 지원하기 위한 러시아의 동원이 러시아와 러시아의 동맹국인 프랑스에 대한 독일의 선전포고를 유발했고, 독일이 벨기에의 중립을 존중하기를 거부하자 영국이 독일에 선전포고를 했다. 그러나 이러한 직접적인 원인들의 이면에는 아직까지도 역사가들 사이에서 논란이 되는, 보다 심층적인 원인들이 있었다. 몇몇 역사가들은 동유럽에서 튜턴인Teuton과 슬라브인Slav 사이의 갈등을 지적하고, 다른 역사가들은 제1차 세계대전을 "터키 계승 전쟁"이라 부르기도 한다. 일부 역사가들은 유럽 밖의 제국주의 경쟁을 비판하며, 다른 역사가들은 유럽 대륙에서 세력 균형의 붕괴를 비판한다. 좀 더 명확한 논쟁의 주제들, 즉 영국의 해군 우위에 대한 독일의 도전, 알자스-로렌 지역을 회복하려는 프랑스의 열망, 콘스탄티노플과 보스포러스 해협과 다다넬스 해협을 지배권 아래 두려는 러시아의 야망이 강조되어 왔다. 이렇게 설명이 넘쳐나는 것은 달리 말하면 어떤 설명도 하나만으로는 흡족하지 못함을 말해주는 것이다. 제1차 세계대전은 어느 하나가 아닌 이 모든 이유들을 놓고 벌어졌다. 어쨌거나 이는 서로 경쟁하던 모든 국가들이 전쟁에 돌입하자마자 발견했던 바다. 전쟁 전에 가졌을 계획이나 방안 혹은 야망이 무엇이었건 간에 이들 국가들은 단지 승리를 위해 "누가 지배자가 될 것인가"라는 험프티 덤프티의 물음을* 결정짓기 위해 싸웠다. 전쟁에 참여한 국가들은 — 당시의 군사적인 여법으로 표현하면 — "적에게 자신의 의지를 강요하려고" 애썼다. 그 의지가 무엇인지에 대한 명확한 생각도 없이 말이다. 연합국과 동맹국 양측은 모두 자신들의 전쟁 목적을 정의하기가 어렵다는 사실을 알게 되었다. 독일인들이 1917년에 러시아에게 그랬던 것처럼 서유럽 국가들에게, 그다지 구체적이지 못했지만, 강화 조건을 내놓았을 때, 그들의 유일한 관심사는 다음 번 전쟁을 위해 자신들의 전략적 지위를 향상시키는 것이었다. 만약 독일이 첫 번째 전쟁에서 승리한다면 사실 또 한 차례의 전쟁이 일어날 필요가 없겠지만 말이다. 연합국은 여러 면에서 전쟁 중에 더 느긋할 수 있었다. 그들은 단지 독일이 전쟁 초기의 승리로 얻은 것들을 포기하라고 요구할 수 있을 뿐이었기 때문이다. 이를 넘어서 연합국은 미국의 조력 혹은 재촉으로 점차로 일련의 이상주의적 전쟁 목적을 만들어 구체화했다. 이러한 전쟁 목적들은 확실히 연합국이 전쟁을 시작할 당시 가지고 있던 목적을 나타내지 않았고, 또한 대부분 그들이 싸우고 있던 당시에 가졌던 목적들과 일치하지도 않았다. 그러한 이상주의적 계획은 오히려 그렇게 엄청난 규모로 그렇게 엄청난 희생을 치르며 싸우는 전쟁은 무언가 숭고한 결과를 낳아야만 한다는 신념에서 나왔다. 그러한 이상은 이후의 사건들에 영향을 미치지 못한 것은 아니었지만, 밑바닥에서 벌어지는 권력 투쟁의 부산물 혹은 겉치장이었다. 근본적으로 승리가 늘 전쟁의 목적이었다. 승리를 얻으면 이후의 정책이 나올 것

---

*   Humpty Dumpty. 영국 전래 동요의 주인공으로 루이스 캐럴의 동화 《거울 나라의 앨리스》에 등장하여 단어의 뜻을 마음대로 사용할 수 있느냐는 앨리스의 질문에 누가 지배자냐의 문제라고 대꾸한다.

이었다. 그렇지 못해도 어쨌거나 승리는 결과를 낳을 것이었다. 그리고 과연 그렇게 되었다. 제2차 세계대전은 제1차 세계대전의 승리로부터, 그리고 그 승리가 적용된 방식으로부터 발생했다.

제1차 세계대전에서 두 차례의 결정적인 승리가 있었다. 당시에는 하나의 승리가 다른 하나에 의해 퇴색되었지만 말이다. 1918년 11월, 독일은 서부 진선에서 서유럽 국가들에게 결정적으로 패배했다. 그러나 그 전에 독일은 동부 전선에서 러시아에게 치명적인 패배를 안겨주었고, 이는 전간기 국제 관계의 양상에 매우 중대한 영향을 주었다. 1914년 이전에는 세력 균형이 존재했다. 프랑스-러시아 동맹이 중부 유럽 강대국들의 세력을 상쇄시키고 있었다. 영국이 프랑스, 러시아와 함께 삼국 협상Triple Entente으로 느슨하게 연합하고 있었지만, 영국의 가담이 유럽의 세력 균형을 뒤집어놓을 만큼 결정적인 것이라고는 거의 아무도 생각하지 않았다. 전쟁은, 시작되었을 때에는 두 곳의 전선에서 수행되는 대륙의 전쟁이었다. 대륙의 각 국가들은 수백만의 사람들을 전장에 투입했다. 영국은 단 십만 명만을 투입했다. 프랑스에게는 특히, 러시아의 조력이 생사를 좌우할 정도로 반드시 필요해 보였고, 영국의 원조는 있어서 좋은 부차적인 것인 듯했다. 전쟁이 진행되면서 전체적 양상이 바뀌었다. 영국인들 역시 동원군을 조직해 서부 전선에 수백만 명을 투입했다. 1917년에 미국이 참전하게 되었을 때, 수백만 명이 증원된다는 전망으로 이들은 더욱 힘이 나게 되었다. 그러나 서부 전선의 강화로 러시아가 되살아나기에는 너무 늦었다. 군사적 대재난과 함께 1917년에 일어난 두 차례의 혁명으로 러시아는 전쟁에서 이탈하게 되었다. 1918년 3월, 새로운 볼셰비키 봉지자늘은 브레스트-리토프스크에서 항복의 상화소약을 맺었다. 독일은 이후 서부 전선에서 패배함으로써 이때 얻었던 것들을 포기할 수밖에 없었다. 더 큰 결과는 되돌릴 수 없었다. 러시아는 유럽에서 떨어져나가 당분간 강대국으로 존재할 수 없었다. 유럽의 정치 지도가 중대한 변화 — 그것도 독일에게 유리한 방향으로의 변화 — 를 겪은 것이었다. 독일의 동쪽 국경 밖은 전에는 강대국이 있었지만 이제 군소 국가들만 남은 주인 없는 땅이었고, 그 너머로는 아무도 관심 없는 뒤켠의 땅이 있을 뿐이었다. 1918년 이후 한참 동안 러시아가 힘을 갖게 될 것인지, 혹시 힘을 갖는다 해도 어떻게 사용할지 말할 수 없었다.

1918년이 끝나갈 무렵 이러한 일은 별로 중요해 보이지 않았다. 그 당시 중요했던 일은 러시아의 도움이 없었는데도 독일이 패배당할 수 있었다는 것, 서부 전선에서 — 완전한 패배는 아니더라도 — 현저하게 패배했다는 것이었다. 이 제한되고 밀집된 지역에서의 승리는 전 세계는 아닐지라도 전 유럽의 운명을 결정지었다. 이 예상치 못했던 결과로 유럽은 1914년 이전에 지녔던 성격과 전혀 다른 성격을 띠게 되었다. 1914년 당시 유럽에서 강대국은 프랑스, 독일, 이탈리아, 오스트리아-헝가리, 그리고 러시아였고, 유럽 문제에 절반 정도만 관여하고 있던 영국이 있었다. 유럽의 중심은 베를린이었다. 이제 강대국은 프랑스, 독일, 그리고 영국이었고, 관례에 따라 포함된 이탈리아와, 주변에서 예전의 영국의 지위를 차지하게 된 미국이 있게 되었다. 이 새로운 유럽의 중심은 라인 지역에 위치하게 되었고 제네바에 있다고 말할 수도 있었다. 러시아가 더 이상 강대국으로 여겨지지 않았고, 합스부르크 왕국은 이제 존재하지 않았다. 정치적 개념으로서의 "유럽"은 지리상 서쪽으로 이동했다. 1918년, 그리고 이후로도 꽤 여러 해 동안— 사실상 1939년 봄까지 — 사람들은 세계의 모습을 결정짓는 일이 이전에 "서유럽 국가"였던 나라들의 손에 달려 있다고 생각했다.

1918년에 러시아와 독일 두 나라 모두 패배했지만, 패배의 결과는 매우 달랐다. 러시아는 시야에서 사라져버렸고, 러시아의 현존 실체인 혁명 정부는 전승국들로부터 무시당했다. 그러나 독일은 해체되지 않고 하나로 유지되었고, 전승국들에 의해 존재를 인정받았다. 제1차 세계대전이 끝나기 며칠 전, 결국에는 제2차 세계대전으로 이르게 되는 결정이 가장 숭고하고 가장 분별 있는 동기에서 채택되었다. 독일 정부에 휴전을 승낙하는 결정이었다. 그 결정은 일차적으로 군사적인 이유에 입각해 채택되었다. 독일군은 전장에서 패배해왔고, 후퇴 중에 있었다. 하지만 참패를 당하거나 전멸하지는 않았다. 영국군과 프랑스군은 승리하기는 했지만 독일군과 마찬가지로 거의 소진된 상태였다. 밖에서 독일의 붕괴 정도를 측정하기는 어려웠다. 미국 총사령관 퍼싱John Joseph Pershing만이 새로운 군사 행동을 서슴지 않았다. 그의 군대는 지치지 않고 생생했고, 거의 피를 흘리지 않았다. 베를린까지도 진격해나갈 것 같았다. 1919년이 되면 미국인들이 전쟁에서 주력을 맡으리라는 점, 그러면 1918년에는 불가능했던 방식으로 독일인들에 대해서만큼이나 연합국 측 국가들에 대해서도 명령을 내릴 수 있으리라는 점이 퍼싱의 또 다른 유인誘因이었다. 그러나 유럽 국가들에게 이것은 정말로 할 수만 있다면 전쟁을 빨리 끝내야 하는 이유였다.

미국인들에게는 구체적인 전쟁 목적도, 뚜렷한 영토적 요구도 없었다. 또한 역설적으로 이러한 이유에서 미국인들은 휴전에 덜 적극적이었다. 미국인들은 오로지 독일의 "무조건 항복"을 원했고, 이것이 달성될 때까지 계속 싸울 각오도 되어 있었다. 다른 연합국 국가들도 독일의 패배를 원했지만 동시에 그들에게는 긴급한 실제적 소망이 있었다. 영국과 프랑스 두 나라는 벨기에의 해방을 원했다. 프랑스 사람들은 자신들의 북동부 영토가 해방되기를 바랐고, 영국인들은 독일 함대가 완전히 제거되기를 희망했다. 이 모든 일은 휴전으로 보장될 수 있었다. 그러니 영국과 프랑스 두 나라 정부가 전쟁에 지쳐 진저리 치는 국민들에게 어떻게 더 이상의 유혈 참사를 정당화할 수 있었겠는가? 심지어 이와는 별도로, 독일 정부가 추구했던 휴전이 연합국의 좀 더 일반적인 목적들을 충족시킬 수 있을 것 같았다. 연합국은 항상 독일을 파괴하기 원하지 않는다고 주장해왔다. 그들이 싸우는 이유도 독일인들에게 침략 전쟁은 성공할 수 없다는 것을 증명하기 위해서였다. 그 증명이 이제 이루어지려고 했다. 연합국과 독일의 수뇌부에게 독일이 패배했음이 명백해 보였다. 다만 나중에 가서 이 사실이 독일 국민들에게는 덜 명백한 것으로 보였다. 1918년 11월에는 오히려 독일 국민들도 전쟁을 끝내는 데 힘을 보탠 것으로 보였다. 연합국은 만장일치는 아니었지만 대체로 자신들이 독일 국민이 아니라 독일 황제와 황제의 군사 고문관들을 상대로 싸우고 있다고 주장해왔다. 이제 독일은 입헌 군주국이 되었고, 휴전조약이 체결되기 전에 공화국이 되었다. 새로운 독일 정부는 민주적인 정부였고, 패배를 인정했다. 또한 독일 정부는 독일의 모든 점령지를 양도할 준비가 되어 있었고, 미래의 평화를 위한 기반으로, 윌슨 대통령이 14개 조항에서 규정한 이상주의적 원칙들 — 마지못해서였지만 연합국 측 국가들 역시 두 가지 유보 조항을 붙여 수용했던 원칙들 — 을 받아들였다. 이와 같이 모든 주장이 휴전에 찬성하는 쪽이었고 반대는 거의 없었다.

휴전은 전투의 중지 그 이상이었다. 휴전의 조건이 독일이 전쟁을 재개하지 못하도록 못 박아두기 위해 신중하게 구상되었다. 독일인들은 비축했던 많은 양의 전쟁 물자를 양도해야 했고, 병력을 라인 강 뒤로 철수시켜야 했으며, 함대가 연합국 측에 넘겨져 억류되는 것을 받아들여야 했다. 연합국은 라인 강 좌안左岸과 강 너머 교두보를 점령했다. 이러한 조건들은 소기의 목적을 달성한 것이었다. 1919년 6월, 독일인들이 강화조약에 서명할 것인가를 놓고 논란을 벌이고 있을 때, 독일군 최고 사령부는 마지못해서이기는 하지만 전쟁을 재개하는 것이 불가능함을 인정하지 않을 수 없었다. 그러나 휴전에는 또 다른 측면이 있었다. 휴전은 지금 당장에는 독일인들을 속박했지만, 연합국 측 국가들을 훗날 운신할 수 없도록 묶어놓았다. 연합국은 독일 국민들에게서 패배의 시인을 확실히 받아두길 원했다. 따라서 휴전조약을 독일군 대표단이 아니라 독일 정부 대표들과 체결했다. 이에 따라 독일인들은 당연히 패배를 인정한 것이 되었고, 연합국은 그 대가로 — 거의 인식하지 못했지만 — 독일 정부를 승인한 셈이 되었다. 도전적인 프랑스 사람들이 후에 은밀하게 "분리주의"를 심으려고 시도할지 모르는 일이었고, 야심에 찬 역사가들이 비스마르크가 이루어놓은 것이 아직 허물어지지 않고 있다고 한탄할지도 몰랐다. 그것은 헛된 일이었다. 문제를 제1차 세계대전에 한정하는 한, 휴전은 독일의 통합된 단위체 문제를 결정했다. 합스부르크 왕국과 오스만 제국은 사라졌다. 그러나 1871년 성립된 과거 제국 영토의 독일국German Reich은 그대로 존재했다. 더 나아가 연합국이 이러한 독일국을 승인했고, 그뿐 아니라 휴전조약이 유지되려면 독일국의 존속이 필수적이었다. 연합국 측 국가들은, 의식적으로 그렇게 하려고 의도하지 않았지만, 대중의 불만, 분리주의, 볼셰비즘 등 독일국을 파괴하려고 위협하는 그 어떤 것에도 맞서 독일국을 지켜야 하는 동맹국으로 변화되었다.

　　이러한 현실은, 또 다시 신중하게 고려하지 않았기에, 강화조약에 의해 한층 심화되었다. 조약은 많은 가혹한 조항을 포함하고 있었다. 적어도 대부분의 독일인에게 그렇게 보였다. 조약에 대한 독일인의 동의는, 서명을 거부하는 것이 더 낫지 않은가 하는 긴 논란 끝에 마지못해 억지로 이루어졌다. 동의가 이루어진 것은 독일 군대에 더는 여력이 없었기 때문이고, 독일 국민들이 소진되었기 때문이며, 연합국으로부터 가해진 봉쇄의 압력 때문이었지, 조건이 공정하다거나 아니면 참을 수 있기라도 하다는 확신에서 나온 것이 아니었다. 그럼에도 불구하고 독일 정부는 조약을 수락했다. 그리고 그 덕에 귀중한 자산을 취득했다. 조약은 독일이 또 다시 침략할 것에 대비한 안보를 제공하기 위해 구상되었으나 독일 정부의 협력이 있어야만 제구실을 할 수 있었다. 독일의 군비가 철폐되어야 했으나, 독일 정부 스스로 조처하도록 되어 있었다. 연합국은 군비 철폐가 수행되고 있는지 감독하는 통제 위원회를 설치하기만 했다. 독일은 또한 배상금을 지불하도록 되어 있었으나, 이 역시 독일 정부가 재원을 마련해 연합국에 넘겨주도록 되어 있었다. 연합국은 이를 받기만 하도록 되어 있었다. 라인란트의 군사적 점령조차 독일의 협력에 달려 있었다. 점령 지역의 민정民政을 계속해서 독일이 맡았기 때문이다. 그러므로 독일이 협력을 거부한다면 강화조약에서 규정하는 바가 없는 혼란 상태가 일어날지 모르는 일이었다. 1919년의 급박한 상황에서 강화조약은 독일을 분쇄하는 것으로 그리고 독일에 보복을 가하는 것으로 보였고, 독일인들의 말처럼 강제 명령Diktat 즉 굴욕 조약Slave-treaty이었다. 좀 더 장기적인 관점에서 가장 중요한 점은, 조약이 통일된 독일과 체결되었다는 것이다. 독일은 조약의 변경을 보장받거나 조약을 전부 무효화시키기만 하면 되었다. 그러고 나면 독일은 1914년에 그랬던 것만큼, 아니면 거의 그만큼, 강대국으로서 모습을 드러낼 것이었다.

이것이 휴전과 강화조약의 결정적이고 운명적인 결과였다. 제1차 세계대전은 "독일 문제"를 미해결의 상태로 두었고, 결국에는 문제를 더욱 첨예하게 만들었다. 독일의 문제는 독일의 침략성이나 군국주의, 또는 독일을 다스리는 통치자의 사악함이 아니었다. 이러한 것들은 존재한다 해도 단지 문제를 악화시켰을 뿐이다. 혹은 어쩌면 실제적으로 다른 나라들에서 도덕적 저항을 불러와 문제를 덜 위협적이게 만들었는지도 모르겠다. 본질적인 문제는 정치의 문제였지 도덕의 문제가 아니었다. 아무리 민주적이고 평화로운 국가가 되어갈지라도 독일은 여전히 유럽 대륙에서 가장 강한 강대국이었고, 러시아의 퇴장으로 이전보다 더욱 그렇게 되었다. 독일은 인구 면에서 가장 막강했다. 독일 말고 유일하게 남아 있는 중요한 강대국인 프랑스의 인구가 4천만 명인데 독일은 6천5백만 명이었다. 독일의 우위는 석탄과 철이라는 경제적 자원에서 더욱 두드러졌다. 근대 세계에서 석탄과 철은 서로 결합되어 국력을 이룬다. 1919년 한때 독일은 아무것도 남지 않은 지경에 처했다. 그 당시 당면한 문제는 독일의 쇠약이었다. 그러나 "정상적인" 몇 년의 생활이 지나자 문제가 되는 것은 다시 독일이 갖고 있는 힘이었다. 더욱이 여기에다 독일을 제한하는 어떤 역할을 했던 이전의 세력 균형이 붕괴되어버렸다. 러시아가 퇴장했고, 오스트리아-헝가리가 사라졌다. 프랑스와 이탈리아만 남았는데, 두 나라 모두 인적 자원에서 열세였고 경제적 자원에서는 더욱 그랬으며 또한 전쟁으로 인해 소진된 상태였다. 사태가 예전의 "막힘이 없는" 방식에 따라 흘러간다면, 그 무엇도 독일인들이 유럽을 잠식하는 것을 막을 수 없을 것이었다. 독일인들에게 그럴 계획이 없더라도 말이다.

사람들은 1919년에 "독일 문제"를 결코 등한시하지 않았다. 몇몇 소수의 사람들이 문제의 존재를 부정했던 것은 사실이다. 이들은 — 모든 나라를 통틀어 아주 소수였다 — 전쟁을 아무짝에도 쓸모없는 불필요한 일이라고 반대하고, 독일의 위험성도 허무맹랑한 것이라고 줄곧 생각해온 사람들이었다. 심지어 전쟁을 지지하며 굳세게 전쟁을 수행했던 사람들 중 일부도 이제 독일이 오랫동안 쇠약해져 있을 것이라고 생각하는 경향이 있었다. 독일 해군이 파도 밑으로 가라앉을 때, 한 영국 정치가가 자신의 근심이 사라졌다고 안도한 것이 용서받을 수 있을지도 모른다. 독일은 혁명이 일어날지 모르는 위협적인 상황에 놓여 있었고 사회적 불만이 팽배해 괴로움을 겪고 있었다. 혁명론자가 아니고서야 사람들은 대개 혁명이 일어나거나 사회적 불만이 고조되면 나라의 힘이 파괴된다고 생각했다. 더욱이 19세기 후반의 경제적으로 안정된 세계에서 교육받은 사람들은 한 나라가 예산의 균형과 금본위 통화 없이는 번영할 수 없다고 생각했다. 그러한 기준에서 보면 독일은 상당히 벗어나 있었다. 그러므로 모두를 위해서, 독일을 억누르는 것보다 성장시키는 것이 중요해 보였다. 가장 걱정이 심했던 프랑스 사람들조차 당시의 상황에서 독일이 또다시 침략할지 몰라 위협받고 있다고 주장하지는 않았다. 위험은 아직 어떻게 될지 모르는 미래에 있었다. 미래가 어떻게 될지 누가 말할 수 있겠는가? 모든 대규모 전쟁은 지금의 상태가 전쟁의 일시적인 중단일 뿐이며 패배한 국가가 다시 공격할 것이라는 술렁거림 뒤에 따라왔다. 더욱이 실제로 공격이 일어나는 경우는 매우 드물었고, 공격이 일어난 경우에도 결과가 그저 그랬다. 예를 들어 프랑스는 1815년의 결정*에 반하여 행동하기까지 40년을 넘게 기다렸다. 또한 그때에도 끔찍한 결과는 없었다. 독일에 대해 이같이 생각했던 사람들은 잘못 짚은 것이었다. 그러나 그들도 자신들의 관점에서 본 역사가 있었다. 독일의 회복은 지체되기는 했지만 그 속도와 동력으로 볼 때 전례가 없었다.

독일 문제를 부정하는 또 다른 경향도 존재했다. 독일의 힘은 받아들일 수 있다는 견해였다. 그러나 독일의 힘이 중요한 것이 아니라는 말이 덧붙여질 수 있었다. 독일은 다시 강성해지려 했고, 재차 강대국의 대열에 올라서려 했다. 그러나 독일인들은 목적을 이루는 데 전쟁을 통해 하지 않는 법을 배웠다. 만약 독일인들이 경제력이나 정치적 위세로 유럽의 약소국들을 지배하게 된다면 이는 — 위험하기는커녕 — 환영할 만한 일이었다. 제1차 세계대전은 전 유럽에 걸쳐 독립적인 민족 국가들을 탄생시켰다. 그런데 매우 이상하게도 한때는 민족주의의 주창자였던 많은 이상주의자들이 이제는 이러한 사실을 개탄했다. 민족 국가는 반동적이고, 군국주의적이고, 경제적

*   나폴레옹 전쟁 후에 유럽의 질서 회복과 재편성을 논의한 빈 회의의 결정.

으로 후진적인 것으로 여겨졌다. 독일이 빠른 시일 안에 그러한 민족 국가들을 제 편으로 만들어 잘 이끌어갈수록, 관련된 모든 이들에게 좋은 것이었다. 이러한 관점을 일찍이 케임브리지대학의 뛰어난 경제학자인 케인즈J. M. Keynes가 제시했다. 그리고 로이드 조지는 이에 대해 전적으로 반대하지는 않았다. 중요한 점은 독일의 회복을 막는 것이 아니라 그러한 회복이 평화적인 형태로 이루어지도록 확실히 해두는 것이었다. 독일이 원한을 품지 않도록 적절한 주의를 기울여야 하지 독일의 침략에 대해 그래야 하는 것이 아니었다.

1919년에는 이러한 관점이 아직 표면 위로 부상하지 않았다. 강화조약은 대부분 독일의 침략에 대비해 안보를 제공하려는 소망에 의해 형성되었다. 그러나 조약의 영토 조항은 가장 그렇지 못했다. 영토 조항은, 당시 해석되기로는 본질적 정의의 원칙에 따라 결정되었다. 독일은 민족적 근거에서 보았을 때 권리를 갖고 있지 않은 땅만 상실했다. 독일인들조차 알자스-로렌과 북부 슐레스비히를 잃은 것에 대해 불평하지 않았다. 적어도 공공연히 불만을 토로하는 일은 없었다. 독일인들은 폴란드에 자신의 영토를 빼앗긴 데 대해 불평했다. 하지만 이는 폴란드의 존재를 일단 인정했을 때 불가피하게 따라오는 일이었다. 또한 폴란드가 관대한 대우를 받기는 했지만 전략적 고려에서가 아니라 폴란드가 민족적 주장을 부풀려 말했기 때문이었다. 한 가지 점에서 로이드 조지는 자신의 동맹국들에 맞서 독일에게 유리한 성과를 거두었다. 프랑스인들과 미국인들은, 독일인들이 거주하고 있으나 경제적인 관점에서 보면 폴란드에게 반드시 필요했던 단치히가 폴란드에 편입되어야 한다고 주장했다. 이에 반해 로이드 조지는 단치히가 국제연맹에서 임명하는 고등 판무관의 통제를 받는 자유시自由市가 되어야 한다고 주장했다. 이렇게 기묘한 방법으로, 표면상으로는 제2차 세계대전을 불러온, 독일이 품은 원한의 이유가 된 일이 사실은 독일에게 유리한 쪽으로 설정되었다. 금지적 성격을 갖는 한 가지 영토 조항이 안보상의 이유에서 민족 원칙에 어긋나게 되었다. 합스부르크 왕국의 잔흔殘痕인 독일어권 오스트리아가 국제연맹의 승인 없이 독일과 합병하는 것이 금지되었다. 이는 독일군 상병이었던 히틀러를 포함해 대부분의 오스트리아인들에게 불만 요인이었다. 당시만 해도 히틀러는 아직 오스트리아 국민이었다. 그러나 그것이 과거 제국 영토의 독일국 내에 있는 대부분의 독일인들의 불만 요인은 아니었다. 그들은 비스마르크의 독일에서 성장했고, 오스트리아를 외국으로 여겼다. 그들은 지금으로서는 자신들의 곤란함에다 오스트리아가 지닌 문제들을 더하고 싶은 생각이 없었다. 그 밖에 다른 지역 — 체코슬로바키아, 헝가리, 루마니아 같은 지역 — 에 있는 독일어를 사용하는 사람들에 대해서도 더더욱 그랬다. 그 지역 사람들이 이방 민족의 국가에 속한 국민이 되는 데 불만을 품고 있을 수는 있었다. 그러나 독일국 내의 독일인들은 그들에 대해 아는 것이 거의 없었고 관심은 더 없었다.

다른 영토 조항 하나가 본래부터 엄격하게 전략적인 성격을 가지고 있었다. 연합국 군대의 라인란트 점령 조항이었다. 영국인들과 미국인들은 라인란트 점령을 일시적인 안보 수단으로 제안했고, 15년 동안만 지속할 것으로 규정했다. 프랑스인들은 점령이 영구적이길 원했다. 그리고 프랑스들은 강화조약을 통해 소망했던 바를 얻어내지 못했으므로 점령 지역으로부터의 철수를 독일인들에게서 만족할 만큼 배상금을 받는 것에 연계시켜 동일한 결과, 즉 라인란트를 계속해서 점령하는 결과를 달성하길 원했다. 배상은 이후 몇 년 동안 주요한 문제가 되었으며, 두 가지 문제점 — 얼마 지나지 않아 사실상 세 가지 문제점 — 이 존재해 더욱 더 골치 아픈 문제가 되었다. 배상은 독일인들이 자신들이 입힌 손해에 대해 대가를 지불해야 한다는 걸으로 보기에 온당한 요구에서 나온 것이다. 그러나 프랑스인들은 라인 지역에 계속 주둔하려는 바람에서 어떠한 방식으로든 결산하는 일을 지체했다. 연합국 측 국가들 사이의 전쟁 부채는 혼란을 가중시키는 원인이었다. 영국인들은 미국에 진 빚을 상환하도록 요구받자, 자신들이 미국에 진 채무에 상당하는 만큼만을 동맹국들에게 요구하겠다고 1922년에 선언했다. 그러자 이번에는 그 동맹국들이 영국에 대한 자신들의 채무를 독일로부터 배상 받은 것으로 변제하겠다고 제의했다. 그리하여 최종 결정이, 인지되지 못한 채로 독일인들에게 내려졌다. 독일인들은 조약에 서명했고 채무를 받아들였다. 그들만이 그 채무를 상환할 수 있었다. 그들은 배상금을 지불하는 데 동의할 수 있었고, 이러한 방식으로 평화로운 세계가 이루어질 것이었다. 라인란트에서 군대가 철수할 것이고 전쟁 부채 문제는 그 첨예함이 사라져 갈 것이었다. 그러나 그러는 대신에, 독일인들은 지불을 거부하거나 혹은 지불할 능력이 없다고 호소할 수도 있었다. 그러기에 연합국은 다음과 같은 문제에 봉착하게 되었다. 자신들이 독일 정부의 서명 외에 어떤 보장의 수단을 가졌는가라는 질문이었다.

똑같은 질문이 독일의 군비 철폐 건으로도 제기되었다. 독일의 군비 철폐는 다른 국가의 군비 축소를 가능하게 하도록 마련되었다고 하는 추가 조항에도 불구하고, 안전 보장에 목적이 있었지 다른 목적은 없었다. 독일의 군비 철폐는 독일인들이 군비 철폐 시행을 위해 조처하겠다고 결심해야만 효력을 나타낼 수 있었다. 그런데 독일이 그렇게 하지 않는다면 어찌될 것인가? 또다시 연합국은 강제 시행의 문제에 직면했다. 독일인들은 배상금을 지불하지 않거나 군비 철폐를 하지 않는 것과 같이 단지 아무것도 하지 않음으로써 자신들에 대항해 만들어진 안전 보장 체제를 위태롭게 만들 수 있는, 헤아릴 수 없이 유리한 입장에 서 있었다. 그들은 독립 국가가 일반적으로 행동하는 것 같이 행동할 수 있었다. 안전 보장 체제가 유지되려면, 연합국은 의식적인 노력을 들여야 했고, "강제적인" 수단을 사용해야 했다. 이는 인간의 상식에 어긋나는 일이었다. 전쟁은 문제들을 해결하기 위해 수행되었다. 그런데 전쟁이 시작되기 전에 비해 새로운 동맹이 있어야 하고, 군비가 증강되어야 하고, 국제 문제들이 더 복잡해진다면 전쟁이 무슨 소용이 있었다는 말인가? 이 물음에 답하기는 쉽지 않다. 그러나 대답하지 못한다면, 그것은 제2차 세계대전으로 나아가는 길을 여는 것이었다.

베르사유조약에는 시작부터 도덕적 타당성이 없었다. 강화조약은 강요되어야만 했다. 말하자면, 자체의 힘으로 시행되지 못했다. 독일인들에 대해서라면 이는 명백하게 맞다. 독일 사람 어느 누구도 조약을 "승전국과 패전국이 없는" 동등한 국가 간의 공정한 협정으로 받아들이지 않았다. 모든 독일인들은 적어도 조약의 일부분이라도 무효화시킬 생각이었다. 그렇게 할 수 있는 우호적인 상황이 오면 곧 그렇게 할 것이었다. 독일인들은 시기를 택하는 문제에 관해서는 서로 간에 생각이 달랐다. 어떤 이들은 대번에 거부하기 원했고, 다른 이들(아마도 다수)은 장래의 세대로 미뤄 놓기를 원했다. 그러나 독일의 서명은 그 자체로 어떠한 중요성을 가지거나 의무를 지우지 못했다. 다른 나라에서도 조약을 거의 존중하려 들지 않았다. 1919년의 사람들은 한 세기 전 빈에서 있었던 강화조약의 당사자들보다 더 잘 해내기를 끊임없이 열망하고 있었고, 빈 회의에 가해졌던 가장 중대한 비난은 미래에 "체제"를 고착시키려 한다는 것이었다. 19세기 자유주의의 위대한 승리는 이 "조약 체제"에 맞서 싸우면서 획득되어 왔다. 그런데 자유주의 정신을 가지고 있던 사람들이 어떻게 또다시 손발을 묶어버리는, 이 새로운 조약 체제를 지지할 수 있었을까? 1919년의 몇몇 자유주의자들은 어떤 "체제"를 옹호했지만, 이는 강화조약의 안전 보장과 매우 다른 것이었다. 그들은 이전에는 모든 민족의 독립을 주창했었지만, 우선적인 국제 질서인 국제연맹의 질서를 신뢰하는 쪽으로 방향을 바꾸었다. 이 질서에는 적국과 연합국이라는 과거의 구분이 개입될 여지가 없었다. 모든 국가가 평화를 보장하고 실행하기 위한 체제에 참여해야 했다. 그 누구보다도 강화조약을 기초하는 데 공헌한 윌슨 대통령 자신은 오로지 국제연맹이 일단 설립되면 독일에게 불리하게 설정된 조항들을 제거하리라 ― 혹 그렇지 않다면 불필요하게 만들 것이라 ― 믿음으로써 그러한 조항들을 묵인했다.

강화조약을 시행하는 일은 이러한 도덕적인 관점에서의 반발과 완전히 별개로 실행상의 어려움이 있었다. 연합국은 독일을 위협할 수 있었다. 하지만 애초에 한 번 위협하는 것이 낫지 매번 위협하면 효과가 떨어지고 무게가 덜했다. 1919년 6월에 전쟁을 재개하겠다고 위협하는 것보다 1918년 11월에 전쟁을 계속하겠다고 위협하는 것이 더 쉬웠다. 1920년 6월보다는 1919년 6월에 전쟁 재개를 협박하는 것이 더 용이했고, 1923년보다는 1920년이 나았다. 그리하여 결국에는 전쟁 재개를 위협하는 것이 사실상 전혀 불가능했다. 사람들은 이미 이겼다는 말을 들었던 전쟁 수행을 위해 집을 떠나기를 점점 더 기피하게 되었고, 납세자들은 이미 지난번 전쟁에 들어간 비용으로 허덕이면서 또다시 새로운 전쟁을 위해 세금을 내기를 점점 더 꺼리게 되었다. 게다가 모든 위협을 쓸모없게 만드는 질문이 있었다. 전쟁을 계속하는 것이 "무조건 항복"을 확보하는 데 소용이 없었다면, 어떤 축소된 목적을 위해 전쟁을 재개하는 것이 이치에 맞는 일이겠는가? "실질적인 서약"을 받아낼 수도 있고, 루르나 독일의 다른 공업 지역을 점령할 수도 있을 것이었다. 하지만 그렇게 해서 무엇을 성취할 것인가? 얻는 것은 오로지 독일 정부의 새로운 서명뿐이었다. 독일 정부가 지킬 수도 있고 이전처럼 거부할 수도 있을 것이었다. 이전처럼 조만간 점령군이 떠나야 할 것이고, 그렇게 되면 독일의 손에 결정권이 놓이는 이전 상황으로 되돌아갈 것이었다.

전쟁을 재개하는 것과 독일의 영토를 점령하는 것 외에 다른 강제 수단도 있었다. 경제적인 수단으로, 독일의 패전에 결정적으로 기여했다고 믿어졌던 봉쇄의 형태였다. 봉쇄는 독일 정부가 1919년 6월의 강화조약을 받아들이도록 강제하는 데 도움이 되었다. 그러나 봉쇄가 일단 해제되자, 단지 그것이 지나치게 효과적일까 두렵다는 이유에서만이라면, 전시의 엄격한 상태로 돌아갈 수 없었다. 만약 경제적 혼란에 빠져 독일 정부가 붕괴한다면, 누가 조약의 규정들을 실행에 옮길 것인가? 독일과 연합국의 협상은 공갈 협박의 각축이자 마치 갱 영화 속의 섬뜩한 장면처럼 되어버렸다. 연합국 측, 혹은 그 중 몇 나라가 독일의 목을 졸라 끝장내 버리겠다고 위협하면, 독일인들은 아예 죽어 버리겠다고 응수했다. 눌 숭 어느 쪽노 삼히 낱까시

밀고 나가지 못했다. 점차로 위협이 줄어들었고 회유가 그 자리를 대신했다. 연합국은 자신들의 요구가 충족되면 세계 여러 나라들 가운데 독일이 마땅히 있어야 할 합당한 지위에 복귀시켜 주겠다고 제안했다. 독일인들은 요구가 줄어들기 전까지 평화로운 세계란 없을 것이라고 대답했다. 전쟁 중에 — 아마도 일시적으로 — 포기했던 자유로운 세계 시장을 기반으로 한 자유주의 경제체제로 복귀하는 것이 인류에게 유일하게 확실한 미래라는 것이, 볼셰비키 진영에서는 아니지만, 거의 보편적인 믿음이었다. 연합국은 세계 시장에 독일이 재진입할 수 있게 허락해준다는 매우 쓸모 있는 협상의 무기가 있었다. 그러나 독일인들 역시 흥정의 수단이 있었다. 왜냐하면 독일인들 없이는 안정적인 세계로 돌아갈 수 없었기 때문이다. 연합국은 그리하여 바로 자신들의 정책 때문에 독일을 동등한 상대로 대우하게 되었고, 이로써 그들은 이전의 그 처리하기 힘든 문제로 되돌아왔다. 만약 독일이 다른 국가들과 대등한 지위에 놓인다면 독일은 유럽에서 가장 강한 국가가 될 것이고, 만약 독일에 대해 특별한 예방 조치가 취해진다면 독일은 동등한 처우를 받는 것이 아닐 것이었다.

연합국이 진정으로 원한 것은 독일에 대항해 세우지만 독일이 자진해서 받아들이는 조약 체제였다. 누구든 이것이 가능하리라 생각했다는 것이 이상한 일이다. 그러나 이때는 국제 관계에서 추상적 원칙들이 힘차게 작용하는, 역사의 한 순간이었다. 옛날의 왕국들은 조약이 권리를 부여하는 한에서 조약을 존중했고, 의무를 포함하는 조약은 별다른 주의를 기울이지 않았다. 조약에 대한 새로운 태도는 부르주아 문명의 근본 요소인 "계약의 신성성"에 합치하는 것이었다. 군주들과 귀족들은 자신들이 지고 있는 부채를 갚지 않기 일쑤이고, 자신들이 한 약속을 거의 지키지 않는다. 반면 자본주의 체제는 그 실행자들이 자신의 가장 일상적인 의사 표시까지도 확실히 지키지 않는다면 붕괴될 수 있을 것이었다. 그리고 독일인들은 현재 동일한 윤리를 준수할 것으로 기대되고 있었다. 조약에 의지하는 데는 좀 더 실제적인 이유들이 있었다. 가장 실제적인 것은 조약 말고 달리 의지할 네가 없다는 것이었다. 제1차 세계대전 이후의 기간과 그리고 유사한 성격을 갖는 이전 시대 사이의 중대한 차이가 여기에 있었다. 유럽에서 한 강대국이 다른 강대국들보다 현저하게 강하다는 문제는 결코 새롭지 않았다. 오히려 지난 4백 년 동안 반복해서 일어났던 일이었다. 사람들은 조약의 조항이나, 힘을 사용하지 않겠다는 강자의 약속을 신뢰하지 않았다. 약하고, 좀 더 평화로운 국가들이 거의 의식하지 못하는 중에 서로 힘을 모았다. 동맹이나 연합을 형성해 침략자를 패배시키거나 억제했다. 그리하여 16세기에 에스파냐에 대항하는 동맹이 있었고, 17세기에 프랑스 부르봉 왕조에 대항하는 동맹이, 19세기에 나폴레옹에 대항하는 동맹이 있었다. 이러한 일의 연장선으로, 제1차 세계대전 때도 동맹이 있었다.

이 오래된, 역사를 통해 증명되었던 체제는 1919년 이후 작동하지 못했다. 대연합이 와해된 것이었다. 고결한 신조가 이유였다. 전승국들은 세력 균형의 원칙에 따라 행동해왔으면서도, 그렇게 해온 것을 수치스럽게 생각했다. 많은 사람들이 세력 균형이 전쟁을 야기했다고 믿었고, 세력 균형을 고수하면 또 다른 전쟁을 불러올 것이라고 믿었다. 좀 더 실제적인 수준에서, 세력 균형은 불필요해보였다. 연합국은 크게 두려워했으나, 그들은 또한 크나큰 승리를 이미 획득했다. 그리고 그 승리가 최종적인 것이 되리라는 생각에 쉽게 빠져들었다. 전쟁에 한 번 승리했던 사람들이 다음번에는 자신들이 질 수도 있다고 생각하기는 어렵다. 전승국들은 각자 자유롭게 자신들의 정책을 추구할 수 있고 또 자신들이 하고 싶은 바를 따를 수 있다고 생각했다. 그러나 각 나라의 정책과 경향은 뜻밖에 일치하지 않았다. 일어나는 사건들이 연합국 측 국가들을 따로따로 떨어뜨려 놓았고, 그들 중 어느 한 나라도 분열이 진행되는 것을 막을 만큼 힘껏 애써 보지 않았다.

연합국 측 국가들 사이의 공동 전선은 강화 회의 이후로 지속되지 못했고, 회의가 진행되는 동안이라고 문제가 없었던 것은 아니었다. 프랑스인들이 안보를 촉구했던 반면, 미국인들, 그리고 어느 정도는 영국인들도 자신들이 할 일을 다했다고 생각하는 경향이 있었다. 전승국들은 간신히 강화조약에 합의했다. 그러나 미국에서 윌슨 대통령은 상원의 승인을 받지 못했다. 이 일은 새로운 질서에 대한 충격이었지만 나중에 이야기된 것과 같이 결정적인 타격은 아니었다. 미국의 유럽과의 관계는 정책보다는 지리적으로 결정되었다. 조약이 어떻게 결정되든지 미국은 유럽으로부터 대서양 건너 먼 곳에 있었다. 상원이 베르사유조약을 승인했다 해도 미국 군대는 유럽에서 철수했을 것이다. 사실 일부는 라인 지역에 남아 있기도 했다. 그러나 제네바에서 영국이 취한 정책이 암시한 것은 또 다른 앵글로색슨 국가가 회원 자리에 앉는다고 해서 국제연맹이 프랑스인들이 원하는 효과적인 안전 보장의 수단으로 반드시 변화하지는 않으리라는 것이었다. 1919년 그리고 그 이후로, 윌슨과 로이드 조지가 클레망소Georges Clemenceau에게 라인란트 병합을 포기하도록 설득하기 위해 제시한 보장 조약을 미국이 이행하지 못하는 것과 관련해 많은 것이 드러났다. 이 불발된 조약도 역시 종잇장에 불과한 안보를 제공해주었을 뿐이다. 미국 군대가 더는 프랑스에 남아 있지 않게 되었고, 영국 군대도 마찬가지였다. 또한 영국과 미국의 군사력이 평시 수준으로 감축되어 위급할 때 파병할 병력이 없게 되었다. 브리앙Aristide Briand은 1922년 로이드 조지가, 비록 미국의 참여는 없었지만 다시 제안을 내놓았을 때 이 점을 지적했다. 그는 영국군이 저지하러 도착하기 전에 독일인들은 파리와 보르도까지 진격하고도 남는다고 주장했다. 그리고 이는 영국이 동맹을 맺었음에도 불구하고 1940년에 정확히 일어났던 일이다. 영국-미국의 보장은, 이행되었다고 하더라도, 프랑스가 독일에게 침략 당했을 때 프랑스를 해방시키겠다는 약속에 지나지 않았다. 이 약속은 1944년에 조약 없이도 이행되었다. 미국은 지리적으로나 정치적 견해로 인해서나 유럽의 안보 체제에 속하기 힘들었다. 미국인들에게서 최대한으로 기대할 수 있는 것은 이러한 안보 체제가 실패했을 때 뒤늦게나마 개입하리라는 것이었다.

　　미국이 물러선 것이 절대적이지는 않았다. 미국이 베르사유 조약을 비준하는 데는 실패했지만, 미국인들은 평화로운 유럽을 원했고 안정적인 경제 질서를 원했다. 미국 외교는 계속해서 유럽 문제에 적극적이었다. 도스안Dawes plan과 영안Young plan이라는 독일의 배상금 지불에 대한 두 번의 계획이 모두 미국의 주도로 고안되었고, 각 계획의 이름은 미국인 의장의 이름을 딴 것이었다. 미국의 차관은 — 좋은 결과였건 나쁜 결과였건 간에 — 독일 경제를 회복시켰다. 미국이 연합국 측 국가들이 졌던 전쟁 부채의 상환을 주장한 것은 배상 문제를 더욱 복잡하게 만들었다. 미국 대표들은 실실 끌고 있던 군축 논의에 참여했다. 미국인들은 정말로 "세계 여론"을 형성했고, 대체로 이러한 경제적이고 정치적인 논의들이 이루어지는 것이 세계 여론이 만들어지는 데 긍정적이었다. 또한 미국 역사가들은 독일의 "전쟁 책임"에 반대하는 운동을 벌였는데, 그들은 이 일이 오로지 독일인들의 손에 있을 경우보다는 더 효과적이게 만들었다. 단지 베르사유조약을 거부함으로써 미국이 유럽으로부터 떨어져나갈 수는 없었다. 미국의 참전이 독일의 패배를 거의 결정지었고, 마찬가지로 전후 미국의 정책이 대체로 독일의 회복을 가져왔다. 미국인들은 자신들이 가진 힘으로 인해 잘못된 길로 가게 되었다. 미국인들은 독일이 패배한 후에 더는 자신들에게 위험이 되지 않는다는 옳은 가정에서 출발했다. 그러나 미국인들은 이로부터 독일이 유럽 국가들에게도 위험이 될 수 없을 것이라는 잘못된 판단으로 나아갔다.

만약 유럽의 강대국들이 한마음이었다면 미국의 정책은 보다 덜 중요했을 것이다. 프랑스, 이탈리아, 그리고 영국은 후에 그 나라들을 깎아내리는 언급에도 불구하고 만만치 않은 연합이었다. 그들은 어떻게든 패배시키지는 못했지만, 독일에 맞서서 자신들의 입장을 지킬 수 있었다. 이탈리아는 경제적 자원의 측면에서나 정치적 응집력의 측면에서 세 나라 중 가장 약했다. 이탈리아는 또한 전쟁에서 획득한 것 가운데 마땅히 받아야 할 몫을 받지 못했다고 화를 냄으로써 자신의 동맹국들로부터 멀어졌다. 이탈리아는 오스만 제국이 분할된 부분들 중에서 영토를 얻지 못했고, 크게 불평을 한 후에도 쓸모도 없는 식민지 영토에 대한 약속에 속았다. 다른 한편으로 이탈리아는 실체가 없는 가공의 안보, 즉 자신을 거의 섬으로 만들어버리는 유럽으로부터의 고립을 향유했다. 이탈리아의 적은 독일이 아니라 오스트리아-헝가리였다. 또한 합스부르크 왕국이 괴멸하여 분해되었을 때, 이탈리아는 이웃 군소 국가들로 이루어진 보호막을 획득했다. "독일 문제"는 이탈리아로부터 멀리 떨어져 있는 것처럼 보였다. 이탈리아의 정치가들은 독일 문제로 프랑스가 당혹해 하는 것을 반기기까지 했다. 때때로 그들은 이러한 당혹감을 이용하기도 했고, 때로는 짐짓 프랑스와 독일 사이에서 공정한 중재자를 자처하기도 했다. 이탈리아는 어쨌거나 안보 체제에 기여한 바가 거의 없었다. 게다가 거의 없는 그만큼조차도 이탈리아가 공헌한 것이 아니었다.

영국과 프랑스가 서로 의견이 일치했더라면, 이탈리아가 빠져버린 것 역시 보다 덜 중대한 일이었을 것이다. 전시 연합은 여기서 최종적이고 결정적으로 무너졌다. 두 나라 사이는 여전히 긴밀했다. 프랑스가 나폴레옹이 이루었던 것과 같은 새로운 유럽 지배를 목표로 한다고, 혹은 성취하기까지 했다고 영국에서 이따금씩 이야기되던 것은 일시적인 일탈에 지나지 않았다. 대체로 말해서 두 나라는 "서구 민주주의 국가"로서, 유럽의 보호자이자 세계대전을 치러 낸 공동의 전승국으로서 계속해서 함께 행동했다. 그들의 협조 관계는, 굳이 판단하자면 너무도 긴밀했다. 왜냐하면 양국은 상대방의 정책을 애써 지연시켰기 때문이다. 영국인들은 전쟁이 계속되는 동안 독일을 매우 격렬하게 비난해왔었다. 그들은 환상에 사로잡히지 않고 현실을 직시해서 전쟁이 생존 경쟁이라고 주장해왔었다. 이제 자신들이 경쟁에서 승리한 것으로 보였다. 독일 함대가 사라졌고, 식민지 획득을 위한 독일의 도전이 끝났다. 또한 경제 문제에 관해 영국인들은 독일을 억누르는 것보다 회복시키는 데 더 관심이 있었다. 군 지휘부는 적어도 10년 동안은 이렇나 할 규모의 선생을 예상할 필요가 없을 것이라고 일찍이 지시를 받았다. 그리고 이 지시는 1932년까지 해마다 갱신되었다. 이후로 영국의 "본보기 군축"에 관해 많은 것이 드러났다. 만약 군축이 그 당시 구상된 대로 국가의 안전을 위해 가지고 있어야 할 군비 수준보다 더 축소하는 것을 의미한다면, 그런 군축은 없었다. 영국의 군축은 경제적인 이유에서 이루어졌으며, 과실과 오판으로 인한 군축이 있었지 원칙에 따라 이루어진 군축은 없었다. 영국인들은 이전보다 더 안전하다고 생각했다. 영국인들은 대전 후에 다른 나라와 싸워야 할 일이 결코 없을 것이라는 믿음에서 동원했던 군대를 해산했다. 그리고 후에 기갑 부대를 만들지 못했을 때, 이는 전차가 말보다 유용하지 않다고 주장하는 가장 신뢰받는 군 당국의 조언을 따랐기 때문이었다. 영국 해군력의 우위는 유럽 해역에서 이전의 어느 때보다 컸고, 확실히 1914년 이전보다 강했다. 프랑스를 제외한 다른 모든 나라의 해군은 자취를 감추었다. 또한 때때로 언성을 높일 일은 있었지만 영국과 프랑스가 전쟁에 돌입하리라고는 상상조차 할 수 없었다.

"안보"가 단순히 침략 받지 않음을 의미한다면, 영국 제도諸島는 역사상 그 어느 때보다 안전해 보였다. 영국의 여론은 대규모 전쟁이 있은 후 종종 그랬던 것처럼 고립을 지지하는 쪽으로 되돌아갔다. 여론은 전쟁이 정말 할 만한 가치가 있었던 것인지 의심했고, 이전의 동맹국들에 분개하게 되었으며 이전의 적에게 우호적으로 변해갔다. 그러나 영국 정치가들은 이렇게까지 나아가지는 않았다. 그들은 여전히 프랑스와 협력하기를 원했고, 평화롭고 안정적인 유럽이 그 자체로 영국의 이익이 됨을 인식했다. 하지만 이러한 생각과 별개로 영국 정치가들이 독일에 대한 프랑스의 모든 요구를 기꺼이 승인하지는 않았다. 그들은 독일의 위험성에 대한 이야기를 역사적 낭만주의로 간주하는 경향이 있었다 — 사실 바로 당면한 현재의 일이었지만 말이다. 안보에 대한 프랑스의 강박 관념은 과장된 정도가 아니라 아예 잘못된 판단으로 여겨졌다. 또한 언질을 주는 방식으로 프랑스의 강박 관념을 누그러뜨리려고 애썼던 영국 정치가들조차도 자신들의 약속을 실행에 옮겨야 할 것이라고 생각하지 않았다. 더 나아가, 프랑스를 원조하겠다는 영국의 약속들은 다른 안전 보장 조치들에 추가적으로 제공된 것이 아니었다. 그 약속들은 프랑스가 다른 조치들을 그만둘 것이라는 생각에서 대안으로서 구상되었다. 영국인들은 자신들이 전쟁 전에 저질렀던 정책의 실수에 대해 깊이 숙고했다. 물론 몇몇 사람들은 영국이 대륙 문제에 아예 연루되지 말았어야 했다고 주장했다. 그러나 전쟁이 발발하자 나가서 싸워야 한다고 주장했던 사람들 중 다수가 만약 영국이 프랑스와 공식적인 방어 동맹을 형성했다면 전쟁을 피할 수도 있었을 것이라고 또한 주장했다. 독일인들에게 영국이 참전할 것이라는 경고가 되었을 것이고, 또 프랑스인들, 더 더욱 러시아인들에게 영국은 "동쪽의 분쟁"에 개입해 싸우지 않을 것임을 주지시키는 일이 되었을 것이었다. 전쟁이 끝난 현재, 프랑스와의 동맹은 수정된 형식의 고립을 의미했다. 영국은 프랑스의 국경을 지키겠다고 약속함으로써 프랑스 국경 너머에 어떻게도 관련을 맺지 않으려 함을 보여주려 했다.

그러므로 영국의 정책은 협력적일 수 있는 한 가장 협력적인 것으로 독일의 회복을 막지 않았다. 영국의 정책은 안보를 제공할 뿐인데 이 안보가 독일이 회복되어 원래대로 돌아가는 결과와 충돌한다고 할 수 있었다. 영국이 프랑스에 지원하는 대가는 프랑스가 라인 강 동쪽의 모든 이익을 포기해야 하는 것이었고, 따라서 유럽의 강대국으로서의 모든 지위를 포기해야 하는 것이었다. 1914년 이전에도 프랑스인들은 런던으로부터 같은 권유를 받았다. 그러나 당시 프랑스인들은 두 가지 일을 동시에 진행하고 있었다. 영국과의 연합은 프랑스가 실제로 침략을 당할 경우에 제한적인 원조를 제공하도록 되어 있었다. 침략이 일어난 후에는 결국 기대되었던 것보다 훨씬 큰 규모의 원조를 제공했지만 말이다. 그러나 이러한 연합은 전쟁 발발 직전까지는 프랑스 정치에서 부차적인 것이었다. 프랑스가 강대국으로서 독립적인 지위를 누릴 수 있는 것은 러시아와의 동맹 덕이었다. 이 동맹은 독일의 힘을 이쪽저쪽 반반으로 나누었다. 1914년에도 프랑스군 수뇌부는 프랑스의 왼쪽 측면에 있는 소수의 영국 원정군보다 동프로이센을 둘러싸고 있는 러시아군을 당연히 더 중요하게 생각했다. 러시아와의 동맹으로 프랑스는 1917년까지 계속해서 독립적인 지위를 보유하며 자신이 강대국이라는 착각에 사로잡혔다. 그러다 1917년에 러시아가 패배해 전쟁에서 빠졌고, 프랑스의 유럽 정책이 무너졌다. 전쟁의 승리는 서유럽에서만 이뤄졌고, 동유럽은 서유럽과 함께 승리한 것이 아니라 서유럽에서 승리한 결과로 해방되었다. 그리고 프랑스는 서구 민주주의 세력에 이등 국가의 지위로 참여하는 일원이 되었다.

일부 프랑스 정치가들은 이런 새로운 사태를 환영했다. 특히 클레망소는 러시아와의 동맹을 항상 탐탁지 않게 여겼다. 러시아가 프랑스 민주주의에 이질적이었고, 프랑스를 멀리 떨어진 발칸 분쟁에 연루시키고 있기 때문이었다. 그는 동맹이 형성되는 것을 막으려 애썼고, 동맹이 붕괴되었을 때 대단히 기뻐했다. 또한 클레망소의 볼셰비즘에 대한 격렬한 혐오는 러시아가 전쟁에서 빠진 데 대한 분노 때문만이 아니었다. 나아가 동맹이 갱신되지 않으리라는 확인이기도 했다. 클레망소는 대다수 프랑스인들보다 영국과 미국을 더 잘 알았고, 프랑스와 인류 전체의 미래가 서유럽 국가들에 달려 있다고 진정으로 믿었다. 그는 1918년 12월 29일 의회에서 "이 협상Entente을 위해 저는 어떤 희생이라도 치를 것입니다"라고 말했다. 그리고 그는 그렇게 했다. 베르사유조약이 어쨌든 합의에 이를 수 있었던 것은 오로지 클레망소가 모든 프랑스 정치가들 중 영국과 미국에 가장 호의적인 인물이었기 때문이다. 다른 프랑스 지도자들은 그렇게까지 그 한 가지에 매달리지 않았다. 극우에 서서 고함을 치는 매우 소수의 사람들만이 영국에 대한 오랜 반감을 계속 가지고 있었고, 미국을 싫어하는 사람은 거의 없었다. 그러나 많은 사람들이 두 앵글로색슨 국가의 충실성을 신뢰하지 않았다. 몇몇 사람들은 승리에 도취되어 프랑스가 루이 14세Louis XIV 치세, 혹은 비스마르크 시대 이전에 누렸던, 유럽을 지배하던 위치로 복귀하는 꿈을 꾸었다. 반면 이보다 좀 더 신중한 사람들은 동유럽 동맹국들이 독일의 인구상 우위를 감쇄시킬 것이며 프랑스가 이전에 누렸던, 강대국 중 하나로서의 지위를 회복시킬 것이라 인식했다.

동유럽의 동맹국이 러시아일 수는 없었다. 볼셰비즘이 명백한 이유였다. 서유럽 국가들은 독일과 전쟁을 하는 동안에도 볼셰비키의 지배에 대항하는 간섭 전쟁에 개입했고, 그 뒤에는 러시아 서쪽 국경에 있는 국가들이 방역선Cordon sanitaire의 역할을 하도록 원조했으며, 결국에 러시아와의 일부 교역의 문이 마지못해 열렸을 때조차 도덕적으로 고무되어 불승인Non-recognition 정책을 따랐다. 소련 지도자들은 1917년 11월에 정권을 잡았을 때, 이번에는 자신들 측에서 공공연하게 떠벌리면서 타락한 자본주의 세계와 관계를 끊었고, 국제적 혁명에 모든 것을 걸었다. 이 국제적 혁명이 성공하지 못했을 때조차 그들의 시각으로는 소련 외무성보다 제3인터내셔널이 계속해서 더 중요했다. 이론상 소련과 유럽 국가 간의 관계는 여전히 잠시 중단된 전쟁 관계였다. 일부 역사가들은 이 은폐된 전쟁을 전간기를 이해하는 핵심적인 단서로 간주하기도 한다. 소련 역사가들은 영국과 프랑스가 유럽의 십자군 전쟁 — 소련에 대항한 새로운 간섭 전쟁 — 을 위해 독일을 자신들 편으로 끌어들이기를 원했다고 주장한다. 또한 몇몇 서구의 역사가들은 소련 지도자들이 혁명을 조장하려는 바람으로 국제 문제에서 끊임없이 분란을 일으켰다고 주장한다. 이러한 일은 양측이 각각 자신들의 원칙과 신념을 진정으로 견지했다면 당연히 그렇게 했어야 하는 바다. 그러나 양측 모두 그러지 않았다. 볼셰비키들은 "일국 사회주의"로 생각을 바꾸게 되었을 때 암묵적으로 그들의 안보 관념과 외부 세계에 대한 무관심을 자인했다. 서유럽 정치가들은 볼셰비키에 대항하는 새로운 간섭 전쟁을 계획할 만큼 볼셰비키의 위험성을 심각하게 받아들인 적이 결코 없었다. 공산주의는 유령으로 나타나서 유럽을 계속 괴롭혔다. 그 유령은 사람들이 자신들의 공포와 실수에 붙인 이름이었다. 공산주의에 대항한 십자군 전쟁은 공산주의라는 유령보다 훨씬 더 실체가 없는 가상의 것이었다.

러시아를 유럽 문제에 다시 끌어들이려는 노력이 왜 기울여지지 않았는지에 대한 다른 이유, 조금 더 노골적인 이유가 있다. 전쟁 중에 패배를 당했다는 사실로 인해 러시아의 강대국으로서의 명성이 산산조각 났기 때문이다. 그리고 그 후에 일어난 혁명으로 러시아는 한 세대 동안 쇠약한 상태에 놓일 운명에 처했다고 생각되었다. 이것은 전혀 틀린 말은 아니다. 결국 독일은 가장 온건한 성격의 정치적 혁명으로 약화되어 있었지만, 반면 근본적인 사회적 대격변을 겪고 있는 러시아에서는 결과가 훨씬 더 격심할 수밖에 없었을 것이다. 게다가 서유럽의 많은 정치가들은 러시아가 사라져서 다소 안심했다. 독일의 힘을 상쇄시키는 유용한 평형추의 역할을 해오기는 했지만, 러시아는 까다롭고 억센 동맹국이었다. 프랑스인들은 콘스탄티노플에 대한 러시아의 요구를 들어주지 않고 프랑스-러시아 동맹을 20년에 걸쳐 지속시켜왔다. 프랑스인들은 1915년에 정말로 마지못해서 양보했으나, 곧 전시의 약속을 부인할 수 있어 기뻐했다. 영국인들은 콘스탄티노플에 대해 그다지 주의를 기울이지 않았다. 그러나 그들 역시 근동과 중동 지역에서 러시아와 불화가 있었다. 실례로 인도에서 있었던 전후 공산주의 선전 활동은 과거 러시아가 페르시아에서 벌였던 활동만큼이나 비할 데 없이 위협적이었다. 그러한 특수한 문제들과는 완전히 별도로 국제 문제는, 오늘날 모든 사람들이 알고 있듯 러시아의 참여 없이도 언제나 더 잘 진행되었다. 그러나 러시아를 배제하게 된 가장 현실적인 이유는 단순히 지리적인 문제였다. 방역선은 제 구실을 했다. 명백히 밸푸어Arthur James Balfour가 홀로 예견한 대로였다. 그는 1917년 3월 21일 제국 전시 내각에서 "여러분들이 완전하게 독립적인 폴란드를 만들려면 …… 서유럽으로부터 러시아를 완전히 떼어놓아야 합니다. 러시아는 더 이상 서유럽 정치에서 고려해야 할 요인이 아니거나, 아니라 해도 될 정도입니다"라고 말했다. 그리고 이것은 사실로 판명되었다. 러시아는 유럽 문제에서 어떤 역할을 하고자 해도 할 수 없었다. 하지만 꼭 러시아가 역할을 해야 하는데 못한 것일까? 몇 년 동안 인식되지 못했지만 방역선은 반대로도 작용했다. 방역선은 러시아를 유럽으로부터 배제했고, 마찬가지로 러시아에 유럽을 들이지도 않았다. 빗나간 방식으로, 러시아를 막기 위해 구상된 장벽은 러시아를 보호했다.

방역선을 이룬 신생 민족 국가들은 프랑스의 시각에서 보면 또 다른, 더 중요한 기능이 있었다. 천우신조로 그 나라들은 사라진 동맹국 러시아를 대체할 수 있는, 즉 덜 변덕스럽고 덜 독립적이며 더 신뢰할 만하고 더 존중할 만한 동맹국들이었다. 클레망소는 4국 회의에서 "독일의 침략에 대해 우리에게 무엇보다 굳건한 보증이 되는 것은, 독일의 배후에, 그리고 매우 뛰어난 전략적 위치에 체코슬로바키아와 폴란드가 자리하고 있다는 사실입니다"라고 말했다. 클레망소마저도 이를 믿었다고 한다면, 다른 프랑스인들이 오스트리아-헝가리의 분열로 탄생한 신생 국가the Succession states들과의 동맹을 프랑스 대외 정책의 주요한 기조로 삼았다는 것은 놀랄 일이 아니다. 그들 중 거의 아무도 그러한 동맹의 역설적인 성격을 인식하지 못했다. 그 신생 국가들은 위성국 내지는 보호국이었다. 즉 이들은 민족주의적 열망에 고무되기는 했으나, 연합국의 승리로 독립에 이르게 되었고 그 후 프랑스의 금전적 지원과 군사적 조언에 도움을 받았다. 프랑스가 이들 국가들과 맺은 동맹 조약은 영국이 중동의 신생국들과 맺은 것 같은 보호 조약이라 해야 이치에 맞는 것이었다. 프랑스인들은 상황을 반대로 보았다. 프랑스인들은 동유럽 국가들과 맺은 동맹들을 부채가 아닌 자산으로, 프랑스에 책임을 지우는 것이 아니라 보호를 가져다주는 것으로 간주했다. 프랑스인들은 신생국들이 프랑스의 금전적 지원을 필요로 함을 인식했다. 하지만 러시아도 마찬가지였었고, 게다가 훨씬 더 많은 돈이 들어갔다. 프랑스의 돈을 필요로 하는 것은 일시적일 것이었다. 다른 모든 점에서 신생국들은 프랑스에게 더 유용했다. 러시아와 달리 그 나라들은 페르시아나 극동에 대한 불필요한 야망으로 정신을 딴 곳에 팔지 않을 것이었다. 러시아와 달리 그 나라들은 독일과 결코 긴밀한 관계를 맺을 수 없을 것이었다. 민주적이고 민족적인 프랑스 모델을 따라 그 나라들은 평화시에 더욱 안정적이고 전시에는 더욱 확고하게 될 터였다. 그 나라들은 프랑스를 위해 독일의 힘을 흩뜨리고 양분하는 자신들의 역사적 역할에 대해 절대로 의심을 품지 않을 것이었다.

이런 생각은 체코와 폴란드의 힘을 놀랄 만큼 크게 과장한 것이었다. 프랑스인들은 지난번 전쟁에서 겪은 경험으로 인해 오도되었다. 지난번 전쟁에서 다소 뒤늦었지만 전차를 사용했음에도 불구하고 프랑스인들은 보병을, 페탱Henri Philippe Pétain의 표현을 빌리자면, "전장의 퀸"으로 간주했다. 또한 그들은 소총의 위력을 결정적인 요인으로 간주했다. 프랑스는 인구 4천만의 나라로서 6천5백만 인구의 독일에 비해 명백하게 열세에 있었다. 하지만 폴란드의 3천만을 합하면 대등했고, 체코슬로바키아의 1천2백만을 더하면 우세했다. 더욱이 사람들은 미래를 예측해내려고 할 때 과거를 보게 되어 있다. 프랑스인들은 독일이 자신들을 공격하는 것으로 시작되지 않는 장래의 전쟁을 상상할 수 없었다. 그러기에 항상 "동유럽의 동맹국들이 우리를 어떻게 도와줄 수 있을까?"를 질문했지 "우리가 어떻게 그들을 도울 수 있을까?"는 결코 생각지 않았다. 1919년 이후 프랑스의 군사적 대비는 점점 더 방어적인 것이 되었다. 군대는 참호전에 대비해 진용을 갖추었고 국경에는 요새들이 줄을 이었다. 프랑스의 외교와 프랑스의 전략이 명백히 모순되었던 것이다. 모순은 외교 체제 자체에도 있었다. 영국-프랑스 협상과 동유럽 국가들과의 동맹이 상호 보완적이지 못했다. 이 두 가지는 서로 효과를 상쇄했다. 프랑스는 오로지 영국의 도움이 있어야만 폴란드와 체코슬로바키아를 돕기 위해 공격적으로 나갈 수 있었다. 하지만 영국의 지원은 프랑스가 동유럽의 멀리 떨어진 나라들을 보호하기 위해서가 아니라 프랑스 자신을 보호하기 위해 방어적으로 행동할 때만 올 것이었다. 이 딜레마는 1930년대의 변화된 상황 때문에 생긴 것이 아니었다. 드러나지 않았지만 처음부터 존재했다. 그리고 영국이나 프랑스나 다른 길을 찾지 못했다.

이러한 난관이 우리에게는 뚜렷하게 드러나 보인다. 하지만 당시 사람들에게는 덜 명확해 보였다. 러시아가 사라지고 미국이 물러났지만 영국과 프랑스는 여전히 유럽 전체에 법을 규정할 수 있는 최고 이사회Supreme Council를 구성하고 있었다. 게다가 강화 회의의 결과로 새로이 등장한 국제연맹으로 인해 동맹의 중요성이 떨어진 것으로 보였고 장래에 전쟁이 일어날 가능성 또한 낮아 보였다. 국제연맹의 성격에 대해 영국과 프랑스 사이에 깊고 근본적인 견해 차이가 있었던 것은 사실이다. 프랑스인들은 국제연맹을 독일에 대항해 구축된 안보 체제로 발전시키기를 원했으나 영국인들은 연맹을 독일을 포함하게 될 회유 체제로 간주했다. 프랑스인들은 지난번 전쟁이 독일의 침략으로 일어났다고 믿었으나 영국인들은 점점 더 실수로 인해 발생했다고 생각하게 되었다. 두 나라가 이러한 차이를 대놓고 주장해 끝장을 보는 일은 없었다. 대신 두 나라는 확신하고 있지 못하다는 무언의 유보에도 불구하고 각각 서로 상대방과 타협한 듯이 행동했다. 두 나라는 각각 상대방이 틀렸음을 증명해줄 사건이 일어나길 기다렸고, 또한 나타난 결과가 거의 없었음에도 불구하고 곧 충분히 만족했다. 실제로는 영국의 판단이 더 옳았다. 첫째로 국제연맹의 규약은 일반적인 조건으로 규정되었다. 연맹은 독일이 아니라 침략에 대항해 설계되었다. 또한 동등한 권리를 갖는 국제연맹 회원국의 지위가 독일에게 없다면 국제연맹을 독일에 대항하도록 이용하기 어려웠다. 더군다나, 소극적인 정책이 항상 적극적인 것보다 효력이 있는 법이고, 가만히 있는 것이 나서는 것보다 쉬운 법이다. 무엇보다도, 영국의 시각은 독일 정부와 휴전하고 그러고 나서 강화한다는 1918년 11월의 결정에 이어지는 것일 수밖에 없었다. 일단 독일을 파괴하지 않고 보존하기로 결정되자, 조만간 독일은 국제 예양國際禮讓이 바탕이 되는 국제사회에 복귀해야 했다. 영국 정부와 프랑스 정부 모두 국내적으로나 대외적으로 어려운 일들로 인해 정신이 너무나 산란해져 명확하고 확고한 정책을 갖지 못했다. 하지만 전후 시기에 어떤 일관적인 양상이 있다고 한다면, 그것은 독일을 회유하려는 노력과 실패의 이야기였다.

3장

THE POST-WAR
DECADE

전후 십 년

독일인들은 자신들이 배상금 지불로 파멸하고 있다는, 어느 정도는 일리가 있는 믿음에서 출발했다. 그러나 그들은 곧 자신들이 강화조약 전체로 인해 황폐화되고 있다는, 이치에 덜 맞는 믿음에 이르렀다. 결국 독일인들은 오던 길을 되돌아가서, 배상과 전혀 관련이 없는 조항들로 인해 자신들이 파멸하고 있다고 결론지었다.

The Germans began with the more or less rational belief that they were being ruined by reparations. They soon proceeded to the less rational belief that they were being ruined by the peace treaty as a whole. Finally, retracing their steps, they concluded that they were being ruined by clauses of the treaty which had nothing to do with reparations.

전간기 유럽 역사는 "독일 문제"를 놓고 돌아가고 있었다. 독일 문제가 해결된다면 모든 일이 해결될 것이고, 해결되지 못한 채로 있게 된다면 유럽은 평화를 누리지 못할 것이었다. 다른 문제들은 첨예함이 사라졌거나, 독일 문제에 비해 사소했다. 예를 들어 볼셰비키로 인한 공포는 — 결코 사람들이 생각했던 것만큼 그렇게 대단하지도 않았지만 — 1920년 8월 붉은 군대가 바르샤바에서 철수했을 때 돌연 사라졌다. 그때부터 20년 동안 공산주의가 러시아 국경을 넘어 유럽 어디에서나 승리하리라는 전망은 자취를 감추었다. 또한 헝가리의 "수정주의"가 1920년대 동안 소란을 피웠는데, 영토적 관점에서 사실상 독일의 수정주의보다 더 혼란스러웠으나 국시선의 그늘만 조금 드리웠을 뿐 결코 전면적인 격변의 조짐을 보이지는 않았다. 이탈리아 역시 아드리아 해 문제를 놓고 유고슬라비아와 다투었다. 그리하여 후에 이탈리아는 스스로를 가리켜 받을 것을 받지 못한 "가진 것이 없는" 나라라고 주장했다. 이탈리아가 할 수 있던 최대한은 신문의 머리기사를 장식하는 일뿐, 다른 나라에 겁보글 울릴 징조는 되지 못했다. 독일 문제만이 유일한 문제였다. 지금까지 이런 적은 없었다. 충분히 인식되지 못했지만 독일이 갖고 있는 힘의 문제는 1914년 이전부터 존재했다. 그러나 당시에는 다른 문제들 — 콘스탄티노플에 대한 러시아의 욕망, 알자스-로렌에 대한 프랑스의 욕망, 이탈리아의 민족 통일주의, 오스트리아-헝가리 내의 남쪽 슬라브족 문제, 발칸 반도에서의 끊임없는 분쟁 — 도 있었다. 하지만 이제는 독일의 지위 문제 말고 중요한 문제라는 게 없었다.

매우 중요한 두 번째 차이점이 있었다. 1914년 이전 유럽 열강들의 관계는 종종 페르시아, 이집트, 모로코, 열대 아프리카, 아시아 지역 터키, 그리고 극동 같은 유럽 외부의 문제들에 의해 형성되곤 했다. 비록 틀리기는 했지만 몇몇 훌륭한 비평가들은 유럽 문제들이 그 역동성을 상실했다고 믿었다. 브레일스퍼드Henry Noel Brailsford라는 명석하고 사정에 밝은 평론가는 일찍이 1914년에 다음과 같이 서술했다. "우리 조상들로 하여금 유럽에서 연합을 형성하고 대륙 전쟁을 벌이도록 몰고 간 위험들은 이제 사라져 다시는 돌아오지 않을 것이다. …… 우리 근대 민족 국가들의 국경이 최종적으로 획정劃定된 것은 정치 영역에서 다른 어떤 확실한 일만큼이나 확실하다."[1] 그러나 현실은 정반대인 것으로 드러났다. 유럽은 일대 혼란으로 뒤집혔고, 정치가들은 유럽 문제로 계속 골머리를 앓아야 했다. 1914년 이전에 곤란을 가져왔던 유럽 외부의 문제들 중에서 전간기에 유럽 열강들 사이에 심각한 위기를 불러온 것은 없었다. 실례로 영국과 프랑스가 한때 이집트를 놓고 전쟁을 벌였듯 다시 시리아를 놓고 전쟁에 들어가리라고 상상할 수 없었다. 유일한 예외라면 1935년 아비시니아 사태였지만 이것도 국제연맹의 형식을 띤 유럽 정치에 관련된 것이었지 아프리카를 놓고 벌어진 대립이 아니었다. 또 하나의 분명한 예외가 있었는데, 극동 문제였다. 이 문제가 국제 문제에 중대한 곤란을 가져왔다. 하지만 영국만이 극동 문제로 인해 실제적인 영향을 받는 유일한 유럽 국가였다.

이러한 사실 역시 이전에 없던 것이었다. 영국은 이제 유럽에서 유일한 세계 강국이었다. 1914년 이전에도 영국은 최상층의 지위에 있는 세계 강국이었다. 그러나 "제국주의 시대"에는 러시아, 독일, 그리고 프랑스도 마찬가지로 중요했다. 이제 러시아는 유럽의 뒷전으로 밀려나 식민지인들의 반유럽 봉기와 연합하고 있었다. 독일은 식민지를 상실했고 적어도 당분간은 제국의 야망을 포기했다. 프랑스는 여전히 식민지를 소유한 강대국이었지만 유럽 문제에 붙들려 있었고, 영국을 비롯한 다른 나라들과의 논쟁에서 자신의 제국이 뒷전으로 밀리는 것을 내버려두었다. 극동 지역은 사태가 어떻게 변화했는지를 보여주었다. 1914년 이전에 극동은 유럽만큼이나 복잡하게 얽힌 균형을 이루고 있었다. 일본은 영국뿐 아니라 러시아, 독일, 프랑스를 고려에 넣어야 했었다. 또한 영국인들은 때로는 일본과 보조를 맞추고 때로는 대립하면서 무사히 나아갈 수 있었다. 미국은 전후 몇 년 동안 극동에 적극적인 정책을 가지고 있었다. 그러나 매우 짧은 동안이었다. 1931년 만주사변이 일어났던 시기에 이르러 영국은 극동에서 사실상 홀로 일본에 맞섰다. 영국인들이 어찌해서 자신들이 유럽 강국들과 구별된다고 생각했고 왜 종종 유럽 정치로부터 물러서기 원했는지 이해하는 것은 어렵지 않다.

또한 독일 문제가 어찌하여 전적으로 유럽 문제로 보였는지 이해하는 것도 쉬운 일이다. 미국과 일본은, 보유한 힘대로 있고 끝보기에는 식민지에 아무런 이해관계도 없는 국가가 자신들을 위협한다고 생각하지 않았다. 영국과 프랑스는 둘이서 독일 문제를 해결해야 한다는 것을 심각하게 인식하고 있었다. 1919년이 지나고 곧 그들은 독일 문제가 매우 신속하게 해결될 것이라고, 적어도 강화조약이 완전히 적용되는 한 그럴 것이라고 생각했다. 그들이 완전히 잘못 생각했던 것은 아니었다. 독일의 국경은 1921년까지 모두 획정되었고, 주민투표의 결과 상(上)슐레지엔이 독일과 폴란드 양쪽에 나뉘어 귀속되었다. 투표가 다소 인위적으로 해석되기는 했다. 독일의 군비 철폐는 조약에 규정된 것보다 더 느리게 진행되었고, 어느 정도 회피되는 부분도 있었지만 그래도 진행되고 있었다. 독일 군대는 더 이상 막강한 전투력으로 존재하지 않았고, 누구도 앞으로 여러 해 동안은 독일과 실제로 전쟁할 걱정을 하지 않아도 되었다. 독일이 때때로 회피했던 그 일이 훗날 중요하게 생각되자, 사람들은 조약의 군비 철폐 조항이 결코 지켜지지 못했다거나 가치가 없었던 것처럼 말했다. 하지만 실제로 군비 철폐 조항은 시행되고 있는 한에서는 소기의 목적을 달성했다. 1934년까지도 독일은 프랑스는 물론이고 폴란드에 대한 전쟁도 생각할 수 없었다. 조약의 다른 조항들 중에서 전범자 재판에 관련된 사항은 몇 차례 시도되었으나 만족스럽지 못했고 결국 누락되었다. 부분적으로는 독일의 항의와 방해에 굴복한 것이기도 했지만, 주범인 빌헬름 2세가 네덜란드에 안전하게 거처하고 있는데 종범들에 대한 재판을 진행시킨다는 것이 불합리하다는 생각이 컸다.

  1921년까지 강화조약의 많은 부분이 시행되고 있었다. 강화조약의 논쟁을 불러일으키는 측면이 점차 사그라지리라는 예측은 일리가 있었다. 애초에 아무리 쓰라린 감정을 느꼈다 해도 이미 결말이 난 문제를 놓고 거듭해서 다툴 수는 없다. 프랑스인들은 워털루의 패배를 잊었고, 심지어 잊지 말자고 거듭 다짐했음에도 불구하고 알자스와 로렌도 잊는 경향이 있었다. 독일인들 역시 시간이 흐르면 잊을 것이라고, 아니면 적어도 묵인하리라 기대되었다. 독일이 가진 힘의 문제가 남아 있겠지만 그렇다고 독일이 기회만 되면 1919년의 결정 사항을 단번에 뒤집겠다고 결심해 문제를 악화시킬 것 같지는 않았다. 실제로 일어난 일은 반대였다. 조약에 대한 분노가 매년 커져 갔다. 즉 조약의 한 부분이 해결되지 않았고, 이에 대한 논쟁으로 조약의 나머지 부분이 계속 문제시되었다. 미해결 문제란 배상금 지불 문제였다. 훌륭한 의도로, 정확하게는 훌륭한 장치로 운영되었으나 결국 실패한 일의 뚜렷한 예다. 1919년에 프랑스인들은 전쟁으로 인한 전체 손해 배상 청구서에 독일이 모두 지불해야 한다는 원칙을 단호하게 규정하기를 원했다. 장래에 독일 경제가 회복되어 가는 매 단계마다 증가하는 확정되지 않은 책임이었다. 미국인들은 좀 더 분별 있게, 확정된 총액을 명시할 것을 제안했다. 로이드 조지는 1919년의 격앙된 분위기에서 이렇게 확정된 총액 역시 독일의 지불 능력을 훨씬 초과할 수 있다고 판단했다. 그는 (자신을 포함해) 사람들이 시간이 지나면 제정신으로 돌아오기를 바랐다. 연합국은 온당한 요구를 하고 독일인들도 사리에 맞는 제안을 하게 되어, 이 두 액수가 어느 정도 일치되기를 바랐다. 그리하여 그는 프랑스를 배후에서 지원하는 쪽으로 돌아섰다. 하지만 그 이유는 프랑스인들과 정반대였다. 프랑스인들은 엄청나게 큰 금액을 청구하기를 원했지만, 로이드 조지는 깎기를 원했다. 미국인들이 자신들의 입장을 포기했고, 강화

조약에는 배상의 원칙만 명시하고 액수는 차후 결정하기로 했다.

로이드 조지의 행동은 독일과의 화해를 좀 더 쉽게 하려는 의도였으나 오히려 화해를 거의 불가능하게 만들었다. 1919년에 감추어져 있던 영국과 프랑스의 견해 차이가, 그들이 배상금 액수를 정하려 하자마자 표면에 부상했기 때문이다. 프랑스인들은 여전히 액수를 올리려 애썼고, 영국인들은 성급하게 삭감하려 했다. 독일인들 또한 자발적으로 협력하려는 의사를 보이지 않았다. 독일인들은 자신들이 일단 사태를 착실히 수습하면 배상금 청구서가 뒤따를 것임을 잘 알고서 자신들의 지불 능력을 평가해보려 하기는커녕 의도적으로 경제 문제들을 혼란스러운 상태로 방치했다. 1920년에 연합국 측 국가들 사이에 격앙된 회담이 있었고, 곧이어 독일인들과의 회의가 개최되었다. 1921년에는 더 많은 회의가 열렸고, 1922년에는 그보다 더 많았다. 1923년, 프랑스인들이 루르를 점령함으로써 지불을 집행하려 했다. 독일인들은 처음에는 수동적 저항으로 대응했는데, 그러다가 물가 폭등의 파국을 맞아 무조건 굴복했다. 프랑스인들도 거의 독일인들만큼 기진맥진해져서 도스안이라는 타협안에 동의했다. 이 타협안은 주로 영국의 재촉으로, 미국인 의장의 주도 하에 초안이 만들어졌다. 이 잠정적인 해결책은 프랑스인과 독일인 양측 모두의 분노를 샀지만, 실제로 배상금이 이후 5년 동안 지불되었다. 그 후 또 다른 회의가 있었다. 그 회의에서는 더 많은 격론이 오고 갔으며, 더 많은 비난과 더 많은 요구와 더 많은 책임 회피가 있었다. 또다시 미국인 의장의 주도 하에 성립된 영안이 나왔다. 그런데 영안이 가동되자마자 대공황이 유럽을 덮쳤고, 독일인들은 배상금 지불을 계속할 수 없다고 항변했다. 1931년에는 후버모라토리엄Hoover moratorium으로

12개월 동안 지불이 유예되었다. 1932년에 로잔에서 열린 마지막 회의로 모든 과거의 일이 청산되었다. 결국에 합의가 도출되었으나, 그렇게 되기까지 모든 편에 의심과 원망만 쌓인 13년이라는 세월이 흘렀다. 결국 프랑스인들은 사기를 당했다고 여겼으며, 독일인들은 강탈을 당했다고 느꼈다. 배상 문제는 전쟁을 향한 열정이 꺼지지 않고 살아 있게 만들었다.

사정이야 어떻든 간에 배상 문제는 확실히 원한의 씨앗이 되었다. 원한이 오랜 기간에 걸친 뿌리 깊은 것이 된 원인은 불확실한 태도와 배상 문제를 놓고 벌어진 논쟁 때문이었다. 1919년에 많은 사람들은 배상금 지불로 독일이 아시아 지역과 같은 빈곤 상태에 빠질 것이라고 믿었다. 모든 독일인들처럼 케인즈도 이러한 견해를 견지했다. 그리고 아마도 많은 프랑스인들도 그 결과에 대해 유감스럽게 생각하지는 않았겠지만 마찬가지의 견해를 가졌을 것이다. 제2차 세계대전 동안 에티엔 망투Étienne Mantoux라는 명석한 젊은 프랑스인이, 독일인들이 배상금을 지불할 마음이 있었다면 빈곤에 빠지지 않고서도 그렇게 할 수 있었을 것임을 입증했다. 또한 히틀러는 프랑스의 비시Vichy 정부로부터 막대한 액수를 강제로 빼내 갔을 때 이를 실제로 증명해주었다. 그 문제는 학문적인 관심사일 뿐이다. 확실히 케인즈와 독일인들의 염려는 터무니없이 과장된 것이었다. 독일이 빈곤하게 된 것은 틀림없이 배상이 아니라 전쟁 때문이었다. 독일인들이 배상을 공정하게 부과된 명예로운 의무라 생각했더라면 분명히 배상금을 지불할 수 있었을 것이다. 이제는 모든 사람이 알고 있는 바와 같이 사실상 독일은 1920년대에 금융 거래를 통해 국제수지 균형 재정의 흑자를 보았다. 독일은 배상금으로 지불한 것보다 훨씬 더 많은 액수를 미국 개인 투자자들에게서 차입했다(그러고 나서 상환하지 못했다). 물론 이 사실이 독일 납세자들에게는 거의 위안이 되지 못했다. 이들은 해외 자본을 차입한 독일인들과 결코 동일한 사람들이 아니었던 것이다. 그 문제에 관해, 배상금은 연합국 측 국가들의 납세자들에게도 거의 위안이 되지 못했다. 왜냐하면 그들은 들어온 배상금이 전쟁 부채 상환을 위해 미국으로 곧바로 이전되는 것을 보았기 때문이다. 이것저것 따져보았을 때, 배상으로 생긴 유일한 경제적 효과는 수많은 회계사들에게 일자리를 마련해준 것이다. 그러나 배상 때문에 경제가 어떻게 되었는지 그와 관련된 사실은 거의 중요하지 않았다. 배상은 하나의 상징으로 여겨졌다. 배상 문제는 분노와 의심, 그리고 국가들 간의 적의를 불러일으켰다. 무엇보다도 배상 문제는 제2차 세계대전으로 향하는 길을 예비했다.

배상 문제는 프랑스인들이 불만에 차서, 하지만 희망 없이 계속 저항하도록 만들었다. 따지고 보면 프랑스인들은 불합리한 것만은 아닌 요구를 하고 있었다. 전쟁 동안 북동부 프랑스가 황폐화되었다. 따라서 전쟁에 대한 책임을 따지는 것이 옳건 그르건 간에 독일인들이 피해 복구를 도와야 하는 것은 이치에 맞는 일이었다. 그러나 프랑스인들은 얼마 안 가 배상에 대해 딴 마음을 품었다. 다른 모든 사람들이 그랬듯이 말이다. 일부 프랑스인들은 독일을 영구히 파괴시키기를 원했다. 다른 사람들은 배상금이 지불되지 못해 라인란트에 점령군이 계속 주둔하기를 바랐다. 프랑스의 납세자들은 독일이 전쟁을 일으켜 손해를 입힌 대가를 치를 것이라는 말을 들었다. 헌데 그러고 나서도 세금이 올라가자 독일인들에 대해 분개했다. 마지막에는 그러나 프랑스인들이 배신당했다. 그들은 배상을 요구했다고 도덕적 비난을 받은 것 외에 사실상 아무것도 얻은 것이 없었다. 프랑스인들 스스로의 생각처럼 그들은 독일인들의 비위를 맞추기 위해 배상에 대해 계속해서 양보해왔다. 최종적으로 그들은 배상에 대한 모든 요구를 포기했다. 그런데도 독일인들은 그 어느 때보다 더욱 불만스러운 모습을 보였다. 프랑스인들은 이러한 경험으로부터 — 군비 철폐나 국경 문제와 같은 — 다른 방면에서도 양보하는 것이 마찬가지로 무익할 것이라는 결론을 내렸다. 그들은 또한, 조금 덜 의식하고 있었지만, 양보가 이루어지게 될 것이라 결론짓고 있었다. 제2차 세계대전 이전 시기에 프랑스인들은 지도자들과 스스로에 대한 믿음이 현저하게 부족했다. 이렇게 자포자기에 빠진 냉소주의에는 종종 역사가들이 깊이 연구해온 뿌리 깊고 복잡한 근원이 있었다. 그러나 배상의 성과는 직접적이고 실제적인 원인이었다. 이때 프랑스인들은 확실히 졌고, 프랑스 지도자들은 다른 것은 몰라도 약속을 이행하는 데 철저하게 무능력함을, 아니면 적어도 명백하게 실패했음을 보여주었다. 배상 문제는 독일뿐 아니라 프랑스에서도 독일만큼이나 민주주의를 손상시켰다.

배상 문제는 프랑스와 영국의 관계에도 중대한 영향을 끼쳤다. 제1차 세계대전이 막바지에 다다랐을 무렵 영국인들 — 정치가들이나 대중 모두 — 은 프랑스인들과 마찬가지로 배상을 받아내려는 집념을 가지고 있었다. 씨가 터지는 소리가 날 때까지 오렌지를 짜내듯 독일을 압착하자고 제의한 이는 프랑스 사람이 아니라 영국의 어느 저명한 정치가였다. 또한 로이드 조지조차도 배상에 대해, 그가 이후로 곧잘 상상했던 것보다도 더 소리를 높였었다. 그러나 영국인들은 곧 태도를 바꾸었다. 영국인들은 독일의 상선단을 획득하게 된 후로는 배상의 어리석음을 비난하기 시작했다. 아마도 그들은 케인즈의 저술에 영향을 받았던 것 같다. 영국인들의 좀 더 실질적인 동기는 수출 산업의 회복을 촉진하기 위해 유럽의 경제생활을 회복시키려는 것이었다. 영국인들은 독일인들이 배상금 지불에 따르게 될 끝없는 고통으로 인해 신세타령하는 데 기꺼이 귀를 기울였다. 또한 영국인들은 일단 배상 문제에 대해 비난을 하고 나자 그러고 나서는 이내 강화조약의 다른 조항들도 비난했다. 배상은 사악한 것이었다. 따라서 독일의 군비 철폐도 사악했고, 폴란드와의 국경 획정도 사악했으며, 신생 민족 국가들의 독립도 사악한 것이었다. 이러한 일들은 사악할 뿐 아니라, 정당하다고 생각되기도 하는 독일이 품은 원한의 원인이었고, 또한 독일인들은 이러한 일들이 무효화될 때까지 만족할 수도 번영할 수도 없을 것이었다. 영국인들은 점차로 프랑스의 논리에 화가 나게 되었고, 독일의 회복에 대한 프랑스의 염려에 화가 나게 되었으며, 특히 조약이 일단 체결되었으므로 존중되어야만 한다는 프랑스의 주장에 분개하게 되었다. 프랑스의 배상 요구는 유해하고 위험한 말도 안 되는 이야기였다. 그러므로 그들의 안보에 대한 요구 역시 유해하고 위험한 허튼소리였다. 영국인들은 불평할 수 있는 몇 가지 그럴듯한 근거가 있었다. 1931년에 그들은 금본위제를 어쩔 수 없이 포기해야만 했다. 그런데 전쟁으로 파산했다고 주장했던 프랑스인들은 안정된 통화를 보유했고, 태환을 위한 금 보유량이 유럽에서 가장 많았다. 이는 위험한 시기가 열림을 알리는 불길한 서곡이었다. 제1차 세계대전 이후 몇 년 동안 배상 문제를 놓고 일어난 불화 때문에 영국과 프랑스는 제2차 세계대전 이전 시기에 안보 문제에 대해 의견의 일치를 보는 것이 거의 불가능하게 되었다.

배상 문제의 가장 비극적인 결과는 바로 독일인들 스스로에게 일어났다. 독일인들은 사정이 어떻든 당연히 괴로움을 당할 수밖에 없었다. 독일인들은 전쟁에서 패배했을 뿐 아니라, 영토를 상실했고, 무장 해제를 강요당했으며, 자신들이 통감하고 있지도 않은 전쟁 책임을 져왔다. 그러나 이러한 일들은 머릿속으로 생각했을 때 느끼는 원한에 불과했다. 저녁 시간에 한가히게 둘러앉아서 투덜거리며 불평하는 것이었지 매일매일 일상생활에서 겪는 고난의 원인이 아니었다. 배상 문제는 모든 독일인들에게 살아 숨 쉬는 매순간마다 생각나는 일이었다. 배상 때문에 독일이 정말로 빈곤해졌는지 지금 토론하는 것은 무의미한 일일 것이다. 또한 1919년에 그 점을 주장하는 것도 마찬가지로 쓸데없는 일이었다. 독일인 중 어느 누구도 노먼 에인절Norman Angell이 《거대한 환상The Great Illusion》에서 발전시킨 명제, 즉 1871년에 프랑스가 지불한 배상금이 프랑스에 이롭게 되었고 독일에 해가 되었다고 하는 명제를 받아들였을 리가 만무했다. 상식적으로 생각하면 돈을 지출하면 더 가난해진다는 것이 옳다. 또한 개인에게 옳은 것은 한 나라에도 옳은 것이다. 독일은 배상금을 지불하고 있었고, 따라서 그 때문에 더 가난해졌다. 간단한 추론으로 배상은 독일을 빈곤으로 몰아넣은 유일한 원인이 되었다. 곤경에 처한 사업가, 박봉의 교사, 실직한 노동자 등 모든 사람이 자신의 어려움을 배상금 지불 탓으로 돌렸다. 굶주린 어린아이의 울음소리는 배상금 지불에 항거하는 외침이었다. 노인들은 배상금 지불 때문에 무덤으로 고꾸라져 들어갔다. 1923년의 엄청난 물가 폭등은 배상금 지불 때문이라 생각되었다. 1929년 대공황도 마찬가지였다. 이러한 시각을 저 잣거리의 독일인들만 가지고 있던 것이 아니었다. 금융, 상사 분야의 가장 저명한 전문가들도 이러한 시각을 정말로 강하게 견지했다. "굴욕 조약"에 저항하는 운동은 극단적인 선동가들의 부추김을 받을 필요가 거의 없었다. 경제적 어려움에 부딪칠 때마다 독일인들은 "베르사유의 족쇄"를 벗어 던지려는 마음을 억누를 수 없었다.

　　사람들이 일단 조약을 거부하면 그 뒤에는 정작 자신들이 어떤 조항을 거부했는지 정확히 기억할 리가 없다. 독일인들은 자신들이 배상금 지불로 파멸하고 있다는, 어느 정도는 일리가 있는 믿음에서 출발했다. 그러나 그들은 곧 자신들이 강화조약 전체로 인해 황폐화되고 있다는, 이치에 덜 맞는 믿음에 이르렀다. 결국 독일인들은 오던 길을 되돌아가서, 배상과 전혀 관련이 없는 조항들로 인해 자신들이 파멸하고 있다고 결론지었다. 예를 들어 독일의 군비 철폐는 굴욕적인 것일 수 있었다. 독일은 군비 철폐로 폴란드나 프랑스의 침입에 노출될 수 있었다. 하지만 군비 철폐는, 굳이 효과를 따져본다면 경제적으로 이익이 되었다.[2] 그러나 독일의 보통 사람들은 그렇게 느끼지 않았다. 평범한 독일 사람이라면 배상금 지불로 자신이 더 가난해졌기 때문에 군비철폐로 인해서도 자신이 더 가난해졌다고 생각했다. 조약의 영토 조항의 경우도 마찬가지였다. 물론 조약의 결정사항에는 결함이 있었다. 너무 많은 독일인들이 폴란드에 속하도록 동쪽 국경이 설정되었다. 하지만 너무 많은 폴란드인이 또한 독일에 속하게 되기도 했다. 이 문제는 국경을 어느 정도 다시 획정하고 거주민을 상호 교환함으로써 개선될 수도 있었을 것이다. 그러나 이러한 방편이 그 문명화된 시기에 고려되지 않았다. 하지만 공정한 재판관 — 그런 재판관이 있다면 — 이라 해도, 일단 민족 국가 원칙을 수용하면 영토적 결정 사항에 고칠 점이 거의 없음을 발견할 것이었다.

소위 폴란드회랑回廊에는 거의 압도적으로 폴란드 사람이 더 많이 거주하고 있었다. 동프로이센과의 자유로운 철도 통행을 결정한 것도 적절했다. 단치히는 폴란드에 포함되었다면 실제적으로 경제 사정이 좀 더 나았을 것이다. 이전의 독일 식민지 시절에 대해서 말하자면 ― 이 역시 원한을 샘솟듯이 뿜어내는 원인이었지만 ― 사실상 이득을 가져온 것이 아니라 항상 돈이 더 들어갔을 뿐이다.

배상 문제와 조약의 여타 부분을 하나로 생각했기 때문에 이러한 모든 사실들이 시야에 들어오지 못했다. 독일인들은 단치히가 자유시가 되었기 때문에, 폴란드회랑이 동프로이센을 독일국으로부터 떼어 놓았기 때문에, 혹은 독일이 식민지를 소유하지 못했기 때문에 자신들이 헐벗고 굶주렸으며 일자리가 없다고 믿었다. 매우 뛰어난 지성의 소유자였던 은행가 샤흐트조차 독일이 겪고 있는 재정적 곤란을 식민지를 상실한 탓으로 돌렸다. 그는 이러한 견해를 심지어 제2차 세계대전 후까지 한 점의 의심 없이 계속 견지했다. 독일인들이 자기 본위였거나 특별히 지각이 없었던 것이 아니다. 이러한 관점은 케인즈같이 계몽되고 자유주의적인 영국인마저도 공유하고 있었다. 영국 노동당의 지도자들도 대부분 그랬고, 유럽 문제를 염려하는 미국인들도 마찬가지였다. 하지만 독일이 식민지와 유럽 내 영토를 상실한 것이 어찌해서 독일을 경제적으로 무력하게 만들었는지 알아내는 것은 어려운 일이다. 독일은 제2차 세계대전이 끝나고 영토에 훨씬 더 큰 손실을 입었는데도 역사상 어느 때보다도 가장 큰 번영을 누리게 되었다. 전간기 독일이 부당하게 획정된 국경 때문이 아니라 국내 정책의 실패 때문에 경제적으로 어려웠다는 사실을 이보다 더 명확하게 증명할 수는 없다. 하지만 이 증명은 소용이 없었고,

모든 교과서는 독일이 겪은 어려움을 여전히 베르사유조약 탓으로 돌리고 있다. 신화는 한층 더 진전되었고 여전히 그러하다. 먼저, 독일의 경제 문제들이 조약 탓이라 생각했다. 그러고 나서 문제들이 나아지지 않고 계속되는 것이 관찰되었고, 이로부터 독일을 회유하기 위해 혹은 1919년에 결정된 체제를 변경하기 위해 노력하지 않았다고 간주했다. "유화 정책"은 1938년에만 시도되었던 것으로 생각했다. 너무 늦은 때였다.

이렇게 생각하는 것은 진실과 매우 거리가 멀다. 배상 문제만 해도 계속 수정되었고, 그것도 계속 하향 조정되었다. 확실히 지루할 정도로 오래 지연되다가 수정되기는 했다. 다른 측면에서 보면 유화 정책은 더 빨리, 그것도 성공적으로 시작되었다. 로이드 조지가 최초로 시도했다. 그는 배상 문제라는 곤경을 어렵사리 딛고 일어나 새롭고 보다 진정한 평화 회의를 소집하기로 결심했다. 그리하여 그 회의는 연합국 측 국가들뿐 아니라 미국, 독일, 소련 등 모든 나라가 참여해야 했다. 더 나은 세계를 만들기 위해 새 출발이 있어야 했다. 로이드 조지의 발의는 또 한 사람의 정치의 귀재로서 문제를 감쪽같이 사라지게 만들 수 있었던 프랑스 수상 브리앙의 지원을 얻었다. 그러나 두 사람의 밀월 관계는 돌연히 끝을 맺게 되었다. 1922년 1월 프랑스 의회에서 브리앙 내각이 붕괴했다. 표면상으로는 로이드 조지에게서 골프 레슨을 받았다는 이유였고, 실제로는 강화조약을 "약화시키고 있었기" 때문이었다. 그의 후임자 푸앵카레는 프랑스의 동쪽 국경을 보장하겠다는 영국의 제안에도 꿈쩍하지 않았다. 1922년 4월 제노바에서 개최된 회의에서 프랑스 대표는 오로지 배상금 지불만을 고집했다. 미국인들은 참석을 거부했다.

러시아인들과 독일인들이 참석했으나, 그들은 자신들이 이간 질당하고 있다는 그렇게 부당하지는 않은 의심을 품은 채로 참석했다. 독일인들은 러시아에서 이권을 챙기는 데 참여하도록 요청을 받았고, 러시아인들은 독일에 배상금을 요구하도록 재촉 받았다. 하지만 두 나라의 대표들은 이렇게 하는 대신 라팔로에서 은밀히 만나 서로에 대해 적대적으로 행동하지 않기로 합의했다. 라팔로조약은 제노바 회의를 좌절시켰고, 세상으로부터 엄청난 비난을 받았다. 당시 볼셰비키들은 문명사회로부터 추방된 자들로 간주되었고, 따라서 독일인들이 볼셰비키들과 조약을 맺은 것은 대단히 사악한 행동으로 여겨졌다. 훗날 독일인들이 사람들의 공분을 사게 되었을 때, 라팔로조약의 도덕적 오명은 러시아인들이 뒤집어썼다.

사실 라팔로조약은 대단한 것이 아니었고 소극적인 대응이었다. 라팔로조약이, 러시아에 대한 새로운 간섭 전쟁을 목적으로 유럽 연합이 형성되는 것을 막으려 했다는 것은 사실이다. 또한 라팔로조약이 과거의 삼국 협상이 어떠한 형태로든 부활하는 것을 저지하려 했다는 것도 옳다. 그래도 이 가운데 어느 것도 실제로 벌어진 일이 아니었고, 조약은 사실을 기록한 것일 뿐이었다. 두 조약 체결국 사이에 적극적인 협력이 벌어질 가능성도 거의 없었다. 두 나라 모두 평화 협정에 도전할 만한 위치에 있지 못했고, 그저 간섭받지 않을 것을 요구할 뿐이었다. 그 후로 독일이 소련에 어느 정도 경제 원조를 제공했다. 하지만 ─ 매우 어처구니없게도 ─ 소련을 전혀 승인하지 않았던 미국인들이 그보다 더 많은 원조를 제공했다. 러시아인들은 독일인들이 소련 영토에 가스 시험장과 비행 훈련장을 세우게 함으로써 베르사유조약의 제한 규정을 회피할 수 있게 해주었나(러시아인들은 조약의 당사자가 아니었기 때문이다). 그러나 이러한 일들은 사소한 것이었다. 독일과 소련의 우호 관계에 진실함이란 없었으며, 양측 모두 이를 알고 있었다. 우호 관계를 진전시켰던 독일의 장성들과 보수주의자들은 볼셰비키들을 경멸했다. 역으로 볼셰비키들 또한 오로지 목을 조르기에 앞서 손을 잡으라는 레닌주의적 금언에 따라서 독일과 우호 관계를 맺었던 것이다. 라팔로조약은 독일이나 러시아 어느 한쪽과의 우호 관계를 얻기 위해서 연합국이 큰 대가를 치러야 하는 반면, 독일과 러시아 두 나라는 소극적인 조건으로 서로에게 호의적이 되기 쉽다는 경고를 주었다. 그러나 그것은 비교적 먼 장래에나 효력을 발휘할 경고였다.

제노바 회의는 로이드 조지의 마지막 창조적 노력이었다. 반계몽주의자들의 연합에서 이따금씩 눈을 떠 행동하는 지도자의 위치에서는 뛰어난 결과를 얻는 것이 불가능했다. 1922년 가을, 로이드 조지가 실각했다. 그의 뒤를 이은 보너 로Bonar Law를 수반으로 하는 보수당 내각은 유럽 문제에 대해 성급하게 회의적인 태도로 나왔다. 그러자 프랑스 수상 푸앵카레에게는 나아갈 길이 뚜렷해졌다. 루르를 점령해 배상을 강제로 시행하는 것이었다. 이는 유화 정책의 역사에서 단 한 번 있었던, 그것도 제한적인 성격의 단절이었다. 몇몇 프랑스 사람들이 독일이 해체되었으면 하고 남몰래 어떤 희망을 가지고 있었건 간에, 점령의 유일한 목적은 독일인들에게서 배상금을 받아 내는 것이었고, 따라서 루르 점령은 배상금이 제공되는 즉시 종료되어야 했다. 루르 점령은 프랑스의 프랑화에 심각한 영향을 끼쳤다. 푸앵카레는 처음에는 프랑스가 독자적으로 행동할 수 있으리라 생각했던 같다. 하지만 1923년이 끝날 무렵에 이르러 그는 이전의 클레망소와 마찬가지로 영국, 미국과 긴밀한 관계를 맺는 것이 프랑스에게 가장 필요한 일이라 확신하게 되었다. 1924년 프랑스 유권자들은 푸앵카레에 적대적인 좌파 연합에 표를 던짐으로써 루르 점령에 대한 평결을 내렸다. 루르 점령으로 인해 결국에는 유화 정책을 지지하는 무엇보다 강력한 주장이 나오게 되었다. 루르 점령이 독일과의 새로운 협상에서 결말짓는 것으로 종료되었기 때문이다. 그일은 베르사유조약이 독일 정부의 협력이 있어야만 이행될 수 있다는 사실을 다시 한 번 되풀이하여 더 강하게 입증했다. 그러한 경우에 위협보다는 회유를 통해 더 많은 것이 얻어질 수 있을 것이었다. 이 주장은 당시에 유효했을 뿐 아니라 장래에도 계속 유효했다. 독일이 조약의 조건들을 더욱 크게 무시하기 시작했을 때 사람들 — 특히 프랑스 사람들 — 은 루르 점령을 되돌아보게 되었고, 무력행사를 통해 무엇을 얻을 수 있는지 질문했다. 얻을 수 있는 것은 오로지 현재 지켜지고 있지 않은 약속을 이행하겠다는 독일의 새로운 약속뿐이었다. 비용은 가히 파산을 초래할 만큼 엄청날 것이나 결과는 하찮을 것이었다. 안보는 독일인들을 위협함으로써가 아니라 오로지 독일인들을 설득함으로써 다시 얻어질 수 있을 것이었다.

루르 점령이 독일에 아무 영향도 주지 않았다고 말하는 것은 잘못일 것이다. 루르 점령은 프랑스인들에게는 강제의 어리석음을 가르쳐 주었지만 또한 독일인들에게 저항의 어리석음을 가르쳐 주었다. 루르 점령은 프랑스가 아니라 독일의 항복으로 종결되었다. 슈트레제만이 조약 이행을 공언하는 정책을 내세워 정권을 잡았다. 물론 조약에 대한 프랑스의 입장을 수용한다거나 프랑스의 요구를 묵인한다는 의미는 아니었다. 이는 오로지 그가 서항이 아니라 협상을 통해 독일의 이익을 수호할 것이라는 의미였다. 슈트레제만은 조약의 이것저것 모두, 즉 배상과 독일의 군비 철폐와 라인란트 점령, 그리고 폴란드와의 국경 문제 등을 제거하려는 데 가장 극단적인 민족주의자만큼이나 단호한 의지를 갖고 있었다. 그러나 그는 일어나는 일들이 지속적으로 가해주는 압력을 이용하려 했지 위협으로 더더구나 전쟁으로 이루려 하지는 않았다. 다른 독일 사람들이 독일이 힘을 회복하기 위해서는 조약의 개정이 반드시 필요하다고 주장한 데 반해, 슈트레제만은 독일이 힘을 회복하면 필연적으로 조약의 개정이 뒤따르리라 믿었다. 슈트레제만의 사후死後 그의 문서가 발간되어 현존하고 있던 조약의 결정 사항을 뒤엎으려던 그의 의도가 분명하게 드러났을 때, 연합국 측의 나라들에서 엄청난 비난의 소리가 쏟아졌다. 그 비난은 터무니없을 정도로 이치에 맞지 않았다. 왜냐하면 강대국 독일 — 연합국은 전쟁 종결 시에 자신들의 행동으로써 이를 가능케 했다 — 이 이루어진다고 가정하면, 독일 사람 중 베르사유조약을 영구적인 결정으로 받아들일 사람이 있으리라고 상상할 수 없었다. 이제 문제는 오로지 협정이 개정되는 일과 독일이 유럽의 강대국으로 복귀하는 일이 평화적인 방법으로 이루어질 것인가, 아니면 전쟁을 통해 이루어질 것인가였다. 슈트레제만은 평화로운 방법으로 이루기를 원했다. 그는 이렇게 하는 것이 독일의 우위를 좀 더 안전하고 확실하게 이루며, 좀 더 오래 지속시킬 수 있는 방법이라 생각했다. 그는 전쟁 중에는 호전적인 민족주의자였고, 또한 비스마르크와 마찬가지로 도덕적 원칙을 이유로 평화를 선호한 것이 아니었다. 그러나 그는 비스마르크처럼 평화가 독일에 이익이 된다고 믿었고, 이 믿음은 그를 비스마르크와 함께 위대한 독일 정치가, 위대한 유럽 정치가로 꼽히게 만들었다. 어쩌면 더 위대한 정치가로 생각되었는 지도 모르겠다. 그가 맡았던 일은 확실히 더 어려웠다. 비스마르크는 이미 존재하고 있던 결정 사항들을 유지하기만 하면 되었지만 슈트 레제만은 결정 사항을 새로이 만들어내야 하는 입장이었다. 그가 살아 있는 동안 유럽이 평화를 향해 나아가는 동시에 조약의 개정으로 나아갔다고 하는 것이 그의 성공을 가늠하는 잣대였다.

이러한 업적이 슈트레제만 혼자의 공헌은 아니었다. 연합국의 정치가들 역시 자신들의 몫을 했다. 그중에서 램지 맥도널드Ramsay MacDonald를 가장 먼저 꼽을 수 있다. 그는 1924년에 정권을 잡았고, 이후 15년 동안 직책을 가지고 있건 않건 영국의 대외 정책에 영향을 주었다. 맥도널드의 정책은 1939년 제2차 세계대전의 발발과 함께 파국적인 실패로 끝을 맺게 된 것 같다. 이제 그의 이름은 배척되고 있고, 그의 존재 자체도 무시되고 있다. 그러나 맥도널드는 독일과의 협력에 찬성하는 모든 현대 서유럽 정치인들의 수호성인일 것이다. 맥도널드는 영국의 다른 어떤 정치가들보다도 "독일 문제"에 맞섰고, 이를 해결하려고 노력했다. 직전에 루르 점령이 보여주었듯이 강제는 무익했다. 러시아를 유럽에 강대국으로 복귀시킨다는 대안은 좋든 나쁘든 1920년대 동안에는 양측에서 모두 배제되었다. 오로지 독일을 회유하는 일만이 남았다. 그리고 그 회유는 전심전력으로 실행되어야 할 것이었다. 맥도널드는 프랑스의 걱정거리를 무시하지 않았다. 그는 다른 어느 영국정치가들이 해왔던 혹은 앞으로 하게 될 것보다 더 마음을 써서 이에 대응했다. 그는 1924년 7월 에리오Édouard Herriot에게 조약의 위반은 "그토록 애써 달성했던 평화가 기반하고 있는 항구석 보내의 붕괴로 이르게 될 것"이라고 확신시켜 그를 안심시켰다. 또한 그는 국제연맹에서 영국이 제네바의정서를 통해 연맹의 다른 회원국들과 함께 유럽 내의 모든 국경을 보장하려 했었는데, 성공하지 못했지만 의정서가 채택되도록 힘썼다. 그러나 그는 프랑스인들의 걱정이 실제 근거가 없는 기우라고 생각했기 때문에 이 같이 프랑스인들에게 너그러웠던 것이다. 1914년 8월에조차도 그는 독일이 위험하고 침략적인 세력이며 유럽을 지배하려는 생각에 골몰한다고 믿지 않았고, 1924년에도 확실히 그렇게 생각하지 않았다. 따라서 "서면상으로는 해를 가져올 수 있고 …… 중대한 것"처럼 보였던 의정서의 약속들은 사실상 "신경을 안정시키기 위한, 해가 없는 약"이었다. 모든 문제는 "열의 있는 선의의 행동으로" 풀어나갈 수 있었다. 중요한 것은 협상에 착수하는 일이었다. 만약 안보를 약속하는 것만으로 프랑스인들을 협상에 끌어들일 수 있다면, 그렇다면 약속은 제공되어야 할 것이었다. 마치 어린아이에게 물이 따뜻하다고 안심시켜 바다에 들어가게 하는 것처럼 말이다. 아이는 어른의 장담이 거짓임을 알게 되지만, 차가운 데 익숙해지고 곧 헤엄치는 법을 배우게 된다. 국제 문제도 마찬가지일 것이었다. 일단 프랑스인들이 독일을 회유하기 시작한다면, 그 과정이 자신들이 생각했던 것보다는 덜 걱정스럽다는 것을 알게 될 것이었다. 영국의 정책은 프랑스인들이 많은 것을 양보하도록 하고 독일인들이 조금만 요구하도록 설득하는 것이 될 것이었다. 맥도널드가 몇 년 후에 "특히 영국이 양측을 모두 지원한다고 말할 수 있는 그런 방법으로 그들의 요구를 내놓게 하시오"라고 말했던 것과 같았다.[3]

맥도널드는 마침 적당한 때 등장했다. 프랑스인들은 배상에 대한 요구를 완화함으로써 루르에서 빠져나올 준비가 되어 있었고 독일인들은 반대편에서 무게 있는 제안을 할 준비가 되어 있었다. 도스안에 의한 배상 문제의 잠정적인 해결, 그리고 그에 따른 프랑스와 독일 사이의 광범한 감정의 완화는 실제로 맥도널드가 이루어낸 일이었다. 1924년 11월의 총선거로 노동당 내각이 끝났다. 맥도널드는 영국의 대외 정책을 직접 주도할 수 없게 되었지만, 간접적으로 계속 대외 정책을 형성했다. 영국의 관점에서 보았을 때 회유 방침은 너무나 매력적이어서 어떤 내각이 들어서든 포기할 수 없었다. 맥도널드의 보수당 측 계승자인 오스틴 체임벌린Austen Chamberlain은 특히 충실했다(그의 부친 조지프 체임벌린Joseph Chamberlain이 다른 방향으로 벌인 활동에 대한 보상이 될 수 있다면 말이다). 또한 그는 갈피를 못 잡고 프랑스와의 직접적인 동맹을 다시 제안하고자 했다. 영국의 견해는— 노동당뿐 아니라 보수당도 마찬가지로— 이제 프랑스와 직접적인 동맹을 맺는 데 단호히 반대하는 것이었다. 슈트레제만이 탈출구를 제시했다. 영국과 이탈리아가 보장하는 프랑스와 독일 사이의 평화 협정이었다. 이는 영국에 대단히 매력적이었다. 불특정 "침략자"에 대항하는 보장은, 바로 그레이가 제1차 세계대전 전에 열망했고 이제 맥도널드가 주창한 공평한 정의를 제공하는 것이었다. 그러나 또한 오스틴 체임벌린과 같은 친프랑스파 사람들은 생각할 수 있는 유일한 침략자가 독일이 될 것이라 믿으며 자위할 수 있었다. 따라서 영국-프랑스 동맹이 눈치 채지 못하는 사이에 슬쩍 묻어 들어오게 될 것이었다. 제안은 이탈리아인들에게도 매우 매력적이었다. 전쟁 당시부터 별 볼일 없는 교섭 상대로 취급받던 이탈리아인들은 이제 자신들이 프랑스와 독일의 중재자로 영국의 지위에 상응하는 수준에 올라가 있음을 발견했다. 반면 프랑스인들에게 평화 협정은 그리 매력적이지 않았다. 비무장 상태의 라인란트였지만 일단 영국-이탈리아의 보장 아래 놓여지자 프랑스가 그곳을 통과해서 독일에 쳐들어갈 수 있다고 위협하는 자유로운 관문이 될 수 없었다.

그러나 프랑스인들 또한 이 시점에 딱 맞는 정치가를 만났다. 1925년 브리앙이 프랑스 외상으로 복귀했다. 그는 외교적 수완으로 슈트레제만과 어깨를 나란히 했고, 숭고한 열망으로 맥도널드에 비길 수 있었다. 또한 그는 낭만적인 언변에서 모든 이들 가운데 가장 뛰어났다. 다른 프랑스 정치가들은 바뀌지 않는 굳센 마음을 가지고 있지도 않으면서 "단호하게" 말했다. 브리앙은 "유연하게" 말하면서도 호락호락 응하려는 것은 아니었다. 루르 점령의 결과는 강경책의 무익함을 보여주었다. 브리앙은 이제 구름 잡는 듯이 모호한 말들만 무성한 가운데서 프랑스의 안보를 확보할 또 다른 기회를 잡았다. 그는 독일이 서쪽이나 동쪽이나 할 것 없이 모든 국경을 존중하겠다고 약속해야 할 것이라 제안함으로써 슈트레제만의 도덕적 우위를 한풀 꺾어놓았다. 독일 정부로서는 수용 불가능한 조건이었다. 대부분의 독일인들이 알자스와 로렌을 잃은 것을 묵인했다. 독일인들은 1940년 프랑스가 패배할 때까지도 거의 아무도 그 문제를 거론조차 하지 않았다. 그러나 폴란드와의 국경은 모든 독일인들에게 원한의 싹으로 느껴졌다. 국경은 묵인될 수는 있지만 확정될 수 없었다. 슈트레제만 자신이 폴란드 그리고 체코슬로바키아와 중재 조약을 체결하는 데 동의했을 때, 그는 화의和議를, 독일인들의 시각에서, 긴 시간에 걸친 것으로 만들었다. 그렇다고 해도 그는 독일이 이 두 나라와의 국경을 장래의 어느 시기에는, 물론 평화적으로 하겠지만 "수정"할 생각을 하고 있다고 덧붙였다. 평화적으로라는 이 말은 아마도 슈트레제만의 경우에는 진심이었겠지만, 아직 전쟁을 할 준비가 안된 정치가들이 매우 좋아하는 표현이었다.

여기에 안보 체제의 벌어진 틈이 있었다. 독일의 동쪽 국경이 슈트레제만에 의해 공공연히 부인되었다. 영국인들은 이 간극을 메우려 하지 않았다. 오스틴 체임벌린은 폴란드회랑에 대해 "어떤 내각이 들어서든 영국 정부는 결코 회랑을 위해 영국 근위병을 희생할 위험을 무릅쓰지 않을 것이고, 그렇게 할 수도 없다"고 자신 있게 말했다. 브리앙은 다른 해결 방안을 내놓았다. 프랑스가 이미 존재하는 폴란드 그리고 체코슬로바키아와의 동맹을 재확인하고, 또한 로카르노조약을 조인한 당사국들이 이러한 동맹 하에서의 프랑스의 행동이 독일에 대한 침략 행위를 구성하지 않는다는 데 동의하는 것이었다. 그러므로 이론상 프랑스는 영국과 우호 관계를 깨뜨리지 않고 라인 비무장 지역을 통과하여 동유럽 동맹국들을 마음대로 지원하러 갈 수 있게 되었다. 프랑스의 두 가지 모순되는 외교 체제가 적어도 서면 상으로는 충돌하지 않을 수 있었다. 로카르노조약은 영국과 서쪽 동맹을 보존하면서 또한 동시에 두 위성 국가와의 동쪽 동맹을 유지시켰다.

이러한 것이 바로 1925년 12월 1일에 체결된 로카르노조약이었다. 이것은 제1차 세계대전과 제2차 세계대전 사이 전간기의 전환점이었다. 로카르노조약의 체결이 제1차 세계대전을 종결지었고, 11년 뒤 로카르노조약에 대한 부인이 제2차 세계대전의 서막을 열었다. 만약 국제 조약의 목적이 모두를 만족시키는 것이라면, 로카르노조약은 매우 훌륭한 조약이었다. 로카르노조약은 보장을 하는 두 국가를 만족시켰으며, 그 두 나라는, 자신들의 예상대로, 상무석인 날에 불과한 도덕적 의무 이상의 어떤 것도 초래하지 않고서 프랑스와 독일을 화해시켰고 유럽에 평화를 가져왔다. 영국이나 이탈리아는 모두 자신들이 약속한 보장을 이행할 아무 준비도 하지 않았다. 결정을 해야 할 순간이 다가올 때까지도 "침략자"를 알 수 없을 때 그들은 어찌 할 수 있었을까? 조약의 실제적인 결과는, 기묘하고 예상치 못했는데, 조약이 효력을 가지는 한 영국과 프랑스 사이의 군사적 협력이 일어나지 못하도록 막는 것이었다. 그럼에도 불구하고 로카르노 조약은 또한 프랑스인들을 만족시켰다. 독일이 알자스와 로렌의 상실을 받아들였고 라인란트를 비무장 지역으로 존속시키는 데도 동의했다. 또한 영국과 이탈리아가 독일의 약속을 보증했다. 1914년의 프랑스 정치가라면 누구라도 이러한 성과에 기뻐서 어쩔 줄 몰랐을 것이다. 동시에 프랑스인들은 계속해서 동유럽 동맹들을 자유롭게 운용할 수 있었으며, 원하기만 한다면 유럽에서 중요한 역할을 수행할 수 있었다. 독일인들 또한 만족할 수 있었다. 그들은 루르가 또다시 점령되는 사태를 확실히 막을 수 있었고 패배한 적국이 아니라 동등한 국가로 대우받게 되었다. 또한 동쪽 국경을 수정할 수 있는 시발점도 마련되었다. 1919년의 독일 정치가라면, 혹은 그 뒤 1923년의 정치가라도 하등 불평할 이유를 찾지 못했을 것이었다. 로카르노 조약은 "유화 정책"의 가장 위대한 업적이었다. 밸푸어 경은 로카르노조약을 "유럽 사회 의식의 크나큰 진전의 상징이자 대의大義라고 올바로 지칭했다.

　　로카르노조약으로 유럽은 평화와 희망의 시기를 맞았다. 예상보다 더 지체되었지만 독일의 국제연맹 가입이 받아들여졌다. 슈트레제만, 체임벌린, 그리고 브리앙은 연맹 이사회에 정기적으로 모습

128

을 드러냈다. 제네바는 활기를 되찾은 유럽의 중심인 것처럼 보였다. 마침내 정말로 협조체제the Concert가 조율되는 것으로 보였고, 국제 문제가 무력 분쟁 대신에 토의에 의해 조정되는 것 같았다. 이 시기 동안은 아무도 러시아와 미국의 부재를 한탄하지 않았다. 각종 사안들은 미국과 러시아 없이도 더욱 순조롭게 진행되었다. 반면 어느 누구도 제네바를 중심으로 한 유럽을 반미 혹은 반소 블록으로 전환시키자고 심각하게 제안하지 않았다. 유럽 나라들은 미국으로부터의 독립을 바라기는커녕 모두 미국 돈을 빌려가기에 바빴다. 소수의 열광적인 기획자들이 공산주의에 대항한 유럽의 십자군 전쟁을 이야기했지만 내용은 아무것도 없었다. 유럽인들은 어느 누구에 대항해서도 십자군 전쟁을 수행하고 싶은 열망이 없었다. 이와 별도로 독일인들은 장래에 대비한 방책으로 러시아와의 우호 관계를 유지하고 싶어 했다. 이는 장래에 프랑스의 동유럽 동맹에 대항해 이용될지도 모르는 재보장 조약再保障條約의 형식이었다. 로카르노조약에 서명한 직후, 슈트레제만은 러시아인들과 1922년 라팔로에서 만든 조약을 갱신했다. 또한 독일이 국제연맹에 가입했을 때, 슈트레제만은 무장해제된 상태로는 제재에 참여할 수 없다고 선언했다. 이는 암묵적으로 소련에 대한 중립을 표명한 것이었다.

로카르노-제네바 체제에서 미국과 소련의 불참보다 더 중대한 결함은 이탈리아의 참여였다. 이탈리아는 오로지 영국의 공평무사한 모습을 강화시키기 위해 로카르노의 타협에 끌어들여졌다. 아무도 이탈리아가 독일과 프랑스 사이에 균형을 유지해줄 수 있으리라 기대하지 않았다. 국제연맹과 마찬가지로 로카르노조약이 직접적인 강제력이 아니라 이해당신과 신의에 의존하고 있는 동안은 문제가 되지 않았다. 후에 상황이 점점 가혹해졌을 때, 로카르노의 기억은 이탈리아가 정말로 세력 균형의 저울을 움직일 수 있을 만큼 무게 있는 추를 가지고 있다는 망상을 조장하는 데 기여했다. 이탈리아 지도자들 자신이 이러한 망상의 희생자였다. 로카르노 시기 동안 이탈리아는 힘의 부족보다 더 심각한 결점이 있었다. 도덕적 기반이 결여되어 있었다. 로카르노에 참여한 국가들은 전쟁을 수행하는 이유가되었던 대원칙을 표방할 것을 주장했고, 국제연맹은 자유로운 민족들의 연합임을 자처했다. 확실히 이러한 주장들에 기만적인 면이 있었다. 어느 나라도 거기서 주장하는 것만큼 자유롭거나 숭고한 이념을 지닌 적이 없다. 그러나 주장들에는 진실한 무언가도 있었다. 볼드윈과 맥도널드 내각의 영국, 바이마르 공화국의 독일, 제3공화국 시절의 프랑스는 표현의 자유와 법에 의한 통치가 존재하며 타국에 대해 호의를 갖는 틀림없는 민주주의 국가였다. 그 나라들은 연맹에 모여 자신들이 인류에 대한 최상의 희망을 제시한다고, 또한 대체로 자신들이 소련이 제시하는 것보다 더 우월한 정치 사회 질서를 제시한다고 말할 자격이 있었다.

그러나 이것이 무솔리니의 이탈리아에까지 확대되었을 때, 모든 것은 별 볼일 없는 싸구려 구실이 되어버렸다. 파시즘은 국가 사회주의의 물질적인 힘은 말할 것도 없고, 그 맹렬한 추진력을 결코 갖지 못했다. 도덕적으로 파시즘은 정말 타락한 지경이었고, 부정직함으로 인해 더욱 그랬다. 파시즘에 대한 모든 것은 사기였다. 파시즘이 위기에서 이탈리아를 구했다는 그 사회적 위기도 사기였고, 파시즘이 혁명을 통해 권력을 잡았다는 그 혁명도 사기였다. 무솔리니의 능력과 정책도 기만적이었다. 파시스트 정권의 지배는 타락했고,

무능력했으며, 무가치했다. 무솔리니 자신은 어떠한 신념이나 목표도 없이 허영심만 강하고 실수를 남발하는 허풍쟁이였다. 파시스트 정권의 이탈리아는 무법천지였다. 또한 파시스트 정권의 대외 정책은 처음부터 제네바의 원칙을 거부했다. 그럼에도 불구하고 램지 맥도널드는 무솔리니에게 — 마테오티Giacomo Matteotti가 살해되던 바로 그 시점에 — 정성 어린 편지를 썼다. 오스틴 체임벌린과 무솔리니는 사진을 교환했고, 윈스턴 처칠은 무솔리니를 이탈리아의 구원자이자 위대한 유럽 정치가라고 극구 칭찬했다. 서유럽 지도자들이 이렇게 무솔리니를 추켜세우고 그를 자신들과 같은 지도자 가운데 하나로 받아들이는데, 어느 누가 서유럽 지도자들의 성실성을 신뢰할 수 있었겠는가? 러시아의 공산주의자들이 국제연맹과 연맹의 모든 공적을 자본가들의 음모로 간주한 것도 놀랄 일이 아니다. 소련과 파시스트 정권의 이탈리아가 일찍이 진심 어린 국제 관계를 확립하고 또한 이를 항상 유지하고 있었다는 것도 놀랄 일은 아니지만 말이다. 물론 이론과 실제 사이에는 항상 얼마의 간극이 있기 마련이다. 하지만 간극이 너무 넓어지면 지배자나 피지배자 모두가 불행한 결과를 맞게 된다. 제네바에 파시스트 이탈리아가 참여한 것은, 또한 로카르노에 무솔리니가 실제로 참석한 일은 국제연맹을 조직한 민주적인 유럽에서 비현실성의 극단적인 상징이었다. 정치가들은 이제 자신들이 뱉어 놓은 말을 믿지 못했고, 국민들은 정치가들의 예를 따랐다.

슈트레제만과 브리앙은 둘 다 나름의 방식으로 진실했지만 국민들을 설득하지 못했다. 또한 두 사람은 모순된 주장으로 각각 자기 나라에서 로카르노조약을 정당화했는데, 결국 미몽에서 깨어나며 끝나버리고 말았다. 브리앙은 프랑스인들에게 로카르노조약이 또 다른 양여讓與로 이어지는 길을 막는 최종적인 해결이라고 말했다. 슈트레제만은 독일인들에게 로카르노조약의 목적은 더 많은 양여를 훨씬 더 빠른 속도로 가져오는 것이라 확신시켰다. 훌륭한 웅변가인 브리앙은 자신의 수많은 인정 어린 말들로 독일인들이 원한을 잊게 되길 바랐다. 슈트레제만은 프랑스인들이 양여를 반복하다 보면 그것이 계속적인 관행이 될 것이라 꾸준히 믿었다. 두 사람 모두 실망하게 되었고, 두 사람 다 세상을 떠나기 전에 실패의 광경을 보게 되었다. 더 많은 양여가 이루어졌지만, 항상 적의가 수반되었다. 독일의 군비 철폐에 관한 통제 위원회가 1927년에 철회되었다. 배상금은 1929년 영안으로 축소 조정되었고, 독일 재정에 대한 외부적 통제가 포기되었다. 점령군은 1930년에 — 예정보다 5년 앞서 — 라인란트에서 철수했다. 유화 정책은 성과를 거두지 못했다. 반면 독일의 원한은 처음보다 마지막에 더 컸다. 1924년에 독일 국가주의자들 Nationalists이 내각에 입각했고 도스안의 이행에 도움을 주었다. 그러나 1929년에 영안은 국가주의자들의 격렬한 반대를 물리치고서 이행될 수 있었다. 독일을 강대국들 사이에 다시 올려놓은 슈트레제만은 이에 시달리다가 사망했다.

　　독일의 원한은 부분적으로는 계산된 일이었다. 좀 더 많은 양여를 얻어내기 위한 분명한 방법은 받을 때마다 매번 충분치 못하다고 비난하는 것이었다. 독일인들에게는 그럴듯한 구실이 있었다. 로카르노조약이 그들을 합의된 조약에 대해 자유롭게 타협할 수 있는 동등한 국가로 처우했다. 그러하다면 배상이나 독일의 일방적인 군비 철폐를 지속하는 것이 어떻게 정당화될 수 있다는 말인가? 프랑스인들은 이러한 주장에 어떠한 논리적 답변도 떠올릴 수 없었다. 하지만 자신들이 이를 인정한다면 독일의 유럽 지배가 뒤따르리라는 것을 알고 있었다. 그 시대 대부분의 사람들이 프랑스인들을 비난했다. 특히 영국인들은 유화 정책이 일단 시작되면 신속하게 그리고 온 마음을 다해 성실하게 계속 진행되어야 한다는 맥도널드의 견해에 점점 더 공감했다. 이후로 사람들은 독일 사람들이 1918년의 패배를 최종적인 결과로 인정하지 않는다고 비난했다. 더 많은 양여가, 혹은 더 적은 양여가 커다란 차이를 가져왔을 것이라고 생각하는 것은 무의미하다. 프랑스와 독일 사이의 갈등은 유럽이 아직 세계의 중심이라는 착각이 지속되는 한 계속될 수밖에 없었다. 프랑스는 1919년의 인위적으로 부과된 부자연스러운 안보를 유지하려 애썼고, 독일은 만사를 자연스러운 질서로 되돌려 놓기 위해 노력했다. 서로 경쟁하는 나라들은 더 큰 위험의 그림자가 드리워지면 겁이 나 서로 협력하게 된다. 그러나 소련이나 미국은 슈트레제만이나 브리앙의 유럽에 이러한 위험의 그림자를 드리우지 않았다.

이는 결코 1929년의 유럽에 전운이 감돌았다고 말하는 것이 아니다. 소련 지도자들마저도 자본가들이 일으킬지 모르는 또 다른 간섭 전쟁의 허무맹랑한 망령에 더는 벌벌 떨지 않았다. 그들은 어느 때보다도 확고하게 바깥 세계에 등을 돌리고 "일국 사회주의"를 5개년 계획이라는 실천적 용어로 전환했다. 사실상 전쟁을 내다보는 예언가들이 예견할 수 있었던 유일한 전쟁은 영국과 미국의 전쟁으로, 내다볼 수 있는 것들 가운데 가장 말도 안 되는 것이었다. 이 두 강대국은 1921년에 이미 전함의 균형을 이룰 것에 합의했고, 1930년 런던 해군 회의에서 합의를 계속 이행하기로 했다. 독일에서는 여전히 국가주의자들의 소요가 있었다. 그러나 대부분의 사람들은 이러한 일을 보고서 화의가 너무 느리게 진행되어서 그렇다는 불합리하지만은 않은 결론을 내렸다. 어쨌거나 국가주의자들은 독일인들 가운데 소수였다. 다수는, 역시 베르사유 체제에 저항했지만, 평화적인 수단으로 그 체제가 사라질 수 있다고 생각한 슈트레제만의 견해를 아직 받아들이고 있었다. 1925년 이래로 대통령직에 있었던 힌덴부르크Paul von Hindenburg가 이러한 입장을 대표하는 상징적 인물이었다. 그는 육군 원수였고 국가주의자였지만, 로카르노의 대외 정책을 성실하게 이행하고 강화조약에 의해 무력한 수준으로 제한된 군대를 불평 없이 통솔한 민주주의 공화국의 성실한 국가수반이었다. 독일에서 사람들이 가장 많이 외치는 구호는 "굴욕 조약 타도"가 아니라 "이제 전쟁은 안 된다"였다. 또한 국가주의자들은 영안에 반대해 국민 투표를 준비했으나 크게 패배했다. 1929년 독일에서는 반전사상을 담은 책들 가운데 가장 유명한 레마르크Erich Maria Remarque의《서부 전선 이상 없다Im Westen nichts Neues》가 출판되었고, 유사한 성격의 서적들이 영국과 프랑스에서 서가를 채웠다. 그리하여 조약의 개정이 점차로 거의 눈치 채지 못하게 진행되어 갈 것처럼 보였다. 또한 언제 분수령을 넘게 될지 그 정확한 시기를 아무도 알아차리지 못하는 가운데 새로운 유럽 체제가 등장하게 될 것으로 보였다.

단 하나의 있을 법한 위험은, 대군을 가진 유일한 국가이며, 이탈리아가 자신도 강대국임을 주장함에도 불구하고 유럽 대륙에서 유일한 강대국인 "군국주의" 프랑스가 침략적 행동을 재개하는 것으로 보였다. 그러나 이것 역시 실체 없는 기우에 불과했다. 프랑스가 이미 실패를 암묵적으로 인정했다고 가정하는 데는 브리앙의 수사보다 더 유력한 근거가 있었다. 이론상 프랑스는 아직 독일에 대항해 행동하기 위한 가능성을 열어 두고 있었다. 라인란트가 비무장 상태였고, 폴란드 그리고 체코슬로바키아와의 동맹도 여전히 효력이 있었다. 그러나 프랑스는 독일에 대항하는 행동을 불가능하게 만드는 결정적인 조치를 이미 취했다. 독일은 인적 자원에서나 산업 자원에서 훨씬 더 강했다. 그러므로 프랑스에게 유일한 희망은 독일이 동원을 시작하기 전에 결정타를 날리는 것이었다. 프랑스는 "민첩하고 독립적이며 기동력이 있는, 항상 적국의 영토를 꿰뚫고 들어갈 준비가 되어 있는 군대"를 필요로 했다. 하지만 프랑스는 결코 그런 군대를 가져 본 일이 없었다. 1918년에 승리했던 군대는 오로지 참호전에 대비해 훈련 받았고, 급속한 발전이 있었던 짧은 기간에 체질을 변화시킬 틈이 없었다. 또한 1918년 이후 어떠한 개혁 조치도 도입되지 않았다. 프랑스 군대는 루르 점령을 수행할 때, 대적하는 독일군이 없었음에도 불구하고 그 일이 매우 어려웠음을 경험했다. 국내 정치도 같은 길을 재촉했다. 군 복무를 일 년으로 하자는 끊임없는 요구가 있어, 1928년에 그렇게 제도화되었다. 이후로 프랑스 군대는 최대한으로 동원되었을 때조차도 겨우 식민지를 제외하고 프랑스 민족이 살고 있는 "국가 영토"를 방어하기에 충분한 정도일 수 있었다. 병사들은 순수하게 방어적인 훈련만 받았고 그러한 장비만으로 무장되었다. 마지노선Maginot line으로 동쪽 국경에 이제까지 알려진 것 중 가장 거대한 요새 체제가 갖추어졌다. 프랑스의 정책과 프랑스의 전략 사이의 단절은 완벽하게 이루어져 있었다. 프랑스 정치인들은 여전히 독일에 대항한 행동에 대해 이야기했지만, 그러한 행동을 위한 수단이 존재하지 않았다. 레닌Vladimir Ilyich Lenin은 1917년에 러시아 병사들이 전상에서 탈수함으로써 그들의 노망하는 발로 평화에 찬성표를 던졌다고 말했다. 프랑스인들도, 스스로 알아차리지 못하는 가운데 자신들의 군대를 준비하는 방식 자체로 베르사유 체제에 반대표를 던졌다. 그들은 승리의 열매에 대한 논쟁이 시작되기도 전에 이 승리의 열매를 포기했다.

4장

THE END OF
VERSAILLES

베르사유의
종언

1932년에 사람들은 독일의 힘이 아니라 독일의 붕괴를 두려워했다. 아무리 뛰어난 관찰자라도 실업자가 7백만을 헤아리고 금 보유고가 바닥났으며 해외 무역이 계속해서 줄어드는 나라가 갑자기 엄청난 군사 대국이 될 것이라고 어떻게 상상할 수 있었겠는가? 이러한 예측은 1933년 1월 30일, 히틀러가 수상이 되었을 때 완전히 뒤집어졌다.

In 1932 men feared, and rightly feared, the collapse of Germany, not German strength. How could any competent observer suppose that a country with seven million unemployed, no gold reserves, and an ever-shrinking foreign trade, would suddenly become a great military power? These calculations were turned upside down on 30 January 1933, when Hitler became Chancellor.

1929년, 베르사유조약의 일부로 고안되어 독일의 침입에 대비하도록 만들어진 안보 체제는 아직 온전했다. 독일이 무장 해제되어 있었고, 라인란트가 비무장 상태에 있었으며, 전승국들은 외관상으로는 결속되어 있었다. 또한 이 안보 체제는 국제연맹의 권위로 보강되어 있었다. 7년 후 이 모든 것은 가해진 충격이 없었는데도 사라져버렸다. 1929년 10월에 시작된 대공황으로 경제적 안정이 무너져 내리자 국제 체제의 안정이 처음으로 흔들렸다. 당시 사람들은 그렇게 생각하지 않았지만 대공황은 앞선 전쟁과 거의 관련이 없었다. 계속해서 효력을 발하던 강화조약의 조항들과도 전혀 관련이 없었다. 대공황은 미국에서 투기적인 벼락 경기가 주저앉으면서 시작되었다. 실업이 경기 하락에 뒤따랐는데, 증가된 생산 수단에 구매력이 따라가지 못해 폭발적으로 증가했다. 오늘날에는 모든 사람들이 이렇게 되었던 것임을 알고 있다. 공황에서 탈출하는 방법이 정부 지출을 늘리는 것임을 알듯이 말이다. 1929년에는 아는 사람이 거의 없었고, 알았던 몇몇 사람들은 정책에 영향력이 없었다. 사람들은 일반적으로 디플레이션 정책이 유일한 치료법이라 믿었다. 건전한 통화, 균형 예산, 정부 지출 삭감, 그리고 임금 하락이 있어야 했다. 그러면 아마도 상품 가격이 사람들이 아무튼 다시 구매를 시작할 수 있을 만큼 충분히 낮아질 것이었다.

이러한 정책은, 정책이 적용되는 모든 나라에 고난과 불만을 초래했다. 그러나 이러한 정책이 왜 국제적 긴장을 유발하게 되었는가 하는 이유는 없었다. 대부분의 나라에서 대공황은 국제 문제로부터 멀어지게 되는 결과로 이어졌다. 영국에서는 1932년에 거국내각의 재무상 네빌 체임벌린이 전간기 중 최저 수준의 국방 예산을 제출했다. 프랑스인들은 이전보다 훨씬 덜 완강해졌다. 프랭클린 루스벨트 대통령 하의 미국의 정책은 1933년의 시점에서 볼 때 그의 공화당 전임자 시절보다 현저하게 더 고립주의적으로 변했다. 독일은 특별한 경우였다. 독일인들은 1923년에 인플레이션의 끔찍한 재난을 경험했던 터였고, 이제는 경기 침체에 이은 디플레이션 정책의 시행으로 반대방향으로 그만큼 멀리 나아갔다. 대부분의 독일 사람들이 이러한 디플레이션 정책을 불가피하다고 생각했으나, 정책의 결과는 사람들로부터 거센 반발을 받았다. 모든 사람들이 조치가 다른 사람들에게 취해질 때는 박수갈채를 보냈지만 정작 자신들에게 적용될 때는 분노를 터뜨렸다. 제국 의회는 디플레이션 정책을 지향하는 정부를 원했지만, 과반수를 실어주는 데 실패했다. 그 결과 브뤼닝Heinrich Brüning은 2년이 넘는 기간 동안 과반수를 얻지 못한 채로 독일을 통치했고, 대통령령으로 디플레이션 정책을 시행했다. 고결한 정신을 가지고 있고 성실했던 그는 디플레이션 정책의 엄격함을 완화함으로써 대중의 인기를 얻으려 하지 않았다. 그러나 그의 정부는 대외 정책의 성공을 통해 대중의 지지를 획득하려 했다. 브뤼닝 정부의 외상 쿠르티우스Julius Curtius는 1931년에 오스트리아와 경제 통합을 이루려 했다. 아무런 경제적 이점도 없는 계획이었다. 또한 브뤼닝 정부의 또 다른 일원인 트레비라누스Gottfried Reinhold Treviranus는 폴란드 국경에 대해 떠들어 대기 시작했다. 1932년, 브뤼닝의 후임자인 파펜은 독일이 다른 나라들과 마찬가지로 무장할 수 있는 무장의 평등을 요구했다. 이러한 모든 것들은 경제적 어려움의 측면에서 보면 부적절했으나 그 사실을 보통의 독일인들은 이해하지 못했다. 평범한 독일인들은 겪고 있는 모든 어려움이 베르사유조약 때문이라고 여러 해 동안 들어왔고, 곤경에 처해 있었기 때문에 그 말을 믿었다. 더욱이 대공황으로 인해, 무리한 일은 아무것도 하지 말자는, 즉 번영에만 몰두하자는 가장 강력한 주장이 움츠러들었다. 사람은 형편이 나을 때는 원한을 잊고 곤경에 처해서는 원한 이외에 아무것도 생각하지 않는 법이다.

국제적인 어려움이 커진 데는 다른 이유들도 있었다. 1931년, 국제연맹이 처음으로 중대한 도전에 직면했다. 그해 9월 18일에 일본군이 만주를 점령했다. 만주는 이론상 중국의 일부였다. 중국은 국제연맹에 시정해줄 것을 호소했으나 그리 간단한 문제가 아니었다. 일본인들에게도 그럴듯한 구실이 있었다. 중국 중앙 정부의 권위가 — 어느 곳에서든 강력하지 못했지만 — 만주에 미치지 못했고, 그리하여 만주가 수년간 무법천지의 혼란 상태에 있었으며 이로 인해 일본의 무역업자들이 크게 손해를 입었다는 것이다. 중국에서 독자적인 행동이 있었던 전례가 많았다. 그중 가장 최근에 있었던 일은 1927년에 영국이 상하이에 상륙한 일이었다. 게다가 국제연맹은 행동을 실행에 옮길 수 있는 수단이 없었다. 어느 나라도 경제 위기가 최고조에 달한 상태에서 그나마 유지하고 있던 국제 교역의 일부인 일본과의 교역을 중단한다는 계획을 환영하지 않았다. 극동에 이해관계가 있는 강대국은 영국뿐이었고, 영국인들은 금본위제를 어쩔 수 없이 중단할 수밖에 없었고 경쟁이 치열한 총선거를 앞두고 있는 때라서, 그들에게서 행동을 기대할 수 없었다. 여하튼 영국조차도, 극동에 관계하고 있는 강대국임에도 불구하고 행동할 수 있는 수단이 없었다. 워싱턴 해군 조약이 일본에 극동 지역의 패권을 부여했고, 잇따른 영국의 내각들이 싱가포르 기지 건설을 의도적으로 늦추었을 때, 이러한 패권을 확인해주었다. 국제연맹이 일본을 비난한다면 얻을 수 있는 것이 무엇이었겠는가? 그저 도덕적 공정성을 보여주는 데 불과할 것이었다. 그러한 도덕적 공정성은, 어떤 효과라도 있다면 그런 한에서, 일본을 영국 무역업계에 대항하도록 만들 것이었다. 이러한 도덕적 비난을 지지하는 주장이 하나 있었다. 미국은 국제연맹의 회원국이 아니었지만 극동에 상당히 관여하고 있는 강대국이었고, 무력에 의해 이루어지는 어떠한 영토 변경도 "승인하지 않을 것"을 제의했다. 이는 제네바 체제를 고수하려는 원칙주의자들을 위로하는 것이었다. 그러나 미국인들은 일본과의 무역을 줄이려고 생각하지 않았기 때문에, 이 제의는 중국인들에게, 그리고 실리적인 사고를 가진 영국인들에게 그다지 위로가 되지 못했다.

옳건 그르건 간에 영국 정부는 도덕적 공정성을 드러내는 것보다 평화를 회복하는 데 더 큰 중요성을 부여했다. 또한 이러한 관점은 외무성에 근무하는 완고한 냉소주의자들이나 혹은 거국 내각을 구성한 — 맥도널드를 수장으로 하는 — 아마도 반동적인 정치인들에만 국한된 것이 아니었다. 이러한 관점은 당시 "침략"이 아니라 "전쟁"을 비난하던 노동당도 공유하고 있었다. 1932년에는 일본에 대항하려는 영국의 어떠한 행동도, 만약 그러한 것이 가능했다고 한다면, 제국주의적 이익을 지키려는 사악한 것이라고 좌파 전원으로부터 반대를 받았을 것이다. 노동당이 원했던 것 — 그리고 여기에는 일반적인 영국인들의 감정이 나타나 있었다 — 온 영국이 전쟁을 통해 이득을 취하지 말아야 한다는 것이었다. 노동당은 중국과 일본 양쪽에 무기 공급을 금지하는 안을 제출했고, 거국 내각이 이 안을 승인했다. 거국 내각은 한 발 더 나아갔다. 영국인들은 줄곧 국제연맹을 안보 기구가 아니라 화의의 수단으로 간주해왔다. 그들은 이제 이 수단을 작동시켰다. 국제연맹은 만주에 관련된 사실을 알아내고 해결책을 제시하기 위해 리튼 위원회Lytton commission를 설치했다. 사실상 일본의 발의에 따라서였다. 위원회는 간단명료한 평결에 이르지 못했다. 위원회는 일본의 불만이 대부분 정당하다고 판정했다. 일본은 사태를 바로잡기 위한 모든 평화적 수단을 사용하기 전에 무력에 호소했다는 비난을 받았지만 그럼에도 불구하고 침략자로 비난받지 않았다. 일본인들은 항의하며 국제연맹을 탈퇴했다. 그러나 사실 영국의 정책은 성공했다. 중국인들은 수년간 스스로 통제하지 못했던 지역을 상실한 것을 감수했고, 1933년, 중국과 일본 사이에 평화가 회복되었다. 훗날 만주 문제는 신화적인 중요성을 띠게 되었다. 만주 문제는 전쟁으로 가는 길의 이정표로 생각되었고, 국제연맹에 대한 최초의 결정적인 "배반", 특히 영국 정부에 의한 배반이 일어난 것으로 여겨졌다. 그러나 실제로 국제연맹은, 영국의 통솔 하에서 영국인들이 해야겠다고 마음먹은 바를 해냈다. 즉 국제연맹은 분쟁을 억세

했고 또한 만족스럽지 못할지라도 분쟁을 종결지었다. 더욱이 만주 문제는 국제연맹의 강제력을 약화시키기는커녕 사실상 그러한 강제력을 등장시켰다. 국제연맹은 — 이번에도 영국의 재촉으로 — 이제까지 존재하지 않았던, 경제 제재를 체계화하는 기구를 설치했는데 이 일은 만주 문제가 계기가 되었던 것이다. 이 기구가 설치되어, 모두에게 불행하게도 1935년 아비시니아에 대한 국제연맹의 행동이 가능하게 되었다.

　　만주 문제는 이후로 계속해서 중요성을 갖지는 못했다고 해도 당대에 중요성을 가지고 있었다. 만주 문제로 인해 여러 나라들이, 유럽 내부의 문제들이 심각해져 가고 있을 바로 그때 유럽에서 눈을 떼게 되었고, 특히 영국 정부는 유럽 내의 분란에 대해 유난히 조급하게 되었다. 만주 문제로 인해 반박할 수 없는 결정적인 주장들이 나오게 되었고, 안보보다 화의를 우선하는 영국인들의 입장이 더욱 강화되었다. 만주 문제로 인해 1932년 초 군축 회의의 모임을 통해 전개되었던 주장들의 양상이 정해졌다. 회의가 열린 이 시점은 특히 적절치 못했다. 강화조약이 "모든 나라의 전반적인 군비 제한"을 향한 첫 단계로서 독일에 군비 철폐를 부과했던 1919년이래로, 전승국들은 몇 가지 그러한 군축을 위한 결의에 서약했다. 전승국들이 독일 수준으로 군비를 축소하겠다는 약속은 결코 아니었으나, 그들이 무엇인가는 하겠다는 약속이었다. 1920년대에 그들은 그 약속을 쭉 회피해왔다. 전승국들의 회피가 독일에게 이익이 되었다. 독일인들은 전승국들이 스스로 한 약속을 이행하든지 아니면 독일이 지고 있는 의무를 면제해주든지 둘 중 어느 한 가지를 해야 한다고 점점 소리를 높여 주장했다. 1929년에 들어선 영국 노동당 내각은 이러한 독일인들의 촉구를 지지했다. 대부분의 영국인들은 대규모의 군비가 그 자체로 전쟁의 원인이 된다고 생각했다. 즉 — 다른 말로 하면 — 대규모의 군비가, "냉각 기간"이 효과를 나타내기 전에 혼란과 오해로 전쟁을 야기한다고 생각했다(1914년 8월에 그랬던 것처럼 말이다). 수상 램지 맥도널드는 1924년에 자신이 제창했던 방안을 다시 논의하기를 열망했고 유화 정책의 성과를 마무리 짓기를 간절히 바랐다. 그는 1930년에 열린 런던 해군 회의를 주도해 성공적으로 이끌었다. 런던 해군 회의는 1921년 워싱턴 해군 회의에서 영국, 미국, 일본 사이에 합의했던 전함의 상호 제한에 대해 대상 선박의 종류를 더욱 광범위하게 규정했다. 그러나 런던 회의조차도 그 당시 무시되었지만 장래에 대한 불길한 경고를 담고 있었다. 여기에서 벌어진 토론의 와중에 이탈리아가 프랑스와 동등한 해군력을 요구하고 나섰는데, 프랑스인들은 단호히 대항했고, 그리하여 이 일로 두 나라 사이의 반목이 시작되어 결국 이탈리아가 독일 편으로 기울게 되었다.

제2차 노동당 내각에서 맥도널드는 외무성을 아서 헨더슨 Arthur Henderson에게 마지못해 넘겨주었다. 이 두 사람은 의견이 정확히 일치하지는 않았다. 맥도널드와 달리 헨더슨은 제1차 세계대전 중 내각의 각료였고, 그 전쟁을 불필요했던 어리석은 일로는 거의 생각하지 않았다. 맥도널드가 프랑스의 근심을 망상이라고 일축했던 반면, 헨더슨은 군축과 안보를 조화시키기를 바랐다. 오스틴 체임벌린이 그보다 다소 앞서 로카르노를 통해 이루기 바랐던 것처럼, 헨더슨은 군축을 영국의 프랑스에 대한 약속을 강화시키는 수단으로 사용하자고 제안했다. 물론 군비가 모든 곳에서 축소된다면 약속이 부담스럽지 않은 것이었지만 말이다. 헨더슨은 만약 프랑스가 군축에 협력한다면 그 대가로 더 많은 영국의 지원을 받으리라는 전망을 갖게 해주었다. 프랑스의 관점에서 보면 유리한 거래였다. 프랑스 사람 중 프랑스군이 공격 수단으로는 무력하다는 점을 충분히 인식하고 있는 사람은 거의 — 어쩌면 아무도 — 없었음에도 불구하고, 프랑스의 군사력만으로 독일을 계속 억제한다는 전망을 환영하는 사람은 훨씬 더 적었다. 영국인들이 로카르노에 대한 의존에서 벗어나 실제적인 군사적 조건에서 생각해야 할 때, 안보는 다른 양상을 띠게 될 것이었다. 아마도 그들은 결국 대규모의 프랑스 군대가 필요함을 깨닫게 될 것이었다. 아니면 영국인들이 자기 나라 군대를 증강시켜야 할 것이었다. 따라서 프랑스인들 역시 군축 회의를 성공시키기 위해 적극적으로 노력했다. 그것도 헨더슨을 의장으로 해서 말이다. 중재자로서 그의 능력이 매우 뛰어나기는 했지만, 그에게 의장직을 맡긴 것은 단순히 그의 능력에 경의를 표한 것만은 아니었다. 또한 수지타산을 계산하는 문제였다. 즉 영국 외상이 실제로 군축 회의에서 의장직을 맡고 있을 때 영국은 전면적 군축에 따르는 의무의 증가를 거의 회피할 수 없었다.

1932년 초반에 군축회의가 열릴 때까지 상황은 심각하게 변했다. 노동당 내각이 무너졌고, 헨더슨은 외상에서 물러났다. 헨더슨은 군축 회의의 의장 자격으로 영국의 의사를 대변할 수 없었고, 단지 자신이 정치적으로 적대하고 있는 정부에 별 효력 없이 압력을 가해볼 수만 있었다. 이제 맥도널드는 헨더슨에게 끌려 다니지 않았다. 그는 오히려 새 외상 존 사이먼 경을 통해 돌아왔다. 사이먼은 자유당원으로 1914년 전쟁이 발발했을 때 거의 뒤로 물러나 있다가 여덟 달 후 징집에 반대해 실제로 사임했다. 사이먼은 맥도널드와 마찬가지로 프랑스의 근심을 실체가 없는 것으로 간주했다. 더욱이 거국 내각은 경제를 살리려는 단호한 태도를 견지했다. 즉 그들은 영국의 보증을 확대하기는커녕 이미 있던 것마저 줄이기를 간절히 원했다. 프랑스인들은 당황스럽게도 어떠한 보상도 받지 못한 채 군축을 강요당하고 있음을 알게 되었다. 맥도널드는 프랑스인들에게 되풀이해 말했다. "프랑스인들이 요구하는 것들은 항상 그 요구들로 인해 영국이 더 많은 의무를 떠맡아야 한다는 곤란함을 만들어냈다. 그러나 또한 이러한 사실이 그때는 생각될 수 없는 것이었다."[1] 이 진술에 단 한 가지 잘못된 부분은 영국의 태도가 변할지 모른다는 암시뿐이었다.

영국인들은 군축 논의에 안보를 위해서라는 구실을 갖다 붙일 수 있는 수단이 있었다. 프랑스인들은 영국인들을 끌어들이기를 원했는데, 영국인들은 미국 — 국제연맹의 회원국은 아니지만 군축 회의의 당사자였다 — 을 끌어들이기를 바랐다. 미국에서 공화당이 집권하고 있는 동안에는 아마도 일리가 있었을 것이다. 그러나 1932년 11월 민주당원인 루스벨트가 대통령으로 선출되면서 이 계획은 불발에 그쳤다. 왜냐하면 민주당원들은 1919년에 윌슨에 의해 창설된 국제연맹을 지지했고 루스벨트 또한 나중에 미국을 세계 정책 속으로 깊이 관련시키게 되었지만, 그럼에도 불구하고 1932년의 투표는 고립주의의 승리였기 때문이다. 민주당원들은 이제 환상에서 깨어난 윌슨주의자들이었다. 몇몇 사람들은 윌슨이 미국 국민들을 기만했다고 믿었지만, 다른 사람들은 유럽 정치가들이 윌슨을 속였다고 믿었다. 그들 중 거의 모든 사람이 유럽 강대국들, 특히 이전의 연합국 측 강대국들은 변화될 수 없을 만큼 사악함이 뿌리 깊고, 미국이 유럽과 관계를 맺지 않으면 않을수록 좋다고 믿었다. 미국인들로 하여금 세계를 구하고자 열망하게 만들었던 이상주의는 이제 그들이 세계로부터 등을 돌리게 만들었다. 의회 다수당인 민주당은 미국이 세계 문제에 대해 어떤 역할이라도 하는 것을 불가능하게 만드는 일련의 조치들을 통과시켰고, 루스벨트 대통령은 어떠한 불찬성의 표시도 하지 않고 조치들을 받아들였다. 그 조치들의 효과는 뉴딜New Deal을 수반하는 강력한 국민주의 경제학에 의해 강화되었다. 눈에 띠는 전조는 아니었지만 나중에 루스벨트 정부가 결국 소련을 "승인"하고 외무 인민 위원 리트비노프Maxim Maximovich Litvinov를 워싱턴에 맞이했을 때와 동일한 흐름이었다. 러시아가 유럽에서 배제된 것이 미국인들의 눈에는 이제 마땅히 그래야 하는 것으로 보였다. 미국으로부터는 어떻게든 유럽에 관여하는 것을 기대할 수 없었다. 또한 영국인들 자신도 미국의 영향 — 그것이 중대한 영향인 한에서 — 으로 유럽에서 이탈하게 되었다.

1932년 여름에 배상 문제가 최종적인 결정에 도달하게 된 것은 군축 회의에 한층 더 불행한 일이었다. 이전에 결말을 지었더라면 더 훌륭한 것일 수 있었던 반면, 이제는 그렇게 하기에 가장 나쁜 때였기 때문이다. 독일 정부는 이제 권력이 브뤼닝에서 파펜으로 넘어가 이전의 어느 때보다 더 허약하고 인기가 없어졌고, 따라서 대외 문제에서 인기를 추구하려는 열망이 더욱 강해졌다. 배상 문제는 결말이 지어져 더는 원한을 불러일으키지 못했고, 독일의 일방적 군비 철폐 문제가 그 자리를 대신해야 했다. 어떠한 실제적 협상도 불가능했다. 독일 정부는 세상을 떠들썩하게 할 만큼 엄청난 성공이 필요했다. 독일인들은 격렬하게 항의하며 군축 회의장을 떠났고, 그리고 나서 "안보 체제 내에서 지위의 평등"을 약속받는 것으로써 다시 끌어들여졌다. 약속은 무의미했다. 만약 프랑스인들이 안보를 얻는다고 한다면 독일에게 지위의 평등이 주어지지 않은 것이므로 지위의 평등은 있을 수 없을 것이고, 프랑스인들이 안보를 얻지 못하면 독일이 훨씬 우월해지므로 평등하지 않게 될 터였다. 약속은 독일 유권자들의 마음을 움직이지 못했다. 또한 실제로 양보를 얻게 되더라도 감동받지 못했을 것이었다. 그들에게 중요한 것은 빈곤과 대량 실업이었다. 그들은 군축 문제를 놓고 실랑이를 벌이는 것이 대단히 주의를 흩뜨리는 일이라 생각했고, 실제로도 그랬다. 연합국의 정치가들은 말을 교묘하게 함으로써 파펜을 돕는 데 최선을 다했다. 아직 그들에게는 독일이 어떠한 심각한 위험이 되고 있다는 생각이 들지 않았다. 1932년에 사람들은 독일의 힘이 아니라 독일의 붕괴를 두려워했다. 마땅히 두려워할 만한 일이었다. 아무리 뛰어난 관찰자라도 실업자가 7백만을 헤아리고 금 보유고가 바닥났으며 해외 무역이 계속해서 줄어드는 나라가 갑자기 엄청난 군사 대국이 될 것이라고 어떻게 상상할 수 있었겠는가? 근대 세계의 모든 경험은 권력과 부가 동반한다는 것을 보여주었고, 1932년에 독일은 정말 매우 가난했다.

이러한 예측은 1933년 1월 30일 히틀러가 수상이 되었을 때, 즉 헹기스트Hengist와 호사Horsa가 켄트에 도착했다는 것만큼이나 전설에 싸인 사건이 일어났을 때 완전히 뒤집어졌다. 그러나 국가 사회주의자들이 큰소리를 쳤음에도 불구하고 "권력의 장악"은 아니었다. 히틀러는 힌덴부르크 대통령에 의해 엄격하게 헌법상의 방식으로 그리고 확고하게 민주적인 근거에서 수상으로 임명되었다. 자유주의자이든 마르크스주의자이든 아무리 뛰어난 이론가가 무어라 말한나

할지라도, 히틀러는 독일 자본가들이 노동조합을 분쇄하는 데 도움을 주려 했기 때문에 수상이 된 것도 아니고, 독일 장성들에게 대규모 전쟁은 그렇다 치고 대군을 가져다주려 했기 때문에 수상이 된 것도 아니었다. 히틀러는 자신과 자신이 이끄는 국가주의자 연합이 제국 의회에서 과반수를 획득했기 때문에 임명되었다. 또한 그럼으로써 대통령령으로 통치되던 4년간의 비정상적인 기간이 끝나게 되었다. 사람들은 히틀러가 국내 문제나 대외 문제에 혁명적인 변화를 가져오리라 기대하지 않았다. 이와 반대로 히틀러를 힌덴부르크에게 추천한 파펜이 중심이 된 보수 정치가들은 스스로 핵심 요직을 지키고 앉아 히틀러가 말 잘 듣는 얼굴 마담 노릇을 해주길 기대했다. 이러한 기대는 잘못된 것으로 드러났다. 히틀러는 자신을 묶어놓으려고 의도된 인위적인 속박들을 부수고 점차 — 전설에서 이야기하고 있는 것보다 훨씬 더 점진적이었지만 — 전능한 독재자가 되어갔다. 그는 독일에 있던 대부분의 것들을 바꿔 놓았다. 정치적 자유와 법의 의한 통치를 파괴했고, 독일 경제와 금융을 변형시켰으며, 교회와 다투었고, 독립적인 주州들을 없애고 처음으로 독일을 통일된 국가로 만들었다. 그가 변화시키지 않은 영역은 단 한 가지였다. 그의 대외 정책은 전임자들의 정책이었고, 외무성 직업 외교관들의 정책이었으며, 그리고 사실상 모든 독일인들의 정책이었다. 히틀러 역시 강화조약이 규정하고 있는 제한들로부터 독일을 해방시키기 원했고, 강한 독일군을 회복하기를 원했으며, 그렇게 함으로써 독일을 독일이 가진 원래의 비중에 따라 유럽에서 가장 강한 강대국으로 만들고 싶어했다. 경우에 따라 강조점에 차이가 있기는 했다. 어쩌면 히틀러가 합스부르크 왕국의 신민으로 태어나지 않았더라면 오스트리아나 체코슬로바키아에 관심을 덜 쏟았을 것이다. 그가 오스트리아 출신이라서 본래부터 폴란드인들에게 덜 적대적일 수 있었는지도 모른다. 그러나 전반적인 양상은 변한 것이 없었다.

　　이런 생각이 일반적으로 받아들여지는 견해는 아니다. 대단히 권위 있는 저술가들은 히틀러에게서 현존하는 문명을 파괴하고 자신을 세계의 지배자로 만드는 대규모 전쟁을 처음부터 획책한 체계 기획자의 면모를 보아왔다. 내 생각에 정치가들은 미리 생각해놓은 계획에 따라 행동하기에는 너무나도 그때그때의 사건에 정신을 빼앗긴다. 정치가들이 하나의 조치를 취하고 나면 곧 다음 국면이 전개된다. 나폴레옹의 경우가 그러하듯, 체계적 계획이란 역사가들에 의해 만들어진다. 히틀러가 구상하고 실행했던 것으로 여겨지는 체계적 계획들은 사실상 휴 트레버-로퍼Hugh Trevor-Roper, 엘리자베스 위스크먼Elisabeth Wiskemann, 그리고 앨런 불록Alan Bullock의 것이다. 이렇게 히틀러가 체계 기획자라 생각하는 데는 어느 정도 근거가 있다. 히틀러 자신이 아마추어 역사가였거나, 좀 더 정확하게 말하면 역사를 막연한 일반론으로 설명하는 사람이었고, 또한 그는 틈 날 때마다 체계적 계획들을 만들어냈다. 이러한 계획들은 한낱 백일몽이었다. 채플린Charles Chaplin은 영화 〈위대한 독재자(Great Dictator)〉에서 세계를 장난감 풍선으로 변형시켜 발끝으로 천장까지 차올리는 독재자의 모습을 보여주며 예술가의 천재성으로 이를 잘 포착했다. 히틀러는 항상 이런 백일몽 속에서 자신이 세계의 지배자가 된 것을 상상했다. 그러나 그가 지배하기를 꿈꾸는 세상과 그가 그 일을 이루고자 실행하는 방법은 상황이 변함에 따라서 바뀌었다. 《나의 투쟁》은 1925년에 프랑스의 루르 점령의 영향 아래에서 쓰여졌다. 당시 히틀러는 유럽에서 프랑스의 패권을 무너뜨리기를 꿈꾸었고, 그 일을 이루는 방법은 이탈리아, 그리고 영국과 동맹을 맺는 것이었다. 그의《좌담록》은 소련에 대적한 작전 기간 동안 점령된 영토에까지 멀리 전달되었다. 또한 당시 히틀러는 자신의 침략의 경과를 합리화하게 될 어떤 공상적인 제국을 꿈꾸었다. 그가 자살한 바로 그때, 그의 마지막 유산이 지하 벙커로부터 전달되었다.* 그가 이것을 전 세계를 파괴하는 교의敎義로 변형시켰다는 것은 놀랄 일이 아니다. 학계의 뛰어난 탐구는 히틀러의 이러한 언명들 속에서 니체Fridrich Wilhelm Nietzsche의 제자로서의 모습, 지정학자의 모습, 혹은 아틸라의 경쟁자로서의 모습을 발견했다. 하지만 나는 그러한 언명들 속에서 강력하지만 세련되지 못한 사고로써 일반화된 이야기들을 들을 뿐이다. 오스트리아의 카페나 독일의 맥줏집 아무 곳에나 들어가도 들을 수 있는 대화를 생각나게 하는 신조들 말이다.

히틀러의 대외 정책에는 새로운 것은 아니지만 하나의 원칙이 있었다. 히틀러의 시각은 앞서 슈트레제만의 시각과 마찬가지로 "대륙적"이었다. 히틀러는 1914년 이전에 독일이 추구했던 "세계 정책"을 되살리려 하지 않았다. 대규모 함대를 건설할 계획을 수립하지 않았고, 영국인들을 당혹케 하려는 계략으로서가 아니라면 이미 상실한 식민지에 대한 원한을 시위하지도 않았다. 히틀러는 중동에조차도 관심을 두지 않았다. 이 때문에 그는 1940년에 프랑스를 패배시킨 후 엄청난 기회가 다가왔음을 알아보지 못했다. 히틀러의 이러

---

* 히틀러는 자살하기 전날인 1945년 4월 29일에 괴벨스와 다른 세 사람의 증인 앞에서 개인 유언장과 정치적인 유서에 서명하고 이를 혼인증명서와 함께 남겼다.

한 시각은 그가 대양으로부터 멀리 떨어진 오스트리아 태생이기 때문이라고 생각할 수도 있고, 혹은 뮌헨에서 몇몇 지정학자들에게서 배운 것이라 생각할 수도 있다. 그러나 본질적으로 이는 시대 상황을 반영했다. 독일은 1918년 11월 서유럽 국가들에게 패배 당했고, 한 해 전에 러시아를 무찔렀던 경험이 있었다. 슈트레제만과 마찬가지로 히틀러는 서유럽에 관련된 결정 사항에 도전하지 않았다. 그는 대영제국을 파괴하기를 원하지 않았고, 심지어 프랑스로부터 알자스와 로렌을 빼앗으려 하지도 않았다. 그 대가로 그는 연합국이 1918년 3월 소련이 전쟁에서 빠지면서 독일에게 많은 것을 양보했던 브레스트-리토프스크조약에서 결정된 사항을 받아들이며 1918년 11월 독일과 연합국 사이의 휴전조약 이후 이러한 결정을 인위적으로 무효화했던 것을 철회하기를 바랐다. 또한 그는 독일이 동부 전선에서 승리했다는 사실을 연합국이 인정해주기를 바랐다. 이는 터무니없는 계획만은 아니었다. 밀너Alfred Milner나 스뫼츠는 거명할 것도 없이 많은 영국인들이 1918년 당시에도 이 같은 의견을 가지고 있었고, 그 후에 더 많은 영국인들이 그랬다. 또한 대부분의 프랑스인들이 이와 같은 시각으로 입장을 바꾸고 있었다. 동유럽의 민족 국가들은 거의 지지를 받지 못했고, 소련은 더더욱 그랬다. 히틀러가 브레스트-리토프스크의 결정 사항을 복구하고자 열망했을 때, 그는 볼셰비즘과 적화赤禍에 대항하는 유럽 문명의 수호자인 척할 수 있었다. 어쩌면 그의 야심이 정말로 동유럽에 한정되었을 수도 있고, 아니면 동유럽 정복이 오로지 서유럽 정복 혹은 전 세계적인 규모의 정복을 위한 전 단계였을 수도 있다. 아무도 무어라 단언할 수 없다. 오직 실제 일어난 사건들만이 대답해줄 수 있었을 것이다. 그러나 상황이 이상하게 꼬여 일어난 일들에서도 결코 답을 얻지 못했다. 예기되었던 것과 달리, 히틀러는 동유럽을 정복하기도 전에 서유럽 국가들과 전쟁을 하게 되었다. 그럼에도 불구하고 동쪽으로의 팽창은 히틀러 정책의 유일한 목표는 아닐지라도 주요한 목표였다.

　　이 정책에 독창적인 면은 없었다. 히틀러에게 그만의 특별한 점이 있다면 그것은 지극히 평범한 생각을 실제 행동으로 옮길 수 있는 재능이었다. 히틀러는 다른 사람들에게는 그냥 말뿐인 것을 진지하게 받아들였다. 히틀러의 추진력은 무서울 정도로 곧이곧대로 믿는 신념이었다. 저술가들은 반세기 동안 민주주의를 통렬하게 비판해왔다. 이를 받아들인 히틀러는 전체주의적 독재 정권을 만드는 길로 접어들었다. 독일에 있던 거의 모든 사람이 실업에 대해 "무엇인가" 조치를 취해야 한다고 생각했다. 히틀러는 "행동"을 주장한 최초의 인물이었다. 그는 통상적인 기존의 준거를 무시했고, 그러다 보니 바로 미국에서 루스벨트가 그랬던 것처럼 예상치 않게 완전 고용 경제에 이르게 되었다. 반유대주의에도 새로운 점은 없었다. 여러 해 동안 그것은 "바보들의 사회주의"였고, 뒤따른 결과도 거의 없었다. 1920년대에 오스트리아의 수상 자리에 있던 자이펠Ignaz Seipel은 자신이 속한 정당이 퍼뜨렸으나 실행하지는 않았던 반유대주의에 대해 "그것은 길거리용이다Das ist für die Gasse"[2]라고 말했다. 히틀러는 바로 그러한 천박한 길거리 뜨내기die Gasse였다. 처형이 연달아 일어나고 가스실에서 이루 말할 수 없는 극악무도함이 절정에 달했을 때, 많은 독일인들이 양심의 가책을 느꼈다. 그러나 거의 아무도 어떻게 항의해야 할지 몰랐다. 히틀러가 유대인들에게 행했던 모든 일은 독일인들이 대부분 막연하게나마 믿고 있던 인종주의적 교의로부터 논리적으로 귀결된 것이었다. 이는 대외 정책에서도 마찬가지였다. 독일인들 가운데 독일이 다시 유럽을 지배할 것인가에 대해 정말로 열렬하게 그리고 지속적으로 관심을 가졌던 이들은 그렇게 많지 않았다. 그러나 독일인들은 마치 자신들이 마음을 쏟고 있는 것처럼 이야기했다. 히틀러는 그들의 말을 그대로 믿었다. 히틀러는 독일인들이 자신들이 공언한 바에 따라 살아가도록 만들었고, 만약 히틀러가 그렇게 하지 않았다면 — 그들에게 매우 유감스럽게도 — 그것을 잊었을 터였다.

원칙과 교의에서 히틀러는 수많은 동시대 정치가들과 마찬가지로 사악하거나 파렴치하지 않았다. 물론 그는 사악한 행동에서만큼은 타의 추종을 불허했다. 서유럽 정치가들의 정책 역시 궁극적으로는 무력에 의지했다. 프랑스의 정책은 육군에, 영국의 정책은 해군력에 의존했다. 그러나 서유럽 정치가들은 무력을 사용하는 일이 필요하지 않기를 바랐다. 히틀러는 자신이 가진 무력을 사용할 생각이었거나, 아니면 어쨌든 무력을 사용하겠다고 위협하려 했다. 만약 서구의 도덕성이 우월해 보였다면, 주로 현상 유지의 도덕성이었기 때문이다. 히틀러가 설정한 목표와 사용한 방법 사이에는 표면적일 뿐이지만 흥미로운 불일치가 있었다. 히틀러의 목표는 변화였고, 현존하는 유럽 질서의 전복이었다. 반면 그의 방법은 인내였다. 그가 보여준 허장성세와 극단적인 언사에도 불구하고 그는 기다리는 게임의 명수였다. 그는 결코 준비된 자세에서 정면 공격을 하지 않았다. 적어도 손쉽게 얻은 승리로 판단이 흐려지기 전까지는 결코 그러지 않았다. 여리고 성 앞에 선 여호수아처럼, 그는 자신에게 대적하고 있는 세력들이 스스로의 혼란으로 무력해질 때까지 그리고 그들이 성공을 만들어주어 자신이 못이기는 척 받을 수 있을 때까지 기다리는 편을 선호했다. 그는 독일에서 정권을 얻을 때 이러한 방식을 적용했다. 그는 권력을 "잡지" 않았다. 대신 이전에 자신을 배제하려고 애썼던 사람들이 자신 앞에 권력을 내놓기를 기다렸다. 1933년 1월, 파펜과 힌덴부르크가 히틀러에게 수상이 되어 달라고 요청했다. 히틀러는 이를 정중하게 받아들였다. 대외 문제에서도 마찬가지였다. 히틀러는 명확한 요구를 하지 않았다. 그는 만족스럽지 않다고만 공표하고 더 많이 받기 위해 손을 내밀고 있기만 하면서 다른 나라에서 내준 것이 품안으로 쏟아져 들어오기를 기다렸다. 히틀러는 다른 나라에 관해서 직접 알고 있는 것이 없었다. 외상에게서도 거의 듣는 것이 없었고 대사들의 보고도 전혀 읽지 않았다. 그는 외국 정치가들을 직관으로 판단했다. 그는 독일인이건 외국인이건 모든 부르주아 정치인들의 됨됨이를 파악하고 있다고 확신했고, 또한 자신의 배짱이 꺾이기 전에 그들의 기세가 무너질 것이라 확신했다. 이러한 확신은 유럽을 거의 재난으로 이끌 정도로 사실에 근접했다.

아마도 처음에는 기다림이 의식적이거나 심사숙고한 결과가 아니었을 것이다. 국가 운영을 훌륭하게 해내는 수완을 가진 사람들은 자신들이 무엇을 하고 있는지 잘 알지 못하는 사람들이다. 히틀러는 권좌에 오른 처음 몇 해 동안은 대외 문제에 신경을 그리 많이 쓰지 않았다. 일어나는 사건들로부터 관심을 멀리한 채, 예전에 그랬던 대로 무익한 꿈을 꾸며 대부분의 시간을 베르히테스가덴에서 보냈다. 그가 실제 생활로 관심을 돌렸을 때, 가장 큰 관심사는 국가 사회주의당에 대한 절대적 지배력을 유지하는 것이었다. 그는 주요 나치 지도자들 사이의 경쟁을 지켜보았고, 또 경쟁을 부추겼다. 그러고 나서 독일의 국가 기구와 독일 국민에 대한 나치의 지배가 굳어지기에 이르렀고, 이후에는 재군비와 경제적 팽창이 시작되었다. 히틀러는 전차나 비행기, 총 같은 기계를 하나하나 다루어 보기를 좋아했다. 그는 도로 건설에 매료되어 있었고 또한 건축 계획에 더욱 더 빠져 있었다. 대외 문제는 목록의 맨 밑에 내려와 있었다. 이유야 어쨌건 간에 독일이 재무장될 때까지 그가 할 수 있는 일이 거의 없었다. 상황은 히틀러가 어쩔 수 없이 기다릴 수밖에 없는 형편이었고, 그는 그렇게 기다리는 편이 낫다고 생각했다. 히틀러는 예전부터 일을 해왔던 외무성의 직업 외교관들에게 대외 정책을 안심하고 맡길 수 있었다. 결국 그들의 목적은 히틀러의 목적과 같았다. 직업 외교관들역시 베르사유의 결정 사항을 무력화시키는 데 관심을 쏟았다. 그들에게는 오로지 이따금씩 행동에 박차를 가하는 유인, 즉 사태를 무르익게 만드는 돌발적이고 대담한 추진력이 필요할 뿐이었다.

이러한 양상은 군비 철폐에 대한 논의에서 곧 드러났다. 연합국 측의 정치가들은 히틀러의 의도에 대해 잘못 생각하고 있지 않았다. 베를린에 있는 자신들의 대표들에게서 정확하게 들어맞는 정보 — 사이먼 경이 "무시무시하다"고 생각했던 정보[3] — 를 받았다. 영국과 미국의 통신원들이 독일에서 계속해서 추방당했음에도 불구하고, 그 일에 대해서 사람들은 어느 신문이든 읽고 사실이 어떻게 된것인지 자초지종을 알 수 있었다. 히틀러가 다른 나라 정치가들에게 충분한 경고를 하지 않았다고 가정하는 것보다 더 큰 실수는 없다. 오히려 히틀러는 더할 수 없이 많이 경고했다. 서유럽 정치가들은 문제를 너무나도 명확하게 인지했다. 독일에는 이제 강력한 정부가 생겼고, 이 정부는 독일을 다시금 강력한 군사 강국으로 만들 것이었다.

그런데도 연합국 측 정치가들은 무엇을 하려 했던 것일까? 그들은 스스로 문제를 제기해보기도 하고 서로에게 질문하기도 하며 그러기를 반복했다. 한 가지 분명한 방법은 독일의 재군비를 실력으로 간섭하고 저지하는 것이었다. 이 방법은 군축 회의에서 영국 군부의 대표가 제안했고,[4] 또한 프랑스인들이 거듭 제안했다. 제안은 되풀이해서 고려되었으나 항상 기각되었다. 어느 면에서 보더라도 실행할 수 없는 제안이었다. 미국은 분명히 간섭에 참여하지 않을 것이었다. 간섭은 고사하고 미국 여론이 이에 격렬하게 반대할 것이었고, 이러한 전망은 영국에 상당한 영향을 주었다. 영국 여론도 마찬가지로 반대했는데, 이는 좌파의 의견이었을 뿐 아니라 바로 정부 내의 의견이기도 했다. 원칙에 대한 반대 의견이 어떤 것이든 덮어둔다 해도, 정부는 지출의 증가 — 간섭에 비용이 많이 들기도 할 것이었다 — 를 감내할 수 없었고 사용할 수 있는 여분의 무장 병력도 없었다. 무솔리니 또한 이탈리아에게 유리한 "수정주의"로 방향을 선회하려고 이미 생각하고 있었기 때문에 냉담한 반응을 보였다. 이러한 상황으로 프랑스는 홀로 남게 되었고, 프랑스인들은 줄곧 단독으로는 행동할 수 없다는 확고한 생각을 갖고 있었다. 만약 프랑스인들이 스스로에게 정직했다면, 자신들 또한 간섭을 실행할 병력이 없다고 덧붙였을 것이다. 더욱이 간섭을 통해 무엇을 성취할 것이겠는가? 만약 히틀러가 실각한다면 루르 점령에 뒤따랐던 것보다 더 심각한 혼란이 일어나게 될 것이고, 히틀러가 실각하지 않는다면 점령군이 철수하자마자 독일의 재군비가 아마도 다시 시작될 것이었다.

　　반대편에 있는 대안은 아무것도 하지 않는 것이었다. 군축 회의를 포기하고 사태가 진행되어 가는 대로 놔두는 것이었다. 영국인들과 프랑스인들 양측 모두 이를 "고려할 수 없다", "생각조차 할 수 없다", "궁여지책이다"라고 일축했다. 그렇다면 어떤 탈출구가 남아 있는가? 프랑스인들을 위태롭게 하지 않으면서 독일을 만족시킬 수 있는, 항상 잡힐 듯 말 듯한 묘책이 도대체 어디에 있는 것일까? 프랑스인들은 참모 회담을 통해 그리고 증강된 영국군으로부터 지원을 받음으로써 자신들이 영국의 확실한 보장을 받는 경우에만 독일과의 무장의 평등에 합의할 수 있다고 계속 주장했다. 영국인들은 이러한 제안을 단호하게 거절했고, 평등이 독일인들을 만족시킬 것이므로 어떠한 보장도 불필요하게 될 것이라 주장했다. 만약 히틀러가 합의를 한다면 "그는 아마도 이를 지키고 싶어 하기까지 할 것이며 …… 그의 서명은 독일의 과거사를 통틀어 다른 어떠한 전례도 없이 온 독일을 구속할 것이다".[5] 만약 독일이 협정을 지키지 않는다면 "독일에 대해 세계가 대항하는 힘은 아무리 강조해도 지나침이 없을 것이며"[6] "세계는 독일의 진정한 의도가 무엇인지 알게 될 것이다".[7] 영국인들이 자신들의 주장을 심각하게 고려했던 것인지에 대해 무어라 말하는 것은 불가능하다. 아마도 그들은 여전히 프랑스의 비타협적인 태도가 평화로운 유럽을 달성하는 데 주된 장애가 된다고 믿었을 것이고, 또한 이러한 완강함을 어떻게 사라지게 만들 것인가에 대해 그 신중함이 지나침이 없었다. 1871년의 전례가 그들의 뇌리에 박혀 있었다. 그때 러시아가 흑해에서의 무장 해제를 부과한 파리조약의 조항들을 부인했고, 다른 강대국들은 러시아가 국제회의에서 승인을 얻도록 노력한다는 조건 하에 묵인했다. 유럽 공법公法이 지켜졌다. 한 번의 회의로 조약이 만들어졌고, 그런고로 또 다른 회의로 그것을 폐기할 수 있었다. 그러므로 이제 중요한 것은 독일의 제

군비를 저지하는 것이 아니라, 재군비가 국제적 합의의 틀 안에서 이루어질 수 있도록 보증하는 것이었다. 영국인들은 또한 독일이 "자신의 불법 행위를 합법화하기 위한"[8] 대가를 기꺼이 지불할 것이라 생각했다. 영국인들 스스로가 항상 법을 지키는 것을 좋아했고 따라서 독일인들도 똑같이 느낄 것이라 당연히 가정했다. 영국인들로서는 어느 한 나라라도 "국제적인 무정부 상태"로 복귀하는 것을 선호할 수 있다는 것을 생각할 수조차 없었다. 그리고 물론 히틀러에게도 국제적인 무정부 상태로 돌아갈 의도는 없었다. 그 역시 국제적인 질서를 원했다. 그것이 단순히 1919년 체제의 수정된 형태가 아니라 "전혀 새로운 질서"여야 했지만 말이다.

　이 시기의 분위기를 결정짓는 데 무엇보다 큰 역할을 했던, 한 걸음 더 나아가 고려된 점이 있었다. 모든 사람들, 특히 영국인들과 프랑스인들은 시간이 많이 있다고 생각했다. 독일은 히틀러가 집권했을 때도 여전히 사실상 무장 해제 상태였다. 독일은 전차도, 비행기도, 중화기도, 훈련된 예비군도 없었다. 일반적인 경험에 비추어 생각해보면 독일이 강력한 군사 대국이 되기까지 10년은 걸릴 터였다. 이 계산이 전혀 틀리지만은 않았다. 히틀러와 무솔리니도 같은 생각을 하고 있었다. 그들은 서로 간의 대화에서 1943년이 운명의 해가 되리라 줄곧 생각했다. 일찍이 독일의 재군비에 대해 주의할 것을 촉구했던 많은 경고가 잘못된 것이었다. 따라서 1934년에 처칠이 독일 공군이 영국 정부가 공언한 것보다 더 강하다 주장하고 볼드윈이 처칠에 반박했을 때 — 우리가 이제 독일 기록에서 알게 된 바에 따르면 — 볼드윈이 옳았고 처칠이 틀렸다. 1939년에도 독일 군대는 장기전에 대비해서는 장비를 갖추지 못했고, 1940년에도 독일의 지상 병력은 지휘 능력을 제외하면 모든 면에서 프랑스에 뒤져 있었다. 서유럽 국가들은 두 가지 실수를 저질렀다. 그들은 히틀러가 불충분한 수단을 갖고도 엄청나게 큰 내기를 하는 도박꾼이라는 사실을 감안하지 못했다. 또한 그들은 샤흐트의 경제적 업적을 고려에 넣지 못했다. 샤흐트 덕에 독일의 자원은 그가 이루어낸 성과가 없었을 경우보다는 덜 부족하게 되었다. 당시 다소 자유로운 경제 체제를 가진 나라들이 가동률을 75퍼센트까지 올릴 수 있었다. 샤흐트는 최초로 완전 고용 체제를 작동시켰고 그리하여 독일의 경제력을 거의 그 최대한까지 이용했다. 이제는 이러한 일이 그저 평범한 것일 뿐이지만, 당시에는 상상을 초월하는 마법과도 같았다.

군축 회의는 히틀러 등장 이후 그리 오래 가지 못했다. 1933년 여름 동안 영국인들과 이탈리아인들은 프랑스인들에게 독일에 이론적인 무장의 "평등"을 인정해주도록 촉구했다. 결국 이러한 평등이 현실이 되기까지 시간이 많이 있었다. 영국과 이탈리아의 재촉은 거의 성공적이었다. 프랑스인들은 거의 모험을 강행했다. 9월 22일에 영국과 프랑스의 각료들이 파리에서 회동했다 프랑스인들은 자신들이 평등이나 그에 가까운 어떤 것에 동의하겠다는 뜻을 내비쳤다. 그때 달라디에Édouard Daladier 프랑스 수상이 "협정의 준수를 위한 어떠한 보장이 있을 것입니까?"라고 물었다. 해묵은 난점이 다시 꺼내졌다. 사이먼은 "국왕 폐하의 정부는 제재의 성질을 가진 새로운 의무들을 수용할 수 없습니다. 영국 내의 여론이 지지하지 않을 것입니다"라고 대답했다. 사이먼의 대답보다 더욱 고압적인 목소리가 들렸다. 보수당 지도자이자 영국 정부의 막후 실력자인 볼드윈이 회의에 참석하기 위해 왔다. 그는 에스Au에서 휴가를 보내는 동안 유럽의 상황에 대해 숙고했고, 이제 사이먼을 지원했다. 즉, 영국의 새로운 약속이 없으리라는 것이었다. 그는 다음과 같이 덧붙였다. "만약 독일이 재무장을 하고 있음이 판명될 수 있다면, 그렇다면 유럽이 직면해야만 하는 새로운 상황이 즉시 발생할 것입니다. …… 만약 그러한 상황이 발생하게 된다면 국왕 폐하의 정부는 사태를 매우 심각하게 고려해야 할 것입니다. 하지만 그러한 상황은 아직 발생하지 않았습니다."[9] 이 목소리는 볼드윈의 목소리였으나 그 안에 있는 정신은 맥도널드의 것이었다. 프랑스인들은 자신들이 현실이라고 상상했던 우위를 포기하도록 요구 받았고, 독일인들이 잘못된 행동을 한다면 막연히 어떤 조치가 취해질 것이라 기대할 수 있을 뿐이었다. 그들은 이것만으로 만족할 수 없었다. 프랑스인들은 확고한 생각 없이 망설이며 내놓아 보았던 제안을 철회했다. 회의가 재개되었을 때, 그들은 독일이 향후 4년간의 "시험 기간" 동안 무장 해제 상태로 유지될 경우에만 독일과의 평등에 합의할 것이라 공표했다.

히틀러의 기회였다. 그는 프랑스가 외톨이로 있을 것이고, 영국과 이탈리아 모두 독일의 입장에 공감한다는 것을 알았다. 10월 14일, 독일은 군축 회의에서 철수했다. 그리고 일주일 뒤 국제연맹을 떠났다. 그러나 아무 일도 일어나지 않았다. 독일 각료들은 히틀러의 밀어붙이는 힘에 놀랐다. 이제 히틀러가 그들에게 말했다. "상황이 예상했던 대로 전개되었소. 독일에 대한 위협 조치들이 구체화되지 않았고 또한 예상되지 않고 있소. …… 위기의 순간은 아마도 지나간 것 같소."[10] 히틀러의 말대로 되었음이 확인되었다. 히틀러는 자신이 국내에서 성공을 거두었던 방법을 대외 문제에 시험했고, 효과가 있었다. 히틀러는 독일에 대항하는 세력이 내부적으로 혼란될 때까지 기다렸고, 그러고 나서 민들레 씨를 날려버리듯 반대 세력을 불어 없앴다. 결국 프랑스인들은 단지 독일인들이 군축 회의를 떠났다는 이유만으로는 아무래도 독일로 진군할 수 없었다. 프랑스인들은 오직 독일이 실제로 재무장할 때만 행동할 수 있었다. 그러나 그때는 이미 늦을 것이었다. 영국인들은 계속해서 독일의 요구에 공감했다. 1934년 7월까지도 《더 타임스_The Times_》는 "앞으로 다가올 몇 해 동안 독일을 두려워하기보다 독일의 형편을 염려할 이유가 더 많을 것이다"라고 논평했다. 노동당은 안보 확립을 위한 예비 단계로서 전면적인 군축을 계속 요구했다. 맥도널드는 여전히 정부 여당과 야당 모두에 방침을 정해주었다. 히틀러는 너무나 자신만만하던 나머지 독일 육군을 30만 명으로 제한하고 공군을 프랑스의 절반으로 하는 프랑스와 독일 사이의 차등을 제안함으로써 프랑스의 감정을 긁어 놓았다. 히틀러의 자신만만함은 옳았고, 프랑스는 참을 수 없으리만큼 격분했다. 1934년 4월 17일, 바르투_Louis Barthou_ — 2월 6일의 폭동에 뒤이어 탄생한 국민 연합 정부의 우파 외상 — 는 독일의 어떠한 재군비도 합법화하기를 거부하고 "프랑스는 이제부터 프랑스 스스로의 수단으로 프랑스의 안보를 확보할 것"이라고 선언했다. 군축 회의는 사멸했다. 소생시키려는 사후 얼마간의 노력도 소용없었다. 프랑스인들은 군비 경쟁의 시작을 알리는 방아쇠를 당겼다. 그러나 지극히 프랑스인답게도 그러고 나서 경쟁에 돌입하지 못했다. 프랑스의 군비 규모는 군축 회의를 준비하는 동안 삭감되어 왔고, 1936년까지는 1932년 수준으로 되돌아가지 못했다.

군축 회의의 종말이 필연적으로 전쟁을 의미하지는 않았다. 영국이 소리 높여 반대했지만, 전통적인 외교 수단으로 복귀하는 제

3의 길이 있었다. 히틀러가 등장한 순간부터 모든 사람들은 부끄러워하며 점점 이 길로 되돌아가기 시작했다. 무솔리니가 첫 번째 인물이었다. 그는 제네바 체제를 결코 좋아하지 않았고, 제네바가 상징하는 모든 것을 싫어했다. 유럽 파시스트의 고참으로서 그는 히틀러가 자신을 본받았다고 추어올리는 말에 흡족해했고, 독일이 항상 이탈리아의 주구走狗가 되어줄 것이고 결코 그 반대가 아닐 것이라 생각했다. 의심할 바 없이 그는 히틀러의 위협과 허세가 자신의 것만큼이나 내용이 없다고 믿었다. 어쨌든 그는 독일의 부흥을 두려워하기는커녕 독일이 커나가게 되면 자신이 이러한 상황을 이용해 프랑스로부터 그리고 어쩌면 후에 영국으로부터 양여를 얻어낼 수 있을 것이라 생각해 반가워했다. 이 점은 영국인들이 쉽게 간과했던 점이다. 무솔리니는 4국 협정을 제안했다. 독일, 영국, 프랑스, 그리고 이탈리아 네 강대국이 약소국에 법을 부과하고 "평화로운 수정"을 이룩함으로써 유럽의 지배국으로 자리 잡게 된다는 것이었다. 영국인들은 기뻐했다. 독일이 주로 이득을 취하게 될 것임에도 불구하고, 그들 역시 프랑스로부터 양여를 받아 내기를 원했다. 프랑스와 독일 사이에서 우호적으로 중재한다는 영국과 이탈리아의 생각은 오래 전부터 있었다. 바로 로카르노 체제에 깃들어 있었다. 그때는 무솔리니가 부수적인 역할밖에 하지 않았지만 말이다. 또한 그 생각은 1914년에 존 몰리John Morley가 영국을 전쟁에서 빠져나오게 하려고 노력했던 그때에도 주장했던 것이다. 1914년에 사이먼과 맥도널드가 그 생각을 지지했고, 지금도 반기고 있었다. 그리하여 이전의 급진주의자들이 이제는 무솔리니를 유럽 평화의 가장 중요한 대들보로 간주하게 되는 기묘한 입장에 섰다. 히틀러 역시 무솔리니가 자신을 위해 전초전을 치르게 할 요량이었다. 프랑스인들은 화가 나 있었고, 말하자면 영국과 이탈리아라는 간수들의 감시를 받으며 옴짝달싹 못하고 간혀 있었다. 프랑스인들은 처음에는 묵인했다. 관련 당사국들의 동의를 포함해 만장일치의 동의가 있을 때만 수정이 이루어질 수 있다고 주장하기는 했다. 나중에 그들은 협정을 완전히 무효화시키기 위해 독일의 국제연맹 탈퇴를 구실로 삼았다. 4국 협정은 결국 비준되지 못했다. 그럼에도 불구하고 4국 협정을 성립시키려는 것이 몇 해 동안 이탈리아 정책의 근간으로 남아 있었고, 거의 전쟁이 발발할 때까지 영국 정책의 기조로 유지되었다. 훨씬 더 기묘한 것은, 이 책이 다루는 이야기가 끝나기 전에 프랑스인들이 그쪽으로 생각을 바꾸었다는 것이다.

당시에 협정이 가장 큰 영향을 끼친 곳은 동유럽이었다. 소련과 폴란드가 모두 깜짝 놀랐는데, 두 나라에 일어난 일은 정반대였다. 러시아는 독일 편에 있다가 프랑스 쪽으로 넘어가게 되었고, 폴란드는 프랑스에서 독일 쪽으로 다소 움직였다. 유럽 4대 강대국의 연합은 소련 정치가들에게 항상 악몽과 같았다. 그들이 믿기에 이는 새로운 간섭 전쟁의 서막이 될 것이었다. 그들은 히틀러가 등장하기 전까지는 프랑스에 대한 독일의 원한을 부추김으로써 그리고 라팔로에서 시작된 독일과의 경제, 군사 협력을 촉진함으로써 이러한 연합이 성립되지 않도록 주의했다. 이제 그들은 방침을 전환했다. 서유럽 정치가들과 달리 그들은 히틀러의 말을 심각하게 받아들였다. 그들은 히틀러가 독일에서뿐 아니라 러시아에서까지 공산주의를 무너뜨리려 한다고 믿었다. 또한 그들은 히틀러가 만약 그렇게 할 때 서유럽 정치가들이 그를 성원할 것을 두려워했다. 그들은 히틀러가 우크라이나 점령을 계획하고 있다고 확신했다. 그들의 이해는 순수하게 방어적인 것이었다. 세계 혁명의 꿈은 이미 사라진 지 오래였다. 그들의 가장 큰 두려움은 극동에 있었는데 — 일본과 만주에서 어깨를 견주고 있고 중국과는 평화롭게 지내던 — 그곳에서 그들은 일본의 공격이라는 절박한 위험에 처한 것처럼 보였다. 소련 제일의 정예 부대가 극동에 위치해 있었고, 소련 지도자들은 유럽에 대해 오로지 자신들의 일에 간섭하지 말고 내버려 둘 것을 요구했다. 그들은 한때 베르사유의 "굴욕 조약"을 부인했지만, 이제는 국제법을 존중할 것을 설교했다. 그들은 — 자신들이 과거에 "부르주아의 수작"이라 했던 — 군축 회의에 열심히 참석했고, 1934년에는 부르주아의 다른 부정직한 짓거리에 합류했다. 바로 국제연맹이었다. 프랑스인들에게 연합의 토대가 마련된 제휴국이 여기에 있었다. 즉 "수정"에 단호하게 반대하는 강대국으로서, 영국과 이탈리아의 압력으로부터 프랑스인들을 구해줄 것이었다. 1933년 동안 이러한 연합이 아무도 눈치 채지 못하는 사이에 서서히 성립되었다. 이것은 제한된 형태의 연합이었다. 러시아인들은 오로지 프랑스 체제가 자신들에게 더 큰 안보를 제공해줄 수 있다고 믿었기 때문에 프랑스 체제 쪽으로 방향을 바꾸었다. 그러나 그들은 그렇게 하는 것이 의무의 확대를 포함할 수 있다는 사실을 예견하지 못했다. 그들은 프랑스의 힘을, 물리적인 힘과 도덕적인 힘 모두를 지나치게 높이 평가했다. 또한 그들은 겉으로는 자신들이 부르주아의 도덕에 구속받지 않는 것처럼 말하고 행동했지만, 히틀러를 제외한 모든 사람들이 그랬듯이 서면상의 보증이 가지는 구속력을 과신했다. 그들은 또한 국제법을 자신들의 편으로 하는 것이 유용한 자산이 되리라 생각했다. 반면 프랑스인들은 어떠한 규모로든 러시아와의 동맹을 복원할 의도가 없었다. 그들은 러시아의 힘을 거의 믿지 않았으며, 러시아의 성실성은 더더욱 믿지 않았다. 프랑스인들은 러시아와의 우호 관계를 런던에서 별로 인정하지 않음을 알고 있었다. 프랑스인들은 또한 때때로 영국이 유화 정책을 재촉하는 데 화가 나기도 했지만, 그 실낱같은 영국의 지원조차 잃는다는 것은 더더욱 두려웠다. 프랑스-러시아 친선 관계의 수립은 재보장에 불과할 뿐 그 이상은 아니었다.

그렇다고 하더라도 이 일은 독일의 대외 정책 결정자들을 놀라게 하기에 충분했다. 그들의 시각에서 볼 때, 라팔로의 우호 관계는 독일이 힘을 회복하는 데 없어서는 안 될 요소로 존재해왔다. 폴란드에 대항하는 안보를 제공해주었고, 서유럽 국가들로부터 양보를 받아내는 데 도움이 되었으며, 실제적인 차원에서 불법적인 재군비 수단을 몇 가지 제공해주었다. 외상 노이라트는 "우리는 우리의 후방에 대한 러시아의 보호가 없으면 생존할 수 없다"라고 말했다.[11] 그의 밑에서 차관으로 있던 뷜로Bernhard von Bülow도 "우호적인 독일-소련 관계는 독일에 필수불가결한 중요성이 있다"라고 적었다.[12] 히틀러만 요지부동이었다. 의심할 바 없이 그의 반공산주의는 진짜였다. 확실히 오스트리아인으로서 그는 프로이센 보수주의자들 사이에 일반적으로 퍼져 있는 러시아에 대한 애착을 공유하지 않았다. 분명히 그는 독일과 러시아 간의 대립이 공산주의 혁명에 대항한 유럽 문명의 수호자로서 자신의 주가株價를 높여 줄 것임을 알고 있었다. 그러나 그의 직접적인 동기는 실질적인 계산에서 나왔다. 즉 러시아가 독일에 대항해 아무것도 할 수 없으리라는 것이었다. 독일과 러시아는 폴란드가 있기 때문에 국경을 맞대지 않을뿐더러, 소련 지도자들은 어떠한 일도 하고 싶어 하지 않았다. 반대로 소련 지도자들은 프랑스 편에 붙는 것이 독일에 계속 우호적인 채로 지내는 것보다 요구되는 것이 더 적고 따르는 위험도 적을 것이라 믿었기 때문에 프랑스 편으로 갔다. 그들은 제네바에서 독일에 반대표를 던지겠지만, 아무 행동도 하지 않을 것이었다. 히틀러는 별다른 애석한 느낌이 없이 라팔로가 사라지는 것을 보았다.

반면에 폴란드는 독일에 적대적인 행동을 할 수 있었고, 또한 그렇게 하겠다고 말하고 있었다. 무의미했지만, 예방 전쟁에 대한 외침이 바르샤바에서 되풀이해서 들려왔다. 1918년 이후 독일 외상 가운데 누구도 폴란드와의 우호를 일시적인 성질의 것조차도 고려하지 않았다. 단치히와 폴란드회랑으로 인한 상처가 깊이 나 있었기 때문이다. 히틀러는 다른 어떠한 것으로부터 자유로웠던 만큼이나 이러한 편향적인 사고에 얽매이지 않았다. 히틀러는 이미 독일의 "지배계급"을 어느 정도 장악함으로써 그만큼 그들의 뿌리 깊은 원한을 무시할 수 있었다. 또한 독일 국민들이 이른바 자신들의 원한에 대해 느끼는 어느 정도의 무관심 덕택에 그가 이렇게 무시하는 일이 대중의 어떠한 원성도 사지 않고 지나갈 수 있었다. 일부 독일인들은 이렇게 포기하는 것이 일시적인 것이라고 자위했고, 히틀러는 그렇게 생각하도록 내버려 두었다. 히틀러의 진정한 의도는 그만그만한 정도에 머물러 있지 않았다. 근본적으로 그는 독일의 국경을 "수정"하는 데만 관심이 있는 것이 아니었다. 그는 독일을 유럽에서 지배적인 국가로 만들기를 원했고, 이를 위해 주변국들의 영토를 조금씩 조각내어 독일에 귀속시키기보다 그 나라들을 위성국으로 만드는 데 주의를 더 기울였다. 히틀러는 이 정책을 뒤이어 이탈리아에도 적용했다. 히틀러는 이탈리아의 우호를 반대급부로 얻어내기 위해서 그로서는 단치히나 회랑보다 더 깊은 원한이 있던 남부 티롤을 포기했다. 그는 폴란드의 독립이 1918년 연합국의 승리로 얻어진 것임에도 불구하고 폴란드도 이탈리아와 마찬가지로 "수정주의" 국가라고 인식했다. 따라서 그는 폴란드도 이탈리아나 헝가리처럼 자신의 편으로 끌어들일 수 있다고 믿었다. 그러한 소득을 얻을 수 있다면 단치히와 회랑은 치를 만한 대가였다. 히틀러는 영토 자체만을 얻기 위해 영토를 병합하지 않았다. 이후 그의 정책이 보여주듯이, 그는 다른 나라들이 독일의 주구로서의 역할을 하는 한 그 나라들을 유지시키는 데 반대하지 않았다.

그러나 히틀러는 다른 대부분의 문제들과 마찬가지로 폴란드 문제에 대해서도 먼저 손을 쓰지 않았다. 히틀러는 자신의 일을 직접 하지 않고 다른 사람들이 자신을 위해 그 일을 하도록 했다. 폴란드를 통치하고 있던 피우스트스키Józef Piłsudski 및 그의 동료들은 폴란드가 강대국의 역할을 하기를 열망했다. 그들은 주로 폴란드에 적대적으로 설정된 것으로 보이는 4국 협정에 분개했고, 또한 프랑스와 러시아가 서로 접근하는 데 놀랐다. 폴란드인들은 결코 이를 기억에서 지워버릴 수 없었다. 단치히와 회랑이 폴란드 서부 국경에서 독일의 적의를 불러일으켰지만, 폴란드인들은 동부에서 그 열 배나 되는 폴란드인이 거주하지 않는 영토를 보유하고 있었다. 또한 폴란드인들은 독일을 매우 두려워했지만, 피우수트스키 체제의 폴란드군 야전 지휘관들은 소련을 더 두려워했다. 이와 상관없이 폴란드인들은 동유럽에서 프랑스의 제일가는 우호국이라는 입에 발린 말을 들었다. 그러나 단지 프랑스-소련 동맹을 시키는 선위내토서 행퉁한나는 섯은 문제가 달라지는 것이었다. 외상 베크Józef Beck는 항상 완전한 자신감을 갖고 있었다. 그 밖에 다른 것은 별로 갖고 있지 않았지만 말이다. 그는 자신이 히틀러를 동등한 상대로 다룰 수 있다고, 심지어 그 호랑이를 길들일 수도 있다고 자신했다. 그는 독일과의 관계 개선을 제안했다. 그리고 히틀러가 이에 응답했다. 그 결과로 나온 것이 1934년 1월에 체결된 독일과 폴란드의 불가침조약이었다. 이는 허물어져 가는 안보 체제로부터 또 하나의 말뚝을 뽑아낸 일이었다. 히틀러는 폴란드가 프랑스를 지원하겠다고 하는 위협으로부터 벗어날 수 있었고, 반대급부로 독일에게 원한이 되는 일들을 부인하지 않은 채로 그러한 일들을 무력으로 시정하지 않겠다고 약속했다. 이는 제2차 세계대전 이후 서독 정부도 많이 사용한, 듣기에는 대단한 것처럼 들리는 상투적인 말이었다. 이 합의는 대외 문제에서 히틀러가 처음으로 거둔 크나큰 성과였고 또한 그에게 잇따른 많은 성공을 가져다주었다. 합의에는 매우 애매모호한 점이 있었는데, 히틀러와 베크 같은 두 인물 간의 합의에서 우리가 예상할 수 있는 바였다. 히틀러는 폴란드가 프랑스 체제에서 떨어져 나오고 있다고 생각했다. 실제로도 그랬다. 히틀러는 더 나아가 "야전 지휘관들"이 이러한 사실에서 논리적으로 귀추되는 결과를 받아들일 것이라 생각했다. 폴란드는 독일의 계획과 소망에 순응하는 충실한 위성국이 될 것이었다. 베크는 어느 누구의 위성국이 되고자 해서가 아니라 폴란드를 이전보다 더욱 독립적으로 만들기 위해 합의를 제안했다. 폴란드가 오로지 프랑스와의 동맹만을 유지하는 한 프랑스의 정책을 따라야만 했고, 또한 새로운 상황 하에서는 심지어 러시아의 지시를 받고 있는 자신의 모습을 발견하게 될지 모르는 일이었다. 독일과의 합의는 폴란드가 프랑스의 닦달침을 무시할 수 있게 해주었다. 그러나 동시에 폴란드는 독일이 말썽을 일으킬 경우에 의지할 수 있는 프랑스와의 동맹을 여전히 유지했다. 합의는, 심지어 독일과 러시아 사이에서라도, 독일 편을 선택하는 것이 아니었다. 합의는 폴란드가 양측의 균형을 좀 더 확실하게 유지할 수 있는 장치로 생각되었다.

이러한 불일치가 앞으로 드러나게 될 것이었다. 1934년의 시점에서 합의는 히틀러가 운신할 수 있는 폭을 크게 넓혀 주었다. 그러나 그는 아직 이를 이용할 준비가 되어 있지 않았다. 독일의 재군비는 이제 막 시작되었을 따름이고, 국내의 걱정거리들 — 이전부터 보수적이었으나 히틀러 편에 선 지지자들, 그리고 히틀러 자신의 과격한 추종자들 양측의 반대 — 로 인해 계속 정신이 없었다. 이러한 국내 위기는 분란을 일으켰던 사람들이 히틀러의 지시에 의해 살해된 6월 30일이 되어서야 극복되었다. 한 달 후 힌덴부르크가 사망했고, 히틀러는 대통령직을 승계했다. 최고 권력으로 이르는 길에서 또 한 단계 앞으로 나아갔다. 그러나 아직 모험적인 대외 정책을 펼칠 순간은 아니었다. 이때만큼은 히틀러가 의지하고 있던 사태의 흐름이 불리한 방향으로 역행했기 때문이다. 지장을 초래한 곳은 다름 아니라 히틀러의 고향인 오스트리아였다. 합스부르크 제국의 마지막 남은 조각, 잔흔뿐인 이 나라는 1919년에 강화조약의 체결자들이 억지로 부과한 독립을 유지하고 있었다. 독립된 오스트리아는 이탈리아의 안보를 가정 먼저 보장해줄 수 있었다. 이탈리아와 유럽 사이에 위치해 해를 주지 않고 완충 역할을 할 수 있었다. 만약 오스트리아가 독일에 흡수되거나 독일의 통제 하에 들어간다면 이탈리아는 유럽에서 일어나는 일에 대해 더 이상 조언할 수 없을 것이었다. 게다가 이전에 남부 티롤이었고 지금은 알토 아디제라고 하는 지역에 30만 명의 독일어권 사람들이 있었다. 그들은 이전에는 오스트리아인이었고 지금은 이탈리아인이지만, 민족적 감정으로는 항상 독일인이었다. 만약 독일 민주주의가 오스트리아에서 세력을 떨치게 된다면, 이탈리아에 위험을 초래할 또 다른 원인이 여기에 있게 될 것이었다.

히틀러는 이탈리아와의 관계 개선이 폴란드와의 우호 관계보다 훨씬 더 큰 이점을 가져오리라는 것을 잘 알고 있었다. 이미 《나의 투쟁》에서 그는 이탈리아를 프랑스에 대항하는 데 예정된 동맹국이라고 지적했다. 이제 1934년의 시점에서는, 누구라도 두 독재자 사이의 친분 관계가 "위험한 시기" 동안 독일에게 엄청난 가치가 될 것임을 알 수 있었다. 그러나 히틀러로서는 폴란드를 위해 단치히와 회랑에 관한 논쟁을 뒤로 미루는 것보다 이탈리아를 위해 오스트리아를 포기하기가 더 어려웠다. 독일 국민의 지도자로서 그 일이 더 힘들었던 것은 아니었다. 독일 국민들은 이러한 가정상의 독일 민족의 대의에 별로 관심이 없었다. 반면 그들 가운데 많은 사람이 단치히와 회랑에 대해서는 상당히 격한 감정을 가지고 있었다. 한 개인으로서의 히틀러는, 독일에서 민족주의 지도자가 되기 훨씬 전에 오스트리아에서 독일 민족주의를 외쳤던 사람으로서 더 힘들었을 것이다. 게다가 오스트리아 문제가 불거져 상위 정책을 실현하기 어려워지는 상황이 되었다. 독립국 오스트리아는 초라한 형편에 있었다. 경제적 관점에서 그리 잘못 꾸려나간 것은 아니었지만 강화조약 이후 자신감을 되찾지 못했다. 오스트리아의 성직자들과 사회주의자들은 계속해서 서로 간에 어찌할 수 없을 정도로 적대적인 상태였다. 그들은 나치 독일의 위협에도 하나가 되지 못했다. 대신에 성직자 출신 수상 돌푸스Engelbert Dollfuss가 이탈리아의 지시 하에 들어가서, 무솔리니에게서 재촉을 받고 1934년 2월에 오스트리아의 사회주의 운동과 민주적 공화정을 모두 파괴했다.

이러한 내란으로 이번에는 오스트리아의 나치당원들이 들썩거렸다. 교권 중심의 독재 정권은 대중으로부터 호응을 얻지 못했다. 나치당원들은 많은 구사회주의자들의 추종을 얻기를 바랐다. 그들은 독일로부터 자금과 장비를 받았고, 뮌헨 라디오로부터 격려를 받았다. 그러나 그들은 다른 나라들이 종종 착각하듯이 독일 마음대로 움직이기도 하고 멈출 수도 있는 앞잡이만은 아니었다. 히틀러가 그들을 움직이는 것은 쉬웠으나, 멈추기가 어려웠다. 만약 히틀러 자신이 독일의 지도자가 되지 못했다면 오스트리아 나치의 선동가가 되어 있을 것이라 스스로 생각했을 때 특히 그랬다. 히틀러에게서 예상할 수 있는 최대한은 오스트리아 문제를 적극적으로 밀고 나가지 않으리라는 것이었다. 그는 각료 회의에서 "나는 앞으로 몇 년 동안은 기꺼이 오스트리아로부터 관심을 멀리할 수 있다. 그러나 나는 무솔리니에게 그렇게 말할 수가 없다"라고 말했다.[13] 독일 외교관들 ― 그들은 스스로 히틀러를 견제하지 못했다 ― 은 히틀러가 무솔리니를 직접 마주하게 된다면 무솔리니의 재촉으로 양보를 하게 될 것이라 생각했다. 그리하여 그들은 6월 14일 베네치아에서 두 독재자의 회담을 마련했다. 처음으로, 결코 마지막은 아니고, 무솔리니는 다른 누가 맡더라도 정말로 어려운 일을 수행해야 했다. 그는 히틀러를 "진정"시켜야 했다.

회담은 기대에 미치지 못했다. 두 사람은 자신들이 프랑스와 소련에 대해 반감을 가지고 있다는 데 의견의 일치를 보았고, 이에 기뻤던 나머지 오스트리아에 대해 합의하는 것을 잊었다. 히틀러는 충분히 진실하게 오스트리아를 병합하고자 하는 어떠한 욕망도 부정했다. "독립적인 시각을 가진 인물"이 오스트리아의 수상이 되어야 했다. 자유로운 선거가 있어야 했고, 그 후에는 나치당원들이 정부에 참여하게 될 것이었다. 이는 간단한 해결책이었다. 히틀러는 원하는 것을 얻기 위해 싸우는 수고를 하지 않고도 얻게 될 것이었다. 무솔리니는 나치당원들이 폭력적인 활동을 중단해야 한다고, 그리고 그렇게 되면 돌푸스가 그들을 더욱 동정적으로 대할 것이라고 대답했다. 일단 그들이 해를 끼치지 않는다면 돌푸스로서는 그러고도 남을 것이기 때문이었다.[14] 히틀러는 물론 무솔리니의 요구를 이행하기 위해 아무것도 하지 않았다. 그는 오스트리아 나치당원들을 억제하려 하지 않았다. 그리고 그들은 독일에서 6월 30일에 일어난 숙청 사태에 고무되어 스스로 피비린내 나는 살인극을 실연實演하기를 열망했다. 7월 25일, 빈의 나치당원들은 수상 관저를 점거하여 돌푸스를 살해하고 정권 장악을 시도했다. 히틀러는 돌푸스의 죽음에 기뻐하기는 했지만 오스트리아에 있는 자신의 동조자들을 돕기 위해서 아무것도 할 수 없었다. 이탈리아 군대가 이탈리아의 존재를 시위하기 위해 오스트리아 국경으로 이동했다. 그리고 히틀러는 돌푸스의 후임자 슈슈니크가 무솔리니의 보호 하에 질서를 회복하고 있는 동안 손을 쓰지 못하고 지켜보아야 했다.

오스트리아에서 일어난 반란으로 인해 히틀러는 자신이 저지르지 않은 일로 체면을 잃게 되었다. 또한 무솔리니가 많은 이익을 얻을 기회가 되리라 기대했던 독일과 프랑스 사이의 절묘한 균형이 이 일로 무너졌다. 무솔리니는 독일의 정책이 이전부터의 노선,

곧 프랑스에게 양여를 요구하고 이어 폴란드에게 그렇게 하지만 오스트리아를 내버려두는 노선을 따라 진전될 것이라 생각했다. 그는 프랑스와 독일 두 나라 가운데 어느 한편에 매이지 않고 양쪽으로부터 보상을 받으며 행복하게 두 나라 사이에서 득실을 따지며 왔다 갔다 하려 했다. 그러나 그는 갑자기 형세가 뒤바뀌어 있음을 발견하게 되었다. 즉 오스트리아가 위협을 받고 있었고, 그는 프랑스의 지원이 필요했다. 반대로가 아니고 말이다. 무솔리니는 조약의 지지자가 되어야 했고, 집단 안보의 수호자가 되어야 했다. 이전에는 그가 — 다른 나라들의 희생을 통해 — 현재 체제를 수정해야 한다고 주장하는 수정주의의 주창자였지만 말이다. 그의 전향은 영국인들에게서 환영받았다. 영국인들은 — 왜 그랬는지 설명하기 어렵지만 — 계속해서 이탈리아의 힘을 과대평가했다. 그들은 경제적 취약성이라는 이탈리아의 엄연한 현실을 전혀 보지 못했다. 석탄이 부족했고 중공업이 상대적으로 발달하지 못했지만, 이탈리아는 영국인들에게 이유 없이 "강대국"이었다. 물론 영국인들 자신의 제한된 군사력에 비교할 때, 완전하지 못한 병력을 포함한 수백만 명의 인원은 엄청나 보였다. 또한 영국인들은 무솔리니의 허풍에 속았다. 무솔리니는 스스로를 강력한 힘을 지닌 사람이요, 최고의 군인이며, 위대한 정치가라 칭했고, 영국인들은 그를 믿었다.

프랑스인들은 처음에는 그다지 도움을 주려 하지 않았다. 외상 바르투는 무솔리니에게 주어야 할 대가를 치르지 않고 독일을 저지하기 원했다. 그의 해결책은 동유럽에서 로카르노조약과 같은 것을 성립시키는 것이었다. 즉 영국과 이탈리아가 독일의 서쪽에 대해 현재의 결정 사항을 보장한 뒷받침 프랑스와 러시아가 공동으로 독일의 동쪽에 대해 그렇게 하는 것이었다. 그러나 이 계획은 가장 깊이 관련된 두 나라 독일과 폴란드에게는 환영받지 못했다. 독일은 동유럽에서 프랑스의 영향력이 조금이라도 확장되는 것을 원하지 않았고, 폴란드인들은 러시아가 유럽 문제에 다시 개입하도록 허용해서는 안 된다는 방침을 굳히고 있었다. 히틀러는 여느 때와 마찬가지로 서두르지 않는 재능으로 가만히 때를 기다리며 폴란드인들이 그를 위해 동유럽의 로카르노를 좌절시키도록 했다. 바르투는 프랑스와 소련이 함께 행동하도록 요구되는, 별로 있을 것 같지 않은 경우가 오면 두 나라가 함께 행동하게 되리라고 어렴풋이 짐작할 수 있을 뿐이었다. 어쨌거나 그가 자리에 있을 날도 얼마 남지 않았다. 1934년 10월 동맹을 확고히 하기 위해 프랑스를 방문한 유고슬라비아 국왕 알렉산다르 1세Aleksandar I 가 이탈리아에서 훈련받은 크로아티아 테러범에 의해 마르세유에서 살해되었다. 옆에 있던 바르투 역시 암살자의 총탄에 맞아 부상해, 피를 많이 흘려 손을 써보지 못하고 도로 위에서 사망했다. 그의 후임자 피에르 라발Pierre Laval은 좀 더 현대적인 특성을 지닌 사람으로 프랑스 정치가 중 가장 지력이 뛰어나고 아마도 가장 양심에 거리낌 없이 마음대로 행동하는 사람이었다. 그는 극단적인 사회주의자로 정치를 시작했고, 제1차 세계대전 동안에 반전 진영에 있었다. 정도正道에서 벗어난 많은 사회주의자들, 예를 들어 램지 맥도널드처럼 라발은 소련에 대해 이렇다 할 생각을 가지고 있지 않았고, 파시스트 이탈리아를 높이 평가했다. 그가 1935년 5월의 프랑스-소련 조약까지는 바르투의 정책이 그대로 진행되도록 내버려 두었음에도 불구하고, 조약은 아무 내용도 없었다. 과거의 동맹이 군사 회담으로 보강되었던 것처럼 그렇게 강화되지 않았고, 프랑스의 어느 정권으로부터도 결코 심각하게 여겨지지 않았으며, 어쩌면 소련 정부로부터도 중요하게 생각되지 않았을 것이다. 프랑스인들이 프랑스-소련 조약을 맺음으로써 얻어낸 것은 프랑스 공산당에게 프랑스의 국방 활동을 더 이상 방해하지 말라고 명하는 스탈린의 지령이 전부였다. 그 지령은 저절로 프랑스의 애국자들을 이번에는 패배주의자들로 바꿔놓기에 충분했다.

라발은 이탈리아에 모든 희망을 걸었다. 그는 로마를 방문했고, 오스트리아의 일로 무솔리니가 이제 현상을 변경하려는 어떠한 수정주의적 갈망도 버렸을 것이라 믿었다. 이때 히틀러는 의도적으로 독일에 대항한 연합 전선을 공고하게 만들 작정인 것처럼 보였다. 그는 독일의 군비에 대한 제한들에 비난을 더해가며 하나하나 제거했다. 그리고 1935년 3월 마침내 징집 부활을 선언했다. 이전의 전승국들이 이번 한 번만은 대항할 기세를 보였다. 1935년 4월, 스트레사에서 대규모 회동이 있었다. 맥도널드, 사이먼, 프랑스 수상 플랑댕 Pierre-Étienne Flandin, 그리고 라발이 참석했고, 무솔리니가 자신의 나라에서 주최자가 되었다. 로이드 조지 시절에 최고 이사회 모임이 있은 이래로 이와 같은 모임은 없었다. 스트레사 회의는 연합국의 단결을 마지막으로 보여주었고, 승리의 시절로부터 울려온 조소의 메아리였다. 더욱 별난 일은 자유민주주의가 번영하도록 세계를 안전하게 만들었다는 세 강대국을 변절한 사회주의자들이 대표하고 있다는 점이었다. 그중 두 사람 — 맥도널드와 라발 — 은 전쟁을 반대했었고, 세 번째 인물인 무솔리니는 자신의 나라에서 민주주의를 파괴했다. 이탈리아, 프랑스, 영국은 유럽 문제에 대해 현존하는 조약의 결정 사항을 유지하며, 이러한 결정 사항을 무력으로 변경하려는 어떠한 시도에도 대항할 것이라고 엄숙히 결의했다. 이미 많은 것이 변경된 때에 이루어진 다소 늦은 일이었지만, 감동적인 말잔치였다. 이세 나라 중 어느 한 나라라도 진심이었을까? 이탈리아인들은 벨포르 방어를 위해 군대를 보내기로 약속했고, 프랑스인들은 티롤에 파병하기로 약속했다. 그러나 사실상 세 나라는 각기 대가로 아무것도 제공하지 않고서 다른 나라들로부터 도움을 받기만을 바랐다. 그리고 각 나라는 다른 나라들이 곤경에 처한 것을 보기를 즐겼다.

이러한 때에 반대편에서 히틀러는 민족 감정이 소용돌이치듯 거세져 가는 것을 바로 수용했다. 1935년 1월 — 1919년에 독일에서 분리되었던 — 자르 지방이 장래의 운명을 결정짓는 주민 투표를 시행했다. 주민들은 대부분 공장 노동자들이었고, 사회 민주주의자이거나 로마 가톨릭교도였다. 그들은 독일에서 자신들을 기다리고 있는 일이 무엇인지 알고 있었다. 독재 정치, 노동조합의 분쇄, 기독교 교회에 대한 탄압이었다. 그러나 분명히 자유롭게 치러진 투표에서 90퍼센트가 독일로의 복귀에 찬성했다. 독일 민주주의의 호소가 — 이제 오스트리아, 체코슬로바키아, 폴란드에서 — 저항할 수 없는 힘을 갖게 되리라는 것을 확실히 예상할 수 있었다. 이러한 힘을 자신의 배후에 두고서 히틀러는 전통적인 방식의 외교적 시위를 염려하지 않았다. 스트레사 회동이 있은 지 한 달이 채 못 되어 히틀러는 남아 있던 베르사유조약의 군비 철폐 규정을 부인했다. "다른 국가들이 자신들에게 주어진 군비 축소의 의무를 이행하지 않는 것을 고려하여" 그렇게 했다. 동시에 그는 베르사유의 영토적 결정 사항과 로카르노의 조항을 존중하겠다고 약속했다. "인위적인" 안보 체제는 사멸했다. 이는 체제라는 것이 행동을 대신하는 것이 아니라 오로지 행동의 기회를 제공할 수 있다는 사실에 대한 뚜렷한 증거를 제시해주는 일이었다. 히틀러는 독일 군비에 대한 제한들을 2년 남짓 만에 떨쳐버렸고, 또한 그 과정에서 그가 실제 위험에 직면했던 순간은 결코 없었다. 이 두 해 동안의 경험으로 그가 이미 독일 국내 정치에서 습득했던 교훈이 확실히 굳어졌다. 그는 큰 배짱을 지닌 자가 항상 이길 것이라 믿었다. 그의 "허세"는, 만약 그것이 허세라 한다면, 결코 실제로 펼쳐 보이기를 요구받지 않을 것이었다. 그러므로 그는 "몽유병자의 확신"을 가지고 나아갈 것이었다. 이후 열두 달 동안 일어나는 사건들로 이 확신은 강해져만 갔다.

5장

THE ABYSSINIAN
AFFAIR AND
THE END OF LOCARNO

아비시니아
문제와
로카르노의 종말

1938년 9월, 국제연맹 총회는 체코 위기가 최고조에 달했을 때 실제로 소집되었다. 하지만 위기가 발생했다는 고지조차 못하고 회기를 겨우 끝냈다. 1939년 9월에는 아무도 전쟁이 발발했다고 국제연맹에 애써 알리지 않았다. 1945년에 국제연맹은 마지막 모임을 가져 활동을 종결짓고 그 유산을 국제연합에 넘겼다.

In September 1938 the Assembly actually met at the height of the Czech crisis; it managed to get through the session without noting that a crisis was taking place. In September 1939 no one bothered to inform the League that war had broken out. In 1945 the League had a last meeting to wind itself up and transfer its assets to the United Nations.

베르사유 체제가 사멸했다. 프랑스인들을 제외한 모두가 기뻐했다. 왜냐하면 베르사유 체제를 대신한 것이 독일인들이 자발적으로 받아들였고 히틀러가 방금 기꺼이 재확인한 로카르노 체제였기 때문이다. 영국인들은 즉각적으로 히틀러와 독일 해군 — 아직 거의 존재하지 않았지만 — 을 영국의 삼분의 일로 제한하는 내용의 개별적인 거래를 체결함으로써 "스트레사 전선"에 대해 그들이 어떤 생각을 가지고 있었는지 보여주었다. 이 거래는 군축 회의가 실패한 후 해군력을 제한하는 체제를 지키려는 온당한 시도로 정당화될 수 있었다. 그러나 이는 스트레사에 모인 국가들이 이제 막 선언했던, 현존하는 조약들을 존중한다는 것과 거의 양립할 수 없었다. 프랑스인들은 히틀러가 막 굴복하려던 찰나였는데 영국이 프랑스와의 공동 전선에서 이탈해 그의 대담함이 되살아났다고 주장하며 영국-독일 해군 협정에 매우 큰 불만을 나타냈다. 이러한 시각은 아직도 프랑스 역사가들이 주장하고 있지만 독일 측 증거로 뒷받침되지는 않는다. 히틀러는 스트레사 전선이 와해되기를 기다리는 데 만족했던 것 같다.

또다시 그가 옳았다. 스트레사 회의는 침략에 대항한 확고한 동맹을 구축하기 위해 계획되었다. 그러나 스트레사 회의는 오히려 이러한 동맹을 해체시킬 뿐 아니라 국제연맹과 집단 안보 체제 전체를 붕괴시킨 사건들이 일어나는 계기가 되었다. 이러한 사건들은 아비시니아를 중심으로 일어났다. 겉으로 드러나는 사건들의 진행 방향은 분명하다. 그러나 사건들의 배경과 의미는 여전히 다소 알 수 없는 미스터리 같다. 아비시니아는 이탈리아가 품어온 야망의 오랜 목표였고, 1896년 아두와Adowa 참패의 무대였다. 파시스트의 호언장담에서 아두와에 대한 복수가 암시되고 있었다. 그러나 무솔리니가 1922년에 정권을 잡은 뒤 계속 그랬듯이 1935년에도 상황은 그다지 급박하지 않았다. 이탈리아의 상황은 전쟁을 필요로 하지 않았다. 파시즘은 정치적으로 위태롭지 않았고, 이탈리아의 경제 사정은 평화를 원했지 전쟁으로 인한 물가 폭등을 원하지 않았다. 아비시니아에 관한 이탈리아의 외교적 지위도 위험에 처한 것으로 보이지 않았다. 아비시니아는 1925년에 국제연맹 가입이 허용되었지만, 이는 있을지도 모르는 영국의 아비시니아 잠식을 저지하기 위해 이탈리아가 제의한 결과였다. 아비시니아가 너무 미개해 제네바의 문명사회에 참여할 수 없다고 항의한 이들도 바로 영국인들이었다. 영국과 프랑스 모두 아비시니아가 이탈리아의 "이익권"임을 인정했고, 스트레사의 화합으로 이러한 인정이 더 확고해졌다. 어쩌면 이탈리아인들은 아비시니아에 미국인 투기꾼들이 들어온 것에 놀랐고 또한 그들이 아비시니아 황제 하일러 젤라시Haile Selassie의 환대를 받은 것에 놀랐을 수도 있다. 그러나 이는 추측일 뿐이다. 다른 강대국들의 재군비가 거의 시작되지 않은 동안 이탈리아가 — 적어도 이론상 — 강력하게 무장한 유리한 상황을 십분 이용하기를 원한다고 무솔리니 스스로 말했다. 그는 특히 오스트리아에 대한 독일의 위협을 지적했다. 그의 주장에 따르면, 독일의 위협은 분명 재개될 것이고, 독일이 재무장했을 때 오스트리아 방어를 위해 브레너로 군대가 되돌아 와 있으려면 이탈리아 군대가 아비시니아를 즉시 정복해야 했다. 이는 말도 안 되는 설명으로 보인다. 만약 오스트리아가 위험에 빠질 것을 미리 예견했다면, 무솔리니는 아비시니아로 군대를 분산시키는 대신 오스트리아 방어에 집중했어야만 했던 것이다. 어쩌면 그는 조만간 오스트리아를 잃게 될 것을 감지했고, 따라서 아비시니아를 위안물로서 획득했는지도 모르겠다. 아니면 무솔리니가 자신이 시작했고 이제 히틀러가 한술 더 뜨고 있는 군국주의 행동을 통해 허세를 부리는 맛에 푹 빠져 정신을 차리지 못하게 된 것이라 함이 좀 더 그럴듯할지 모르겠다.

어쨌거나, 여전히 파악하기 힘든 이유들로 인해 1934년 무솔리니는 아비시니아를 정복하기로 결정했다. 그는 1935년 1월 라발이 로마를 방문했을 때 격려를 받았다. 라발은 대독일 전선에 무솔리니를 끌어들이기를 간절히 바랐으니, 틀림없이 입에 발린 말을 아끼지 않았을 것이다. 어떤 설명에 따르면, 그는 모로코에 대한 프랑스의 지배가 — 주장하기로는 — 평화롭게 구축되었던 것처럼, 아비시니아에 대한 이탈리아의 지배가 그렇게 평화롭게 구축된다는 조건으로 이탈리아의 야망에 우호적으로 호응했다. 또 다른 설명에 따르면, 라발은 국제연맹이 만약 관여하게 된다면 이탈리아에 해가 되는 일을 하지 않을 것, 그리고 특히 이탈리아의 석유 공급에 대해 간섭하지 않을 것을 보상하기로 약속했다. 그러나 이것은 후에 세세가 실제로 부과되었을 때 만들어진 이야기처럼 들린다. 1935년 1월에 라발은 이런 일이 일어나리라 예견하지 못했을 것이다. 어쩌면 라발은 무솔리니를 기분 좋은 상태로 놔두기 위해 그냥 적당히 격려했는지 모르겠다. 스트레사 회의는 무솔리니에게 영국인들의 의중을 타진해볼 기회를 제공했다. 그가 실제 그렇게 했는지, 영국인들로부터 무엇을 알아냈는지 알아낼 방법은 없다. 전해지는 이야기로는 무솔리니가 맥도널드, 사이먼과 함께 유럽 정책에 관한 다양한 주제를 놓고 대강의 논의를 했고, 그러고 나서 영국인들에게 논의하기 원하는 다른 일이 있는지 물어보았다고 한다. 맥도널드와 사이먼은 고개를 내저었고, 무솔리니는 그 두 사람이 아비시니아에 대한 자신의 계획에 반대하지 않는다고 결론지었다는 것이다. 그러나 외무성의 아프리카 전문가가 영국 각료들을 수행해 스트레사로 왔음을 생각하면, 그가 이탈리아의 동료 전문가들에게 아무것도 말할 바를 찾지 못했다는 것은 믿기 어렵다. 게다가 실제로 그랬더라도 영국인들은 홍해에서 이탈리아의 군사력이 증가하는 것을 못 본 척할 수 없었다. 결부된 문제들을 고찰하기 위해 외무성에 위원회가 조직되었고, 위원회는 이탈리아의 아비시니아 정복이 제국으로서 영국의 이익에 영향을 끼치지 않을 것이라고 보고했다.

한 가지 난처한 점이라면 아비시니아가 국제연맹의 회원국이라는 점이었다. 영국 정부는 만주에서 일본의 행동으로 야기되었던 어려움들이 반복되는 것을 보고 싶어 하지 않았다. 우선 영국인들은 국제연맹을 독일에 대한 강제 수단 — 그리고 회유 수단 — 으로 유지하기를 진정으로 바랐다. 다음으로 그들은 점점 더 국내 여론의 제지를 받았다. 국제연맹과 집단 안보에 대한 선전이 최고조에 달했다. 이 두 문구는 많은 도덕적 딜레마를 해소했다. 국제연맹을 지지하는 것은 베르사유조약의 결정 사항을 지키는 일에서 공포를 느끼며 등을 돌렸을 이들에게 이타적이라는 구실을 제공했다. 집단 안보는 52개국의 군대가 결집될 것을 가정해 영국의 군비를 증가시키지 않고도 침략에 대항할 수 있는 수단을 제공했다. 1934년 가을 평화투표Peace Ballot라는 잘못된 이름의 투표가 국제연맹이 침략자로 규정한 국가에 대해 영국 내 1천만 국민이 경제 제재에 찬성하고, 6백만이 심지어 군사 제재까지 지지함을 보여주었다. 평화주의와 매우 거리가 먼 견해의 표출이었다. 영국 정부가 이러한 감정을 이용했다고만 생각하는 것은 부당한 일일 것이다. 영국 정부의 각료들은 대체로 동시대인들과 원칙과 편견을 공유했고, 이 당시 또한 어느 정도 그랬다. 하지만 총선거가 다가오고 있었다는 사실이 그들의 득실 계산과 무관하지 않았다. 집단 안보는 야당인 노동당을 분열시킬 절호의 기회를 제공했다. 노동당의 한 분파 — 사실상 다수인 분파 — 는 국제연맹에 찬성했고, 반면 다른 분파 — 좀 더 목소리가 높았던 분파 — 는 여전히 이 "자본주의자들의" 제도에 대한 어떠한 지지나 영국 "제국주의" 정부에 대한 어떠한 협력에도 반대했다.

이러한 이야기들은 모두 추측에 불과하다. 영국 정부가 취했던 노선에 대해 그들이 왜 그 노선을 따랐는지 알고 있는 사람은 아무도 없다. 어쩌면 정부에 속한 이들조차 모를지도 모른다. 그들은 두 마리 말 위에 올라타고자 했다. 즉 그들은 무솔리니를 회유하기를 원했고, 그와 동시에 국제연맹의 권위도 유지시키려 했다. 1935년 6월, 국제연맹 담당 장관이던 이든이 얽혀 있는 문제를 정리해보겠나는 희망을 품고 로마를 방문했다. 그는 꽤 괜찮은 제안을 가져왔다.

즉 영국은 영국령 소말릴란드를 거쳐 바다로 나가는 접근로를 아비시니아에 제공하고, 아비시니아는 대가로 이탈리아에게 외곽 영토를 일부 양도한다는 내용이었다. 그는 또한 경고도 가져왔다. 국제연맹 규약에 대한 어떠한 공공연한 도전도 있어서는 안 된다는 것이었다. 이탈리아 외무성의 직업 외교관들은 영국의 제안을 받아들이기를 소망했지만 무솔리니는 꿈쩍도 하지 않았다. 그는 승전의 영광을 원했지 그저 영토만 조정되는 것을 원하지 않았다. 무솔리니와 이든의 만남에서 격론이 오갔다. 무솔리니는 영국-독일 해군 조약에서 드러난 영국의 위선을 비난했고, 이든은 자신의 숭고한 원칙을 되풀이했다. 이든은 지독한 반이탈리아주의자가 되어 고국으로 돌아왔다. 그는 이후에도 계속 반이탈리아주의자로 남아 있었다. 영국 외무성은 그다지 낙담하지 않았다. 이들은 여전히 이탈리아와 아비시니아의 갈등을 타협을 통해 해결할 수 있다는 희망을 가지고 있었고, 아비시니아 사람들이 실질적인 저항을 하리라 확신했다. 무솔리니는 난관에 부딪혔을 때 자제하는 법을 배울 것이고, 그러고 나면 영국 정부는 스트레사 전선과 국제연맹의 권위를 모두 회복시키는 결정을 만들어낼 것이었다.

　　바로 이때 영국의 대외 정책은 더욱 강력한 리더십을 얻었다. 1935년 6월, 볼드윈이 맥도널드의 뒤를 이어 수상이 되었다. 이 기회에 전면 개각이 이루어졌다. 존 사이먼 경이 만주 문제에서 담당했던 역할로 인해 그리될 만하건 아니건 불신임당했다. 또한 그는 여론으로부터 도에 넘치게 회유적이며 침략자의 편에서 구실을 찾는 데 지나치게 뛰어나다는 평을 받았다. 새뮤얼 호 경Sir Samuel Hoare이 그의 뒤를 이었다. 호는 20세기 영국의 어느 외상만큼이나 지적인 능력이 있었다. 그 수준이 그렇게 높지 않지만 말이다. 그의 약점은 성급함이었다. 다른 관련자들이 좀 더 현명하게도 침묵을 지키고 있던 반면 그가 말년에 "유화 정책"을 변호하는 글을 씀으로 보여주었듯이, 그는 난관을 회피하기보다 용감히 맞섰다. 호는 집단 안보의 위험성을 잘 알고 있었다. 영국인들이 부담을 떠맡고 다른 나라들은 이러쿵저러쿵 말만 하는 체제였다. 그러나 호는 이러한 위험성이 극복될 수 있다고 생각했다. 영국의 정책이 충분히 확고하다면 다른 나라들이 따르려고 할 얼마간의 가능성이 있을 것이었다. 1935년 9월 제네바에서, 호는 역대 영국 정치가들 중 가장 떠들썩하게 집단 안보를 지지하는 주장을 했다. 10월에 아비시니아가 실제로 공격당했을 때는 이탈리아에 대한 제재를 촉구하는 데 앞장섰다. 국제연맹의 회원국들이 이에 응했다. 경제 제재를 위한 기구가 만주 문제 이후에 조직되었고, 이 기구는 이탈리아의 피보호국 세 나라 — 알바니아, 오스트리아, 헝가리 — 를 제외한 국제연맹 내 모든 나라에 의해 작동되었다. 세 나라가 제외되었다는 사실이 심각한 허점은 아니었다. 국제연맹에 속하지 않은 독일과 미국 두 강대국 때문에 제재를 위한 체제에 더욱 커다란 틈이 생겼다고 하는 불평이 나왔다. 그러나 이 역시 그리 심각한 것이 아니었다. 히틀러는 영국-독일 해군 조약 이후 영국의 우호적인 태도를 얻고 있었고, 또한 이탈리아와 프랑스 사이에 의견 충돌이 불거져 나오는 것을 보고 즐거워했다. 그러므로 비공식적으로라도 국제연맹에 협력하는 것처럼 보이는 것은 그럴 만한 가치가 있었다. 좀 더 실질적인 차원에서 독일인들은 순수하게 경제적 이유로 가치 없는 리라화를 떠안기 원치 않았고 이탈리아와의 교역을 삭감했다. 미국은 만장 중립 정책의 핑계에 있어 편을 들 수 없었다. 하지만 미국은 전쟁을 수행하는 두 나라 모두와의 교역을 금했는데, 아비시니아와 미국 간에 교역이 없었기 때문에 사실상 이탈리아에 대한 제재였다.

진짜 약점은 국제연맹 내부에 있었다. 프랑스인들은 영국인들과 실랑이를 벌일 여력이 없었지만 라발은 스트레사 전선의 붕괴에 낙담하고 있었다. 영국인들이 이전부터 주장해오던, 화의를 지지하며 집단 안보의 무조건적인 작동에 반대하는 의견이 프랑스인들의 입에 올려졌다. 프랑스는 제재를 실행에 옮겼으나 이내 제재로 이탈리아의 석유 공급이 지장을 받지 않을 것이라고 라발이 무솔리니를 안심시켰다. 영국에서도 마찬가지로 견해가 갈라졌다. 견해 차이는 국제연맹을 지지하는 "이상주의자"들과 집단 안보란 항상 영국에 대가가 되는 이득이 없이 위험과 부담을 안겨 준다고 믿었던 냉소주의자들 간에만 있었던 것이 아니었다. 심지어 세대 간에도 견해의 차이가 있었다. 이든으로 대표되는 소장파는 격렬하게 반이탈리아주의를 부르짖었고 독일을 훨씬 더 적극적으로 회유할 자세를 갖추고 있었다. 반면 외무성에서 특히 세력이 강했던 전통주의자들은 독일의 위험성만을 염려했다. 그들은 국제연맹을 성가신 것으로 생각했고 이탈리아를 독일에 대항하는 공동 전선에 다시 끌어들이기를 소망했다. 외무성 사무차관인 반시타트Robert Vansittart가 이러한 견해를 취했다. 그는 한 치의 거리낌 없이 초지일관 이탈리아와의 동맹을 주장했고, 이것을 모든 문제에 대한 해결책으로 생각하는 듯했다. 이미 독일에 대한 경고를 발하고 있던 윈스턴 처칠조차도 1935년 가을 동안에 이탈리아에 대해 찬성하거나 반대하는 언급을 해야 하는 상황을 피하려고 국외에 머물렀다. 외관상으로 영국의 정책은 확고하게 집단 안보를 지지했다. 그러나 막후의 영향력 있는 인물들은 무솔리니가 지난 6월에 거부했던 타협안에 약간의 손질을 가한 수정안을 내놓기를 기다렸다. 이때 아비시니아 황제 또한 완강하게 버텼다. 그는 집단 안보에 대한 믿음을 버리지 않는 단 한 명의 순교자의 모습을 보여 위태로운 그의 권좌가 지켜질 것이라 확신했다. 그가 예상했던 것보다 더 긴 과정이기는 했지만 실제로 그랬듯이 말이다.

영국에서 타협을 옹호하던 사람들은 자신들이 시작부터 저지당했다고 낙담하지 않았다. 영국과 그 밖에 다른 나라의 군사 전문가들은 이탈리아의 아비시니아 정복이, 그럴 것 같기는 했겠지만 적어도 동계 작전을 두 번은 치러야 할 정도로 오랜 시간이 소요될 것이라 확신했다. 그러기 전에 무솔리니는 경제적 어려움 때문에 온순해질 것이고, 아비시니아 황제는 패배로 무기력해질 것이었다. 그렇게 되면 타협의 길이 열릴 것이었다. 그러므로 서두를 필요가 없었다. 영국 정부는 또한 해군 고문관들로부터 지중해의 영국 해군이 본토 방위 함대의 합류로 전폭 보강되더라도 이탈리아 해군과 공군의 합동 작전 능력을 따라잡지 못할 것이라는 보고서를 받았다. 여기에 신중함과 지연에 찬성하는 또 다른 주장이 있었다. 즉 시간이 지남에 따라 어려움이 커져 양측이 진정하게 되는 것이 무솔리니가 격심한 압력에 자극을 받아 영국 해군을 공격하게 되는 것 — 그리고 아마도 파괴하게 되는 것 — 보다 훨씬 나으리라는 것이었다. 전문가들이 내놓은 두 가지 의견은 모두 크게 빗나갔다. 군사 전문가들의 견해는 몇 달 지나지 않아 1936년 5월에 이탈리아 군대가 아비시니아 전역을 정복했을 때 틀렸음이 판명되었다. 해군의 견해는 제2차 세계대전 중 사상 암울했던 시기에 영국 해군이 1935년보다 더 나쁜 그 긴에도 불구하고 지중해에서 이탈리아에 대해 승리에 승리를 거듭했을 때 틀렸음이 판명되었다. 확실히 이러한 일들은 대체로 그냥 실수였다. 전문가들의 예측이 빗나갔을 뿐이다. 육군 장성들은 이탈리아 육군을 과소평가했고 해군 제독들은 이탈리아 해군을 과대평가했다.

그러나 실수 그 이상의 것이 있었다. 전문가들도 한 사람의 인간이고, 따라서 기술적인 견해들은 그 견해를 내놓는 사람들의 정치적 관점을 반영한다. 육군 장성과 해군 제독들이 전쟁에 이길 확신이 있을 때는 그들이 싸우기를 원할 때다. 반면 정치적으로 바람직하지 못하다고 간주하는 전쟁이라면 그들은 늘 전쟁을 반대하는 결정적인 주장을 찾는다. 당시 영국의 육군 장성들과 해군 제독들의 대다수는 노장층에 속하는 사람들이었다. 또한 그들 모두 극단적 성향을 지닌 보수당원이었다. 그들은 무솔리니를 존경했고, 파시즘에서 모든 군사적 덕목들이 현시되는 것을 보았다. 반면 그들은 국제연맹과 그에 관련된 모든 것을 혐오했다. 그들에게 "제네바"란 군축 회의, 국가 주권의 포기, 그리고 비현실적인 이상주의적 목표의 추구를 의미했다. 이탈리아에 대한 제재를 주장했던 사람들은 이전에는 영국의 군비와 영국 군사 전문가들을 비난해왔다. 비난을 받아온 이 전문가들이 이제 국제연맹 연합의 일원으로 전쟁을 수행하기 원할 것이라고 기대하기는 힘들었다. 특히 해군 제독들은 자신들을 괴롭혔던 이들을 힐난하려는 마음을 떨쳐 버릴 수 없었고, 사람들이 군축을 떠들어대는 바람에 이제 대영제국이 너무나 허약해져서 전쟁의 위험을 무릅쓸 수 없다고 주장하려는 충동을 이길 수 없었다. 따라서 넬슨Horatio Nelson의 후예들은 이전의 해군성 같았으면 즉각 면직 당할 이유가 되었을 그런 소심한 견해에 서명했다.

국제연맹에 대한 주의 깊은 지원은 무솔리니를 제지하는 데는 부적절했지만 국내 정치에서 성공적인 작전임이 입증되었다. 지난 두 해 동안 야당인 노동당이 대외 문제에 계속 앞장서 왔다. 한 번은 집단 안보를 강력하게 주장하지 못한 것을 비난하고 그다음에는 군축 회의를 망쳤다고 비난하면서 거국 내각을 양쪽으로 공격했다. 이렇게 함으로써 노동당은 평화주의자들과 국제연맹의 열렬한 지지자들의 표를 모두 얻으려 했다. 볼드윈은 우연한 기회를 교묘하게 이용함으로써 국면을 전환했다. 호가 제네바에서 주장하고 있다고 여겨지던 "전쟁에까지 이르지 않는 모든 제재 수단"은 노동당에 심각한 딜레마를 가져다주었다. 전쟁을 불러올 위험이 있는 더 강력한 제재를 요구해서 평화주의자들의 표를 잃을 것인가? 아니면 국제연맹을 위험한 속임수라고 부인해서 국제연맹의 열렬한 지지자들의 표를 잃을 것인가? 격렬한 논쟁 끝에 노동당은 두 가지 다 하기로 결정했고, 불가피한 결과가 뒤따랐다. 1935년 11월에 총선거가 있었다. 정부는 국제연맹 지지자들을 만족시키기에 충분히 할 만큼 했으나 전쟁을 생각하는 것을 혐오하는 사람들을 놀라게 할 정도는 아니었다. 노동당은 더 많은 제재를 요구함으로써 전쟁당이라는 낙인이 찍혔다. 거국 내각은 거의 250명의 과반을 회복했다. 이 일은 후에 위선의 승리인 것처럼 보였다. 그러나 "전쟁에까지 이르지 않는 모든 제재 수단"은 노동당 지지자들을 포함해 대부분의 영국인들이 원하는 정책이었다. 영국인들은 국제연맹을 지지했으나 그렇다고 전쟁까지 감수할 정도는 아니었다. 이러한 견해에는 일리가 있었다. 전쟁을 방지하기 위한 기구의 효용성은 무엇인가? 만약 전쟁이 그 기구가 벌인 활동의 결과라면 말이다. 이는 1919년 이대로 줄곧 전승국들이 직면했던 문제의 새로운 형태였다. 그들은 "전쟁을 끝내기 위한 전쟁"을 수행했다. 그런데 어떻게 또 다시 전쟁을 할 수 있단 말인가?

선거는 결판이 났고, 영국 정부는 결과에 직면해야 했다. 제네바에서는 이탈리아에 대한 석유 공급을 중단해야 한다는 요구가 커져갔다. 오로지 전쟁을 종결짓는 타협을 이끌어내야만 이러한 요구에 대응할 수 있었다. 방법은 분명했다. 지난 6월에 이든이 로마로 가지고 갔지만 무솔리니가 거부했던 계획을 되살려 내는 것이었다. 반시타트가 이것을 이탈리아에 좀 더 관대한 방향으로 수정했다. 이탈리아는 아비시니아가 바로 얼마 전 정복한 비옥한 평야 지역에 대한 통치 위임을 받아들이고, 황제는 산악 지대에서 그의 옛 왕국을 보유하며, 영국은 그에게 영국령 소말릴란드의 항구를 통해 바다로 나가는 접근로를 제공한다는 것이었다(《더 타임스》는 이 조건을 "낙타들을 위한 회랑"이라고 혹평했다). 12월 초에 호가 이 계획을 가지고 파리로 갔다. 라발이 이를 환영했다. 마찬가지로 잘못 판단한 전문가들에게서 전쟁이 불리하게 돌아가고 있다는 경고를 받은 무솔리니는 이 계획을 받아들일 준비가 되어 있었다. 다음 단계는 제네바에서 계획을 제출하고, 국제연맹의 동의를 얻어 아비시니아 황제에게 부과하는 것이었다. 이는 나중에 뮌헨에서 반복되지만, 침략의 희생자에게 불리하도록 평화 기구를 사용한 아주 적절한 예였다. 그러나 무엇인가 잘못되었다. 호가 파리를 떠나 제네바로 향하자마자 프랑스 신문에 이른바 호-라발 계획이 공개되었다. 이러한 일이 어떻게 일어났는지 아는 사람은 아무도 없다. 어쩌면 라발이 영국의 거국 내각이 호를 확고하게 지지할지 의심했고 그래서 볼드윈과 그 밖에 다른 사람들을 달리 어찌할 수 없도록 묶어 두기 위해 계획을 흘렸을 수도 있고,

어쩌면 에리오, 혹은 라발의 다른 몇몇 정적들이 만약 국제연맹이 무솔리니에 대항하는 데 효과적으로 작동한다면 다음에는 히틀러 쪽으로 화살이 돌아갈 것이라 믿어 계획을 망치기 위해 누설했을 수도 있다. 그것도 아니라면 사실은 아마 어떠한 음모도 없었고 단지 프랑스 외무성과의 접촉 경로를 이용한 프랑스 기자들의 막 나가는 취재욕 때문이었을지도 모르겠다.

어쨌든 계획이 누설되자 영국 여론이 들끓었다. 거국 내각이 다시 들어서는 데 기여했던, 숭고한 이상을 지닌 국제연맹 지지자들은 기만당했다고 느꼈고 분개했다. 호는 스스로를 마치 스위스라는 얼음판 위에서 곡예를 하는 스케이트 챔피언으로 비유해 아슬아슬한 문제에 대처했던 자신의 능숙함을 자화자찬하다가 자존심이 꺾이자 행동을 멈추었다. 볼드윈은 처음에는 계획이 정부의 승인을 받았다고 인정했다가 나중에는 계획과 새뮤얼 호 경 모두 부인했다. 이든이 호를 대신해 외상에 취임했다. 그리하여 호-라발 계획은 사라지게 되었다. 그밖에 달라진 점은 아무것도 없었다. 영국 정부는 전쟁을 무릅쓰지 않을 것이라는 데 여전히 확고했다. 그들은 무솔리니에게 석유 공급 중단에 이의를 제기할 것인지 물었고, 그가 그렇게 할 것이라고 말하자 제네바에서 석유 금수 제재를 성공적으로 막아냈다. 타협은 아직 허공에 떠 있었다. 군사 작전 기간이 끝났을 때, 호-라발 계획의 또 다른 버전이 예상되었다. 무솔리니는 영국의 군사 전문가들 ─ 또한 무솔리니 자신에게 조언하는 전문가들 ─ 이 따라잡기에 너무도 신속했다. 이탈리아 참모부는 시작 단계에서 어려움을 겪은 후 한풀 꺾여 이전의 국경으로 철수할 것을 주장했다. 무솔리니는 그렇게 하는 대신에 전쟁을 신속하게 끝내라는 명령과 함께 참모총장 바돌리오Pietro Badoglio를 보냈다. 그리고 이번에는 그의 명령이 지켜졌다. 아비시니아군은 가스로 인해 무력해졌다고 알려졌 지만, 제국 자체가 그랬듯 아비시니아군도 실체가 없는 허깨비였다. 아비시니아 군은 곧 와르르 무너졌다. 5월 1일, 하일레 셀라시에 황 제가 아비시니아를 떠났다. 일주일 뒤 무솔리니는 새로운 로마제국 의 건설을 선포했다.

이 일은 아비시니아에는 물론 국제연맹에도 치명타였다. 52개국이 침략에 대항하기 위해 결속해왔지만, 이들이 달성한 바 는 하일레 셀라시에가 절반도 아닌 온 나라를 상실하게 된 것뿐이었 다. 이상 세계에서 헤어 나오지 못하는 국제연맹은 하일레 셀라시에 에게 총회 발언 기회를 허락함으로써 이탈리아를 더욱 자극했다. 그 러고 나서는 연맹 규약을 진지하게 받아들인 죄로 셀라시에를 추방 했다. 일본과 독일이 이미 국제연맹을 탈퇴했고 이탈리아가 1937년 12월 그 뒤를 따랐다. 국제연맹은 오로지 연맹을 둘러싸고 벌어지는 일에서 눈을 돌리기만 함으로써 그 존재를 지속했다. 에스파냐 내전 에 외국 열강들이 간섭했을 때 에스파냐 정부가 국제연맹에 호소했 다. 이사회가 처음에 "문제를 조사했고", 그러고 나서 "유감"을 표명 하고는 프라도 미술관에서 온 그림들을 제네바에 보관하는 데 동의 했다. 1938년 9월, 국제연맹 총회는 체코 위기가 최고조에 달했을 때 실제로 소집되었다. 하지만 위기가 발생했다는 고지조차 못하고 회 기를 겨우 끝냈다. 1939년 9월에는 아무도 전쟁이 발발했다고 국제 연맹에 애써 알리지 않았다. 1939년 12월, 국제연맹은 핀란드 침공 을 이유로 소련을 추방했다. 더불어 총회는 독일과 서유럽 국가들 사 이의 전쟁을 언급하지 않음으로써 스위스의 중립을 충실하게 지켰다. 1945년에 국제연맹은 마지막 모임을 가져 활동을 종결짓고 그 유산을 국제연합에 넘겼다.

국제연맹이 사실상 끝장난 때는 1939년이나 1945년이 아닌 1935년 12월이었다. 어느 날인가의 국제연맹은 제재를 부과하며, 겉보기에는 이전의 어느 때보다 효과적인, 강력한 실체였다. 그러나 그 다음 날 보니 국제연맹은 내용이 없는 엉터리였고, 모든 사람들이 국제연맹으로부터 가능한 한 빨리 달아났다. 국제연맹을 끝장낸 것은 호-라발 계획의 공개였다. 하지만 이것은 국제연맹이 코르푸로부터 만주까지 이전에 해왔던 회유의 행동의 연장선상에 있는 완벽하게 분별 있는 계획이었다. 호-라발 계획은 전쟁을 끝냈을 것이고, 이탈리아를 만족시켰을 것이며, 아비시니아에 더 많은 경작 가능한 국가 영토를 남겨 주었을 것이다. 계획이 지닌 상식적인 측면이 당시 상황에서는 결정적인 약점이었다. 왜냐하면 이탈리아에 대항한 국제연맹의 행동이 실제적인 정책의 상식적인 연장이 아니었기 때문이다. 국제연맹의 행동은 순수하고 단순한 원칙의 표현이었다. 아비시니아에는 어떠한 구체적인 "이익"이 걸려 있지 않았다. 심지어 이탈리아도 그랬다. 무솔리니는 이탈리아의 힘을 과시하는 데 관심이 있었지 제국의 실질적인 이득(그러한 것이 존재하기라도 한다면)을 획득하는 데 관심이 있지 않았다. 국제연맹의 회원국들은 국제연맹 규약을 주장하는 데 관심이 있었지 자신들의 이익을 지키는 데 관심이 있지 않았다. 호-라발 계획은 원칙과 실제 정책이 결합될 수 없음을 보여주는 것 같았다. 무엇이라도 장점이 있는 모든 정치가는 원칙과 실제 정책을 비록 다양한 조합이지만 하나로 결합해낸다는 결론은 틀렸다. 그러나 1935년에는 모든 사람들이 이 결론을 받아들이고 있었다. 이때부터 전쟁 발발까지 "현실주의자들"과 "이상주의자들"이 서로 반대편에 서 있었다. 실제적인 정치가들, 특히 권력을 잡고 있는 이들은 원칙을 고려하지 않고 편의적인 정책을 추구했다. 환멸을 느낀 이상주의자들은 권력을 잡고 있는 사람들이 무력에서 힘을 얻을 수 있고 심지어 무력에 의존할 수 있다는 사실을 믿기를 거부했다. 이러한 간극을 메우려 하는 소수의 사람들은 최악의 경우였다. 예를 들어 이든은 난파된 지경으로부터 무엇인가 구해보려고 외상직에 남아 있었지만, 사실상 사이먼, 호, 네빌 체임벌린 같은 냉소적인 "노장 정치가들"의 방패막이가 되었을 뿐이다. 심지어 집단 안보와 침략에 대한 저항을 높이 평가했던 윈스턴 처칠조차도 영국의 군비가 더 큰 규모가 되어야 할 필요성 또한 역설함으로써 이상주의자들과 사이가 멀어졌다. 그리하여 그는 전쟁이 발발할 때까지 양측으로부터 불신을 받아 외로운 인물로 남았다. 물론 원칙과 편의 사이에는 항상 어느 정도의 간극이 존재한다. 그러나 이러한 간극이 1935년 12월 이후 4년 동안처럼 넓었던 적은 없었다.

아비시니아 문제는 좀 더 즉각적인 효과를 가져왔다. 히틀러는 분쟁을 예리한 눈으로 바라보았고 국제연맹이 성공을 거둔다면 다음에는 독일에 적대적으로 이용될지 모른다는 생각에 두려워했지만, 이탈리아와 그리고 예전에 스트레사 전선에서 이탈리아와 협력했던 두 협력국 사이에 쐐기를 박아 갈라놓고 싶어 했다. 독일은 마치 자신이 제재를 충실하게 이행하는 국제연맹의 회원국인 것처럼 이탈리아와의 무역을 크게 삭감했다. 12월에는 호-라발 계획의 불발을 바라며 ― 물론 조건부였지만 ― 국제연맹으로의 복귀를 제안하기까지 했다. 호-라발 계획이 실패로 돌아가고 이탈리아군이 성공을 거두기 시작하자 히틀러는 이제 스트레사 전선의 붕괴를 이용하기로 마음먹었다. 비록 오늘날 우리에게는 히틀러의 머릿속 생각에 대한 확실한 증거가 없지만, 적어도 이는 비무장화된 라인란트를 재점령하려는 그의 결정에 대한 가장 그럴듯한 설명으로 보인다. 히틀러가 내세운 구실은 1936년 2월 27일에 프랑스가 프랑스-소련 조약을 비준했다는 사실이었다. 그가 주장하기로 이것은 로카르노의 기초가 되는 전제들을 파괴했다. 그다지 설득력 있는 주장은 아니었지만 확실히 영국과 프랑스의 반볼셰비키 감정에 대해 호소력이 있었다. 히틀러가 3월 7일에 실제로 진군한 것은 그의 강한 담력을 보여준 놀라운 실례였다. 독일은 문자 그대로 전쟁에 투입할 수 있는 군사력이 전혀 없었다. 예전의 국방군Reichswehr으로 훈련받은 사람들은 이제 새로운 동원군 가운데 교관으로 흩어져 있었고, 이 새로운 군대는 아직 준비가 되어 있지 않았다. 히틀러는 이의를 제기하는 장성들에게 프랑스가 행동할 것이라는 징후가 보이기만 하면 그의 이름뿐인 군대를 철수시킬 것이라 확신시켜 그들을 무마했다. 그러나 그는 어떠한 행동도 뒤따르지 않으리라고 흔들림 없이 확신했다.

　　라인란트 재점령은 프랑스인들을 깜짝 놀라게 하지 않았다. 그들은 아비시니아 문제가 시작된 이래로 쭉 라인란트 재점령을 우려하면서 그 일에 대해 깊이 숙고해왔다. 1936년 1월, 라발은 호와 마찬가지로 호-라발 계획에 대한 항의의 제물이 되어 외무성을 떠났다. 그의 후임자 플랑댕은 좀 더 친영주의를 표방했다. 그는 라인란트 문제를 논의하기 위해 즉시 런던으로 갔다. 볼드윈은 프랑스 정부가 무엇을 하기로 결정했는지 물었다. 프랑스 정부는 아무것도 결심한 바가 없었고, 플랑댕은 동료들로부터 결심을 이끌어내기 위해 피리로 돌아왔다. 그러나 그는 실패했다. 정확히 말하자면 "프랑스는 조약의 위반에 대항하기 위해 프랑스의 모든 무력을 국제연맹의 처분에 맡긴다"는 선언을 얻어냈을 뿐이다. 그리하여 결정은 일이 터지기에 앞서 파리에서 제네바로 넘어가게 되었다. 하지만 제네바에 있는 국제연맹은 이미 완전히 해체된 상태였다.

3월 7일, 프랑스 내각은 매우 격분한 상태였다. 플랑댕과 수상 사로Albert Sarraut를 포함한 4명의 각료들은 즉각적인 행동을 지지했다. 그러나 프랑스 각료들이 일반적으로 그러하듯 이 유력한 사람들도 목소리를 높이기 전에 자신들이 소수파라는 점을 확인했다. 참모총장 가믈랭Maurice Gustave Gamelin장군이 소환되었고, 그는 앞으로 다가올 몇 해 동안 프랑스 정치가들, 그리고 영국 정치가들을 괴롭히게 될 신탁과 같이 모호한 판단들 중 첫 번째 판단을 내렸다. 가믈랭은 지력이 매우 뛰어났지만 투지가 부족했다. 군인보다 정치를 하는 것이 더 어울릴 사람으로, 정치인들이 스스로 결정을 내려야 하는 책임을 자신에게 떠넘기지 못하도록 하겠다고 단단히 결심하고 있었다. 군의 수장으로서 그는 군이 수행하도록 요구받을 수 있는 어떠한 일에 대해서도 준비가 되어 있다고 주장해야 했다. 하지만 그는 정치인들에게 군이 어떠한 목적으로든 사용되려면 군에 많은 금액을 지불해야 한다는 인식을 심어주고자 했다. 가믈랭의 이해하기 힘든, 그러한 모호한 말들의 밑바탕에는 그저 개인적 성향으로 돌릴 수만은 없는 이유가 있었다. 그런 모호한 말들은 강대국으로서의 전통적 지위를 유지하려는 프랑스의 의식적인 결의와 분수를 지키는 지위, 수세적인 지위로 물러나고자 하는 무의식적이지만 좀 더 진심에 가까운 태도 사이의 모순을 반영한 것이었다. 가믈랭은 독일에 대한 선제공격을 이야기할 수도 있었다. 그러나 프랑스군이 보유한 방어 장비와 마지노선의 심리가 이를 불가능하게 했다.

가믈랭은 용감한 말로 시작했다. 당연히 프랑스군은 라인란 트로 진격해 그곳에 있는 독일 병력을 패배시킬 수 있다고 했다. 그 러고 나서 그는 곤란한 점들을 나열했다. 그가 주장하길, 독일은 거 의 백만에 가까운 사람들이 무장했고 그중 삼십만이 이미 라인란트 에 있다는 것이었다. 프랑스 예비군 가운데 몇 차수次數가 소집되어 야 하고, 만약 독일의 어떠한 저항이라도 있다면 총동원령이 내려져 야 할 것이었다. 더욱이 이는 장기전이 될 것이고, 독일의 우월한 산 업 능력의 관점에서 보면 프랑스는 단독으로 싸워서는 승리를 바랄 수 없다. 그러므로 적어도 영국과 벨기에의 지원이 확실해야 한다는 것이었다. 이는 또한 정치적 이유에서도 필요했다. 로카르노조약은 프랑스가 "극악무도한 침략"의 경우에만 즉각적으로 그리고 단독으 로 행동할 것을 승인했다. 그러나 독일군대가 라인란트로 진군한 것 이 "극악무도한 침략"인가? 라인란트 점령은 프랑스의 "국가 영토"에 손상을 주지 않았다. 마지노선을 생각한다면, 라인란트 점령은 좀 더 훗날의 프랑스 안보도 위협하지 않았다. 만약 프랑스가 단독으로 행 동한다면 프랑스는 로카르노의 당사국들과 국제연맹 이사회로부터 침략자라고 비난받는 자신을 발견하게 될지도 모르는 일이었다.

여기에 정치인들이 풀어야 할 문제들이 있었다. 총선거가 다 가오고 있었고, 각료들 가운데 아무도 총동원을 고려할 수 없었다. 소수 각료들만이 예비군 소집을 지지했다. 행동해야겠다는 모든 생 각이 사라졌고, 외교가 그 자리를 대신했다. 가믈랭이 책임을 정치인 들에게 미루었듯, 프랑스인들은 동맹국들에게 책임을 전가할 수 있었다. 이탈리아는 로카르노의 당사국이면서도 자신에게 아직 제재가 적용되고 있는 동안은 당연히 아무것도 하려고 하지 않을 것이었다. 폴란드는 1921년의 프랑스-폴란드 조약에 따라 자신의 의무를 이행할 것이라 선언했다. 그러나 이 조약은 엄격하게 방어적인 것이었고, 폴란드인들은 프랑스가 실제로 침략을 당할 경우에 한해 전쟁에 참가하기로 약속하고 있을 따름인 것이었다. 그리고 그들은 이러한 프랑스 침략을 히틀러가 당시 생각하고 있지 않다는 것을 알고 있었다. 만약 프랑스가 동원을 한다면 폴란드인들은 동원을 해줄 것이었다. 그러나 폴란드 대표는 이 문제가 국제연맹 이사회에 상정되었을 때 독일에 불리하게 투표하는 것을 회피했다. 벨기에도 마찬가지로 침묵했다. 1919년에 벨기에인들은 오랫동안 지켜 왔던 중립을 포기하고 프랑스와 동맹을 맺었다. 자신들의 안보를 증대시켜 줄 것이라는 소망에서였다. 하지만 동맹이 행동을 필요로 하게 될 조짐이 보이자, 그들은 돌연히 동맹을 내던져버렸다.

오로지 영국인들만 남았다. 플랑댕은 표면상으로 지원을 구하러 런던으로 건너갔다. 사실상 그는 자신의 책임을 영국 해협 너머로 가지고 가서 그곳에 놓고 오는 데 더 관심을 쏟았다. 볼드윈은 통상적인 동정과 호의를 보여주었다. 영국인들은 프랑스를 도울 군사력이 전혀 없다고 털어놓았을 때 볼드윈의 눈에 눈물이 글썽거렸다. 그리고 어쨌든 영국 여론이 허용하지 않을 것이라고 덧붙였다. 이는 사실이었다. 영국의 거의 모든 사람들이 라인란트 재점령에 대해 독일인들이 자신의 영토를 해방한 것이라고 받아들였다. 볼드윈이 덧붙이지 않은 것은 자신이 이러한 여론에 찬성한다는 사실이었다. 독일의 라인란트 재점령은 영국인들의 관점에서 보면 영국의 정책이 한

발 앞으로 나아간 것이자 하나의 성공을 거둔 것이었다. 지난 몇 년 동안 — 로카르노 이전은 아닐지라도 그 이래로 줄곧 — 영국인들은 프랑스가 엄격하게 방어적인 정책을 채택해야 하며, 동맹을 이유로 저 멀리 "동쪽의" 전쟁에 끌려 들어가서는 안 된다고 촉구해왔다. 라인란트가 비무장 상태로 유지되는 한 프랑스인들은 계속해서 독일을 위협할 수 있었다. 적어도 그렇게 보였다. 영국인들은 1914년의 상황이 되풀이될지 모른다는 공포에 시달렸다. 즉 1914년에 그들이 러시아 때문에 전쟁으로 끌려 들어갔다고 생각했듯이 이제 체코슬로바키아나 폴란드를 지키기 위해 전쟁에 끌려 들어갈지 모른다는 두려움이었다. 독일의 라인란트 재점령으로 이러한 두려움이 사라졌다. 이제부터 프랑스는 스스로 원하든 않든 어쩔 수 없이 방어적인 정책을 취하게 되었다. 또한 대부분의 프랑스인들은 그다지 크게 불평하지 않았다.

플랑댕은 별다른 이의를 제기하지 않고 볼드윈의 거부를 받아들였다. 그는 결코 프랑스의 독자 행동을 생각해본 일이 없었다. 그는 1914년의 프랑스 정치가들에 필적하는 어떠한 시도도 영국과의 불화를 초래할 것이라 확신했다. 또한 가믈랭이 그러한 상황에서 행동이 불가능함을 단언했다. 영국인들은 외교를 주장했다. 따라서 외교가 있어야 했다. 런던에서 국제연맹 이사회가 열렸다. 소련 외무 인민 위원 리트비노프만이 독일에 대한 제재를 제의했는데, 이에 대한 그의 변론은 그 자체로 제의를 망쳐 놓기에 충분했다. 이사회는 만장일치는 아니었지만 베르사유조약과 로카르노조약이 붕괴했음을 결의했다. 히틀러는 새로운 유럽 안보 체제를 어떻게 설정할지 협상하고 이미 붕괴된 체제를 대체하기 위해 초대되었다. 그는 초대에 응했다. 그는 "유럽에서 어떠한 영토적 요구도 가지고 있지 않고", 평화를 원하며, 서유럽 국가들과 25년간의 불가침조약을 제안한다고 말했다. 그러자 이번에는 영국인들이 정확한 문제들의 목록을 덧붙여 좀 더 구체적으로 설명할 것을 요구했다. 이에 히틀러는 전혀 응답하지 않았다. 침묵이 뒤따랐다. 베르사유조약의 마지막 자취가 사라졌고, 로카르노도 함께 사라졌다. 바야흐로 한 시대가 끝났다. "승리"의 자본금이 완전히 잠식되었다.

1936년 3월 7일은 역사의 전환점이었다. 실제로 그랬다기보다 겉보기에 더 그러했다. 이론상 독일의 라인란트 재점령은 프랑스가 자신의 동유럽 동맹국인 폴란드와 체코슬로바키아를 원조하는 것을 어렵게, 혹은 불가능하게까지 만들었다. 사실 프랑스는 몇 년 전에 그런 생각을 버렸다. 정말로 프랑스가 그런 생각을 가지고 있었다면 말이다. 라인란트 재점령은 방어적인 관점에서 프랑스에 해가 될 것이 없었다. 마지노선이 방어에 필요한 전부라면 프랑스의 안보는 이전만큼 튼튼할 것이고, 마지노선이 소용이 없다면 프랑스는 어떤 경우에도 결코 안전하지 못했던 것이다. 상황이 프랑스에게 전부 손해만 되는 것은 아니었다. 라인란트를 재점령함으로써 독일은 많은 이점을 주었던 무척 귀중한 자산, 즉 비무장 상태로 있다고 하는 자산을 다 써버렸다. 군대의 목적은 다른 나라 군대를 패배시키는 것이다. 패배는 그 자체로 정치적인 결과를 가져온다. 피정복민들의 국민적 의지를 흔들어 놓고 따라서 그들이 정복자에게 기꺼이 복종하게 만든다. 하지만 패배시킬 다른 군대가 없을 때 군대가 무엇을 할 수 있겠는가? 군대는 무장 해제된 국가를 침략할 수도 있다. 그러나 이때 침략을 당한 사람들의 국민적 의지는 흔들리지 않는다. 그 의지는 오로지 공포 정치 — 비밀경찰, 고문실, 강제 수용소 — 에 의해서만 꺾일 수 있다. 이러한 방법은 평화시에 사용하기 힘들다. 독일인들은 자신들이 싸우지 않고 유린했던 덴마크 같은 나라에는 전시일지라도 이런 방법을 사용하는 것이 힘들다는 것을 알게 되었다. 민주 국가들은 특히 공포 정치의 수단을 발달시킬 수 없다. 유럽 바깥의 식민지에서 어느 정도 그런 것을 제외하면 말이다. 그러므로 프랑스와 그 동맹국들은 독일이 비무장 상태로 있는 한, 독일을 어떻게 다루어야 할지 몰라 고심했다. 이제 독일이 라인란트를 재점령하고 대규모 군대를 건설하였으므로 독일을 정상적인 방법으로 — 즉 전쟁을 통해 — 강제하는 방법도 고려할 수 있었다. 서유럽 국가들은 이러한 전쟁에 대비해 충분한 능력을 갖추지 않았다. 그러나 라인란트 재점령이 있기 전에는 전혀 준비를 하지 않았다. 당시 그리고 이후로도 종종 1936년 3월 7일이 "마지막 기회"였다고, 즉 대규모 전쟁이 가져올 모든 희생과 재난을 겪지 않고 독일을 저지할 수 있었던 마지막 시기였다고 이야기되어 왔다. 통계에 나타나 있듯 기술적인 관점에서 보았을 때 이는 사실이었다. 프랑스인들은 대규모 군대를 보유하고 있었고 독일인들은 아무것도 없었다. 하지만 심리적으로는 정반대였다. 서유럽 사람들은 자신들이 무엇을 할 수 있을까 하는 물음을 앞에 두고 어찌할 바를 몰랐다. 프랑스의 군대는 독일로 진군해 들어갈 수 있었고 독일인들로부터 선량하게 행동하겠다는 약속을 강제로 받아낼 수 있었다. 하지만 그러고 나면 프랑스군은 철수할 것이었다. 상황은 변한 것 없이 이전과 마찬가지일 것이고, 그렇지 않고 만약 무엇이 악화되기라도 한다면, 독일인들은 전에 없이 분노하고 흥분할 것이었다. 무엇인가 내형힐 획실힌 것이 있을 때끼지, 즉

베르사유의 결정 사항이 무효화되고 독일이 재무장할 때까지 독일에 적대한다는 것은 사실상 이치에 맞지 않았다. 승리를 목표로 하는 나라에 대해서만 패배시키겠다고 위협할 수 있다. 3월 7일은 그러므로 이중의 전환점이었다. 이 날 독일이 성공으로 나아가는 길이 열린 것이자, 또한 독일이 궁극적인 실패로 이르는 길이 열렸던 것이다.

6장

THE HALF-ARMED
PEACE,
1936~38

반무장
상태의 평화
1936~1938년

"국제적 무정부 상태"가 복원되었다. 몇몇 역사가들을 포함해 많은
사람들이 이 사실이 그 자체로 제2차 세계대전을 설명하는 데
충분하다고 믿는다. 그리고 어떤 의미에서는 그렇다. 그러나 이러한
설명의 결점은 모든 것을 설명하기 때문에 아무것도 설명하지
않는다는 데 있다.

International anarchy was restored. Many people, including some
historians, believe that this in itself is enough to explain the second
World war. And so, in a sense, it is. The defect of this explanation
is that, since it explains everything, it also explains nothing.

독일의 라인란트 재점령은 제1차 세계대전 후에 설립되었던, 안보를 위한 장치들이 종료되었음을 알렸다. 국제연맹은 이름뿐이었고, 독일은 모든 조약상의 제한에 구애받지 않고 재무장할 수 있었으며, 로카르노조약의 보장들은 이제 사라졌다. 윌슨의 이상주의와 프랑스의 현실주의가 모두 실패했다. 유럽은 1914년 이전에 존재했던 체제로, 혹은 체제의 부재 상태로 돌아갔다. 모든 주권 국가는 강대국이건 약소국이건 다시 무력과 외교, 그리고 안보를 위한 동맹에 의존해야 했다. 이전의 전승국들은 우월한 지위를 가지고 있지 않았고, 패전국들도 불리한 조건을 지니고 있지 않았다. "국제적 무정부 상태"가 복원되었다. 몇몇 역사가들을 포함해 많은 사람들이 이 사실이 그 자체로 제2차 세계대전을 설명하는 데 충분하다고 믿는다. 그리고 어떤 의미에서는 그렇다. 국가들이 스스로의 주권에 대한 어떠한 제약도 인정하지 않는 한 전쟁은 그들 사이에서 일어날 것이다. 어떤 전쟁은 의도적인 계획에 의해 일어날 것이고 더 많은 경우 잘못된 판단에 의해 일어날 것이다. 그러나 이러한 설명의 결점은 모든 것을 설명하기 때문에 아무것도 설명하지 않는다는 데 있다. 만약 "국제적 무정부 상태"가 항상 전쟁을 야기한다면 유럽 국가들은 중세가 막을 내린 이래로 평화라는 것을 결코 알지 못했을 테니 말이다. 사실 오랜 평화의 시기 또한 있었다. 1914년 이전 국제적 무정부 상태는 로마제국이 멸망한 이래 유럽에 가장 긴 평화를 가져다주었다.

전쟁은 교통사고와 매우 유사하다. 교통사고에는 일반적인 원인과 특수한 원인이 동시에 존재한다. 모든 교통사고는 궁극적으로는 내연 기관의 발명과 이곳에서 저곳으로 옮아가려는 인간의 장소이동의 욕구에 의해 발생한다. 이러한 관점에서 보면 교통사고의 "처방책"은 자동차 운행을 금지하는 것이다. 그러나 난폭운전으로 기소된 사람이 변명이라며 오로지 자동차의 존재를 들어 항변한다면 몰지각한 일이다. 경찰과 법원은 근원적인 원인들을 더 중요하게 생각하지 않는다. 대신 각각의 사고가 일어나게 된 특수한 원인 — 운전자 측의 과실, 과속, 음주 운전, 브레이크 고장, 불량한 노면 상태 — 을 찾으려 한다. 전쟁의 경우도 마찬가지다. "국제적 무정부 상태"는 전쟁을 가능케 한다. 그러나 전쟁을 확실히 일어나게 하지는 않는다. 1918년 이후 몇몇 저술가들이 제1차 세계대전의 근원적인 원인을 설명하면서 이름을 날렸다. 그러한 설명들은 종종 정확했으나, 왜 특정한 전쟁이 그 특정한 시점에 발생했는가 하는 질문으로부터 사람들의 주의를 돌려놓았다. 이러한 두 가지 질문은 둘 다 각기 다른 차원에서 의미가 있다. 그것들은 상호 보완적이고 서로를 배제하지 않는다. 제2차 세계대전 역시 근원적인 원인들이 있으나 또한 특수한 사건들로부터 생겨났으며, 따라서 이러한 사건들은 상세히 검토할 가치가 있다.

1939년 이전의 시기에 사람들은 전쟁의 근원적인 원인들에 대해 전에 이야기해왔던 것보다 더 많이 이야기했다. 또한 이렇게 해서 이러한 근원적인 원인들이 더욱 중요하게 여겨졌다. 1919년 이후에는 국제연맹이 성공하기만 한다면 앞으로 전쟁을 피할 수 있으리라는 생각이 일반적인 것이 되었다. 그런데 국제연맹은 실패로 끝났고, 사람들은 금세 이제부터 전쟁이 불가피할 것이라 말했다. 많은 사람들은 심지어 동맹과 외교라는 구식의 도구로 전쟁을 막으려 애쓰는 일을 사악하다고까지 생각했다. 사람들은 또한 파시즘이 "필연적으로" 전쟁을 낳을 것이라 말했다. 그리고 만약 우리가 두 파시스트 지도자들이 공표한 말들을 믿는다면 이를 부정할 수 없을 것이다. 히틀러와 무솔리니는 전쟁을, 그리고 호전적인 덕목들을 찬양했다. 그들은 자신들의 목적을 이루어 나가기 위해 전쟁을 하겠다고 위협했다. 그러나 이것은 새로운 일이 아니었다. 정치가들은 항상 그렇게 해왔다. 독재자들의 수사는 옛 군주들의 "무력 과시"와 다를 바 없었다. 또한 그 점에서 빅토리아 여왕 시대의 영국 명문 사립학교 학생들이 배운 내용보다 나쁠 것이 없었다. 그러나 이러한 격렬한 언사들이 쏟아져 나왔음에도 불구하고 오랜 평화 시기가 지속되어 왔다. 파시스트 독재자들도 승리의 기회를 눈앞에 두게 되지 않는 한은 전쟁에 돌입하려 하지 않았고, 따라서 전쟁의 원인은 독재자들의 사악함만큼이나 다른 사람들의 실수에도 있었다. 히틀러가 의중에 어떤 계획을 가지고 있었다면 그런 한에서 그는 아마도 소련에 대한 대규모의 침략 전쟁을 계획했을 것이다. 그러나 그가 1939년에 실제로 발발한 영국과 프랑스에 대한 전쟁을 계획했을 것 같지는 않다. 1939년 9월 3일, 히틀러는 베드민-홀베그기 1914년 8월 4일에 고흑스러워 했던 것만큼이나 매우 당황했다. 무솔리니는 그 자신의 허풍에도 불구하고 전쟁에 말려들지 않으려고 필사적으로 노력했다. 경멸을 당했던 프랑스 제3공화국의 마지막 지도자들보다도 더 필사적이었다. 그는 이미 이긴 것이라고 생각했을 때에만 전쟁에 참가했다. 독일인들과 이탈리아인들은 자신들의 지도자들을 적극 지지했다. 그러나 전쟁은 1914년에 그랬던 것처럼 일반적인 지지를 얻지는 못했다. 1914년에는 어디서나 환호하는 군중들이 전쟁의 발발을 반겼다. 그러나 1938년 체코 위기 동안 독일에는 침울함이 짙게 깔렸고, 이듬해 전쟁이 발발했을 때는 오로지 어쩔할 도리가 없어서 받아들이는 분위기였다. 1939년의 전쟁은 환영받기는커녕 거의 모든 사람들이 역사상 거의 어떤 전쟁보다도 원치 않은 전쟁이었다.

　　1939년 이전의 시기에 또 다른 유형의 근원적인 원인이 많이 논의되었다. 경제 상황이 필연적으로 전쟁으로 이어진다는 주장이다. 당시 받아들여지고 있던 마르크스주의의 교의였다. 또한 주장이 되풀이되면서 그 교의는 자신들을 마르크스주의자라 칭하지 않는 사람들로부터도 인정을 받았다. 그러나 이것은 새로운 견해였다, 마르크스 자신은 이에 대해 전혀 알지 못했다. 1914년 이전 마르크스주의자들은 주요 자본주의 국가들이 세계를 분할해 가질 것이라 예언했다. 그리고 그들이 전쟁을 예언했다고 할 수 있는 한에서 그 전쟁은 유럽 밖 식민지 주민들에 의한 민족 해방 투쟁이 될 것이었다. 레닌은 자본주의가 "필연적으로" 전쟁을 야기함을 인식한 최초의 인물이었다. 그는 이를 제1차 세계대전이 수행되고 있을 때에야 비로소 알았다. 물론 그는 옳았다. 1914년에는 모든 강대국들이 자본주의 국가였으므로, 자본주의가 명백하게 제1차 세계대전을 "야기했다". 그러나 마찬가지로 명백하게 자본주의는 이전 세대의 평화도 가져왔다. 여기에 모든 것을 설명하면서도 아무것도 설명하지 않는 또 다른 일반적 설명이 있었다. 1939년 이전에 당시 대표적인 자본주의 국가였던 영국과 미국은 어느 나라보다 전쟁을 피하고 싶어 했다. 또한 독일을 포함해 모든 나라에서 자본가들이 전쟁을 가장 반대하는 계급이었다. 사실상 우리가 1939년의 자본가들을 기소한다면, 전쟁을 추구한 죄가 아니라 평화주의와 소심함 때문일 것이다.

그러나 좀 더 제한적으로는 자본주의의 유죄가 드러날 수도 있다. 잘 나가는 제국주의 국가들은 만족을 얻고 평화로울지 몰라도, 파시즘은 쇠퇴하는 자본주의의 최종 단계로서 침략의 단계를 나타내고 그 동력은 오로지 전쟁으로 유지될 수 있다고 주장되었다. 이러한 견해에 다소 진실성이 있으나 대단한 정도는 아니다. 나치 독일이 유럽 국가 최초로 이루었던 완전 고용은 대부분 군수 물자 생산에 의존했지만, 도로 건설에서부터 대규모 건축물 건설까지 다른 형태의 공공사업으로부터도 많은 도움을 얻을 수도 있었을 것이다(또한 실제로도 어느 정도 기여한 바가 있었다). 나치의 비밀은 군수 물자 생산이 아니었다. 비밀은 당시 반드시 따라야 한다고 여겨지던 경제학 원칙에 구애받지 않은 것이었다. 정부 지출이 완만한 인플레이션의 모든 긍정적인 효과를 가져왔다. 정치적 독재가 노동조합을 분쇄하고 외환 거래를 엄격하게 통제함으로써, 임금이나 물가 상승과 같은 불행한 결과를 저지하면서 그러했다. 나치 체제가 군수 산업에만 전적으로 의지했다 해도 그 때문에 전쟁이 필요했다는 주장은 설득력이 없었다. 나치 독일은 무기가 넘쳐 나서 경제가 질식 상태에 이른 것이 아니었다. 오히려 1939년에 독일 장성들은 독일군이 선생 군비가 퇴어 있지 않고 "철저한 재군비"가 이루어지기까지 몇 년이 지나야만 한다고 한목소리로 주장했다. 따라서 군비 생산이 감소해 완전 고용이 무너질 염려는 필요가 없었다. 파시스트 이탈리아에 경제원인론은 전혀 맞지 않았다. 파시스트 경제 체제란 없었다. 오로지 폭력과 마력의 혼합으로 다스려지는 가난한 나라가 있을 뿐이었다. 이탈리아는 전쟁 준비가 전혀 되어 있지 않았다. 1939년에 무솔리니가 "비非교전국"으로 남아 있겠다고 함으로써 인정했던 대로였다. 1940년, 무솔리니가 마침내 전쟁에 뛰어들었을 때 이탈리아는 모든 면에서 1915년 제1차 세계대전에 참전했을 때보다도 전쟁 준비가 제대로 되어 있지 않았다.

1939년 이전의 시기에 다른 종류의 경제론적인 설명도 널리 받아들여졌다. 독일과 이탈리아가 상품의 해외 판로나 원료의 공급 경로가 불충분한, "가진 것이 없는" 국가들이라는 주장이었다. 영국 정부는 야당인 노동당으로부터 재군비 경쟁에 돌입하는 대신 이러한 경제적 불만을 시정해주라는 재촉을 계속해서 받고 있었다. 어쩌면 독일과 이탈리아가 "가진 것이 없는" 국가들이었을지 모른다. 하지만 그들이 무엇을 가지기 원했다는 말인가? 이탈리아는 아비시니아를 정복했다. 그러나 그곳에서 이득을 취하기는커녕 아비시니아의 질서 회복과 개발을 위해서는 자신의 제한된 자원으로 거의 불가능한 지출액을 쏟아 부어야 함을 알았을 뿐이다. 개중에는 그곳에 자리 잡은 이탈리아인들도 있었지만, 이러한 식민지화 사업은 위신을 세우려는 동기에서 이루어진 것이다. 그들을 국내에 머무르게 하는 것이 비용이 더 적게 들고 이득이 되었을 것이다. 전쟁 발발 직전에 무솔리니가 되풀이해 코르시카와 니스, 그리고 사부아를 요구했다. 이

가운데 아마도 니스를 제외하고는 경제적 이점을 제공해주는 곳은 없었다. 니스도 빈곤과 인구 밀집이라는 이탈리아의 실제 문제를 해결하는 데는 별반 유용하지 않았다.

히틀러의 생활공간 주장은 좀 더 그럴듯하게 들렸다. 히틀러 본인을 확신시키기에 충분히 설득력이 있었다. 하지만 실제로는 어느 정도였을까? 독일은 시장이 부족하지 않았다. 반대로, 샤흐트가 독일에 사실상 남동부 유럽과의 무역 독점을 가져다주는 쌍무 협정들을 이용했다. 또한 전쟁 발발로 이 협정들이 중단되었을 때, 남아메리카를 경제적으로 침략하기 위한 유사한 계획들이 마련되고 있었다. 독일은 원료 부족을 겪지도 않았다. 뛰어난 과학 기술 수준으로 쉽게 구할 수 없는 것들의 대용물을 얻을 수 있었다. 또한 독일은 영국의 봉쇄에도 불구하고 1944년 연합국의 폭격으로 종합 석유 공장이 파괴되기 전까지는 제2차 세계대전 기간 동안 원료 부족으로 인한 어떠한 장애도 겪지 않았다. 가장 노골적인 의미에서 생활공간은 독일인들이 이주할 수 있는, 비어 있는 공간에 대한 요구를 뜻했다. 그러나 독일은 대부분의 유럽 국가에 비해 인구 과잉 상태가 아니었다. 또한 유럽에는 어느 곳에도 빈 공간이 없었다. 히틀러가 "우리에게 우크라이나만 있다면……" 하고 탄식했을 때 그는 그곳에 우크라이나인이 없다고 생각하는 것처럼 보였다. 히틀러는 그들을 착취하려고 마음먹었던 것일까 아니면 절멸시키려고 생각했던 것일까? 확실히 그는 이 문제를 어느 쪽으로도 생각해보지 않았다. 1941년 독일이 실제로 우크라이나를 점령했을 때, 히틀러와 그의 심복들은 두 가지 방법을 모두 시도했다. 그러나 둘 다 경제적 이득이 없었다. 빈 공간은 바다 건너에 있었다. 그리고 영국 정부는 히틀러의 불만을 액면 그대로 받아들여 종종 그에게 식민지 양여를 제안하기도 했다. 히틀러는 전혀 응하지 않았다. 그는 식민지가 적어도 개발되기까지는 이득의 원천이 아니라 비용일 뿐이라는 사실을 알고 있었다. 어쨌거나 식민지를 소유하게 되면 히틀러에게는 불만을 품을 이유가 사라지는 셈이었다. 요컨대 생활공간은 독일을 전쟁으로 몰아가지 않았다. 오히려 전쟁 정책 혹은 호전적 정책이 생활공간에 대한 요구를 낳았다. 히틀러와 무솔리니는 경제적인 동기로 행동해 나가게 되었던 것이 아니다. 대부분의 정치가들처럼 그들에게는 성공을 향한 욕구가 있었다. 그들의 욕구가 더 컸고, 좀 더 파렴치한 수단으로 충족시켰다는 점에서만 다른 정치가들과 달랐다.

　　파시즘의 효과는 경제에서가 아니라 공공 도덕 체계에서 나타났다. 파시즘은 국제 문제에서 공유되던 정신을 계속해서 타락시켰다. 히틀러와 무솔리니는 기존의 승인된 기준에 자신들이 얽매이지 않음을 자랑했다. 그들은 지킬 마음이 전혀 없으면서도 약속을 했다. 무솔리니는 이탈리아가 국제연맹 규약에 구속되고 있었음에도 규약을 무시했다. 히틀러는 어느 해에는 로카르노를 재확인했다가 그다음 해에는 부인했다. 에스파냐 내전 기간 동안 두 사람은 스스로 서약했던 불간섭non-intervention 체제를 공공연하게 조롱했다. 그들은 동일한 방식의 연장선상에서, 누군가 자신들의 말을 의심하거나 자신들이 저버렸던 약속을 상기시키기라도 하면 화를 냈다. 다른 나라의 정치가들은 이 두 사람이 기존의 승인된 기준을 이렇게 무시하는 데 당황했지만 그럼에도 불구하고 다른 대안을 생각할 수 없었다. 그들은 파시스트 통치자들이 다시 신의 있게 행동하도록 유도할 수 있을 만큼 매력적인 합의를 이끌어내기 위해 계속 노력했다. 체임벌린은 1938년에 뮌헨에서 그렇게 했고, 스탈린은 1939년 나치-소련 조약을 맺음으로써 그리 하였다. 이 두 사람은 모두 나중에 히틀러가 이제까지 줄곧 행동해왔던 대로 계속 행동하는 데 대해 순진하게도 격분하는 모습을 보였다. 그러나 그들이 달리 무엇을 할 수 있었을까? 어떠한 종류의 합의는 전쟁에 대한 대안처럼 보였고, 또한 마지막까지도 어떤 믿을 수 없는 합의가 곧 성사될 수 있으리라 생각하는 안절부절못하는 마음이 남아 있었다. 비非파시스트 정치가들은 시대 상황에 오염되는 것을 회피하지 않았다. 파시스트 독재자들을 "신사"로 대우하는 척함으로써 그들은 스스로 신사이기를 그만두었다. 영국과 프랑스의 각료들은 독재자들의 존재하지 않는 신의에 자신들을 일단 맡겼기 때문에, 다른 이들이 계속 의심하자 이번에는 그들 자신이 화를 내게 되었다. 히틀러와 무솔리니는 불간섭에 대해 공공연하게 거짓말을 했다. 체임벌린과 이든, 그리고 블룸Leon Blum과 델보스Yvon Delbos도 더 잘한 것은 없었다. 서유럽 정치가들은 — 때로는 독재자들에게 기만당하고, 때로는 스스로를 속이며, 종종 자기 나라 대중을 기만하면서 — 도덕적, 지적으로 혼란된 안갯속을 지나갔다. 그들은 또한 윤리적인 문제로 주저하지 않고 거리낌 없이 행하는 정책만이 유일하게 의지할 수 있는 방책이라고 믿게 되었다. 에드워드 그레이 경이나 델카세Théophile Delcassé라면 자신의 이름을 뮌헨협정에 올려놓으려 하지 않았을 것이다. 마찬가지로 레닌과 트로츠키Lev Trotsky가, 스스로 부르주아 도덕을 경멸했음에도 불구하고 나치-소련 조약에 서명했을 것이라 생각하기도 힘들다.

역사가들은 이러저러하게 표현된 말의 구름을 헤치고 그 아래 있는 진실에 접근하노록 노력해야 한다. 왜냐하면 국제 문제에도 진실은 있으니까 말이다. 별 효과를 거두지는 못하지만 그래도 강대국들은 자신의 이익과 독립적인 지위를 유지하기 위해 노력한다는 사실 말이다. 유럽의 양상은 1935년과 1936년의 사태로 인해 근본적으로 바뀌게 되었다. 두 서유럽 국가는 아비시니아 문제에서 나아갈 수 있는 모든 길 가운데 최악의 경우를 따라가게 되었다. 그들은 서로 상반되는 두 정책 사이에서 갈피를 잡지 못하고 어떻게 할지 상황을 바라보고만 있었고, 결국 두 정책에 모두 실패했다. 그들은 전쟁을 치르게 될 위험이나 심지어 이탈리아에서 무솔리니를 몰락시키게 될 위험을 무릅쓰고서라도 국제연맹을 유지하려 하지 않았다. 그러나 또한 그들은 무솔리니를 위해 국제연맹을 공식적으로 포기하려 하지도 않았다. 이렇게 상반되는 두 정책이 충돌하는 상황은 아비시니아에서 전쟁이 끝나고 황제가 망명할 때까지 계속되었다. 확실히 서구 이상주의의 불운한 희생자를 위해 할 수 있는 일이 아무것도 없었다. 네빌 체임벌린이 제재를 "바보짓의 극치"라 내침으로써 제재도 종료되었다. 그러나 이탈리아는 여전히 침략자로 비난받고 있었고, 서유럽 국가들은 아무래도 이탈리아 국왕을 아비시니아의 황제로 승인할 수 없었다. 스트레사 전선은 이미 물 건너가 다시 불러올 수 없게 되었고, 무솔리니는 독일 편으로 갈 수밖에 없었다. 그에게 별로 달갑지 않은 결과였다. 아비시니아를 침략할 때 무솔리니는 라인 지역에 대한 국제적 압력을 이용하려고 했다. 독일 편을 택하려고 한 것이 아니다. 그렇게 되지 않았고, 그는 선택의 자유를 상실했다.

무솔리니가 자유를 상실한 바로 그때 히틀러는 자유를 찾았다. 로카르노의 종료로 독일은 더 이상 인위적인 제한에 시달리지 않는 완전하게 독립적인 국가가 되었다. 아마도 국제 문제에서 그 이상의 진전된 시도들이 뒤따르리라 예상되었을 것이다. 그러나 독일의 정책은 그러는 대신 거의 2년 동안 잠잠하게 유지되고 있었다. 처칠이 이름 붙인 이 "위험으로 가득 찬 휴지기"는 군비 계획이 충분히 진전되는 데 많은 시간이 걸린다는 피할 수 없는 현실에 어느 정도 기인한 것이었다. 따라서 히틀러는 독일이 진정으로 "재무장"될 때 — 그는 평소에 이 시점을 1943년으로 정했다 — 까지 기다려야 했다. 그러나 그도 역시 다음에 무슨 일을 해야 할지 몰라 당황했다. 그 일을 할 수 있는 힘을 가졌더라도 말이다. 장기 계획이 무엇이었든 간에(또한 그에게 그런 계획이 있었는지 의심스럽지만) 그의 눈앞에 놓인 정책의 주된 동기는 "베르사유 체제의 파괴"였다. 이것이 그의 책《나의 투쟁》의 주제요, 그가 대외 문제에 관해 행했던 모든 연설의 주제였다. 독일 국민들로부터 만장일치의 지지를 얻은 정책이었고, 또한 실제적인 측면에서도 무리하게 만들어진 것이 아니라 저절로 만들어진 정책이라는 커다란 이점이 있었다. 즉 매번 성공을 거둔 후 히틀러는 강화조약을 주의 깊게 살펴보기만 하면 되었다. 그리고 나서 그는 무효화시킬 기회가 무르익은 또 다른 조항을 찾아냈다. 그는 이 과정이 여러 해가 걸릴 것이며 크나큰 난관에 부딪히게 되리라 생각했다. 이러한 난관을 이겨낸다면 올라가고 있는 위신이 계속 높아질 것이었다. 사실상 베르사유와 로카르노가 붕괴되는 데는 똑같이 3년밖에 걸리지 않았고, 또한 붕괴되면서 거의 경보를 울리지 않아 히틀러가 왜 좀 더 서두르지 않았을까 하고 지금의 우리가 의아할 정도다. 1936년 3월 이후로는 베르사유 체제를 공격해서 더 위신이 올라갈 일이 없었다. 훗날 히틀러가 남아 있던 몇 안 되는 불평등 조항 가운데 하나 — 독일 하천의 국제화 — 를 부인했을 때는 국내에서든 해외에서든 아무도 주의를 기울이지 않았다. 쉽게 성공을 거둘 수 있던 시절은 이제 지나가 버렸다. 강화조약의 법적 조항들을 파괴하는 것과 비록 약소국이라도 다른 국가들의 독립을 파괴하는 것은 별개의 문제였다. 더욱이 선제 행동을 취하는 것은 결코 히틀러의 방식이 아니었다. 히틀러는 다른 사람들이 자신을 위해 일을 대신해주는 것을 좋아했다. 또한 그는 평화 협정이 스스로 붕괴되도록 기다렸던 것처럼 유럽 체제가 내부적으로 약화되기를 기다렸다. 만약 히틀러가 라인란트를 재점령한 후 빨리 해결하고자 하는 구체적인 불만이 있었다면 사정이 달라졌을지 모른다. 그러나 당분간 독일의 불만은 쏟아져 나올 만큼 그리 차오르지 않았다. 많은 독일인들이 단치히와 폴란드회랑에 강한 유감을 느꼈으나 폴란드와 불가침조약을 맺은 지 2년이 채 지나지 않았다. 폴란드와 맺은 불가침조약은 히틀러가 대외 정책에서 이룩한 가장 독창적인 업적이었고, 그는 이에 반해 움직이기를 꺼렸다. 체코슬로바키아 내의 독일인들은 아직까지 자신들이 탄압받고 있는 소수 민족이라고 거의 생각하지 않았다.

남아 있는 것은 오로지 오스트리아였다. 불발로 끝나 버린 1934년 7월 25일 나치의 반란과 이와 더불어 일어난 돌푸스 살해 사건이 히틀러에게 심각한 타격이 되었다. 이 사건은 그가 입었던 몇 번 되지 않는 타격들 가운데 하나였다. 그는 놀랄 만한 민첩함으로 곤경을 헤쳐 나왔다. 자신을 수상으로 만드는 데 공헌했던 경솔한 보수주의자 파펜을 빈에 독일 대사로 파견했다. 선택은 놀라울 만큼 적절했다. 히틀러를 충실하게 섬기는 파펜은 독실한 로마 가톨릭 신자였고 따라서 오스트리아의 교권 중심 정치를 옹호하는 정치인들에게 귀감이 되었다. 그뿐 아니라 그는 교황과의 정교협약政教協約을 성립시킨 교섭자였다. 그도 하마터면 1934년 6월 30일의 숙청 중에 살해당할 뻔했고, 그런고로 유일하게 오스트리아 통치자들에게 나치의 살해 계획을 심각하게 받아들일 것 없다고 설득할 수 있을 만한 자격이 있었다. 파펜은 맡은 일을 잘 해냈다. 오스트리아 정부는 비효율적 방식의 권위주의 정부였다. 그들은 로마 가톨릭 교도나 유대인 박해까지는 아니더라도 사회주의자들을 탄압할 준비가 이미 되어 있었다. 그들은 오스트리아가 어떤 방식으로든 존재를 지속할 수 있다면 심지어 독일 민족주의의 기치를 내세울 준비도 되어 있었다. 이는 히틀러의 마음에 들었다. 히틀러는 오스트리아가 국제 문제에서 독일에 의존하기를 바랐지만, 오스트리아를 완전히 붕괴시키려고 서두르지는 않았다. 아마도 그러한 생각이 히틀러의 머릿속에 없었을 것 같다. 그는 오스트리아가 완전히 사라지는 것이, 그러한 일이 일어날 때까지는, 생각할 수 없는 일임을 충분히 알 만한 오스트리아인이었다. 만약 그것이 생각할 수 있는 일이라 할지라도, 그에게 (린츠는 그렇다 치더라도) 빈이 베를린으로 인해 퇴락하는 것은 달갑지 않은 일이었다.

파펜이 오스트리아 정부의 신뢰를 얻는 데 2년이 걸렸다. 서로 간의 의심이 완전히 사라진 것은 아니었지만 완화되었다. 1936년 7월 11일, 양국은 신사협정Gentleman's Agreement — 이 우스꽝스러운 표현이 이때 처음 사용되었다 — 을 체결했다. 이 표현은 파펜이 생각해낸 독특한 발상이었다. 그리고 곧 파펜을 따라하는 이들이 있었다. 히틀러는 오스트리아의 "완전한 주권"을 승인한다고 했다. 슈슈니크는 그 대가로 오스트리아가 "독일인의 국가"임을 인정하고 자신의 정부에 "소위 국가주의 야당"의 당원들을 입각시키는 데 동의했다. 이후 일어난 일들로 인해 협정은 양측 모두에게 기만적인 것으로 보였다. 그러나 협정이 속임수는 아니었다. 물론 양측 조인자들은 협정에서 각각 자신들이 듣고 싶은 것을 듣기는 했다. 히틀러는 오스트리아 나치당원들이 그곳 정부에 점차 침투해 들어가 오스트리아를 나치 국가로 변화시킬 것이라 생각했다. 그러나 그는 이러한 일이 극적인 위기 없이 눈치 채지 못하게 일어나는 데 만족했다. 1936년 7월의 협정으로 그는 자신이 2년 전 베네치아에서 무솔리니에게 제안했던 내용에 거의 정확히 일치하는 바를 얻었다. 슈슈니크가 "독립적인 시각을 가진 인물"에게 자리를 내주지 않았다는 점을 제외하고 말이다. 대신에 슈슈니크가 이런 중립적인 인물이 되었다. 아니면 적어도 히틀러는 그렇게 되기를 바랐다. 히틀러는 빈의 벽이 저절로 무너지리라 확신했다. 1938년 2월까지도 그는 오스트리아 나치 지도자들에게 다음과 같이 말했다. "오스트리아 문제는 결코 혁명으로 해결될 수 없다. …… 나는 폭력적인 수단에 의한 해결이 아니라 점진적인 방법이 택해지길 원한다. 왜냐하면 대외 정책의 영역에서 우리 앞에 놓여 있는 위험이 매년 줄어들고 있기 때문이다."[1]

이러한 때 반대편에서 슈슈니크는 이탈리아에 예속되는 것을 모면하게 되어 한시름 놓았다. 이탈리아에 의존하는 것은 모든 오스트리아인들이 매우 꺼리는 일이며, 대부분의 오스트리아인들이 그것이 신뢰할 수 없는 일임을 알고 있었다. 오스트리아에는 다만 독립된 국호만이라도 지켜낼 수 있는 민주주의가 없었다. 슈슈니크는 자신이 물러나는 일 말고는 나치가 원하는 모든 것을 감수할 수 있었다. 또한 그는 현재로서는 자리를 지킬 수 있다고 생각했다. 1936년 7월의 협정으로 슈슈니크는 허울뿐인 것을 얻었고 히틀러는 실질적인 것을 얻었다. 이로써 두 사람은 모두 만족했고, 무솔리니 또한 만족했다. 무솔리니는 서유럽 국가들과의 굴욕적인 화의를 통해서가 아니면 오스트리아의 독립을 지킬 수 없었고, 어쩌면 그렇게 해서도 지킬 수 없었을 것이다. 무솔리니 역시 허울뿐인 것 — 오스트리아의 국호가 유지되는 것 — 에 만족했다. 이러한 생각의 기저에는 독일의 정책과 이탈리아의 정책 사이의 충돌이 여전히 있었다. 무솔리니는 오스트리아와 헝가리에 대해 자신이 맡고 있던 보호자Protectorate의 지위를 유지하기를 원했고, 주로 프랑스의 희생을 통해 지중해에서 이탈리아의 세력을 확장하기 원했다. 히틀러는 독일을 유럽에서 주도적인 국가로 만들고자 했으며 이탈리아를 기껏해야 독일을 따르는 협력국으로 생각했다. 두 사람 가운데 누구도 상대방의 야심을 이루어 가는 일에 열심을 내지 않았다. 두 사람은 상대방이 서유럽 국가들에 도전하는 것을 기회로 삼아 자신을 위한 양여를 얻어낼 작정이었다. 이러한 상황에서 실제적인 문제들에 대해 논의하면 자칫 언쟁으로 이어질 수 있었다. 그러므로 그들은 실제적인 문제들을 논의하는 대신에 자신들의 "이데올로기적" 유사성 — 그들의 주장에 따르면, 이것은 두 나라를 타락한 민주주의 국가들보다 우월하게 만들어 주는 두 나라의 근대적이고 창조적인 정신이다 — 을 강조했다, 이러한 것이 1936년 11월에 무솔리니가 떠들썩하게 발표한 로마-베를린 추축樞軸이었고, 앞으로 이것을 중심으로 유럽 정치가 돌아가게 되리라 기대되었다.

히틀러는 당시 일본과의 관계에서도 동일한 정책을 따르고 있었다. 여기서도 두 나라는 실제적인 사안에는 의견의 일치를 보지 못했다. 히틀러는 독일이 중국과 맺고 있는 긴밀한 관계를 희생하지 않으면서 일본을 러시아와 영국에 맞서도록 종용하고 싶어 했다. 중국의 군대는 여전히 독일군 장군들에 의해 조직되어 있었다. 다른 유럽 국가들과 마찬가지로 일본은 극동에서 독일을 지켜보고만 있지 않으려 했다. 두 나라는 각기 상대방이 분쟁을 일으키게 하고 자신은 떨어지는 이득을 그러모으려는 속셈이었다. 대외 문제에서 히틀러의 개인적 조언자였던 리벤트로프가 해결책을 내놓았다. 이것은 이로부터 일 년이 조금 지나서 그를 외상의 자리에 올려놓은 그의 첫 번째 성공작이었다. 해결책은 반코민테른 협정Anti Comintern Pact이었다. 양쪽 어느 편도 행동하도록 구속하지 않는, 소리만 요란한 원칙의 선언이었다. 공산주의에 대해서만 적대하도록 되어 있었기 때문에 협정은 러시아에 적대하는 동맹도 아니었다. 또한 실제로 일어난 일이 증명하듯이 두 나라는 결코 반러시아 전쟁의 동맹국이 아니었다. 그러나 협정은 마치 반러시아 동맹인 것처럼 보였다. 소련 지도자들은 이를 두려워하게 되었고, 만약 그들의 정책에 어떤 기조가 있다면 여기에서 찾을 수 있을 것이다. 그들은 자신들에 대한 공격 — 아마도 독일로부터, 어쩌면 일본으로부터, 혹은 두 나라의 연합의 공격 — 이 임박했다고 확신했다. 소련 지도자들의 가장 크고, 가장 가까이 직면한 두려움은 극동에서 벌어질지 모르는 자신들과 일본 사이의 전쟁이었다. 이 전쟁은 당시에는 예견되었지만 실제로는 결코 일어나지 않았다. 역사가 종종 만들어내는 상상하기 힘든 아이러니였다.

　　독일과 일본 사이의 반코민테른 협정은, 이보다 더 모호한 로마-베를린의 반공산주의 추축과 함께 소련 정책에 영향을 주었을 뿐 아니라 영국과 프랑스에도 강력한 영향을 끼쳤다. 러시아와 서유럽 국가들은 국제 관계가 국내 정치에서 분리되어 추상적인 기반 위에서 작동하는 한에서는 한 곳으로 모일 수 있었다. 프랑스는 프랑스-소련 조약을 체결했다. 그리고 서유럽 국가들은 그리 내키지 않았지만 소련을 국제연맹의 성실한 회원국으로 승인했고, 리트비노프가 "집단 안보"에 대해 찬사를 쏟아놓자 스스로 민망해져서 국제연맹에 더욱 충실하게 되었다. 하지만 반코민테른 협정이 정치적 입장들을 내세웠을 때, 두 민주주의 국가의 사람들은 반공산주의의 신호를 감지했다. 그들은 파시즘과 공산주의의 대결에서 중립을 지키고자 하거나 어쩌면 파시스트 편에 서려고까지 하는 경향이 있었다. 그들은 히틀러를 강하고 침략적인 독일의 지배자로서 두려워했지만, 동시에 그들 — 혹은 많은 이들 — 은 히틀러를 공산주의에 대항한 유럽 문명의 수호자로서 환영했다. 여기에 영국인들과 프랑스인들 간의 입장 차이가 있었다. 많은 영국인, 특히 보수당 사람들은 "스탈린보다는 히틀러"라고 말했다. 하지만 파시스트 지도자 오즈월드 모즐리 경Sir Oswald Mosley 말고는 어떤 영국인도 "볼드윈 — 혹은 체임벌린 — 보다 심지어 애틀리Clement Richard Attlee보다 히틀러"라고 말할 생각은 하지 못했다. 프랑스에서는 1936년 5월의 총선거로 급진주의자들과 사회주의자들 그리고 공산주의자들의 좌파 과반이 탄생했다. 뒤이어 인민전선 정부가 등장하자, 프랑스의 보수적이고 부유한 사람들은 "스탈린보다 히틀러"라고 말할 뿐 아니라 "레옹 블룸보다 히틀러"라고 말하기도 했다.

이것이 진전되고 있는 것처럼 보였던 소련과 서유럽의 관계가 이제 내리막길로 치닫게 된 유일한 이유는 아니다. 1936년은 러시아에서 대숙청이 시작된 해였다. 거의 모든 옛 볼셰비키 지도자들이 처형되거나 투옥되었고, 주요 인물이 아닌 수천수만 — 어쩌면 수

백만 — 의 러시아인들이 시베리아로 보내졌다. 이듬해 숙청이 군대로까지 확대되었다. 참모총장 투하체프스키Mikhail Tukhachevsky를 비롯해 다섯 명의 총사령관 중 셋, 열다섯 명의 육군 사령관 중 열셋, 그리고 다른 많은 사람들이 비공개 재판 후에, 혹은 어떠한 절차도 거치지 않고 총살되었다. 아무도 학살의 이유를 아는 사람이 없다. 스탈린이 미친 듯이 독재 권력을 휘두른 것일까? 스탈린은 장성들이나 자신의 정적들이 반스탈린 혁명을 일으키기 위해 독일의 지원을 끌어들일 계획을 했다고 가정할 만한 근거를 확보했던 것일까? 혹은 스탈린 자신이 히틀러와의 화해를 계획했고, 따라서 비판자가 될 수 있는 사람들을 제거한 것은 아닐까? 일설에 따르면, 투하체프스키 및 그 밖에 다른 사람들이 히틀러와 협상하는 것을 체코슬로바키아의 베네슈 대통령이 발견했고 스탈린에게 증거를 건네주었다고 한다. 다른 설에 의하면, 독일 첩보 기관이 이러한 증거를 날조했고 이를 베네슈가 믿도록 만들었다고도 한다. 우리는 이에 대해 아무것도 알지 못한다. 어쩌면 결코 알 수 없을지 모른다. 그러나 숙청 사건이 가져온 결과는 의심할 여지없이 명백했다. 이 일을 지켜본 거의 모든 서유럽의 관찰자들이 소련이 동맹국으로서 가치가 없다고 확신하게 되었다. 즉 소련의 통치자는 야만적이고 파렴치한 독재자이고, 소련의 군대는 혼란 상태에 빠져 있으며, 소련의 정치 체제는 처음 맞는 곤경으로 붕괴될 것 같다고 생각했다. 미국 대사 조지프 데이비스Joseph Davies만이 예외적인 경우였다. 그는 정말로 음모가 있었고, 재판이 공정하게 이루어졌으며, 그 결과 소련의 힘이 더욱 강해졌다고 계속 주장했다. 하지만 그 역시 추측하고 있을 따름이었다. 당시에는 아무도 진실을 알지 못했고, 지금도 마찬가지다. 1941년에 소련 군대는 초반의 끔찍한 재난을 겪은 후임에도 독일인들에 대적해 훌륭하게 맞섰다. 이는 소련군이 1936년이나 1938년에도 역시 능력 있는 군대였음을 증명하는 것일 수 있다. 반면 1941년까지도 전쟁에 대한 대비가 거의 되어 있지 않았음을 암시하는 것일 수도 있다. 이 문제에 대해 이렇게 저렇게 추측해 보는 것은 별로 도움이 되지 않는다. 실제 결과는 서유럽 국가들이 자신들의 방어선 뒤쪽으로 물러나 움츠러들게 되었다는 것이다. 히틀러가 로카르노를 파괴하며 내세웠던 구실이 프랑스-소련 조약이었음을 생각하면 기이한 결과였다.

두 서유럽 국가는 1936년 3월의 사태 이후 가만히 있지 않았다. 그들은 방어 태세를 개선하기 시작했다. 아니면 적어도 그렇게 하고 있다고 생각했다. 이는 소련과의 관계를 축소시켜 나가기 위해서이기도 했지만, 주로 독일에 대한 두려움 때문이었다. 히틀러가 라인란트로 진군했을 때, 영국 정부는 로카르노조약 하에서 그들이 약속했던 양면적인 보장을 프랑스가 직접적으로 공격을 당할 경우 원조하겠다는 직접적인 약속으로 변화시켰다. 이는 로카르노조약의 대체물을 협상을 통해 이루어 낼 때까지 잠정적인 일로 의도되었다. 그러나 이러한 협상은 헛일이 되고 말았다. 로카르노조약을 대체할 그 어떤 것도 찾아내지 못했다. 이렇게 뜻하지 않게 영국은 — 영국 역사상 처음으로 — 대륙 강대국과의 평시 동맹에 구속되었다. 이는 실로 변화를 나타내는 것이었다. 그것은 어쩌면 영국이 대륙 문제에 점점 더 주의를 기울이고 있다는 증거였고, 어쩌면 단지 영국이 점점 쇠약해지고 있다는 증거였다. 그러나 사실은 그렇게까지 근본적인 변화는 아니었다. 프랑스와 공동의 이해를 가진다는 의미에서 동반자 관계는 오랫동안 지속되어 왔다. 공식적인 동맹도 표면상으로는 명확한 약속을 수반했지만 행동의 예비 단계로서 제안된 것은 아니었다. 오히려 이것은 라인란트 점령에 대해 프랑스가 어떠한 방식으로든 효과적으로 대응하는 것을 막기 위해 제안되었다. 동맹을 실질적으로 평가할 수 있는 척도는 동맹에 수반되는 군사 계획이다. 독일인들이 라인란트로 진군한 직후 영국과 프랑스 간에 참모 회담이 개최되었다. 회담은 닷새 동안 계속되었고, 그러고는 중단되었다. 1939년 2월까지 추가 회담은 열리지 않았다. 프랑스는 영국과의 동맹에서 확대된 안보나 힘을 얻지 못했다. 오히려 프랑스는 — 많이 자제할 필요가 있었기 때문이 아니라 — 동맹이 효과적인 것이 되어야 할까 봐 두려워서 쉬지 않고 자신을 말리는 동맹국을 얻게 되었다.

독일의 라인란트 재점령은 프랑스의 공격 계획은 방해했을지 몰라도 프랑스의 방어 태세를 직접적으로 약화시키지 않았다. 그리고 어찌되었건 프랑스에게 공격 계획은 존재하지 않았다. 그러나 라인란트 재점령은 간접적으로는 중대한 결과를 가져왔다. 벨기에가 1919년 이래 프랑스와 동맹 관계를 맺고 있었고, 두 나라 군대가 긴밀하게 조율되고 있었다. 이제 벨기에인들이 재무장한 독일과 국경을 마주하게 되었다. 벨기에인들은 대단히 무능한 것으로 드러난 동맹국 프랑스에 계속 의지해야 했을까? 아니면 다가오는 폭풍을 피할 수 있기를 바라면서 물러나야 했을까? 그들은 두 번째 대안을 택했다. 1936년 가을 벨기에는 프랑스와의 동맹을 철회했고, 1937년 초에는 1914년 이전에 그랬던 것처럼 중립적인 입장으로 되돌아갔다. 이는 프랑스인들에게 심각한 전략적 문제를 야기했다. 매우 엄청난 방비防備인 마지노선은 스위스 국경에서 시작해 벨기에 국경까지만 계속되었다. 이제까지 프랑스인들은 — 그렇게 단정 지을 충분한 이유도 없으면서 — 벨기에인들이 벨기에와 독일 사이의 짧은 국경에 유사한 방비를 마련해줄 것이라 생각했다. 이제 프랑스인들이 할 수 있는 일이 무엇이었겠는가? 프랑스는 벨기에의 중립을 침해하지 않고서 벨기에의 방비를 강요할 수 없었고, 심지어 거기에 대해 물어볼 수도 없었다. 프랑스와 벨기에 사이의 국경은 엄청나게 길었고, 두 나라 사이 국경에 방비를 구축하는 비용은 엄두도 못 낼 만큼 컸다. 게다가 프랑스인들은 자신들이 벨기에 방어를 포기했다는 것과 벨기에가 장래에 적이 될 수도 있다고 생각한다는 두 가지 사실을 암묵적으로라도 인정하지 않고서는 두 나라 간 국경에 대한 방비를 시도할 수 없었다. 그들은 따라서 풀 수 없는 문제에 사람들이 직면했을 때 종종 하게 되는 행동을 했다. 문제를 앞에 두고 눈을 감아 버려 마치 문제가 존재하지 않는 척했다. 벨기에와 마주하는 프랑스의 국경을 방어하려는 어떤 시도도 없었다. 이런 방치가 심지어 전쟁이 발발한 후에도 계속되었다. 영국군이 1939년에서 1940년 사이 겨울 동안 벨기에 국경에 주둔했고, 많은 장교들이 국경의 무방비 상태에 대해 보고했다. 그들의 호소는 육군상이었던 호-빌리셔Leslie Hore-Belisha에게까지 올라가게 되었다. 그가 사령부에 문제를 제기했으나, 바로 그때 해임되었다. 몇 주 뒤 독일인들은 당연하게도 벨기에를 침공했다. 그리고 — 연합국 최고 사령관 가믈랭의 전략적 실수에 힘입어 — 그곳에서 1914년에 그들에게 주어지지 않았던 결정적인 승리를 달성했다.

이러한 훗날의 사태에 대한 우리의 지식이 영국과 프랑스의 정책에 관한 전전戰前의 논쟁들을 균형적인 시각으로 바라보는 것을 어렵게 만든다. 우리는 프랑스에 있던 연합군이 독일인들에게 참패를 당한 것을 알고 있고, 따라서 군사적 관점에서 보았을 때 그들이 충분하게 준비가 되어 있지 않았다고 쉽게 결론짓게 된다. 이 결론은 수치로 더욱 보강되는 것처럼 보인다. 독일이 총생산의 16.6퍼센트를 군비에 쏟아 부었던 1938년에 영국과 프랑스는 겨우 7퍼센트를 투입했다. 그러나 서유럽 국가들의 패배가 그들이 충분하게 재무장을 하지 못했던 탓이라고 하는 설명을 받아들이기 전에 우리는 "무엇에 대해 충분해야 했는가?"를 질문해보아야 한다. 예를 들어, 지출이 증가됨으로써 벨기에를 전략적으로 소홀히 했던 것을 극복할 수 있었을까? 이상적인 목표는 가능한 적 또는 적들의 집단과 대등한 군비를 갖추는 것이어야 한다는 것이, 지금도 그렇지만 일반적인 가정이었다. 사실 이것은 가장 무의미한 목표다. 만약 한 나라가 스스로를 방어하기만을 원한다면 너무 크고, 상대편에 자신의 의지를 강요하기 원한다면 너무 빈약하다. 영국 해군성은 결코 대등함에 만족한 적이 없었다. 영국 해군성은 1937년 이래로 독일과 이탈리아에 대한, 또한 일본에 대한 결정적인 우위를 목표로 했다. 하지만 이 세 나라에 대한 절대 우위라는 기준은 달성되지 못했다. 돈이 부족해서가 아니라 시간이 없었기 때문이다.

　　그러나 군비는 유럽에 관한 한 결정적이었다. 그리고 여기에서 대등함을 이루려는 목표는 특히 잘못되었다. 제1차 세계대전에서는 방어가 공격보다 훨씬 더 효과적이었다. 공격하는 측은 5 대 1까지는 아니더라도 3 대 1의 우세가 필요했다. 1940년의 프랑스 전역戰役은 이러한 경험이 맞지 않게 되었음을 보여주는 것 같았다. 독일인들은 인적 자원에서나 장비에서 대단히 우세하지 않고도 결정적인 승리를 거두었다. 사실 프랑스 전역은 방어에 충분히 준비된 군대라도 어지간히 잘못 지휘된다면 격파될 수 있다는 사실 외에 아무것도 증명하지 않았다. 이후로 영국, 소련, 그리고 미국의 대연합은 독일을 패배시키기까지 5 대 1의 우세를 가지게 되기를 기다려야 했다. 그러므로 만약 영국과 프랑스가 단지 스스로를 방어하기만 바란다면, 지상 군사력을 아주 약간 증강시켜서 그렇게 할 수 있을 것이었다. 또한 1936년에서 1939년 사이에 그 이상으로 증가되었다. 반면 만약 독일을 처부숴 1919년에 누렸던 압도적으로 지배적인 지위를 회복하기 원한다면, 군비를 2배뿐 아니라 6배, 심지어 10배로 늘려야 했다. 불가능한 일이었다. 아무도 이를 올바로 인식하지 못했다. 사람들은 대등함이라는 잘못된 관념에 집착했다. 대등함이 어떻게든 안보뿐 아니라 권력을 가져다 줄 것이라 믿었다. 각료들은 "방어"에 대해 논의했으나, 성공적인 방어는 승리와 동일한 것이라고 내심 생각했다. 반면 그들의 비판자들은 성공적인 방어가 불가능하거나 패배와 다를 바 없다고 생각했다. 따라서 "1939년 이전에 영국과 프랑스의 군비가 충분했는가?"라는 질문에 대해 간단명료한 답은 없다. 영국과 프랑스의 군사력은 제대로만 사용된다면 두 나라 방어에 충분했다. 하지만 동유럽에서 독일이 팽창하는 것을 막기에는 충분하지 못했다.

군비의 한 가지 측면에서는 3 대 1이라는 통상의 계산이 적용되지 않는 것으로 보였다. 공중 공격은 방어할 수 없다는 것이 보편적인 믿음이었다. 볼드윈이 "폭격기는 언제나 성공해낼 것이다"라고 말하는 것으로 이러한 믿음을 표현했다. 전쟁이 발발하면 곧바로 모든 대도시늘이 절저하게 파괴될 것이라 예상되었나. 노한 이 가징에 따라 행동한 영국 정부는 전쟁 첫 주에 런던에서 겪게 될 재난에 대비했는데, 런던에서 당한 이 재난의 피해가 사실상 5년이라는 긴 기간 동안 영국 국민 전체가 겪은 것보다 더 컸다. 생각할 수 있는 유일한 해답은 "억제력", 즉 적의 것만큼 큰 규모의 폭격기 부대였다. 영국이나 프랑스는 모두 1936년이나, 심지어 1939년에도 이러한 부대를 보유했다고 주장하지 못했다. 두 나라 정치가들의 소심함은 많은 부분 이것이 원인이었다. 그러나 이러한 예측은 틀린 것으로 드러났다. 독일인들은 결코 독립적인 폭격을 계획한 적이 없었다. 그들의 폭격기 부대는 지상군에 보조적인 것이었고, 1940년 여름 영국 공습도 사전 계획 없이 즉흥적으로 해야 했다. 독일인들은 영국의 폭격이 아니라 공군 전투기 사령부의 대응을 받았고, 패배를 당했다. 전투기 사령부는 전쟁 전에는 무시되었고 상대적으로 소홀히 여겨졌었다. 영국인들이, 이번에는 그들 차례가 되어 독일을 폭격하러 독일 진영의 상공으로 날아갔을 때, 독일인들보다 영국인들 자신이 입은 피해가 더 컸다. 즉 독일의 인명과 물자를 파괴한 것보다 더 많은 영국의 인명과 물자를 소모했다. 아무도 실제로 일이 일어나기 전에는 인식하지 못했고, 사실상 그 이후로도 많은 사람들이 파악하지 못하기는 마찬가지였다. 전전戰前의 기간은 끔찍스럽게도 빗나간 생각의 검은 그림자 속에서 진행되고 있었다.

전쟁이란 실제로 일어나게 되면 예상되던 전쟁과는 항상 다른 법이다. 승리는 제대로 추측했던 편이 아니라 실수를 가장 적게 한 편으로 기울게 된다. 이러한 의미에서, 영국과 프랑스는 충분히 준비를 못했다. 군사 전문가들은 그릇된 조언을 제공했고 잘못된 전략을 추구했다. 각료들은 전문가들에게 들은 말을 이해하지 못했다.

정치인들과 대중은 각료들이 자신들에게 한 말을 알아듣지 못했다. 비평가들도 올바른 방향에 그다지 가까이 다가가지 못했다. 실례로 윈스턴 처칠도 모든 것을 더 많이 요구했다는 점에서만 "옳았다". 그는 별다른 종류의 무기나 전략을 요구하지 않았다. 또한 많은 문제들 — 프랑스군의 능력과 폭격의 효력 같은 문제 — 에 대해 잘못된 생각을 특히 완강하게 고집했다. 기술적인 오판이 영국-프랑스가 실패하게 된 주된 원인이었다. 종종 주장되는 것보다는 덜했지만 정치적인 난관들 또한 어느 정도 원인이 되었다. 프랑스에서는 1936년 6월에 정권을 인수한 인민전선 정부가 파시스트 국가들에 대해 특히 단호하리라 예상되었을지 모른다. 그러나 인민전선 정부는 오랫동안 지연되어 온 사회 개혁 조치들을 착수하는 데 또한 관심을 쏟았다. 이 온건한 개혁 조치들은 유산계급 사이에서 강한 반감을 불러왔고, 군비에서 그 대가를 치렀다. 스스로 보수주의자였던 프랑스 군부 지도자들이 군대에 더 많은 지출을 요구했을 때, 그들은 의심할 바 없이 정말로 필요한 바를 말한 것이었다. 그러나 그들은 동시에 이렇게 지출이 늘어나서 사회 개혁 프로그램을 망쳐 버렸으면 하고 바랐다. 인민전선의 지지자들 — 대다수 프랑스 민중들 — 도 같은 방식으로 대응했다. 이들은 조금의 군비 지출 요구라도 그것이 사회 개혁을 저지하기 위한 것이라고 인식함으로써 군비 지출 증가가 필요함을 믿으려 하지 않았다.

영국의 군비는 다른 이유로 지체되었다. 정부는, 사실 맞는 말이지만, 야당인 노동당의 비애국적 평화주의에 발목이 잡혀 자신들이 제대로 일하지 못하고 있다고 종종 주장했다. 또한 이러한 변명은 나중에 사태가 정부가 잘못한 점들을 드러냈을 때 대단히 부풀려졌다. 사실 영국 정부는 신중하게 생각해 군비 지출을 크지 않은 적당한 수치로 제한하는 쪽을 택했다. 이는 하원에서 대다수 — 전체 중 250명 — 의 지지를 얻었다. 따라서 노동당은 당내의 많은 사람들이 실제로는 군비 증가를 원했다는 사실과 별개로, 정부의 제안에 저항할 도리가 없었을 것이다. 정부는 야당인 노동당을 두려워해서라기보다 정책과 경제 전망을 이유로 군비를 서서히 진행했다. 초기 처칠의 공격은 정부의 행동을 지연시켰다. 일단 처칠의 비난을 물리치고 나니 각료들은 그가 옳았다고 시인하기 어려웠다. 군비를 증가시키기 시작했을 때조차도 그들은 — 갖고 있지도 않은 군사력으로 종종 허풍을 떨었던 히틀러와 정반대로 — 과도하게 주의를 기울이며 증가시켰다. 히틀러는 적들의 침착함을 뒤흔들어 안절부절못하게 만들기를 원했다. 반대로 히틀러의 대적자들은 히틀러를 회유해 평화적인 협상을 위한 테이블로 다시 끌어들이기를 원했다. 따라서 영국 정부는 히틀러를 위해, 영국이 곧 안전해질 것이라고 대중에게 장담하고 심지어 자신들도 확신하고 있던 바로 그때에, 자신들이 취할 수단들을 해가 없고 효력이 없는 것으로 보이도록 만들려고 했다. 볼드윈은 군수성 설치를 계속해서 단호히 반대했다. 그러다 마침내 국방 조정상이라는 이름뿐인 직책을 두는 것을 어쩔 수 없이 용인하게 되었을 때, 처칠이나 심지어 오스틴 체임벌린을 선택한 것이 아니고 토머스 인스킵 경Sir Thomas Inskip을 임명했다 이는 칼리굴라Caligula 황제가 자신의 말을 집정관으로 임명한 이래 가장 말도 안 되는 일이라고 올바로 기술된 사건이었다. 그런데 사실 영국에서 칼리굴라 황제의 기병대를 구성하는 것 같은 이러한 식의 관직 임명이 있었던 경우가 충분히 많다.

영국 정부는 히틀러를 건드리게 될 것을 두려워하기보다 경제 원칙을 범犯하게 될 것을 훨씬 두려워했다. 독일에서 샤흐트가 뚜껑을 열었고, 미국의 뉴딜 정책이 또한 드러냈던 판도라의 상자의 비밀이 아직 영국 정부에 알려지지 않았다. 그들은 안정된 물가 수준과 안정된 파운드화의 가치를 유지해야 한다는 생각을 신봉해, 공공 지출의 증가를 실제로 전쟁이 일어난 경우에만 용인될 수 있는, 그리고 그럴 때조차도 통탄스러운 커다란 죄악으로 간주했다. 공공 지출, 심지어 군비 지출로 부의 증가를 이룬다는 생각은 꿈에도 하지 못했다. 물론 케인즈를 제외한 동시대의 거의 모든 경제학자들과 마찬가지로 그들은 아직도 공공 재정을 사적 개인의 가계인 것처럼 취급했다. 한 개인이 소비재에 돈을 쓰면 다른 곳에 쓸 것을 그만큼 덜 갖게 되고 따라서 "수요"가 줄어든다. 반면 국가가 돈을 썼을 때 이는 확대된 "수요"를 창출하며, 따라서 사회 전체에 걸쳐 부의 증가를 가져온다. 현재 우리에게는 명백한 논리다. 하지만 당시에는 이러한 경제 원리를 아는 사람이 거의 없었다. 우리는 볼드윈이나 네빌 체임벌린을 지나치게 경멸적으로 비난하기에 앞서, 1959년에 이르러서도 어느 경제학자가 1939년 이전 영국 정책을 망쳐 버린, 공공 지출을 제한하는 바로 그 원칙을 주창하여 상원 의원직의 영예를 얻었다고 하는 사실을 생각해보아야 한다. 그리고 보면 지금이라고 우리가 더 계몽된 것이 아닌지도 모르겠다. 우리는 단지, 경제학자들이 자신들의 생각을 고수한다면 그래서 대량 실업을 다시 겪는 일이 생긴다면 야기될 대중의 격노를 더 두려워하는 것인지도 모르겠다. 1939년 이전에 이러한 실업은 자연 법칙으로 간주되었고, 정부는 거의 이백만의 사람들이 실업 상태에 놓여 있을 때에도 나라 안에 사용되지 않은 자원이 없다고 진정으로 주장할 수 있었다.

　　여기서 또다시, 히틀러는 민주주의 국가들에 비해 대단히 유리한 입장에 있었다. 그의 주된 업적은 실업을 해결한 것이었고, 대부분의 독일인들은 실업 문제에 관한 한 그가 어떤 예외적인 방법을 사용했는지 상관하지 않았다. 더욱이 독일 은행가들이 반대했을지라도, 그들은 그렇게 말할 효과적인 수단이 없었다. 샤흐트 자신이 염려를 하게 되었을 때도 그가 대응할 수 있는 방법은 단지 사임하는 것일 뿐이었고, 독일 사람들 가운데 상관하는 사람은 거의 없었다. 히틀러는 독재 권력으로 인플레이션의 일반적인 결과들을 회피할 수 있었다. 노동조합이 없었기 때문에 임금이 안정된 상태로 유지될 수 있었고 물가 역시 그러했다. 그리고 — 공포 정치와 비밀경찰에 의해 뒷받침된 — 엄격한 외환 거래 통제는 마르크화가 조금이라도 평가절하 되는 것을 막았다. 반면 영국 정부는 여전히 전쟁에서 패배하는 것보다 국가들이 파운드화로부터 이탈하는 것을 더 두려워했던 1931년의 심리적 분위기에서 살고 있었다. 따라서 영국 정부의 재군비 수단은, 이미 잘 알려진 바이지만 전략적 필요보다는 납세자들이 부담하려는 정도에 따라 결정되었다. 또한 납세자들은 정부가 영국을 이미 강하게 만들어 놓았다고 늘 확신했기 때문에 그렇게 많은 부담을 지려 하지 않았다. 소득세수의 제한과 런던 금융가의 확신이 우선순위에 있었고, 군비는 그다음 일이었다. 이러한 상황을 생각한다면 1939년 이전 영국의 전쟁 준비가 어찌하여 독일보다 지체되었는지 이해하기 위해 노동당의 반대를 거론하지 않아도 된다. 놀라운 것은 정작 전쟁이 닥쳤을 때는 영국이 대단히 준비가 잘 되었다는 점이다. 경제학자들을 누른 과학과 기술 발달의 승리였다.

하지만 영국과 프랑스가 독일과 이탈리아에 비해 전쟁 준비가 덜 되어 있었다고 말하는 것만으로 1936년에서 1939년 사이에 일어난 모든 일을 설명하기에는 그러한 진술이 너무 단순할지 모른다. 물론 정부들은 행동하기로 — 혹은 하지 않기로 — 결정하기 전에 보유한 힘과 자원을 가늠해보아야 한다. 그러나 정부들은 거의 그렇게 하지 않는다. 실상 아무것도 하지 않기를 바라는 정부들이 자기 나라의 허약함을 너무나 굳게 확신하는 법이며, 행동하기 원하는 순간에는 그만큼 자신들의 힘을 확신하게 되는 법이다. 실례로 1933년에서 1936년 사이 독일은 히틀러 집권 전보다 대규모 전쟁에 대한 준비가 더 잘되어 있던 것이 아니었다. 차이라면, 히틀러는 배짱이 두둑했고 전임자들은 그렇지 못했다. 이야기의 반대편 끝에서, 영국 정부가 1939년 3월에 이전보다 전쟁의 위험에 더 잘 대응할 수 있다고 믿을 근거가 거의 없었다. 기술적인 관점에서 보면 오히려 반대였다. 변화는 심리적인 것이었다. 고집스러움이라는 병의 발작은 그보다 앞선 소심함만큼이나 이치에 맞지 않았다. 민주주의 국가의 지도자들이(또는 그 점에 대해서는 독재 국가의 지도자들도) 정책 방향을 결정하기에 앞서 한발 떨어진 중립적인 입장에서 군사 전문가들이 제시하는 견해를 들었다는 증거는 거의 없다. 정책이 먼저 결정되었고, 전문가들에게 정책을 정당화하는 기술적인 근거를 구하는 것은 그 다음이었다. 영국과 프랑스가 1935년 가을 국제연맹을 확고하게 지지하겠다고 선뜻 나서지 못하고 주저한 것도 그랬고, 1936년 독재자들에 대항해 단호한 태도를 취하기를 꺼린 것도 그랬다. 영국 각료들은 납세자들을 위해 평화를 원했고, 프랑스 각료들은 사회 개혁 프로그램을 시행하기 위해 평화를 원했다. 두 나라 정부 모두 대규모 전쟁을 피할 수만 있다면 틀림없이 회피할, 선한 의도를 지닌 원로들로 구성되었다. 그리고 국내에서 적용하는 타협과 양보의 정책을 대외 관계에서 부인한다는 것은 그들 자신의 성정에 맞지 않는 일이었다.

만일 히틀러가 라인란트 재점령에 이어 유럽의 현존하는 영 토적 결정에 대해 그 이상의 직접적인 도전을 했다면, 또는 무솔리니 가 아비시니아를 침략하고 나서 곧장 또 다른 정복지를 추구했다면, 영국 정부와 프랑스 정부의 대응이 달랐을지 모른다. 그러나 히틀러 는 잠잠한 채로 있었고, 이탈리아는 힘이 다 소모되었다. 1936년의 대사건은 직접적인 힘의 충돌이 아니라 이데올로기의 갈등이라는 다른 곳에 있었다. 아니면 적어도 그렇게 보였다. 바로 에스파냐 내 전이었다. 1931년에 에스파냐가 공화국이 되었고, 1936년에는 프랑 스에서처럼 급진주의자들과 사회주의자들 그리고 공산주의자들의 연합 — 또 하나의 인민전선 — 이 총선거를 통해 권력을 잡았다. 이 러한 정치 연합 프로그램은 사회주의적이기보다 반교권적이었고 민 주적이었다. 그러나 이조차도 구래의 기득권 세력들 — 왕정주의자, 군부, 파시스트 — 을 자극하기에 충분했다. 일찍이 1934년에 반민 주주의적 반란 계획이 꾸며진 적이 있었고, 이는 무솔리니로부터 약 간은 모호한 비난을 받았다. 1936년 6월, 이러한 계획들은 전면적 인 군사 반란으로 폭발했다. 이 반란이 미리 계획된 파시스트 정복 전략의 다음 단계라는 것이 당시 사람들이 보편적으로 믿던 바였다. 첫 단계가 아비시니아였고, 다음 단계가 라인란트 재점령이었으며, 이제 에스파냐였다. 에스파냐의 모반자들은 두 파시스트 독재자들의 꼭두각시로 간주되었다. 사람들은 에스파냐의 역사와 에스파냐인들 의 성격에 대해 좀 알고서 이러한 견해가 틀렸다는 것을 깨달았어야 했다. 에스파냐 사람이라면 심지어 파시스트들까지도 누군가의 앞잡이가 되기에는 당당하고 독립심이 강했다. 반란은 로마나 베를린 어느 한 곳에서의 진지한 협의 없이 준비되었다. 무솔리니는 민주주의에 대한 일반적인 적대 의식에서 비행기를 공급했다. 몇몇 독일 요원들은 모반자들과 생각을 같이하였으나, 히틀러는 여느 사람들과 마찬가지로 실제로 반란이 일어날 것임을 미리 알고 있지 못했다.

반란군은 신속한 승리를 예상했고, 다른 사람들도 대부분 반란군 편에서 그렇게 되리라고 기대했다. 그러나 예상과 달리 그리 되지 않았다. 공화국은 마드리드의 노동자들을 집결시켰고, 수도에 있는 군부의 공모자들을 쫓아냈다. 그리고 에스파냐 대부분의 지역을 장악하고 있다고 주장했다. 기나긴 내전이 눈앞에 다가온 듯했다. 무솔리니는 반란군에 대한 지원을 늘려갔다. 처음에는 물자로, 곧이어 인력으로 지원했다. 히틀러는 그보다는 얼마 안 되는 규모의 공중 지원을 했다. 다른 한편으로, 반란이 일어난 지 열흘 후 소련이 공화국으로 군수 장비를 보내기 시작했다. 두 독재자들이 왜 반란군을 지원했는지 이해하기는 쉽다. 무솔리니는 민주주의에 대한 믿음을 무너뜨리기를 원했고, 또한 잘못 판단했지만, 지중해에서 프랑스에 맞설 수 있도록 에스파냐 해군 기지의 사용권을 획득하기를 바랐다. 그는 가능한 한 자원이 빈약한 이탈리아에 부담을 주지 않고 에스파냐의 파시스트들이 이기기를, 그것도 신속하게 이기기를 원했다. 히틀러 역시 민주주의를 불신시키는 일을 기뻐했지만 에스파냐 내전을 매우 심각하게 생각하지는 않았다. 그의 주된 관심은 에스파냐 파시즘의 승리를 확고하게 이끌어내는 것이 아니라 이탈리아와 프랑스 사이의 불화를 조정하는 것이었다. 독일 공군은 에스파냐를 기신들의 비행기와 조종사들의 시험장으로 사용했다. 그렇지 않았다면 히틀러는 에스파냐 반란군을 주로 말로만 지원했을 것이다. 만일 에스파냐에 개입한 독일과 이탈리아가 도전을 받는다면 반란군의 편에서 본격적으로 싸울 것이라고 당시에 널리 믿어졌다. 매우 이상하지만, 이러한 믿음은 사실과 달랐다. 문서로써 충분히 입증되는 이 시기의 몇 안 되는 사실들 중 하나가 히틀러와 무솔리니 둘 다 에스파냐 문제로 인해 자신들이 전쟁을 하게 되는 위험을 무릅쓰지 않으리라 결심했다는 것이다. 이들은 도전을 받는다면 물러날 셈이었다. 영국과 프랑스가 아비시니아에 대해 취한 태도와 정확히 같았다. 즉 전쟁에 이르기 직전까지 행동하되 그 이상 나아가지 않는다는 것이었다. 1935년에 무솔리니는 이 두 민주주의 국가들의 엄포를 허세로 생각해 맞섰다. 이 두 나라는 1936년에 자신들의 차례가 돌아왔을 때 독재자들의 엄포에 맞서지 못했다.

히틀러와 무솔리니의 정책이 아니라 영국과 프랑스의 정책 혹은 정책의 부재가 에스파냐 내전의 결과를 결정지었다. 공화국은 더 많은 자원을 보유했고, 민중의 더 큰 지지를 뒤로하고 있었다. 만약 공화국이 외국의 무기 지원은 반란군이 아닌 합법 정부에만 갈 수 있다는 국제법적 근거에 따라 합당한 지원을 받는다면 이길 수 있을 것이었다. 혹시 양측 모두 외국의 지원을 받거나 아니면 양측 모두 지원을 거부당한다 해도 이길 수 있을 것이었다. 반란군은 오로지 공화국이 외국의 지원을 전혀 받지 못하거나 지원이 매우 적은 반면 자신들은 지원을 받을 경우에만 이길 기회가 있었다. 그런데 이 특별한 기회가 의도적인 것은 아니었지만 런던과 파리로부터 주어졌다. 인민전선에 기반을 둔 프랑스 정부가 첫 번째로 추진했던 일이 에스파냐 공화국에 무기 수출을 허용하는 것이었다. 그러나 뒤이어 의구심이 생겨났다. 프랑스의 급진주의자들은 정부 내에서는 사회주의자들과 협력했지만 해외에서 주창되는 공산주의의 대의를 위해 원조하기를 거부했다. 또한 프랑스 사회주의자들은 파시스트 국가들과의 전쟁에 휘말리는 것을 두려워했다. 수상 레옹 블룸이 조언을 얻으러 런던으로 건너갔고, 그곳에서 자제하기로 마음을 더욱 굳혔다. 영국 정부는 겉보기에 매력적인 제안을 했다. 만약 프랑스가 에스파냐 공화국을 돕기를 자제한다면 이탈리아와 독일에게 반란군 지원을 중단하도록 촉구할 수 있으리라는 것이었다. 에스파냐 인민들은 스스로의 운명을 결정할 수 있을 것이고, 만약 불간섭이 실제로 성공한다면 십중팔구 공화국이 승리하게 될 것이었다. 우리는 영국 정부가 왜 이런 제안을 했는지 알 수 없다. 제안은 영국 정책의 전통에 반하는 것이었다. 대략 한 세기 전 에스파냐에서 역시 내전이 있었을 때, 영국은 입헌 군주제의 대의를 무력으로써 적극 지원했고 신성 동맹이 제창했던 불간섭의 원칙을 부인했다. 1936년의 시점에서 영국 정부는 오로지 전면적인 평화를 위해 행동하고 있다고 주장했다. 만약 모든 열강들이 에스파냐 문제에서 손을 떼고 물러선다면, 내전은 문명의 울타리 건너편에서 저절로 소진될 수 있을 것이었다. 1820년대에 그리스 반란에 대해 메테르니히Klemens von Metternich가 바랐던 것과 마찬가지로 말이다. 좌익 진영의 비평가들은 정부가 파시스트에 공감하고 있으며 반란군이 이기기를 원한다고 주장했다. 에스파냐에 이해관계가 있는 영국의 금융가들은 공화국을 열렬히 지지하는 입장이 아니었고, 정부는 아마도 그들에게서 영향을 받았을 것이다. 군수너부는 인민전선을 고운 시선으로 바라보지 않았다. 만약 싱횡이 정반대였다면, 즉 에스파냐에서 기존의 파시스트 정권에 대항한 공산주의자들의 반란이 있었다면, 혹은 심지어 급진주의자들의 반란인 경우에도 영국 정부는 아마도 불간섭을 덜 고집했을 것이다. 그러나 우리가 알 방법은 없다. 아마도 소심함 — 즉 유럽에 분쟁을 가져올 새로운 문제를 회피하려는 바람 — 이 가장 중요했을 것이고, 또한 파시스트에 대한 공감이, 만약 그러한 것이 있었다면 두 번째 자리를 차지했을 것이다.

　　어찌되었든 영국 정부는 자신들의 의도대로 했고, 블룸은 불간섭 정책을 받아들였다. 더 나아가 그는 영국 노동당 지도자들에게 프랑스에서 자신의 입장이 불리해지지 않도록 그들 역시 이 정책을 지지해 달라고 설득했다. 그리하여 먼저 영국의 거국 내각이 블룸에게 불간섭을 부과했고, 블룸은 영국 노동당 지도자들에게 부과했으며, 노동당 지도자들은 당원들에게 그렇게 했다. 모두 유럽 평화의 이름으로 말이다. 불간섭 국제 위원회가 런던에서 창설되었다. 유럽의 모든 열강들이 대표를 참석시켰고, 에스파냐로 무기가 들어가는 것을 막기 위한 계획을 진지하게 생각했다. 독일과 이탈리아는 약속을 지키는 척도 하지 않았다. 계속해서 두 나라로부터 무기가 흘러 들어갔고, 이탈리아로부터는 군대 조직도 들어갔다. 에스파냐 공화국은 일찌감치 파멸할 운명에 처한 것처럼 보였다. 그때 소련이 이 그럴듯한 예상을 뒤집어 놓았다. 러시아인들은 독일과 이탈리아가 불간섭 약속을 지키는 한에서만 자신들이 한 약속을 지키겠다고 공표했다. 파시스트들의 지원 규모에는 결코 미치지 못했지만 소련의 무기가 에스파냐로 운반되었고, 공화국은 이 무기로 2년 이상 버틸 수 있었다.

소련이 오로지 원칙을 이유로 에스파냐에 개입한 것 같지는 않다. 스탈린 영도 하에서 소련의 정책에는 민주주의는 말할 것도 없이 공산주의를 지원하는 데도 그다지 주목을 끌 만한 일이 없었다. 소련의 정책은 장제스蔣介石가 중국 공산주의자들을 학살하는 것을 일언반구도 없이 그냥 내버려 두었고, 히틀러에게 그럴 의향이 있는 한 나치 독일과 우호 관계를 지속할 것이었다. 모스크바 주재 독일 대사 슐렌부르크Friedrich-Werner Graf von der Schulenburg는 소련이 대숙청의 충격 후에 서유럽 공산주의자들 사이에서 자신의 위신을 회복하기 위해 에스파냐 공화국을 지원하는 것이라 생각했다.[2] 아마도 이보다 더 현실적인 이유들이 있었을 것이다. 러시아인들에게는 자신들의 국경과 인접한 지역에서 분쟁이 일어나는 것보다 에스파냐에서 일어난 분쟁이 더 환영할 만한 일이었다. 그들을 또한 이러한 분쟁이 두 서유럽 민주주의 국가들과 파시스트 국가들 사이에 반목을 가져오길 바랐다. 그러나 물론 러시아인들은 자신들이 전쟁에 휘말리게 되는 위험을 무릅쓰려 하지는 않았다. 그들의 이익은 에스파냐 내전이 계속 유지되는 데 있었지 공화국이 반드시 이겨야 하는 것은 아니었다. 이는 히틀러가 에스파냐 파시즘에 대해 취한 태도와 정확히 일치했다.

에스파냐 내전은 국제 문제에서 가장 중요한 문제가 되었고, 영국과 프랑스에서는 또한 국내에서 벌어지는 격렬한 논쟁의 주제가 되었다. 민주주의냐 파시즘이냐 하는 시대의 중대사가 에스파냐에 걸려 있는 것처럼 보였다. 그러나 이렇게 겉으로 보이는 모습이 사람들로 하여금 오해하도록 만들었다. 에스파냐 공화국은 분명하게 민주적이었던 적이 없었고, 전쟁이 진행되어감에 따라 지연적으로 무기 공급을 주관하던 공산주의자들의 통제 하에 점차 들어가게 되었다. 반면 반란군은 틀림없이 민주주의의 적이었지만 에스파냐에만 관심이 있었지 "파시스트 인터내셔널"에 마음을 둔 것이 아니었다. 또한 그들의 지도자 프랑코Francisco Franco에게는 에스파냐를 외국 세력이나 외국의 대의명분과 연결시키려는 의도가 전혀 없었다. 이념적인 연대라는 대단히 그럴듯한 선언으로 히틀러와 무솔리니에게 은혜를 갚기는 했으나, 그는 경제적인 양여에 관해서는 상대하기 힘든 흥정꾼이었고, 전략적인 문제에는 어떠한 양보도 하지 않았다. 반란군이 내전에서 승리했다. 그리고 모두에게 놀랍게도 그들의 승리는 유럽의 전반적인 균형에 영향을 주지 않았다. 프랑스인들은 제3의 적대적인 세력과 국경을 마주하게 되어 자신들의 입지가 약화되었다고 하는 이야기가 논의됨에도 불구하고 피레네 산맥으로 병력을 이동시킬 필요가 없었다. 영국인들은 지브롤터에 대해 조금도 염려할 필요가 없었다. 프랑코는 1938년의 체코 위기 동안 히틀러가 난처하게도 중립을 선언했다. 에스파냐는 제2차 세계대전 때도 러시아에 대해서 말고는 당연히 중립을 유지했고, 러시아 원정에서조차 에스파냐의 청색 사단은 도덕적(혹은 비도덕적) 제스처에 불과했다.[3]

거의 아무도 이 기묘한 결과를 예견하지 못했다. 그리고 에스파냐 내전은 싸움이 진행되는 동안 국제적으로 매우 중요한 결과를 가져왔다. 에스파냐 내전으로 영국과 프랑스에서 국가적 일치단결이 이루어지지 못하게 되었다. 어쩌면 인민전선이 선거에서 승리해 야기된 분노로 프랑스인들은 어떤 경우에도 결속이 불가능했는지 모른다. 그러나 히틀러가 라인란트를 재점령한 이후 영국에서는 진정한 거국 내각을 구성하기 위한 진지한 노력이 있어 왔다. 불간섭을 둘러싼 논쟁으로 이러한 노력이 끝을 맺었다. 자유당원들과 노동당은 정부가 민주주의의 대의를 저버렸다고 비난했고, 불간섭 국제위원회가 내세우는 구실들을 변명하던 각료들이 이번에는 위원회의 부정직성이 드러나자 분노했다. 에스파냐 내전은 독일 세력의 부활로 일어난 더욱 중대한 문제들로부터 사람들의 주의를 흩뜨려 놓았다. 사람들은 프랑코가 패배한다면 모든 일이 잘될 것이라 생각했고, 히틀러를 어떻게 억제할 수 있을까에 대해 생각하기를 멈추었다. 1936년 초반에 윈스턴 처칠은 애국적이고 민주적인 의견의 집결점인 것처럼 보였다. 그러나 그는 에스파냐 내전에 중립적이었고, 심지어 어쩌면 약간은 프랑코 쪽에 공감했는지도 모르겠다. 그의 위신은 내리막길을 걸었고 좌파 진영에서는 1938년 가을까지 회복되지 못했다.

　　내전은 또한 서유럽 국가들과 소련 사이에 — 아니 더 정확히 말해 서유럽의 정책이 주로 의존하고 있던 영국과 소련 사이에 — 쐐기를 더 깊이 박아 넣었다. 영국 정부는 승자가 누가 되든 오로지 전쟁이 신속하게 종료되기만을 바랐다. 이탈리아 정부 역시 전쟁이 빨리 종료되길 원했으나, 프랑코가 승리한다는 조건에서 그랬다. 영국의 정치가들은 이탈리아와 의견을 같이하는 입장으로 쉽게 빠져 버렸다. 프랑코의 승리는 전쟁을 끝내 버릴 것이고, 이는 에스파냐인들에게만 차이가 있는 것이지 그 외에는 어떤 차이도 없을 것이었다. 그러므로 그 대가를 지불할 만했다. 히틀러 또한 프랑코의 승리에 만족할 것이었다. 독일의 정책은 전쟁이 끝나지 않고 오래 가는 것을 반겼지만 말이다. 영국의 모든 분노가 소련에 돌려졌다. 불간섭 국제위원회의 소련 대표인 마이스키Ivan Maisky가 이러한 속임수를 폭로했고, 그것도 민주주의라는 숭고한 대의의 견지에서 말했다. 소련의 무기 공급이 공화국을 지탱했다. 그러나 영국 정치가들은 이렇게 생각했다. 소련이 민주주의에 대해 무엇을 염려했는가? 무엇 때문에 자신의 국경에서 그렇게 멀리 떨어진 에스파냐에 까닭 없이 개입했는가? 그것은 순전히 해를 가져오는 일이거나, 좀 더 나쁘게는 국제적 공산주의를 조장하는 것이었다. 한 발짝 떨어져 지켜본 관찰자라면 아마도 이탈리아, 그다음으로 독일의 개입이 에스파냐 내전을 국제 문제화했다고 생각할 것이었다. 그러나 더욱 심각한 위기가 닥칠 것으로 예상해 걱정하고 또 야당으로부터 힐난을 당하던 영국 각료들은 소련이 공화국에 원조를 지속하지 않는다면 내전이 곧 끝나리라고만 생각했다. 반면 멀리 모스크바의 소련 지도자들은 이와 유사한 나름의 의혹을 쌓아갔다. 이들은 영국 정치가들이 국제적 공산주의에 냉담한 것만큼이나, 심지어 국가 이익에 무관심한 것만큼이나 민주주의에 대해 냉담하다고 결론을 내렸다. 모스크바에서 보면 영국의 정책은 파시즘의 승리를 바라고 있다는 가정 하에서만 이치에 맞았다. 영국인들은 히틀러가 재무장하고 안보 체제를 파괴하는 것을 내버려 두었고, 에스파냐에서 프랑코가 승리하도록 돕고 있었다. 분명 그들은 얼마 있지 않아 히틀러가 소련을 공격할 때도 만족스럽게 지켜보고만 있거나, 혹은 히틀러에 협력할 터였다.

이러한 서로 간의 의심은 앞으로 일어날 일에 깊은 영향을 끼치게 될 것이었다. 에스파냐 내전의 직접적인 결과는 영국 정치가들이 무솔리니의 호의를 얻기 위해 서둘러 달려가도록 만든 것이었다. 무솔리니가 평화의 열쇠를 쥐고 있는 것처럼 보였다. 반시타트 같은 몇몇 영국인들은 무솔리니를 설득해 그가 스트레사 전선으로 복귀해 함께 히틀러에 전면적으로 대항할 수 있기를 희망했다. 이들보다 지나침이 덜한 다른 사람들은 독일과 이탈리아가 추축을 형성하고 있다는 사실을 받아들였고 무솔리니가 히틀러를 진정시켜 주기만을 바랐다. 무솔리니는 행동까지는 아니더라도 약속을 지킬 준비는 되어 있었다. 그는 지난날 이탈리아가 양쪽 중 한 편에 자신을 구속시키기보다 양쪽 사이에서 균형을 잡음으로써 이득을 얻어 왔음을 잘 알고 있었고, 또한 자신이 여전히 자유롭다고 생각했다. 그러나 그는 영국인들이 제공할 수 있는 선 이상을 기대했다. 영국인들은 무솔리니가 에스파냐에서의 승리로 위신을 얻게 될 것으로 만족하리라고 생각했다. 하지만 무솔리니는 자신을 끌어들이는 대가로 프랑스로부터의 양여를 원했다. 양여를 받으면 이탈리아가 지중해에서 지배적인 국가가 될 것이었다. 이 계획이 틀어지게 되는 이유가 늘었다. 소련 무기로 다소 강화된 에스파냐 공화파가 무솔리니에게 승리를 허용해주지 않았다. 영국인들이 어떻게든 손을 써주려고 했지만 말이다. 공화파는 오히려 과달라하라 근방에서 이탈리아 군대를 패주시켰다. 그러나 영국인들은 노력을 멈추지 않았다. 1937년 1월, 영국과 이탈리아 간에 "신사협정"이 맺어졌다. 양측은 진지하게 상대방에게 지중해에서 현상 변경을 기도하지 않음을 확신시켰다. 5월에 영국에서 내각이 교체되었다. 국왕들을 폐위하는 데 뛰어나지만 독재자들을 잘 다루지 못한 볼드윈이 사임하고, 네빌 체임벌린이 볼드윈을 대신해 수상을 맡았다. 체임벌린은 좀 더 냉철하고 실제적인 사람이었으며, 대외 문제에서 갈피를 잡지 못하고 떠도는 것을 참지 못했고, 자신이 이를 멈출 수 있다고 확신했다. 무솔리니와 협정을 맺는 것이 그에게 시급한 일로 보였다. 7월 27일, 그는 무솔리니에게 영국-이탈리아 관계가 만족스럽지 못한 데 대해 유감을 표명하며 이를 개선하기 위한 회담을 제안하는 개인적인 서한을 보냈다. 무솔리니는 — 오래전에 오스틴 체임벌린이나 램지 맥도널드에게 했던 것처럼 — 정중하게 친필로 회신했다.

불행하게도 방해가 뒤따랐다. "정체불명의" 잠수함들이 에스파냐 공화국에 물자를 공급하던 소련 선박에 어뢰를 발사하기 시작했다. 어뢰 중 일부가 영국 선박도 격침시켰다. 이번만큼은 영국 해군성이 잠에서 깨어나 동요했다. 외상 이든 역시 분주했다. 그는 원래 "강경한 인물"이 아니었다. 호-라발 계획에 대해 국민들이 전반적으로 분노함에 따라 취임하게 되었지만 국제연맹에 아비시니아를 포기하도록 종용했었고, 히틀러의 라인란트 재점령에 대해 무게 있는 항의 한 번 하지 않고 묵인했었으며, 또한 불간섭 국제 위원회가 내세우는 구실들을 옹호했었다. 어쩌면 볼드윈이 그에게 책임을 맡긴 동안에만 그가 유약했던 것인지도 모르겠다. 그러나 체임벌린이 그 책임을 가져가자 이든은 분개했고 심지어 완강하게 버티기까지 했다. 그렇지 않다면 아마도 무솔리니가 한 약속에 대해 신뢰를 잃어버린 것일 것이다. 어쨌든 영국과 프랑스는 니옹에서 회의를 소집했고, 거기서 정체불명의 잠수함들에 의한 파괴 행위를 종식시키는 지중해 해군 정찰대를 설립했다. 힘을 보이면 무솔리니가 따르게 되리라는 것이 여기에서, 단 한 번 증명되었다. 그러나 이렇게 힘을 보여주는 것도 그 자체로는 아무것도 해결할 수 없었다. 독일과 이탈리아의 에스파냐 개입을 용인해야 하는 정치적 이유들이 여전히 남아 있었다. 니옹 회의는 이러한 개입이 강대국들 간의 분쟁의 형태를 띠어서는 안 된다고 하는 점만을 규정했다.

이때 극동 지역은 영국이 지중해에서 더 이상의 해군 활동을 줄여야 할 이유를 더해주었다. 1937년 7월, 중국과 일본 사이의 냉랭한 관계가 공공연한 전쟁으로 바뀌었다. 18개월 안에 일본인들이 중국의 모든 해안 지역을 자신들의 지배하에 두게 되었고, 중국을 외부로부터 차단해 거의 모든 지원을 받지 못하도록 하며, 또한 상하이와 홍콩에서 영국의 이익을 위협했다. 중국인들은 다시 한 번 국제연맹에 호소했지만, 사멸한 것이나 다름없는 이 기구는 그 호소를 브뤼셀에서 열릴 당사국 회의에 넘길 수 있을 따름이었다. 만주사변 때 영국인들은 좀 과하다 싶을 정도로 최고 한도의 도덕적 비난을 받았다. 이때 영국인들은 미국이 내세운 불승인의 원칙이 중국에 아무런 도움이 되지 않음을 보여주는 대신 이에 반대하는 것으로 보였다.* 브뤼셀에서, 처음에는 영국인들이 한 방 먹였다. 즉 그들은 미국인들이 중국에 어떤 원조를 제의하든 자신들이 거들겠다고 제안했다. 이전처럼 미국인들은 아무것도 하지 않을 터였다. 미국인들은 불승인의 도덕적 만족을 원했고 이익이 많이 남는 대일對日 교역의 물질적 만족 또한 원했다. 불승인은 미국인들이, 확실히 부지불식간에, 다른 나라 사람들 — 특히 영국인들 — 이 일본인들에게 대항하도록 떠밀기 위해 생각해낸 것이었다. 미국인들은 분노를 표현하고자 했으나, 반면 영국인들은 맞서서 대항해주려고 했다. 이는 매력적인 제안은 아니었다. 브뤼셀 회의는 중국을 돕기 위해 아무것도 하지 못했다. 심지어 일본에 무기가 공급되는 것도 저지하지 못했다. 영국인들은

---

* 1931년 만주사변 후 일본이 세운 만주국을 승인하는 문제를 두고 미국은 무력 침략으로 생긴 영토 변경을 승인하지 않는다는 원칙을 내세웠다. 국무장관 스팀슨Henry L. Stimson의 이름을 따 스팀슨 독트린이라고 부르기도 한다.

약간의 물자가 버마 로드Burma road를 지나 중국으로 들어가는 것을 허용했다. 그러나 영국의 주된 관심사는 앞으로 닥칠지 모르는 곤경에 대비해 극동에서 자신들의 지위를 강화하는 것이었다. 유럽 문제와 극동 문제가 서로 얽혀져 나아가는 상호 작용을 하나하나 따라가기는 어렵다. 외무성 각 부서가 독자적으로 행동했기 때문이다. 그러나 관련은 분명히 있었다. 오로지 영국만이 유럽 강대국이자 세계적 강대국이기 위해 노력했다. 그러나 그러한 노력은 영국의 힘을 넘어서는 것이었고, 한쪽 지역에서의 곤경이 반대편 지역에서 영국이 행동하려 할 때 언제나 발목을 잡았다.

　　브뤼셀 회의는 또한 영국과 미국 간의 관계에 결정적인 영향을 끼쳤다. 오랫동안 영국의 정책에는 미국인들과 다투지 않는다는 하나의 확고한 기조가 있었다. 영국의 정책은 결코 이 점을 벗어난 적이 없었다. 1920년대에는 한층 더 나아갔었다. 미국을 유럽 문제에 끌어들이기 위해 애썼고, 여러 문제, 예를 들어 배상과 군축 문제에 관련해 미국의 참여를 반겼다. 이러한 참여는 루스벨트와 민주당의 승리에 따른 "고립주의"와 함께 끝이 났다. 미국인들은 뉴딜 정책에 전념하느라 유럽이나 극동 문제에 관여할 틈이 없었다. 그들이 할 수 있는 것은 도덕적 비난뿐이었다. 심지어 이러한 비난의 화살이 독재자들이 아닌 독재자들에 대항하는 데 실패한 국가들에게 겨누어졌다. 영국과 프랑스가 아비시니아를 구하지 못했다고, 에스파냐 내전에 소극적인 태도를 취했다고, 그리고 히틀러에게 대체로 비굴한 모습을 보였다고 비난을 받았다. 하지만 이러한 일들에 대해 대체로 침략자를 이롭게 했던 공정한 중립을 지킨 것을 빼면 미국이 한 일은 아무것도 없었다. 브뤼셀 회의는 극동에서도 마찬가지가 될 것임을 보여주었다. 브뤼셀 회의에 참석한 나라들은 미국을 위해 불승인을 약속하도록 소집되었다. 그러나 그들이 불승인의 원칙에 따라 일본에 대항한다면 미국의 원조를 받을 기회는 없었다. 반면 일본은 미국 장비로 그들을 제압할 것이었다.

미국의 고립주의는 유럽의 고립을 완성했다. 학계의 논평가들은 소련과 미국이라는 두 강국을 유럽 문제에 끌어들인다면 두 독재자 문제가 "해결"될 수 있을 것이라고 제대로 관측했다. 그러나 이러한 관측은 정책이 아니라 소망이었다. 서유럽 정치가들이 대서양 너머로부터의 물질적 지원을 간절히 얻으려고 할 것이었으나, 지원 제의는 없었다. 미국은 태평양에서 말고는 무장하지 않았고 중립 법안으로 인해 공급 기지로 행동하는 것조차도 불가능했다. 루스벨트 대통령이 제공할 수 있는 것은 도덕적 권고뿐이었고, 서유럽 정치가들의 근심이 바로 거기에 있었다. 미국의 도덕적 권고는 히틀러와 무솔리니를 상대하는 서유럽 정치가들의 손발을 묶어 놓을 것이었다. 서유럽 정치가들은 양보할 각오가 되어 있었지만 미국의 도덕적 권고는 이렇게 하는 데 불리한 영향을 끼칠 것이었다. 영국과 프랑스는 이미 너무 많은 도덕적 밑천을 가지고 있었고, 그들에게 부족한 것은 물질적 능력이었다. 그러나 미국에서 올 것은 아무것도 없었다.

소련과의 협력에는 전혀 다른 문제들이 있었다. 소련 정치가들은 유럽에서 어떤 역할을 맡기를 열망했다. 실제로 그렇지 않다 해도 적어도 그렇게 보였다. 소련은 국제연맹을 지지했고, 집단 안보를 주장했으며, 에스파냐에서 민주주의의 대의를 지키는 데 앞장섰다. 그들의 실제 의도가 무엇이었는지는 수수께끼였다. 그들이 정말로 집단 안보에 열의를 갖고 있었은까? 아니면 서유럽 국가들을 곤경으로 몰아가기 위해서 집단 안보를 옹호한 것일까? 소련은 정말로 힘을 갖고 있었을까? 가지고 있었더라도 그 힘을 사용할 수 있었을까? 소련 정부는 불간섭 국제 위원회에서 나무랄 데 없는 노선을 취했다. 그러나 에스파냐에서는 상황이 달라 보였다. 소련이 지원한 군수 물자가 민주주의 세력을 누르고 공산 독재를 구축하는 데 사용되었다. 서유럽 정치가들에게는 소련이 공화국의 대의를 포기하기만 한다면 에스파냐 내전이 곧 종료될 것이 명백해 보였다. 그러므로 사실상 평화의 교란자로 보이는 쪽은 파시스트 독재자들이 아니라 러시아인들이었다. 이든은 서유럽의 정책이 지향하는 목표를 "거의 어떠한 대가를 치르고서라도 얻어내려는 평화"라고 정의했다. 소련과 미국의 참여는 그 대가를 지불하는 것을 어렵게 만들었다. 소련과 미국은 충분히 도덕적 분노를 표출할 수 있었다. 반면 서유럽 정치가들은 독재자들과 함께 살아가야 했다. 서유럽 정치가들은 민주주의니 집단 안보니 강화조약의 불가침성이니 하는 것들을 상기시키는 사람들에게서 벗어나 유럽이 스스로의 문제를 해결하기를 원했다.

　아마도 또한 외부의 간섭에 대해 유럽이 공통적으로 지니고 있던 경계심이 있었을 것이다. 유럽의 국가들이 아직 강대국임을 보여주려는 반쯤 공식화된 소망 또한 있었을 것이다. 구세계의 균형을 바로잡기 위해 신세계에 지원을 요청하는 실험은 이미 제1차 세계대전에서 시도된 바 있었다. 이때 미국의 개입이 결정적이었다. 미국의 개입으로 연합국이 전쟁에서 승리할 수 있었다. 20년 후, 결과는 그다지 만족스럽게 보이지 않았다. 승리가 독일 문제를 해결하지 못했다. 오히려 영국과 프랑스가 아직 문제를 처리하지 못한 채 손에 들고 있었고, 문제는 이전에 비해 더 해결이 불가능해졌다. 돌이켜보건대 만약 영국과 프랑스가 1917년의 다소 온건했던 독일과 타협을 통한 강화를 할 수밖에 없었더라면 그 편이 더 낫지 않았을까? 이제 어쨌든 그러한 타협을 이루기 위해 노력해야 하는 것이 아닌가? 다시 한 번 미국을 설득해 개입하도록 만든다 해도 미국은 후에 또다시 물러설 것이었다. 그리고 서유럽 국가들은 다시 한 번 독일과 직접 강화를 해야 할 것이었다. 소련의 개입에 대해서는 — 개입이 성공하는 것과 실패하는 것 중 — 어느 경우가 더 두려운 일일까? 만약 독일이 소련을 패배시킨다면, 독일은 대단히 강해질 것이었다. 그러나 소련의 승리라는 반대 결과는 훨씬 더 바람직하지 않았다. 그것은 공산주의가 전 유럽에 확산되는 것을 의미하게 될 것이었다. 그렇지 않더라도 적어도 사람들은 그렇게 생각했다. 서유럽 정치가들은 가능한 한 현상 유지를 원했다. 그러나 미국이나 소련의 도움으로는 그것을 얻을 수 없었다.

2년간의 반무장 상태의 평화 기간에 결정지어진 중대한 일이 여기에 있었다. 아마도 어떠한 것으로도 소련과 미국을 제때 유럽으로 불러들이지 못했을 것이다. 당시에는 설득력 있어 보이는 이유들로 서유럽 정치가들이 그들을 배제하려고 애썼다. 유럽의 통치자들은 자신들이 마치 유럽이 아직 세계의 중심이던 메테르니히나 비스마르크 시대에 살고 있는 것처럼 행동했다. 유럽의 운명은 한정된 범위의 사람들 사이에서 결정되었다. 평화를 위한 협상은, 거의 전적으로, 엄격하게 정의된 유럽 국가에 한정되었다. 전쟁이 일어나게 된다면, 그 전쟁은 유럽 전쟁이 될 것이었다.

7장

ANSCHLUSS:
THE END OF
AUSTRIA

병합: 오스트리아의 종말

히틀러는 만족했다. 그는 행동을 위한 준비를 하지 않았고, 문제가 저절로 해결되기를 침착하게 기다렸다. 다른 사람들은 어차피 일어날 일을 운명에 맡기지 못했다. 아니면 아마도 얻을 수 있는 유리한 점을 취하려고 애쓰기만 했을 것이다.

Hitler was satisfied. He made no preparations for action, but waited impassively for the automatic solution to mature. Others were less resigned to the inevitable — or perhaps merely sought to reap advantage from it.

두 차례 세계대전 사이의 분수령은 정확히 2년의 기간에 걸쳐 있었다. 전후 시기는 독일이 1936년 3월 7일에 라인란트를 재점령할 때 종료되었고, 전전 시기는 독일이 1938년 3월 13일에 오스트리아를 병합할 때 시작되었다. 그때부터 1945년 7월 제2차 세계대전에서 승리한 국가의 대표들이 포츠담에서 만날 때까지 크고 작은 변화와 격변이 거의 끊임없이 계속되었다. 누가 먼저 폭풍을 일으켰고 또한 줄줄이 이어진 사건들의 발단을 제공했는가? 널리 받아들여지는 대답은 명확하다. 히틀러였다. 그가 그렇게 한 때라고 이야기되는 시점 또한 받아들여지고 있다. 1937년 11월 5일이었다. 우리는 그날 히틀러가 말했던 것을 적은 기록을 가지고 있다. 기록한 사람의 이름을 따라 이른바 "호스바흐 메모"라 불린다. 이 기록은 히틀러의 계획을 드러내주는 것으로 여겨진다. 뉘른베르크에서 이 기록이 강조되어 인용되었고,《독일 외교 문서집》의 편자들은 "이 기록이 1937~1938년 사이 독일 대외 정책의 축약縮約을 제공해준다"고 말한다.[1] 따라서 이 기록은 자세히 살펴볼 가치가 있다. 어쩌면 거기서 제2차 세계대전을 설명해주는 내용을 찾아낼지도 모른다. 반대로 그저 전설의 근원만을 발견하게 될 수도 있겠지만 말이다.

그날 오후 히틀러가 수상 관저에서 회의를 소집했다. 국방상 블롬베르크와 외상 노이라트, 육군 총사령관 프리치, 해군 총사령관 레더, 그리고 공군 총사령관 괴링이 참석했다. 대부분의 말을 히틀러가 했다. 히틀러는 독일에 생활공간이 필요하다는 데 대해 대체적으로 논하면서 말을 시작했다. 그는 생활공간을 어디에서 찾아야 하는지 구체화하지는 않았다. 그가 식민지로부터의 이익 또한 논의했지만, 아마도 유럽에서일 것이었다. 그러나 이익이 있어야만 했다. "독일은 영국과 프랑스라는 증오심을 품고 있는 두 적대국들을 고려해야 한다. …… 독일의 문제는 무력으로만 해결될 수 있으며 이는 위험이 수반되지 않는 것은 결코 아니다." 이렇게 무력에 호소하는 일이 언제, 어떻게 예정되어 있었는가? 히틀러는 세 가지 "경우"를 논의했다. 첫 번째 "경우"는 "1943~1945년의 기간"이었다. 그 후에는 상황이 불리해지기만 할 것이었다. 1943년이 행동을 취할 시점이 되어야 했다. 두 번째 경우는 프랑스에서 내란이 일어나게 될 경우였다. 만약 내란이 발생한다면 "체코인들에 대항해 행동할 시기가 도래한 것이었다". 세 번째 경우는 프랑스와 이탈리아 사이에 전쟁이 일어나게 될 경우였다. 이 전쟁은 1938년에 일어날 가능성이 있었다. 그때에 "우리의 목표는 체코슬로바키아와 오스트리아를 동시에 전복하는 것이 되어야 한다"라고 히틀러가 말하고 있다. 이 "경우들" 중 어느 일도 실제로 일어나지 않았다. 따라서 확실히 이러한 경우들은 독일 정책의 청사진을 제시한 것이 아니었다. 또한 히틀러는 이에 대해 깊이 숙고하지도 않았다. 이어서 그는 독일이 대규모 전쟁을 하지 않고서 목표를 달성할 것임을 논증했다. 그에게 "무력"은 확실히 전쟁 위협을 뜻했지 반드시 전쟁 자체를 의미하는 것이 아니었다. 서유럽 국가들은 제약을 받는 것이 너무 많고 또 너무 소심해 개입하지 않을 것이었다. "영국은 거의 확실히, 그리고 프랑스 또한 아마도 체코인들을 고려 대상에서 제외했을 것이고, 이 문제가 독일에 의해 정당한 절차를 거쳐 해결될 것이라는 사실에 만족하고 있었다." 다른 국가들은 개입하지 않을 것이었다. "러시아를 배후에 두고 있는 폴란드는 승승장구하는 독일에 대항해 전쟁에 참가할 마음이 거의 없을 것이었다." 러시아는 일본에 의해 억제될 것이었다.

히틀러가 피력한 견해는 대부분 백일몽에 불과했고, 현실에서 뒤따라 일어난 일들과 관계가 없었다. 심각하게 생각해본다 하더라도 히틀러가 발표한 내용이 행동, 적어도 대규모 전쟁을 일으키는 행동을 부르는 것은 아니었다. 그것은 대규모 전쟁이 필수적이지 않을 것이라는 증명이었다. 1943~1945년에 대해 미리 논의하고 있었지만, 히틀러가 이번에 피력한 견해의 진짜 핵심은 1938년에 평화적으로 승리를 얻을 기회에 대해 점검하는 것이었다. 1938년에 프랑스는 다른 데 정신이 팔려 있을 터였다. 히틀러의 견해를 듣고 있던 사람들은 아직 미심쩍어했다. 장성들은, 프랑스군은 이탈리아와 동시에 교전을 해도 독일군에 비해 우세할 것이라고 주장했다. 노이라트는 프랑스와 이탈리아 사이에 지중해의 주도권을 놓고 벌어지는 분쟁이 임박했는지 의심했다. 히틀러는 이러한 의심들을 물리쳤다. "그는 영국의 불참을 확신했고, 따라서 프랑스가 독일에 대해 도전적인 행동을 취할 가능성을 믿지 않았다." 이 장황한 논설로부터 도출되는 믿을 만한 결론은 오직 하나밖에 없다. 히틀러는 1933년에 자신을 수상으로 만든, 기적과도 같은 어떤 행운이 갑작스럽게 펼쳐져 대외 문제에도 성공을 안겨주게 되리라는 데 운명을 걸고 있었다. 여기에는 어떠한 구체적인 계획도, 1937~1938년 사이 독일 정책을 위한 지침도 없었다. 혹시 지침이 있었다고 한다면, 그것은 일이 일어나기를 기다리라는 지침이었다.[2]

그렇다면 히틀러는 어째서 회의를 소집했을까? 이 질문은 뉘른베르크에서 제기되지 않았고, 역사가들도 이제까지 제기하지 않았다. 그러나 분명히 하나의 문서에 대해 무슨 내용이 들어 있는지뿐 아니라 왜 나오게 되었는지 묻는 것이 역사학의 기본이다. 1937년 11월 5일 회의는 별난 모임이었다. 괴링만 나치당원이었고 다른 사람들은 히틀러를 자신들 뜻대로 움직이기 위해 관직에 남아 있던, 정권과 어울리지 않는 구식의 보수주의자들이었다. 이들 중 레더를 제외한 모든 이가 석 달 내에 직책에서 면직되었다. 히틀러는 괴링을 제외한 모두가 자신의 적이라는 것을 알고 있었다. 심지어 괴링조차 그다지 신뢰하지 않았다. 그렇다면 히틀러는 왜 자신이 신뢰하지 않는 사람과 얼마 후 면직시킬 사람들에게 마음속 깊이 품고 있는 생각을 드러냈던 것일까? 이 물음에 대해서 쉽게 대답할 수 있다. 히틀러가 속마음을 드러낸 것이 아니었다. 대외 정책에 전반적인 토론이나 포괄적인 결정을 해야 할 필요가 있는 위기는 없었다. 회의는 국내 문제를 해결하기 위한 술책이었다. 국내 문제에 폭풍이 다가오고 있었다. 국가 재정을 운영하는 샤흐트의 뛰어난 능력으로 재군비와 완전 고용이 가능했다. 그러나 이제 샤흐트가 더 이상의 군비 계획의 확대를 주저했다. 히틀러는 샤흐트를 두려워했고, 그가 재정에 관해 주장하는 데 대꾸하지 못했다. 히틀러는 그 주장들이 틀렸다는 것만을 알고 있었다. 나치 정권은 정권의 원동력을 감소시킬 수는 없었다. 히틀러는 샤흐트를 다른 보수주의자들로부터 고립시키기로 마음먹 었고, 그리하여 보수주의자들이 군비 증강 계획에 찬동하도록 설득 했다. 그의 지정학적 견해 표명에 다른 목적은 없었다. 호스바흐 메 모 자체가 이에 대한 증거를 제공해준다. 메모의 마지막 단락에 다음 과 같이 적혀 있다. "회의의 다음 부분은 군비 문제에 관련되어 있었 다." 이는 의심할 바 없이 어떤 이유로 회의가 소집되었는지 보여주 는 것이다.

회의 참석자들 자신이 이 결론을 이끌어냈다. 히틀러가 회의 장을 떠난 후 레더는 독일 해군이 향후 몇 년 동안은 전쟁에 대처할 능력이 없을 것이라고 불평했다. 블롬베르크와 괴링이 그를 몰아세 웠다. 그러고 나서 그들은 오늘 모인 회의의 유일한 목적이 프리치로 하여금 확대된 군비 계획을 요구하도록 재촉하는 것이라고 설명했 다. 노이라트는 그 자리에서 아무런 언급을 하지 않았다. 그는 얼마 후에 히틀러의 사악함의 전모를 알아차렸고, 그 후 "몇 차례 심각한 심장 마비"를 겪었다고 전해진다. 이러한 심장 마비 증세는 1945년 노이라트가 전범으로 기소되어 재판 중에 있을 때 처음으로 밝혀졌 다. 그는 1937년이나 이후 몇 년 동안은 건강이 나빠진 어떠한 징후 도 보이지 않았다. 프리치는 독일군이 프랑스에 대항하는 전쟁의 위 험에 노출되어서는 안 된다고 주장하면서 메모를 작성했고, 11월 9일에 메모를 히틀러에게 제출했다. 히틀러는 실제 위험은 없다고, 어쨌건 프리치가 정치 문제에 관여하지 않고 재군비를 가속화하는 일을 더 잘 해내라고 응답했다. 질책이 있었지만 히틀러의 작전은 성 공을 서두렀다. 즉 이후로 프리치, 블롬베르크, 그리고 레더는 샤흐트가 재정적인 문제로 인해 주저하는 데 동조하지 않았다. 일이 그렇게 된 것이 아니라 해도, 괴링이 자신의 전쟁 범죄에 대한 증거로서 그 기록이 뉘른베르크에 제출된 것을 알았을 때까지 11월 5일 회의의 참석자들 가운데 다른 생각을 내세운 사람이 아무도 없었다. 그때부터 호스바흐 메모는 역사 연구의 길목에 끊임없이 나타났다. 메모는 제2차 세계대전의 원인에 대해서 더는 발견될 것이 없다는 견해의 근거가 된다. 그러한 견해가 주장하는 바에 따르면, 히틀러가 전쟁을 결정했고, 1937년 11월 5일에 구체적인 전쟁 계획을 세웠다고 한다. 그러나 호스바흐 메모는 그런 종류의 계획을 포함하고 있지 않고, 뉘른베르크에 제시되지 않았더라면 결코 그렇다고 여겨지지도 않았을 것이다. 메모는, 이미 우리가 알고 있는 대로, 히틀러가 (다른 모든 독일 정치가들과 마찬가지로) 독일이 유럽에서 지배적인 국가가 되는 것을 계획했다는 사실을 말해준다. 메모는 또한 히틀러가 이러한 일이 어떻게 일어날 수 있을지 숙고했다는 사실을 일러준다. 히틀러의 생각은 빗나갔다. 그가 생각한 것들과 1939년에 전쟁이 실제로 발발한 것은 거의 관련이 없다. 경마의 승패를 예상하는 투기꾼이 고작 히틀러 수준의 정확도를 자랑한다면, 그는 결코 고객을 만족시키는 정보를 제공하지 못할 것이었다.

히틀러가 생각한 것들은 빗나갔을 뿐 아니라 무의미했다. 히틀러는 — 세계 정복을 위해서든 다른 어떤 일을 위해서든 — 계획을 세우지 않았다. 그는 다른 사람들이 기회를 제공해줄 것이라고, 그리고 자신이 그 기회를 잡으리라고 생각했다. 그가 1937년 11월 5일에 머릿속으로 상상했던 기회는 주어지지 않았다. 히틀러에게 주어진 것은 다른 기회였다. 그러므로 우리는 히틀러가 잡을 수 있었던 그 기회를 제공하고, 그렇게 함으로써 전쟁으로 가는 길이 시작되도록 만든 장본인을 어디에선가 찾아야 한다. 네빌 체임벌린이 이러한 자리에 놓일 수 있는 분명한 후보다. 그는 1937년 5월 수상이 되었을 때부터 무엇인가 착수하려고 결심했다. 물론 전쟁을 불러오기 위해서가 아니라 전쟁이 일어나는 것을 막기 위해서였다. 그러나 그는 아무 일도 하지 않음으로써 전쟁이 일어나는 것을 막을 수 있다고는 믿지 않았다. 그는 볼드윈의 회의적이고 느긋한, 대세를 따라가는 정책을 혐오했다. 이든이 큰 기대 없이 제안했던, 국제연맹과 연관된 확고하지 못한 이상주의를 신뢰하지 않았다. 체임벌린은 영국의 군비를 증강하도록 밀어붙이는 데 주도적인 역할을 했다. 동시에 그는 관련된 돈이 낭비되는 것에 분개했고, 그러한 낭비가 불필요하다고 생각했다. 그는 군비 경쟁이 뿌리 깊은 경쟁 관계나 세계를 지배하려는 한 나라의 사악한 계획에서 비롯되는 것이 아니라 나라들 사이의 오해에서 비롯되는 것이라고 확신했다. 그는 또한 원하는 것을 충족하지 못한 국가 — 특히 독일 — 가 불만을 갖는 것이 정당하며, 이러한 불만은 충족되어야 한다고 믿었다. 그는 어느 정도 마르크스주의의 견해 — 그러나 마르크스주의자가 아닌 많은 사람들이 가지고 있던 견해 — 를 받아들였다. 독일이 불만을 품는 데는 해외 시장에 대한 접근로가 막혀 있는 것과 같은 경제적인 이유가 있다는 것이었다. 그는 독일인들이 민족적으로 불공정한 처사의 희생자라는 "자유주의적" 견해를 좀 더 전폭적으로 받아들였다. 또한 이런 불공정한 일이 어디에 있는지 어렵지 않게 인식했다. 오스트리아에 6백만의 독일 민족이 있었으나 1919년의 강화조약으로 독일과의 민족적 통일이 금지되어 있었고, 체코슬로바키아에 3백만의 독일 민족이 있었으나 그들의 소망이 아직 고려된 바 없었으며, 단치히에 독일인임이 널리 알려져 있는 35만 명의 사람들이 있었다. 민족적 불만을 반박하거나 잠재울 수 없다는 것이 당시의 보편적 경험이었다. 체임벌린 자신이 아일랜드, 인도와 관련해 마지못해 이를 인정해야 했다. 경험으로 그다지 확증되지 않았지만, 민족적인 요구가 일단 충족된다면 그 나라들은 만족하고 평화적이 되리라는 것이 일반적인 믿음이었다.

여기에 유럽을 평화롭게 만들기 위한 계획이 있었다. 히틀러가 강요한 것이 아니라 체임벌린이 생각해낸 것이었다. 국제 문제에 대해 고민하던 거의 모든 영국 사람들도 같은 생각을 하고 있듯, 이러한 생각은 널리 퍼져 있었다. 오직 두 그룹이 동의하지 않았다. 그 가운데 매우 적은 수의 사람들이 속한 그룹은 민족적 요구의 정당성을 인정하지 않았다. 그들은 도덕이 아니라 권력의 문제로 정책이 결정되어야 한다고 생각했고, 안보가 민족주의에 우선되어야 한다고 생각했다. 처칠은 그 즈음해서 인도에 양여하는 것을 반대하는 외로운 싸움을 했다. 그가 독일에 관해 양여를 반대한 것도 이에 따르는 논리적 귀결이었다. 반시타트를 비롯한 다른 몇몇 고참 외교관들도 거의 같은 견해를 가지고 있었다. 이러한 견해에 대부분의 영국 사람들은 아연실색했고, 견해에서 보이는 냉소적인 면 때문이라도 이러한 견해를 지닌 사람들은 정책에 대한 영향력을 가질 수 없었다. 제1차 세계대전 동안 그리고 그 이후로 권력이 재판정에 불려가 있었지만 유죄를 확증하지 못했으니, 이제 도덕이 대신 재판정으로 가야 한다는 주장이었다. 더 많은 사람들이 속한 다른 그룹은 자유당과 노동당에서 우세했는데, 이들은 독일이 요구하는 것들의 정당성은 인정하나 히틀러가 권좌에 머물러 있는 한 이러한 요구들이 충족되어

264

서는 안 된다고 믿었다. 이들이 히틀러에 대해 혐오했던 것은 히틀러가 국내에서 행하는 전제 정치와, 특히 유대인 박해였다. 게다가 이들은 더 나아가 히틀러의 대외 정책이 독일에 대한 공평한 처우 정도가 아니라 정복을 목표로 하고 있다고 단언하는 데까지 이르렀다. 이에 대해 다른 나라에 대한 불간섭이 영국 대외 정책의 오랜 전통이며 존 브라이트John Bright와 급진적인 시기의 체임벌린의 부친이 이를 지지했었다고 반박할 수 있었고, 또한 체임벌린이 나치 독일에 대해 취하고 있는 태도는 노동 운동 진영에서 소련에 대해 취해야 한다고 줄곧 요구해왔던 바로 그러한 태도라고 반박할 수 있었다. 히틀러주의 Hitlerism는 "베르사유"의 산물이며 "베르사유"가 소멸됨에 따라 그 사악한 성질이 없어지게 될 것이라고 응수할 수도 있었다. 이러한 반론들은 결정적이기까지는 아니더라도 설득력 있는 주장이었다. 히틀러에 대항하기 원하는 사람은 많았다. 그러나 히틀러가 제기하리라 생각되는 요구들의 정당성은 인정하면서도 그에게 요구할 자격이 없다고만 주장하는 것은 그들이 견지한 태도가 처음부터 가지고 있던 결점이었다. 그들은 독일과 히틀러를 구분하려고 노력했고, 독일인들은 정당하나 히틀러는 틀렸다고 주장했다. 불행하게도 독일인들은 이렇게 구분지어 생각하려 하지 않았다.

어쨌든 체임벌린은 자신의 계획이 성과를 거둘 것이라 확신했다. 그의 동기는 초지일관 유럽에 전면적인 평화를 이룩하는 것이었다. 그를 움직인 것은 두려움이 아니라 희망이었다. 영국과 프랑스가 독일의 요구에 대항하지 못한다는 것을 그는 생각할 수 없었다. 오히려 그는 독일, 특히 히틀러가 영국과 프랑스가 기꺼이 양여 — 만약 히틀러가 똑 같은 신의로써 답하지 않는다면 보류될 수도 있는 양여 — 를 해준 데 대해 감사할 것이라 생각했다. 체임벌린은 직접 나서서 일한다는 점에서 히틀러와 스타일이 같았다. 그는 대외 문제에 관한 수석 자문에 노사 분쟁을 해결해 명성을 쌓은 중재 전문가 호리스 윌슨 경Sir Horace Wilson을 임명했고, 외무성의 견해는 대체로 경시했다. 그가 처음으로 히틀러와 접촉했을 때, 그는 외상 이든을 통하지 않고 당시 추밀원 의장이었던 할리팩스 경Lord Halifax을 통해서 했다. 할리팩스에게는 굉장한 재능이 있었다. 그는 항상 사건들의 중심에 있었지만, 그럼에도 어떻게 해서든 묘하게 그 사건들과 연관되어 있지 않다는 인상을 남겼다. 체임벌린을 비롯해 전전戰前 영국의 정책과 관련된 모든 사람들은 1940년에 독일과의 실제 충돌이 터졌을 때 돌이킬 수 없을 만큼 불신을 받았다. 그러나 이 시기의 대부분을 외상으로 일해 체임벌린 다음으로 책임이 있던 할리팩스는 오명을 뒤집어쓰지 않은 채 부상했고, 조지 6세George Ⅵ와 — 노동당 지도자들을 포함한 — 다른 많은 사람들로부터 구국 내각의 수반에 적합한 인물로 비중 있게 천거될 수 있었다. 이러한 일이 어떻게 일어날 수 있었는지 설명하는 것은 불가능하다.

1937년 11월 19일, 할리팩스가 베르히테스가덴에서 히틀러를 만났다. 이례적으로 예정에 없이 갑자기 이루어진 방문이었다. 공식적으로 할리팩스는 베를린에서 열린 수렵 박람회를 관람하기 위해 독일에 머무르고 있었다. 할리팩스는 히틀러가 듣고자 기대하는 모든 말을 했다. 그는 나치 독일을 "볼셰비즘에 대항한 유럽의 보루"라고 치켜세웠고, 독일의 과거 원한에 공감을 표시했다. 특히 그는 "변경될 수도 있다고 생각했는데 시간이 지남에 따라 정말로 변경될 수밖에 없는 것인지도 모르는" 특정한 문제들을 지적했다. 그 문제들이란 단치히, 오스트리아, 그리고 체코슬로바키아를 가리키는 것이었다. 그는 "영국은 어떠한 변경도 평화적인 진전 과정을 통해 이루어져야 한다는 점과 광범한 혼란을 가져올 수 있는 방법을 피해야 한다는 점을 예의 주시하고 있습니다"라고 말했다.[3] 히틀러는 할리팩스의 말을 들었고 때때로 장황하게 자신의 말을 하기도 했다. 그는 평소에 하던 대로, 즉 다른 사람들의 제안을 받아들이면서 자기 자신은 요구를 하지 않는 방식으로, 나서지 않고 있었다. 여기 할리팩스가 한 말 속에 히틀러가 2주 전 장성들에게 했던 말을 확증해주는 것이 있었다. 영국은 중부 유럽에서 현존하는 결정 사항을 유지하려고 애쓰지 않을 것이라 말한 점이었다. 할리팩스의 말에는 조건이 하나 덧붙었다. 변화가 전면적인 전쟁("광범한 혼란")을 수반하지 않고 일어나야 한다는 것이다. 이것은 바로 히틀러 자신이 원했던 바였다. 할리팩스의 언급은, 어떤 실제적인 의미가 있다면, 바로 히틀러로 하여금 단치히와 체코슬로바키아, 그리고 오스트리아에 있는 독일 민족주의자들의 소요를 조장하도록 유도하는 것이자 동시에 이러한 소요가 외부로부터 저항을 받지 않을 것이라고 보장하는 것이기도 했다. 이러한 고무적인 언급이 할리팩스에게서만 나온 것은 아니었다. 런던에서는 이든이 리벤트로프에게 "영국 사람들은 독일과 오스트리아 사이의 좀 더 밀접한 관계가 언젠가 이루어져야 한다는 점을 인식하고 있다"고 말했다.[4] 같은 소식이 프랑스에서도 전해졌다. 파펜이 파리 방문 중에 "놀라서 적어 보낸" 내용이었다. 수상 쇼탕Camille Chautemps과 당시 재무상이었던 보네Georges Bonnet가 "중부 유럽에서 프랑스 정책의 방향을 재조정하는 것을 논의할 수 있는, 완전히 열려 있는 것으로 생각하고 있다……"라고 하는 것이었다. 그들은 "독일이 점진적인 수단을 통해 획득하는 오스트리아에서의 영향력의 현저한 확대에 대해 전혀 반대가 없고", 체코슬로바키아에 대해서도 "다민족 국가로 재조직한다는 것에 기초해" 반대하지 않는다고 파펜이 적어 보냈다.[5]

　　이러한 모든 언급들로 히틀러는 자신이 영국과 프랑스로부터의 저항에 거의 부딪히지 않으리라는 확신이 굳어졌다. 그러나 이러한 언급들에 어떻게 해야 독일의 권력 확대를, 할리팩스의 말대로 "합리적으로 도출된 온당한 합의"로 보이도록 할 수 있는가 하는 전략의 실제적 문제에 대한 해답은 없었다. 독일이 체코슬로바키아와 오스트리아를 정복하는 것은 가능할지도 몰랐다. 하지만 이 두 나라가 스스로 생을 마감하도록 일을 꾸미는 것은 더욱 어려웠다. 그런데 이것이 영국과 프랑스의 정치가들이 바라는 바였다. 런던과 파리로부터의 고무적인 언급에는 그 이상의 결점이 있었다. 바로 오스트리아에 초점이 맞추어져 있었다. 히틀러는 현실적인 관점에서 체코슬로바키아를 먼저 처리하려고 계획했다. 호스바스 메모에도 나오는 우선순위다. 체코인들에게는 강한 군대와 나름의 정치적 감각이 있었다. 따라서 그들이 오스트리아를 지원하러 갈지 모르는 일이었다. 그러나 오스트리아인들에게는 강한 군대도 정치적 감각도 없었다. 따라서 오스트리아가 체코슬로바키아를 도울 것 같지는 않았다. 게다가 — 좀 더 중요한 점인데 — 무솔리니가 체코슬로바키아에 관심이 없었다. 무솔리니는 여전히 공식적으로 오스트리아의 독립을 약속하고 있었고, 또한 영국인들과 프랑스인들은 오스트리아 문제를 전면에 내세웠을 때 아마도 이 점을 전혀 잊고 있지는 않았을 것이다. 히틀러는 그들에게 강요하려고 생각하지 않았다. 그는 굳은 마음으로 오스트리아 문제를 다시 뒷전으로 미뤄놓았다. 1937년 가을, 그는 체코슬로바키아에서의 독일인들의 소요를 부추겼다. 반면 그는 오스트리아에서의 소요를 만류하고, "우리는 계속해서 점진적인 해결책을 추구해야 한다"고 단호하게 잘라 말했다.[6] 히틀러는 오스트리아에 선수를 치키는커녕 거기에서 일을 벌이기조차 원하지 않았다. 선제 행동은 영국이나 프랑스의 정치가들로부터 나온 것도 아니었다. 할리팩스와 그밖에 다른 이들은, 마치 히틀러가 11월 5일의 회의에서 그랬던 것처럼, 자신들이 여러 차례 공표했던 회유적인 성명에다가 공론일 뿐인 제안을 내놓았다. 독일이 두 이웃 나라에 대한 지배권을 평화적으로 확대해간다면 바람직할 것이라는 내용이었다. 그러나 다른 이들이나 할리팩스나 이러한 일이 이루어지도록 하는 방법을 생각해내지 못했다. 순전히 말뿐이고 행동이 뒤따르지 못했다.

하지만 상황의 발단이 되는 행동이 누군가로부터 나왔음에 틀림없다. 어쩌면 우리는 오스트리아 측에 눈을 돌려야 할 것이다. 슈슈니크가 이름뿐인 독립을 유지하고 있는 오스트리아의 수상직을 아직 맡고 있었다. 그는 1936년 7월 11일 독일과 "신사협정"을 맺은 이후 불운한 시기를 보내고 있었다. 순진하고 고상하게도 슈슈니크는 협정 체결로 자신이 처한 곤경이 끝나리라 생각했다. 오스트리아는 자신의 독일 민족적 성격을 공표하고, "국가주의 야당"의 저명한 대표들이 오스트리아 정부에 입성하며, 투옥되었던 나치당원들이 풀려날 것이었다. 그리고 나면 소요와 음모가 종식될 것이고, 비밀 무장이나 불법적인 선전 활동도 사라질 것이었다. 그러나 슈슈니크는 곧 실망하게 되었다. 나치의 소요가 전과 다름없이 계속되었다. 히틀러의 명령조차도 이를 멈출 수 없었다. 가깝던 동료들도 슈슈니크를 배반하고 베를린과 공모했다. 그는 자신의 오랜 후원자이자 보호자인 무솔리니에게 불만을 토로했으나, 온기가 느껴지지 않는 위로를 받았을 뿐이었다. 무솔리니는 자신이 오스트리아의 생존을 보장하는 보증인이라는 실제 이상의 지위에 앉아 있는 것을 즐겨 상상했다. 이는 역전된 메테르니히의 지위이며, 한 세기 전 이탈리아가 겪은 굴욕을 갚는 것이었다. 무솔리니는, 히틀러가 다른 나라들을 집어삼킨 다음에는 이탈리아를 파괴할 위험한 동업자라고 여기는 파시스트 지도층 ─ 그의 사위인 외상 치아노Galeazzo Ciano로부터 그 아랫사람들에 이르기까지 ─ 의 경고에 귀를 기울였다. 그러나 경고를 듣기는 해도 정작 문제의 핵심으로 들어가게 되면 그들의 재촉에 결코 응하지 않았다. 겉보기와는 달리 실상 무솔리니는 파시스트 일파 가운데 유일한 현실주의자였다. 이탈리아가 스스로의 힘을 거의 가지고 있지 못하며 오직 히틀러의 앞잡이로 행동할 때만 강대국 행세를 할 수 있다는 것을 제대로 파악하고 있는 유일한 인물이었다. 그는 독자적인 정책을 이야기할 수도 있었고, 중부 유럽에서 이탈리아의 이익을 주장할 작정이라고 말할 수도 있었다. 그러나 그는 사태가 중대 국면에 이르게 되면 히틀러에게 양보해야만 한다는 현실을 알고 있었다. 따라서 그는 자신의 허세를 진지하게 받아들일 수밖에 없던 유일한 인물인 슈슈니크에 대해 온갖 신경을 곤두세웠다. 평소에 대담한 언사를 쏟아내고 있었지만 무솔리니는 서유럽 정치인들과 정확히 같은 입장에 처해 있었다. 그는 평화적이면서도 자존심 상하지 않는 방식인 한에서 오스트리아를 넘겨주려 했다. 슈슈니크는 어떠한 실질적인 지원도 받지 못했다. 신중하게 행동하고 일을 벌이지 말고 가만히 놔두라는 반복되는 충고만 받았을 뿐이다.

하지만 슈슈니크는 유독 오스트리아인들이 사로잡혔던 망상 — 민족주의자들의 음모와 선동이 백일하에 드러나게 되면 유럽의 양심이 움직여 행동으로 이어지리라는 믿음 — 의 희생자 가운데 마지막 희생자였다. 오스트리아 정치가들은 19세기 중반에 이탈리아 민족주의에 대해 이러한 망상을 가지고 있었고, 20세기 초반에 남슬라브 민족주의에 대해서도 그러했다. 1859년에 오스트리아 정치가들에게는, 카부르Camillo Benso Conte di Cavour가 민족주의자들의 소요에 연루되었다는 분명한 증거가 나타나자 그가 나폴레옹 3세Napoleon Ⅲ에게 배신당하고 다른 열강들로부터도 비난받게 되리라는 것이 자명해 보였다. 마찬가지로 사라예보에서 일어난 페르디난트 대공 암살 사건이 세르비아 요원들이 저지른 것으로 확실하게 인식된다면 세르비아가 모든 열강들로부터 버림받으리라는 것이 1914년 7월에 역시 자명해 보였다. 매 경우마다 그들은 자신들이 보기에 그럴듯하다고 여겨지는 증거를 찾아냈고, 이로 말미암아 그때마다 파멸에 이르는 결정적인 길을 거침없이 따라갔다. 1859년 오스트리아-프랑스 전쟁에서 패배했던 것도 그렇고, 제1차 세계대전에서 패배해 비극적 결과를 겪은 것도 그랬다. 똑같은 망령이 슈슈니크 안에 살아 있었다. 그 또한 오스트리아 나치주의자들에게 불리하게 드러나는 결정적 증거만 제시된다면 그들이 전 세계적으로 — 서유럽 국가들과 무솔리니와 그리고 심지어, 어쨌거나 명목상으로 법치국가의 합법적 국가수반이었던 히틀러에게도 — 비난을 받을 것이라 생각했다. 슈슈니크는 과거 오스트리아 정치가들과 마찬가지로 자신이 원하던 증서를 찾았다. 1938년 1월, 오스트리아 경찰이 나치당의 근거를 급습해 무장 봉기를 위한 세부 계획을 찾아냈다. 계획은 히틀러의 지령을 무시하고 준비되었고, 히틀러는 이 계획에 대해 아무것도 몰랐다. 여기까지는 슈슈니크가 옳았다. 오스트리아 나치당원들은 중앙의 허가를 받지 않고 제멋대로 행동하고 있었다. 하지만 과잉 충성하는 추종자들의 행동에 대해 히틀러가 사과할 것인가 하는 것은 별개의 문제였다.

어쨌든 슈슈니크는 증거를 잡았다. 문제는 그것을 어떻게 이용할지였다. 슈슈니크는 자신이 잡은 증거와 자신 앞에 놓인 문제를 독일 대사 파펜에게 들고 갔다. 아무튼 파펜은 신사이고, 부유하고 귀족적이며, 완전한 보수주의자였고, 흠 잡을 데 없는 로마 가톨릭 신자였다. 분명히 그는 나치주의자들의 음모가 드러난 기록을 접하고 흔들렸을 것이다. 슈슈니크의 불평은 파펜에게는 듣기 좋은 소리였다. 파펜은 오스트리아에서의 나치당 지하 활동에 대해 분개했다. 이러한 지하 활동이 "점진적인 해결책"에 대한 그의 굳은 신념에 의심의 구름을 드리우고, 이에 대한 그의 노력을 방해했다. 베를린에서는 그의 반대 의견이 묵살되었다. 이제 슈슈니크가 그 반대 의견에 힘을 실을 것이었다. 파펜은 곧 슈슈니크에게 히틀러에게 직접 불만 사항을 전하는 것이 어떤가 하고 제의했다. 당시 파펜이 어떤 생각을 했는지 지금 우리는 알 수 없다. 어쩌면 히틀러가 과격파 나치당원들을 질책하기를 희망했을지도 모르고, 아니면 슈슈니크가 오스트리아에서 독일 민족의 대의에 더 큰 양보를 하지 않을 수 없게 되는 사태를 예견했는지도 모른다. 아마도 두 가지 생각이 모두 조금씩 있었을 것이다. 두 방향 중 어느 쪽으로 가든 파펜으로서는 이득이었다. 전자라면 그는 제멋대로 날뛰는 자신의 정적들을 불신시킬 수 있을 것이었고, 후자의 경우에는 독일 민족의 대의를 진전시켰다는 명성을 얻게 될 것이었다. 그는 독일에서 계책으로써 히틀러를 평화적인 방법으로 권좌에 올려놓았던 것과 마찬가지로 오스트리아에서도 책략을 통해 평화적인 성공을 얻게 될 것이었다. 바로 이때, 곧 2월 4일에 빈 주재 독일 대사관에 전화가 왔고, 파펜은 돌연 베를린으로부터 자신이 대사직에서 면직되었다는 통보를 받았다.

파펜의 면직은 오스트리아 사태와 관련이 없었다. 그것은 히틀러와 샤흐트 사이의 갈등이 낳은 우연한 부산물이었다. 1937년 12월 8일, 샤흐트가 경제상에서 물러났다. 히틀러는 불화를 드러내고 싶어 하지 않았고, 샤흐트의 사임이 비밀에 붙여졌다. 그런데 예상치 않게 사태를 벗어날 탈출구가 나타났다. 1938년 1월 12일, 국방상 블롬베르크가 결혼을 하게 되었다. 이에 히틀러와 괴링이 결혼식에서 대표 증인으로 나섰다. 그런데 바로 직후 비밀경찰의 우두머리인 힘러Heinrich Luitpold Himmler가 블롬베르크 부인이 평판이 좋지 않은 여성 — 경찰 기록이 남아 있는 전직 화류계 여성 — 임을 밝히는 증거를 제시했다. 이것이 히틀러에게 떨어진 행운이었는지 아니면 이미 꾸며져 있던 음모였는지는 알 수 없다. 게다가 그 점이 중요한 것도 아니다. 어느 경우였든 결과가 달라지는 않을 테니 말이다. 히틀러는 자신이 이 결혼에 관련된 데 대해 매우 화를 냈고, 독일 장성들은 블롬베르크의 행동에 분개했다. 그들은 블롬베르크가 사임해야 한다고 주장했고, 육군 총사령관 프리치가 그 자리를 승계할 것을 제안했다. 그러나 프리치는 블롬베르크보다 더욱 단호한 반나치주의자라 권력에 진입시켜서는 안 되는 인물이었다. 힘러가 고맙게도 프리치가 동성연애자라는 증기를 마련해냈다. 증거는 전부 거짓이었지만, 당시 사회 전체가 도덕적으로 혼란한 와중에 진실로 믿어졌다. 히틀러는 정적들을 일망타진할 수 있었다. 블롬베르크가 나가고 히틀러 자신이 그 자리를 대신했다. 또한 프리치가 제거되었다. 이뿐 아니라 관직을 차지해 히틀러의 발목을 잡고 있던 보수주의자들이 모두 제거되었다. 노이라트가 나가고 리벤트로프가 그 자리에 들어갔다. 파펜과 이탈리아 주재 대사 하셀Ulrich von Hassell도 면직되었다. 무엇보다 중요한 것은, 샤흐트의 사임이 이제 다른 변화들 사이로 슬며시 묻어 들어올 수 있었다는 것이다. 이것이 물론 전체 작전의 목적이었다. 그러나 시절이 소란한 가운데 거의 인식되지 못하고 지나갔다.

베를린에서 면직당한 사람들은 항변도 못하고 자리를 떠났다. 노이라트는 훗날 보헤미아의 "보호자Protector"가 되었지만 다른 사람들은 공직 생활에서 퇴장했다. 파펜만이 낙담하지 않았다. 그는 전에도 종종 궁지에 몰렸던 적이 있었다. 1934년 6월 30일에는 거의 암살당할 뻔한 적도 있었다. 그는 그때마다 빠져나오는 데 성공했고, 이번에도 그럴 작정이었다. 2월 5일, 그는 히틀러를 만나러 베르히테스가덴으로 갔다. 명목상으로는 사직 인사를 고하기 위해서였다. 그는 오스트리아에서 자신이 이루어낸 성과를 드러내면서 새 독일 대사가 부딪치게 될 어려움을 설명했으며, 그러던 중 슬쩍 슈슈니크가 히틀러를 몹시 만나고 싶어 했다는 이야기를 꺼냈다. 이는 지금까지 — 확실히 — 간과되었지만 엄청난 중요성을 갖는 시작이었다. 결과는 모두 파펜이 예상했던 그대로였다. 히틀러는 자신이 2월 20일자로 소집한 제국 의회 회의에서 샤흐트가 사임했다는 사실을 어떻게 발표할 것인가를 놓고 침울한 상태에서 고심해왔다. 그런데 주의를 다른 곳으로 돌릴 수 있는 기막히게 좋은 일이 일어난 것이었다. 슈슈니크의 방문은 히틀러에게 샤흐트가 재정에 관련해 항변했던 거북스런 내용을 은폐하는 일종의 성공을 가져다 줄 것이었다. 히틀러에게 생기가 돌아왔다. "매우 훌륭한 생각이오. 즉시 빈으로 돌아가서 며칠 안으로 회담이 성사되도록 협의해주시오."[7] 처음에 파펜은 짐짓 내키지 않는 척했다. 이제 대사가 아니었으니까 말이다. 그리고 못 이기는 척 히틀러의 생각을 받아들였다. 2월 7일, 그는 초청장을 가지고 빈으로 돌아갔다. 슈슈니크는 주저하지 않았다. 애초부터 슈슈니크에게는 히틀러와 회담을 가질 생각이 맨앞에 있었다. 아니면 방금 막 그런 생각이 들었을지도 모른다. 어쨌거나 파펜은 모든 것이 잘 이루어지도록 하는 보증인이었다. 2월 12일, 앞서 도착한 파펜에 뒤이어 슈슈니크가 베르히테스가덴에 도착했다. 오스트리아 문제가 돌아가기 시작했다. 이 문제는 히틀러에 의해 시작된 것이 아니었다. 갑자기 히틀러 앞에 날아왔고, 그는 늘 그렇게 해왔듯 운에 맡기고 모험을 했다. 여기에 계획된 침략은 없었다. 오로지 다급하게 상황에 맞추어 가는 임시방편만 있었다. 일을 시작한 사람도 히틀러가 아니라 파펜이었다. 그것도 개인적인 위신을 세우려는 어처구니없는 동기에서였다. 확실히 상황은 그가 결정적인 행동을 하지 않을 수 없게 돌아갔다. 그렇지만 경솔하게도 독일에서 히틀러를 권좌에 올려놓았던 인물이 또다시 경솔하게 행동하다가 독일이 유럽 지배를 향한 첫발을 내딛도록 했다는 사실은 묘하리만큼 그럴듯했다.

슈슈니크는 피해자 자격으로 베르히테스가덴에 나타나려고 했다. 자신의 불만을 표명하고, 과격파 나치당원들과 관계를 끊는 것을 반대급부로 에서민 온건한 민족주의자든에게 양부하겠다고 할 작정이었다. 그러나 상황은 그의 계획과 다르게 진행되었다. 히틀러는 항상 공격이 최선의 방어라 믿었고, 먼저 한방을 먹였다. 슈슈니크는 도착하자마자 1936년 7월 11일의 "신사협정"을 지키지 못했다는 비난을 받고 당황했다. 장래의 협력을 위한 조건을 내놓은 사람도 히틀러였다. 슈슈니크는 아마도 온건한 민족주의자인 자이스-인크바르트Seyß-Inquart를 내상內相에 앉혀야 했고, 따라서 그에게 경찰의 통제권을 주어야 했다. 오스트리아는 경제 정책과 대외 정책을 독일의 정책에 맞추어 조정해야 했다. 슈슈니크는 헌법상의 문제가 있다고 반대를 제기했다. 오스트리아 정부와 대통령의 동의 없이 자기 혼자서는 구속력 있는 약속을 못한다는 것이었다. 그는 히틀러에게서 협박을 당했고, 밖에서 대기하던 독일 장성들이 공포 분위기를 조성하러 안으로 불려 들어왔다. 하지만 이러한 방법들이 가증스러웠음에도 불구하고, 슈슈니크는 자신이 원하는 것들을 대부분 얻었다. 그가 헌법상의 문제로 주저한 것이 받아들여졌다. 최종안에서 그는 단지 "잇따른 조치로서 예상되는 바를 내놓았다". 자이스-인크바르트는 이미 내각에 들어와 있는 다른 독일 민족주의자들과 다를 바 없었고, 사실 슈슈니크의 어린 시절 친구였다. 이 사실이 그가 후에 나치주의자가 되는 것을 막았다는 것은 아니다. 슈슈니크는 오스트리아가 "독일인의 국가"임을 오랫동안 인정해왔고, 이는 정책의 협력을 의미했다. 그는 오스트리아의 존망이 걸려 있기 때문에 양보를 받아야만 한다고 믿었던 바를 얻어냈다. 바로 오스트리아 나치당의 불법 활동이 인정되어서는 안 되며 또한 "달갑지 않은 오스트리아 나치당원은 누구든 소재를 독일로 옮겨야 한다"는 데 동의를 얻은 것이었다.

2월 12일의 합의가 오스트리아의 끝은 아니었다. 그것은 히틀러가 내놓은 "점진적인 해결책"에서 진전된 한 단계였다. 슈슈니크는 히틀러의 면전에서 빠져나왔을 때 이를 부인하려는 시도를 하지 않았다. 오히려 그는 약속한 대로 오스트리아 정부가 틀림없이 그것을 확증할 것임을 보장했다. 이때 히틀러는 위기가 지나갔다고 생각했다. 2월 12일 그는 배석하고 있던 장성들에게 2월 15일까지 "행동을 취하는 것처럼 가장해 군사적 압력을 지속하라"고 명령했다. 이후에는 행동을 가장하는 것조차도 지속되지 않았다. 2월 20일, 히틀러는 제국 의회에서 연설을 했다. 그의 주된 관심사는 보수적 성향의 각료들을 해임한 것을 교묘하게 둘러대서 상황을 모면하는 것이었다. 오스트리아 문제에 대한 2월 12일의 합의로 히틀러는 좀 더 매력적인 주제로 옮겨감으로써 이 상황을 어물쩍 피할 수 있었다. 슈슈니크에 대한 공격은 없었다. 만약 히틀러가 오스트리아 침략을 이미 계획하고 있다면 이날 분명 공격적 발언이 나왔을 터였다. 정반대로, 히틀러는 온화한 목소리로 "양국 간의 전 분야에 걸친 우호적 협력이 확보되었다"라고 공표했다. 또한 그는 "나는 오스트리아 수상에게 나의 이름으로, 그리고 독일 국민의 이름으로 그의 이해와 친절에 감사를 전하고 싶습니다"라고 끝을 맺었다. 다음 날 히틀러는 슈슈니크와의 거래에서 한 약속을 지켰다. 오스트리아 지하 나치 세력의 우두머리 레오폴트Josef Leopold가 히틀러 앞에 불려왔다. 히틀러는 그의 활동이 "몰지각했다"고 말하고, 주요 동료들과 함께 오스트리아를 떠나라고 지시했다. 며칠 후 히틀러는 이 나치당원들을 다시 접견해 그들을 또 다시 질책하고는 "지금 성공의 가능성을 예견할 수 있건 없건 간에 섬신석인 방식으로 빙침이 징해졌다. 슈슈니그가 서명한 협정 월

안이 워낙 광범위해서 이것이 완전하게 이행된다면 오스트리아 문제는 저절로 해결될 것이다"라고 역설했다.[8]

히틀러는 만족했다. 그는 행동을 위한 준비를 하지 않았고, 문제가 점차 저절로 해결되기를 침착하게 기다렸다. 다른 사람들은 어차피 일어날 일을 운명에 맡기지 못했다. 아니면 아마도 얻을 수 있는 유리한 점을 취하려고 애쓰기만 했을 것이다. 이탈리아에서 무솔리니는 속이 터질 듯할 텐데도 언제나 히틀러의 성공을 묵인하려 했다. 그러나 외상 치아노는 끌려 다니고 싶지 않은 마음이 무솔리니보다 더 강했다. 독립적인 대외 정책을 펴보려는 그의 이상은 결코 실현되지 못했다. 어쩌면 꿈일 따름이었을지 모른다. 어쨌거나 치아노는 상황을 최대한 이용해보려고 애썼다. 2월 16일, 그는 런던 주재 이탈리아 대사 그란디Dino Grandi에게 지금이 영국과 화해할 마지막 기회라고 적어 보냈고, 또한 "만약 합병이 기정사실이 된다면 …… 우리가 영국인들과 합의를 이루는 것, 심지어 대화를 하는 것조차도 점점 더 어려워지게 된다"라고 적었다.[9] 그란디는 이러한 시작을 환영했다. 그는 파시스트들 가운데 누구라도 어떤 전통적인 노선을 따른다는 생각에 찬성할 수 있는 한에서, 항상 이탈리아의 정책을 그 전통적인 방향으로 되돌려놓기를 원했다. 체임벌린도 이를 환영했다. 이든은 끝내 반기를 들었다. 그는 체임벌린이 자신과 의논하지 않고서 모든 생각할 수 있는 불만의 원인들을 토의하는 대규모 국제회의를 열자는 루스벨트 대통령의 제안을 거절한 데 이미 격분해 있었다. 이든은, 아마도 진심으로 그러한 모임을 통해 미국을 서유럽 국가들 편으로 끌어들일 수 있으리라 생각했다. 체임벌린은 더 많은 근거를 들어 그러한 국제회의가 극동 문제를 놓고 열렸던 브뤼셀 회

278

의의 반복이 될까 두려워했다. 미국은 도덕적 원칙을 내세우려 할 것이고, 영국과 프랑스가 그러한 도덕적 원칙을 지지할 수 있는 무력을 제공하기로 기대될 것이었다. 그러나 체임벌린과 이든 두 사람 사이의 논쟁을 폭발 직전의 순간으로 몰아간 것은 이탈리아의 접근이었다. 이든은 아비시니아 문제에 대해 자신이 겪었던 모욕을 잊지 못했고, 불간섭 국제 위원회의 계속되는 불성실함으로 인해 분노를 가라앉히지 못했다. 그는 이탈리아가 소위 의용병이라고 하는 병력을 에스파냐에서 철수시킴으로써 이제까지 해온 약속들을 이행할 때까지 새로운 대화는 없다고 단언했다. 체임벌린은 만약 히틀러를 진정시키기 위해 이탈리아의 도움을 얻을 수 있다면 에스파냐에서 파시스트의 승리를 묵과할 준비가 되어 있었다.

이든과 체임벌린 사이의 논쟁은 2월 18일에 터졌다. 심지어 그란디가 있는 자리에서였다. 이든은 에스파냐에서의 이탈리아 의용병 문제에 대해 단호한 태도를 취했고, 체임벌린은 그란디의 승인과 지원에 힘입어 그의 반대를 무시했다. 이틀 뒤 이든이 사임했고, 할리팩스가 외상이 되어 체임벌린의 정책을 수행하게 되었다. 이탈리아를 끌어안는 대가가 지불되었다. 즉 대화가 곧 시작될 예정이었고, 이탈리아의 조건 — 아비시니아에 있는 그들의 제국이 승인 받는 것과 이탈리아가 지중해에서 동등한 협력자의 지위를 약속 받는 것 — 이 충족될 것이라고 미리 합의되었다. 오스트리아에 대해서는 아무 언급도 없었다. 그란디는 당시 영국의 태도가 "분노가 치밀어 오르지만 감수하는 것"과 같은 상태로 지속될 것이라고 기록했다.[10] 맞는 말이었다. 체임벌린은 오스트리아에 관해 어떤 일도 계획하지 않았다. 그러면서도 그는 영국-이탈리아의 대화라는 단순한 사실이 히틀러를 주저하게 만들고 어쩌면 무솔리니가 저항하도록 용기를 불어넣으리라 희망했다. 히틀러는 그리 쉽게 속아 넘어가지 않았다. 이탈리아인들이 논의되고 있는 것에 대한 정보를 계속해서 히틀러에게 주었고, 오스트리아 문제가 제기되지 않을 것이라고 안심시켰다. "그들은 독일-이탈리아 관계를 손상시키는 어떠한 시도도 용인하지 않을 것이었다."[11] 이는 이탈리아가 따를 수 있는 유일한 방책이었다. 이탈리아인들에게는 히틀러에 제동을 걸 아무 수단도 없었다. 2월 23일에 치아노가 적었듯이 말이다. "사실상 우리가 무엇을 할 수 있다는 말인가? 독일과 전쟁을 시작할까? 우리가 쏜 첫 방에 오스트리아인들은 한 명도 빠짐없이 우리에 대적해 독일인들의 뒤로 정렬할 것이다."[12] 체임벌린은 아마 이탈리아인들에게 아주 큰 대가를 제시하지 않았을 것이다. 그러나 그들은 어떤 대가를 받더라도 오스트리아의 독립이라는 금세 허물어질 대의명분을 위해 싸우지는 않을 것이었다.

런던에서 벌어진 이러한 사태로 히틀러의 자신감이 커졌다. 그의 적들이 길가로 쓰러지고 있었다. 추축국이 점차 유럽의 사안들을 형성해갔고, 또한 히틀러가 추축의 정책을 결정했다. 하지만 그는 여전히 아무 행동도 하지 않았다. 히틀러는 벌어지고 있는 사태들이 자신을 위해 일을 대신해주고 있다고 생각했다. 다시 한 번 그리고 마지막으로 슈슈니크가 다음 상황의 발단이 되는 일을 했다. 그는 어찌할 바를 몰라 당황하고 머뭇거리면서 베르히테스가덴에서 받은 대우에 대한, 그리고 자기 자신의 허약함에 대한 분노를 쌓아갔다. 그는 오스트리아가 피해보지도 못하고 국가 사회주의로 빠져 들어가는 것을 정면 돌파로 저지하고자 결심했다. 어쩌면 오스트리아가 공공연하게 위협 받는다면 프랑스인들이 행동을 취할 것이라는 파리 주재 오스트리아 공사의 확신에 고무되었던 것 같다. 혹은 그러한 생각이 오로지 슈슈니크 스스로 고심한 끝에 나온 것인지도 모르겠다. 우리는 알 방법이 없다. 어쨌거나 슈슈니크는 주민 투표라는 바로 히틀러가 쓰던 방법을 사용해 오스트리아 국민들에게 독립국으로 남아 있기를 원하는지 아닌지 묻기로 결심했다. 3월 7일, 그는 무솔리니에게 의견을 구했다. 그러자 무솔리니는 "그것은 실수하는 거요"라고 퉁명스럽게 말했다. 슈슈니크는 별로 강하지 않은 이 경고를 무시했다. 3월 8일, 그는 오스트리아 각료들에게 자신의 계획을 말했고 3월 9일에 전 세계에 공표했다. 주민 투표는 사흘 뒤인 3월 12일에 시행하는 것으로 예정되었다. 슈슈니크는 주민 투표를 위해 아무 준비도 하지 않았다. 투표를 어떻게 치러야 할지에 대해 생각해본 적이 없었다. 그가 가진 유일한 생각은 히틀러가 어떤 식으로든 대응할 수 있기 전에 부리나케 해치워 버리려는 것이었다. 주민 투표가 규정하고 있는 것이 어떤 것이든 전 세계는 주민 투표가 히틀러에 대한 공공연한 도전임을 알았다. 독일 민족주의와 독립국 오스트리아라는 두 이념이 충돌하는 순간이 오고야 말았다. 예전에 무모한 정책을 시행하려는 또 다른 오스트리아 수상에게 온드라시Gyula Andrássy가 했던 말을 슈슈니크가 깊이 숙고할 수도 있었을 텐데 말이다. "당신은 대포를 사용해서라도 이 정책을 끝까지 밀고 나갈 준비가 되어 있습니까? 만약 그렇지 않다면 시작도 하지 마시오."

히틀러는 누군가에게 매우 아픈 곳을 밟힌 것처럼 대응했다. 그는 아무 경고도 받지 못했고, 아무 준비도 하지 못했다. "점진적인 해결책"이 쓸모없어졌음이 그에게 분명해졌다. 그는 행동은 하든지 체면을 잃든지 반드시 선택해야 했다. 그는 보수적인 각료들과 막 불화를 겪고 난 터라 체면이 손상되는 것을 받아들일 수 없었다. 군부 지도자들이 서둘러 베를린으로 소환되었다. 독일군은 아직 어떠한 방식이든 실제로 무게 있는 군사 행동을 할 준비가 되어 있지 않았다. 그러나 오스트리아 부근에 주둔한 병력에 대해 3월 12일 국경을 넘을 준비를 갖추라는 명령이 내려졌다. 무솔리니에게 보낼 서한도 초고가 작성되었다. 히틀러는 이 서한에서 슈슈니크와 합의에 도달하려는 자신의 노력을 상술하며 "나는 정확한 경계를 설정했소. ……이탈리아와 우리 사이에 말이오. 그것은 브레너요"라고 확신시키면서 끝을 맺었다.[13] 헤센 공Landgraf von Hessen이 무솔리니에게 서한을 전달했다. 리벤트로프는 고별 인사차 런던에 가 있었고, 노이라트는 외무성의 일상적 업무를 처리하기 위해 소환되어 있었다. 사태의 전반적인 운영이 괴링의 손에 놓였다. 그는 히틀러가 침략군에 합류할 때 베를린에 남아 있을 예정이었다.

슈슈니크는 엄청난 폭발력을 가진 시한폭탄을 건드렸다. 그 폭탄이 폭발했을 때 놀라게 되는 것은 그의 차례였다. 3월 11일, 그는 독일과 오스트리아 사이의 국경이 봉쇄되었음을 알게 되었다. 슈슈니크 정부의 국가주의당 소속 각료들이 괴링의 지령에 따라 주민투표를 취소하라고 종용했다. 슈슈니크는 절망에 빠져 예전에 오스트리아의 독립을 보호해주었던 나라들에 고개를 돌렸지만 냉랭한 위로만 받았을 뿐이었다. 무솔리니는 전화 받기를 거부했다. 런던에서 할리팩스는 리벤트로프에게 무력 사용의 위협은 참을 수 없는 방법이라고 말했다. 그러나 이러한 충고도 체임벌린이 "이 껄끄러운 일이 모두 지나고 나면"[14] 독일과 영국이 상호 이해에 이르기 위한 노력을 본격적으로 경주하기 시작할 수 있을 것이라고 말해 효과가 반감했다. 또한 베를린 주재 영국 대사 네빌 헨더슨Nevile Henderson이 "슈슈니크 박사가 경솔하게도 터무니없는 행동을 했다"[15]라고 괴링에 맞장구침으로써 베를린에서 효과는 더욱 약해졌다. 영국 정부가 빈에 보낸 유일한 응답은 자신들은 오스트리아를 곤란한 지경에 빠뜨릴지도 모르는 조언을 제공하는 책임을 질 수 없다는 것이었다.[16] 프랑스 정부는 사흘 전에 국내 문제로 붕괴되었다. 제구실을 못하나 아직은 자리를 지키고 있던 각료들은 만약 영국인들이 승인한다면 "군사적 조치" — 예비군을 일부 소집하는 것 — 를 취하기로 결정했다. 런던으로부터 어떠한 승인도 오지 않았고, 따라서 프랑스 예비군은 소집되지 않았다.

　　슈슈니크는 버림 받았고 외톨이였다. 3월 11일 이른 오후, 그는 주민 투표를 연기하는 데 동의했다. 이제 이렇게 하는 것만으로 불충분했다. 괴링이 자이스-인크바르트에게 전화를 걸어, 독일인들이 슈슈니크에 대한 신뢰를 상실했으며 슈슈니크가 사임하고 자이스-인크바르트가 그 자리를 대신해야 한다고 말했다. 역사상 다시 없는 에피소드였다. 처음부터 끝까지 전화를 통한 위협으로 국제 위기가 진행되었다. 슈슈니크가 이에 따라 사임했다. 그러나 미클라스 Wilhelm Miklas 대통령이 자이스-인크바르트를 임명하기를 거부했다. 오스트리아의 독립을 나타내는 최후의, 가망 없는 안타까운 몸짓이었다. 괴링이 다시 전화에 대고 오후 7시 30분까지 자이스-인크바르트가 수상이 되어 있어야만 독일 군대가 국경에서 멈출 것이라고 말했다. 미클라스가 여전히 굴복하지 않았기 때문에 자이스-인크바르트는 오후 8시에 스스로를 수상으로 임명했다. 너무 늦었다. 자이스-

인크바르트는 법과 질서 회복을 위해 독일의 도움을 요청하라는 지령을 받았다. 그는 오후 9시 10분에 전보를 보내 그렇게 했다. 히틀러는 그의 요청을 기다리지 않았다. 오후 8시 45분, 오스트리아를 침공하라는 명령이 내려졌던 것이다. 그러나 독일인들은 마지막 순간까지 망설였다. 오스트리아 침공 계획은 이에 앞서 오후 중에 슈슈니크가 사임했다는 소식이 전달되었을 때 중지되었었다. 영국의 충고는 영향력이 거의 없었지만 독일인들은 마지막까지 체코의 개입을 우려했다. 괴링이 체코 공사에게 "내가 명예를 걸고 맹세하건대 체코슬로바키아는 걱정할 이유가 조금도 없습니다"라고 말했다. 체코인들은 자신들은 동원을 하지 않을 것이라고 즉각 응답했다. 그들은 괴링의 보증을 거의 믿지 않았으나 — 다른 모든 사람들처럼 — 자신들이 할 수 있는 일이 아무것도 없음을 깨닫고 있었다. 무솔리니가 마지막으로 입장을 밝혔다. 오후 10시 25분, 헤센 공이 로마에서 히틀러에게 전화해서 "오스트리아는 무솔리니의 관심의 대상이 전혀 아니다"라는 메시지와 함께 그의 안부 인사를 전했다. 히틀러의 결연함 아래에 감추어져 있던 걱정 근심이 안도의 한숨과 함께 거품처럼 표면 위로 올라와 터졌다. "무솔리니에게 전하시오. 이번 일을 결코 잊지 않을 것이라고 말이오. …… 결코, 결코, 결코, 무슨 일이 있어도 …… 결코 잊지 않을 것이오. 무슨 일이 일어날지라도 말이오. …… 만약 그가 무슨 도움이 필요하기라도 하다거나 어떤 위험에 처하기라도 한다면, 내가 그의 곁을 지키리라는 것을 확신해도 좋소. 무슨 일이 일어나도, 심지어 전 세계가 그에게 적대한다 할지라도 말이오." 이것은 히틀러가 지킨 유일한 약속이었다.

독일 군대가 오스트리아로 침입해 들어가고 있었다. 아니 더 정확히 말해 주민 대다수의 열띤 환호 속에 행진해 들어가고 있었다. 그런데 목적이 무엇이었을까? 자이스-인크바르트가 수상이 되었는데 말이다. 괴링은 헨더슨에게 "상황이 안정되자마자" 군대가 철수할 것이고, 그러고 나서 "어떠한 위협이 없이 완전한 자유선거가 치러질 것"이라고 약속했다.[17] 이것이 3월 11일에 어긋난 나치의 원래 계획이었다. 자이스-인크바르트는 자신의 수상 임명으로 모든 일이 성공적으로 종결되었다고 생각했고, 3월 12일 오전 2시 30분에 침공을 중지해 달라고 요청했다. 돌아온 대답은 그렇게 할 수 없다는 내용이었다. 독일 군대는 몇 가지 어려움은 있었지만 계속해서 들어왔다. 애초에 병력이 군사행동을 할 준비가 되어 있지 않았다. 군의 수송 수단 가운데 70퍼센트가 국경에서 빈으로 오는 길에 고장 났다. 3월 12일 아침, 히틀러도 오스트리아로 들어왔다. 자신이 학창 시절을 보냈던 린츠에서 그는 열광하는 군중에게 연설을 했다. 그는 군중의 이러한 열광에 도취되었다. 그리고 린츠 시청 발코니에 올라갔을 때, 갑작스럽고 예상치 못했던 결정을 내렸다. 빈에 말 잘 듣는 정부를 세워놓기보다는 오스트리아를 제국에 편입시키겠다는 것이었다. 단 하루 동안의 수상, 자이스-인크바르트는 자신과 오스트리아를 사라지도록 명하는 법을 공포하라는 명령을 받았다. 그는 3월 13일에 그렇게 했다. 병합은 독일과 오스트리아 지역을 모두 포괄하는 대독일 제국Greater Germany 국민의 승인에 부쳐졌다. 4월 10일에 치러진 투표에서 99.08퍼센트가 찬성했다. 독일 민족의 감정이 진정으로 반영된 것이었다.

히틀러가 승리했다. 그는 자신이 지닌 야망의 첫 번째 목표를 달성했다. 하지만 그가 의도했던 방법대로 된 것은 아니었다. 그는 아무도 오스트리아가 언제부터 독립국이 아니었는지 떠올릴 수 없도록 사람들이 눈치 채지 못하는 사이에 흡수하려고 계획했었다. 독일의 민주주의를 붕괴시키기 위해 민주적인 방식을 이용했듯이 오스트리아의 독립을 무너뜨리기 위해서도 같은 방법을 채택하려고 했다. 하지만 히틀러는 계획과 달리 독일 군대를 동원하게 되었다. 처음으로 그는 권리를 침해받고 있어 도덕적으로 우위에 있다고 하는 자산을 상실했고, 무력에 호소하는 정복자로 등장하게 되었다. 히틀러가 오스트리아를 탈취한 것이 이미 오래 전에 꾸며진 용의주도한 음모였고, 유럽 지배의 첫걸음이라고 하는 믿음이 곧 확립되었다. 그러나 이 믿음은 근거 없는 신화였다. 1938년 3월의 위기는 히틀러가 아니라 슈슈니크가 야기했다. 군사적 준비이든 외교적 준비이든, 독일의 아무런 사전 준비도 없었다. 정책, 약속, 무장 병력과 같은 모든 일이 단 며칠 동안 어찌어찌 하여 꾸며진 것이었다. 히틀러는 분명 오스트리아에 대한 지배를 확립하고자 의도했지만, 사태가 진행된 방식은 히틀러에게 골치 아픈 사고였다. 이번 일은 신중하게 깊이 생각한 결과로 나온 계획을 진전시킨 것이 아니라, 그의 장기 정책이 방해를 받아 중단된 것이었다. 그러나 결과를 돌이킬 수 없었다. 바로 히틀러에게 미치는 결과가 있었다. 그는 살인을 저지르고도 — 즉 독립국을 소멸시키고도 — 책임을 모면했다. 물론 그 독립이라는 것이 거의 말뿐인 허구였지만 말이다. 히틀러의 자신감은 커져갔고, 이와 함께 다른 나라 정치가들에 대한 그의 멸시 또한 강해졌다. 그는 점점 더 성급하고 경솔해졌고, 점점 더 무력을 사용하겠다는 위협으로 협상을 신속히 해치우려 했다. 이에 대응해, 다른 나라의 정치가들은 히틀러의 선의를 의심하기 시작했다. 심지어 여전히 히틀러를 달래기를 바라던 사람들조차도 그에게 대항하는 것을 생각하기 시작했다. 불안한 균형이, 비록 매우 약간이지만, 한쪽으로 — 평화에서 전쟁 쪽으로 — 기울었다. 히틀러의 목적은 아직 정당화될 수 있는 것으로 보였으나, 그의 방법은 비난을 받았다. 오스트리아를 병합함으로써 — 좀 더 정확히 말하면 병합을 달성한 방법으로 — 히틀러는 자신이 전범의 수괴로 낙인찍히게 되는 첫 번째 수순을 밟았다. 하지만 그는 이러한 행동을 의도적으로 취한 것은 아니었다. 사실 그는 자신이 그러한 행동을 취했는지 모르고 있었다.

8장

THE CRISIS OVER
CZECHOSLOVAKIA

체코슬로바키아의
위기

이 도덕적 승리는 권력의 충돌에 영향을 주지 못했다. 그래도 그것은 결정적으로 중요했다. 1938년 초, 대부분의 영국 사람들이 독일의 불만에 공감하고 있었다. 그것을 표현하는 히틀러의 방식이 끔찍하게 싫었지만 말이다.

This moral victory did not affect the clash of power. It was of decisive importance all the same. At the beginning of 1938, most English people sympathised with German grievances, however much they disliked Hitler's way of voicing them.

1913년에 유럽 내 오토만 제국 영토의 분할이 있은 후, 세르비아 수상 파시치Nikola Pašić가 이런 말을 했던 것으로 잘 알려져 있다. "제1라운드는 승리를 거두었다. 이제 오스트리아에 대한 제2라운드를 준비해야 한다." 그가 판을 벌인 것은 아니었지만 제2라운드가 이에 따라 다음 해인 1914년에 이루어졌다. 1938년 3월, 오스트리아 병합이 이루어진 후 유럽의 모든 사람들이 똑같은 느낌을 가지게 되었다. 오스트리아 라운드가 종료되었고, 체코슬로바키아 라운드가 시작되려 했다. 이 제2라운드를 준비할 필요는 없었다. 지리적, 정치적으로 자연히 체코슬로바키아가 논의의 대상이 되었다. 프랑스의 동맹국으로서 그리고 라인 강 동쪽의 유일한 민주주의 국가로서 독일 영토를 깊숙이 찌르고 있는 체코슬로바키아는 히틀러에게 한시라도 참을 수 없는 치욕이었다. 또한 독일이 침략한다 해도 다른 나라들이 이 나라를 지원하는 것도 쉽지 않았다. 지난번 경우에 이탈리아인들은 마음만 먹으면 독일을 저지하기 위해 오스트리아에 직접 들어갈 수 있었다. 그러나 체코슬로바키아는 사면이 막혀 있었다. 독일은 이 나라를 표랑스로부터 떨어뜨려 놓고 있었으며, 폴란드와 루마니아는 이 나라를 소련으로부터 분리시켜 놓고 있었다. 체코슬로바키아의 인접국들은 적대적이었다. 헝가리는 아주 격렬하게 현상 변경을 원하는 "수정주의" 입장이었다. 폴란드는 프랑스의 동맹국이었지만 제1차 세계대전 이후 체코인들이 획득한 땅인 테신 때문에 역시 현상 변경을 원하는 수정주의의 입장에 있었고, 또한 자신이 독일과 맺은 불가침조약을 맹신했다. 체코슬로바키아를 "지원"하는 것은 논의될 수 있는 성질의 것이 아니었다. 그것은 전 유럽에 걸친 전쟁이냐 아니냐의 문제였다.

체코슬로바키아 문제가 지리적인 측면에서만 문제가 되어 왔다면 바로 눈앞의 문제는 아니었을 것이다. 체코슬로바키아의 민주주의와 이 나라가 맺고 있는 동맹 관계라는 두 요인도 그 자체만으로 위기를 유발했던 것 같지는 않다. 체코슬로바키아는 내부 깊은 곳에 암 덩어리를 지니고 있었다. 겉모습과 달리 체코슬로바키아는 단일 민족 국가가 아니라 다민족 국가였다. 체코인들만 진짜 체코슬로바키아인이었다. 심지어 그들조차도 이를 체코적 성격을 바탕으로 하는 중앙 집권적 국가를 의미하는 것으로 받아들였다. 다른 민족들 — 슬로바키아인, 헝가리인, 루테니아인, 그리고 무엇보다 독일인 — 은 소수 민족이었다. 이들은 어떨 때는 조용하고, 어떨 때는 불만을 품었으나, 현존하는 질서에 만족하며 지지하는 사람들은 결코 아니었다. (잘못 불린 것이기는 하지만 대체로 주데텐인Sudetens이라 불렸던) 삼백만 명의 독일인들은 역사적으로나 혈연적으로나 오스트리아인들과 긴밀한 관계에 있었다. 오스트리아 병합은 그들을 자극해 통제할 수 없는 흥분 상태에 몰아넣었다. 동등한 지위는 아닐지라도 민주적 공동체의 자유로운 시민으로 살아가는 자신들의 운명에 만족하며 지내는 것이 아마도 그들에게는 더 현명한 처사였을지 모른다. 그러나 민족주의의 호소를 듣는 사람에게 명철한 판단력은 서지 않는다. 강력하고, 통일되고, 민족적인, 거대한 독일인의 국가가 국경 바로 너머에 세워졌다. 그들의 오스트리아 혈족들도 독일인들의 국가에 막 참여했다고, 그들 역시 참여하기를 원했다. 동시에 그들은 분명히, 혼란스럽게도, 체코슬로바키아에 남아 있기를 또한 원했고, 그 두 가지 소원이 어떻게 조화될 수 있을지 결코 생각해보지 않았다. 하지만 아무리 혼란되어 있다 해도 체코슬로바키아에서 독일 민족주의 운동은 사실이었다. 또한 "체코슬로바키아를 지지하기" 원하는 사람들은 자신들이 독일 민족주의 운동이 일어나고 있다는 사실에 어떻게 대처할지를 결코 밝히지 못했다. 히틀러는 이러한 민족주의 운동을 일으키지 않았다. 민족주의 운동이 이용될 준비가 되어 — 그러길 간절히 바라며 — 히틀러를 기다리고 있었다. 오스트리아 때보다도 히틀러는 훨씬 더 행동할 필요가 없었다. 다른 이들이 히틀러를 위해 대신 일을 해줄 것이었다. 체코슬로바키아 위기가 히틀러에게 주어졌고, 그는 그 기회를 이용했을 뿐이다.

히틀러는 확실히 체코슬로바키아 내 독일인들을 "해방"하기를 원했다. 좀 더 실제적인 관점에서 그는 프랑스, 소련과 동맹을 맺은 잘 무장된 체코슬로바키아가 독일의 주도권에 대항해 세운 장애물을 제거하는 데도 주의를 기울였다. 그래도 이러한 일이 어떻게 이루어질 수 있을지에 대해 명확한 생각이 전혀 없었다. 유럽 내의 다른 모든 사람들과 마찬가지로 그는 프랑스와 프랑스의 의지를 실제 이상으로 평가했다. 그의 생각에 체코슬로바키아에 대한 독일의 지접적인 공격은 프랑스의 개입을 불러올 것이었다. 애초에 생각했던 해결책은 1937년 11월 5일의 회의에서 내비쳤듯이 지중해에서 프랑스와 이탈리아가 충돌하기를 바라는 것이었다. 그러고 나서는 그가 1938년 4월 어느 때인가 언급했듯이 "우리는 체코슬로바키아를 획득해오는 것이다"였다. 그러나 만약 이탈리아가 움직이지 못할 경우에는 "빈손으로 되돌아오는 것이다"[1]처럼 될 터였다. 이 계획 역시 잘못된 계산을 바탕으로 하고 있었다. 이탈리아의 공격 능력을 과대평가했다. 그러나 지중해에서의 전쟁이 예상대로 일어나든 아니든 그 전쟁은 주데텐의 민족주의 운동을 촉진해 체코슬로바키아에서 상황을 준비하는 데 도움을 줄 것이었다. 히틀러가 정면 공격으로 유럽 내의 프랑스 체제를 전복하려 들지 않았다는 것은 다른 어떤 사실만큼이나 확실하다. "뮌헨"이 아직 그의 머릿속을 지배했다. 당시 그에게 뮌헨이란 1938년 9월의 승리를 거두었던 회의가 아니라, 1923년 11월에 실패로 끝났던 나치의 봉기를 의미했다. 그는 무력 그 자체가 아니라 음모와 무력 사용의 위협으로써 성공을 거두려 했다. 3월 28일, 그는 주데텐 대표단을 맞이해 그들의 지도자 헨라인Konrad Henlein을 자신의 "대리자viceroy"로 임명했다. 그들은 체코슬로바키아 정부와 협상할 예정이었고, 또한 헨라인의 말처럼 "우리는 항상 충족될 수 없을 만큼 많은 요구를 해야 한다"는 생각을 가지고 있었다. 민족주의 운동은 합법적이고 질서를 지키는 것이어야 했다. 무력 진압을 정당화할 수 있는 어떠한 구실도 없어야 했다.[2] 어쩌면 체코인들이 그릇된 길로 들어설 것이고, 어쩌면 프랑스인들이 고심하거나 아니면 움츠러들 것이었다. 1938년 봄, 히틀러는 자신이 나아가야 할 길을 명확히 간파하지 못했다. 그는 어디에선가 무슨 일이 일어나주기를 기대하면서 긴장을 조성했다.

히틀러의 상대인 체코슬로바키아의 베네슈 대통령도 목적이 비슷했다. 그도, 정반대의 결과를 바랐지만, 역시 긴장을 조성하기를 원했다. 그는 프랑스인들, 그리고 영국인들도 위기에 직면하면 제정신을 차려 체코슬로바키아를 지지하리라 기대했다. 그러면 히틀러도 움츠러들 것이고, 또한 이러한 굴욕이 히틀러의 유럽 지배를 향한 진군을 저지할 뿐 아니라 독일에서 나치 정권을 몰락시킬지도 모르는 일이었다. 베네슈는 과거 이십 년 동안 외교 경험을 쌓았고 성공도 거두었다. 그는 민주주의의 메테르니히였다. 메테르니히와 똑같이 자신감이 있었고, 그와 똑같이 일을 조리 있게 해내며 설득력 있게 의견을 피력하는 뛰어난 자질을 지녔다. 그리고 메테르니히와 마찬가지로 조약과 국제적 권리를 지나칠 정도로 과신했다. 그는 주데텐 문제를 마치 한 세기 전 메테르니히가 이탈리아 문제를 처리했던 것과 매우 흡사하게 다루었다. 이탈리아 문제는 한 나라 안에서 해결할 수 없었고, 국제적인 장에서만 해결할 수 있었다. 베네슈나 주데텐인들이나 협상에 대한 열의는 오십 보 백 보였다. 또한 양쪽 모두 성공적인 결과가 나오리라는 희망을 거의 갖지 않았다. 어쩌면 베네슈는 협상 타결에 대한 의지 자체가 없었을지도 모르겠다. 체코슬로바키아에 있는 독일인들에게 양보한다면 다른 소수 민족들의 요구를 불러올 것이고, 그것은 현존하는 국가 체제의 붕괴로 이어지게 될 것이기 때문이었다. 베네슈와 주데텐인들은 양측 다 영국과 프랑스의 의견에 주의를 기울이는 자신들의 귀하고만 협상을 했다. 주데텐 지도자들은 자신들이 단지 체코슬로바키아 안에서 동등한 대우를 받기를 요구하고 있을 뿐이라는 인상을 주려고 애썼다. 베네슈는 그들이 체코슬로바키아의 해체를 드러내놓고 요구하지 않을 수 없도록 몰아가려고 애썼다. 그러면 서유럽 국가들이 나서게 될 것이라 믿었다. 그는 제1차 세계대전 동안 프랑스에 체류하면서 겪은 경험으로부터, 그리고 나중에 서유럽 국가들이 제네바에서 국제연맹을 이끌어 갈 때 겪은 경험으로부터 이 국가들을 판단했다 히틀러를 포함한 대부분의 사람들과 마찬가지로 그는 서유럽 국가들이 현재 도덕적, 물질적으로 쇠약한 상태에 있음을, 특히 프랑스의 쇠약함을 알아차리지 못했다.

　　베네슈 자신에게도 한계가 있었다. 체코슬로바키아의 동맹 관계는 서면상으로는 강력해 보였다. 1925년에 프랑스와 맺은 상호 방위 동맹이 있었고, 프랑스가 먼저 행동할 때만 작동하기로 되어 있었지만 1935년에 맺은 소련과의 동맹도 있었다. 그리고 헝가리에 대항해 맺은 루마니아, 유고슬라비아와의 소협상Little Entente이 있었다. 베네슈는 이러한 상황을 최대한으로 이용하지 못했다. 그는 소련과의 동맹을 의도적으로 등한시했다. 그의 생각에 소련과의 동맹은 프랑스와의 동맹의 보완재이지 대체재가 아니었다. 다른 이들이라면 다소 회의적인 시각에서였겠지만 프랑스가 중립을 지키더라도 소련이 체코슬로바키아를 지원할지를 곰곰이 따져 볼 수도 있었을 것이다. 베네슈는 그런 문제 자체를 제기하지 않았다. 그는 마사리크Tomáš Garrigue Masaryk의 뒤를 이은 서방주의자였다 마사리크는 러시아가 아니라 서유럽의 도움으로 체코슬로바키아의 독립을 성취한 인물이었다. 베네슈는 영국 공사 뉴턴Basil Newton에게 "체코슬로바키아의 대對러시아 관계는 이제까지 항상 부차적인 것이었고 앞으로도 계속 그러할 것입니다. …… 우리나라는 언제나 서유럽을 따를 것이고 서유럼과의 관계를 굳게 지킬 것입니다"라고 말했다.[3] 에스파냐 내전은 러시아의 지원으로 "민주주의"를 지키는 것에 대해 조심해야 할 또 하나의 이유가 되었다. 그러나 베네슈에게는 주의를 기울여야 할 이러한 이유가 필요 없었다. 그의 생각은 이미 오래 전에 정해졌다. 설령 그의 마음이 움직인다 해도 체코슬로바키아 내부에는 강하게 제지하는 세력이 있었다. 연립 정부의 제일 정당인 체코 농민당은 공산주의와 어떠한 제휴를 맺는 것도 두려워했다. 더욱이 베네슈는 평화 지향적 인물이었다. 체코슬로바키아군은 굉장한 강군이었고, 장비가 잘 갖추어진 체코군 34개 사단은 어쩌면 훈련이 덜 되어 있던 1938년의 독일군과 자력으로도 대적할 만했을 것이다. 그러나 베네슈는 전면전이라는 있을 법하지 않은 경우를 제외하고 결코 체코군을 사용하려고 마음먹지 않았다. 체코인들은 소규모 민족이었다. 이들이 1620년 화이트마운틴의 참사에서 벗어나 회복되는 데 거의 삼백 년이 걸렸다. 베네슈는 체코인들이 다시는 그러한 재난을 겪지 않아야 한다는 굳은 의지를 가지고 있었다. 그는 크게 걸고 히틀러와 한판 붙을 각오는 되어 있었지만 그래도 할 수 있는 모든 일 가운데 가장 큰 모험까지 하고자 하지는 않았다. 최후의 수단으로, 그는 폭풍에 머리를 숙이고 굴복해 체코인들이 살아남기를 바라려 했다. 그리고 실제로 그들은 살아남았다.

히틀러와 베네슈는 둘 다 긴장을 고조시키고 위기를 불러오길 원했다. 영국인들과 프랑스인들은 같은 계산 과정을 거쳐 정반대의 목표를 정했다. 그들은 전쟁과 굴욕 둘 중 하나를 택해야 하는 끔찍한 경우를 맞지 않기 위해 위기를 피하고자 했다. 두 나라 중 영국이 더 나빴다. 잠으로는 프랑스인들이 더 위험에 노출되어 있는 것으로 보였다. 즉 영국인들은 소멸해 가는 국제연맹의 회원국으로서의 의무 외에 다른 의무에 구속되지 않았던 반면, 프랑스인들에게는 체코슬로바키아와 맺은 명확한 동맹의 의무가 있었다. 그러나 프랑스인들은 자신들이 처한 딜레마를 영국인들에게 떠넘길 수 있었다. 프랑스인들은 히틀러에 대한 대항을 영국인들과 논의할 수 있었으며, 만약 영국인들이 그들을 지원하기를 거부한다면 비난의 화살이 영국인들에게 돌아갈 것이었다. 이는 묘한 결과를 가져왔다. 히틀러와 베네슈, 그리고 프랑스인들까지도 위기가 고조되기를 기다렸다. 그들은 그렇게 되면 영국인들이 결정을 내릴 수밖에 없을 것이라 확신했다. 바로 이러한 이유에서, 영국인들은 행동을 해야만 했다. 그들은 체코슬로바키아 문제로부터 가장 멀리 떨어져 있었으나, 문제를 제기하는 데 가장 적극적이었다. 영국인들의 동기는 더없이 숭고했다. 유럽 전쟁을 막으려 했고, 1919년에 성립된 민족 자결의 대원칙에 좀 더 부합하는 해결을 이루어내길 원했다. 그러나 결과는 의도와 정반대였다. 그들은 주데텐 독일인 문제에 대한 "해결책"이 있을 것이고 협상으로 그러한 해결책을 이끌어낼 수 있을 것이라 생각했다. 그러나 사실상 문제는 협상으로는 해결될 수 없었고, 협상이 진행될수록 매 순간 이 사실이 점점 더 분명하게 드러날 뿐이었다. 영국인들은 위기를 피하려고 애씀으로써 위기를 불러왔다. 체코슬로바키아 문제는 영국인들이 만든 것이 아니었다. 그러나 1938년 체코 위기는 영국인들의 작품이었다.

영국인들은 오스트리아가 병합되던 바로 그 순간부터 문제를 인식했다. 히틀러가 방침을 수립하기 훨씬 전이었다. 3월 12일, 프랑스 대사가 오스트리아 문제를 논의하려고 전화했을 때, 할리팩스가 다음과 같은 질문으로 응했다. "프랑스인들이 체코슬로바키아를 지원한다는 것은 무엇을 의미합니까?" 대사는 "어떠한 간명한 대답도 가지고 있지 못했다".[4] 열흘 뒤 영국인들이 자신들의 답을 내놓았다. 대답을 한 것이 아니라면 적어도 대답할 것이 없음을 나타낸 것이었다. 프랑스 정부에 보내는 각서에서 영국인들은 로카르노 체제 하에서 자신들이 약속했던 것들을 강조했다. "영국인들의 관점에서 그러한 약속들은 유럽에서 평화를 유지하기 위한 상당한 공헌이고 또한 그들은 약속들을 철회할 의도는 없다고 하더라도 추가로 더 많은 약속을 할 수 있을 것 같지 않다." 프랑스와 소련의 군사 작전이 독일의 체코슬로바키아 점령을 막을 수 있으리라는 "희망은 거의 없었다". 영국인들은 만일 프랑스와 소련이 독일과의 전쟁에 돌입하더라도 봉쇄를 통한 "경제적 압박"만을 제공할 수 있었다. 따라서 체코슬로바키아 정부가 "체코슬로바키아 국가의 보전을 보장하는 것과 양립할 수 있는 방식의 독일계 소수 민족 문제에 대한 해결책"[5]을 찾아내도록 압력이 가해져야 했다. 할리팩스는 다른 개인적인 의견들을 덧붙였다. "매우 솔직히 말해서 시기가 좋지 못합니다. 또한 우리의 계획은 공격 계획이건 방어 계획이건 충분히 마련되어 있지 않습니다."[6] 그는 또 프랑스 대사에게 이런 말을 했다. "프랑스인들은 아마도 강력한 선언의 가치를 우리보다 더 높이 평가하는 경향이 있는 것 같습니다."[7] 영국인들은 이미 한 차례 그러한 선언을 거부했었다. 3월 17일, 소련 정부가 "국제 연맹 안에서든 밖에서든" "모두 함께 평화를 수호하기 위한" 실질적인 방법에 대해 논의하자고 제안했다. 할리팩스는 이러한 생각에 "무슨 대단한 가치"가 있다고 생각하지 않았고, 러시아인들에게 "미해결 상태에 있는 문제들의 해결을 보장하기보다 침략에 대한 공동 행동을 조직하기 위해 구상된" 회의가 유럽 평화의 전망에 반드시 좋은 결과를 가져올 것 같지는 않다"고 말했다.[8]

　프랑스인들은 이쪽이나 저쪽으로 결심하도록 재촉 받는 것을 당연히 좋아하지 않았다. 3월 15일, 프랑스 국방 위원회가 체코슬로바키아를 지원하는 문제를 논의했다. 여기서 가믈랭이 답변했다. 프랑스군이 상당수의 독일군을 "묶어둘 수 있겠지만" (이 당시 사실 존재하지 않았던) 지크프리트선Siegfried line을 돌파하지는 못할 것이므로, 독일을 공격하는 유일하고 효과적인 방법은 벨기에를 통과하는 것이고, 이에 대한 승낙을 확보하기 위해 영국의 외교적 지원이 필요하다는 것이었다.[9] 그는 평상시 하던 대로 논점을 애매하게 흐렸다. 정치인들이 군사 문제를 질문했는데, 가믈랭은 답변으로 외교에 대해 말했다. 외상 폴-봉쿠르Joseph Paul-Boncour는 외교에 관한 한 이러한 강경노선을 취하려 했다. 그는 3월 24일, 영국 대사 핍스Eric Phipps에게 "독일에 대한 두 나라(영국과 프랑스 — 저자)의 명확한 경고가 …… 전쟁을 피하는 가장 좋은 수단이 될 것입니다. …… 시간이 우리 편에 있지 않습니다. 독일이 …… 점점 더 강해질 것이기 때문입니다. 유럽에서 마침내 완전한 주도권을 잡게 될 때까지 말입니다"라고 말했다.[10] 영국인들은 이전부터 종종 들어왔던 이런 언급에 대꾸하지 않았다. 또 그럴 필요도 없었다. 폴-봉쿠르가 자리에 앉아 있을 날이 얼마 남지 않았기 때문이다. 4월 10일, 정권을 잡은 지 한 달이 채 안 되었던 레옹 블룸 정부가 붕괴되었다. 후임 수상 달라디에는 처음에는 폴-봉쿠르를 유임시킬 생각이었다. 그러나 곧, 나중에 훨씬 불리한 상황에서 싸우기보다 지금 강경한 태도를 취해야 한다는 그의 말에 놀랐다. 달라디에는 폴-봉쿠르에게 전화를 걸어 "당신이 권고하는 정책은 훌륭하며 프랑스가 취할 만합니다. 그러나 나는 우리가 지금 그 정책을 따라야 할 상황에 놓여 있지 않다고 믿습니다. 나는 조르주 보네를 임명하려고 합니다"라고 말했다.[11] 달라디에는 1940년 4월까지 수상 자리를 지켰다. 보네는 1939년 9월까지 외상으로 있었다. 이 두 사람이 프랑스를 전쟁으로 이끌고 갔다.

달라디에와 보네의 파트너십은 불안했다. 달라디에는 프랑스의 명예를 지키기를 열망하고 강경책만이 히틀러를 제지할 수 있다고 확신하는, 오랜 전통을 이어받은 급진주의자였다. 그러나 그는 그 일을 어떻게 할 수 있는지 몰라 당황했다. 그는 제1차 세계대전 동안 참호 속에서 군복무를 했고, 또다시 대학살극이 일어나게 될까 두려워 위축되었다. 매번 그는 유화 정책에 단호하게 반대하는 말을 하고는, 그리고 나서 묵인했다. 반면 보네는 히틀러를 잠잠케 만들기 위해서라면 어떤 대가라도 치를 준비가 되어 있는, 체현된 유화 정책 그 자체였다. 프랑스의 세력을 지탱하는 기둥이 무너졌다고 믿는 보네의 주된 목표는 그 결과에 대해 다른 이들 — 영국인들, 체코인들, 폴란드인들, 러시아인들 — 에게 비난의 화살을 돌리는 것이었다. 그는 문서상 자신, 그리고 프랑스가 책임질 일이 없어 보이는 한 누가 비난을 받게 되든지 상관하지 않았다. 달라디에나 보네는 결코 한순간도 영국인들과 그 밖에 다른 나라 사람들이 따라올 것을 바라고 자신들이 주도해보려는 생각을 가진 적이 없었다. 오히려 그들은 자신들을 끔찍한 상황에서 벗어나게 해줄 어떤 묘수를 바라며 런던을 애처롭게 바라보았다.

런던에서도 체임벌린과 할리팩스의 파트너십이 전혀 원만하지 못했다. 체임벌린은 영국의 정책과 프랑스의 정책을 결정하는 데 사람 중 가장 자신의 입장을 확고하게 지키는 그런 성격의 소유자였다. 그가 원래부터 전쟁을 혐오했지만, 소심함, 즉 영국의 힘에 대한 의구심은 그의 계산에 영향을 주지 않았다. 그는 평화를 위해서 히틀러를 설득할 수 있다고 믿었고, 체코슬로바키아에 관한 한 히틀러에게 충분한 이유가 있다고 믿었다. 따라서 그는 국내에서나 해외에서 어떠한 반대가 있더라도 이 두 가지 믿음에 의거해 행동하기로 마음먹었다. 그는 종종 대외 문제에 무지하다고 비판받았다. 그러나 아마도 대외 문제에 대해 가장 잘 판단할 수 있는 능력이 있다고 생각되던 사람들도 그와 의견을 공유했다. 베를린 주재 대사 네빌 헨더슨 역시 히틀러가 평화를 추구하는 방향으로 설득될 수 있다고 확신했다. 그는 반시타트에 의해, 활동할 수 있는 영국 외교관 중 가장 훌륭한 인물로 발탁되어 그 자리에 앉았다.[12] 베를린에 주재하는 헨더슨과 프라하에 주재하는 뉴턴 모두 주데텐 독일인들의 요구에 도덕적으로 충분한 근거가 있으며 체코슬로바키아 정부가 그러한 요구들을 충족시키려는 어떠한 성실한 시도도 하고 있지 않다고 주장했다. 파리에 주재하는 핍스는 프랑스의 무력함을 강조했다. 어쩌면 과장한 것인지도 모른다. 외무성 내의 몇몇 사람들은 체임벌린의 정책을 싫어했다. 그러나 이들은 달라디에와 매우 같은 입장이었다. 이들은 체임벌린의 정책을 혐오했지만, 아무도 대안을 제시할 수 있는 사람이 없었다. 영국과 프랑스가 독일의 라인란트 재점령에 맞서 행동하지 않았던 것을 유감스럽게 생각했고, 히틀러가 "한방 된통 맞아야 한다"고 생각했다. 하지만 이들은 그 한방을 어떻게 실행에 옮길 수 있을지에 대해 아무 생각도 갖고 있지 못했다. 이들 중 아무도 미국에 희망을 걸고 있는 사람이 없었고, 또한 이들 중 누구도 소련과의 동맹을 주장하지 않았다. 모스크바 주재 영국 대사 칠스턴Aretas Akers-Douglas, 2nd Viscount Chilston이 특히 그랬다. 일례로 4월 19일 그는 "붉은 군대는, 소련 영토 안에서 방어 전쟁을 할 능력은 분명 있겠지만, 적의 영토에 진격해 들어가 전쟁을 수행할 능력이 없습니다. …… 저는 개인적으로는 소련 정부가 오로지 자신들이 맺은 조약상의 의무를 이행하기 위해서나, 혹은 소련의 위신에 대한 타격 또는 소련 안보에 대한 간접적인 위협을 미리 방지하기 위해 전쟁을 선언한다는 것이 거의 있을 법하지 않은 일이라 생각합니다. …… 소련은 유럽 정치의 바깥에 있는 것으로 간주되어야 합니다"라고 적었다.[13] 이러한 견해들이 외무성에서 전적으로 수용되었다. 체임벌린은 전에 없던 정책을 생각해내야 했다.

할리팩스가 이 정책에 동의했는지 아닌지 말하기는 어렵다. 더구나 할리팩스 자신의 정책을 발견해내기는 더욱 어렵다. 그는 온갖 이유를 들어 반대하기를 잘했다. 그는 프랑스 정치가들, 그 중에서도 특히 보네를 경멸했다. 그는 소련과 미국에 회의적이었던 것으로 보인다. 체코인들에 대한 동정심이 없었고, 베네슈에 대해 몹시 참지 못했다. 그에게 유화 정책에 대한 어떤 한 차원 높은 신념이 있었을까? 아마도 베르히테스가덴 방문은 그에게 히틀러에 대한 지울 수 없는 혐오를 남겨 주었을 것이다. 그러나 할리팩스는 인생의 많은 부분을 자신이 싫어하는 사람들 틈에서 보냈다. 간디Mahatma Gandhi를 관저에 맞아들였던 인도 총독이었다는 것을 생각할 때 그가 개인감정에 좌우되었을 것 같지 않다. 그의 정책이 지향하는 목적은, 만약 목적이라는 것이 있었다면 시간을 버는 것이었다. 비록 그 시간을 어떻게 사용해야 할지 명확한 계획은 없었지만 말이다. 그의 당면 목표는 보네와 마찬가지로 자신의 결백함을 유지하는 것이었다. 보네와 달리, 그는 그 일을 해냈다. 할리팩스는 체임벌린에게 한결같이 충성했다. 이러한 충성은 체임벌린이 모든 책임을 떠맡도록 하는 형태였다. 그리고 그는 간절히 그러고자 했다. 그러나 때때로 할리팩스는 반대 방향에서 잡아당기기도 했다. 그리고 그 작업이 때로 결정적인 순간에 영향을 주기도 했다. 서구 문명의 운명을 자신들 사이에서 결정지은 네 인물들은 이러했다.

네 사람은 하고 싶지 않았지만 본의 아니게 이 일을 맡아 하게 되었다. 이들은 방법을 알기만 한다면 중부 유럽에 등을 돌리고 싶었다. 4월 초, 베네슈가 주데텐 독일인들에게 제공할 수 있는 양여를 생각하기 시작했다. 목적은 영국의 지원을 얻어내는 것이었다. 그는 자문했다. 만약 자신의 양여가 영국인들에게 공정하게 보인다면 그들이 베를린에 권고를 하지 않을까? 그러나 영국인들은 뒤로 물러나 버렸다. 그들은 체코슬로바키아에 어떠한 언질도 주려 하지 않았다. 심지어 자신들이 베를린에서 아무것도 언급하지 않으면 히틀러가 체코슬로바키아에 전혀 주의를 기울이지 않을지도 모른다고까지 주장했다. 보네 역시 입장을 정리하도록 재촉 받고 있었다. 바르샤바 주재 프랑스 대사이자 이전에 프라하 주재 대사였던 노엘Léon Noël이 체코슬로바키아를 방문하고 파리로 돌아와 권고했다. 그는 프랑스가 폴란드, 체코슬로바키아와 맺은 동맹이 군사 협정으로 보완되어 있지 않다고 지적했다. 이런 동맹은 종이쪽지일 뿐인 국제연맹의 서면상의 보증 같은 것이며, 현재로서는 실제 작동하는 것이 될 수 없었다. 그는 보네에게 "우리는 전쟁이 아니면 항복을 향해 가고 있습니다"라고 말했다. 그의 생각에, 베네슈에게 7월 초까지는 주데텐 사람들을 흡족하게 해야만 한다고 말해야 했다. 그 후로는, 베네슈는 프랑스의 도움을 기대하지 말아야 했다.[14] 그러나 결정은 보네의 능력을 넘어서는 것이었다. 그는 포기하는 것조차도 결심할 수 없었다. 대신 그는 영국인들에게 결정권을 넘길 것을 제안했다. 그러자면 영국인들에게, 강경하게 대처해 체코슬로바키아를 공식적으로 지원할 것을 요청해야 했다. 그러나 영국인들이 거절하면 어떻게 해야 하는가? 보네는 대답할 것이 없었다.

4월 28일, 달라디에와 보네가 이틀 동안 영국 각료들과 회의를 하기 위해 런던에 왔다. 정책의 양상이 분명하게 드러났다. 영국인들은 1936년 3월에 했던 보장 아래 자신들이 약속했던 프랑스에 대한 방침을 강조했다. 그러나 진정한 약속이라기보다 자신들이 할 수 있는 최대한의 한계를 말한 것이었다. 그들은 "대륙에서의 전쟁을 치르기 위해 특별히" 두 개의 사단을 갖춰 놓으려 하지도 않았고, 이탈리아를 건드릴까 두려워 해군 회담에 동의하려 하지도 않았다. 체임벌린은 전쟁이 일어날 확률이 백분의 일이라고 할지라도 영국 여론은 정부가 전쟁의 위험을 무릅쓰는 것을 허용하지 않을 것이라고 말했다. 그와 할리팩스는 전쟁에 반대하는 주장을 되풀이했다. 이러한 주장을 언제든 쉽게 찾을 수 있다. 영국과 프랑스가 스스로를 방어할 수 있다손 치더라도 — 이것 역시 의심스러웠지만 — 체코슬로바키아를 구할 수는 없었다. 러시아는 있으나마나 했고, 폴란드는 "불확실"했다. 체임벌린은 "설사 독일이 체코슬로바키아를 쳐부수기로 결정했다 하더라도, 나는 어떻게 막을 수 있을지 알지 못합니다"라고 말했다. 그 후 그는 좀 더 희망적인 언급을 했다. 사람은 대개 자신이 믿고 싶은 것을 믿게 마련이다. 체임벌린은 만약 주데텐 독일인들의 요구가 충족된다면 히틀러가 만족할 것이라 믿고 싶어 했다. 그러므로 만약 영국인들과 프랑스인들이 베네슈에게 양보하도록 압력을 가한다면 모든 일이 잘될 것이었다.

달라디에는 이러한 주장을 전혀 좋아하지 않았다. "전쟁을 피할 수 있는 것은, 영국과 프랑스가 독립국 국민들의 자유와 권리를 존중함으로써 유럽의 평화를 유지할 것이라는 결심을 아주 분명하게 피력할 경우뿐입니다. …… 만약 우리가 또 다른 위협에 직면해 다시 한 번 굴복한다면, 그 때는 우리가 피하고자 했던 바로 그 전쟁으로 가는 길을 준비해야만 할 것입니다." 달라디에 역시 자신이 믿고 싶은 것을 믿었다. "독일의 정책은 한낱 허세일 뿐입니다. …… 지금의 우리에게는 아직 독일이 나아가는 길을 가로막을 수 있는 능력이 있습니다." 프랑스인들도 베네슈로 하여금 양보하도록 재촉하고 싶어 했다. 그러나 만약 양여가 히틀러를 만족시키지 못한다면 영국인들은 체코슬로바키아를 지원하는 데 동의해야 할 것이었다. 영국인들은 거절했다. 사태가 막다른 길에 이르렀다. 이들이 함께한 점심 식사의 분위기는 "매우 침울"했다. 이후에 프랑스가 한발 물러섰다. 달라디에는 자신의 신념에 따라 행동할 각오가 되어 있지 않았다. 그는 영국과 유럽을 이끌어 가려 하지 않았다. 체임벌린은 체코슬로바키아의 양여가 전쟁을 막아줄 것이라는 자신의 신념에 따라 기꺼이 행동하고자 했다. 또한 확실히 그는 양여가 얼마나 큰 것이 될 것인가를 신경 쓰지 않았다. 반대는 항상 찬성보다 강한 법이고, 행동하기를 거부하는 것이 별로 확신 없이 행동하는 것보다 우세할 것이다. 영국인들의 견해를 거의 수용하는 타협안이 안출되었다. 영국과 프랑스 두 나라 모두 체코인들에게 양보를 재촉하며, 영국인들은 히틀러에게 성급하게 행동하지 않을 것을 촉구하는 것이었다. 만일 양여가 실패한다면 영국인들은 "프랑스가 개입하지 않을 수 없고, ⋯⋯ 국왕 폐하의 정부가 자신들도 똑같이 행동하지 않으리라고 보장할 수 없다고 생각되는 위험 상황"[15]을 독일 정부에 경고할 것이었다.

그리하여 1938년 4월 말이 되자 체코슬로바키아 내 독일인들의 문제는 더 이상 주데텐 독일인들과 체코슬로바키아 사이의 분쟁도 아니었고, 체코슬로바키아와 독일 사이의 분쟁도 아니었다. 아니, 결코 체코슬로바키아와 독일 간의 분쟁이 될 수 없었다고 말하는 편이 나을 것이다. 영국 정부와 프랑스 정부가 당사국으로 전면에 나서게 되었다. 아무리 감추었어도 이들의 목표는 독일을 억제하는 것이 아니라 체코인들에게서 양여를 이끌어내는 것이었다. 압력은 주로 영국인들이 가했다. 프랑스인들은 — 이론상으로 여전히 체코슬로바키아와 동맹을 맺고 있어 — 어쩔 수 없이 뒤에서 끌려왔다. 사태가 이렇게 진전되자 베네슈가 세웠던 계획은 엉망이 되었다. 4월 한 달 내내 그는 주데텐 지도자들이 비타협적 태도로 어쩔 수 없이 자신의 제안을 거부하게 되기를 바라면서 그들에게 제안을 해왔다. 그는 성공했다. 4월 24일, 헨라인이 카를스바트에서 행한 연설에서 국가 사회주의를 선전할 수 있는 완전한 자유와 함께 체코슬로바키아를 다민족 국가로 전환시킬 것을 요구했고, 또한 — 더 나아가 — 체코슬로바키아를 독일의 위성국으로 만들게 되는 그러한 대외 정책의 변화를 요구했다. 베네슈에게, 그리고 그 점에 관해서는 또한 뉴턴에게도[16] 주데텐 독일인들의 요구가 충족된다면 체코슬로바키아가 더는 독립국으로 존재하지 않을 것이 분명했다. 하지만 주데텐 독일인들의 시위는 영국 정부와 프랑스 정부에 별반 영향을 주지 못했다. 그들은 자신들의 마음이 편안하기 위해 베네슈가 스스로 생존을 포기해야 한다고 계속 요구했다.

영국인들과 프랑스인들이 체코인들에게 양보를 강요한 것이 다가 아니었다. 영국인들은 또한 히틀러에게 요구를 하라고 권했다. 이 일은 히틀러를 깜짝 놀라게 만들었다. 사태는 정확히 그가 예상했던 대로는 아니었지만 그가 바라던 것보다 더욱 급속하게 그리고 더욱 유리하게 전개되었다. 프랑스와 이탈리아의 지중해 전쟁이 일어날 기미가 보이지 않았다. 체임벌린이 이든을 무시하고 주장했던 영국-이탈리아 합의가 4월 16일에 실제로 조인되었다. 이것은 양국 간의 관계를 증진시키고, 그에 따라 암묵적으로 프랑스와 이탈리아의 관계 또한 개선시킬 것이었다. 히틀러는 이를 심각하게 받아들여 추축이 여전히 건재하다는 시위로 5월 초에 로마를 방문했다. 그곳에 있을 때, 이탈리아라는 협력국이 거의 필요치 않다는 정보가 그에게 전해졌고, 영국인들이 히틀러 편에 끼려고 안달했다. 영국인들은 눈에 띄게 독일을 안심시키려고 했다. 헨더슨은 "프랑스가 체코슬로바키아를 위해 행동하고 있고 독일은 주데텐 독일인들을 위해 행동하고 있습니다. 영국은 이 경우에 독일을 지지하고 있습니다"라고 말했다.[17] 헨더슨 바로 다음 서열로서 일등서기관으로 있던 커크패트릭Ivone Kirkpatrick은 독일 관리와 오찬을 하면서 "만일 독일 정부가 주데텐 독일인 문제에 대해 어떤 해결책을 강구하고 있는지 영국 정부에 넌지시 알려 준다면 …… 영국 정부는 체코슬로바키아 정부가 독일의 바람에 응하지 않을 수 없도록 프라하에 압력을 가할 것입니다"라고 말했다.[18] 할리팩스는 독일 주재 외교관들에게 너무 앞서간다고 질책했다. 그러나 그도 느림보는 아니었다. 그는 독일 대사에게

"감정을 뚜렷이 내비치며" 말했다. "만약 독일, 영국, 미국이라는 같은 혈통을 지닌 세 나라가 평화를 위한 공동 행동에 하나가 되어 협력할 수 있다면 무엇보다 좋은 일이 될 것입니다."[19] 히틀러는 이러한 재촉에 넘어가지 않았다. 문제가 뒤로 미뤄지고 긴장이 고조될수록 서유럽 국가들이 자신을 위해 더 많은 일을 대신해줄 것이었다. 체코슬로바키아는 독일 쪽의 노력이 없어도 붕괴까지 갈 수 있을 것 같았다. 그리하여 헨라인이 런던으로 파견되어 화해의 태도를 내보이고 다녔다. 그는 베를린의 지시를 받지 않고 행동하고 있다고 주장했으며, 처칠과 반시타트 같은 날카로운 관찰자들로 하여금 자신의 진실성을 거의 믿게 만들었다. 히틀러가 행동을 자제했다고 하는, 기밀이었기 때문에 훨씬 더 강력한 증거가 있다. 5월 20일, 참모부는 히틀러의 지시에 따라 체코슬로바키아에 대한 작전 초안을 제출했다. 그것은 한정적인 언급으로 시작된다. "아주 가까운 장래에, 도발이 없는데도 체코슬로바키아를 군사 행동으로 분쇄하는 것은 나의 의도가 아니다"라는 것이었다. 이어 이탈리아와 서유럽 국가들 사이의 전쟁에 대한, 이제는 쓸모없는 가설이 뒤따랐다.[20]

　　체코슬로바키아 문제에 관련된 또 한 나라가 있었다. 체코인들을 포함해 모든 사람들이 그렇지 않은 것처럼 보이려 애썼지만 말이다. 바로 소련이었다. 소련은 체코슬로바키아에 제한적이나마 동맹 관계로 연결되어 있었고, 유럽의 세력 균형이 변화하면 깊이 영향을 받게 되어 있었다. 영국 정부와 프랑스 정부는 소련을 인정했으나 소련의 군사력이 허약함을 강조할 뿐이었다. 이러한 견해는 확실히 입수한 정보에 기초했지만 다른 한편으로는 소망의 표현이기도 했다. 이들은 소련이 유럽에서 배제되기를 원했고, 따라서 상황에 외해 소련이 그렇게 되었다고 쉽사리 가정해버렸다. 이들의 소망이 한 층 더 나아간 것이었을까? 이들은 소련을 배제할 뿐 아니라 소련에 적대해 유럽을 확립하고자 계획했을까? 나치 독일로 하여금 "볼셰비키의 위협"을 분쇄하도록 한다는 것이 이들의 의도였을까? 당시에도 후에도 소련은 그렇지 않을까 의심했지만, 공식 기록이나 혹은 그 외의 것들에서조차 증거가 거의 없다. 영국과 프랑스의 정치가들은 독일 문제로 너무나 정신이 혼란스러워 독일이 동유럽에서 지배적인 국가가 되었을 때 어떤 일이 일어날지 생각하지 못했다. 물론 그들은 독일이 팽창한다면 서쪽이 아니라 동쪽으로 진군하는 것이 낫다고 생각했다. 그러나 그들의 목적은 전쟁을 준비하는 것이 아니라 전쟁을 방지하는 것이었다. 또한 그들 — 아니면 적어도 체임벌린 — 은 요구가 충족되면 히틀러가 만족하고 잠잠해질 것이라고 진심으로 믿었다.

소련의 정책이 무엇인가는 서유럽 정치가들에게 미스터리였다. 그리고 여전히 우리에게도 그러하다. 소련의 입장은 문서상으로 확고했다. 프랑스가 먼저 행동을 한다면 자신들도 체코슬로바키아와 맺은 동맹의 규정에 따라 기꺼이 행동하겠다고 확언할 수 있었다. 그러나 프랑스가 결코 행동을 하지 않았기 때문에 그들은 허세 — 그것이 정말 허세였다면 — 를 부릴 때 패를 보여달라고 요구받을 일이 없었다. 그들이 체코슬로바키아를 지원하기로 의도했든 아니든, 분명히 체코슬로바키아의 저항을 강화시키는 것이 그들에게 이익이 되었다. 만약 그들이 지원 요청을 받았다면 어떻게 했을까 하는 것은 결코 대답을 얻을 수 없는, 가정에 기초한 물음일 뿐이다. 우리는 소련의 행동을 확인할 수 있는 한에서 기록하는 데 만족해야 한다. 1938년 봄, 소련 정부가 에스파냐 정부 지원을 삭감하기 시작했고, 곧이어 완전히 중단했다. 매우 뛰어난 논평가들은 이것이 히틀러와의 관계 개선을 위한 사전 준비가 아닐까 하는 생각을 내비쳤다. 그러나 히틀러는 에스파냐 내전이 지속되기를 바랐고, 따라서 공화국에 대한 소련의 원조에 별 관심이 없었다. 오히려 소련의 원조가 계속되는 편을 선호했다. 좀 더 간명한 설명을 극동에서 벌어진 사태에서 찾을 수 있다. 일본이 중국에 대한 전면적인 침략에 돌입했다. 소련 정부는 스스로를 방어하기 위해 수중에 있는 모든 가용한 무기를 필요로 했을 것이다. 만약 그들이 유럽에 관해 무엇을 생각했다면, 그것은 자신들이 에스파냐 개입을 중단하는 것이 영국 그리고 프랑스와의 우호 관계 수립을 용이하게 해주리라는 것이었다. 그러나 이 소망은 앞으로 좌절될 운명이었다.

소련의 체코슬로바키아 지원은 문서상으로 명백했다. 4월 23일, 스탈린은 주요 동지들과 이 문제에 대해 논의했다. 체코인들은 다음과 같은 말을 들었다. "요청을 받는다면, 소련은 — 프랑스 그리고 체코슬로바키아와의 협정에 따라 — 체코슬로바키아의 안보와 관련된 모든 필요한 조치를 취할 준비가 되어 있습니다. 소련은 그렇게 하기 위한 모든 필요한 수단을 가지고 있으며 …… (최고 사령관 — 저자) 보로실로프Kliment Voroshilov는 매우 낙관적입니다."[21] 5월 12일, 외무 인민 위원 리트비노프가 제네바에서 있었던 국제연맹 회의 기간 중에 보네와 체코슬로바키아 문제를 논의했다. 보네는 폴란드와 루마니아가 소련 군대의 통과를 허용하지 않을 것이라 예상한다면 소련이 체코슬로바키아를 어떻게 도울 수 있는지 질문했다. 리트비노프는 그들은 프랑스의 동맹국이므로 프랑스가 허락을 받아 내야 할 것이라고 대답했다. 다시 한 번, 그들이 용의주도하게 도망갈 구 멍을 만들었던 것인지도 모른다. 그러나 이보다는 리트비노프가 프 랑스의 위세가 기운 것을 판단하지 못했고, 만약 소련에게 동맹국이 있었다고 한다면 소련이 동맹국에게 지시할 것이듯 프랑스도 그럴 수 있을 것이라 생각했다고 하는 편이 좀 더 그럴듯하다. 보네는 그 러나 한숨을 쉴 뿐이었다. 리트비노프의 말에 따르면, 이것으로 "우 리의 회담은 끝나버렸다".[22]

소련의 개입을 가능하게 만드는 일은 사실상 보네의 정책 가 운데 어디서도 찾아볼 수 없었다. 이에 대한 다른 증거가 있다. 5월 중순, 모스크바 주재 프랑스 대사 쿨롱드르Robert Coulondre가 파리에 왔 다. 그는 프랑스 외무성에서 몇 안 되는, 단호한 태도를 지닌 사람 중 하나였다. 쿨롱드르는 소련, 체코, 프랑스 참모부 간에 군사회담이 즉시 시작되어야 한다고 역설했다. 보네는 늘 그래왔던 것처럼 마지 못해 동의했다. 그러나 쿨롱드르가 모스크바로 돌아간 뒤에도 아무 일도 일어나지 않았다. 또한 그는 파리로부터 회담과 관련된 아무 정 보도 받지 못했다. 6월이 되어 그는 체코인 동료에게서 영국 보수당 여론을 자극하지나 않을까 염려되기 때문에 회담이 열리지 않을 것 이라 전해 들었다. 런던에서 이에 대해 묻는 일은 없었다. 보네 자신 이 주도해 회담을 기각한 것이었다. 그리하여 소련 정부는 자신들의 도덕적 완전성을 유지할 수 있었고, 서유럽 국가들은 물질적으로 허 약한 채로 남게 되었다.

하지만 힘을 보여주면 히틀러가 물러나게 될 것이라 믿는 이 들이 있었고, 이에 따라 무력시위가 실제로 벌어졌다. 5월 20일, 체 코슬로바키아 예비군이 소집되었고 국경 초소에 병력이 배치되었다. 또한 체코슬로바키아 정부는 히틀러가 지난 번 오스트리아에 대해서 그랬다고 알려졌듯이, 기습 공격을 실행하려 했다는 사실이 알려지도록 했다. 독일인들은 명예를 훼손당했다고 야단스럽게 떠들어대며 부인했다. 전후 획득된 독일인들의 비밀 기록 조사를 통해 그들의 부인이 옳았다는 것이 확증되었다. 독일 군대는 전혀 이동하지 않았고, 행동을 위한 준비도 없었다. 이해하기 힘든 이 에피소드를 어떻게 설명할 것인가? 아무것도 밝혀진 것이 없다. 체코인들이 그릇된 경보에 정말로 잘못 이끌렸을 수도 있다. 일부 과격파 주데텐 독일인들이 행동을 자제하라는 엄격한 지령에도 불구하고 오스트리아 나치의 방식으로 행동할 계획을 세웠을 가능성도 있다. 혹은 독일인들이 체코인들을 자극하여 행동을 하게끔 하려는 목적으로 잘못된 소문을 퍼뜨렸을 수도 있다. 그러나 이러한 설명 가운데 어느 것도 확실히 그랬을 것 같은 것이 없다. 좀 더 그럴듯한 설명은 유화 정책을 불신시키기 위해, 그리고 힘을 보이면 히틀러가 물러선다는 것을 보여주기 위해 체코인들이 무력시위를 했다는 것이다. 누가 생각해낸 것일까? 체코인들 자신이었을까? 다른 모든 사람들만큼이나 깜짝 놀랐던 러시아인들은 확실히 아니다. 몇 가지 희미한 증거가 그러한 움직임을 영국 외무성의 "강경파"들이 부추겼음을 암시한다. 그들은 현재 진행되는 추세에 반감을 가졌고 따라서 헨더슨이 부인한 것이 맞았음에도 불구하고 그것을 믿으려 하지 않았다.[23]

어쨌거나 히틀러는 "한방 된통 얻어맞았다". 표면상 드러나 보이는 바로는 힘을 보이는 정책이 통했다. 독일인들은 자신들의 평화적인 의도를 항변했고, 체코인들의 사기가 높아졌다. 그러나 실제 효과는 빈데였다. 영국과 프랑스 두 니라 정부 모두 전쟁이 일어날기 모른다는 예상으로 거의 공포 분위기에 휩싸였다. 할리팩스는 프랑스 대사에게 영국은 프랑스가 이유 없이 공격받는 경우에만 지원할 것이라 말했고,[24] 보네는 핍스뿐 아니라 독일 대사에게까지 "체코슬로바키아가 정말로 분별력을 잃었다면 프랑스 정부는 프랑스가 스스로의 의무에서 면제되었다고 선언해도 무방할 것"이라 말했다.[25] 영국 외무성 소속의 스트랭William Strang, 1st Baron Strang이 프라하와 베를린으로 파견되었다. 그곳에 주재하는 영국 외교관들의 견해를 알아보기 위해서였다. 그는 정확한 권고를 가지고 돌아왔다. 체코슬로바키아는 현재 맺고 있는 동맹 관계를 단절하고 독일의 위성국이 되어야 한다. 주데텐 지역은 자치 지역이 되든지 혹은 독일에 합병되기까지 해야 한다. 체코인들이 완강하게 버티고 있으므로 영국 정부가 그들이 이 정책을 실행하도록 강제해야 한다. 이것은 "유럽에 불안을 가져오는 (단지 징후들 중 하나라기보다) 원인들 중 하나를 해결하려는, 그리고 유럽의 위험 지역 중 한 곳에서 평화적인 변화를 진전시키는, 전쟁이 있을 이래로 최초의 진지한 시도"가 될 것이었다.[26] 체코의 움직임으로 영국인들은 행동의 길로 들어설 수밖에 없었다. 그러나 그것은 체코인들이 의도하던 방향이 전혀 아니었다.

5월 21일에 있었던 사건들은 또한 히틀러에게 극적인 결과를 가져왔다. 그는 자신이 받은 명백한 모욕에 분노했다. 그는 카이텔이 자신에게 제출하려고 준비한 5월 20일의 지령 초안을 손에 들고서 첫 문장 — 체코슬로바키아에 대한 군사 행동을 부인하는 문장 —을 삭제했다. 그리고 다음과 같이 썼다. "가까운 장래에 체코슬로바키아를 군사 행동으로 분쇄하는 것이 나의 불변의 의도다."[27] 여기에 히틀러가 상황이 어떠하든 체코슬로바키아를 공격하기로 결심했다는 결정적인 증거가 있는 것으로 보인다. 그러나 그 증거는 보기보다 덜 결정적이다. 회피할 수 없는 그 문장이 인용된 문서에서조차 "이탈리아가 우리 편에 서겠다는 분명한 태도를 취한 결과로" 프랑스가 개입을 주저할 것이라고 히틀러가 평소에 하던 식의 주장이 계속되고 있다. 히틀러가 다시 써넣은 그 문장은 사실 순간적 감정의 표현이었다. 히틀러는 곧 예전 방침으로 선회했다. 6월 18일의 일반 전략 명령은 다음과 같이 말하고 있다. "나는 비무장 지대를 점령했던 경우나 오스트리아로 진입했던 경우와 마찬가지로, 만약 프랑스가 군사를 움직이지 않을 것이고 따라서 영국이 역시 개입하지 않을 것이라는 확신이 서면, 체코슬로바키아에 대해 행동을 취하기로 결정할 것일 뿐이다."[28] 물론 히틀러는 수하의 장군들이 프랑스와의 전쟁을 두려워하는 것을 알고 있었고, 그들의 의지를 거스르면서 그들을 전쟁으로 끌어들이려고 계획했는지 모른다. 그는 들고 있는 패가 좋지 않으면서도 허풍으로 속이는 카드 게임을 모든 사람과 하고 있었다. 서유럽 국가들, 장성들, 심지어 자기 자신과도 게임을 했다. 허풍이었다고 믿을 만한 근거가 있다. 프랑스에 대한 방어 전쟁조차도 준비가 거의 되어 있지 않았다. "프랑스가 공중에서 완전한 행동의 자유를 얻는 것을 막기 위해"[29] 소규모의 독일 공군 분견대가 독일 서부에 배치되어 있었을 뿐이다. 또한 오로지 두 개의 육군 사단만이 지크프리트선에 위치하고 있었다. 9월에 두 개 사단이 증가되었다. 80사단이 넘는 프랑스의 예상 병력에 대응하기 위해서 말이다. 더욱이, 히틀러는 참모부와 10월 1일을 시한으로 설정했으나, 이를 공표하지 않았다. 그는 물러서는 것이 불필요해 보일 때까지 빠져나갈 퇴로를 열어두었다.

영국 정부는 히틀러가 언제인지는 모르지만 시한을 정해놓고 있을 것이라고 확신했다. 이들은 달리 드는 생각을 누르며 "히틀러가 그리 오래 기다리지 않을 것"이고 그의 인내심이 다했다고 믿었다. 이제까지 히틀러가 일을 성취해온 과정에서 인내가 가장 뚜렷한 특징이었음에도 불구하고 말이다. 이들은 직관 이외에 다른 근거 없이 히틀러가 나치당의 뉘른베르크 당 대회 마지막 날인 9월 12일을 시한으로 설정했다고 결론지어버렸다. 그리고 이후 이들은 이 날짜에 사로잡혀버렸다. 영국인들은 히틀러보다 앞서 나가기를 원했다. 10월 1일 대신 9월 12일로 설정하면서 이들은 어쩌다가 원했던 바를 해냈다. 그 날짜 이전에, 베네슈가 — 영국인들 생각에 — 오로지 히틀러의 전쟁 도발을 막는 결정적인 양여를 하게 되어야만 했고, 체코슬로바키아는 현재 맺고 있는 프랑스 그리고 소련과의 동맹 관계를 단절해야 했다. 그리고 주데텐 독일인들의 요구가 무엇이든 그들이 요구한 것을 받아야 했다. 하지만 이러한 일이 어떻게 이루어질 것인가? 베네슈는 완강했다. 헨더슨의 표현을 빌리자면 "고집불통"이었다. 영국인들은 그를 압박하는 데 주춤했다. 영국인들은 다른 사람에게 책임을 떠넘기기를 더 원했던 것 같다. 그러나 쉽지 않았다. 분명히 러시아인들은 자신들이 맺고 있던 동맹 관계를 끊으려 하지 않았다. 반대로 모두에게 놀랍게도, 그들은 계속해서 동맹을 강조했다. 어쩌면 프랑스인들이 비난을 더 면치 못할 것으로 드러날 수도 있을 것이었다. 여기에서도 영국인들은 낙담했다. 처음에 꾸물거렸던 프랑스인들이 나중에 베네슈에게 양여를 하도록 재촉했지만, 그들은 베네슈를 재촉할 때 체코슬로바키아가 양여를 하면 영국의 지원이 좀 더 현실화될 것이라는 주장을 앞세웠다. 할리팩스는 다음과 같이 불평했다. "이 각서는, 체코슬로바키아 정부가 주데텐 문제에 대해 분별력을 잃은 것이라면 프랑스는 자신의 조약상의 지위를 재고해야만 할 것이라는 어떠한 구체적인 경고도 포함하고 있지 않다."[30]

　　탈출구는 없었다. 프랑스인들은 체코슬로바키아와 맺은 동맹을 작동시키지 않을 것이었다. 그러나 다른 한편으로는 그렇다고 해서 그것을 포기하려 들지도 않을 것이었다. 우유부단함은 전염된다. 프랑스인들은 영국인들의 바짓가랑이를 붙들고 늘어졌다. 영국은 체코 문제로부터 가장 멀리 떨어져 있는 국가였으나 이제 주도해나가야 했다. 영국인들은 체코슬로바키아의 동맹 관계들을 직접적으로 문제 삼을 수 없었다. 따라서 그들은 주데텐 문제를 "해결"할 책임을 져야 했다. 전쟁을 피할 수만 있다면 그 방법은 문제될 것이 없었다. 프랑스인들은 이러한 생각을 환영했다. 자신들의 양 어깨를 짓누르고 있던 책임이 무사히 옮겨진 것이었다. 체코인들은 내키지 않는 쪽이었다. 베네슈는 문제를 체코슬로바키아와 독일 사이의 갈등으로 보이게 할 작정이었다. 영국의 제의는 문제를 주데텐 독일인들과 체코슬로바키아 정부 사이의 갈등으로 되돌리는 것이었다. 다시 한 번 영국의 지원이라는 사람을 홀리는 도깨비불이 나오게 되었다. 할리팩스가 다음과 같이 적은 바 있다. "만약 체코슬로바키아 정부가 이 문제에 대해 우리의 도움을 요청하게 된다면, 이것은 분명히 이곳 여론에 호의적인 영향을 가져올 것이다."[31] 다시 한 번 베네슈가 물러섰다. 영국의 지원은 그가 바랐던 것보다 얻기 어려운 것으로 판명되고 있었지만, 여전히 그는 온당함과 화해하려는 태도를 견지하면 결국 지원을 얻게 될 것이라 생각했다. 7월 26일, 체임벌린은 하원에서 런시먼 경Lord Runciman이 "체코슬로바키아 정부의 요청에 응해" 중재자로서 프라하로 갈 예정이라고 발표할 수 있었다. "요청"은 생이빨 하나를 뽑아내는 것보다 더 이끌어내기 힘들었다. 런시먼은 상무 위원회의 전임 의장이었다. 외견상으로는 그가 노사 분쟁을 조정하는 데 능력이 있었다고 생각되어 발탁된 것이지만, 어쩌면 오히려 관련된 문제들에 대해 그가 알고 있는 것이 별로 없다는 사실 때문이 아니었나 싶다. 한때 열렬하게 자유무역을 옹호하는 애스퀴스Asquith파 당원이었고, 후에는 보호무역을 환영하는 거국 내각의 자유당 당원이었던 그는 "융통성 있는" 해결책을 내놓을 수 있으리라 기대되었다. 그는 정부의 대표가 아니라 개인 자격으로 프라하에 갔다. 런시먼 자신이 할리팩스에게 말한 대로였다. "당신은 나를 조각배를 태워 대서양 한복판에 떨어뜨려 놓는군요." 이 말은 런시먼이 해운업자 출신임을 드러냈는데, 그는 사실상 유럽 한복판에 있는, 사면이 육지로 둘러싸인 나라로 가게 되었다.

런시먼이 파견된 일은 역사가에게는 기분을 침울하게 하는 중요성이 있다. 그것은 보헤미아에서 독일인들과 체코인들 간의 관계에 대한 "해결책"을 궁리해내려는 — 다시 말해 한 국가 안에서 두 민족이 어느 정도 만족스럽게 살 수 있도록 하는 어떤 타협점을 찾아내려는 — 거의 한 세기 동안 계속되어 온 노력들 가운데 최후의 시도였다. 런시먼보다 정치적 역량과 지력이 월등하게 뛰어난 많은 사람들이 찾으려 애썼지만, 해결책을 찾지 못했었다. 지금도 찾아낸 것은 아무것도 없었다. 그런데도 런시먼이 출국했을 때 영국 정부는 — 그리고 그들과 함께 런시먼은 — 발견되기를 기다리고 있는 해결책이 어디엔가 있다고 여전히 생각했다. 체코슬로바키아 정부는 런시먼을 청한 것처럼 보임으로써 그의 조언을 받아들이기로 약속하는 것이 되었다. 따라서 그는 주데텐 독일인들을 만족시키는 것을 찾아내기만 하면 되었고, 그러면 체코인들이 거기에 동의해야 할 것이었다. 그러나 이러한 계획은 실행되지 못했다. 히틀러의 지령을 충실히 따르는 주데텐 지도자들은 항상 상대의 제안보다 자신들의 요구가 앞서 나가게 했고, 그리하여 베네슈를 괴롭혔던 것처럼 런시먼을 괴롭혔다. 더 나쁜 상황이 뒤따랐다. 베네슈는 다른 결점이 무엇이었든 비길 데 없는 협상가였다. 또한 1919년 당시의 로이드 조지에 비길 만한 재능으로 1938년에 런시먼의 역량을 꿰뚫어 보았다. 런시먼은 베네슈에게서 양여를 얻어내기 위해, 그것이 안 된다면 대신 체코인들의 비타협적인 태도를 드러내기 위해 파견되었다. 만약 그가 전자를 이루어낸다면 위기를 모면할 수 있을 것이었고, 후자에 성공한다면 베네슈가 불신되고 체코슬로바키아는 버림을 받게 되며 서유럽 국가들의 체면이 유지될 것이었다. 그러나 그러는 대신 런시먼은 자신이 체코인들의 제안을 합리적인 것으로 승인해야 하고 베네슈가 아니라 주데텐 독일인들의 양보 않음을 비난해야 하는 입장으로 끌려가고 있다는 사실을 깨달았다. 끔찍한 결과가 좀 더 가까이 모습을 드러내고 있었다. 즉 베네슈가 런시먼이 요구하는 모든 것과 또 그 이상의 것을 한다면, 영국은 뒤이은 위기 상황에서 체코슬로바키아를 도와야만 하는 도덕적 의무를 지게 될 것이었다. 이러한 결과를 피하기 위해 런시먼은 베네슈를 재촉하기는커녕 시간을 끌라고 설득할 수밖에 없었다. 베네슈는 그가 빠져나가도록 내버려 두지 않았다. 9월 4일, 베네슈는 주데텐 지도자들을 소환하여 그들의 요구 조건을 구술하도록 했다. 그러고는 그들이 당황하여 주춤거리자 자신이 직접 받아 적었다. 주데텐 독일인들은 요구했던 모든 것을 공식적으로 약속받게 되었다. 물론 베네슈는 이러한 양보가 거부당할 것임을 알았으므로 양보한 것일 뿐이었다. 그러나 그는 분명히 영국으로부터 외교상의 약속을 확보해놓고 있었다. 런시먼은 자신이 제의할 만한 모든 것에 체코인들이 이미 동의했을 때, 자신이 제안하는 합의의 조건에는 아무런 의미가 없다고 고백하지 않을 수 없었다. 심지어 주데텐 지도자들조차도 베네슈의 제안을 어떻게 거절할지 몰라서 당황했다. 베네슈 대통령은 외교적 수완의 마지막 승리를 누리고 있었다.

이 도덕적 승리는 권력의 충돌에 영향을 주지 못했다. 그래도 그것은 결정적으로 중요했다. 1938년 초, 대부분의 영국 사람들이 독일의 불만에 공감하고 있었다. 그것을 표현하는 히틀러의 방식이 끔찍하게 싫었지만 말이다. 주데텐 독일인들에게는 충분한 이유가 있었다. 이들은 민족적 평등, 혹은 그와 같은 어떤 것도 누리고 있지 못했다. 그러나 9월에 이르러 이러한 근거는 베네슈로 인해 송두리째 뒤집혔다. 주데텐 독일인들이 정말로 불만을 품을 이유가 있다고 계속 믿는 사람은 이제 거의 없었다. 주데텐 독일인들 스스로도 거의 그렇게 생각하지 않았다. 히틀러는 더 이상 꿈에 그리던 동포의 해방자가 아니었다. 대신 전쟁과 지배에 혈안이 된 파렴치한 정복자로 보였다. "유화 정책"은 그 근원으로 보자면 불만의 원인을 공정하게 시정하려는 고결한 노력이었다. 베네슈와 주데텐 독일인들 사이의 논쟁이 해결되고 나자 "유화 정책"은 우월한 물리력에 대한, 어쩌면 불가피한 것인지도 모르지만, 비굴한 항복이라 여겨지게 되었다. 예전에 "독일의 요구가 정당한 것인지" 질문했던 영국인들이 이제는 "우리가 히틀러에 대항할 만큼 충분히 강한지" 묻기 시작했다. 런시먼은 자신의 의도와는 너무나 반대되게도 세계대전으로 가는 길을 닦게 되었다. 베네슈에게 꼼짝없이 당한 그에게 이제 유일하게 남은 간절한 소망은 배를 바다 속에 침몰시켜 버리고 고국으로 돌아가는 것이었다. 런시먼 사절 일행은 며칠 더 프라하 근교를 떠돌다가, 주데텐 문제를 "해결"하기 위한 어떤 방안도 내놓지 못한 채 런던으로 돌아왔다. 나중에 체임벌린이 베르히테스가덴을 방문한 후 런시먼은 외무성의 지시에 따라 보고서를 작성했는데, 이것은 단지 체임벌린과 히틀러 사이에 이미 합의된 체코슬로바키아 분할을 뒷받침할 뿐이었다. 아무도 보고서에 주목하지 않았고, 어떤 가치가 있다고 생각하지 않았다. 이미 모든 중요성을 상실한 과거로부터의 메아리일 뿐이었다.

영국의 정책은 위기를 모면하는 데 실패했다. 9월 12일이 다가오고 있었다. 이제 문제는 체코슬로바키아 정부와 주데텐 독일인들 사이의 문제를 넘어섰다. 열강들의 문제가 된 것이다. 열강들의 정책은 아직 확정되지 않았다. 히틀러는 손 안에 든 패를 보이기를 거부하며, 어쩌면 지난번 경우처럼 어떻게 해서 승리자로 등장하게 될지 자기 자신도 모르면서, 여전히 시간 끌기의 명수로 남아 있었다. 10월 1일에 체코슬로바키아를 공격하기 위한 준비에 박차가 가해졌다. 이는 전쟁을 결정한 것이 결코 아니었다. 독일 장성들이 계속해서 자신들은 전면전에 대처할 수 없다고 주장했다. 히틀러는 전면전이 필요하지 않을 것이라고 계속해서 대답했다. 몇몇 장성들이 히틀러를 타도하는 것에 관해 이야기했다. 어쩌면 계획을 했는지도 모르겠다. 후에 그들은 자신들의 계획이 서유럽 국가들의 지지 부족과 특히 체임벌린의 베르히테스가덴 방문으로 좌절되었다고 주장했다. 사실 장성들은 히틀러에 의해 저지되었다. 그들은 히틀러가 정말로 독일을 벼랑 끝으로 몰고 갈 경우에만 행동할 것이었는데, 히틀러는 결코 그러지 않았다. 그는 상대방이 이미 굴복했을 때만 전쟁을 하겠다고 나섰다. 그 때까지는 어떤 행동도 할 수 있도록 준비만 하고 있었다. 8월 동안 그는 여전히 빠져 나갈 뒷문을 찾으려 애썼다. 그가 기대를 걸고 있던 이탈리아와 프랑스 사이의 전쟁은 분명히 일어나지 않고 있었다. 반대로, 전쟁이 멀리 있었을 때에는 한창 허풍을 떨던 무솔리니가 이제는 체코슬로바키아에 대항해 독일을 지원하는 것조차 점점 꺼리게 되었다. 그는 히틀러에게 전쟁을 시작하기로 마음 먹은 시점이 언제인지만이라도 알려달라고 요구했다. 헤센 공이 무솔리니에게 전한 바에 따르면 히틀러에게 얻을 수 있는 답은 이러했다. "총통은 어떤 확정된 시간을 말씀하실 수 없습니다. 왜냐하면 총통 자신도 그것을 모르시기 때문입니다."[32] 사람들이 있을 거라 넘겨짚은 히틀러의 계획표란 결국 이런 것이었다. 다른 식으로 막이 오르는 것처럼 보였다. 헝가리인들이 체코슬로바키아 분할에 참여하겠다고 요구했을 때였다. 그러나 이것 또한 기대에 어긋한 것으로 드러났다. 헝가리인들은 히틀러를 따르려 했으나, 아직 거의 무장이 되지 않은 상태여서 선제 행동을 하려 들지 않았다. 히틀러는 전쟁을 원한다면 다른 이들이 따라오도록 스스로 신호를 주어야 했다. 깜짝 놀랄 결과가 뒤따랐다. 바로 9월 12일, 두려워했던 그날이 왔다. 히틀러는 뉘른베르크에서 흥분된 연설을 했다. 그는 주데텐 독일인들이 가진 불만의 원인들을 열거하면서, 체코슬로바키아 정부가 반드시 시정해야 한다고 주장했다. 그리고 나서는? 아무것도 없었다. 독일의 동원 선포도 없었고, 전쟁 위협도 없었다. 히틀러의 참을성이 아직 바닥을 드러낸 것이 아니었다. 그는 다른 이들의 기가 꺾이기를 여전히 기다렸다.

그의 기다림이 헛된 것은 아니었다. 9월 13일, 히틀러의 연설이 있은 다음 날, 주데텐 지도자들이 베네슈와의 협상을 파기하고 봉기의 신호를 보냈다. 반란은 실패로 돌아갔다. 24시간 내에 질서가 회복되었다. 더욱이 여태까지 침묵을 지키거나 무관심했던 많은 주데텐 독일인들이 이제 자신들은 체코슬로바키아에 불충실하지 않으며 현재 살고 있는 나라를 떠나기를 원하지도 않는다고 주장했다. 다 부서져 나가고 남은 조각뿐이었던 오스트리아나 그 이전의 합스부르크 왕국과 달리 체코슬로바키아는 내부의 분열로 붕괴되지 않았다. 무너져 내린 것은 프라하가 아니라 파리에서였다. 프랑스 정부는 마지막 순간까지 결정을 내리기를 회피했다. 보네는 "전쟁을 해야만 하는 상황으로 가지 않고 이 '궁지'를 벗어날 길을 찾기를 간절히 바랐다".[33] 하지만 그는 또한 다른 사람들에게 비난의 화살을 돌려놓기를 몹시 원했다. 그는 또다시 책임을 소련에 전가하려 했다. 이전과 마찬가지로 리트비노프는 그에게 버거운 상대였고, 또한 리트비노프는 단호하게 대답했다. 소련 군대가 루마니아를 통과하기 위해서는 국제연맹 규약 제11조에 따라 국제연맹에 청원해야 하고, 또 프랑스와 체코슬로바키아 그리고 소련 사이에 참모 회담이 있어야 하며, 이에 더하여 독일의 침략에 대항한 엄중한 선언을 발표할 프랑스, 영국, 소련의 회의가 있어야 한다는 것이었다. 어쨌든 소련은 소련-체코슬로바키아 조약에 따르는 "자신의 모든 의무"를 이행할 것이며, 프랑스의 행동 개시가 남아 있을 뿐이라는 것이었다.[34] 어쩌면 소련의 단호함은 사기였을지도 모른다. 리트비노프가 제안한 대로 참모 회담에 합의함으로써 시험해볼 수도 있었을 것이다. 보네는 회담을 회피함으로써 소련의 단호한 태도가 정말로 진짜이면 어쩌나 하는 자신의 두려움을 내비쳤다.

보네는 다른 데서는 이보다 선전했다. 미국은 고립주의가 극에 달해 있었다. 9월 9일, 루스벨트 대통령이 기자회견에서 히틀러에 대한 대항 전선에 미국을 프랑스, 영국과 함께 관련시키는 것은 100퍼센트 옳지 않은 일이라 말했다. 서유럽 국가들이 대서양 건너편에서 받은 것이라고는 미국보다 조금 덜 비겁하게 행동한 데 대한 미국 지식인들의 비난이 전부였다. 하지만 결정적인 대답은 영국인들에게서 나와야 했다. 이제 그 해묵은 양상이 되풀이되었다. 프랑스인들은 히틀러에 굴복하게 될지도 모르는 위험을 강조했고, 할리팩스는 "장래에 아마도 더 불리한 상황에서 전쟁을 하게 될지 모르는 가능성에 대비해 현재의 어떤 전쟁에 찬성하는 주장"에 동조하기를 거부했다.[35] 이들이 마지막으로 주고받은 말은 양측이 각각 회피하는 데 뛰어나다는 사실을 보여주었다. 보네가 물었다. "프랑스 정부가 다음과 같이 질문한다면 영국 정부는 어떤 대답을 하겠습니까? 독일이 체코슬로바키아를 공격하는 일이 일어난다면 우리는 진군할 것입니다. 당신들도 우리와 함께 진군하겠습니까?" 할리팩스가 대답했다. "바로 그 질문은 외관상으로 단순한 것 같지만, 문제가 제기될 수 있는 상황으로부터 떼어놓을 수 없습니다. 그 상황이란 현 국면에서는 어쩔 수 없지만 완전히 가정상의 것입니다." 보네는 "대답의 부정적인 성질에 정말로 흡족해 하는 것처럼 보였다".[36] 놀랄 일이 아니었다. 그는 자기 자신을 보호하기 위해서, 더욱이 자신의 동료들을 만류하기 위해서 어느 정도 부정적인 대답들을 받아두고 있었다.

달라디에 역시나 자신이 이전부터 해오던 방식 — 처음에는 투지로 가득 차 있다가, 그다음에는 우물쭈물하고, 결국에는 손을 들어버리는 것 — 을 되풀이했다. 9월 8일 그는 핍스에게 "만약 독일 군대가 체코슬로바키아 국경을 넘는다면 프랑스인들은 최후의 일인까지 진군할 것입니다"[37]라고 말했다. 그 뒤 9월 13일, 주데텐 독일인들은 봉기하기 직전이었고, 히틀러는 아마도 그들을 지원할 태세였다. 프랑스 각의는 의견이 완전히 둘로 갈라졌다. 여섯 명이 체코슬로바키아를 지원하는 데 찬성했고, 보네를 포함해 네 명이 포기하는 데 찬성했다. 달라디에는 어느 쪽으로든 앞장서지 않았다. 회의가 끝나자 보네가 곧장 핍스에게 달려가서 "어떤 대가를 치르더라도 평화가 유지되어야 합니다"[38]라고 말했다. 핍스는 프랑스인들의 의지가 꺾인 것을 확인하기를 원했다. 그는 달라디에와의 면담을 요청했다. 이른 저녁 무렵, 달라디에는 여전히 갈팡질팡하고 있었다. 핍스의 단도직입적인 질문을 받고서 그는 "열의가 없음을 분명하게 내보이며" 대답했다. "만약 독일인들이 무력을 사용한다면 프랑스인들도 어쩔 수 없이 그래야 하겠지요." 핍스는 런던으로 보내는 전문을 다음과 같이 맺고 있다. "나는 프랑스가 허세를 부려온 것일까 봐 두렵습니다."[39] 저녁 10시 정각에 핍스는 런던으로 전화해 체임벌린에게 보내는 달라디에의 "매우 긴급한 전언"을 전했다. "사태가 매우 급속하게 그리고 거의 통제 불능의 상황에 빠지게 될 위험을 안고 있다고 할 만큼 위중하게 돌아가고 있습니다. …… 독일군이 체코슬로바키아로 진입하는 것은 어떠한 대가를 치르더라도 반드시 저지되어야 합니다." 달라디에는 런시먼이 계획안을 즉시 공개적으로 발표할 것을 촉구했다. 만약 이것이 만족스럽지 않다면 삼국 회담 — 주데텐 독일인들을 대신한 독일, 체코인들을 대신한 프랑스, 런시먼 경을 대신한 영국 — 이 있어야 했다.[40] 달라디에는 마침내 결심했다. 굴복하기로 결심한 것이다. 이제 체임벌린이 뜻을 이룰 수 있는 기회가 왔다. 그가 4월부터 프랑스인들에게 결정을 내리라고 재촉해왔던 저항과 굴복 간의 결정이, 그가 계속 역설해왔던 후자의 방침을 따르는 쪽으로 내려졌다. 체임벌린은 삼국 회담을 성사시켜 보려 하지 않았다. 그는 달라디에가 도전을 받으면 뒤로 물러나 불만스럽지만 어쩔 수 없이 결심할 수 있다는 것을 경험을 통해 알고 있었다. 체임벌린은 대신에 9월 15일에 뮌헨으로 갔다. 호리스 윌슨 경을 제외하고 아무도 대동하지 않았다. 그리고 그는 베르히테스가덴에서 히틀러를 만났다. 심지어 영국 측 통역도 들이지 않고서였다. 달라디에는 자신이 무시당하고 있다는 말을 들었을 때 "기분이 좋아 보이지 않았다". 하지만 그는 또다시 묵인했다.[41] 우리가 기록에 의거해 말할 수 있는 한에서, 체임벌린은 체코슬로바키아 문제를 조사한 어떠한 보고서도 손에 들고 가지 않았다. 그는 분할된 체코슬로바키아가 독립국으로 남을 수 있는지 또한 서유럽 국가들에게 미칠 전략적 결과가 무엇인지도 질문하지 않았다. 그는 또한 체코슬로바키아의 민족 구성이 어떻게 확정될 수 있는지도 생각해보지 않았다. 그는 오로지 대부분의 영국인들이 가지고 있던 "베르사유"에 대한 혐오와, 만약 독일의 민족적 불만이 충족된다면 히틀러가 잠잠해지리라는 굳은 신념으로 무장되어 있었다. 히틀러 또한 회담 준비를 전혀 하지 않았다. 늘 그렇듯이 그는 이득이 품안으로 떨어지기를 기다렸다. 그의 주된 관심사는 체코슬로바키아가 해체될 때까지 위기를 지속시키는 것이었다. 또한 그는 주데텐 독일인들에게 요구를 자꾸 하라고 재촉했다. 그 요구들은 충족되지 않을 것이고 그렇게 되면 자신에게 도덕적 우위를 남겨준다는 믿음에서였다. 그에게는 그 이상의 도덕적 우위도 있었다. 그가 세운 군사 계획들은, 실행할 작정이었다 해도 10월 1일까지 완성될 수 없었다. 따라서 그는 실제로 아무것도 양보하는 것 없이 "자제하겠다"고 제안할 수 있었다.

베르히테스가덴 회담은 두 사람 가운데 누가 기대했던 것보다 우호적이고 성공적이었다. 체임벌린은 히틀러가 협상을 시작할 때마다 늘 지르는 고함소리에 깜짝 놀랐다. 그러나 그는 자신의 유화 정책에 계속해서 충실했다. "원칙적으로, 나는 주데텐 독일인들을 이들을 제외한 나머지 체코슬로바키아로부터 분리하는 데 반대해 이야기할 것이 아무것도 없습니다. 실제적인 장애물들이 극복될 수 있다면 말입니다." 히틀러가 거절할 수 없는 제안이었다. 체코슬로바키아의 독립을 파괴하려는, 히틀러가 국제 문제에서 추구하는 진정한 목적을 만족시키지는 못하지만 말이다. 히틀러는, 이제 반대편에서, 협상이 진행되는 동안 어떠한 군사 행동도 하지 않겠다고 약속했다. 이 약속은 아무런 의미도 없었지만 체임벌린에게 깊은 감명을 주었다. 여기에서 유화 정책이 성공을 거두었다. 전쟁에 호소하지 않고 해결로 나아간다는 중대한 논의였던 것이다. 그러나 완전히 잘못된 결과를 가져왔다. 체임벌린은 공평무사한 정의라는 근거에서 양여를 제공하고자 했다. 이러한 이유에서 네빌 헨더슨 같은 이 정책의 명민한 옹호자들은 전쟁이 일어나게 되면 서유럽 국가들이 승리할 것이라고 항상 주장했다. "우리의 도덕적 근거가 튼튼해야 합니다"라고 말한 것과 같은데, 그러나 체코슬로바키아에 대해서는 그렇지 못했다.[42] 이제 프랑스가 무너져 내림에 따라 도덕이 밀려나고 두려움이 그 자리를 대신했다. 히틀러에게 정당한 처우를 제안한 것이 아니라, 그가 얼마를 받아야 전쟁을 하지 않는지 질문한 것이었다. 체코인들은 주데텐 독일인들이 봉기를 일으켰음에도 불구하고 성공적으로 질서를 유지함으로써 사태를 악화시켰다. 질서를 유지함으로써 이제 체코인들은 해체의 위기에서 구해진 것이 아니라, 프랑스가 전쟁을 모면할 수 있도록 자신들이 굳게 지켜 온 영토를 내주라고 요구받고 있었다.

체임벌린은 자신의 동료들과 프랑스인들의 동의를 얻기 위해 런던으로 돌아갔다. 들리는 바로 약간의 논쟁이 없었던 것은 아니지만, 영국 내각이 동의했다. 런시먼은 준비해왔던 보고서를 찢어버리고 히틀러의 요구를 반영시키기만 한 다른 보고서를 순순히 썼다. 히틀러의 요구가 늘어나자 보고서는 그 후 며칠 동안 재차 수정되었다. 9월 18일, 달라디에와 보네가 영국 각료들을 만나기 위해 런던으로 왔다. 체임벌린은 히틀러와 논의한 것을 설명했고, 문제는 체코슬로바키아의 분할 — 그가 부르기로 "민족자결의 원칙" — 을 수용할 것인가 말 것인가라고 주장했다. 달라디에는 논의를 전환하려 애썼다. "그는 독일의 진짜 목적이 체코슬로바키아 해체와 동쪽으로의 진군을 통해 범-게르만적 대의를 실현시키는 것일까 염려했다." 할리팩스가 자신이 항상 거론해오던 실제적인 주장을 가지고 끼어들었다.

> 여러분의 생각은 프랑스 정부가 체코슬로바키아 정부에 대한 의무를 지키지 못하면 어쩌나 하는 데에서 진전된 것이 없습니다. …… 반면 우리는 모두 알고 있습니다. 또한 나는 확실히 프랑스의 기술 자문들이 다음과 같은 점에서 여러분과 의견을 같이하리라 생각합니다. 우리에 의해,

또는 프랑스 정부에 의해, 아니면 소련 정부에 의해, 어느 때이든 정해진 순간에, 어떤 행동이 취해진다고 해도, 체코슬로바키아 국가를 어떻게든 효과적으로 보호해주는 일이 불가능하다는 것을 말입니다. 우리는 독일의 침략에 대항해 전쟁을 수행할 수도 있습니다. 하지만 나는 그러한 전쟁에 뒤따르게 될 강화 회의에서 관련된 정치가들이 현재의 체코슬로바키아 국경을 그대로 다시 그을 것이라 생각하지 않습니다.

체임벌린에게는 기발한 생각이 있었다. 체코인들은 자기 나라 안에 있는 폴란드인들이나 헝가리인들에게 본보기가 될까 두려워 주민 투표에 따라 영토를 내주는 데 반대했다. 그러니 주민 투표를 하지 않고 그렇게 되도록 하면 되었다. "그것은 체코슬로바키아 정부 스스로의 선택으로 보여질 수 있다. …… 이로써 우리들 자신이 직접 체코슬로바키아 영토를 분할했다는 생각을 지울 수 있을 것이다." 달라디에가 용인했다. 그러나 그는 영국이 분할 후 남은 체코슬로바키아를 보장하는 데 참여해야 한다는 필수 조건을 내놓았다. 이것은 체코인들을 위한 것이 아니었다. 영국인들과 프랑스인들은 지금에나 이후에나 자신들이 체코슬로바키아를 돕기 위해 아무것도 할 수 없다는 데 이미 의견을 같이하고 있었다. 영국인들은, 정의를 추구하는 것이지 유럽 지배를 추구하는 것이 아니라고 하는 히틀러의 성명을 승인할 것을 요구받고 있었다. 달라디에는 이렇게 말했다.

히틀러 총통이 주데텐 독일인들 이외에 더 이상 바라는 것이 없고 독일의 목적이 거기서 멈출 것이라는 요지의 평소 나치의 선전을 반복하고 있을 때 그가 신실을 말하고 있는 것이다고 내가 만약 확신한다면, 나는 영국의 보장을 주장하지 않을 것입니다. 그러나 나는 내심 독일이 훨씬 엄청난 무엇인가를 목표로 삼고 있다고 확신하고 있고 …… 영국의 체코슬로바키아 보장은 따라서 독일의 동진을 멈추게 하는 데 도움이 될 것이라는 의미에서 프랑스를 돕게 될 것입니다.

영국인들은 곤경에 빠지게 되었다. 체임벌린의 정책은 히틀러가 성실하게 행동하고 있다는 독단적인 신조에 기초하고 있었다. 이러한 독단적인 믿음을 부인한다면 그는 대항에 찬성하는 달라디에의 주장을 받아들이지 않을 수 없을 것이었다. 따라서 보장이 주어져야 했다. 영국 각료들은 두 시간 동안 밖으로 나와 있었다. 그들이 다시 들어오고, 곧바로 체임벌린이 말했다. "만약 체코슬로바키아 정부가 현재 자신들에게 제시된 제안들을 받아들이고, 그동안 어떠한 군사적 도발도 일어나지 않는다면, 국왕 폐하의 정부는 제안된 보장에 기꺼이 참여할 준비가 되어 있습니다." 라인 강 동쪽 지방에 대해 자신들의 약속을 확대하기를 계속 거부해왔고 체코슬로바키아가 강할 때에도 자신들은 지원할 수 없다고 공언했던 영국 정부는, 이제 이렇게 깊이 생각하지 않은 채 무심코 체코슬로바키아가 허약한 이때 보장했고, 더욱이 동유럽에 걸쳐 현존하는 영토 질서를 은연중에 승인했다. 영국이 프랑스에 보장을 해준 것은 약속을 지키도록 요청받는 일이 결코 없으리라 굳게 바라고 믿는 마음에서였고, 단지 프랑스의 마지막 남은 주저함을 잠재우기 위해서였다. 그러나 달라디에는 스스로 알고 있던 것보다 더 잘해놓았었다. 영국이 히틀러의 동진에 대항하기를 약속하게 만들었었다. 그렇게 영국을 구속한 일이 여섯 달이 지난 뒤 비수가 되어 돌아왔다. 1938년 9월 18일 밤, 대략 오후 7시 30분쯤 달라디에가 영국에, 약간 지연되었지만 결정적인 압력을 가했는데, 이는 영국을 제2차 세계대전으로 들어서게 하는 압력이었다.[43]

체임벌린이 마지막 질문을 했다. "만약 베네슈 박사가 '싫다' 고 말하면 상황은 어떻게 되지요?" 달라디에가 대답했다. "그 문제는 각료회의에서 논의해야 할 것입니다." 실제로는 일이 다르게 되었다. 9월 19일에 프랑스 각료들은 영국-프랑스 안案을 승인했으나 체코인들이 거부했을 때 어떻게 할 것인지에 관해 어떠한 결정도 내리지 못했다. 이론적으로 프랑스-체코 조약이 여전히 온전하게 존재했다. 더욱이, 9월 19일에 베네슈가 소련에 두 가지 질문을 했다. 만약 프랑스가 계속해서 성실한 태도를 취하며 원조를 제공한다면 소련은 즉각적이고 실제적인 원조를 제공할 것인가? 소련은 국제연맹의 회원국으로서 연맹 규약 제16조와 제17조에 따라 체코슬로바키아를 원조할 것인가?[44] 9월 20일, 소련 정부는 첫 번째 질문에 대해 "그렇다. 즉각적이고 실제적으로 할 것이다"라고 대답했고, 두 번째 질문에 대해 "그렇다. 모든 점에서 그렇게 할 것이다"라고 대답했다.[45] 베네슈는 또한 체코 공산당 지도자인 고트발트Klement Gottwald로부터 프랑스가 행동하지 않더라도 소련이 행동할 것인지 알아내려고 애썼다. 고트발트는 끌려들어가기를 거부했다. "소련을 대신해 대답하는 것이 제 소관은 아니오만, 아무도 소련이 자신의 의무를 다할 것인가 의심할 근거를 가지고 있지 않습니다. 만약 그것이 의무 이상의 문제라면, 그렇다면 대통령 각하는 바로 본질을 명확하게 하고 소련 정부에 질문을 해야만 합니다."[46] 베네슈는 고트발트의 말을 따르지 않았다. 그는 런시먼을 송별하는 자리에서 다음과 같이 말한 바 있었다. "체코슬로바키아는 심지어 선생이 일어날 경우에 대해서도 러시아와 특별히 합의하고 있는 바가 없습니다. 그리고 체코슬로바키아는 프랑스가 없으면 이제까지 아무 일도 하지 않았고 앞으로도 하지 않을 것입니다."[47] 베네슈는 기대가 좌절당했음에도 불구하고 여전히 "서방주의자"로 남아 있었다. 또한 설사 그가 오로지 소련 한 나라에 의존하려는 마음이 있었다고 해도 —호자Milan Hodža 수상이 이끄는 — 체코 내각의 다수파는 그를 저지할 만큼 충분히 강했다.

베네슈는 아직 절망하지 않았다. 그는 파리에 있는 몇몇 각료들을 포함해 좀 더 단호한 그룹과 지속적으로 관계를 맺어왔다. 그리고 그는 만약 자신의 행동이 충분히 기민하다면 프랑스가 체코슬로바키아를 지원하는 쪽으로 돌려놓을 수 있다고 여전히 믿고 있었다. 베네슈는 줄곧 프랑스의 정책을 바꿔놓을 수 있을 가능성을 과신했다. 그리고 아마도 영국의 정책을 변화시킬 가능성은 크게 생각하지 않았을 것이다. 어쨌든 이 결정적인 순간에 그의 눈은 파리에 맞추어져 있었다. 9월 20일, 체코슬로바키아 정부는 영국-프랑스 안을 거부했다. 그리고 그 대신 독일과의 중재 조약에 호소했다. 반시간 후, 아마도 그 정도 지나서라고 생각되는데, 호자가 영국과 프랑스 대표들에게 다음과 같이 말했다. 만약 안이 "일종의 최후통첩"으로써 전달된다면, 베네슈와 정부가 불가항력에 굴복할 수도 있다는 생각이 들 것이었다.[48] 호자는, 그 자신의 말에 따르면, 단지 프랑스인들이 정말로 자신들의 동맹국을 저버리려고 하는지 아닌지를 알아내기 위해 애썼을 뿐이다. 반면 프랑스 공사에 따르면, 호자는 굴복하기를 바라는 체코 정부를 위한 "구실"로서 적극적으로 최후통첩을 구했다. 진실이 무엇인지 결코 알 수 없는 문제다. 어쩌면 호자와 그의 동료들은 굴복을 바랐을지 모른다. 의심할 바 없이 보내는 그들의 굴복을 원했다. 만약 베네슈가 호자의 술책과 연관되었다면 그것은 아마도 파리의 "강경파"들 사이에 존재하는 저항의 의지에 불을 붙여 보려는 소망에서였을 것이다. 어쨌든 보네는 기회를 반겼다. 호자에 의해 촉발된 것이든 아니든 말이다. 이에 따라 파리에서 최후통첩 초안이 작성되었다. 한밤중에 달라디에와 르브룅Albert Lebrun 대통령으로부터 인가를 받고, 9월 21일 오전 2시 베네슈에게 전달되었다. 만약 체코인들이 영국-프랑스 안을 거부한다면, 그들은 뒤이어 일어나게 될 전쟁의 책임을 지게 될 것이고, 영국-프랑스의 결속이 깨지게 될 것이며, 그러한 상황 하에서는 "프랑스의 지원이 효과가 없을 것이므로"[49] 프랑스는 진군하지 못하게 될 것이 분명했다. 다음 날 아침, 몇몇 프랑스 각료들이 각의의 결정도 없이 체코인들이 내버려졌다고 불평했을 때, 보네는 호자의 요청에 따라 이루어진 일이라고 대답할 수 있었다. 그리고 반대했던 사람들은 다시 한 번 묵인했다. 수치스러운 거래였다. 하지만 있는 그대로 솔직히 말하면, 프랑스인들이 영국의 지원 없이 전쟁하러 갈 수 없다고 결정했을 때이자 영국인들이 자신들로서는 체코슬로바키아 방어에 관여하지 않겠다고 결정했을 때인 4월부터 피할 수 없는 일이었다고 말할 수밖에 없다. 베네슈에게 처음부터 이 점을 분명히 해두었더라면 확실히 좀 더 친절하고 좀더 명예로웠을 것이다. 그러나 오랫동안 강대국의 자리에 있던 나라들은 자신들이 더 이상 강대국이 아니라는 것을 인정하기를 두려워한다. 1938년의 영국과 프랑스는 두 나라 모두 "어떤 대가를 치르더라도 평화를" 지키려 했다. 두 나라 모두 패배가 아니라 전쟁을 두려워했다. 그 결과 독일과 그 동맹국들의 힘에 대해 옳게 계산하지 못했고, 독일을 물리칠 수 있을 것인지 논쟁이 벌어졌다. 히틀러는 승리에 대해 고려할 필요도 없이, 전쟁을 하겠다고 위협함으로써 자신의 길을 갈 수 있었다.

　체코인들은 더 이상 주저하지 않았다. 9월 21일 정오에 그들은 영국-프랑스 안을 무조건 수용했다. 하지만 베네슈는 아직 패배한 것이 아니었다. 그는 히틀러가 성공을 선사받기는 했지만 조건을 내세울 것이라 짐작했다. 그리고 그 이후에 영국과 프랑스의 여론이 결국 반발하게 되기를 바랐다. 그의 추측이 옳았다. 9월 22일 체임벌린이 고데스베르크에서 히틀러를 다시 만났다. 히틀러는 영국-프랑스 안이 더 이상 충분치 못하다고 밝혔다. 주데텐 독일인들이 학살당하고 있어서 — 이는 사실이 아닌 진술이다 — 독일 군대가 당장 그들의 영토를 점령해야 한다는 것이었다. 히틀러는 자신이 요구했던 모든 것을 협상을 통해 받게 된 이때 왜 이러한 노선을 따르게 되었을까? 그는 전쟁 자체를 위해 전쟁을 원했던 것일까? 대부분의 역사가들이 이 설명을 수용해왔다. 그러나 히틀러는 여전히 성공적인 음모가였다. 아직은 "역사상 가장 무시무시한 전쟁 지도자"가 아니었다. 좀 더 그럴듯한 설명이 있다. 독일인들의 예에 자극을 받은 다른 민족들이 체코슬로바키아 영토를 요구하고 있었다. 폴란드인들이 테신을 요구했고 헝가리인들이 드디어 슬로바키아를 요구하게 되었다. 체코슬로바키아가 산산이 분해될 가능성이 충분히 있었다. 실제로 1939년 3월에 그렇게 되었듯 말이다. 독일은 이전 질서를 파괴하는 것이 아니라 새로운 질서를 창조하는 평화의 중재자로서 들어올 것이었다. 히틀러 자신은 "체임벌린의 면전에서 웃었을 수도 있을 것이다".[50] 따라서 고데스베르크에서 히틀러는 시간을 벌고 있었다. 체임벌린의 간청과 위협, 그리고 심지어 새로 설정한 체코슬로바키아의 국경을 협상을 통해 다시 변경할 수도 있다는 암시도 무의미했다. 이제 히틀러는 체코슬로바키아에 관심이 없었다. 폴란드와 헝가리라는 지뢰가 터지면 체코슬로바키아가 더 이상 존재하지 않을 것이라 예견했다.

따라서 고데스베르크 회담은 실패로 끝나게 되었다. 체임벌린은 전쟁이냐 아니면 강대국의 지위에서 물러나느냐를 결정해야 하는 분명한 선택에 직면해 런던으로 돌아갔다. 체임벌린 자신은 만약 조금이라도 답례를 받을 수 있다면 후자 쪽으로 마음이 기울었을 것으로 보인다. 결국 ― 그의 견해로는 ― 체코슬로바키아 분할을 막을 수 있는 방도가 전혀 없었다. 그렇다면 어찌하여 단지 이러한 일이 일어나게 될 정확한 때가 언제이냐의 문제를 놓고 전쟁으로 간다는 말인가? 그러나 런던에서 할리팩스가 반발했다. 아마도 그럴 기미가 언뜻 보였듯이 "밤잠을 이루지 못하고 있다가" 양심이 움직여서 그랬을 것이다. 어쩌면 그의 밑에 있던 외무성에서 잔뼈가 굵은 관리들에게서 재촉을 받아서 그랬다는 것이 더 맞을지도 모르겠다. 9월 23일에 그는 체임벌린이 발표한 의견에 거슬러 이미 체코인들에게 그들의 동원에 대해 더 이상 어떤 반대도 없을 것이라고 말했다. 그리고 체코인들은 이에 따라 동원을 했다. 할리팩스는 또한 제네바에서 열리고 있는 국제연맹 회의에 참석하고 있던 리트비노프에게 "체코슬로바키아가 독일과 전쟁에 휘말리게 될 경우 소련은 어떤 행동을 취할 것입니까?"라고 질문했다. 위기가 지속되던 전 기간에 걸쳐 영국이 소련에 다가간 것이 이때가 처음이었다. 리트비노프는 의례적인 대답을 했다. "만약 프랑스인들이 체코인들을 지원하러 온다면 러시아는 행동을 취할 것입니다." 러시아인들은 폴란드가 체코슬로바키아에 대항하겠다고 위협하자 자신들이 나아갈 길을 좀 더 분명하게 보았던 것 같다. 그들에게는 이제 유럽으로 들어가는 새로운 길이 열리게 되었다. 또한 만약 전쟁이 일어날 경우, 체코인들에게 많은 도움이 되지 못하더라도, 러시아인들은 1921년 폴란드에 내주었던 영토를 회복할 수 있게 되었다. 9월 23일, 소련 정부는 폴란드에 대해 만약 폴란드인들이 체코슬로바키아에 쳐들어간다면 자신들은 소련-폴란드 불가침조약을 즉각 폐기할 것이라 경고했다. 9월 24일, 가믈랭 또한 러시아인들에게 무엇을 할 수 있을 것인지 물어왔다. 그들은 30개의 보병 사단이 서쪽 국경에 배치될 것이고(프랑스 보병은 당시 15개 사단만 마지노선에 배치되어 있었다), 공군과 전차 부대가 "모두 집결해 만반의 준비를 갖출 것"이라고 대답했다. 또한 그들은 프랑스인들, 체코인들, 그리고 자신들 사이의 즉각적인 참모 회담 개최를 촉구했다. 전해지는 바로 가믈랭은 영국의 승인을 얻어 동의했다.[51] 그러나 실제로 참모 회담은 열리지 않았다.

프랑스인들은 여전히 망설이고 있었다. 9월 24일, 핍스가 파리에서 전보를 보냈다. "프랑스에서 가장 뛰어난 최상층의 사람들 모두 어떤 대가를 치르는 한이 있더라도 전쟁은 안 된다고 말하고 있습니다." 또한 핍스는 "소규모이지만 목소리가 높고 부패한 전쟁 집단을 옹호하는 것처럼 보이는 것조차도" 주의할 것을 경고하고 있다.[52] 나중 전보에서 그는 이것이 "모스크바로부터 자금을 지원받는 공산주의자들"을 의미한 것이라고 설명했다. 외무성은 이 답변을 반기지 않았고, 핍스에게 좀 더 폭넓은 조사를 하라고 지시했다. 그는 그렇게 했고, 이틀 뒤 답신을 보냈다. "사람들은 결과를 받아들이는 자세이지만 결의가 확고합니다. …… '쁘띠 부르주아'들은 체코슬로바키아를 위해 자신들의 목숨을 걸 마음이 없는 것 같지만, 대부분의 노동자들은 프랑스가 자신의 의무를 따르는 것에 찬성한다고들 합니다."[53] 프랑스 각의는 이러한 확고한 신념을 거의 보여주지 않았다. 9월 24일, 각료들은 만일 히틀러가 체코슬로바키아를 침략한다면 프랑스가 무엇을 해야 할지 의견의 일치를 보지 못했다. 달라디에와 보네가 대답을 얻기 위해 런던으로 파견되었다. 9월 25일, 그들은 영국 각료들을 만났다. 늘 그렇듯이 달라디에가 달려들 듯 말을 꺼냈다. 히틀러에게 9월 18일의 영국-프랑스 안으로 돌아가도록 요구해야 합니다. 만약 거절하면 "우리들은 각각 의무를 다해야 할 것입니다". 체임벌린이 대답했다. "우리가 그렇게 큰 분쟁에 눈과 귀를 막고 무작정 들어갈 수는 없습니다. 어떠한 결정을 내리기 전에 상황을 알아야 하는 것이 필수적입니다. 따라서 나는 좀 더 자세한 정보를 얻기 원하며 존 사이먼 경에게 몇 가지 점을 달라디에 수상께 말씀드리도록 부탁할 것입니다." 그러자 이 대단한 변호사는 프랑스 수상을 마치 반대측 증인 또는 범인이나 된 듯이 힐문했다. 프랑스인들은 독일에 쳐들어갈 것입니까? 프랑스인들은 공군을 사용할 것입니까? 프랑스인들은 체코슬로바키아를 어떻게 도울 것입니까? 달라디에는 우물쭈물하며 얼버무렸다. 그는 소련의 군사력을 환기시켰으며, 계속해서 원칙의 문제로 돌아가려 했다. "그가 양보할 수 없는 일이 한 가지 있었는데, 그것은 …… 한 나라가 붕괴되고 히틀러 총통이 세계를 지배하게 되는 것이었다."[54] 오래된 교착상태였다. 한쪽으로는 전쟁의 공포요, 다른 한쪽은 상대편에 굴복하기 싫음이었다. 결국 가믈랭에게 런던으로 건너오라 요청하고 다음 날 다시 만나기로 정했다.

가믈랭의 견해는 도움이 되지 않았다. 독일 공군이 우세하다는 것이었다. "우리는 재난을 당할 것입니다. 특히 민간인들이 그럴 것입니다. 그러나 만약 사기가 유지된다면, 이것이 우리들의 군사력이 가져오는 다행스런 결과를 막지는 않을 것입니다." 가믈랭은 또한 30개 사단으로 독일의 40개 사단에 대항하는 체코인들이 만약 모라비아까지 후퇴한다면 버틸 수 있으리라 생각했다.[55] 후에 그는 영국의 군사 전문가들에게 소련이 폴란드를 침공하려 한다고 말했다. "우리의 동맹국들을 기쁘게 하지 못하는 예측"이었다. 그러나 자리에 모인 각료들은 가믈랭의 의견을 참조하지 않았고, 그의 의견을 숙고해 보지도 않았다. 각료들이 모였을 때, 체임벌린은 호리스 윌슨에게 평화를 호소하는 개인적인 서신을 주어 히틀러에게 보낼 예정이라고 말했다. 프랑스 각료들은 이 해결책을 받아들이고 고국으로 돌아갔다. 할리팩스는 여전히 안절부절 못했다. 윈스턴 처칠이 외무성으로 전화를 걸어 그에게 단호한 태도를 취하도록 촉구했다. 그 두 사람의 앞에서 렉스 리퍼Rex Leeper라는 외무성의 한 관리가 성명 초안을 작성했다. "만약 체코슬로바키아에 대한 독일의 공격이 실행된다면 ……프랑스는 도우러 가지 않을 수 없을 것이고, 영국과 러시아는 확실히 프랑스를 지지할 것이다." 할리팩스는 이 성명을 "인가"했지만 서명은 하지 않았다. 이렇게 입장을 드러내지 않는 방법으로 그는 현재 그리고 장래의 자신의 자리를 지켰다. 그는 체임벌린의 신임을 유지하고 있었지만, 후에는 처칠의 눈에 들어 고위직에 남아 있던 유일한 "뮌헨협정의 주역"이었다. 그 당시, 성명은 별로 영향을 미치지 못했다. 파리에서 보내는 성명이 위조된 것이라고 물리쳤고, 체임벌린도 그날 저녁 늦게 히틀러의 모든 요구를 충족할 것을 다시 약속하는 자신의 성명을 냄으로써 그 성명을 부인했다.

9월 26일에 윌슨이 히틀러를 만났지만 아무런 소용이 없었다. 오히려 그날 저녁 히틀러는 10월 1일에 주데텐 독일인들의 영토를 점령하겠다는 자신의 결심을 최초로 발표하는 연설을 했다. 이에 따라 윌슨은 "분노보다는 비탄을 표하면서" 특별 메시지를 전달하라는 훈령을 받았다.

> 만약 독일이 체코슬로바키아를 공격한다면 프랑스는 자신의 조약상의 의무를 이행해야 한다고 생각할 것이다. …… 만약 그것이 프랑스 병력이 독일에 대한 적대 행위에 적극적으로 개입하는 것을 의미한다면, 영국 정부는 프랑스를 지원하지 않을 수 없다고 생각할 것이다.[56]

히틀러는 위협이라고 간주되는 이러한 일에 대해 분개한다고 공언했다. 그러나 영국 정부의 메시지가 담고 있는 내용은 심각하게 생각되어 나온 것이 아니었다. 영국 정부는 프랑스인들에게 체코슬로바키아가 침공당하더라도 공세를 취하지 말라고 거듭 간청했다. 왜냐하면 그렇게 하는 것이 "불행하게도 체코슬로바키아를 구하는 데 아무런 효과를 내지 못하며, 자동적으로 세계대전이 시작되게 할 것"[57]이기 때문이었다. 보네는 전적으로 동의했다. 핍스가 이렇게 보고했다. "프랑스는 …… 독일에 대한 가망 없는 공격 전쟁에 전심전력으로 임하지 않을 것이다. 프랑스는 그에 대한 준비가 되어 있지 않다."[58] 히틀러에게 계속해서 호소가 쏟아져 들어갔다. 체임벌린의 새로운 호소가 있었고, 독일이 10월 1일까지 주데텐 영토의 적어도 4분의 3을 가져도 좋다는 프랑스의 보증이 있었다. 마지막으로 9월 28일에 무솔리니의 호소기 있었디. 이 미지믹 호소에 히틀러가 호의적으로 응답했다. 그는 뮌헨에서 4국 회의를 개최하도록 하기 위해 24시간 동안 행동을 중지하겠다고 했다. 히틀러는 왜 마지막 순간에 잠시 멈춘 것일까? 장군들에게서 계속해서 경고를 받아 동요했을까? 독일 사람들이 전쟁에 반대한다고 생각한 것일까? 무솔리니가 주저해 깜짝 놀란 것일까? 모두 히틀러가 전쟁을 획책했다는 가정 하에 가능한 설명들이다. 그러나 일어난 일들이 함축하는 바는 전혀 반대였다. 위기가 일어나기 이전의 히틀러의 판단과 항상 타협할수 있는 길 — 혹은 더 정확하게 무혈의 승리 — 로 나가는 문을 열어두는 그의 재주는 그가 결코 자제력을 잃지 않았음을 암시한다. 그는 체코슬로바키아가 해체되기를 기다려왔다. 하지만 그런 일이 일어나지 않았다. 폴란드인들의 톄신에 대한 요구는, 그들이 사정을 봐주지 않고 밀어붙이기는 했지만, 충분하지 않았다. 오로지 헝가리의 행동만이 체코슬로바키아를 뒤흔들 수 있었다. 헝가리인들은 어쩌면 소협상을 두려워하여, 어쩌면 전적으로 히틀러 편에 붙기가 꺼려져서 행동하지 못했다. 9월 28일은 히틀러가 전쟁을 일으키기를 포기할수 있던 마지막 순간이었다. 그는 화해의 태도를 취하는 것처럼 보일수 있었고 아직 자신의 앞에 떨어진 이득을 주워 모을 수 있었다.

9월 28일에 체임벌린이 하원 연설을 했다. 그는 이미 무솔리니에게 중재자로 나설 것을 간청했다. 이러한 중재가 성공적일 것이라고 믿을 이유도 충분했다. 영국의 여론이 단호해지고 있었다. 이제 많은 사람들이 주데텐 독일인들이 아니라 체코인들을 억압받는 민족으로 간주했다. 체임벌린은 이러한 반대 의견을 잠재우고 싶어 했다. 그래서 그는 독일이 주장하는 내용의 정당성이 아니라 전쟁의 위험을 강조했다. 작전은 효과가 있었다. 연설이 끝나갈 즈음 그가 —

미리 계산된 극적인 방식으로 — 뮌헨에서 4개국이 만나기로 했노라고 발표했을 때, 의사당은 순식간에 안도하는 분위기로 돌변했다. 적어도 보수당 측에서는 그랬다. "이런 고마울 데가. 신께서 수상을 통해 우리를 도우셨군요." 이는 쓰라린 결과를 동반한 성공이었다. 유화 정책은 상대의 주장에 대한 치우치지 않은 공정한 고려와 과거의 잘못에 대한 시정으로서 시작되었다. 그러고 나서 프랑스의 전쟁에 대한 공포로 정당화되었다. 이제 그 동기가 영국인들 자신의 두려움인 것으로 보였다. 체임벌린이 뮌헨에 간 것은, 주데텐 독일인들이 정당하게 가져가야 할 바를 求해주기 위해서도 아니고 프랑스를 전쟁에서 救해주기 위해서도 아니었다. 그는 영국인들 자신이 공습 당하는 걸 모면하기 위해 갔던 것이다. 그렇지 않다 해도 그렇게 보였다. 유화 정책은 도덕적인 힘을 상실했다. 출발하기 전 체임벌린이 프라하로 전신을 보냈다. "베네슈 박사에게 내가 체코슬로바키아의 이익을 충분히 염두에 둘 것이라고 꼭 확신시켜 주시오."[59] 사실 체코인들은 이의를 제기할까 봐 회의에서 배제되었다. 러시아인들도 배제되었다. 할리팩스는 소련 대사 마이스키에게 소련을 배제한 것이 "분명히 프랑스 정부의 입장이 그렇지 않듯이, 소련 정부와의 긴밀한 관계를 유지하기 바라는 우리 측의 소망이 약화됨을 의미하는 것이 결코 아니라고" 확신시킴으로써 앞으로의 가능성을 계속 열어놓고자 노력했다. 마이스키의 태도가 할리팩스에게는 "사실 그럴 법도 하지만, 약간 의심하는 듯한 것"으로 보였다.[60]

　　체임벌린과 달라디에는 정책을 조율하기 위해 미리 만나지 않았다. 굴복하는 데 협력을 할 필요는 없었다. 어쩌면 체임벌린은 달라디에가 협력하여 대응하려는 엇빗 시도를 나시 안 민 하지 않을까 염려했을 수 있다. 히틀러는 무솔리니를 만나서 프랑스에 대한 기습적인 전쟁 계획을 알려 두려움을 유발했다. 바로 이탈리아가 참전하기로 예정된 전쟁이었다. 회의가 열리기 직전, 무솔리니는 베를린 주재 이탈리아 대사 아톨리코Bernardo Attolico에게서 독일 외무성에서 작성한 협정 초안을 받았다. 주장되는 바에 따르면 히틀러에게 알려지지 않은 것이었다. 사실이 그러하든 아니든 그것은 히틀러에게 구실 좋은 방편이 되었다. 무솔리니가 공정한 중재자의 태도로 협정안을 내놓고, 히틀러가 그 안에 동의함으로써 화해했음을 드러내 보일 수 있었다. 그렇게 해서 강제 명령으로 보이는 것을 피할 수 있었다. 히틀러는 끝까지 요구를 하지 않고 기품 있게 다른 사람들이 제안한 것을 받았다. 합의된 협정안은 주데텐 영토가 다른 나라 사람들이 지켜보는 앞에서 공개적으로 점령된다는 것, 10월 1일 하루에 단번에 하는 대신에 — 어느 모로 보나 기술적으로 불가능한 계획이었다 — 10월 10일까지 완료한다는 점에서만 타협이었다. 아무도 할양될 지역에 대해서 묻지 않았다. 체임벌린이 재정상의 세부 사항을 트집 잡기는 했다. 무솔리니가 헝가리인들의 인종적 요구를 제기했으나 히틀러에게 무시당했다. 히틀러는 헝가리인들이 체코슬로바키아를 붕괴시키지 못하자 그들에게 관심이 없어졌다. 논의는 만찬이 진행되던 긴 시간 동안 중단되었다가 자정이 약간 지날 때까지 진전 없이 이리저리 떠돌기만 했다. 그러고는 무솔리니가 제안한 최초의 협정안이 사실상 원안 그대로 채택되었다. 네 명의 정치가들이 서명하기 위해 자리에 앉았을 때, 그들은 화려하게 장식된 잉크병 속에 잉크가 없음을 발견했다.

체코슬로바키아 대표들은 실제적으로 곤란한 문제들을 제기할 수 있기를 바라며 대기실에서 기다리고 있었다. 그들은 방청을 거부당했다. 오전 2시에 그들은 체임벌린과 달라디에에게로 불려가서 협정문을 보았다. 달라디에가 "이것은 이의를 호소할 권리나 변경의 가능성이 없는 결정"이라는 점을 확실하게 못 박았다. 체코슬로바키아는 오후 5시까지 승인을 하든지 아니면 그 후의 결과를 감수하든지 해야 했다. 체임벌린은 하품을 했고 아무런 언급도 하지 않았다. 그는 "피곤해 했으나, 기분 좋게 노곤한 것이었다". 다음 날 아침 프라하에서 베네슈는 낙담하여 소련 대사에게 매달렸다. "체코슬로바키아는 영국과 프랑스를 적대국으로 만들면서 독일과 전쟁을 시작하느냐 …… 아니면 침략자에게 항복하느냐의 선택에 직면해 있소." 이 두 가지 가능성, "즉, 더 부딪쳐 보는 것과 항복하는 것"에 대한 소련의 입장은 무엇이겠소? 소련 정부가 문제를 논의하기도 전에, 또 다른 전보 한 통이 그들에게 대답이 필요치 않음을 알렸다. "체코슬로바키아 정부가 이미 모든 조건을 수용하기로 결정했다."[61] 문의가 진지했다고 믿기 힘들다. 베네슈는 체코슬로바키아가 단독으로도, 소련을 유일한 동맹국으로 해서도 싸우지 말아야 한다는 자신의 결심을 여전히 굳게 지켰다. 몇 해가 지나고 1944년에 그는 폴란드가 테신에서 위협을 가한 것이 자신이 굴복하게 되는 마지막 압력이 되었다고 주장했다. 그러나 만약 그렇다고 해도 그것은 그가 나아가기로 결심한 방향으로 가해진 압력일 뿐이었다. 베네슈는 히틀러가 도를 지나쳐 일을 그르치게 될 것이라고 여전히 믿었다. 결과적으로 보면 틀리지 않은 생각이었다. 그러나 베네슈가 바랐던 것보다 긴 시간이 필요했다. 그래도 그러는 동안, 체코인들은 전쟁의 공포에서 벗어날 수 있었다. 1938년에만 아니라 제2차 세계대전 전 기간에 걸쳐 그렸다. 훗날 베네슈는 대통령궁에서 프라하를 내려다보면서 이렇게 말할 수 있었다. "아름답지 않습니까? 중부 유럽에서 파괴되지 않은 하나뿐인 도시이지요. 전부 내가 그렇게 한 겁니다."

9월 30일, 체임벌린과 히틀러가 또 한 번 회담을 가졌다. 체임벌린이 말했다. "어제 회의의 진행 결과에 대해 매우 기쁘게 생각합니다." 군축과 에스파냐 문제에 관해 이러저러한 논의를 한 후에 다음과 같이 말을 맺었다. "만약 우리가 영국-독일 관계를 진전시키는 것이 바람직하며 이로써 유럽의 안정이 보다 확대될 것이라고 우리들 사이에 합의된 내용을 알리는 성명을 발표할 수 있다면, 이는 두 나라 모두와 전 세계에 좋은 일이 될 것입니다." 그리고 그는 자신이 가져온 초안을 내놓았다. 이 성명은 "서로 간에 다시는 전쟁으로 향하는 일이 없어야 한다는 양국 국민들의 소망의 상징으로서 지난밤에 조인된 협정과 영국-독일 해군 협정"을 제시했다. 성명은 다음과 같이 이어졌다.

> 우리는 협의의 방법이 우리 두 나라에 관련된 여타의 어떠한 문제들을 다루는 데에도 채택되는 방법이 되어야 할 것이라고 결의한다. 또한 우리는 우리 사이에 의견의 불일치가 생길 수 있는 근원들을 제거하고, 그렇게 함으로써 유럽의 평화를 확보하는 데 기여하기 위한 우리의 노력을 계속하기로 결의한다. [62]

초안이 히틀러에게 번역되어 전해졌다. 그는 열렬히 환영했다. 두 사람은 서명했다. 정치가들은 각각 자기 나라로 떠났다. 달라디에는 침울한 기분으로 화난 군중들이 자신을 맞을 것이라고 예상했다가 자신을 기다리고 있던 환호에 깜짝 놀랐다. 체임벌린에게는 그런 불안감이 없었다. 비행기 트랩에서 걸어 내려오면서 그는 자신이 히틀러와 조인한 성명서를 흔들며 "내가 해냈습니다"라고 소리쳤다. 런던으로 가는 길에, 할리팩스가 그에게 총선거를 유보함으로써 잠시의 분위기를 이용하지 말고 처칠, 이든과 함께 자유당, 노동당이 참여하는 진정한 거국 내각을 구성하라고 거듭 청했다. 체임벌린은 할리팩스가 지닌 의심을 마찬가지로 품고 있었으나, "석 달이면 이 모든 것이 지나갈 것일세"라고 격려의 말을 했다고 전해진다. 그러나 그날 저녁 그는 다우닝 가 10번지 수상 관저 창가에 모습을 드러내어 군중들에게 말했다. "독일로부터 다우닝 가로 평화가 영예롭게 돌아온 것이 이제 두 번째입니다. 나는 이로써 우리 시대가 평화로울 것이라 믿습니다."

9장

PEACE FOR
SIX MONTHS

여섯 달 동안의
평화

뮌헨협정에 참여했던 사람들은 다른 이들이 자신들을 기만했다고 비난함을 물론 그들은 스스로를 속여 왔다고 떠벌렸다. 사실 어느 누구도 나중에 그랬었다고 주장하는 것만큼 앞일을 잘 내다보지 못했다. 뮌헨의 네 주역은 각각 감추고 있는 꿍꿍이가 있었지만 모두 나름대로 진실했다.

And the participants not only accused the others of cheating, but boasted that they had been cheating themselves. In fact, no one was as clear-sighted as he later claimed to have been; and the four men of Munich were all in their different ways sincere, though each had reserves which he concealed from the others.

뮌헨 회의는 유럽사에서 한 시대가 열림을 나타내는 출발점이 되리라 기대되었다. "베르사유" — 1919년의 체제 — 는 무너졌을 뿐 아니라 땅속에 완전히 묻혔다. 유럽 강대국 네 나라 사이의 평등과 상호 신뢰를 바탕으로 하는 새로운 체제가 그 자리를 대신하게 될 것이었다. 체임벌린은 "나는 이로써 우리 시대가 평화로울 것이라 믿습니다"라고 말했고, 히틀러는 "나는 더 이상 유럽에서 영토적 요구가 없다"고 선언했다. 그러나 국제 문제에 여전히 해결되어야 할 중대 현안들이 있었다. 에스파냐 내전이 아직 끝나지 않았고, 독일은 자신이 이전에 보유했던 식민지를 회복하지 못했다. 더 나아가, 유럽이 안정을 되찾으려면 경제 정책과 군축에 대한 합의가 이루어져야 할 것이었다. 하지만 이러한 현안 중 어느 것도 전면전을 유발할 것 같지 않았다. 독일이 평화적인 협상을 통해서라면 자신이 가진 수단이 허용하는 유럽 내의 지위를 얻을 수 있음이 증명되었다. 중대한 장애가 성공적으로 극복되었다. 독일의 침략에 대비해 설정된 체제가 전쟁 없이 합의에 의해 제기되었다. 그러나 여섯 달 안으로 새로운 체제가 독일에 대항해 세워졌고, 일 년 안으로 영국, 프랑스, 그리고 독일이 전쟁에 들어갔다. "뮌헨"은 처음부터 사기였을까? 즉 독일에게 단지 세계 정복을 위한 발판이었거나, 아니면 영국과 프랑스 측에서 단지 자신들의 재무장이 좀 더 진전될 때까지 시간을 벌어보려는 방책에 불과했을까? 돌이켜 보건대 그렇게 보였다. 뮌헨의 정책이 실패했을 때 모든 사람들은 실패하리라 예견했었다고 말했다. 그리고 뮌헨협정에 참여했던 사람들은 다른 이들이 자신들을 기만했다고 비난함을 물론 그들은 스스로를 속여 왔다고 떠벌렸다. 사실 어느 누구도 나중에 그랬었다고 주장하는 것만큼 앞일을 잘 내다보지 못했다. 그리고 뮌헨의 네 주역은 각각 감추고 있는 꿍꿍이가 있었지만 모두 나름대로 진실했다.

프랑스인들이 가장 많이 양보했고, 장래에 대해 가장 작은 소망만 남겼다. 이들은 1919년 이래로 누려온 것으로 보였던 유럽 제일국의 지위를 내려놓았다. 그러나 이들이 포기한 것은 실제가 아닌 가공의 지위였다. 이들은 힘에 밀렸다기보다는 이미 존재하고 있는 현실을 받아들였다. 이들은 1919년과 그 뒤로 얻은 이점들 — 독일에 대한 제한 규정 그리고 동유럽 국가들과의 동맹들 — 이 기를 쓰고 지켜야 하는 이득이 아니라 거저 누릴 수 있는 자산이라고 그동안 쭉 생각해왔다. 이들은 1923년 루르를 점령했던 이후로 베르사유 체제를 지키기 위해 손 하나 까딱하지 않았다. 배상금을 포기했고, 독일의 재무장을 묵과했으며, 독일의 라인란트 재점령을 허용했고, 오스트리아의 독립을 지키기 위해 아무 일도 하지 않았다. 동유럽 동맹들을 유지해온 이유도 오직 자신들이 독일에게 공격을 받게 되기라도 한다면 이러한 동맹들이 도움이 될 것이라는 믿음에서일 뿐이었다. 프랑스인들은 체코슬로바키아가 자신들에게 안보 대신 위험을 가져올 것 같자 동맹국인 체코슬로바키아를 내버렸다. 뮌헨은 프랑스의 정책이 뒤집힌 것이 아니라 프랑스 정책의 논리로 보면 최고 절정이었다. 프랑스인들은 자신들이 동유럽에서 우위를 상실했음을 알아차렸고, 돌이킬 수 없음을 알았다. 그들이 스스로를 염려했다고 말하는 것이 결코 아니다. 반대로 그들은 로카르노 이래로 영국이 되풀이해서 설득해온 주장, 즉 만약 프랑스인들이 라인 강 뒤로 물러난다면 전쟁의 위험에서 멀어지게 될 것이라는 주장을 받아들였다. 프랑스인들은 위엄보다는 안보를 택했다. 품위 없는 정책이었지만, 적어도 위험하지는 않았다. 심지어 1938년에조차도 그들은, 공중 폭격을 두려워하기는 했지만, 전쟁을 치를 수밖에 없다고 해도 패배를 두려워하지 않았다. 가믈랭은 민주주의 국가가 승리할 것이라고 항상 강조했고, 정치인들은 그를 믿었다. 그러나 전쟁의 목적이 무엇이 될 것이었는가? 이것은 1923년 이래로 프랑스의 행동을 막았고, 지금도 가로막고 있는 논의였다. 독일은 만약 패배해도 여전히 거기에 그렇게 크고, 강력하며, 불균형을 바로잡는 데 굳은 의지를 가지고 있을 것이었다. 전쟁은 시계를 멈춰놓을지 모르지만 되돌려 놓을 수는 없었다. 그리고 이후로 사태는 똑같은 결말을 향해 앞으로 갈 것이었다. 프랑스인들은 따라서 자신의 안보를 제외한 모든 것을 기꺼이 양보할 용의가 있었다. 그리고 자신들이 뮌헨에서 안보를 내놓았다고 믿지 않았다. 이들은 마지노선이 뚫리지 않으리라는 굳은, 그리고 충분한 근거가 있는 것으로 밝혀진 믿음이 있었다. 그 믿음 때문에 그들은 지크프리트선 역시 난공불락일 것이라 생각했다. 조금 덜 맞는 생각이었다. 이들은 서유럽에서 아무도 어떻게 움직일 수 없는 교착 상태가 굳어졌다고 생각했다. 이들은 동유럽에서 독일 세력의 신장을 저지할 수 없었다. 마찬가지로 독일도 프랑스를 침략할 수 없을 것이었다. 프랑스인들은 뮌헨에서 체면을 잃었지만 — 자신들 생각에 — 위태로워지지는 않았다.

영국의 입장은 좀 더 복잡했다. 도덕성이 프랑스의 계산에는 들어가지 않았거나, 아니면 들어갔으되 포기되었다. 프랑스인들은 체코슬로바키아를 지원하는 것이 자신들의 의무임을 알고 있었으나 너무 위험하거나 힘들다는 이유로 이행하기를 거부했다. 레옹 블룸은, 수치심과 안도감이 뒤섞인 심정으로 뮌헨협정을 환영했을 때, 프랑스인들의 감정을 가장 잘 대변했다. 반면 영국인들에게는 도덕성이 아주 큰 부분을 차지했다. 영국 정치가들은 공습이 가져올 위험, 자신들의 재무장이 지연되고 있음, 적절하게 무장되더라도 체코슬로바키아를 원조하는 것이 불가능함 등 실제적인 근거들을 들었다. 그러나 이러한 논거들은 도덕성이 드러나지 않게 하는 것이 아니라 강화하는 데 이용되었다. 체코슬로바키아에 대한 영국의 정책은 독일이 주데텐 독일인들의 영토에 대해 도덕적 권리가 있다는, 민족 원칙에 입각한 믿음에서 나왔다. 또한 그러한 믿음으로부터 자결의 원칙이 이루어지는 이러한 승리가 유럽에 좀 더 안정적이고 영속적인 평화를 가져다줄 것이라는 한층 더 나아간 결론이 도출되었다. 영국 정부가 단지 전쟁에 대한 공포 때문에 체코슬로바키아 분할을 인정할 수밖에 없었던 것은 아니었다. 이들은 전쟁의 위협이 고개를 들기 전에 이미 의도적으로 체코인들에게 이러한 영토 할양을 강요하기 시작했다. 뮌헨의 결정은 정확하게 이를 목표로 실행되어 왔던 영국 정책의 승리였다. 히틀러의 승리가 아니었다. 히틀러는 그렇게 명확한 목표 없이 시작했다. 또한 이것은 지리적으로 멀리 떨어져 있는 민족의 운명에 무관심하거나 또는 히틀러가 소련에 대한 전쟁에 돌입하게 될지도 모른다고 예상하는, 이기적이거나 냉소적인 영국 정치가들의 승리만이 아니었다. 그것은 영국 사회에서 가장 뛰어나고 가장 계몽된 사람들의 승리이고, 민족 간의 공평한 처우를 주장해왔던 사람들의 승리이며, 베르사유조약의 가혹하고 근시안적인 면을 용감하게 공격해왔던 사람들의 승리였다. 사회주의 진영에서 지도적인 위치에 있던, 대외 문제의 권위자인 브레일스퍼드가 1920년 강화조약에 대해 "가장 심각한 위반은 3백만 명의 독일인들이 체코인들의 지배에 종속된 것이다"라고 서술한 바 있다.[1] 뮌헨에서 이를 바로잡았다. 이상주의자들이 영국의 정책이 더디고 우유부단했다고 주장할 수 있었다. 1938년, 뮌헨협정은 이러한 결점들을 바로잡았다. 체임벌린은 능란한 솜씨와 집요함으로 먼저 프랑스인들을 그리고 다음으로 체코인들을 도덕적 노선으로 이끌었다.

주데텐 영토를 독일에 할양하는 데 반대하는 주장이 있었다. 경제적이고 지리적인 결합이 민족적 결속보다 더 중요하다는 논거였다. 이는 합스부르크 왕국의 해체를 반대하는 데 이용되었던 주장이었다. 따라서 왕국 해체에 주도적인 역할을 했던 체코인들은 이러한 주장을 앞세울 수 없었고, 서유럽에 있는 그들의 지지자들도 그렇게 할 수 없었다. 논의는 도덕의 영역에서 실제적으로 고려해야 할 문제의 영역 — 사람들이 이렇게 부르기 싫어하지만, 소위 현실 정치realpolitik — 으로 이전되었다. 윈스턴 처칠과 같이 뮌헨협정을 가장 노골적으로 반대하던 사람들은 독일이 유럽에서 너무나 강대해지고 있으므로 강력한 연합을 통한 위협으로, 혹은 필요하다면 무력으

로 독일을 저지해야 한다고 단도직입적으로 주장했다. 자결의 원칙
— 체코슬로바키아가 자신의 존재를 의탁하고 있던 원칙 — 은 속임
수라 하여 버려졌다. 유일하게 논급되던 도덕적 주장은 현존하는 국
가들의 국경은 신성하고 각국은 자신의 국경 안에서 하고 싶은 대로
행동할 수 있다는 것이었다. 이것은 정통성의 논의, 메테르니히와 빈
회의의 논의였다. 만약 이것이 수용되었다면, 그에 따라 합스부르크
왕국의 해체뿐 아니라 심지어 미 대륙에서 영국 식민지가 독립을 획
득한 일조차도 허용되지 않았을 것이다. 영국 좌파가 1938년에 들이
댄 해괴한 주장이었다. 그것은 그들에게 거북한 부담이 되었다. 따
라서 그들의 비판이 흔들렸고 효력이 없었다. 해군상 더프 쿠퍼Duff
Cooper가 뮌헨의 결정에 항의하며 사임했을 때 그는 그러한 의심이 없
었다. 탈레랑Charles Maurice de Talleyrand-Périgord을 숭배하여 그의 전기 작
가가 되었던 것처럼, 그는 자결의 원칙이나 베르사유의 불공정성이
아니라 세력 균형과 영국의 영예를 염려했다. 그에게 체코슬로바키
아는 1938년의 시점에서 실제로 문제가 되지 않았다. 1914년에 벨기
에가 문제가 되지 않았던 것같이 말이다. 이러한 주장은 제1차 세계
대전에서 영국이 취한 입장의 도덕적 정당성을 무너뜨렸다. 그러나
그 주장은 하원에서 보수당 다수의 주의를 끌었다. 체임벌린은 그 주
장이 말하는 권력의 관점에서 대응해야 했다. 그는 프랑스인들이 싸
우지 않으려 하는 것을 강조할 수 없었다. 그것이 서유럽 측의 정말
로 결정적인 약점이었기 때문이다. 따라서 그는 영국 스스로가 독일
과 싸울 입장이 아닌 듯이 말할 수밖에 없었다.

　　체임벌린은 자기 자신의 주장에 속박되었다. 만약 영국이 너
무 약해서 싸울 수 없었다면 정부는 재무장을 가속화해야 했다. 그리

고 이 말은 명시적이건 암묵적이건 히틀러의 성실함을 믿지 못한다는 말이었다. 이렇게 해서, 체임벌린은 다른 누구보다도 자기 자신의 정책이 기반하고 있는 근거를 파괴했다. 더욱이 의심은 또 다른 의심을 낳는 법이다. 히틀러가 뮌헨 이전에 체임벌린의 성실성을 진지하게 받아들였는지 의심스럽지만, 며칠 뒤부터는 그렇지 않았음이 확실하다. 체임벌린이 자신의 패를 보여주자마자, 유화의 뜻으로 한 일이 항복으로 바뀌었다. 히틀러는 위협이 가장 잘 듣는 무기라는 교훈을 이끌어냈다. 그는 뮌헨을 힘의 승리라고 자랑하고 싶은 충동이 너무나 커서 참을 수 없었다. 히틀러는 더 이상 베르사유에 대한 자신의 원한들을 늘어놓음으로써 이득을 얻기를 기대하지 않았다. 그는 영국과 프랑스의 두려움을 이용해 이득을 얻기를 바랐다. 그리하여 그는 뮌헨을 비겁한 굴복이라 비난하는 사람들의 의심을 확증해주었다. 국제적인 도덕은 중요시되지 않았다. 역설적으로, 긴 안목으로 보면 베네슈가 결국 뮌헨의 진정한 승자였다. 체코슬로바키아는 영토를 잃어버리고 후에는 독립마저 상실했지만, 히틀러는 이제까지 자신을 막을 수 없게 만들었던 도덕적 우위를 상실했기 때문이다. 뮌헨은 사람들이 아직까지도 냉정하게 말할 수 없는, 감정이 들어간 단어가 되었고, 수치의 상징이 되었다. 뮌헨에서 이루어진 내용은 그것이 이루어진 방식에 비해 덜 중요했다. 또한 이후 양측에서 뮌헨에 대해 말한 것이 더욱 더 중요했다.

뮌헨에는 빈자리가 둘 있었다. 더 정확히 말하면 두 강대국을 위한 자리가 마련되어 있지 않았다. 두 나라 모두 초청해줄 것을 요구했음에도 불구하고 말이다. 루스벨트 대통령은 위기가 최고조에 이르렀을 때 어느 중립국의 수도에서 회의를 가질 것을 촉구했다. 그래도 그는 미국 대표의 참석 여부를 암시하지 않았고, 또한 어떤 경우에도 "미합중국 정부는 …… 현재 협상이 진행되는 데 대해 어떠한 의무도 지지 않을 것이다"라고 말했다. 루스벨트는 뮌헨 회의 소식을 듣고 체임벌린에게 "훌륭한 분"이라는 찬사를 보냈다. 이후 유화 정책이 실패로 돌아갔을 때, 미국인들은 자신들이 뮌헨에 있지 않았던 것을 기뻐했다. 미국인들은 자신들도 영국인들과 프랑스인들의 입장에 처했더라면 했을 일로 그들을 비난할 수 있었다. 미국의 도움이 없었던 점이 "민주주의" 국가들이 굴복하게 되는 데 일조했다. 그럼에도 미국인들은 뮌헨으로부터 자신들이 이 허약한 국가들을 도와야 한다는 교훈을 얻어낸 것은 더더욱 아니었다. 루스벨트는 국내 정책상의 곤경에 빠져 있었기에 대외 문제에 대한 논란을 야기함으로써 곤란을 더할 생각이 없었다. 유럽은 미국 없이 갈 길을 계속 갈 수 있었다.

러시아인들은 회의 개최 계획에 좀 더 명확한 입장이었다. 그들은 침략자에 대해 서로의 행동을 조정해 대항하기 위한 "평화 애호국들"의 회의를 원했다. 그들 역시 도덕적으로 우월한 태도를 취할 수 있었다. 조약이 규정하는 의무에 대한 자신들의 성실성을 드러내 보이면서 그들은 프랑스의 나약한 태도에 모든 비난을 퍼부었다. 한 소련 외교관이 9월 30일에 다음과 같이 말한 바 있었다. "우리는 하마터면 썩은 널빤지에 발을 디딜 뻔했다. 이제 우리는 다른 곳으로 발을 옮길 것이다." 외무 인문 부위원 포촘킨Vladimir Potyomkin이 쿨롱드르에게 다음과 같이 말했을 때 그 말의 의미가 명확해졌다. "나의 가엾은 친구여, 당신들은 이제까지 무엇을 한 것입니까? 나는 폴란드를 네 번째로 분할하는 것 외에 우리에게 달리 방도가 없다고 생각합니다." 러시아인들은 자국의 안보에 대해 두려울 것이 없다고 공언했다. 리트비노프가 쿨롱드르에게 말했다. "히틀러가 영국 또는 소련을 공격할 수 있게 될 것입니다. 그는 첫 번째 방법을 택하겠지요. …… 그리고 이 계획을 성공적으로 달성하기 위해서 그는 소련과 화해에 이르는 길을 택하게 될 것입니다."[2] 그러나 러시아인들은 마음속으로는 그다지 확신하지 못하고 있었다. 히틀러가 조금도 접근해 오지 않았다. 대신 자신이 볼셰비즘으로부터 유럽을 구했다고 주장할 뿐이었다. 뛰어난 관찰자들이 히틀러의 다음 행보가 우크라이나로 향하리라고 예측했다. 이런 움직임을 서유럽 정치가들은 약간은 기뻐하며 바랐고, 소련 정치가들은 근심하며 예측했다. 소련의 통치자들은 자신들을 유럽으로부터 고립시키기를 원했다. 그러나 유럽이 그들로부터 멀어지게 될지 결코 확신할 수 없었다. 따라서 잠깐 동안 비난으로 응수한 후 그들은 인민전선을 불러내야 했고, 침략에 대한 집단 안보를 요청해야 했다. 그들이 이러한 정책이 성공하리라 예상했을 것이라고 믿기 힘들다.

모든 이들이 어느 방향인지는 모르지만 히틀러의 다음 움직임에 대해 이야기했다. 이에 대해 가장 말을 하지 않고, 겉으로 보기에 가장 생각을 하지 않았던 사람은 다름 아닌 히틀러 자신이었다. 많은 저술가들이 히틀러가 계획했다 여기는 정확한 시간표 — 1938년 9월 뮌헨, 1939년 3월 프라하, 9월 단치히 — 는 현재까지 나타난 증거로는 전혀 입증할 수 없다. 뮌헨에서 눈부신 성공을 거둔 후, 히틀러는 베르크호프로 돌아가서 자신이 학창 시절을 보낸 오스트리아의 도시 린츠를 새로 건설할 몽상적인 계획을 세우는 데 시간을 보내고 있었다. 때때로 그는 체코슬로바키아에 대한 전쟁을 거부당한 데 대해 불만을 나타냈다. 그러나 사람은 사후事後에 말한 바가 아니라 그가 행한 바로 판단해야 한다. 다시 한 번 히틀러는 자신에게 앞으로의 성공을 가져다줄 사건이 일어나기를 기다렸다. 군부 지도자들은 자신들의 다음 행동에 대한 명령을 내려줄 것을 요구했다. 히틀러가 10월 21일에 응답했다. "국방군Wehrmacht은 항상 다음에 대비해야 할 것이다. (1) 독일 제국의 국경을 지키고 기습적인 공습에 방어하는 것. (2) 체코 국가의 잔존 지역을 마저 일소하는 것." 이는 침략 계획이 아니라 예방 조치였다. 명령의 이어지는 부분이 이 점을 명확히 하고 있다. "체코 국가가 반독일 정책을 추구하기라도 한다면, 그 잔존 부분을 틀림없이 분쇄할 수 있어야 한다."³ 12월 17일, 국방군은 다음과 같은 말을 듣게 되었다. "그것이 오로지 평화적 행동일 뿐이고 호전적인 기도가 아니라는 것이 외견상 매우 명백해야 한다."⁴ 이러한 명령들은 히틀러가 뮌헨에서 내려진 결정을 결코 진정으로 받아들이지 않았다는 증거로 종종 인용된다. 그러나 사실 히틀러는 오히려 결정이 효력을 가질지 의심했다. 종종 정치적 식견에서 뒤진다고 여겨짐에도 불구하고 그는 다른 유럽 정치가들보다 보헤미아 문제를 더 잘 이해하고 있었고, 또한 독립국 체코슬로바키아가 자연적인 국경을 상실하고 체코인들의 위세가 무너진 상태로 존속하지 못할 것이라고, 음험한 의도 없이 믿고 있었다. 이것은 체코슬로바키아가 붕괴하기를 바란 것이 아니었다. 이것은 1918년에 마사리크와 베네슈가 체코슬로바키아를 탄생시킬 때도 가지고 있었던 믿음이었고, 또한 체코슬로바키아의 독립이 처음부터 끝까지 근거하고 있던 원칙이었다.

만약 체코슬로바키아가 붕괴되어 산산조각이 난다면, 무엇이 그 자리를 대신할 것인가? 체코 위기가 진행되는 동안 고데스베르크에서 히틀러는 헝가리와 폴란드가 선제 행동을 취하는 대가로 그 두 나라에게 체코슬로바키아의 영토를 후하게 나누어줄 생각을 하고 있었다. 그러나 나중에 마음을 바꾸었다. 두 나라 모두 위기가 거의 끝나갈 때까지 나서지 않았던 것이다. 두 나라는 여전히 양측을 왔다 갔다 하기를 바랐던 것이 분명했다. 10월 14일 히틀러는 헝가리 대표에게 "나는 헝가리에 화가 나지 않았소. 하지만 헝가리는 버스를 놓쳤소"라고 말했다.[5] 이제 히틀러에게는 체코슬로바키아가 독일에 종속되는 것이 더 좋아 보였다. 히틀러는 틀림없이 사악했지만 합리적인 정치가였다. 그의 목적은 영화를 야단스럽게 과시하는 것이 아니라 독일의 세력을 계속 꾸준히 확대하는 것이었다. 이 목적을 위해서는 영토를 직접 합병하는 것보다 위성국이 더 유익했다. 따라서 그는 대단한 인내심을 가지고 위성국을 만들어갔다. 이는 히틀러가 좋아하는 방식인, 다른 사람들이 자신을 위해 일을 대신 해주는 방식의 또 다른 유형이었다. 뮌헨 직후, 국제 위원회의 독일 대표들은 자신들이 만들어낸 규칙을 적용했다. 그것은 한 치의 양보 없이 주데텐 독일인들에게 유리하도록 되어 있어서 체코슬로바키아는 사실상 고데스베르크에서 받았던 요구로 인해 내놓게 될 것보다 더 많은 영토를 잃게 되었다. 리벤트로프와 치아노가 빈에서 헝가리와 체코슬로바키아 간 국경을 다시 설정하기 위해 만났을 때의 일은 또 다른 이야기였다. 치아노는 헝가리를 독일에 대비하는 방벽으로 세우려는 특히 교활하나 무익한 생각을 가지고 있었다. 리벤트로프는 이 정책을 곧 간파했고, 그리하여 슬로바키아의 주장을 강력하게 지지하여 치아노가 "당신은 지난 9월에 체코슬로바키아에 적대적으로 사용했던 모든 주장들을 지금은 그 나라에 유리한 쪽으로 사용하고 있군요"
라고 불평할 정도였다. 슬로바키아인들은 히틀러의 계산에 들어간
새로운 요소였다. 그들에게는 체코인들의 민주주의에 대한 신념도,
헝가리인들의 강대국인 줄 아는 착각도 없었다. "히틀러는 자신이 좀
더 일찍 슬로바키아인들의 독립 투쟁에 대해 알았더라면 하고 아쉬
워했다."[6] 히틀러가 우크라이나로 침입해 들어가는 길로 슬로바키아
를 생각했다는 주장이 종종 나왔다. 하지만 지리적 여건을 보면 사실
이러한 생각은 소련이 체코슬로바키아를 거쳐 독일로 들어가는 위
협을 할 수 있다는 반대의 생각만큼이나 실행 불가능한 것으로 보인
다. 히틀러는 슬로바키아 그 자체를 위해 지원했다. 제2차 세계대전
의 전 기간을 통해 슬로바키아 스스로 증명했듯이, 한결같고 신뢰할
수 있는 위성국으로서였다.

　　만일 히틀러가 정말로 우크라이나에 도달하려고 열망했다면,
폴란드를 거쳐서 가야 했다. 그리고 1938년 가을, 이는 전혀 정치적
인 공상으로 보이지만은 않았다. 폴란드는 명목상 아직 프랑스와 동
맹을 맺고 있었지만, 독일에게 이익이 되는 불가침조약을 맺기에 이
르렀다. 그리고 주로 폴란드로 인해 프랑스-소련 조약이 결코 실현
되지 못하고 있었다. 체코 위기 동안 폴란드의 태도는 체코슬로바키
아에 대한 소련의 원조 가능성을 조금도 허용하지 않고 배제하는 것
이었다. 또한 위기가 끝날 무렵 체코슬로바키아에 대해 테신 반환을
요구하는 폴란드의 최후통첩으로 베네슈가, 그 자신의 말에 따르면,
뮌헨의 결정에 저항하려는 어떠한 생각도 포기하기로 결심하게 되
었다. 폴란드는 지중해 지역에서 이탈리아가 해왔던 것보다 더 쓸모
있게 동쪽에서 독일의 앞잡이 노릇을 해왔다. 어느 한 나라가 이러한

역할을 그만두어야 할 이유는 없어 보였다. 각각의 경우에 걸림돌이 있기도 했다. 이탈리아에게는 남부 티롤에 대략 30만의 독일인들이 있었고, 폴란드에는 슐레지엔과 회랑에 약 150만의 독일인들이 있었다. 그러나 이러한 장애는 극복될 수 있었다. 히틀러는 정치적 협력이나 복종을 얻어낼 수 있다면 독일인이 외국의 지배를 받는 것쯤은 개의치 않을 마음이 있었다. 그는 이탈리아와의 관계에서 그렇게 했다. 비록 오스트리아인으로서 남부 티롤 독일인들의 주장에 깊이 공감하고 있었음에도 불구하고, 그는 정말로 남부 티롤에서 독일인들을 이주시키는 데 동의했다.

히틀러는 폴란드 내 독일인들의 처지에 대해서는 그리 깊이 공감하지 않았다. 아마도 그는 이제까지 이탈리아인들에게 느꼈던 것보다는 폴란드인들을 향해 더 친밀한 감정을 가지고 있었을 것이다. 이제 장애물은 히틀러가 아니라 독일인들의 감정이었다. 대부분의 독일인들에게는 폴란드에게 영토를 빼앗긴 일이 베르사유에 대한 잊을 수 없는 원한의 씨앗이었다. 히틀러는 폴란드와의 협력을 계획했을 때 이러한 원한에 대한 과감한 수술을 시도했다. 하지만 탈출구가 있었다. 실제로 폴란드 지배하에 있던 독일인들이 무시될 수 — 그렇지 않다면 이주될 수 — 있었다. 독일인들이 잊을 수 없는 것은 제국으로부터 동프로이센을 갈라놓는 "폴란드회랑"이었다. 그러나 이곳 또한 타협의 가능성이 있었다. 독일이 회랑을 가로지르는 회랑을 얻음으로써 만족할 수 있었다. 난해한 생각이었지만 독일 역사상 많은 전례가 있었다. 독일인들의 감정은 단치히를 회복함으로써 달랠 수 있었다. 이 일은 쉬워 보였다. 단치히는 폴란드의 일부가 아니었던 것이다. 단치히는 국제연맹이 임명하는 고등 판무관의 통제 하에서 독자적인 행정 체계를 갖춘 자유시였다. 폴란드인들은 자신들의 나라가 강대국이라고 생각하는 그릇된 오만함이 있어서 국제연맹의 권위에 도전하는 데 앞장서 왔다. 따라서 확실히 그들은 독일이 국제연맹의 자리를 대신한다 해도 반발하지 않을 것이었다. 더욱이 문제는 1919년 이래로 달라졌다. 그 당시에는 단치히 항이 폴란드에게 반드시 필요했다. 하지만 이제 폴란드인들이 그디냐를 새로 건설하여, 폴란드인들이 단치히를 필요로 하는 것보다 단치히가 폴란드를 더 필요로 했다. 따라서 폴란드의 경제적 이익을 지켜주도록 조정을 하고, 또한 그러면서도 단치히를 제국에 되돌려주는 것을 쉬운 일이었다. 장애가 제거될 것이고, 독일과 폴란드가 우크라이나에서 함께 행동할 수 있을 것이었다.

10월 24일에 리벤트로프가 폴란드 대사 립스키에게 처음으로 이러한 제안들을 늘어놓았다. 만약 단치히와 회랑 문제가 해결된다면 "반코민테른 협정에 기반해 러시아에 대한 공동 정책을 취할 수 있을 것이었다".[7] 히틀러는 폴란드 외상 베크가 1939년 1월에 방문했을 때 더없이 솔직했다. "폴란드가 러시아와의 국경 지역에 주둔시키고 있는 사단들 덕택에 독일은 상당히 큰 군비 지출의 부담을 덜고 있소." 물론 그는 "단치히는 독일 민족의 땅이고, 앞으로도 항상 독일 민족의 것일 것이오. 그리고 조만간 독일의 일부가 될 것이오"라고 덧붙였다. 만일 단치히 문제가 해결된다면 그는 기꺼이 폴란드회랑을 보장할 것이었다.[8] 히틀러가 처음부터 단치히 문제에 대해 폴란드인들을 속여온 것일 수도 있다. 즉 폴란드를 붕괴시킬 사전 단계로 단치히를 요구했을 수도 있다. 그러나 폴란드는 우크라이나에 대한 야망을 오랫동안 품어 왔다. 단치히는 그에 비하면 하찮아 보였다.

리벤트로프가 2월 1일 바르샤바를 방문했을 때, 베크는 "폴란드가 소련 영토인 우크라이나를 향한 열망을 갖고 있다는 사실을 숨기지 않았다."[9]

그럼에도 불구하고 폴란드인들은 히틀러의 제안에 응하지 않았다. 그들은 자신의 힘을 맹신해, 그리고 체코인들의 고분고분함을 경멸해, 한 치의 양보도 하지 않겠다고 결심했다. 그들이 믿기에 이것이 히틀러와 거래하는 단 하나의 안전한 방법이었다. 더욱이 — 히틀러가 결코 알아차리지 못했던 점인데 — 그들은 독일에 대항해 소련과 협력하지 않을 것이었지만, 거의 같은 정도로 소련에 대항해 독일과 협력하지 않겠다고도 결심하고 있었다. 그들은 스스로를 독립적인 강대국이라 생각했다. 또한 그들은 자신들이 오로지 러시아와 독일이 동시에 패배했기 때문에 1918년에 독립을 얻었다는 사실을 잊었다. 이제 그들은 독일과 러시아 가운데 선택을 해야 했다. 그들은 어느 쪽도 선택하지 않았다. 오로지 단치히 문제만이 독일과 폴란드 간의 협력을 방해했다. 이런 이유로 히틀러는 그 문제를 해치우려 했고, 바로 같은 이유로 베크는 그 문제를 그대로 놓아두려 했다. 그는 이것이 돌이킬 수 없는 불화를 야기할 것이라는 생각을 하지 못했다.

폴란드와 독일의 사이가 벌어지려는 어렴풋한 기미가 서유럽에서는 감지되지 못했다. 반대로, 우크라이나에서 공동의 군사 행동이 임박했다고 믿었다. 체임벌린은 파리에서 "만일 독일의 선동으로 일어나는 우크라이나 분리주의 운동을 이유로 러시아가 프랑스에게 도움을 요청하게 된다면" 프랑스-소련 조약이 효력을 발생할지 근심스럽게 질문했다.[10] 체임벌린은 분명히 동유럽에 어떤 식으로든 관련되지 않기를 원했다. 외무성으로부터 조언을 받는 할리팩스는 태도가 덜 분명했다. 11월 1일, 그는 핍스에게 다음과 같이 써 보냈다. "중부 유럽에서 독일의 팽창을 허용하는 것은 내 생각에는 정상적이고 자연스러운 일이오. 그러나 우리는 서유럽에서 독일이 팽창하는 것에 대항할 수 있어야 하오. 그렇지 않으면 우리의 전체적인 지위가 침식당하게 되오." 여전히 독일에 대항하는 균형이 필요했다. "폴란드는 아마도 점점 더 독일의 궤도로 빠져들어 갈 수만 있을 것이오. 소련은 …… 히틀러가 살아 있는 한 독일의 동맹국이 되는 일은 거의 없을 것이오." 따라서, "바라건대 프랑스가 러시아로 인해 독일과의 전쟁에 연루되는 것으로부터 스스로를 ─ 그리고 우리를 ─ 지킬 것만을 생각한다면, 아직 앞으로의 일이 너무나도 불확실하기 때문에, 나는 프랑스 정부에 프랑스-소련 조약을 폐기하라고 조언하기를 주저할 것이오!"[11] 쉬운 말로 하면, 러시아는 영국의 이익을 위해 싸워야 하나, 영국과 프랑스가 러시아를 위해 싸울 수는 없다는 말이었다.

그러나 소련의 우호적인 태도를 확보하기 위한 어떠한 일도 시도되지 않았다. 영국인들은 중부유럽에서 자신들이 이미 약속했던 것과 같은 그런 구속으로부터 벗어나는 데 관심이 더 쏠려 있었다. 체코슬로바키아에 무심코 약속했던 보장이 이제 그들의 어깨를 짓눌렀다. 무장이 완전히 갖추어졌어도 방어하는 것이 불가능한, 아무것도 할 수 없는 나라에 보장을 해주는 것은 분명 어리석은 일이었다. 영국인들은 프랑스인들에게 자신들이 했던 약속으로 인한 속박에서 놓아 달라고 간청했다. 11월 24일 영국과 프랑스의 각료들이 파리에서 만났다. 체임벌린은 보장을 공동으로 해야 한다고 강력하게 주장했다. "국왕 폐하의 정부가 단독으로 하는 보장은 그다지 효용이 없을 것입니다. …… 나는 영국이 혼자서 의무를 이행해야 할지도 모르는 상황을 결코 생각해본 적이 없습니다." 할리팩스는 공동의 보장이 "영국-프랑스 선언의 조문과 조화되지 않는 것으로 보이지 않는다"고 생각했다. 그러나 보네마저도 "그것은 선언의 정신과 거의 일치하지 않는다"고 반발했다. 프랑스인들이 물러서려 하지 않았기 때문에 체코인들에게 영국인들을 곤경에서 벗어나게 해주도록 요청하기로 결정했다.[12] 체코인들이 공동의 보장에 만족한다면 영국인들의 양심 역시 충족될 것이었다. 체코인들이 응답을 하지 못하자, 할리팩스는 참지 못하게 되었다.

> 국왕 폐하의 정부는, 영국 단독으로이든, 혹은 프랑스와 함께이든, 효과적인 원조가 제공될 수 없는 상황에서 체코슬로바키아를 지원하는 의무를 지게 될지 모르는 보장을 고려할 수 있지 못하오. 이는 독일 또는 이탈리아가 침략자이며 다른 이들이 보장을 이행하기 거절하는 경우에도 마찬가지일 것이오.[13]

문제는 그대로 있었다. 영국인들은 자신들이 지키지 않기로 결심한 보장에 구속되어 있었던 것이다.

1938년에서 1939년 사이의 겨울 동안 영국인들은 동쪽 저편에 대한 불가능한 약속과는 완전히 별개의 문제로 서유럽에서 어떤 입장을 취해야 할지 매우 망설이고 있었다. 체임벌린의 특별한 긍지인 영국-독일 우호 선언이 곧 그 빛이 퇴색했다. 히틀러가 영국의 여론을 "분열"시키려 하고 있었다. 그는 군비 증강이 친독 세력 가운데서 반대 의견을 불러일으킬 것이라 생각했고, 따라서 영국의 "주전론자들" — 처칠, 이든, 그리고 더프 쿠퍼 — 을 비난했다. 그는 이렇게 하는 것이 주전론자들에 대한 반대 의견의 폭발로 이어지리라 믿었다. 그러나 결과는 반대였다. 하원의 보수당 의원들은 처칠의 엄중한 경고에 반발했고, 또한 더프 쿠퍼가 사임했을 때 화를 냈다. 그러나 그들은 자신들의 일에 히틀러가 참견하는 데 분개했다. 그들은 상호간의 불간섭이 바람직하다고 믿었다. 히틀러는 동유럽에서 원하는 바를 할 수 있었다. 체코슬로바키아를 붕괴시키거나 우크라이나를 침략할 수 있었다. 그래도 영국 정치인들에 대해 간섭하지 말아야 했다. 보수당원들은 종종 밖에서 히틀러를 비판하는 일이 독일에서 그의 입지를 강화시킬 뿐이라고 주장해왔다. 이제 히틀러는 영국의 "주전론자들"에게 그들이 스스로 얻지 못하는 대중의 지지를 가져다주고 있었다. 영국 정치가들은 히틀러의 행동에 대해 어리둥절했다. 그들은 스스로의 안보를 증가시키기 위해 재무장을 하고 있었고, 이로 인해 동유럽에서 독일 세력의 확대를 받아들이기 더 쉬워질 터였다. 그런데도 히틀러는 그들의 정책에 박수갈채를 보내는 대신 그들 정책의 토대를 침식했고, 일부러 그 정책을 비판하는 비판가들을 정당화해주는 길로 나갔다. 그럼에도 그의 공격은 독일을 어떻게 해서든 달래야 한다는 영국 지도자들의 결심을 흔들어놓지 못했다. 영토적인, 그리고 민족주의에 근거한 양여로는 히틀러를 누그러뜨릴 수 없었다. 따라서 영국인들은 일종의 단순한 마르크스주의로 돌아갔다. 그들은 오로지 풍요로움만이 히틀러를 잠잠케 할 수 있다고 다시 한번 주장하기 시작했다. 무역 대표단 행렬이 경제 협력 제안을 가지고 줄지어 독일에 나타났다. 이러한 계획으로 미국의 도전에 대해 독일의 도움을 얻게 될 것이라는 또 다른 유인이 영국 측에 있었다. 협력하려는 선의를 지닌 사업가나 상무 위원회 대표의 방문이 이어져 영국이 허약하다고 생각하는 히틀러의 믿음이 점점 더 커졌다. 히틀러는 그들이 전쟁의 경제적 원인에 대한 좌익 저술가들의 글을 읽어 왔을 뿐임을 알지 못했다.

영국인들에게는 또 다른 근심이 있었다. 뮌헨 이전에 그들은 유화 정책을 앞세운 평화의 중재자였다. 프랑스인들은 항의하면서 마지못해 뒤에서 질질 끌려왔었다. 그러나 뮌헨 이후에 반대가 되었다. 보네는 체임벌린이 히틀러와 사적인 약속을 맺은 것을 시샘해, 자신은 그보다 더 큰일을 해내길 열망했다. 리벤트로프는 프랑스-독일 우호 선언이 유럽 문제에 관여하려는 영국의 결심을 더욱 흔들어 놓을 것이라 믿었다. 12월 6일 그가 파리를 방문했고, 이러한 종류의 선언이 조인되었다. 선언은 그 자체로는 별다른 내용이 없었다. 상호 간의 선의와 국경의 인정, 장래에 국제적인 어려움이 발생할 때 함께 논의하고자 하는 태도, 이런 것들이었다. 히틀러가 이런 우회적인 방법으로 알자스-로렌을 포기한 것은 어쩌면 프랑스인들의 성공이었다. 또한 앞으로 있을 또 다른 뮌헨협정을 그들이 마음에 두었을지도 모른다. 소문은 한 발 더 나아갔다. 소문에 따르면 리벤트로프가 식민지를 얻으려는 독일의 주장을 재촉하지 않는다는 데 합의했다고 한다. 또한 보네가 그 대가로 동유럽에서 프랑스의 모든 이익을 포기했다고 한다. 아마도 그들의 논의는 덜 치밀하고 덜 사악했을 것이다. 확실히 보네는 프랑스-소련 조약에 대한 열렬한 신념을 보여주는 데 실패했다. 그러나 프랑스와 폴란드 동맹에 대해서는 무슨 말이 있었던 것일까? 후에 리벤트로프는 보네가 사실상 동맹을 부인했다고 주장했고, 보네는 리벤트로프의 그러한 주장을 부정했다. 폴란드 문제가 언급되지 않았던 것이 진실인 것 같다. 1938년 12월에 폴란드로 인해 프랑스-독일 관계에 어려움이 생기지는 않았던 것 같다. 두 사람 모두 폴란드가 독일의 충실한 위성국이며 단치히 문제는 유럽에 위기를 불러오지 않고 조용히 해결될 수 있으리라 생각했다. 결국은 폴란드인들 스스로가 이러한 생각을 가지고 있었고, 리벤트로프와 보네가 같은 생각을 가졌음은 놀라운 일이 아니다.

프랑스-독일 선언으로 영국인들이 근심하게 되었다. 그들은 프랑스에게 동유럽에서의 약속들을 축소하라고 재촉했다. 그러나 그들은 프랑스가 강대국 지위를 완전히 포기하는 것을 원치 않았다. 난처한 딜레마였다. 만일 독일이 동유럽에서 프랑스의 간섭을 받지 않고 마음대로 자신의 목표를 추구한다면, 독일은 매우 강해져서 프랑스의 안보가 "바로 절박한 위협에 처하게" 될 수 있을 것이었다. 반면 만일 프랑스 정부가 독일이 동유럽에서 마음대로 행동하도록 내버려 두지 않는다면, 영국은 프랑스를 지원하기 위해 전쟁에 말려들게 될지도 모르는 일이었다.[14] 영국인들은 자신들이 이전에 생각했던 수단에 의존했다. 무솔리니를 히틀러가 자제하도록 영향을 주는 사람으로 삼아보려는 것이었다. 4월 16일의 영국-이탈리아 합의는 이탈리아인들이 에스파냐에서 군대를 철수한다는 전제 조건을 이행하지 않았음에도 불구하고 "효력을 발했다". 할리팩스가 다음과 같이 썼다. "우리가 이탈리아를 추축으로부터 떨어뜨려 놓기를 기대하는 것은 아니지만, 우리는 합의를 통해서 무솔리니의 운신의 폭이 넓어지고, 그리하여 그가 히틀러에게 덜 의존할 수 있게 될 것이며, 따라서 그가 독일과 서유럽 국가들 사이의 균형을 잡아 주는 이탈리아의 전통적인 역할을 재개할 수 있을 만큼 좀 더 자유로워지리라 생각한다."[15] 다시 말해 무솔리니의 요구에 상납함으로써 그가 더 많은 것을 요구하도록 부추기게 될 것이라는 의미였다. 무솔리니는 지극히 당연하게도 그렇게 했다. 그는 프랑스 영토를 얻기 위한 작전에 들어갔다. 이탈리아는 코르시카, 사부아, 그리고 니스에 대한 요구를 되풀이했다. 프랑스인들은 히틀러를 매우 두려워했지만 이탈리아를 두려워하지는 않았다. 그들은 무솔리니의 도전에 격렬하게 대응했다. 영국인들은 무솔리니를 달래지 않고 프랑스인들에게 화를 내기만 했다. 1939년 1월에 체임벌린과 할리팩스가 로마에 갔으나 빈손으로 돌아왔다. 무솔리니는 프랑스의 희생이 따르는 양보를 기대했으나, 대신 히틀러가 전쟁을 계획하고 있지 않다는 확신을 구하는 체임벌린의 숭고한 간청을 받았을 뿐이다. 무솔리니는 거만하게 "자신의 턱을 내밀었다". 그리고 영국 언론에 대한 공격으로 응수했다. 체임벌린 정책의 정점으로 계획되었던 로마 방문은 오히려 이탈리아에 대한 환상이 끝났음을 말해주었다. 더욱이 영국인들은 알지 못했지만, 이 일로 무솔리니가 독일 쪽으로 좀 더 다가가게 되었다. 방문이 있을 직후 그는 독일인들에게 공식적인 동맹 조약을 체결할 준비가 되었노라고 말했다. 히틀러는 그러나 그에게 한 가지 교훈을 가르쳐야겠다고 결심하고 그를 기다리게 했다.

영국인들은 이러한 상황에서 서로 이러쿵저러쿵 이야기하다가 극도의 불안 상태에 빠지게 되었고, 또한 스스로 조심하려고 애씀으로써 두려움은 더 커졌다. 할리팩스와 외무성은 히틀러가 "서유럽 국가들에 대한 공격을 고려하고 있다"[16]고 믿었다. 그들은 네덜란드 침공을 예상하고 있었고, 이를 "개전 이유casus belli로 간주하기로 결심했다. 스위스도 위험에 빠질 것이라 예상되었고, 어쩌면 영국에 기습적인 공습이 있을지 몰랐다. 그러나 이러한 것들은 허상일 뿐인 악몽에 불과했다. 히틀러가 그러한 계획을 비슷하게라도 머릿속에 넣고 있었다는 눈곱만큼의 증거도 없다. 네빌 헨더슨이 2월 18일에 "내가 명확하게 받은 인상은 히틀러 총통이 현재 어떠한 모험도 계획하지 않고 있다는 것이다"라고 썼을 때,[17] 그가 좀 더 정확했다. 어째서 히틀러가 그러한 계획을 세워야 했을까? 동유럽이 그의 품안에 들어오고 있었다. 헝가리, 루마니아, 유고슬라비아가 그의 호의를 얻으려고 다투고 있었다. 프랑스는 동유럽을 이미 포기했고, 소련은 서유럽과 소원한 상태였다. 폴란드는 단치히 문제의 해결책을 찾는 데 실패해 분통이 터지겠지만 여전히 독일과 우호적인 관계에 있었다. 먹구름은 오직 체코슬로바키아에서 몰려왔다. 그것은 체코슬로바키아가 독립적이거나 독일에 적대적인 대외 정책을 추구할 수 있어서가 아니라, 베네슈와 히틀러 두 사람 모두 예견했듯이 일단 체코인들의 위신과 세력이 흔들리고 나면 국가의 결속을 유지하는 것이 불가능했기 때문이다. 서유럽에서는 이 점을 알고 있는 사람이 거의 없었다. 또한 체코슬로바키아의 숭배자들은 이에 대해 말을 꺼내지 않고 침묵했다. 서유럽의 시각으로 볼 때 체코슬로바키아는 행복하고 민주적인 국가였고, 히틀러에 의해 제멋대로 분할된 것이었다. 그러나 사실 체코슬로바키아는 체코인들의 주도로 건국되었고 체코인들의 정권에 의해 유지되는 다민족 국가였다. 이것이 일단 무너지고 나자 마치 합스부르크 왕국의 붕괴가 제1차 세계대전의 패배에 뒤이어 일어났듯이 국가의 해체가 뒤따랐다.

슬로바키아인들은, 특히 동등한 파트너로 받아들여진 적이 결코 없었다. 그들 중 거의 아무도 체코슬로바키아라는 인위적인 혼합체 속으로 기꺼이 사라지려 하지 않았다. 슬로바키아인들의 자치 요구는 20년이라는 체코슬로바키아의 역사가 지속되는 동안 불만의 저류를 형성했고, 뮌헨 이후 표면으로 부상했다. 히틀러는 헝가리를 자극하기 위해 슬로바키아 자치주의자들을 후원했다. 슬로바키아는 원래 헝가리에 속해 있었다. 자치를 요구하는 운동이 히틀러에 의해 시작된 것은 아니었다. 그는 독일계 오스트리아인과 주데텐 독일인들을 이용했듯이, 단지 이용했을 뿐이다. 그는 독일에 예속된 체코슬로바키아 국가 안에서 슬로바키아인들이 자치를 얻는 것에 만족했을 것이다. 하지만 슬로바키아인들은 그렇지 못했다. 프라하에 대한 자신들의 오랜 경외심으로부터 자유롭게 되어, 그들은 점점 동요했다. 1939년 2월 말에 이르기까지 체코-슬로바키아(지난 10월부터 연자 부호인 '-'가 붙었다)는 붕괴되고 있었다. 프라하 정부는 거의 독립성을 상실했을 것이나, 그들은 여전히 자신들이 슬로바키아인들을 제어할 만큼 강력하다고 생각했다. 체코-슬로바키아가 존속하려면 정말로 그래야만 했다. 3월 9일에 슬로바키아 자치 정부가 해체되었고, 체코 군대가 진입할 준비를 했다. 히틀러는 또 한 번 기습을 당했다. 그는 미리 알아차리지 못한 채로 새로운 위기에 부딪혔다. 그는 체코인들이 손상된 위신을 회복하는 것을 허용할 수 없었다. 그러나 다른 한편으로는, 만약 그가 체코군이 슬로바키아에 진입하지 못하게 강요한다면, 헝가리인들이 지난 9월에 계획했던 대로 옳다구나 하고 진입하게 될 터였다. 이제 히틀러는 헝가리인들을 적대하고 있었고, 더 이상 체코 군대가 그들을 제지하기 위해 슬로바키아로 들어갈 수 없게 되었기 때문에, 직접 그 일을 해야 했다.

독일은 서둘러 슬로바키아의 독립을 승인했고, 그렇게 함으로써 체코-슬로바키아의 종말을 가져왔다. 체코의 나머지 부분에는 무슨 일이 일어나게 되었을까? 이곳을 이끌고 나갈 사람이 아무도 없었다. 베네슈는 뮌헨 직후 사임하고 나라를 떠났다. 후임자 하하는 정치 경험이라고는 없는 나이 많은 법률가였다. 그는 당황하고 도움을 청할 곳이 없어 오로지 위대한 독일의 독재자에게 의존할 수 있을 뿐이었다. 그는 이전의 슈슈니크와 마찬가지로 히틀러가 자신을 맞아주기를 요청했고, 그의 요청이 받아들여졌다. 베를린에서 그는 국가 원수에 상응하는 예우로 환영받았다. 그리고 나서는 자기 나라의 독립을 포기하는 서명을 하라고 지시를 받았다. 버티려는 몇 마디의 말조차도 그렇게 하지 않으면 프라하가 즉각 폭격당할 것이라는 위협으로 잠재워졌다. 이는 히틀러의 수많은 즉흥적인 작품들 가운데서도 가장 우연하게 만들어진 것이었다. 그가 나중에 고백한 대로,[18] 독일의 비행장들은 안개로 덮여 있었고, 한 대의 비행기도 지면을 떠날 수 없었다. 하하에게는 회유가 거의 필요 없었다. 그는 요구받은 대로 서명했고, 전쟁이 끝날 때까지 독일의 충실한 수하로서 일할 정도로 후회하는 마음이 거의 없었다. 3월 15일, 보헤미아는 독일의 보호령이 되었고, 독일 군대가 그 나라를 점령했다. 히틀러는 3월 15일 밤을 프라하에서 보냈다. 기록된 유일한 방문이었다. 전 세계가 이 일에서 오래 전부터 계획된 작전이 최고조에 이른 것을 보았다. 그러나 사실 그 일은 슬로바키아에서 사태가 진전되던 중 발생했던, 예기치 못한 부산물이었다. 히틀러는 체코인들에 적대적으로 행동했다기보다 헝가리인들에게 적대적으로 행동하고 있었다. 또한 보헤미아를 보호령으로 만든 데는 사악한 것, 혹은 미리 계획된 것은 아무것도 없었다. 혁명가라고 생각되던 히틀러는 가장 보수적인 방식으로 이전 시대의 유형으로 되돌아가고 있었다. 보헤미아는 줄곧 신성 로마 제국의 일부였다. 그러다가 1815년부터 1866년 사이에는 독일 연방의 일부였고, 그리고 나서는 1918년까지 독일인들의 오스트리아와 관계를 맺고 있었다. 종속이 아니라 독립이 체코인들의 역사에서 전에 없던 새로운 일이었다. 물론 히틀러의 보호는 보헤미아에 독재 — 비밀경찰, SS, 강제 수용소 — 를 가져왔다. 그러나 독일 본국만큼이었다. 바로 이것이 영국에서 여론이 일어나게 만들었다. 히틀러의 대외 정책이 아니라 국내에서의 행동이 그를 — 그리고 독일을 — 마침내 파멸시킨 진짜 범죄였다. 당시에는 그렇게 보이지 않았다. 히틀러가 프라하를 점령했을 때 그는 자신의 행보 가운데 결정적인 조치를 취했다. 그러나 그가 한 그 일은 계획에 없던 일이었고, 그로부터 얻은 이득도 얼마 되지 않았다. 그는 오로지 사태가 이미 뮌헨에서의 결정을 효력이 없게 만든 뒤에야 행동했다. 그러나 독일 바깥에 있던 모든 사람들은, 특히 독일인들 이외에 그러한 결정사항을 성립시켰던 다른 사람들은 히틀러가 계획적으로 결정 사항을 무너뜨렸다고 믿었다.

무솔리니조차 언짢아했다. 3월 15일, 그는 치아노에게 불만을 터뜨렸다. "히틀러는 어떤 나라를 점령할 때마다 내게 전갈을 보낸단 말이지." 그는 헝가리와 유고슬라비아에 기초를 두고 반독일 전선을 세우는 일을 꿈꾸었다. 그러나 저녁때에는 평정을 되찾았다. "이제 와서 우리의 정책을 바꿀 수는 없어. 결국 우리는 정치적인 매춘부가 아니란 말이지." 또한 그는 다시 한 번 추축에 대한 자신의 성실함을 과시했다. 프랑스인들은 불평하지 않고 새로 날아온 충격을 받아들였다. 그들은 지난 9월에 이미 포기했고, 이제 할 수 있는 일이 아무 것도 없었다. 보네는 "체코인들과 슬로바키아인들이 다시금 갈라진 일은 오로지 우리가 지난 가을 '생존'할 수 없는 나라를 지원하기 위해 거의 전쟁에 나가게 될 뻔했었음을 보여줄 뿐이다"라고 득의양양하게 말했다.[19] 영국에서는 좀 더 강경한 반응이 있었다. 3월 15일까지도 여전히 영국인들은 뮌헨의 힘에 대한 굴복이 아니라 도덕의 승리라고 믿으려 애썼다. 외무성의 경고에도 불구하고, 주요 각료들은 모든 것이 잘되고 있다고 생각했다. 3월 10일, 새뮤얼 호 경은 자신의 유권자들에게 황금시대가 도래하고 있다고, 즉 재군비가 더 이상 없을 것이고 이제 유럽 강대국들 간의 협력으로 "우리가 이전에 결코 시도해볼 수 없었던 수준으로 생활수준이 향상될 것"이라고 말했다. 또한 프라하 점령이 처음에는 공식적인 낙관론을 흔들어 놓지도 않았다. 할리팩스는 프랑스 대사에게 다음과 같이 말했다. "내가 찾아낸, 손실을 보충하는 한 가지 이득은 우리와 프랑스인들이 관계된, 우리를 다소 난처하게 만들었던 보장의 약속이 프라하 점령으로 자연스럽게 종료되었다는 점이다."[20] 하원에서 체임벌린은 체코슬로바키아의 멸망이 "불가피했던 것인지 그렇지 않았던 것인지 모르겠다"는 생각을 나타냈고, 존 사이먼 경은 이미 존재하지 않게 된 국가에 대한 보장을 이행하는 것이 불가능하다고 해명했다.

역사가가 정확한 용어로 추적할 수 없는, 그렇게 전면에 드러나지 않는 여론의 폭발이 뒤따랐다. 프라하 점령은 히틀러의 정책이나 행동에서 어떠한 새로운 점을 나타내지 않았다. 하하 대통령은 슈슈니크나 베네슈보다 쉽게 그리고 기꺼이 굴복했다. 그러나 오스트리아 병합이나 뮌헨에서의 항복에는 동요하지 않던 영국 여론이 움직였다. 히틀러가 한도를 넘어섰다고 생각되었다. 그의 말은 다시는 신뢰를 얻을 수 없었다. 아마도 뮌헨 후에 지나치게 커진 기대가 이런 반응을 낳은 것 같다. 사람들은 나타난 모든 징후에 반해 "우리 시대의 평화"가 유럽에서 더 이상의 변화가 없을 것임을 의미한다고 생각했다. 아마도 이제 영국이 군비를 하는 것이 좀 더 적절하겠다는 믿음이 다시 한 번 근거 없이 나오게 되었다. 또다시, 보수당 사람들은 보장이라는 "난처한" 문제로 곤란을 겪었다. 그들은 그것이 정말로 중요한 의미가 있다고 생각했었다. 어떻게 해서 그렇게 되었는지 명확하게 말하기는 불가능하지만, 히틀러에 대해 경고했던 사람들의 말에 주의가 기울여졌다. 전에는 무시당했는데 말이다. 재난을 예언하는 예언자들은 매우 다양한 전제를 기초로 예측했다. 처칠과 외무성의 반독일 경향을 띤 멤버들 같은 몇몇 사람들은 히틀러를 프로이센 군국주의를 대변하는 가장 최근의 인물로 간주했다. 다른 이들은 《나의 투쟁》을 원문으로(히틀러는 그 책을 영문으로 출판하는 것을 금했다) 읽고 나서 그것을 찾아냈다고 주장했는데, 새롭고 더 거창한 계획들을 히틀러의 것으로 돌렸다. 또 다른 이들, 특히 좌익 쪽에서는, 국가 사회주의를 마르크스주의 용어로 "침략적인 제국주의의 최종 단계"라고 표현했고, 히틀러가 독일 자본가들을 만족시키기 위해 이러한 침략의 행로를 틀림없이 따라갈 것이라고 믿었다. 반유대주의에 대한 혐오는 많은 사람들에게 자극이 되었으나, 체코인들 그리고 폴란드인들과의 우호관계는 소수의 사람들에게만 영향을 주었다. 어떤 사람들은 독일을 "해방"시키기를 원했고, 다른 사람들은 독일을 패배시키기를 원했다. 바로잡는 방법 또한 집단 안보, 경제 제재, 영국 군비의 증상 등 세가지이었다. 그 치이들은 중요하지 않았다. 무든 예언자들은 히틀러가 결코 만족한 채로 가만히 있지 않을 것이라 말했다. 그는 어느 한 곳을 정복하고는 또 다른 곳을 정복하기 위해 진군을 거듭할 것이고, 오로지 무력이나 무력 사용의 위협으로써만 그를 저지할 수 있을 것이었다. 바위 위로 한 방울씩 떨어지는 물이 바위에 금이 가게 하듯이, 그들의 목소리는 순식간에 불신의 벽을 무너뜨렸다. 그들이 옳은 것으로, 그리고 "유화론자들"이 틀린 것으로 판명된 것처럼 보였다. 이러한 방향으로의 변화는 최종적이거나 결정적인 것은 아니었다. 이전에도 유화의 이면에 대항하려는 경향이 있었던 것처럼 말이다. 그러나 이때부터 유화론자들은 수세에 처하게 되었고, 자신들이 하던 일을 쉽사리 그만두며 또한 자신들의 실패에 거의 놀라지 않게 되었다.

이러한 여론의 변화가 체임벌린에게 영향을 주었다. 이도 역사가가 무어라 명확하게 정의할 수 없는 또 다른 과정이었다. 어쩌면 여당의 원내 총무들이 평의원들 사이에서 미몽이 깨어지는 것을 보고했을 것이다. 아니면 할리팩스가 밤잠을 자고 있다가 다시 한 번 양심이 부르는 소리를 들은 건지도 모르겠다. 혹은 그다지 분명한 것이 없고, 단지 회의와 분개가 잇달아 나와 체임벌린이 이전에 갖고 있던 확신을 뒤흔들어 놓았는지도 모른다. 어떻게든 어디서든, 이로써 체임벌린은 자신이 히틀러의 프라하 점령에 좀 더 강력하게 대응해야 한다는 것을 절실히 느끼게 되었다. 3월 17일에 네빌 헨더슨이 베를린으로부터 소환되었다. 표면상으로는 협의를 위한 것이었지만 실제로는 항의의 표시였다. 같은 날 저녁, 체임벌린은 버밍엄에서 연설을 하며 다음과 같은 질문을 했다. "이것은 한 작은 국가에 대한 마지막 공격입니까? 아니면 다른 공격으로 이어질 것입니까? 이것이 사실상 무력으로 세계를 지배하고자 하는 방향으로 나아가는 한 단계입니까?" 그는 아직도 뮌헨의 결정을 정당화했다. 아무도 "도저히 침략과 파괴로부터 체코슬로바키아를 구해낼 수 없었을 것"이고 전쟁에서 승리한 다음이라 할지라도 "우리는 체코슬로바키아를 베르사유조약에 의해 형성되었던 대로 재건할 수 없었을 것입니다"라고 말했다. 그는 아직 "현재 내다볼 수 없는 미래의 상황 하에서 효력을 발생하게 될 구체화되지 않은 새로운 약속으로 이 나라를 얽매이게 할 준비가 되어 있지 않았다". 그러나 체임벌린은 또한 원내 총무들로부터, 할리팩스의 양심으로부터, 그리고 자기 자신의 양심으로부터 들리는 소리에 응했다. 그는 평화를 위해서 "우리가 수백 년 동안 누려온 자유"를 희생하지 않을 것이고, "무력으로 세계를 지배하려는 그 어떠한 시도에도 민주주의 국가들이 대항해야 한다"라고 말했다. 경고는 아직 가정에 근거한 것이었다. 독일이 세계를 지배하기 위해 도전한다는 것이 체임벌린에게는 아직 "믿을 수 없는" 일로 보였다. 그래도 경고는 발해졌다.

　　여기에 영국의 정책이 일변하는 전환점이 있었다. 그러나 전환점이라 말할 정도까지 그렇게 의도했던 것은 아니었다. 체임벌린은 이를 방향의 전환이 아니라 강조점의 변화로 보았다. 이전에도 영국 정부는 공식적으로 유화 정책을 취하면서 사적으로 히틀러에게 여러 차례 경고를 했다. 이제 그들은 공식적으로 그에게 경고를 했고, 사적으로 — 때로는 공식적으로도 — 유화 정책을 계속 추진해나갔다. 영국인들은 보헤미아의 독일 정권을 승인했고, 영국은행은 독일 정권에 체코가 보유했던 6백만 파운드 상당의 금을 넘겨주었다. 그리하여 호는 과서를 돌이켜 보면서 영국 정부의 태도를 다음과 같이 정의했다. "프라하의 교훈은 평화를 위한 더 이상의 노력이 무익하다는 것이 아니었다. 오히려 히틀러와 협상하고 합의하는 데 그 뒤로 더 큰 노력을 들이지 않고는 그러한 협상과 합의가 지속적인 가치를 지니지 못한다는 것이었다."[21] 히틀러와 전반적인 타협을 이루는 것이 계속해서 영국인들의 목표였다. 그리고 영국인들은 히틀러가 좀 더 자발적으로 합의를 하도록 그의 길을 방해했다. 영국 각료들은 천성적으로 전쟁 자체를 두려워했지만 전쟁에서 패배하는 것을 두려워하지는 않았다. 그들은 영국과 프랑스의 방어 태세가 절대적으로 굳건하다고 생각했고, 나아가 만약 영국과 프랑스가 독일과 전쟁으로 나아가게 된다면 자신들이 이길 것이라고 생각했다. 심지어 그들은 히틀러도 이를 인식하고 있다고 생각했다. 그들이 두려워한 것은, 약간 변론을 하자면, 자신들이 물러서기를 히틀러가 기대할 것이라는 점이었다. 따라서 그들은 자신들이 그렇게 하지 않으리라는 것을 보여주기 위해 조치를 취했다. 4월 말에 제한적인 형태의 징병 제도가 도입되었고, 위협을 받고 있다고 생각되는 국가들에 대한 보장이 두루 주어졌다. 이러한 조치들은 전면전에 대한 실제적이고 효과적인 대비는 아니었다. 그러한 전면전을 피하기 위해 구상된 경고였다. 많은 사람들은 조치가 미온적이라 불평했지만 이는 의도적인 것이었다. 협상을 위한 문을 계속 열어 놓았고, 히틀러가 그 문으로 들어오도록 계속 재촉했다. 영국 정부는 균형을 유지하려고 애썼다. 경고가 증가하면 설득 또한 늘어났다. 히틀러는 "억제"되어야 했고, 그를 "자극"하지 말아야 했다.

영국의 정책이 추구하고자 했던 이상적인 원형은 이러한 것이었다. 그러나 실제로는, 영국인들 자신들이 구상했던 것이나 나중에 주장했던 것보다 그때그때 일어나는 사건들에 더 많이 끌려 다녔고, 더 조금만큼만 뜻하는 바대로 통제할 수 있었다. 독일의 프라하 점령 직후, 그들은 어떠한 근거도 없으면서 독일인들이 다른 곳으로 움직이리라 예상했다. 프랑스인들은 히틀러가 곧 북아프리카에서 이탈리아의 요구를 지지할지 모른다고 생각했고, 영국인들은 그가 자신들의 함대를 기습할지 모른다고 생각했다. 그들은 새로운 경보를 듣기 위해 귀를 기울이고 있었다. 마침 한 가지 사건이 일어났다. 3월 16일 런던 주재 루마니아 공사 틸레아Viorel Tilea가 자기 나라가 급박한 위험에 빠졌다는 소식을 가지고 외무성에 나타났다. 다음 날 다시 그는 더욱 다급하게 찾아왔다. 독일 군대가 언제 루마니아로 들어올지 모른다는 것이었다. 그 경보는 잘못된 것이었다. 루마니아 정부와 부카레스트 주재 영국 공사가 단호히 부인했다. 루마니아는 사실 독일 경제권 안으로 들어오도록 압력을 받고 있었다. 그러나 예정되어 있던 대외 무역의 압력에 의해서였지 독일군 사단의 위협에 의해서가 아니었다. 영국이 독일 주변국에 정치적 보장을 해줌으로써 샤흐트가 고안한 양자 관계에 대응하는 것은 마치 한 무리의 여우잡이 사냥개들을 풀어 커다란 사냥감을 좇는 것 같았다. 멋지지만 효과는 없는 일이었다. 아마도 틸레아는 경보를 울렸을 때 영국의 차관을 얻으려는 생각이었을 것이다. 어쩌면 그는 영국인들의 그릇된 생각을 공유했을지 모른다. 어쨌든 영국 관료들은 경보를 곧이곧대로 들었고 경보를 사실무근으로 부정하는 의견을 기각했다. 독일이 앞으로 더 나아가지 않도록 무엇인가 즉시 조치가 취해져야 했다. 3월 19일에 체임벌린 자신이 프랑스, 소련, 그리고 폴란드 정부가 조인하도록 요청하는 집단 안보 선언이 초안을 작성했다. 그들은 "유럽 어느 국가의 정치적 독립을 위협하는 어떠한 행동에도 공동으로 대항하기 위해 어떤 조치가 취해져야 하는가에 관해 서로의 의견을 구하기를 즉각적으로 약속할 것"이었다. 모호하고 혼란스런 어투에도 불구하고, 그 제안은 사실상 루마니아에 대해 존재한다고 생각되는 위협에 맞추어져 있었다. 이제 조인할 것으로 예상되는 나라들의 선택이 남았다.

프랑스인들은 즉시 동의했다. 그들은 이미 거의 모든 문제에 대해 영국과 상의하기로 약속했다. 더 많이 상의한다고 해서 해될 것은 없었고, 오히려 이렇게 하는 것이 아직도 이론상 존재하는 루마니아와의 동맹이 주는 부담을 덜어줄 것이었다. 러시아인들 역시 동의했다. 그들이 계속해서 주장해왔던 집단안보였다. 그러나 그들은 자신들만 독일에 대항하도록 하는 술책에 넘어가지 않으리라 결심했다. "평화 전선"은 그들이 참여하기 전에 견고해야 했다. 따라서 그들은 프랑스와 폴란드가 먼저 서명해야 한다는 조건을 덧붙였다. 프랑스는 장애가 되지 않았다. 그러나 베크는 거부권을 부여받았고, 그것을 사용했다. 그는 여전히 러시아와 독일 사이에서 균형을 유지하려고 마음먹고 있었다. 이번에 제안된 선언은 그를 러시아 편에 묶어놓을 것이었다. 하지만 그는 영국과의 단도직입적인 선언에는 서명할 준비가 되어 있었다. 그는 이렇게 하는 것이 독일의 분노를 유발하지 않고 단치히에 대한 자신의 지배권을 강화할 수 있다고 생각했다. 그는 영국인들에게 독일과의 협상이 이미 막다른 골목에 이르렀다고 말하지 않으려고 조심했다. 반대로 그는 단치히 문제가 곧 해결될 것이라는 눈치를 보였다. 또 한 번 영국인들은 깜짝 놀랐다. 그들은 1938년에 그랬던 것처럼 폴란드가 독일에 좀 더 가까워질까 두려위했다. 영국인들에게 폴란드의 "평화 전선" 참여는 없어서는 안 되는 일로 보였다. 3월 21일에 보네가 말했고 할리팩스가 동의했듯이, 오직 폴란드만이 독일의 동쪽에서 제2전선의 위협을 현실로 만들 수 있었다.

> 반드시 폴란드를 참여시켜야 합니다. 러시아의 도움은 폴란드가 협력하고 있을 때만 효과적일 것입니다. 만약 폴란드가 협력한다면 러시아가 매우 많은 원조를 할 수 있겠지만, 폴란드가 협력하지 않는다면 러시아는 훨씬 적은 원조만 할 수 있을 것입니다.[22]

영국인들은 붉은 군대를 변변치 않게 생각하고 있었다. 반면 그들은 조사 한 번 해보지도 않고 폴란드인들의 전투력을 과장해서 — 체임벌린이 말하길 "그 아주 막강한 나라"라고 — 말했다. 틀림없이 그들은 볼셰비키 러시아와 연합하지 않는다는 데 또한 안심했고, 대신할 나라를 찾은 것에 안도했다. 체임벌린이 3월 26일에 다음과 같이 썼다. "나는 러시아에 대한 가장 근본적인 불신을 털어놓지 않을 수 없다. 나는 러시아가 효과적인 공격을 지속하기 위한 능력을 가지고 있는지 믿을 수 없다. 러시아가 그러한 능력을 원한다고 해도 말이다. 또한 나는 그 나라의 동기를 믿을 수 없다. 내게는 그것이 우리의 자유 관념과 거의 관련이 없는 것으로, 그리고 오로지 모든 이들이 반목하도록 하는 데 관계된 것으로 보인다."[23] 그러나 단순 지리적 요인이 결정적인 요소였다. 러시아와 달리 폴란드는 독일의 바로 옆에 있었다.

영국인들은 자신들이 폴란드를 선택함으로써 러시아를 잃게 될 것이라고는 거의 생각하지 않았다. 할리팩스가 사안의 양면을 볼 수 있는 천부적인 재능으로 그러한 사태가 벌어질 수 있음을 어렴풋이 감지하고 있었다. 3월 22일에 그가 다음과 같이 말했다. "만약 우리가 지금 소련을 한쪽으로 몰아가고 있다는 느낌을 소련 정부에 주는 것처럼 행동하기라도 한다면, 그것은 불행한 일이 될 것입니다."[24] 그러나 이러한 인상을 없애기 위한 어떠한 조치도 취해지지 않았다. 어떠한 일도 필요하다고 생각되지 않았다. 영국인들은 소련과 나치 독일이 서로 도저히 화해할 수 없는 적이라고 굳게 확신했다. 따라서 소련의 우호적인 태도를 얻기 위해 대가를 치를 필요가 없었다. 모스크바가 영국이 의례적으로 한 인사에 고맙게 응하기는 할 것이었다. 하지만 그러지 않더라도 잃을 것은 없었다. 소련의 "우호적인 중립"은 참전하는 것만큼 값어치가 있을 것이었다. 아니, 폴란드와 루마니아로 하여금 겁이 나게 하지 않을 것이므로 오히려 더 나을 것이었다.[25] 소련이 개입하지 않고 밖에 머무를 때 "평화 전선"이 더 강력하고, 더욱 안정적이고, 더욱 존중될 것이었다. 어쨌든 다른 나라들이 — 그리고 특히 폴란드가 — 동의하기만 한다면, 소련은 참여 요청을 받을 수 있었다.

그러는 동안 또 다른 경보가 뒤따랐다. 독일이 멈추지 않고 계속 전진하는 것 같았다. 이 경보는 메멜에서 울렸다. 메멜은 동프로이센의 북동쪽 끝에 위치하고 있었다. 메밀은 단치히와 마찬가지로 인구 구성상 압도적으로 독일계 지역이었지만, 제1차 세계대전이 끝나고 다소 변칙적인 방식으로 리투아니아의 손에 들어갔다. 주민들은 독일로 복귀하기 원했다. 이제까지 히틀러는 그들을 제지해왔다. 아마도 리투아니아를 폴란드에 대항하는 협력자로 이용할 계획이 있었을 것이다. 아니면 만일 독일-폴란드 동맹이 이루어질 경우에 대비해 메멜을 폴란드에 대가로 제공하려 했다는 것이 더 그럴듯할 지도 모르겠다. 독일의 프라하 점령은 메멜인들을 통제할 수 없는 흥분의 도가니로 몰아넣었다. 더는 그들을 막을 수 없었다. 3월 22일에 리투아니아 외상이 베를린으로 찾아와서 메멜의 즉각적인 양도에 합의했다. 3월 23일에 합병이 이루어졌다. 히틀러는 프라하에서 돌아오자마자 새로 획득한 곳을 방문했다. 그는 배편으로 갔는데, 이는 기록된 바가 거의 없는 그의 바닷길 여행 중 하나였다. 그는 뱃멀미를 했다고 전해지고 있고, 어쩌면 이것이 그가 폴란드회랑에 대해 분노하는 실질적 원인이었는지도 모르겠다. 메멜 합병은 독일이 오랫동안 진행시켜 신중하게 숙고해온 계획이 포함된 것으로 보였다. 그러나 기록에서 그런 계획을 찾아볼 수 없다. 메멜 문제는 저절로 터졌던 것 같다. 어쨌든 합병의 목적은, 그런 것이 있기라도 하다면, 폴란드와의 거래에 대비하려는 것이었다. 메밀은 필시 단치히의 대체물이 될 수 있을 것이었다. 또한 메멜에서 일어난 일이 단치히에서도 일어날 수 있을 것이라는 어떤 경고의 요소가 확실히 있었다. 그러나 이러한 결과가 심각하게 고려되지 않았고, 메밀은 이후 독일-폴란드 관계에서 어떠한 역할도 하지 않았다.

　　이때 당시, 합병으로 영국 정책에 긴급함이 더해졌다. "평화 전선"의 즉각적인 창설이 영국인들에게 지극히 중차대해 보였다. 따라서 이때에 모든 것이 폴란드에 달려 있었다. 만약 폴란드가 끌어들여진다면 "평화 전선"이 견고해질 것이고, 참여하지 않게 된다면 평화 전선은 거의 존재할 수 없을 것이었다. 영국인들은 폴란드 자체에 대한 독일의 위협이 임박했다고 생각하지 않았다. 오히려 폴란드가 독일 편을 택할까 두려워했다. 특히 메멜을 주고받아서 말이다. 폴란드인들 역시 위험에 처했다고 생각하지 않았다. 그들은, 뮌헨 위기 동안 그랬던 것처럼, 독일에 대해 여전히 독립적인, 그러나 나란히 가는 방향을 따르기를 제안했다. 그들은 그러나 히틀러가 그들에게 의논 한 마디 하지 않고 — 또한 어떠한 이득도 주지 않고 — 슬로바키아를 세운 데 불만을 가졌다. 그들은 자신들의 동등한 지위를 주장하기로 결심했다. 3월 21일에 립스키가 리벤트로프를 방문해 슬로바키아에 대한 독일의 행동이 "폴란드에 대한 가격으로 간주될 수밖에 없다"고 하면서 항의했다. 리벤트로프는 입지가 약했고, 그 사실을 알고 있었다. 그는 스스로를 방어하기 위해 자신이 말할 차례가 오자 불만을 늘어놓았다. 그는 "독일-폴란드 관계가 점점 더 경직되고 있음이 명백해지고 있다"고 말하면서 폴란드 언론이 잘못된 행동을 하고 있다고 불평했다. 단치히가 제국으로 복귀해야만 할 것이었다. 이로써 폴란드가 독일 편에 굳건히 서게 될 것이었다. 그러고 나면 독일의 회랑에 대한 보장, 25년간의 불가침조약, 그리고 우크라이나에 대한 "공동 정책"이 있을 수 있을 것이었다.[26] 립스키는 이러한 제안을 베크에게 보고하기 위해 떠났다. 폴란드와의 협력이 아직 독일의 목표였고, 단치히는 단지 그것을 확보해주는 수단이었다. 히틀러 자신이 이것을 생각하고 있었다. 3월 25일에 그는 명령 하나를 내렸다.[27]

> 총통은 단치히 문제가 무력으로 해결되기를 바라지 않는다. 총통은 이렇게 함으로써 폴란드가 영국의 품으로 들어가게 되는 것을 원하지 않는다. 단치히에 대해 있을 수 있는 군사적 점령은 L(립스키 — 저자)이 다음과 같

은 생각을 내비칠 경우에만 고려될 수 있을 것이다. 즉 폴란드 정부가 자기 국민들에게 자발적인 양여를 정당화할 수 없고 자신들에게는 기정사실화가 해결을 더 용이하게 할 것이라는 생각을 나타낼 경우이다.

히틀러의 목적은 폴란드와 동맹을 맺는 것이었지 폴란드를 파괴하는 것이 아니었다. 단치히는 먼저 처리해야 할 귀찮은 전제 조건이었다. 그러나 전과 마찬가지로, 베크는 그 문제를 계속 해결하지 않고 걸림돌이 되도록 했다. 단치히 문제가 폴란드와 독일 사이에 놓여 있는 한 그는 독일과의 동맹이라는 당혹스러운 제안을 회피할 수 있었고, 따라서 그의 생각대로라면 폴란드의 독립을 유지할 수 있을 터였다.

베크의 계산은 정확히 그가 의도한 대로는 아니었지만 맞아들었다. 3월 26일, 립스키가 베를린으로 돌아왔다. 그는 협상은 거부하지 않았지만 단치히 양도는 단호히 거부했다. 이때까지 독일과 폴란드 사이가 벌어지고 있다는 어떠한 낌새도 밖으로 새나오지 않고 모든 일이 비밀리에 진행되어 왔다. 이제 그것이 터져 나왔다. 베크는 자신의 결의를 보이기 위해 폴란드 예비군을 소집했다. 히틀러는 자신의 생각대로 일을 조심스럽게 끌고 가기 위해, 독일 신문들이 폴란드 내 소수 독일인들에 관해 글을 쓰는 것을 처음으로 허용했다. 독일 군대가 폴란드 국경을 향해 움직이고 있다는 소문들이 떠돌았다. 1938년 5월 21일에 체코슬로바키아를 공격하려는 독일의 움직임이 있을 것이라는 유사한 소문이 있었던 것과 같았다. 지금의 소문들도 마찬가지로 근거 없는 소문들이었다. 이 소문들은 폴란드인들에서 시작되었던 것으로 보인다. 그러나 두즐에 히틀러의 적대자임을 주장하는 일부 독일 장성들이 거들었다. 이들 장성들은 영국 정부에 "경고했다". 목적이 무엇이었을까? 영국이 히틀러에게 전쟁도 불사하겠다고 위협해 그를 억제하도록 하기 위해서였을까? 아니면 영국이 폴란드인들의 단치히 양보를 이끌어내어 히틀러가 전쟁을 하지 못하게 되길 바라서였을까? 아마도 두 번째 것에 더 기운, 두 가지의 목적의 조합이었을 것이다. 어쨌든 이들 장성들은 막 독일에서 추방당한 《뉴스크로니클*News Chronicle*》의 통신원에게 간략하게 전했다. 그리고 3월 29일, 그 통신원이 이번에는 외무성에 위급함을 알렸다. 그는 이 일에 대해 귀 기울여 듣는 사람들을 만날 수 있었다. 프라하 점령과 루마니아가 위협받고 있다고 여겨지는 사건이 있은 후, 영국인들은 무엇이든 믿을 것 같았다. 그들은 단치히는 조금도 생각지 않았다. 그들은 폴란드 자체가 위험이 임박한 상태에 처했고, 곧 쓰러질지 모른다고 생각했다. 그러나 베를린에 있는 영국 대사에게서는 정말로 아무런 경보도 오지 않았다. 외무성은 지난번 경우에 그 사람으로 인해 잘못 이끌려 갔었다. 아니면 적어도 그랬다고 생각했다. 이제 외무성은 신문 기자들의 보고를 더 믿었다. 만약 폴란드의 용기를 북돋울 수 있고 "평화 전선"을 살릴 수 있다면 즉각적인 행동이 필요한 것으로 보였다.

3월 30일, 체임벌린은 몸소 폴란드 정부에 보내는 보장의 초안을 작성했다.

> 만약 …… 귀국의 독립을 명백하게 위협하고, 따라서 귀국 정부가 귀국의 전군全軍을 가지고 대항해야 한다고 생각하는 어떠한 행동이 취해진다면, 국왕 폐하의 정부와 프랑스 정부는 즉시 귀국에 힘이 닿는 한 모든

지원을 제공할 것입니다.

그날 오후에 베크는 영국 대사와 일주일 전에 일반적인 선언을 하자고 했던 자신의 제안을 어떻게 구체화시킬지 의논하고 있었다. 그때 런던에서 전보가 왔다. 대사는 체임벌린의 보장을 읽어 내려갔다. 베크는 "담뱃재를 두 번, 즉 한 번 떨어내고 또 한 번 떨어내는 사이에" 이를 받아들였다. 그 짧은 순간의 결정으로 영국의 근위병들이 단치히를 위해 목숨을 바쳐야 했다. 그 짧은 순간, 1919년에 탄생한 가공의 강대국 폴란드는 자신의 사형 집행 영장에 서명했다. 보장은 무조건적이었다. 즉 오로지 폴란드인들만이 보장의 약속이 실행되어야 할지 판단하도록 되어 있었다. 영국인들은 더 이상 단치히 양여를 재촉할 수 없었다. 마찬가지로 그들은 더 이상 폴란드에게 소련과 협력하라고 권할 수도 없었다. 서유럽에서 독일과 러시아는 그들의 정부를 보고 판단하건대 독재적이고, 행동하는 방식에서 비인도적인, 위험한 나라로 여겨졌다. 하지만 이때부터 평화는 히틀러와 스탈린이 이전의 체임벌린보다 더 분별 있고 조심스러울 것이라는 가정에 근거했다. 즉 대부분의 영국인들이 오랫동안 참을 수 없다고 여겨왔던 단치히에서의 상황을 히틀러가 계속 수용할 것이고, 스탈린이 명백하게 불평등한 조건 하에서 기꺼이 협력하리라는 것이었다.

영국의 정책에는 또 다른 가정, 즉 프랑스가 영국이 이끌고 가기로 택한 곳이면 어디든지 불평 없이 끌려올 것이라는 가정이 있었다. 3월 30일의 보장은 실제로 프랑스인들에게 의견을 묻기도 전에 영국뿐 아니라 프랑스의 이름으로 베크에게 전달되었다. 프랑스인들은 자신들의 생각에는 폴란드가 위험이 임박한 상태에 있지 않다고 통명스럽게 언급했음에도 불구하고 동의하는 것 말고 다른 선택을 할 수 없었다. 그들이 기분 나쁠 만도 했다. 영국인들은 자신들의 보장을 이행할 실제적인 수단이 없었다. 보장은 말뿐인 선언에 불과했다. 실제적인 말로 옮기면, 그것은 프랑스인들이 체코슬로바키아와의 동맹을 저버렸던 것 같이 폴란드와의 동맹을 저버리지 않을 것이라는 영국인들의 약속일 뿐이었다. 그러나 프랑스인들에게는 폴란드군의 전투력 면에서의 가치를 의심하도록 만드는 확실한 정보가 있었다. 또한 그들은 폴란드에 대한 도덕적 의무도 거의 없었다. 폴란드가 체코슬로바키아에 적대적인 역할을 수행했으니 말이다. 베크가 담뱃재를 두 번 떨군 사이에 이 문제 또한 결정되어 버렸다. 1939년 9월, 프랑스는 일 년 전 뮌헨에서 실체를 포기했음에도 불구하고, 자신이 이전에 가지고 있던 강성함의 흔적을 위해 싸우게 될 것이었다.

영국인들은 입장을 분명히 하자마자 자신들의 약속에 결점이 있음을 인식하게 되었다. 폴란드인들이 단치히에 대해 온당한 태도를 보일 경우라는 조건이 없었고, 루마니아를 지원하겠다는 폴란드의 약속이 없었으며, 폴란드가 소련과 협력하리라는 전망이 없었다. 그들은 4월 초순에 베크가 런던에 왔을 때 이러한 결점들을 시정하려고 마음먹었다. 그들의 희망은 좌절되었다. 베크는 히틀러에게 움츠러들지 않고 맞서 왔던 인물이었다. 체임벌린과 할리팩스가 점잖게 촉구하는 것으로는 움직일 것 같지 않았다. 그는 자신이 평소에 지니고 있던 "강대국"의 오만함으로써 영국의 일방적인 보장을 상호원조 조약으로 전환시킬 생각을 하고 있었다. "어떤 나라든 자존심이 있는 나라가 받아들일 유일한 기초"로서 말이다. 다른 조건으로 합의하는 것이라면 그는 한결같이 완강했다. 그는 "독일 측에서 위험한 군사 행동이 있을 어떠한 징후도 인지하지 못했다"고, 단치히 문제에 대해 "협상이 진행되고 있지 않다"고, 독일 정부가 단치히에서 폴란드인들이 보유하는 권리에 대해 이의를 전혀 제기하지 않았고, 또 얼마 전 이를 확인했다"고, 또한 "만약 내가 독일인들 스스로 말한 바를 따라 말한다면, 나는 가장 중대한 문제는 식민지 문제라고 말할 것이다"라고 말했다. 따라서 그는 폴란드가 동맹을 맺는 것에 동의함으로써 영국에 호의를 베풀고 있다고 은근히 말하는 것이나 다름없었다. 그러나 그는 동맹이 양자 간에만 이루어져야 한다고 주장했다. "평화 전선"과 집단 안보는 무대에서 사라졌다. 합의를 루마니아로 확대하는 것은 매우 위험할 것이었다. 이는 헝가리로 하여금 독일의 품 안으로 들어가도록 몰아갈 터였다. 또한 "폴란드와 독일 사이에 갈등이 있는 경우에 폴란드가 루마니아로부터 기대할 수 있는 도움은 다소 무시해도 좋을 만한 것이었다." 베크는 소련과의 연합에 대해서는 어떠한 것이든 더더욱 단호했다. "폴란드가 할 수 없는 두 가지 일이 있습니다. 폴란드의 정책이 베를린이나 또는 모스크바에 종속되도록 만드는 것입니다. …… 폴란드와 소련 사이에 맺어지는 어떠한 상호 원조 조약도 베를린으로부터 즉시 적대적인 반응을 불러올 것이고 아마도 무력 충돌의 발발을 앞당길 것입니다." 영국인들은 원한다면 소련과 협상을 할 수 있을 것이고, 심지어 소련에 대한 의무를 질 수도 있을 것이었다. 그러나 "이러한 의무들이 결코 폴란드가 지는 의무를 확대시켜서는 안 될 것입니다"라고 그는 못 박았다.[28]

체임벌린과 할리팩스는 거의 이의를 제기하지 못하고 이렇게 빈틈없이 일사천리로 말한 것을 받아들였다. 베크의 말은 이전에 달라디에의 말에 가해졌던 회의적인 비판을 하나도 받지 않았다. 폴란드의 군사력을 문제 삼거나 화해의 장점을 주장하는 시도가 없었다. 3월 30일의 잘못된 경보로 영국 정부는 서둘러 폴란드에게 보장을 해주게 되었다. 이제 베크는 자신의 조건을 구술할 수 있었고, 그것을 충분히 이용할 수 있었다. 폴란드는 "평화 전선"에 참여하지 않았다. 루마니아를 지원한다는 폴란드의 약속도 없었고, 소련과 좀 더 가까운 관계를 맺는 데 대해서는 사실상 폴란드의 거부가 있었다. 영국인들은 단치히 문제를 중재할 어떠한 기회도 부여받지 못했다. 영국-폴란드 동맹은 동떨어진 사건이 될 것이었다. 프랑스를 제외하고 어떠한 관련국도 없고 또한 일반적인 연관성도 없었다. 베크는 폴란드가 독일로부터 위협받고 있다고 믿지 않았다. 그는 단지 단치히를 놓고 벌어질 협상에서 자신의 입지를 강화하기만 바랐다. 영국인들은 단치히에 대해서 조금도 신경 쓰지 않았다. 혹시 생각했다 해도 그들은 독일의 입장에 공감했을 것이다. 그들은 독일이 전진하는 속도를 완화시키기 위한 다소 막연하고 관대한 행동만을 생각하고 있었다. 그들에게 남은 단 하나의 빠져나갈 작은 구멍은 영국-폴란드 동맹이 잠정적인 것으로 남아 있었다는 점이다. "공식적인 합의"는 아직 결정 중에 있었고, 소련을 포함한 다른 나라들이 끌어들여져야 한다는 소망이 표현되었다. 그러나 그 구멍은 실제로는 존재하지 않았다. 베크가 마음대로 구멍을 막아 놓을 수 있었다. 영국 정부는 폴란드에 대한 보장 때문이라기보다 이전의 체코슬로바키아와의 관계 때문에 궁지에 빠졌다. 영국 정부가 체코슬로바키아에 양보하도록 강요했지만, 그들에 대한 보장을 지키는 데 실패했었다. 영국 정부는 세계에서 혹은 자기 나라 국민들에게 계속해서 존경을 받으려면 또

다시 스스로 한 약속을 저버릴 수 없었다. 전쟁에서 승리할 가능성은 아마도 체코슬로바키아 때보다 더 적었다. 단치히에 대한 독일의 입지는 주데텐 독일인들의 경우보다 더 탄탄했다. 그러나 이러한 것은 전혀 중요하지 않았다. 영국 정부가 대항하기로 입장을 정했던 것이다. 베크는 베네슈가 씨를 뿌린 곳에서 거두었다.

10장

THE WAR OF
NERVES

신경전

히틀러가 별난 인간이라서 그런 독단론을 사실이라 주장하는 것도 무리는 아니다. 하지만 그의 정책은 합리적으로 설명할 수 있고, 역사란 합리적 설명을 바탕으로 구축되는 것이다. 비합리성으로 도피해버리는 것은 분명 더 쉽다. 그러나 대체로 인간의 사악함보다는 인간의 실수가 역사를 형성하는 데 더 많은 역할을 한다.

Hitler was an extraordinary man; and they may well be true. But his policy is capable of rational explanation; and it is on these that history is built. The escape into irrationality is no doubt easier. Human blunders, however, usually do more to shape history than human wickedness.

영국-폴란드 동맹은 국제 문제에서 혁명적인 사건이었다. 영국인들은 프랑스인들과 동맹을 맺으면서 3년 전에야 비로소 대륙 국가에 대해 처음으로 평화시에 자신을 구속하게 되었다. 당시 그들은 그것이 틀림없이 유일한 평시 동맹일 것이며, 서유럽에서의 방어적 목적에 엄격하게 한정될 것이라고 강조했다. 이제 영국은 저 먼 동유럽나라, 그것도 어제까지만 해도 영국 근위병 한 명의 희생조차 아깝다고 생각했던 먼 나라와 동맹을 맺게 되었다. 다른 나라들의 정책은이 깜짝 놀랄 새로운 사실을 중심으로 돌아갔다. 독일인들은 영국-폴란드 동맹을 와해시키려 계획했고, 러시아인들은 이용하려 했다. 프랑스인들과 이탈리아인들은 자신들에게 올 숨겨진 의미를 두려워했고, 헛되게도 피할 길을 찾았다. 유럽은 외교 활동으로 분주했다. 그리고 런던이 그 중심이었다. 그럴 계획은 없었지만 영국의 정책은단치히 문제를 1939년의 결정적인 문제로 만들었다. 1938년에 그보다 더 깊이 숙고해 주데텐 독일인 문제를 그해의 결정적인 문제로 내놓았듯이 말이다. 그러나 다음과 같은 차이가 있었다. 주데텐 독일인 문제는 체코인들과 프랑스인들에게 제기되었다. 양여를 하도록 재촉받거나, 혹은 전쟁의 위험에 직면하는 난처함에 처하게 된 것은 바로 그들이었다. 1939년에는 영국인들 자신이 대항이냐 화해냐의 선택에 직면했다. 영국 각료들은 두 번째 길을 원했다. 이들은 아직 뮌헨의 결정에 기뻐하던, 평화를 사랑하는 사람들이었다. 여전히 전쟁이 예기됨을 혐오했고, 아직도 타협으로 방도를 찾아내기를 희망했다. 더욱이 극동에서 점점 고조되는 일본의 압력 때문에 유럽에서 점점 더 도망치고 싶어 했다. 게다가 단치히 문제에 대한 태도를 취하는데 그들의 입장은 특히 근거가 빈약했다. 단치히는 독일의 불만을 가장 크게 정당화했다. 제국으로 복귀하기를 명백하게 원하고 있고 히틀러 자신이 어렵사리 억제하고 있는 독일 주민만으로 이루어진 도시였다. 문제의 해결 또한 특히 쉬워 보였다. 폴란드의 교역을 보증한다면, 할리팩스는 단치히가 독일 주권을 회복하는 것을 제안하는 일을 결코 어려워하지 않았다.

히틀러도 이를 원했다. 폴란드의 붕괴는 그가 원래 세운 계획의 일부가 아니었다. 오히려 그는 독일과 폴란드가 우호적인 관계를 유지하게 하기 위해 단치히 문제를 해결하려 했다. 그렇다면 폴란드인들의 완강함이 유럽이 평화적인 결과를 얻는 것을 가로막는 유일한 장애였을까? 결코 그렇지 않았다. 이전에는 단치히 문제가 국제관계에서 어떠한 대격변을 의미하지 않고 해결될 수 있었다. 그런데 이제 단치히 문제는 폴란드 독립의 상징이 되어버렸고, 영국-폴란드 동맹으로 인해 영국 독립의 상징마저 되었다. 히틀러는 더 이상 독일의 민족적 야망을 실현하거나 단치히 주민들을 만족시키기만을 원하지 않았다. 그는 영국인들과 폴란드인들에 대해 자신의 의지를 강제했음을 보이고자 했다. 영국인들과 폴란드인들은, 자신들 측에서, 히틀러가 이렇게 선전하는 것을 허용하지 않아야만 했다. 모든 당사자들이 협상을 통한 해결을 목표로 하고 있었으나, 이는 신경전에서 승리하고 난 다음이라야 했다. 물론 달리 설명할 수도 있다. 당사자 중 몇몇 또는 모두가 의도적으로 전쟁을 향해 돌진했다는 설명이다. 폴란드가 이렇게 했다고 믿는 사람은 거의 없을 것이다. 또한 영국인들이 베르사유의 "굴욕"을 또다시 부과하기 위해 독일의 "고립"을 획책했다고 믿는 사람은 이제 독일에서조차 거의 없다. 그러나 많은 사람들이 히틀러가 파괴를 위한 파괴를 사랑하고 따라서 정책은 생각지 않고 전쟁에만 매달린 현대판 아틸라였다고 믿고 있다. 이러한 독단적 견해들에 대항해 무엇이 옳은지 논쟁하는 것이 불가능하다. 히틀러가 별난 인간이라서 그런 독단론을 사실이라 주장하는 것도 무리는 아니다. 하지만 그의 정책은 합리적으로 설명할 수 있고, 역사란 이러한 합리적 설명을 바탕으로 구축되는 것이다. 비합리성으로 도피해버리는 것은 분명 더 쉽다. 전쟁에 대한 책임을 유럽 정치가들의 실수와 실패 — 대중들 또한 함께 저지른 실수와 실패 — 가 아니라 히틀러의 허무주의 탓으로 돌려버리면 그만이다. 그러나 대체로 인간의 사악함보다는 인간의 실수가 역사를 형성하는 데 더 많은 역할을 한다. 적어도 이는 학문적인 시도로서만이라면 발전시켜 볼 만한, 앞에서 말한 독단적 견해들과는 대비되는 독단론이다. 물론 히틀러의 본성과 습관도 역할을 했을 것이다. 그는 위협은 잘 하면서 화해는 잘 하지 못하는 사람이었다. 그러나 히틀러의 개인적 특성이 이렇다고 하는 것이, 그가 실제로 1942년에 달성했던 것으로 보이는 유럽 지배를 미리 예견했거나 혹은 주도면밀하게 계획했다고 말하는 것과는 거리가 멀다. 모든 정치가들이 승리를 목표로 하지만 때때로 달성된 승리의 규모에 스스로도 놀라곤 하는 것이다.

사람들은 1939년에 독일이 주도면밀하게 전쟁으로 돌입했다고 하는 데 대해 합리적으로 설명할 수 있는 원인들을 꾸준히 찾아왔다. 하나는 경제적인 것인데, 단순한 마르크스주의류의 또 다른 독단론이다. 산업의 회복이 독일에 과잉 생산의 위기를 가져왔다는 설이다. 다른 국가들이 세워놓은 관세 장벽에 부딪혀, 독일이 새로운 시장을 정복하든지 취약한 부분으로부터 터지든지 했어야 했다는 것이다. 이 독단론에는 증거가 거의 없다. 샤흐트가 1938년에 사임할 때 경고했듯이, 독일의 문제는 과잉 생산이 아니라 신용 팽창이었다. 정부가 발행한 유가 증권이 너무 많았고 그것을 흡수할 충분한 생산력이 없었다. 과잉 생산으로 산업은 숨통이 막히지 않았고 생산이 계속 촉진되었다. 전쟁이 일어났을 때 독일의 정복지는 — 시장을 제공하는 것과 거리가 멀었고 — 전쟁 도구의 생산을 위해 탐욕스럽게 이용되었다. 헝가리를 제외한 모든 위성국들이 전쟁이 끝날 무렵에 베를린에 큰 금액의 대변 잔액을 보유하고 있었다. 다시 말해 독일인들은 다른 나라에서 가지고 오기만 했을 뿐 수출을 거의 하지 않았다. 그렇기도 하지만, 독일의 군수 생산은 1940년 삭감되었고 1941년 다시 줄어들었다. 피로가 너무 컸다. 따라서 경제론적 주장은 전쟁을 잘 설명하는 것이 아니라 오히려 그 반대다. 전쟁을 설명한다 해도 기껏해야 그 주장은 전제와 결론이 순환하는 모순된 주장이다. 독일이 오로지 전쟁을 더 성공적으로 이끌기 위해서 전쟁의 획득물을 필요로 했다는 식이다.

독일의 군비는 그 자체로 독일이 왜 전쟁에 돌입하게 되었는가에 대한 두 번째 가능한 이유를 제시해준다. 독일은 군비에서 다른 국가들에 대한 우위를 구축했다. 그런데 이러한 우위는 점차 소진될 예정이었다. 히틀러 자신이 이러한 주장을 내세웠다. 그러나 그렇게 한 것은 이미 전쟁을 하겠다는 입장을 정한 1939년 여름뿐이었다. 또한 자신이 예술 창조에 헌신하기 위해 전쟁을 성공적으로 마치기 원한다는 그의 다른 주장들만큼이나 진지하지 못했다. 이전에 그는 독일의 우위가 1943년에서 1945년 사이에 최고조에 달할 것이라고 조금은 더 진심으로 단언했다. 그러나 언제나 그렇게 사용된 숫자들과 마찬가지로 이번에도 실제로는 "올해에, 내년에, 언젠가……" 와 같은 의미였다. 좀 더 현실적인 판단을 내릴 수 있는 이들인 독일 장성들은 1939년에 기술적인 근거에서 전쟁에 계속 반대했다. 판단할 자격이 있는 사람일수록 더욱 단호하게 반대했다. 히틀러는 이들이 내세우는 논거를 부정하지 않았다. 단지 적절치 않다고 물리쳤다. 그는 전쟁을 하지 않고 승리를 거두려고 생각했거나, 아니면 적어도 외교와 거의 다를 바 없는 명목상의 전쟁만으로 그렇게 하려고 했다. 그는 대규모 전쟁을 계획하지 않았다. 따라서 독일이 그러한 전쟁에 준비를 갖추지 못했다고 문제될 것이 없었다. 히틀러는 기술 자문들이 자신에게 역설한 "철저한 재군비"를 의도적으로 배제했다. 그는 강대국들에 대한 장기전을 준비하는 데 관심이 없었다. 대신 "대강의 재군비" — 예비 병력 없이 최전선에 군대를 배치하며 신속한 공격에만 적당한 — 를 선택했다. 히틀러의 지시에 따라 독일은 신경전에서 승리하도록 준비했다. 신경전은 히틀러가 정통하고 또 좋아한 유일한 전쟁이었다. 독일은 유럽 정복을 위한 준비를 갖추지 않았다. 영국과 프랑스는 엄밀하게 방어적인 관점에서 보면 이미 안전했다. 해가 지날수록, 점점 더 그럴 것이었다. 그러나 독일은 신속한 타격에서의 우위를 유지할 것이었다. 시간이 지났다고 해서 잃을 것은 없을 것이었다. 또한 외교적으로 많은 것을 얻을 수도 있었다. 독일의 군비를 생각할 때 우리는 히틀러의 심리 상태라는 신비의 영역에서 벗어나 사실의 영역에서 답을 찾는다. 답은 명확하다. 1939년의 독일의 군비 상태는 히틀러가 전면전을 고려하고 있지 않았다는, 또한 어쩌면 전쟁을 전혀 계획하고 있지 않았다는 결정적인 증거를 제시해준다.

독일이 1939년에 전쟁을 추구했을 수도 있다고 생각되는 좀 더 심층적인 이유가 있다. 세계의 균형이 독일에 불리하게 이동하고 있었다. 군비라는 직접적인 차원에서라기보다 경제적 능력을 얼마나 보유하고 있는가의 측면에서 그러했다. 독일은 영국이나 프랑스보다 경제적으로 더 강한 국가였다. 두 나라를 합친 것보다 약간 더 큰 경제력을 가지고 있었다. 영국은 여전히 강대국의 반열에 올라 있었지만, 프랑스는 거의 이등 국가의 지위로 넘어가려는 찰나였다. 이러한 세 강대국 간의 균형이 독일 쪽으로 꾸준히 기울 것이었다. 그러나 세계의 나머지 부분을 고려할 때 그림이 달라졌다. 미국이 세 유럽 강대국을 합친 것보다 더 큰 경제 자원을 보유하고 있었고, 미국의 우위가 해가 갈수록 확대되었다. 만약 히틀러가 "미국이라는 위험"에 대항해 유럽을 연합할 계획을 세웠다면 이치에 맞았을 것이다. 그러나 그는 그렇게 하지 않았다. 다소 불분명한 이유 — 아마도 육지를 벗어나지 못하는 사고방식을 지닌 오스트리아인의 완미頑迷함 — 로 그는 경제 면이나 정치 면에서 미국을 결코 심각하게 고려한 적이 없었다. 그는 미국도 다른 서유럽 국가들과 마찬가지로 민주주의 때

400

문에 타락했다고 생각했다. 또한 루스벨트의 도덕적 권고는 히틀러의 경멸을 더했다. 히틀러에게는 이러한 권고가 물리적 힘으로 전환될 수 있다는 것이 생각할 수 없는 일로 보였다. 그리고 그는 1941년 12월 미국에 선전포고를 했을 때 자신이 엄청나게 강한 적을 독일 앞에 끌어 오고 있음을 알지 못했다.

반면 소련의 경제 발전은 히틀러의 머릿속을 떠나지 않고 괴롭혔다. 소련의 경제 발전은 실로 경이로웠다. 1929년에서 1939년 사이 10년 동안 독일의 산업 생산이 27퍼센트 증가했고 영국이 17퍼센트 증가했던 반면 소련은 무려 400퍼센트 증가했다. 게다가 이러한 과정은 시작일 뿐이었다. 1938년까지 소련은 미국에 뒤이은 세계에서 두 번째의 산업 국가가 되어 있었다. 그러나 가야 할 길이 멀었다. 인구는 여전히 굶주렸고, 자원은 거의 개발되지 않았다. 그래도 독일은 압도당하는 것을 피하려 한다면 시간이 많지 않았다. 또한 소련에 속한 우크라이나를 획득하고자 한다면 더욱 시간이 없었다. 여기에서 다시, 히틀러가 소련에 대해 대규모 전쟁을 계획했다는 것이 말이 되는 일일 수 있었다. 그러나 그는 그러한 전쟁을 종종 이야기했음에도 불구하고, 계획하지 않았다. 히틀러가 추진한 대강의 재군비는 오로지 외교적인 신경전을 강화하기 위해 계획되었을 따름이다. 심지어 독일 장성들이 원한 철저한 재군비조차도 제1차 세계대전 때와 같이 서부 전선에서 지루하게 계속되는 소모전에 독일을 대비시키는 것이었을 터였다. 1941년 6월에 소련과 전쟁을 하게 되었을 때, 독일인들은 맹렬하게 몰아쳐서 상황을 즉흥적으로 타개해가야만 했다. 그들은 거기서 신속하고 결정적인 승리를 거두는 데 실패했는데, 이는 주로 그들이 이러한 성격이 전쟁에 필요한 수송 수단을 준비하는 데 주의를 전혀 기울이지 않았기 때문이다. 결국 히틀러가 소련에 대한 전쟁 계획을 심각하게 고려했는지, 아니면 그러한 계획이 히틀러가 서유럽 정치가들을 혼란하게 만들기 바랐던 매혹적인 환상이었는지 말하기 어렵다. 만약 그가 소련에 대한 전쟁을 심각하게 고려했다면, 이는 1939년의 실제 전쟁 — 소련에 대한 전쟁이 아니라 독일과 소련이 절반쯤 동맹이 되어 서유럽 국가들에 대항한 전쟁 — 을 어느 때보다 더욱 설명하기 어렵게 만든다. 아니 차라리 오래된 단순한 설명이 재차 명확하게 드러난다. 1939년의 전쟁은 미리 계획되었기는커녕 실수였다. 양측의 외교적 실책의 결과였다.

히틀러는 1939년 4월에서 8월 사이 외교의 진행 과정에 기여한 바가 별로 없었다. 지난번 경우들과 마찬가지로 그는 준비하고 기다리는 데 만족했고, 장애물들이 어떻게든 자신의 앞에서 해체되리라 확신했다. 체코 위기의 예가 항상 머릿속에 있었다. 그때 그는 강력한 체코군, 그리고 프랑스와 체코 사이의 외관상 견고한 동맹에 직면했었다. 결국 프랑스인들이 물러섰고, 체코인들도 굴복했다. 그러니 폴란드에 대해서도 마찬가지일 것이었다. 그는 서유럽 정치가들에 대해서 "우리의 상대는 불쌍한 생물들(작은 벌레들 — 저자)이다. 나는 뮌헨에서 그것들을 보았다"라고 말했다. 그는 더 이상 프랑스인들 때문에 걱정하지 않았다. 그는 그들이 전쟁으로 가는 길에 제동을 거는 브레이크로 행동하고 있음에도 불구하고 영국인들이 이끌고 가는 곳이면 어디든 가리라는 것을 알았다. 이번에는 영국인들이 좀 더 즉각적으로 결정을 내려야 할 것이었다. 히틀러는 그들이 양여를 하기로 결정하리라 기대했다. 그가 또한 전쟁이 없이도 폴란드인들이 굴복하리라 기대했을까? 이는 대답하기 더 어렵다. 4월 3일에 독일 군대는 9월 1일 이후 어느 때든 폴란드를 공격할 준비를 갖추라는 명령을 받았다. 이런 일은 폴란드가 고립될 경우에만 일어날 것이라는 단언과 함께였다. 히틀러는 5월 23일에 좀 더 과격한 형태로 반복해서 확인했다.[1] 그러나 히틀러가 전쟁을 통해 자신의 행로를 가는 것으로 계획했든 아니면 위협을 통해서였든 상관없이, 이러한 준비가 필요했다. 그러니 준비했던 것을 보고서 우리가 히틀러의 실제 의도에 대해 알 수 있는 것은 아무것도 없다. 아마도 그는 무엇을 할지 결정하지 않았을 것이다. 신경전은 계속해나갈 만했다. 여기서 히틀러는 자신의 도전이 무엇인지 분명하게 규정했다. 4월 28일, 그는 1934년에 폴란드와 맺은 불가침조약과 1935년 영국-독일 해군 협정을 모두 부인했다. 같은 날 그는 제국 의회에서 연설을 했다. 그는 폴란드에 대한 자신의 제안을 낭독했고, 폴란드의 도발을 비난했다. 독일인들은 자유로운 타협으로 단치히 문제를 해결하기를 원했는데, 폴란드인들이 무력에 호소함으로써 응답했다는 것이다. 그는 새로운 합의를 할 준비가 되어 있는데, 폴란드인들이 태도를 바꿀 때 — 즉 단치히에 대해 양보하고 영국과의 동맹을 포기할 때 — 에만 그렇게 하겠다는 것이었다. 그는 영국인들에 대해서는 전혀 다른 어투로 말했다. 그는 대영제국을 인류의 경제적이고 문화적인 생활 전체를 위한 헤아릴 수 없는 가치를 지닌 부분이라고 칭송했다. 또한 대영제국을 붕괴시키려는 생각을 "인간의 제멋대로 날뛰는 파괴적인 성향의 분출에 불과하다"고 내쳤다. 그리고 영국인들이 제정신을 찾게 되면 새로운 합의를 이루기를 마음속으로부터 고대한다고 했다. 여기에서도 역시 대가는 같았다. 단치히를 양보하는 것과 폴란드와의 동맹을 포기하는 것이었다. 이렇게 자신이 요구 조건을 진술하고 나서, 히틀러는 물러나서 침묵했다. 그에게는 대사들이 접근할 수 없었고, 리벤트로프도 마찬가지였다. 전쟁이 발발하기 전까지 폴란드와 더 이상 외교적 거래가 없었다. 그리고 8월 중반까지 영국과 직접 교섭도 없었다.

그러므로 결정은 영국인들에게 달려 있었다. 아니 차라리 영국-폴란드 동맹으로 영국인들에게 부과되었다고 하는 것이 맞을 것이다. 그들은 빠져나가고 싶어도 빠져나갈 수 없었다. 자국의 여론에 묶여 그렇게 된 것만은 아니었다. 그들은 여기서 도망쳐 물러난다면 전에 처해진 곤경으로 되돌아가게 된다는 현실을 인식했다. 그들은 기꺼이, 심지어 적극적으로 단치히를 내놓을 준비가 되어 있었다. 그러나 히틀러가 평화만을 생각한다는 조건 하에서였다. 반면 히틀러는 오로지 조건 없이 단치히를 받을 때에만 만족할 수 있었다. 어쨌든, 폴란드인들은 한 치도 양보하기를 거부했다. 영국인들은 단치히에 관해 베크가 "전혀 솔직하지 않았음"을 뒤늦게 알아차렸다. 그는 사실상 히틀러가 이미 자신의 요구를 받아들이라고 재촉하고 있었음에도 불구하고 시급한 문제는 없다는 인상을 영국인들에게 주었다. 영국인들은 이 일을 베크가 앞으로 계속 자신들에게 정황을 알 수 있도록 해주어야 한다고 요구하기 위한 구실로 삼았다. 그들은 또한 오직 "폴란드의 독립이 '명백하게' 위협을 당하고 있는 상황에 처해 폴란드 정부가 대항을 하기로 결정했을 때"에만 보장이 효력을 나타낼 것이라는 주의를 덧붙였다.[2] 여기에 영국이 단치히에서의 현상 유지를 약속하지 않았다는 조심스런 암시가 있었다. 베크는 일말의 뉘우침도 없이 완강했다. 그는 "독일인들이 강제적인 조치를 취하지 않는다면 단치히 문제에 관련해 어떠한 개전 이유도 발생하지 않을 것이다"[3]라고 말했다. 영국인들의 관점에서 보면 유쾌한 견해는 아니었다. 사실 어느 일방도 분쟁이 일어날 것을 두려워하여 감히 공공연히 단치히에 대해 이야기하지 못했다. 따라서 그들은 아무것도 논의하지 못했다. 각각 결정적인 순간에는 자기 길을 가기를 바라면서 말이다. 공식적인 동맹이 4월에 윤곽을 드러냈지만 8월 25일까지도 체결되지 못하고 있었다.

조금 덜 직접적인 방식으로, 영국인들은 폴란드인들을 말리기 위해 최선을 다했다. 두 나라 간에 열린 참모 회담에서 영국인들은 아무것도 털어놓지 않았다. 그러나 그 당시 그들은 말해줄 것이 아무것도 없었다. 분명히 폴란드인들은 직접적인 군사 원조를 기대하지 않았다. 이는 그들이 그만큼 더 금융 지원을 얻으려 했던 이유였다. 여기서 영국인들은 특히 고집을 부렸다. 폴란드인들은 현금으로 6천만 파운드의 차관을 요청했다. 영국인들은 처음에는 가지고 있는 현금이 없어 신용만 제공해줄 수 있다고 대답했다. 그러고 나서 나중에는 영국 국내에 신용을 공여供與해주어야만 한다고 주장했고, 나중에는 금액을 8백만 파운드로 줄이면서 영국 군수 공장들이 완전 고용의 수준으로 고용이 확대되었기 때문에 어떤 경우에도 신용 제공이 불가능하다고 해명했다. 전쟁이 발발할 때까지 신용은 전혀 이전되지 않았다. 영국의 폭탄이나 총이 폴란드로 가지도 않았다. 폴란드인들이 할리팩스의 변명에 누그러졌을 것 같지는 않다. 할리팩스는 "전쟁이 일어났을 때 영국의 수중에 있는 가장 강력한 무기 중 하나가 오래도록 버틸 수 있는 경제력입니다. 따라서 그것은 절대로 손상되어서는 안 됩니다"라고 했다.[4] 이러한 기묘한 언행은 영국 정책의 이중석 성격을 나타냈다. 영국인들은 히틀러를 억제하고자 염려하는 만큼 폴란드인들을 누그러뜨리기 위해서도 주의를 기울였다. 그들의 바람은 헛되었다. 베크는 베네슈가 아니었다. 그는 양보하는 길로 한 걸음만 나서도 어쩔 수 없이 뮌헨으로 가게 될 것이라 생각했고, 따라서 한 걸음도 옮기지 않았다. 런시먼 경은 1939년에는 또 한 번의 대륙 여행을 위해 짐을 꾸릴 기회를 얻지 못했다.

영국인들은 지난해에 유용한 것으로 입증되었던 또 하나의 수단을 갈망했다. 그들은 아직도 히틀러를 억제하는 영향력을 행사할 사람으로 무솔리니를 언젠가 불러들일 수 있으리라 희망했다. 이러한 방침 역시 거의 효력이 없는 것이나 마찬가지였다. 히틀러가 프라하를 점령했을 때 무솔리니가 잠깐 화를 냈던 것이 그가 마지막으로 화를 분출한 것이었다. 그는 이제 알바니아에 대한 이탈리아의 보호국의 지위를 공공연한 합병으로 전환함으로써 자신이 직접 침략 행동을 했다. 이는 중요한 외교적 행동으로 이어졌다. 영국인들은 그리스를 보장했고 또한 별다른 이유 없이 루마니아를 보장했다. 그리고 결코 작동하지 않을 운명인, 터키와의 동맹을 협상 중에 있었다. 이러한 움직임들은 외무성 문서철의 두께를 부풀리기는 했지만 중차대한 독일 문제와는 거의 관련이 없었다. 이탈리아는 프랑스와 마찬가지로 지금 사이드라인 위에 서 있었다. 즉, 두 나라의 운명은 그들의 더 큰 협력국들의 행동으로 결정되었다. 프랑스인들은 북아프리카에서 이탈리아의 요구를 무효화시키는 데 총력을 기울였다. 여기에 그들이 충분히 맞설 수 있는, 크기가 같은 상대가 있었던 것이다. 반대편에서 무솔리니는 마침내 독일과 공식적인 동맹을 맺으려고 서둘렀다. 두 나라가 함께 전쟁을 수행할 것을 약속하는 "강철 동맹Pact of Steel"이 5월 22일에 조인되었다. 의심할 바 없이 무솔리니는 동맹 조약이 자신에게 독일의 계획에 대한 얼마간의 발언권을 가져다주리라 기대했다. 그는 전쟁이 일어났을 때 독일을 지원하겠다고 일단 서약하고 나면, 전쟁이 일어날 시점을 결정할 수 있으리라는 기대를 품었고, 이탈리아가 1942년이나 1943년이 되어야 전쟁할 준비를 갖출 수 있을 것이라 주장하려 했다. 독일인들은 이 동맹 조약에 그다지 큰 중요성을 두지 않았다. 그들은 이것을 일본과의 삼국 동맹을 확보하지 못한 데 대한 위안물로서 어쩌다가 우연히 건졌다.

  1939년의 외교를 살펴볼 때 극동 지역에는 지금까지도 평가하기 어려운 요인이 있다. 분명히 유럽의 상황과 극동의 상황을 이어 주는 것들이 있었다. 그러나 어떠한 것들이었을까? 일본은 중국과 전쟁을 하고 있었고, 그곳에서 외국, 특히 영국 거류지의 이익을 잠식하고 있었다. 분명히 영국인들은 중국에서 자신들의 지위를 지키기 위해 유럽과의 관계를 끊고 싶어 했다. 그러나 이 사실이 그들의 현실에서 정책이 나아가는 데 얼마나 많은 영향을 주었는지 알아내기는 힘들다. 반면 독일인들은 극동에서 영국의 어려움이 커지기를 바랐다. 그리고 일본인들은 유럽에서 영국의 어려움이 늘어나기를 원했다. 두 "침략국" 간에 줄다리기가 있었고, 일본인들이 이겼다. 독일인들은 반코민테른 협정을 모든 도전국에 대한 동맹으로 전환시키려 했다. 일본인들은 러시아에 대항해 협력하는 데 동의하려 할 뿐이었다. 확실히 그들은 전쟁을 하지 않고 영국인들에게서 양여를 얻어내기를 바랐다. 아마도 그들은 미국 해군을 의식해 억제되었던 것 같다. 무엇보다도, 그들은 총체적인 동맹을 맺는 것이 유럽에서의 전쟁으로 이어질지 미심쩍어했다. 오히려 폴란드를 희생양으로 하는 새로운 뮌헨이 있을 것이다 생각했다. 이렇게 되면 일본인들이 홀로 남아 영국을 적대하게 될 터였다. 독일과 일본 사이의 협상은 결과 없이 끝나버렸다. 일본인들은 영국인들에게서 양여를 끌어냈고, 영국인들은 계속해서 양보했다. 극동에서 충돌이 지연되고 있었고, 이로써 유럽에서 일전의 가능성이 더 커진 듯했다.

독일과 일본 간의 협력에, 어느 한 편도 드러내지 않았지만, 또 다른 장애물이 있었다. 일본인들은 소련에 대항하는 데 지원을 얻기 원했다. 독일인들은 한때 반공산주의의 기수였지만, 이제 반대 방향으로 기울고 있었다. 폴란드가 독일이 대적하는 눈앞의 목표가 되었을 때부터, 소련은 자동적으로 독일에게 중립국으로, 어쩌면 동맹국으로까지 바뀔 수 있었다. 러시아인들은 독일에게만 중요한 것이 아니었다. 모든 유럽 국가들이 그들을 고려하지 않으면 안 되었다. 이것은 획기적인 일이었다. 1939년은 제2차 세계대전의 발발을 목도한 해였지만, 훨씬 더 긴 안목에서 보면 1939년에 소련이 1917년 이후 처음으로 강대국으로 복귀했다는 사실이 훨씬 더 중요해 보일 것이다. 소련은 볼셰비키 혁명 이후 종종 "문제"를 가져왔다. 국제적 공산주의는 적어도 잠재적으로는 정치적으로 위험했다. 그러나 소련이 강대국으로 간주되지는 않았다. 리트비노프가 국제연맹에서 제안을 할 때에 마치 다른 행성에서 온 대변인이 말하는 듯한 분위기였다. 서유럽 국가들은, 프랑스-소련 조약이 있었지만, 결코 소련과의 협력을 심각하게 숙고하지 않았다. 그들이나 독일인들이나 1938년 체코 위기 동안 소련의 개입을 기대하지 않았다. 소련은 끝도 없이 멀리 떨어져 있는 것처럼 보였다. 주로 정치적 견해가 너무 달랐고 양측 모두가 오랫동안 사실상의 불승인 정책을 이어왔기 때문이었다. 실제적인 기반 또한 있었다. 소련은 방역선이 존재하는 한 유럽으로부터 정말로 단절되었다. 소련이 어떤 행동이라도 한다면, 그것은 일본이나 미국과 마찬가지로 틀림없이 유럽 바깥의 일일 것이었다. 이러한 상황은 폴란드가 논의의 대상이 되자 변했다. 유럽은 러시아의 문전에 다가와 있었다. 소련은 스스로 원하든 원치 않든 다시 유럽 국가가 되었다.

러시아가 유럽으로 혹은 유럽이 러시아로 돌아온 이상 러시아는 어떤 역할을 할 것인가? 모든 나라들이 이 중대한 질문을 제기했다. 영국인들이 질문했고, 프랑스인들, 폴란드인들, 그리고 독일인들도 마찬가지였다. 러시아인들도 끊임없이 자문했다. 처음부터 그 답을 미리 예견하거나 또는 심지어 대안을 만들어내는 것은 불가능했다. 대부분의 정치적인 물음은 오래 전부터 있었던 이전 문제들의 맥락을 포함하고 있다. 정치가들은 이전에 겪었던 경험을 끌어올 수 있고 이미 놓인 길을 따라 앞으로 더 나아갈 수 있다. 그런데 여기에는 전례가 없었고, 또한 잘못된 방향 — 러시아가 고립과 은둔의 시기로 돌아가는 것 — 으로 이끌어진 예도 있었다. 이렇게 잘못된 방향으로 이끈 전례들이 얼마간 영향을 주었다. 영국인들은 소련을 별로 중요하지 않은 국가로 취급하는 습관을 떨쳐 버리지 못했고, 러시아인들은 아직도 자신들이 마음대로 유럽에 등을 돌릴 수 있다고 생각하려는 충동을 뿌리치지 못했다. 독일인들에게 여기 한 가지 이점이 있었다. 이들은 라팔로와 뒤이은 독일-소련 우호 관계를 만들어낸 전례가 있었다. 그러나 시대가 변했다. 라팔로에서는 패전한, 그래서 불안한 두 나라가 서로 적대하도록 만드는 농간에 넘어가지 말자고 합의한 것이었다. 그러니 이제 유럽 대륙에서 가장 강한 두 강대국인 두 나라 사이의 관계에 거의 기회을 제공해주지 못했다. 다시

한 번 히틀러는 사태가 자신에게 정책을 마련해줄 때까지 기다리는 데 만족했다. 반공산주의가 독일에서 진정되었고, 그 자리를 반유대주의가 대신했다. 독일인들이 소련과의 교역을 증가시키거나 심지어 정치적 관계를 개선하고 싶어 한다는 의도가 비쳐졌다. 하지만 독일 측에서 이러한 관계 개선이 어떤 형태를 띨 것인지 생각해내려는 시도는 전혀 없었다. 그리고 러시아인들은 훨씬 더 말을 하지 않고 있었다. 단초가 되는 일은 여기가 아니고 다른 곳에 있었다.

저울의 반대편 끝에 있는 프랑스인들은 자신들이 무엇을 원하는지에 대해 분명했다. 소련과 서유럽 국가들 사이에 직접적인 군사 동맹이 있어야 한다는 것이었다. 프랑스인들은 히틀러를 달랠 수 있다고 믿지 않았고, 따라서 소련과의 동맹이 그를 자극할지 모른다는 두려움도 거의 없었다. 이들은 히틀러가 오로지 압도적인 힘의 과시에 의해 억제될 것이라 생각했다. 소련과의 동맹은 이렇게 하는 데 도움이 될 것이었다. 만약 힘의 과시가 실패하고 전쟁이 일어나더라도, 러시아가 주는 위협이 1914년처럼 독일의 군사력을 또다시 나누어놓을 것이었다. 또한 만약 독일의 공격이 러시아에 가해진다면, 프랑스인들은 마지노선 뒤에서 안전하게 있을 것이었다. 프랑스인들은 폴란드의 반발을 고려하지 않았다. 오히려 반발 때문에 프랑스인들은 더욱 간절해졌다. 폴란드에 대한 프랑스의 의무는 최저 수위로 내려가 있었다. 폴란드의 배신으로 체코 위기 동안 독일에 공동 대항하는 동유럽 전선이 형성될 가능성이 무너졌고, 프랑스인들은 이제 폴란드인들의 배은망덕을 같은 방법으로 갚아줄 준비가 되어 있었다. 가믈랭은 폴란드군을 변변치 않게 생각했고, 많이 주저했지만 소련군을 더 높이 평가하는 쪽으로 생각이 기울었다. 폴란드가 프랑스-

소련 동맹을 자국과 프랑스의 동맹을 부인하는 빌미로 이용한다면, 그것이야말로 프랑스가 바라는 일이었다. 프랑스인들은 채무를 던져버리고 자산을 획득하게 될 것이었다. 4월 10일, 보네가 소련 대사에게 프랑스와 소련 간 군사 협력의 조건들을 정해야 할 것이라 말하고, "우리는 다음으로 루마니아나 혹은 폴란드가 이러한 지원을 거부할 경우에 취할 태도를 결정해야 합니다"라고 덧붙였다.[5] 이것은 간단하지만, 불가능한 해결책이었다. 프랑스인들은 폴란드와 맺은 동맹을 무시할 수 있을지 모르지만 전 세계적 차원에서 자신들의 전체적인 입장을 좌우하는 영국과의 동맹을 무시할 수는 없었다. 영국-폴란드 동맹은 프랑스에게 재난이었다. 영국은 대륙에서의 전쟁을 수행할 자체 군사력이 없었기 때문에, 동맹이란 사실상 프랑스가 체코인들에게 도움이 못 되었던 것처럼 폴란드인들을 실망시키지 않을 것이라는 영국의 보장이었다. 하지만 이렇게 그들을 저버리는 것이 정확히 프랑스인들이 원하던 바였다. 일단 빠져나갈 길이 차단되자, 그들에게 남은 희망은 오로지 영국인들도 소련과의 동맹에 끌어들이는 것이었다.

프랑스로부터만 재촉이 온 것이 아니었다. 소련과 동맹을 맺어야 할 필요성은 폴란드에 보장을 해준 직후로 능력 있는 모든 영국의 관찰자들에게 명백했다. 처칠이 4월 3일에 하원에서 이 점을 역설했다.

폴란드에 대해 보장을 하고 여기서 멈추는 것은, 참호선에서, 차폐물도 없이 탄환이 빗발치는 가운데 어느 진영도 아닌 중간 지대에서 멈추어 서는 것이 될 것입니다. …… 침략에 대한 대동맹Grand Alliance을 건설하기 시작한다면 우리는 실패할 수 없을 것입니다. 만약 실패한다면 우리는 죽음이 도사리고 있는 위험한 지경에 처하게 될 것입니다. …… 가장 터무니없이 어리석은 일은, 아무도 우리가 그러한 어리석음을 범하기를 제안하지 않으시겠지만, 소련이 자신의 중대한 이익의 견지에서 협력을 제공하는 것이 필요하다고 생각해 마땅히 이루어지게 되는 어떠한 협력에도 찬물을 끼얹고 발로 차버리는 것입니다.[6]

로이드 조지는 훨씬 더 강한 어조로 말했다.

만약 우리가 러시아의 도움 없이 들어가고 있는 것이라면 우리는 덫으로 걸어 들어가는 것입니다. 그 나라는 군사력이 그곳까지 닿을 수 있는 유일한 나라입니다. …… 만약 폴란드인들이 가지고 있는 어떤 감정, 즉 그들이 거기에 러시아인들이 있는 것을 원하지 않는다는 점 때문에 이제까지 러시아를 이 일에 끌어들이지 못했다면, 우리는 러시아가 참여해야 한다는 조건을 언명해야 합니다. 그리고 만약 폴란드인들이 우리가 그들을 성공적으로 도울 수 있는 그 유일한 조건을 기꺼이 받아들일 수 없다면, 그에 대한 책임은 그들이 져야만 하는 것입니다.[7]

이러한 주장들은 야당 의원석에서 되풀이되어 나왔다. 노동당 내에서 대립하던 그룹들도 특별히 소련과의 동맹이라는 원칙을 놓고 다시 통합될 수 있었다. 일부 사람들은 실제적인 군사적 근거에서 그랬고, 다른 사람들은 사회주의의 원칙에서 그랬다. 실제적 주장은 참으로 거의 대항할 수 없는 것이었다. 그것은 모든 사람이 볼 수 있도록 지도 위에 올려져 있는 것처럼 명백했다. 또한 체임벌린의 비판자들이 처음으로 대중의 주의를 실제로 사로잡았다. 이전에 그들은 히틀러에 대한 이념적인 전쟁을 설득하던 것처럼 보였다. 그러나 이 제는 체임벌린이 소련에 대해 이념적인 거리를 두고 있는 것으로 보였다. 야당으로부터 가해진 이러한 비판은 확실히 체임벌린이 모스크바와 협상하는 방향으로 나아가는 압력이 되었다. 그러나 동시에 그러한 비판으로 그의 저항도 커졌다. 영국 정부는 결과에 상관없이 어떻게든 불신될 참이었다. 만약 협상이 실패로 돌아간다면 그들이 비난을 받을 것이요, 협상이 성공한다면 처칠과 로이드 조지, 그리고 노동당이 지지를 얻게 될 것이었다. 체임벌린은 싫어하는 것은 아주 제대로 싫어했다. 적어도 국내 정치판에서는 그랬다. 또한 멀리 크렘린을 응시할 때 그는 거기에서 야당 간부들을 생각나게 하는 얼굴들을 보았다.

영국 정부가 주저하게 된 다른 고려 사항들이 있었다. 베네슈를 저버리는 데 양심의 가책을 느끼지 않았던 사람들이, 마음을 고쳐먹은 주정뱅이의 편협한 도덕주의로써 이제 베크의 모든 변덕을 지켜봐 주어야만 했다. 영국인들은 소국小國들의 권리를 보장하고 있었다. 그런데 어떻게 그들이 소련과 관계를 맺는 데 대한 폴란드의 반발을 눌러 버릴 수 있겠는가? 할리팩스가 상원에서 이를 강조했다. "우리의 정책은 군소 국가들의 권리가 강대국들에 의해 무시되어서는 안 되고, 국민들 간의 관계에서 무력이 결정적인 요소가 되어서는 안 되며, 또한 강제에 의해 협상이 억제되거나 잠식되어서는 안 된다는 원칙에 기반을 두어야 합니다."[8] 영국 정부는, 자신들의 비판자들처럼 전쟁이 불가피하다는 견지에서 생각하지 않았다. 그들은 압도적인 힘을 과시해 히틀러를 "억제"하기를 간절히 바라지도 않았다. 그들은 도덕적 선전을 하려 했다. 따라서 소련과의 동맹이 가져올 도덕적 효과는 군소 국가들의 항의를 수반한다면 상실되어 버릴 것이었다. 도덕적 효과는 심지어 히틀러의 것으로 돌려질 수도 있었다. 독일을 "고립"시키려 한다는 비난이 정당화될 것이었다. "공평무사한 태도를 유지하려는 노력을 포기한다면, 우리가 패를 나누어 경쟁하고 있는 국가들 사이에 전쟁이 일어나게 하기 위해 계획적으로 대립 구도를 만들고 있다는 말을 듣게 될 것이다." 이탈리아, 에스파냐, 일본을 자극할 수도 있을 것이었다. "또한 바티칸에서 모스크바를 베를린보다도 더 큰 정도로 적그리스도로 간주하고 있다는 사실을 잊지 말아야만 할 것이다."[9]

영국 정부는 전쟁에 이기기 위해서가 아니라 유럽의 평화를 유지하기 위해 애쓰고 있었고, 그들의 정책은 전략적 계산이 아니라 도덕에 의해 결정되었다. 그러나 그들의 도덕도 불완전한 시각을 지닌 것이었다. 그들은 독일의 원한이 지닌 힘이 베르사유의 결정에 대항하는 것임을 알아차렸다. 그러나 그들은 소련이 근본적으로 브레스트-리토프스크와 리가, 굴욕적인 두 조약에서 비롯된 동유럽에서의 현상 유지에 열의를 거의 느끼지 않을지 모른다는 생각을 결코 하지 못했다. 평화 전선을 지지하길 주저하는 러시아의 태도는 영국인들을 화나게 했다. 그러나 독일에 대항하는 전쟁에 나서려는 러시아의 적극성은 영국인들을 더욱 놀라게 했다. 영국인들이 원한 바는 러시아가 제공하는 지원이 마개 달린 꼭지처럼 마음대로 틀었다 막았다 할 수 있어야 한다는 것이었다. 또한 그들, 혹은 폴란드인들은 자신들만 혼자서 틀고 막을 권한이 있어야 했다. 할리팩스가 루마니아 외상 가펜쿠Grigore Gafencu에게 영국인들의 태도를 설명했다. "러시아를 멀어지게 하지 않는 것이 바람직합니다. 오히려 항상 러시아가 계속해서 활동하게 해야 바람직하지요."[10] 당시 소련 정치가들은 영국인들이 스스로는 중립을 지키면서 러시아를 독일과의 전쟁에 연루시키려 획책하는 것이 아닌지 의심했다. 이러한 내용의 비난은 소련 역사가들에 의해 반복되었다. 이는 영국인들의 관점을 오해한 것이다. 영국인들은, 자신들 쪽에서 독일에 대항한 전쟁이든 아니면 독일 쪽에서 러시아에 대항한 전쟁이든, 전쟁을 전혀 원하지 않았다. 유럽에서 전면전이 일어나면 그 결과는 영국의 관점에서 틀림없이 불행한 일일 터였다. 왜냐하면 독일이나 러시아 둘 중 하나가 이길 것이고, 이 두 가지 경우 중 어떠한 일이 일어나든 영국이 유지하고 있는 강대국의 지위는 파괴되지는 않더라도 축소될 것이었다. 영국-폴란드 동맹에는 한 가지 타당성이 있었다. 두 나라 모두 제1차 세계대전이 끝나고 독일과 러시아 두 나라가 모두 패배한 특별한 상황으로부터 이익을 얻은 수혜자들이라는 점이다. 폴란드는 이러한 상황 덕에 착각에 불과한 자신의 독립적인 지위를 얻을 수 있었고, 영국은 완전히 착각이라 할 수는 없지만 거의 노력을 들이지 않고도 유지될 수 있는 강성함과 권위를 누릴 수 있었다. 두 나라는 모두 세계가 1919년에 만들어졌던 대로 멈추어 있기를 바랐다. 폴란드는 독일이나 소련 어느 나라도 따르기를 거부했다. 영국인들은 둘 중 어느 나라에 결정적인 승리를 가져오는 일을 계획하지 않으려 했다. 볼셰비키의 동유럽 정복은 대부분의 영국인들에게 참을 수 없는 일이었다. 여기까지 보면 소련의 의심이 정당화된다. 하지만 이것 역시 요원한 일로 보였다. 영국인들은 독일인들이 러시아 한 나라에 대적해 전쟁을 한다면 승리할 것이라고 예상했다. 그런데 이는 어쩌면 그들에게 덜 거슬리는 일임에도 불구하고 훨씬 더 걱정스러운 일이었다. 영국인들의 견해로는, 라인 강에서 우랄 산맥까지 유럽을 지배하는 독일은 곧 대영 제국과 프랑스 제국에 덤벼들 것이었다. 따라서 소련의 통치자들이 영국인들이 소련-독일 전쟁을 획책하고 있다고 비난할 때 영국인들은 두 가지 점에서 스스로를 정당화할 수 있었다. 첫째로, 영국인들은 전쟁이 일어나 "적화赤禍"가 소멸되기를 바라기에는 그렇게 적화로 인해 흔들리지 않았다는 점이고, 둘째로, 그들은 독일인들이 너무 쉽게 그리고 너무 위험스럽게도 이기리라 확신했다는 점이다.

소련에 대한 한 가지 두려움이 있었는데, 어떤 방향으로 나아갈 수 있을지 고심하는 영국 정치가들에게 진정으로 영향을 주었다. 다른 유럽 국가들이 서로를 갈기갈기 물어뜯는 동안 소련이 그대로 유지될지 모른다는 두려움이었다. "만일 전쟁이 틀림없이 일어나게 된다면, 소련을 전쟁에 끌어들이려는 노력이 절대적으로 필요하다. 만약 그렇게 되지 않는다면, 전쟁이 끝나고 소련은 군대를 손상되지 않은 그대로 갖게 될 것이고 영국과 독일은 폐허가 될 것이므로, 소련이 유럽을 지배하게 될 것이다."[11] 여기에 또 다른 유형으로, 영국의 뜻대로 틀었다 막았다 할 수 있는 마개 달린 꼭지 같은 것을 추구하는 정책이 있었다. 그러나 만약 소련 통치자들이 편의를 제공하는 이런 역할을 거절하면 어떻게 할 것인가? 영국인들은 소련과 독일이 어떤 합의에 도달할지 모른다는, 그렇지 않다면 최소한 나머지 유럽 국가들이 곤경에 빠져 들어갈 때 소련이 뒷전에 물러나 때를 기다릴지 모른다는 경고를 계속 받았다. 그들은 모스크바 주재 대사 시즈 Sir William Seeds에게서 경고를 받았다. 달라디에로부터도 경고를 받았고, 심지어 괴링으로부터도 간접적으로 경고를 받았다. 그는 독일의 정책이 친소련 기조로 나아가리라 전망하는 것을 혐오했다. 체임벌린과, 할리팩스, 그리고 외무성은 계속해서 구제 불능 상태였다. 경고들은 "그 자체로 있을 법하지 않은 일"[12]이라 하여 몇 번이고 되풀이해 기각되었다. 영국인들은 영국-폴란드 동맹으로 자신들이 이미 소련의 국경을 방어하기 위해 싸우기로 서약했다는 사실을 알지 못했을까? 다음으로, 그들은 소련의 원조를 조약으로 확보해놓지 못했다는 것을 생각지 않고 어떻게 그 이상의 구속력을 상상할 수 있었을까? 이러한 물음들에 대해 합리적인 대답을 찾는 것은 불가능하다. 만약 영국 외교가 1939년에 소련과의 동맹을 진지하게 열망했다면, 이 목적을 이루기 위해 행해진 타협은 노스 경Lord North이 미 대륙의 식민지를 상실한 이래 가장 수완이 없는 거래였다. 아마도 무능력 때문이었다고 하는 것이 간단한 설명이다. 영국인들은 자신들의 지위로 인한 어려움 — 세계적 강대국으로서 정책을 구상하는 어려움 — 에 정신을 차리지 못했다. 그런데 이 세계적 강대국은 유럽에 등을 돌리길 원했으나 유럽 문제를 선두에서 주도해야만 했다. 영국인들은 동유럽에서 각 나라마다 보장을 해주었고, 군사 동맹을 수립하기를 열망했다. 그러나 그들이 유럽에서 원한 것은 평화와, 보장을 해준 나라들의 희생을 대가로 하는 평화적인 변경이었다. 그들은 히틀러와 스탈린을 둘 다 불신했다. 하지만 한 사람과는 평화를 이루려고 노력했고 다른 한 사람과는 동맹을 맺으려고 애썼다. 이들이 두 가지 목표를 모두 이루지 못했다는 것은 놀라운 일이 아니다.

혼란은 개인적인 관점의 차이로 인해 고조되었다. 체임벌린은 불가능한 조건이 아니면 결코 소련과의 계휴를 원하지 않았다. 그는 할리팩스에게 질질 끌려 다녔고, 할리팩스는 — 스스로는 회의적이었지만 — 외무성을 마지못해 따라갔다. 심지어 외무성의 직업 관료들도 스탈린을 신뢰한다기보다 히틀러를 더 불신했다. 또한 그들은 소련과의 동맹에 존재하는 위험들을 빨리 알아차린 반면 그 이점들은 거의 보지 못했다. 만약 하원과 여론으로부터 계속적인 압력이 없었다면 거의 아무것도 시도되지 않았을 것이다. 그리고 각료들은 옳다고 생각했기 때문이라기보다 달리 대안을 생각할 수 없었기 때문에 이러한 압력에 따랐다. 그러나 여론은 전체가 한 방향이 아니었다. 소련과의 동맹에 대한 요구는 의견이 분분했다. 소련에 대한 적의가, 많은 말이 오고 가지 않았지만, 어쩌면 더 강했다. 특히 보수당 평의원들 사이에서 그랬다. 최종적인 실패에 많은 사람들이 안도했다. 이로써 전쟁을 가로막는 심리적인 장애물이 제거되었다. 영국 정책의 논리적 결과는, 우리가 상상할 수 있다고 한다면, 소련의 중립이었다. 이 결과가 때마침 나오게 되었을 때 영국인들이 매우 분개했음에도 말이다.

소련 통치자들은 자신들 측에서 나름대로 처음부터 논리적 목표를 분명하게 구상하고 있었던 것일까? 아마도 축출되어 잊힌 몰로토프 말고는 아무도 답을 알지 못할 것이고, 몰로토프가 누설할 것 같지는 않다. 소련의 정책이 어떻게 해서 형성되었는지 그 내부 과정을 알려 주는 단 한 조각의 단서도 없다. 우리는 소련의 대사들이 모스크바에 무엇을 보고했는지 또는 소련 정부가 그들의 보고서를 읽었는지 알지 못한다. 소련 정치가들이 서로 무슨 말을 나누었는지 또는 그들이 기술 자문들에게서 무슨 이야기를 들었는지 알지 못한다. 증거가 없다면, 역사가는 겉으로 드러난 모습 — 혹은 자기 자신의 편견 — 으로부터 추측할 수밖에 없다. (우리만큼이나 정보를 제대로 얻지 못한 것으로 보이는) 소련의 역사가들은 그들 정부의 정당함과 다른 나라 정부의 사악함을 가정한다. 그들의 설명에서 소련은 전심으로 평화 전선을 건설하기 위해 애썼고, 영국과 프랑스는 소련을 유인해 홀로 독일과 전쟁을 치르도록 획책하고 있었다. 그리고 스탈린은 마지막 순간에 천재성을 발휘해 이러한 위험에서 빠져나왔다는 것이다. 냉전을 맞아 충실하게 싸우고 있는 서구 역사가들은 사태를 반대로 본다. 그들 가운데 좀 더 극단적인 쪽의 설명에 따르면, 소련 정부는 처음부터 줄곧 독일과 거래하기로 마음먹었고, 영국이나 프랑스와 협상한 것은 오로지 독일의 제안을 이끌어내기 위해서였다는 것이다. 또 다른 설명으로는, 소련은 좀 더 만족스러운 결과에 응할 수 있을 때까지 값이 올라가는 것을 주시하면서 양측 모두와 협상하고 있었다. 한쪽의 견해에서 보면 소련 통치자들은 의도적으로 유럽에서 전쟁을 야기하려 노력하고 있었고, 다른 쪽의 견해에서 보면 그들은 어쨌든 자신들이 전쟁으로 끌려 들어가지 않기를 결심하고 있었다. 이러한 견해들에는 어느 정도의 진실이 담겨 있을 수 있겠지만 공통적인 결함이 있다. 이러한 견해들은 소련 지도자들이 훗날 일어나게 될 일들을 미리 예견하고 있었다고 전제한다. 이들 정치가들이 아무리 사악할지라도, 이들이 앞을 내다보는 악마의 특권을 이만큼이나 공유하고 있었는지는 의심스럽다. 예를 들어 소련 정부가 처음부터 히틀러가 9월 1일에 전쟁에 돌입할 것을 알고 있었고, 내심 자신들의 전술을 사용할 시기를 포착하려 했다고 여겨졌다. 어쩌면 히틀러는 자신이 언제 전쟁을 시작할지 알고 있었을 수도 있다. 하지만 소련 정치가들은 그렇지 못했다. 다른 주제에 대해서와 마찬가지로,

이에 대해서 역사가들은 메이틀런드의 금언을 명심하는 것이 좋을 것이다. "이제는 오래 전의 일이 되어 버린 과거의 사건들이 한때는 미래였음을 잊지 않고 기억하기란 매우 힘들다."

소련 지도자들에게서 나온 것으로 여겨졌던 계획 중 몇 가지는 자세히 살펴보면 그 근거가 무너지게 된다. 예를 들어 소련 지도자들이 히틀러로부터 결정적인 순간에 높은 가격 제안이 나오도록 하기 위해서 서유럽 국가들과의 협상을 질질 끌었다고 일반적으로 생각되고 있다. 그러나 소련과 서유럽 국가들 사이 외교 교섭 과정을 들여다보면 지연시킨 쪽은 서유럽이고 소련 정부는 거의 놀랄 만큼 신속하게 답변을 했던 것으로 나타난다. 영국인들이 4월 15일에 처음으로 소련을 떠보는 시험적인 제안을 했고, 이에 대응하는 소련의 제안이 이틀 뒤인 4월 17일에 나왔다. 영국인들이 5월 9일에 이에 대한 응답을 구상해낼 때까지 3주일이 걸린 반면, 소련인들이 지체한 것은 그 뒤 5일에 불과했다. 그 뒤 영국인들은 13일을 지체했고, 소련은 이번에도 5일 걸렸다. 영국인들은 또다시 13일을 소요했고, 소련 정부는 24시간 안에 응답했다. 그 후로 진행 속도가 빨라졌다. 영국인들이 5일 만에 다시 시도했고, 소련의 응답은 24시간 안에 나왔다. 영국인들은 다음에는 9일을 필요로 했고, 소련은 이틀이었다. 영국인들에게 닷새가 더 있어야 했고, 러시아인들은 하루였다. 영국 측에서 8일이 걸린 반면, 소련의 대답은 영국의 답을 받은 날 바로 나왔다. 영국에서 지연한 것이 6일이었던 반면, 소련의 대답은 그날로 나왔다. 이것으로 사실상 교섭이 끝났다. 만약 이러한 날짜들이 무엇인가를 의미한다면, 그것은 영국인들이 사태를 지연시키고 있었고 러시아인들은 종결짓기 원하고 있었다는 점이다. 영국인들이 무엇인가를 성취하기 위해서라기보다 여론은 무마하기 위해서 협상을 계속했기 때문에 건성으로 임했다고 하는 다른 증거가 있다. 앤서니 이든이 자신을 모스크바 특사로 파견해줄 것을 제안했으나, 체임벌린은 그의 제안을 거절했다. 다소 불분명한 목적으로(확실히 동맹 조약을 체결하려는 것은 아니었다) 모스크바에 파견된 외무성의 한 직원이 6월 21일에 본국에 보내는 서신에 다음과 같이 썼다. "저는 우리가 종국에는 무엇인가에 도달할 것이라고 감히 말합니다. 제가 '종국에는'이라고 한 것은 프랑스 대사 나지아르Paul-Émile Naggiar가 오늘 오후에 언급했던 바를 염두에 두고 말한 것입니다. 그는 아마도 자신의 나이가 정년에 이를 것이고 제가 모스크바를 떠나기 전에 퇴임하게 될 것이라 말했습니다."[13] 만약 그와 그의 상관들이 진정으로 소련과의 동맹을 평화와 전쟁 사이를 완전히 구분 짓는 중대한 일로 생각했다면, 관료라는 사람이 이렇게 무책임하게 서신을 쓸 수 있었을까?

이러한 협상 과정에 관련된 또 다른 풀기 힘든 의문점이 있다. 아무리 구시대의 비밀 외교가 어디서나 무너졌던 때였다고 해도 협상이 놀랄 정도로 전혀 비밀이 없이 행해졌다는 점이다. 제2차 세계대전 이전에 어느 정도 공식적인 교섭은 모두 대중에게 알려져야 하는 문제였다. 정말로 비밀이 요구될 때는 잘 알려져 있지 않고 교섭자가 아닐 것 같은 사절들을 이용해야 했다. 여전히 상세한 정보는 보통 금방 새어 나가지는 않았다. 그러나 영국-소련 협상에서는 정보가 상대방에 이르기 전에 종종 언론에 흘러가 있었다. 또한 언론이 알고 있지 않을 때는 독일인들이 이미 알고 있었다. 이러한 종류의 정보 유출을 정확하게 추적하기는 거의 불가능하다. 또한 이로부터 너무 많은 것을 추론하는 것은 경솔한 일이다. 별로 얻은 것도 없었겠지만, 언론이 정보를 끌어냈던 출처는 영국 측에게는 매우 곤혹스럽게도 소련 정부였던 것으로 보인다. 소련의 제안은 항상 즉시 공개되었다. 반면 영국의 제안은 모스크바에서 이야기되고 있을 때에 비로소 공개되었다. 다른 한편으로, 독일 외무성은 "믿을 만한 소식통"으로부터 정보를 받았다. 때로는 언론에 들어가기 전이었고, 종종 모스크바에 알려지기 전이었다. 따라서 이 믿을 만한 소식통은 영국 외무성 내의 누군가였음에 틀림없다. 지시에 따라 행동한 것이든 아니면 자신의 주도로 독일인들에게 누설했든 말이다. 이러한 사실들로부터 몇 가지 결론이 조심스럽게 추출될 수 있다. 소련 정부는 자기 나라 국민들에게 협상 과정을 알려주거나 국민들을 움직이는 데 많은 주의를 기울였을 리 없다. 소련의 여론은 뜻대로 조작될 수 있었기 때문이다. 따라서 정보 유출은 영국 여론을 겨냥한 것이었다. 아마도 영국 정부의 발을 묶으려는 의도였을 것이다. 이는 소련 정부가 정말로 동맹을 원했음을 나타내는 것이었을지도 모른다. 그들은 영국에서 좌파가 정권을 잡게 되는 정치적 대격변이 일어나기를 바라면서, 좀 더 정교한 정치적 게임을 하고 있었는지도 모르겠다. 그러나 이마저도 틀림없이 동맹을 확보하기 위해 바랐을 것이다. 반면 런던의 "믿을 만한 소식통"은 독일인들에게 위급을 알려 불안하게 하고 그리하여 영국-독일 간의 타협을 이끌어내려고 애썼음에 틀림없다. 만일 그가 정치적 의도를 가지고 있었다면 말이다. 물론 좀 더 단순한 설명들도 있을 수 있다. 이전의 경우에도 종종 그랬듯이, 러시아인들이 단지 자신들의 올바름을 보이고 싶어 했을 수도 있다. 또한 런던의 정보 제공자가 개인적인 이득을 얻으려는 동기에서 행동을 했을지도 모른다. 우리가 말해도 무방한 최대한도는 어느 한쪽에만 전적으로 잘못이 있지 않았다는 것이다.

이미 일어난 결과에 대해 잊어버리고 소련이 세계를 어떻게 바라보았는지 재구성해보면 그렇게 생각해보는 일이 보다 많은 도움이 될 것이다. 확실히 소련 정치가들은 외국의 모든 나라들을 강한 의심을 가지고 보았고, 자신들의 차례가 되었을 때에는 거리낌 없이 행동할 준비가 되어 있었다. 그들은 자신들이 처음으로 심각한 외교에 빠져 들어가 있음을, 절반쯤 자각해서, 알았다. 1918년 초에 트로츠키가 외무 인민 위원을 그만둔 이래 이제까지 대외 정책은 최상층보다는 2급의 공산당원들 — 처음에는 치체린Georgy Chicherin, 후에는 리트비노프였는데 둘 다 정치국Politburo의 일원이 아니었다 — 에게 맡겨져 있었다. 1939년 5월 3일, 몰로토프가 리트비노프의 자리를 이어받았다. 이것은 때때로 독일에 호의적인 결정으로 여겨지고 있으나, 그보다는 단지 대외 문제가 중요하다고 인식되었다고 함이 더 적절할 것 같다. 몰로토프는 소련에서 스탈린 바로 다음의 2인자였다. 그는 대외 문제에 접근할 때 먼저 의심을 해볼 뿐 아니라, 볼셰비키들이 내부에서 쟁론을 할 때 특히 두드러지게 나타나는 점인데, 언어 표현이 정확하도록 하는 그 잘 알려진 현학적인 주의를 기울였다. 그러나 그가 대외 문제를 심각하게 받아들였음에는 틀림이 없을 것이다. 또한 소련 정책의 근본 동기에 대해서도 크게 의심할 수 없을 것이다. 그것은 간섭받지 않고 떨어져 있고 싶은 욕구였다. 소련인들은 자신들의 허약함을 인식하고 있었고, 자본주의 국가들이 자신들에 대한 적대적인 연합을 맺을까 두려워했다. 또한 경제 발전을 계속 추진해나가기를 몹시 바랐다. 그들은 평화를 원한다는 점에서 영국 성부와 의선을 같이했다. 그러니 이렇게 평화가 유지될 수 있을지에 대해서는 견해가 달랐다. 그들은 히틀러가 양여를 얻음으로써 잠잠해질 수 있다고 믿지 않았고, 오로지 단합해 대립하는 것을 단호하게 보여 줌으로써 히틀러를 억제할 수 있다고 생각했다.

의견이 갈라진 데는 다른 이유들이 있었다. 그들은 히틀러와 달리 현상을 뒤엎으려는 불타는 열망이 없었지만 현상을 유지하려는 마음이나 열정 또한 없었다. 그리고 서유럽 국가들이 그들을 현상 유지를 위해 행동하는 데 끌어들이려 했던 일로 지금의 상태를 자신들이 얼마나 혐오하는지 처음으로 자각하게 되었다. 어떤 식으로든 그들은 행동하기를 꺼렸다. 그러나 만약 그들이 행동한다면 — 특히, 그들이 참전한다면 — 그것은 브레스트-리토프스크 조약과 리가 조약의 결정 사항들을 수호하려는 목적에서는 아닐 것이었다. 그들은 오로지, 영국과 동등한 지위를 가지고 동유럽에서 지배적인 강대국으로서 세계 정치에 복귀할 것이었다. 양측이 서로 상대방의 힘을 평가하는 데에서 차이가 더욱 심했다. 영국인들은 소련이 독일과 전쟁을 하면 완전히 패배하리라 생각했다. 따라서 그들은 독일과 자신들 사이의 전쟁을 막으려는 것만큼이나 거의 같은 정도로 독일과 소련 간의 전쟁을 방지하고자 했다. 러시아인들은 영국과 프랑스가 스스로의 방어 태세를 유지할 수 있을 것이고 따라서 서유럽에서 일어나는 전쟁은 모든 교전국을 서로 간에 피폐하게 할 것이라 생각했다. 그러므로 전면적 평화에 실패해도 그들은 영국인들과 달리 전쟁에 운명을 걸어볼 수 있었다. 영국인들은 만일 히틀러를 회유하는 데 실패한다면 히틀러에 대항해야만 할 것이었다. 러시아인들은 평화와 전쟁 두 가지 가운데 선택할 수 있었다. 그렇지 않다면 적어도 그들은 그렇게 생각했다. 또한 소련이 가진 선택의 자유는 좀 더 형식적인 방식으로도 존재했다. 영국인들은 폴란드와 동맹을 맺음으로써 자신들이 대항할 것을 약속했다. 반면 아직 구속받는 것이 없는 러시아인들은 이제 끌어들여져야만 했는데 — 소련으로부터 도움 받는 것을 깊이 생각해보기를 거부하는 폴란드의 고집은 말할 것도 없이 — 그들이 런던으로부터 받은 서의 없는 대접으로는 설득될 것 같지 않았다. 이러한 차이들을 줄줄 읊음으로써 협상이 앞으로 처하게 될 운명이 나타나 보인다. 하지만 아마도 양측 가운데 어느 편도 처음에는 이를 파악하지 못했을 것이다. 어쩌면 거의 끝장이 날 때까지도 알지 못했을 것이다. 러시아인들은 서유럽 국가들이 도움을 구하는 데 필사적이라고 생각했다. 사실상 그들은 그랬어야만 했다. 영국인들은 확신을 가지고 파시즘과 공산주의 사이의 이념적인 격차에 기대를 걸었고, 소련 정부를 어떠한 식으로든 승인을 해주어 그들의 비위를 맞출 수 있으리라 생각했다.

　의견이 갈리는 양상은 처음부터 고착되었다. 소련 정부는 독일의 프라하 점령 직후에 평화 애호국들의 회의를 제안했다. 영국인들은 "시기상조" — 그들이 특히 자주 사용하는 표현 — 라는 말로 이를 거절했다. 대신 그들은 위협을 받는다고 생각되는 국가들에게 두루 보장을 해주었다. 영국인들은 만약 결정권이 자신들에게 있었다면 이에 만족하게 되었을 것이다. 그러나 그들은 마음대로 할 수 없었다. 그들은 하원에서 공격을 받았다. 그들은 프랑스 정부가 소련과 상호 원조 조약을 맺으려 하고 있다는 소식에 더더욱 대경실색했다. 이는 영국인들이 폴란드에 보장을 해주어 버리는 식으로 행동한 데 대한 프랑스인들의 반발이었다. 영국인들은 마치 프랑스인들이 스스로의 의사와 정반대로 폴란드의 독립을 보장하도록 떠밀렸었던 것처럼 바로 자신들도 소련과 동맹을 맺도록 재촉 받는 위험한 지경에 처했다. 따라서 영국인들이 이러한 위험을 피하고자 한다면 스스로 주도하는 수밖에 없었다. 또한 소련과의 협상은 대체로 프랑스인들이 원하는 직접 동맹을 배제하는 쪽으로 계획되었다. 4월 15일, 영국 정부는 마지못해 모스크바와 접촉했다. 그들은 다음과 같이 선언할 것을 요청했다. 만일 러시아의 이웃 나라들 중 어느 한 나라라도 공격을 받는다면 "소련 정부의 원조가 제공될 수 있을 것이며, 만약 원조가 요망된다면, 가장 용이하다고 생각되는 방식으로 제공될 것이다". 여기에, 약간 달리 표현되었지만, 체코슬로바키아-소련 조약에 등장해 1938년에 소련 정책을 망쳐버린 것과 같은 일방적 원칙이 있었다. 그때 소련인들은 아무것도 하지 않았다는 비난을 아마도 기꺼이 받아들였을 것이다. 그러나 여섯 달 후 그들의 태도가 달라졌다.[14] 방역선이 무너졌으므로 그들은 자신들이 최전선에 있다고 생각했다. 그들은 폴란드를 지탱시키거나 히틀러에 대해 어떤 도덕적 시위를 하는 데 관심이 없었다. 그들은 히틀러가 러시아를 공격하는 경우 — 폴란드를 거쳐서이든 좀 더 직접적으로이든 — 에 대비해 서유럽 국가들로부터 명확하고 확고한 군사 지원을 확보하기 원했다.

4월 17일, 리트비노프가 이에 대응하는 제안을 내놓았다. 영국, 프랑스, 소련 사이에 기간을 5년 또는 10년으로 하는 상호 원조 조약이 있어야 한다는 것이었다. 그리고 나아가 "발트 해와 흑해 사이에 위치하고 소련에 접경하고 있는 동유럽 국가들에 대해, 이 나라들이 공격을 받는 경우, 군사적 성격의 원조를 포함한 모든 방식의 원조"를 조약이 규정해야 한다는 것이었다.[15] 영국인들의 눈에는 소련 정부가 먼저 요청 받지 않고도 폴란드를 원조하겠다고 제안하고 있음이 충분히 불순해 보였다. 발트 국가들을 원조한다는 제안은 더욱 불순했다. 영국인들은 러시아인들이 단지 "제국주의적" 야망에서 속임수를 쓰려 한다고 믿었고, 이러한 비난은 이후로도 종종 반복되어 왔다. 하지만 이 나라들에 대한 소련의 염려는 진심이었다. 러시아인들은 레닌그라드에 독일인들이 공격해 들어올까 두려워했다. 그런데 발트 해에서의 독일 해군력의 우세를 생각한다면, 이는 독일인들이 감행할 만한 모험이었다. 따라서 그들은 발트 국가들을 장악함으로써 육지에서 자신들의 군사적 지위를 강화하기를 바랐다. 또한 그들은 이 국가들이 궁지에 몰리게 되면 아마도 러시아보다 독일을 택하리라는 것을 잘 알고 있었기 때문에, 소련의 "원조"가 요청되지 않더라도 제공되어야 함을 규정하기를 원했다. 군소 국가들의 독립을 이렇게 무시해 버리는 것을 분명히 정당하지 못한 일이었으나, 이는 — 소련이 독일에 적대적인 노선을 지키고 있었다고 전제할 때 — 실제의 두려움에서 나온 것이었다. 영국은 이미 폴란드와 루마니아에 보장을 해주었다. 따라서 영국이 약속을 지킨다면, 만약 독일이 두 나라 중 한 나라를 거쳐 소련을 공격할 때 전쟁에 참가해야만 할 것이었다. 반면 발트 국가들에 대해서는 영국이 어떠한 약속도 하지 않았다. 서유럽 국가들이 중립을 지킬 경우 독일이 소련을 공격하기 위해 뚫고 들어올 구멍이 여기에 있었다. 소련의 제안에 대한 영국의 거부는 소련 통치자들로 하여금 자신들의 의심에 타당한 이유가 있다는 확신을 가지게 했다. 그들은 옳았다. 영국인들은 군소 국가들의 독립을 진정으로 존중했다. 실로 그들은 이러한 존중을 벨기에에 관해서까지 실행에 옮겼고, 이로써 영국인들 자신과 프랑스인들이

1940년 5월 전략적 실패의 대참사에 이르게 되었다. 그럼에도 불구하고 영국인들이 반대했던 주된 동기는 평화냐 전쟁이냐의 결정권을 소련인들의 손에 차마 맡기지 못하겠다는 것이었다. 폴란드인들이 결정권을 가질 수도 있었고, 발트 국가들이 가질 수도 있었다. 그러나 소련 정부는 절대로 안 되었다. "국왕 폐하의 정부는 한 유럽 소국의 보존을 위해서가 아니라 독일에 대항해 소련을 지원하기 위해서 전쟁에 끌려 들어갈지도 모른다. 이 문제에 관해 나라 안의 의견이 …… 아마도 여러 갈래로 갈라질지 모르겠다."[16] 이것이 바로 러시아인들이 염려했던 바였다. 영국인들이 발트 국가들의 독립을 지키려 하면 할수록 러시아인들이 이에 반대되는 압력을 가했다. 또한 러시아인들이 압박을 가하면 할수록 영국인들의 의혹이 커졌다. 이 문제에 대해 어떠한 합의에도 도달하지 못했고, 협상이 기술적으로 좌절된 것도 이 점에 관해서였다. 그것은 그 자체로 중요했다기보다는 양측의 근본적인 차이를 드러낸 것이었다. 영국인들은 다른 나라를 방어하여 전쟁을 치르지 않고 히틀러를 억제하는 조약을 원했으나, 러시아인들은 자신들을 지키는 동맹을 원했다.

영국인들은 리트비노프의 회신을 받은 후 두 주 동안 이곳저곳을 탐색하고 다녔다. 영국인들은 폴란드와 루마니아에 자신들이 소련과 어떤 합의를 하는 것을 이 두 나라가 허용해줄지 문의했다. 영국인들은 합의가 폴란드나 루마니아를 연관시키지 않는 한 어떤 합의이든 영국인들 좋을 대로 맺어도 좋다는 대답을 들었다. 영국인들은 또한 프랑스인들의 외교적인 재간을 불러내려 했다. 그러나 보네가 그들의 기대를 저버렸다. 그는 "한창 대화를 하다가" 소련 대사에게 프랑스가 상호 원조 조약을 선호한다고 발설해버렸던 것이다.

하지만, 영국인들은 더 나은 대의를 위해서였다면 가치가 있었을 그런 완강함으로 끈질기게 자신들의 입장을 고수했다. 5월 8일, 그들은 다음과 같이 제안했다. 폴란드와 루마니아에 대한 영국의 보장에 비추어볼 때, "소련 정부는, 영국과 프랑스가 이러한 의무를 이행하다가 전쟁에 말려들 경우에 소련 정부의 원조가, 요망된다면, 즉시 제공될 수 있고 또한 합의될 그러한 방식과 조건에 따라 제공될 것이라고 보증해주었으면 합니다". 여기에는 소련인들 마음대로가 아니라 영국인들에 의해 "요망된다면"이라는 마개를 연다고 하는 것과 같은 개념이 여전히 있었다. 이 제안을 받은 일이 몰로토프가 외무 인민위원으로서 처음 모습을 드러낸 것이었다. 상호 신뢰를 고취하는 기회는 아니었다. 몰로토프가 소련의 정책은 변화하지 않았다고 공언했음에도 불구하고, 분위기가 바뀌었다. 리트비노프의 상냥한 언급은 없었다. 큰 웃음이나, "베크" 및 다른 폴란드인들의 말에 대해 주변 사람들 들으라고 하는 유쾌한 혼잣말도 없었다. 대신에 숨도 못 쉴 정도로 캐묻는 질문이 있었다. 영국 대사는 "매우 괴로운 시간"을 보내야 했다. 5월 14일, 몰로토프가 공식적으로 영국의 제안을 거절했다. 그리고 "호혜"를 요구했다. 상호 원조 조약이 있어야 하고, 요망되든 아니든 모든 동유럽 국가들에 대한 보장이 있어야 하며, "원조의 형태와 범위에 대한 구체적인 합의의 체결"이 있어야 한다는 요구였다.

이번에 영국 정부는 절망해서 — 혹은 원칙에 따라 — 거의 두 손을 들었다. 그들이 왜 다시 해보기로 결심했는지는 분명하지 않다. 그들은 물론 여전히 하원에서 비판을 받고 있었다. 로이드 조지가 5월 19일에 다음과 같이 말했다. "여러 달 동안 우리는 우리 손 안에 들어온 이 힘센 말이 건강한지 살펴보기 위해 말의 입 안을 들여다보고 있었습니다. …… 왜 결심을 하지 않는 겁니까? 왜 시간 낭비 없이 결심하지 못하는 겁니까? 우리가 프랑스와 맺고 있는 것과 똑같은 조약을 러시아와 맺어야 한다는 것 말입니다."[17] 이러한 주장들은 그럴듯하게 들리기는 했지만 체임벌린이나 보수당 평의원들에게는 거의 영향을 주지 못했다. 오히려 반대였다. 프라하 점령에 따른 독일에 대한 분노가 풀리고 있었고, 이보다 더 오래된 소련에 대한 적의가 힘을 되찾고 있었다. 특히 허리를 굽히고 도움을 구하는 영국의 요청에 소련 통치자들이 감동받지 못하고 시큰둥했을 때 그랬다. 소련의 "고집"은 히틀러의 침략성을 가렸다. 반면에, 문제들은 그대로 있었다. 프랑스의 원한과 불만은 아마도 영국인들을 앞으로 나아가도록 하는 데 결정적인 요소였다. 프랑스인들은 폴란드에 대한 책임을 떠맡고 있었지만, 아직 영국인들이 주저해서 소련의 힘을 끌어들이지 못하고 있었다. 프랑스인들의 견지에서 볼 때 설상가상으로 폴란드인들이 동맹의 의무를 계속 확장하고 시의 적절하게 갱신하고자 노력하고 있었다. 그들은 영국인들이 이제까지 회피해온 단치히에 대한 명확한 약속을 프랑스인들에게서 얻어내려고 마음먹고 있었다. 또한 그들은 장기적으로 지속되는 동맹은 결국에는 군사 협정으로 강화되어야만 한다고 충분히 그럴듯하게 요구했다. 달라디에와 보네는 첫 번째 문제에 대해서는 양보하지 않았다. 그들은 영국인들보다도 훨씬 더 단치히가 독일 주권에 귀속되는 것이 더할 나위 없이 이치에 맞는 일이라 생각했다. 두 번째 문제에 대해서는 겉으로는 양보했다. 달라디에는 가믈랭에게 5월 19일까지는 충분히 끝내도록 군사 협정을 교섭하라고 지시했다. 이 협정은 기만적이었다. 협정은 오로지 정치적 합의가 이루어질 때만 작동하게 될 것이었다. 그런데 정치적 합의는 더 이상 진전되지 않았다. 독일의 폴란드 공격을 가정한 프랑스의 약속 자체도 불완전한 것이었다. 가믈랭은 만약 독일이 폴란드를 공격한다면 프랑스 병력의 "대부분"이 공세를 취할 것이라는 데 동의했다. 폴란드인들은 "대부분"이라는 말을 프랑스군 전체라는 뜻으로 — 즉 프랑스가 공격을 하겠다는 약속으로 — 받아들였다. 그러나 가믈랭은 때마침 마지노선에 있던 병력을 보내는 것으로 — 즉 국경에서의 군사 행동으로 — 생각하고 있었다. 최소한 그는 그렇다고 말하고 있다.

폴란드인들이 그렇게 쉽게 만족했다는 것은 이상한 일이다. 그러나 그들은 스스로에 대한 환상으로 가득 차 있어서 다른 사람들에게 쉽게 미혹되었다. 그렇지 않다면 아마도 본격적인 군사적 대립이 일어나리라고는 결코 예상하지 못했던 것이다. 그들은 마지막까지 자신들이 신경전에서 승리하리라 확신하고 있었다. 보네는 이리저리 빠져나가는 자신의 행동에 즐거워했고, 달라디에는 평소와 같이 자신이 행한 바에 수치스러워 참을 수 없어 했다. 바로 이때 할리팩스가 제네바로 가는 길에 파리에 도착했다. 그는 달라디에가 폴란드인들에게 화가 나서 떨어져 나가려는 것을 발견했다. 달라디에는 소련과의 직접적인 상호 원조 조약을 원했다. 독일이 폴란드나 루마니아의 협조나 묵인으로 러시아를 공격할 경우에도 영국과 프랑스가 전쟁으로 돌입하게 되는 것을 할리팩스가 반대했을 때, 달라디에는 다음과 같이 대답했다. "그러한 경우에 프랑스는 프랑스-소련 조약으로 인해 전쟁에 끌려 들어갈 것이고, 만일 그렇게 된다면 영국이 방관하는 것은 확실히 불가능할 것입니다."[18] 이것은 영국인들의 겨지에서 보면 유쾌한 전망이 아니었다. 그들이 가장 원치 않았던 일이 다시금 부활된 프랑스-소련 동맹에서 세 번째 당사자가 되는 것이었다. 이로부터 벗어날 수 있는 유일한 탈출구는 상호 원조 조약을 원칙적으로 수용하되, 그러고 나서 적용하는 데 제한을 가하는 것이었다. 영국 내각은 5월 24일에 이러한 방침으로 의견을 모았다.

모스크바와의 협상은 이제 그 성격이 변화했다. 이전에는 영국인들이 단독으로 협상을 했고, 프랑스인들은 무대 한쪽에서 조급하게 기다리고 있었다. 이제부터는 한도 끝도 없는 지체를 감수하고 각 단계마다 프랑스인들과 먼저 합의했다. 하지만 프랑스인들은 소련인들이 반대 의견을 제기할 때마다 거들었다. 영국인들은 한 가지를 양보하면 또 다른 것을 양보하도록 재촉 받았다. 그들은 매번 드러나게끔 거부감을 나타내면서도 소련이 표현하는 말 한마디 한마디를 거의 모두 곧이곧대로 들었다. 그러나 본질적인 점에 관해서 그들은 결코 움직이지 않았다. 그들은 침략이 일어났는지의 여부를 위협받는 국가가 아니라 소련이 결정짓게 하는 "간접 침략"의 정의定義를, 그것이 어떠한 것이든 거부했다. 즉, 발트 국가들이 자신의 의사에 반해 원조를 받을 수 없다는 것이었다. 표면상 이것은 군소 국가들의 독립을 옹호하는 것이었다. 그러나 더 심층에 실제적인 차이가 있었다. 즉 영국인들은 폴란드가 공격을 받으나 동시에 소련의 원조를 받는 데 동의할 때만 소련과 협력할 것이었다. 다른 경우에는 러시아인들이 홀로 싸워야 할 것이었다. 이렇게 견해가 맞지 않아 덜거덕거리고 좀처럼 타협점이 보이지 않는 협상이 5월 27일부터 7월 23일까지 두 달 동안 계속되었다. 아직 돌파구를 찾지 못해 교착 상태가 지속되고 있었다. 그때 몰로토프가 군사 회담을 진행해야 할 것이고 "간접 침략" 문제는 저절로 해결되기를 바라자고 제안함으로써 그 막다른 길을 우회했다. 프랑스인들은 제안에 기꺼이 응했다. 그들은 확고한 군사 협력을 대가로 받을 수 있다면 언제든지 소련의 정치적 조건들을 받아들일 준비가 되어 있었다. 영국인들은 항변을 하며 다시 한 번 마지못해 굴복했다. 그러나 본질적인 문제에 대해서는 양보하지 않았다. 실제로 군사회담이 진행되면서 "그들은 자신들이 항상 제일의 중요성을 두는 한 가지 점에 관해서는 보다 더 강경한 태도를 취할 수도 있다고 생각했다".[19] 이러한 더욱 강경한 노선은 불필요한 것으로 드러났다. 정치적 문제에 관한 협상이 중단되었고 결코 진지하게 재개되지 않았다. 그토록 어렵사리 만들어낸 조약 초안도 결코 조인되지 못할 운명에 처했다. 영국군과 프랑스군의 파견단은 서두르지 않고 천천히 합류했고, 그러고 나서 역시 천천히 바닷길로 레닌그라드로 향했다. 그들이 열차로 독일을 통과하는 것이 가능하지 않다고 생각되었고, 또한 비행편을 전혀 이용할 수 없었던 기이한 우연이 마련되었다. 영국인들은 마치 자신들에게 시간이 한도 끝도 없이 많이 있는 것처럼 행동했다. 군의 파견단이 모스크바에 이를 때에는 최후의 위기가 그들 앞에 다가와 있었다.

이러한 끝이 없는 협상에 어떤 의미나 현실성이 있었을까? 그렇지 않다고 생각하는 쪽으로 마음이 기운다. 분명히 그러한 협상 과정은 서로 간의 의심을 극도로 증폭시켰다. 7월 말에 이르기까지 러시아인들은 영국인들과 프랑스인들이 스스로는 중립을 유지한 채 자신들을 독일과의 전쟁으로 꾀어 들이려 노력하고 있다고 틀림없이 확신하게 되었다. 매우 이상하게도 영국인들은, 자신들 측에서 모스크바와 베를린 사이의 거래를 염려하지 않았다. 영국인들은 두 나라 사이의 이념 장벽이 너무 높아 극복될 수 없을 것이라고 계속해서 생각했다. 소련 통치자들이 더 이상 진정한 공산주의자들이 아니라 해도, 히틀러는 스스로 견지해온 반공산주의를 내세우는 데 결코 약해지지 않을 것이라 여겨졌다. 할리팩스는 "현재로서는, 중요한 시기인 다음 몇 주일 동안 곧바로 실패할 것 같은 위험은 없다"라고 7월 28일에 모스크바로 전문을 보냈다. 이렇듯 앞을 내다보지 못한 것이 용서될 수 있을까? 영국인들은 러시아인들이 영국인들 자신을 의심했던 것처럼 러시아가 독일과 거래할 것이라고 의심했어야 했을까? 그 문제에 관해서 러시아인들의 의심이 정당화되는 것일까? 이보다 더 많은 논쟁이 덧붙여지거나 사후事後의 판단으로 인해 이보다 더 크게 혼란될 수 있는 질문은 결코 없다. 독일의 기록이 공간되었을 때, 증거는 영국과 소련이 모두 독일과 계속 접촉했던 것으로 나타났고, 따라서 서로의 부정직함에 대한 비난이 충분히 근거가 있었음을 신나게 외쳐 대는 소리가 양측에서 터져 나왔다. 하지만 그 증거는 그것을 바탕으로 상세히 엮어낸 설명들을 거의 확증해주지 않는다. 진지했는지 모르겠으나 접근을 먼저 시작한 것은 독일인들이었다. 영국 대표들과 러시아 대표들은 거의 자신들 앞에 제안되는 바를 꼼꼼하게 듣고 있는 정도였다. 사실 어느 편도 상대편에 자신들이 공동의 목적을 저버리도록 꼬임을 당하고 있다는 경고를 하지 않았다. 또한 아마도 그들은 스스로의 행동으로 인해 불평할 어떤 근거도 가질 수 없었을 것이다. 그렇지만 그들이 독일과 가졌던 대화는 보다 확실하게 하기 위한 재보험과 같은 것이었고 그들 외교의 주된 노선이 아니었다.

　이러한 점은 분명히 소련 측에서 두드러졌다. 소련 정권의 자문 역할을 하는 사람들 — 이전에 러시아-독일의 왕성한 교역을 이루었던 사람들, "삼국 협상의 범죄자들"과 연합하는 것을 혐오하던 교조주의적 마르크스주의자들, 아시아에만 주의를 기울이며 유럽에 등을 돌리려고 하던 구파 러시아 사람들 — 에게는 "친독일적" 요소가 항상 있었던 것으로 보인다. 이 사람들은 러시아-독일 관계의 개선에 대한 조짐에 민감했고, 또한 언제라도 스스로 그러한 암시를 흘릴 수 있기도 했다. 그들이 크렘린으로부터 지령을 기다렸던 것 같지는 않고, 또한 그들이 무심코 언급한 것들이 소련의 정책에 대해 말해주고 있는 바도 거의 없다. 일어난 사건들이 아마도 더 많은 것을 보여줄 것 같다. 매우 이상하게도 영국, 프랑스와의 협상 동안에 단한 번도 언급된 것이 없었지만, 극동은 러시아인들에게 대단히 중요했음에 틀림없는 요인이었다. 이것은 장래에 대한 가설적인 문제가 아니었다. 극동은 그 당시에도 활활 타오르고 있었다. 1939년 여름에 만주국과 외몽고 사이의 국경에서 소련군과 일본군이 충돌했다. 이것은 8월에 일본인들이 노몬한에서 패배할 때까지, 약 만 팔천 명의 사상자를 낸 전면전으로 확대되었다. 영국인들이 유럽에 눈을 돌리느라 톈진에서 일본인들에게서 받은 굴욕을 순순히 수용했을 때, 그 일이 소련 정부에 유쾌했을 리가 없다. 그리고 독일과 일본 간의 협상에 진전이 없다는 사실은, 만약 그들이 알았다면 틀림없이 기쁜 소식이었을 것이다. 소련은 유럽에서 정복이 아니라 안보를 추구했다. 따라서 소련이 독일과 거래를 맺어 좀 더 일찍 안보를 추구하지 않았던 것이 이상한 일이다. 이에 대한 설명은 표면상 소련 정치가들이 독일의 힘을 두려워했고 히틀러를 불신했다는 데 있다. 서유럽 국가들과의 동맹이 도움을 별로 원하지 않는 폴란드를 원조해야 하는 늘어난 의무뿐 아니라 확대된 안보를 소련에게 가져오는 한에서 서유럽 국가들과 동맹을 맺는 것이 더 안전한 노선으로 보였다. 반대 사실에 대한 직접적인 증거가 없으므로 — 확실히 소련의 정책에 대해 그러한 어떤 증거도 없으므로 — 우리는 소련 정부가 서유럽 국가들과의 동맹이 불가능하다고 판명되었을 때에서야 독일 쪽으로 돌아섰다고 추측해도 무방할 것 같다.

이는 소련과의 관계 개선을 주장하는 독일 사람들 또한 가지고 있던 견해였다. 그들 역시 구파의 사람들 — 비스마르크의 후계자라고 생각되는 사람들과 라팔로 체제에서 일했던 장성들 및 외교관들 — 이었다. 그들은 자신들이 호기를 기다릴 수 있을 뿐임을 인식했다. 더욱이 그들은 자신들 측에서 조심스럽게 처신해야 했다. 히틀러는 1934년에 사실상 러시아와의 관계를 단절했다. 그리고 이후로 아무도 감히 히틀러의 반코민테른 입장을 공개적으로 문제 삼을 수 없었다. 대신 "친러시아파"는 소련과의 교역이 관심을 가질 만하다는 것을 보이려고 애썼다. 이는 뮌헨협정이 있은 후 소련이 서방에 대한 착각으로부터 벗어나던 시기에 어느 정도 되살아났다. 그러나 프라하 침공 후 다시 쇠했다. 소련과 독일의 교역을 담당했던 전문가들은 여전히 협력하기를 원했고, 여전히 때때로 만나고 있었다. 확실히 양측은 각자 자신들의 통치자의 분노를 일으키지 않기 위해 상대방에게 선제 행동을 미루었다. 최초의 진지한 움직임이 5월 말이 되어서야 나왔다. 그것도 확실히 독일 측으로부터였다. 모스크바 주재 대사 슐렌부르크와 외무 차관 바이츠제커Ernst von Weizsäcker는 둘 다 예전의 라팔로 노선을 그리워했고, 둘 다 큼지막한 "정치적 제안"을 하기를 원했다. 5월 26일에 독일 외무성이 다음과 같이 협정의 내용을 정했다. 독일은 러시아와 일본 사이에서 중재를 할 것이며, 또한 폴란드에 관해서 "러시아의 이해에 대해 최대한의 고려를 할 것이다".[20] 그러나 초안은 즉각 무효화되었다. 아마도 어떠한 접근도 "타타르 인 Tartar의 떠들썩한 웃음소리를 맞게 될 것이라는 히틀러 자신의 지시에 따라 이루어졌을 것이다.

긴 침묵이 뒤따랐다. 6월 29일, 슐렌부르크가 직접 접근을 시도했다. 그러나 그는 몰로토프에게서 소련을 독일을 포함해 모든 국가들과 좋은 관계를 맺기 원한다는 다짐 외에는 아무것도 얻지 못했고, 그리고 나서 리벤트로프에게서 충분한 말을 들은 것이라는 언질을 들었다. 그러나 두 나라 간의 무역 회담이 재개되었다. 그리고 7월이 끝나갈 무렵 리벤트로프는 정치적인 주제들을 다시 제기하기 위해 이러한 회담들을 구실로 삼았다. 8월 2일에 그가 소련 대리 대사에게 말했다. "발트 해에서 흑해까지 우리 두 나라 사이에 풀지 못할 문제는 없습니다."[21] 다음 날 슐렌부르크는 몰로토프가 "평소와 달리 유별나게 열린 자세를 취하며" 또한 기꺼이 경제 협력을 하려는 것을 발견했다. 그러나 정치적인 문제에서 몰로토프는 어느 때만큼이나 완강했다. 그가 불평하기를, 독일이 일본에게 도움을 주고 있고 폴란드 문제의 평화적 해결은 독일에 달려 있는데, "태도가 변화했다는 증거가 아직 불충분하다"는 것이었다. 슐렌부르크는 다음과 같이 요약해서 적고 있다.

> 제가 받은 전체적인 인상은, 소련 정부는 현재 영국과 프랑스가 소련의 모든 희망 사항을 충족시킨다면 그들과 협정을 체결하려고 결심하고 있다는 것입니다. …… 소련 정부의 방침이 빈데 방향으로 뒤집히도록 하

기 위해서 우리 측의 상당한 노력이 필요할 것입니다.[22]

이 일에 관련되지 않고 제3자의 입장에서 관찰한 어떤 이도 슐렌부르크보다 소련 정책에 대해 더 잘 판단한 사람이 없었다. 그리고 8월 4일에 그는 여전히 소련의 정책이 서유럽 국가들과의 동맹에 설정되어 있다고 생각했다. 물론 히틀러가 스탈린과의 개인적인 통로로 이미 모든 것을 조정했을 수도 있다. 이러한 일은 지금까지도 밝혀지지 않았다. 그러나 만약 증거가 무엇인가를 의미한다면, 소련과 독일의 화해는 오랜 기간 계획되었던 것이 결코 아니라 소련 측에서 몹시 빨리 급조해낸 것이었고, 이는 독일 측에서도 거의 마찬가지였다.

영국의 "유화 정책" 역시 주로 즉흥적으로 만들어졌다. 상당히 많은 양보를 해서라도 히틀러와 평화적 해결을 이룬다는 것이 언제나 영국 정책의 공언된 목표였다는 차이가 있었지만 말이다. 그러나 이러한 목표를 추구하기 위해 영국 정치가들은 소련과의 동맹을 확보하거나 폴란드인들로 하여금 단치히에 대해 타협하도록 설득함으로써 협상에서의 지위가 올라갈 때까지 기다렸다. 7월 말에 이르기까지 두 가지 중 아무것도 이루어지지 않았다. 이에 따라 체임벌린과 할리팩스는 대중 연설에서 자신들의 정책을 전파하는 것 외에는 어떠한 조치도 취하지 않았다. 히틀러 역시 러시아와 폴란드에 관련해 영국인들의 희망이 충족될 수 없을 것이라는 기대 하에 기다렸다. 그러고 나면 그는 역시 좀 더 좋은 조건에서 협상할 수 있을 것이었다. 3월 말부터 8월 중반까지 사실상 영국-독일 간의 공식적인 외교 교섭이 없었다. 헨더슨은 히틀러는 고사하고 리벤트로프도 만난 적이 없었다. 또한 몇 번 되지 않는 바이츠제커와의 대화도 진전이 없었다. 바이츠제커가 감히 대화를 계속하지 못했기 때문이다. 리벤트로프는 거의 극복할 수 없는 장애물을 가져다 놓았다. 외상이 되기 전 런던 주재 대사였던 그는 영국-독일 간의 화해를 달성하겠다는 엄청난 호언장담을 늘어놓았었다. 그는 그렇게 하지 못했고, 이제 자신이 실패한 곳에서 성공한 사람이 나와서는 안 된다고 굳게 생각하고 있었다. 후임자 디르크센Herbert von Dirksen은 아무 훈령도 받지 못했고, 그의 보고서는 실제적으로 비난을 받지는 않았어도 무시되었다. 리벤트로프는 지치지도 않고 히틀러에게 영국인들은 화해를 통해 양보하는 것이 아니라 오로지 위협에 굴복할 것이라고 말했다. 이 점이 히틀러의 마음에 들었고, 그는 히틀러의 신뢰를 얻었다.

이러한 생각들이 고위 나치당원들 사이에서 보편적으로 선호된 것은 아니었다. 괴링은 폭언도 서슴지 않는 무뢰한이었지만 가능하기만 하다면 전쟁을 피하기를 원했다. 그는 제1차 세계대전에서 큰 영예를 얻었고, 이제 만년의 로마 황제가 누렸던 화려한 삶을 살고 있었으며, 전쟁을 두려워하는 독일 장성들의 대변자로 행동하고 싶어 했다. 또한 아마도, 독일 경제를 총지휘한다고 생각되는 인물로서, 독일이 전면전에 대응할 준비가 되어 있지 않음을 파악하고 있었을 것이다. 소련과 영국 두 나라에 대한 독일의 접근은 경제 전문가들에 의해 시작되었다. 이는 제2차 세계대전이 경제적 원인을 가지고 있지 않다는 두드러진 증거다. 영국인들을 향한 괴링의 첫 번째 접근은 스웨덴의 사업가들을 통해 이루어졌다. 그들은 괴링이 스웨덴에 망명해 있는 동안 알게 된 사람들이었다. 그리고 영국의 사업가들도 기꺼이 응했다. 이 중개사들은 깊은 물에 발을 들여놓게 되었다. 그들은 각각 자신들 측에서 타협의 의사를 과장했다. 아마추어들이 외교 업무에 손을 대 볼 때 그런 일이 종종 일어난다. 그럼에도 불구하고, 일단 히틀러가 이후로 평화를 추구할 자세를 보이기만 하면 독일의 희망 사항을 충족하는 데 거의 어려움이 없을 것이라는 할리팩스의 마지못한 응답이 영국의 입장을 매우 명확하게 나타냈다. 이는 할리팩스가 오래전 1937년 11월에 말했던 바와 거의 같았고, 또한 양측의 근본적 갈등을 나타내는 것이었다. 양측 모두 그럴듯한 이유가 있었다. 영국인들은, 히틀러가 매번 거래가 있은 후에도 위협을 증가시켜 나가기만 한다면 그에게 양여를 해주는 것 — 정말 큰 위험이 따르는 일이다 — 은 의미가 없다고 주장할 수 있었다. 히틀러는 자신이 위협을 시작한 때라야 할리팩스가 말했던 "온당한" 양여를 받았다고, 같은 정도로 정당하게 대꾸할 수 있었다. 오스트리아, 체코슬로바키아, 그리고 단치히의 경우가 이를 입증했다. 양측이 이론적으로 간절히 원했던 "평화적인 변경"은 용어상 모순이었다. 변경은 전쟁을 피하는 방법으로 제시되었으나, 그것은 오직 전쟁을 더 가까이 다가오게 하는 방법으로만 성취될 수 있었다.

비공식적인 스웨덴 중개자들은, 그들 중 한 사람이었던 달레루스Birger Dahlerus가 최후의 위기 때 계속해서 큰 역할을 했지만, 노력에 비해 별로 보여줄 것이 없었다. 괴링의 경제 분야에서 주요한 대리인 중 한 사람이었던 볼타트Helmut Wohltat는 협상을 좀 더 실제적인 수준에 이르게 했다. 볼타트는 발칸 국가들에 대한 독일의 경제적 지배를 확립한 중요한 인물이었다. 그는 독일에 원자재가 필요하고 자본이 부족하다는 이야기를 꺼낼 준비가 언제든지 되어 있었다. 그리고 이러한 이야기는 전쟁의 경제적 원인에 관한 당대의 교의를 받아들이는 많은 영국 사람들의 관점에 딱 들어맞았다. 볼타트는 7월 18일에서 21일 사이에 런던에 있었고, 이때 호리스 윌슨 경과 해외 무역 장관 허드슨Robert Spear Hudson, 1st Viscount Hudson을 만났다. 두 명의 영국인들은 만약 독일이 공격적인 태도를 버리고 영국과 협정을 맺는다면 보상이 기다리고 있음을 강조했다. 허드슨은 독일이 군축의 어려움을 이겨 내도록 하기 위해 영국이 엄청난 양 — 어느 보고에 따르면 십억 파운드 — 의 대부를 해줄 것이라는 전망을 볼타트에게 제시해 그의 눈앞에 어른거리게 했다. 그는 "동원이 이루어져 대립하고 있는 유럽에서의 단치히 문제와 군축이 이루어지고 경제 협력에 몰입하게 된 유럽에서의 단치히 문제는 별개의 일이다"라고 덧붙였다.[23] 윌슨은 다우닝가 10번지 총리 관저의 주소가 인쇄된 편지지에 메모를 작성했다. 그런데 별로 놀랄 일도 아니지만 메모는 영국 기록에서 사라졌다. 메모는 영국-독일 불가침 및 불간섭 조약, 군축 협정, 그리고 해외 무역에서의 협력을 제안했다. 이러한 종류의 조약이 "영국을 폴란드에 대한 구속에서 벗어날 수 있게 할 것"이었다.[24] 윌슨은 대외 문제에 관해 무지했다고 이야기되고 있다. 그리고 아무도 윌슨이 정치적으로 윗사람에 대해 신의를 지키지 않았다고 비난한 적이 없었으므로, 따라서 이러한 제안이 체임벌린이 알지 못하거나 승인하지 않고 만들어졌다고는 생각할 수 없다. 이 또한 놀랄 일이 아니다. 제안은 체임벌린이 항상 희망해왔던 영국-독일 간의 협력 계획을 나타냈다. 그러나 윌슨조차도 먼저 충족되어야만 하는 조건이 있다는 점을 명확히 했다. 독일-폴란드 사이에 놓여 있는 문제들이 평화적인 협상을 통해 해결되어야 했다.

영국 성부가 독일이 회유 징책에 띠끼옴으로써 언게 될 부상을 계속 강조해온 것에 대해서는 용서받을 수 있을 것이다. 그들의 진짜 잘못은 다른 데 있었다. 곧, 히틀러가 반대 방향을 따라갈 경우에 대한 자신들의 단호한 결의를 확실히 보여주지 못한 데 있었던 것이다. 체임벌린과 할리팩스의 연설들은 별반 무게를 갖지 못했다. 히틀러는 지난해에도 비슷한 언급을 들었고, 결국 그 결과가 어디에 이르렀는지 알고 있었다. 뿐만 아니라 그는 결실을 보지 못하고 길어지고 있던 소련과의 협상에도 별로 개의치 않았다. 즉각적으로 동맹이 체결된다면 그가 흔들릴 수도 있을 터였지만, 석 달 동안의 승강이는 단지 그의 자신감만 키워 놓았다. 네빌 헨더슨이 베를린에 머물러 있었다. 그리고 폴란드인들에 대한 그의 적대감이 오로지 고국으로 보내는 사신私信에만 표현되었다고 믿기 어렵다. 좀 더 현명한 조언자들이 부족한 것도 아니었다. 7월 초에 독일 국방성의 폰 슈베린 von Schwerin 백작이 영국에 와 있었다. 그는 솔직하게 말했다. "히틀러는 무슨 말을 하는지에 대해서는 전혀 주의를 기울이지 않습니다. 그는 오직 행동에 관심을 가질 뿐입니다." 영국인들은 발트 해에서 해군 시위를 벌여야 할 것이고, 처칠을 내각에 들여야 하며, 공습 부대를 프랑스에 보내야 할 것이었다.[25] 이 조언은 무시되었다. 인간은 아무리 말을 달리한다 할지라도 그 본성이 변할 수 없다. 영국 정치가들은 단호함과 회유 사이에서 균형을 찾으려고 노력했다. 그러나 그때의 그들로서는 어쩔 수 없이 잘못된 지점을 잡을 수밖에 없었다.

볼타트와 윌슨 사이의 대화는 체임벌린의 시각을 그대로 보여주었다. 그러나 그 대화는 독일에 심각한 영향을 주지 못했다. 괴링은 그로 인해 마음이 움직였을지 모른다. 그러나 리벤트로프는 그러한 대화가 벌어지도록 내버려 두었다고 디르크센을 질책하기만

했고, 히틀러는 그 대화에 대해 전혀 들은 것 같지 않다. 허드슨과 볼타트 사이의 대화는 중요성은 덜 했지만 더 큰 소란을 불러 일으켰다. 언론에 새나갔던 것이다. 분명히 영국 측으로부터였다.[26] 누설의 목적은 알려지지 않고 있다. 어쩌면 단순히 허드슨 측이 떠벌리기 좋아해서였을 수도 있고, 아니면 소련과의 협상을 망치기 위한 계획된 시도 — 또한 정부 측에 그렇게 하기를 바라는 사람들이 많이 있었다 — 였을 수도 있다. 폭로는 하원의 질의로 이어졌다. 그리고 체임벌린은 이에 답변하면서 독일에 저항하겠다는 자신의 결의를 이미 그랬지만 그보다도 훨씬 더 설득력이 떨어지게 만들었다. 일이 일어났을 당시 소련 정부는 이러한 이야기를 무시했다. 그러나 후에 그들은 자신들이 히틀러와 거래했음을 변명하는 좋은 구실로 이를 확대시켰다. 영국인들과 러시아인들 양측 모두 독일의 접근에 호의적인 태도로 귀를 기울였다. 또한 7월 말까지는 두 나라 중 영국인들이 좀 더 공감하는 태도로 귀를 기울였다. 그러나 영국인들의 러시아인들과의 동맹 협상은 독일의 유혹으로 좌절된 것이 아니라, 합의를 보는 데 실패해 좌절된 것이었다. 양측은 합의를 원했으나 서로가 같은 내용을 말하는 합의가 아니었다. 영국인들은 자신들이 좀 더 유리한 조건에서 히틀러와 협정을 맺을 수 있도록 해주는 도덕적인 선전을 할 수 있기를 원했고, 러시아인들은 상호 원조를 위한 명확하게 규정된 군사 동맹을 원했다. 이것은 히틀러를 억제하거나 아니면 히틀러의 패배를 보증할 것이었다. 영국인들은 폴란드를 염려했고, 러시아인들은 스스로를 염려했다. 독일의 러시아 침입은, 유럽의 균형을 독일에 유리한 쪽으로 옮겨 놓는 것일 뿐 아니라, 러시아인들에게 악몽이었다. 그들은 동맹국을 찾았으나, 자신들이 아직 소유하고 있는 그리힌 행동의 자유를 상실하는 것만을 제안 받았을 뿐이다.

영국과 소련 사이에 어떤 협정이 체결된다고 해서 상황이 바뀔 수 있었을까? 무릇 동맹이란 이해를 같이하는 실제 공동체를 말로 표현하는 것일 때 맺을 만한 가치가 있는 법이다. 그렇지 않으면 동맹은, 프랑스가 맺은 동맹들이 그랬듯이 혼란이나 재앙으로 이어질 뿐이다. 1939년의 상황에서, 영국인들이 독일에 대항해 소련에 유리한 쪽으로, 돌이킬 수 없이 그리고 결정적으로, 자신의 입장을 결정 지어 버린다는 것은 생각할 수 없는 일이었다. 또한 러시아인들이 현상을 지키는 데 스스로를 얽맨다는 것도 마찬가지로 상상할 수 없는 일이었다. 종국에는 영국과 소련이 동맹국이 되었으나, 정책과 신념으로부터 그런 것은 아니었다. 히틀러가 그들이 동맹을 맺을 수밖에 없도록 만들었을 뿐이다. 1941년에 이를 때쯤 히틀러는 인내심이라는 오랫동안 지녀온 재능을 상실했다. 그는 자신이 처음 목표로 한 것을 성취하기도 전에 두 번째 목표에 달려들었다. 그러나 1939년에 그는 아직은 참고 기다리는 기술의 명수였다. 졸개에 불과한 독일인들은 불안함에 굴복해 모스크바나 런던에 탐색을 시도했을 수도 있다. 하지만 히틀러는 침묵하고 있었다. 영국-소련 협상은 독일의 제안으로 인해 방해 받은 것이 아니었다. 협상은 당사자인 영국과 소련 양측 사이에서 제안이 나오지 않아 막힌 것이었다. 협상은 신경전의 와중에 신중하게 검토된 조치로서 시작되었다. 히틀러의 결심을 흔들어놓기 위해 계획되었던 것이다. 그러나 오히려 그의 결심을 강하게 만들어놓았다. 히틀러는 협상이 실패하리라는 쪽에 걸었다. 또 한 번 제대로 걸었다. 그는 자신이 알고 있는 지식이나 합리적 정보에 의존하지 않고 늘 그러하듯이 육감에 자신을 맡겼다. 그리고 이는 그를 실망시키지 않았다. 신경전은 그의 주특기였다. 그리고 1939년 8월이 왔을 때, 그는 이 전쟁에서 또 한 번의 승리를 거둔 것처럼 보였다. 영국-소련 동맹이 제2차 세계대전을 막을 수 있었을지 추측해보는 것은 무의미하다. 그러나 이러한 동맹을 달성하지 못한 것은 대전이 일어나는 데 많은 부분 기여했다.

11장

단치히를 위한
전쟁

무심코 했던 한 마디가 장성들에게 했던 어떤 거창한 말보다도
히틀러의 정책을 더 잘 드러내 주고 있다. 8월 29일, 괴링이 타협을
간절히 원하며 말했다. "이렇게 가진 것 전부를 거는 것을 이제
그만두어야 할 때입니다." 히틀러가 대답했다. "내가 처음으로 단 한 번
콜을 하는 것이오." 폴란드인들 가운데 같은 종류의 정치적 도박꾼들을
만난 것이 히틀러의 불운이었다.

A casual phrase reveals more of Hitler's policy than all the
grandiloquent talk to generals. On 29 August, Goering, anxious
for a compromise, said: "It is time to stop this va banque". Hitler
replied; "It is the only call I ever make".

제2차 세계대전으로 이어지게 된 1939년 8월의 위기는 적어도 외관상으로는 단치히를 놓고 벌어진 다툼이었다. 이 분쟁은 3월의 마지막 며칠 동안에 형성되었다. 독일이 단치히와 회랑에 관한 요구를 했고, 폴란드가 이를 거부했다. 그때부터 모든 사람들이 단치히가 다음 국제 분쟁의 엄청난 주제가 되리라 예상했다. 그러나 이전의 위기들과 반대로 이상하게도 단치히에 대해서는 협상이 없었고 해결책을 모색하려는 노력도 없었다. 심지어 긴장을 한층 고조시키려는 시도조차 없었다. 이러한 전혀 어울리지 않는 고요함은 부분적으로는 단치히의 지역적 상황에 기인했다. 독일과 폴란드는 모두 자신들이 움직이지 않는 한 상대의 공격에 견딜 수 있는 견고한 위치를 점하고 있었다. 하지만 어느 한쪽이 한 걸음이라도 옮기면 걷잡을 수 없는 사태에 휘말리기 시작할 것이었다. 그러므로 체코슬로바키아 위기 때에 두드러졌던 군사 기동이나 협상은 하나도 없었다. 체코슬로바키아 위기 때 주데텐의 나치당원들은 앞서 오스트리아인들의 경우와 마찬가지로 히틀러에게서 지시를 받지 않고도 점차로 긴장은 조성했다. 반면 단치히에서는 긴장이 이미 완전히 조성된 상태였다. 그리고 히틀러는, 무슨 일이라도 했다면, 지역 나치당원들을 제지했다. 그들은 이미 내부적으로는 단치히를 획득했다. 자유시 의회는 확고하게 그들의 통제 하에 있었다. 그러나 히틀러는 이러한 상황을 이용하지 못했다. 만약 단치히의 나치당원들이 독일에 합병되는 데 찬성하는 투표를 함으로써 조약의 결정 사항에 공공연하게 도전한다면, 폴란드인들은 서유럽 동맹국들의 승인을 얻어 마음대로 간섭할 수 있을 것이었다. 그리고 이러한 간섭은 효과적일 것이었다. 단치히는 교량이 없는 비수아 강으로 인해, 유일하게 이웃하고 있는 독일 영토인 동프로이센과 단절되어 있었다. 반면 폴란드인들은 단치히로 향하는 세 개의 철로와 일곱 개의 도로를 자신들의 통제 하에 두고 있었다. 오로지 본격적인 전쟁이 가능할 뿐, 독일인들이 단치히에 도움을 주는 둥 마는 둥 하는 것은 불가능했다. 그리고 히틀러는 8월 말에 오로지 군사적 준비가 충분히 완성되었을 때 그러한 전쟁을 기꺼이 수행할 것이었다.

그때까지 단치히는 폴란드의 손 안에 있었다. 그러나 폴란드인들 역시 자신들에게 유리하게 상황을 바꿔 놓지 못했다. 그들은 영국, 프랑스와 동맹을 맺고 있었지만 단치히 자체에 대한 확고한 지원 약속을 얻어내지 못했다. 사실 그들은 두 동맹국이 독일의 입장에 공감하고 있음을 알고 있었다. 그래서 행동을 자제하면서 폴란드의 독립에 대한 "명백한 위협"이 있기를 기다리는 방법으로 동맹국들의 호의를 잃지 않을 수 있었다. 그들은 행동을 할 수밖에 없는 것처럼 보여야만 했다. 그러나 단치히에서의 상황은 결코 그렇지 못했다. 비슷한 상황 하에서, 이전에 히틀러의 적대자였던 슈슈니크와 베네슈는 위협을 받는 위기 상황을 비켜가게 하는 타협을 끊임없이 생각해 내며 필사적으로 빠져나갈 길을 찾았다. 폴란드인들은 동요하지 않고 다가오는 위기를 맞았다. 그들은, 히틀러가 침략자로 드러나게 될 것이고 그러면 정당하다고 여겨지는 단치히에 대한 원한이 잊히게 될 것이라 확신했다. 그들은 나치의 도발에 대응하지 않을 것이었다. 그러나 양여를 해주라는 서유럽 국가들의 호소를 같은 정도로 무시했다.

단치히 문제에서 더 나아가 국가의 대정책이라는 좀 더 광범한 영역에서도 히틀러와 폴란드인들은 한 발짝도 움직이지 않고 자리를 지키면서 신경전을 벌이고 있었다. 3월 26일 이후 전쟁 발발 전날까지 히틀러는 단치히에 대한 요구를 다시 만들어 내놓지 않았다. 이는 놀라운 일이 아니다. 평소 그가 하던 방식이었다. 그는 그렇게 오스트리아에 대해 슈슈니크에게서 제안이 나오기를 기다렸었고, 또한 체코슬로바키아에 대해 베네슈에게서, 체임벌린에게서, 그리고 마지막으로 뮌헨 회의의 제안을 기다렸었다. 그때 그는 아무런 성과 없이 기다린 것이 아니었다. 그러던 그가 이번에는 폴란드인들로부터 어떠한 제안도 나오지 않으리라 판단했을까? 기록으로 보면 그렇게 보인다. 4월 3일, 그는 폴란드에 대한 공격 준비가 "1939년 9월 1일로부터 언제든지 작전이 수행될 수 있도록 그렇게 이루어져야 한다"고 지시를 내렸다.[1] 그러나 한 주 후 내려진 추후 지시는 이러한 준비가 순전히 예방적인 것이라고 해명한다. "폴란드가 자신의 정책을 바꾸고 …… 독일에 대해 위협을 가하는 태도를 취하기라도 한다면"[2]이라고 되어 있다. 그러나 5월 23일에 그는 장군들을 모아 놓은 자리에서는 보다 거리낌 없이 말했다. "전쟁이 있을 것이오.

우리의 할 일은 폴란드를 고립시키고 …… 서유럽 국가들과 동시에 패를 보이는 일이 있어서는 안 되오."[3] 이 말은 매우 분명하게 들린다. 그러나 히틀러의 실제 계획은 그렇게 쉽게 간파되지 않는다. 그는 1938년에 체코슬로바키아에 대한 전쟁에 대해서 말했던 것만큼 자신 있게 말했다. 그러나 그때는 거의 확실히 신경전에서 승리를 얻고자 승부를 걸었다. 이제 또한 그가 전쟁을 통해 승리하려고 마음먹었든 외교를 통해 승리하려고 마음먹었든 전쟁 준비를 해야 했다. 히틀러가 장성들에게 말했을 때, 그는 자신의 생각이 어떻게 맞아 들어갈지 밝히려는 것이 아니라 일부러 효과를 노리고 말했다. 그는 장군들이 자신을 싫어하고 불신한다는 것을 알고 있었고, 그들 중 몇몇이 1938년 9월에 자신을 타도하려 했다는 것도 알고 있었다. 아마도 그는 장군들이 영국과 프랑스 대사관에 계속해서 경보를 보내고 있음을 알고 있었을 것이다. 그는 장군들에게 감명을 주고 싶어 했고, 동시에 그들을 겁주길 원했다. 따라서 5월 23일에 그는 아마도 자신이 진지하게 계획했을 폴란드에 대한 전쟁뿐 아니라, 확실히 자신의 계획에 포함되지 않은 서유럽 국가들에 대한 대규모 전쟁에 대해서도 말했을 것이다. 히틀러의 계산이 맞아떨어졌다. 5월 23일의 회의가 끝나자마자 괴링 이하의 장군들은 서유럽 국가들에게 아직 시간이 있을 때 폴란드가 분별력을 찾도록 해달라고 간청했다.

이후 히틀러의 행동은 그가 5월 23일에 보여주었던 것만큼 단호하게 결심하지 못했음을 암시한다. 바로 마지막 순간까지 그는 결코 나오지 않았던 폴란드의 제안을 바라며 마구 두들겨댔다. 아마도 그는 폴란드인들의 기세가 저절로 꺾일 것이라고 예상하지 않았던 것 같다. 그러나 그는 서유럽 국가들이 1938년에 베네슈의 용기를 확실하게 꺾어주었듯이 자신을 위해 폴란드인들에게도 그리 해주리라 기대했다. 그는 정확히 서유럽 국가들의 결의가 어떻게 무너질지 또는 이것이 폴란드인들에게 정확히 어떤 효과를 갖게 될지 예견하지 못했다. 하지만 좀 더 전반적인 점 — 서유럽의 결의가 무너지는 것 — 에 대해 결코 의심하지 않았다. 여름이 지나감에 따라 이러한 일이 어떻게 일어날지 그가 예견하기 시작했음을 알려주는 일들도 있다. 그의 생각에, 영국-프랑스-소련 협상의 좌절은 일이 잘 풀리는 것이었다. 협상이 실패로 돌아갈 것이라는 히틀러의 확신은 이렇게 전례가 없던 일에서도 또한 특별한 점이었다. 어떻게 그렇게 확신할 수 있었을까? 히틀러는 왜 러시아에 접근하려고 별로 노력하지 않았고, 그러면서도 러시아인들이 스스로 자신의 편으로 넘어올 것이라고 단언했을까? 역사가들이 결코 추적할 수 없는, 정보를 얻어내는 비밀 수단 — 영국의 화이트홀이나 러시아의 크렘린에 배치된 요원, 혹시 스탈린과 직접 연결되는 통신선 — 을 갖고 있었을까, 심오한 사회적 분석이었을까? 부르주아 정치가들과 공산주의자들이 서로 화해의 조건을 찾아내지 못하리라는 그의 인식 말이다. 어쩌면 그럴지 모르지만, 우리는 알 방법이 없다. 아마도 자신의 육감이 틀림없이 맞을 것이라는 도박꾼의 변함없는 확신일 따름이었을지도 모른다. 그렇지 않다면, 결국 그는 승부를 걸지 않을 것이었다. 무심코 했던 한 마디가 장성들에게 했던 어떤 거창한 말보다도 히틀러의 정책을 더 잘 드러내 주고 있다. 8월 29일, 괴링이 타협을 간절히 원하며 말했다. "이렇게 가진 것 전부를 거는 것va banque을 이제 그만두어야 할 때입니다." 히틀러가 대답했다. "내가 처음으로 단 한 번 콜을 하는 것이오."[4]

폴란드인들 가운데 같은 종류의 정치적 도박꾼들을 만난 것이 히틀러의 불운이었다(또한 그 혼자만의 불운이 아니었다). 가진 것 전부를 걸은 것은 그들이 유일한 콜을 한 것일 뿐 아니라, 마냥 그들이 독립적인 강대국의 허상뿐인 지위를 유지하고자 한다면 부를 수 있는 유일한 콜이었다. 제정신을 가진 정치가들이라면, 폴란드를 위협하는 위험들과 자신들이 가진 수단의 불충분함을 숙고할 때 무조건 굴복했을 것이다. 강력하고 침략적인 독일이 한쪽에 있고, 잠재적 적국 소련이 다른 한쪽에 있었다. 그리고 저기 멀리에, 히틀러와 타협을 맺으려 안달하며 지리적으로도 효과적인 지원을 해주는 것이 불가능한, 별로 열의가 없는 두 동맹국들이 있었다. 폴란드인들은 별로 가진 것도 없지만 자신들이 소유한 자원에 의존할 수밖에 없었다. 그러나 그들은 자원을 효과적으로 개발하지 못했다. 입대할 나이에 있는 남자들 중 절반이 안 되는 수만 군사 훈련을 받았고, 그보다 훨씬 적은 수만 무장할 수 있었다. 일 년 전, 폴란드인구의 삼분의 일을 많이 넘지 않는 체코슬로바키아는 규모가 더 크고 훈련된 병력이 있었다. 체코인들은 게다가 현대적인 무기로 무장되어 있었다. 이러한 현대적인 무기들 중에 폴란드인들이 가진 것은 사실상 아무것도 없었다. 제일선에 배치된 약 250여 대의 구식 항공기와 역시 최신식이 아닌 전차 대대 하나가 있을 뿐이었다. 이러한 상황 하에서 폴란드인들이 히틀러의 위협을 허세라고 물리치는 것 말고 무엇을 할 수 있었을까? 어떠한 조치라도 취한다면 그것은 양보를 포함할 수밖에 없음이 명백했다. 그러므로 그들은 아무것도 하지 않았다. 결국 꼼짝 않고 가만히 있는 것이 현상 유지를 원하는 나라라면 어느 나라에게나 최선의 정책이다. 어쩌면 유일한 정책인지도 모르겠다. 물론 폴란드의 서유럽 동맹국들이 폴란드가 외교적으로 움직이지 못한 또 다른 이유였다. 만일 폴란드인들이 협상의 문을 일단 연다면, 영국과 프랑스가 단치히를 포기할 것이 명백했다. 그러므로 계속해서 문을 닫아 놓아야 했다. "뮌헨"이 긴 그늘을 드리워놓았다. 히틀러는 다시 한 번 뮌헨과 같은 일이 일어나기를 기다렸고, 베크는 베네슈의 운명을 본보기로 삼았다.

독일과 폴란드는 한 발짝도 움직이지 않고 자리를 지키고 있었다. 영국과 프랑스는 물론 이탈리아까지 서유럽 삼국은 자신들의 위치가 매우 가변적이라는 정반대의 이유에서 단치히 문제를 제기하기를 회피했다. 세 국가 모두 단치히를 놓고 전쟁을 할 만한 가치가 없다고 확신했고, 폴란드의 교역을 위한 보호 수단을 채택하면서 단치히가 독일로 돌아가야 한다는 데 동의했다. 그러나 세 나라 모두 폴란드가 싸움도 해보지 않고 굴복하지는 않을 것이고 히틀러도 좀 더 평화로운 순간이 올 때까지 단치히 문제를 미루려 하지는 않을 것이라 생각했다. 이탈리아는 강철 동맹으로 독일에 구속되었고, 영국과 프랑스는 폴란드에 구속되었다. 이 세 나라 중 어느 나라도 단치히를 놓고 싸움을 하기를 바라지 않았다. 대항하고 있는 두 주역 중 어느 한 나라도 양보하려 하지 않았던 반면에 말이다. 따라서 유일한 길은 단치히 문제를 없는 일로 생각하고 또한 다른 사람들 역시 무시하기를 바라는 것이었다. 서유럽 삼국은 단치히 문제가 사라지기를 온 힘을 다해 빌었다.

내가 층계를 오르고 있었을 때
나는 그곳에 없는 흰 남자를 만났네.

그는 오늘 다시 거기에 없고,

나는 그가 가버렸기를 바란다네.

이것이 1939년 여름 유럽 외교의 정신이었다. 단치히는 거기에 없었다. 그리고 만약 모든 국가들이 정말 간절히 원한다면 사라질 수도 있었다.

8월이 다가오고 있었을 때 단치히가 사라지지 않았음이 명백해졌다. 지역 나치당원들이 폴란드인들에 대한 도발의 수위를 높였고, 폴란드인들은 정면으로 맞서서 단호하게 대응했다. 독일군의 움직임에 대한 소문이 더욱 거세지고 있었다. 이번에는 소문에 충분한 근거가 있었다. 예상되기를, 히틀러가 곧 행동을 할 것이었다. 그러나 어떻게 행동할 것인가? 그리고, 훨씬 더 중요한 물음인데, 언제 행동할 것인가? 이는 체코 위기와 폴란드 위기 두 번 모두에 매우 중요한 물음이었다. 각각의 경우에 서유럽 국가들은 히틀러가 뉘른베르크 나치당 대회 때 대중 앞에서 위기를 터뜨릴 것이라 생각했다. 이 가정은 빗나갔다. 그러나 체코 위기 때는 시기를 앞당겨 생각해 빗나갔고, 폴란드 위기 때는 시기를 늦게 잡아 틀렸다. 1938년 당 대회는 9월 12일에 개최되었고, 히틀러의 군사 계획은 10월 1일이 되어야 실행되는 것으로 정해져 있었다. 그러므로 "유화 정책"이 효과를 나타낼 수 있는, 생각지 못한 2주일이 있었다. 1939년 당 대회는 9월 첫째 주로 잡혀 있었다. 이번에 히틀러는 미리 성공을 거두려고 결심했다. "평화 대회Rally of Peace"에서 그는 승리를 준비하는 것이 아니라 승리를 발표할 것이었다. 아무도 독일의 군사 계획이 9월 1일에 정해져 있었다는 것을 추측할 수 없었을 것이다. 이후의 대부분의 저술가들이 반대로 주장함에도 불구하고 날짜는— 일 년 전에 10월 1일로 잡혔듯이 — 합리적인 근거나 기상상의 이유 혹은 그 이외의 이유에서 선택된 것이 아니었다. 그런 날짜들이 대개 그렇듯, 달력에 핀 하나를 꽂았고, 그래서 그 날이 돌아온 것이다. 어쨌거나 협상할 수 있는 시간적 여유가 짧았다. 서유럽 국가들의 외교적 계획이 불발한 것은 부분적으로는 그들이 생각했던 것보다 시간이 1주일가량 줄어들었기 때문이다.

8월 초, 서유럽 국가들은 아직 구체화되지 않은 자신들과 소련과의 관계가 히틀러를 억제하리라는 희망에서 여전히 주춤하고 있었다. 다른 나라들은 확신이 덜했다. 히틀러의 의도를 가늠해보고자 베르히테스가덴으로 방문객의 행렬이 이어졌다. 아마도 이렇게 탐색하는 사람들을 맞으며 히틀러는 처음으로 자신의 의도가 무엇인지 판단하게 되었을 것이다. 헝가리인들이 앞장섰다. 7월 24일에 헝가리 수상 텔레키Pál Teleki가 히틀러에게 서신 두 통을 적어 보냈다. 그중 하나에서 그는 "전면적인 분쟁이 일어날 경우 헝가리는 자신의 정책을 추축의 정책과 일치시키겠다"고 약속했다. 그러나 다른 편지에서는, "헝가리는 도덕적 이유에서 폴란드에 대해 무력 행동을 취할 수 없는 입장에 있다"고 썼다.[5] 8월 8일 헝가리 외상 차키Istvàn Csáky는 베르히테스가덴에서 매몰찬 답변을 받았다. 히틀러는 헝가리의 도움을 원하지 않았다. 그러나 "폴란드는 우리에게 어떠한 군사적 문제도 일으키지 않고 있소. …… 폴란드가 마지막 순간까지 계속 사리분별을 잘 하리라고 기대될 것이오. …… 그렇지 않으면 폴란드군은 물론 폴란드 국가 또한 파괴될 것이오. …… 프랑스와 영국은 우리가 이렇게 하는 것을 막을 수 없을 것이오." 자기는 말을 디듬었고, 번명했으며, "불행하게도 명백히 잘못 이해되었습니다"[6]라고 하면서 텔레키의 편지를 도로 거두어 들였다.

사흘이 지나 이번에는 국제연맹의 단치히 주재 고등 판무관 부르크하르트Carl Burckhardt의 차례였다. 히틀러는 다시 호전적으로 나왔다. "나는 기계화된 군대를 모두 동원해 번개 같이 급습할 것이오. 이러한 일을 폴란드인들이 상상도 못할 것이오." 그러나 또한 회유의 제스처를 보여주었다. "만약 폴란드인들이 단치히를 절대적으로 평온하게 내버려 둔다면 …… 그러면 나는 기다릴 수 있소." 그는 자신이 무엇을 기다릴 것인지 분명히 했다. 그는 아직 자신이 3월 26일에 요구했던 조건 — "불행하게도 그것은 폴란드인들에 의해 확실히 배제되고 있소"라고 말했던 조건 — 에 만족할 수 있었다. 그러고는 좀 더 일반적으로 "나는 서유럽으로부터 원하는 것이 아무것도 없소. …… 하지만 동유럽에서 자유롭게 행동할 수 있어야만 하겠소. …… 나는 영국과 평화롭게 지내기를 원하고, 완전한 조약을 체결하기를 희망하며, 또한 전 세계에 있는 영국인들의 모든 소유를 보장하기를, 그리고 협력하기를 바라오"[7]라고 말했다. 차키와 부르크하르트 이 두 사람과 말할 때 두 번 다 일부러 효과를 노리고 — 한 번은 호전적으로, 다음번에는 회유적인 태도로 — 명확하게 말했다. 지난해의 전술과 똑같았다. 그런데 지금이라고 왜 아니겠는가? 만일 그가 평화를 이야기한 것이 연극이었다면, 전쟁 이야기 역시 마찬가지였다. 어떠한 것이 실제가 될 것인가는 앞으로 일어날 사태에 달려 있지 미리 내려진 히틀러의 결심에 달려 있지 않았다.

8월 12일에 좀 더 주목할 만한 방문객이 모습을 나타냈다. 이탈리아 외상 치아노였다. 이탈리아인들은 전쟁이 저 멀리 있는 것처럼 보이는 한에서 싸울 의지로 충만해 있었다. 그러나 전쟁이 다가온다는 소문이 무성해지자 점점 걱정이 되었다. 이탈리아는 에스파냐에 오랫동안 간섭해 지쳐 있었다. 아마도 에스파냐 내전이 가져온 유일하게 중요한 결과일 것이다. 이탈리아의 금 보유고와 원자재가 바닥이 났고, 현대식 무기로의 재무장이 거의 시작되지 못했다. 이탈리아는 1942년이 되어야 전쟁을 치를 준비가 될 것이었다. 이조차도 "다소 먼 장래에"라는 뜻일 뿐인, 머릿속에만 있는 가상의 시한이었다. 7월 7일에 무솔리니가 영국 대사에게 다음과 같이 말했다. "체임벌린에게 만약 영국이 단치히 문제를 놓고 폴란드 편에서 싸운다면, 이탈리아는 독일 편에서 싸울 것이라고 말해주시오."[8] 2주일 후그는 방향을 바꿔 돌아섰고, 히틀러에게 브레너에서 회담을 갖자고요청했다. 그는 전쟁을 피해야만 한다고, 또한 히틀러가 원하는 모든것을 국제회의에서 얻을 수 있을 것이라고 주장할 생각이었다. 독일인들은 처음에는 회담을 거부했으나, 나중에는 오로지 다가올 폴란드 공격을 논의하기 위해 회담이 이루어져야 한다고 말했다. 아마도무솔리니는 자신이 히틀러에게 맞설 수 있는 능력이 있음을 믿지 않았던 것 같다. 어쨌거나 그는 치아노를 대신 보내기로 결심했다. 무솔리니의 지시는 명확했다. "우리는 폴란드와의 분쟁을 피해야만 한다. 왜냐하면 분쟁을 국지화하기가 불가능할 것이기 때문이다. 그리고 전면전은 모두에게 비참한 결과를 가져올 것이다."[9] 치아노는 8월12일에 히틀러를 만났을 때 단호한 태도로 주저하지 않고 말했다. 그러나 그의 말은 깨끗이 무시되었다. 히틀러는 8월 말까지 완전히 만족할 만한 결과를 얻지 못하면 폴란드를 공격할 생각이라고 공표했다. "그는 서유럽 민주주의 국가들이 ⋯ 전면전을 기피할 것이라고 절대적으로 확신했다." 모든 작전은 10월 15일까지 종료될 것이었다. 이것은 이전에 히틀러가 진술한 어떤 말보다도 정확했다. 하지만 아직 의심해볼 점이 남아 있다. 그는 자신이 이탈리아인들에게 말하는 모든 내용이 서유럽 국가들에 전해지리라는 것을 알고 있었다. 따라서 무솔리니에게 자신의 진짜 계획을 밝히려 한 것이 아니라 서유럽 국가들의 용기를 꺾어 놓는 것을 염두에 두고 있었다.

기묘한 작은 일화 하나가 이 실제 계획이 무엇이었는지 보여준다. 치아노가 히틀러에게 말하고 있을 때 "총통은 모스크바에서 온 전보를 건네받고 있었다". 치아노는 거기에 무슨 내용이 있는지 듣게 되었다. "정치적인 문제를 협상할 사람을 독일이 모스크바로 파견하는 것에 러시아인들이 동의했다"라는 것이었다. 치아노에 따르면 "러시아인들이 우호 조약을 교섭할 독일의 전권 대사를 파견해줄 것을 요청했다".[10] 이제까지 독일 문서고에서 그러한 전보가 발견되지 않았다. 그리고 존재했을 리도 없다. 러시아인들은 8월 12일이 아니라 8월 19일에야 독일 측 협상자 파견에 동의했기 때문이다.[11] 물론 스탈린이 마음속으로 결심하기 일주일 전에 어떤 알려지지 않은 비밀 수단을 통해 그 결심을 히틀러에게 통지했을 수도 있다. 그러나 이는 증거가 결여된 비현실적인 가정이다. 전보가 지어낸 것이었다고 하는 것이 훨씬 더 개연성이 있다. 치아노에게 강한 인상을 주고 그의 의심을 잠재우려는 의도로 말이다. 하지만, 날조되었음에도 불구하고 근거가 없는 것은 아니었다. 물론 근거는 히틀러의 "육감" — 일어나기 원하는 일은 일어날 것이라는 — 이었다. 미래를 내다보는 그의 투시력은 이제까지 한 번도 기대를 저버린 적이 없었다. 이번에 그는 거기에 모든 것을 걸고 있었다. 영국-프랑스-소련 협상이 실패로 돌아갈 것이고 그러고 나면 서유럽 국가들 역시 무너져 내릴 것이라고 미리 확신하면서 말이다.

8월 12일에 영국-프랑스-소련 협상은 아직 좌절되지 않았다. 협상은 실제로 재개되고 있었다. 영국과 프랑스의 군사 대표단이 마침내 모스크바에 도착했다. 프랑스인들은 달라디에로부터 가능한 한 신속하게 군사 협정을 이루어내라는 훈령을 받았다. 반면 영국인들은 정치적 합의에 도달할 때까지 "매우 천천히 진행하라"는 지시를 받았다(정치적 합의를 위한 논의는 7월 27일에 중단되어 군사 협정을 교섭하고 있을 때까지도 그러한 상태로 있었음에도 불구하고 말이다). "많은 문제들에 관한 합의가 달성되려면 몇 달이 걸릴 지도 모른다"[12]는 것이었다. 영국 정부는 사실 소련과의 실제적인 군사 협력에 관심이 없었다. 그들은 단지 벽에다 붉은색 도깨비를 그리고 싶어 했다. 이것이 히틀러를 계속해서 잠잠하게 유지시킬 수 있으리라는 희망에서였다. 그러나 회담이 시작되었을 때, 영국 대표들은 곧 자신들이 프랑스인들과 소련 측 수석 대표인 보로실로프에 의해 심각한 논의로 들어가기를 재촉 받고 있음을 알았다. 영국과 프랑스의 전쟁 계획이 상세하게 기술되었고, 두 나라의 자원이 어느 정도 대체로 목록으로 만들어졌다. 8월 14일, 소련의 차례가 왔다. 보로실로프가 질문했다. "붉은 군대가 적과 마주하기 위해 북부 폴란드를 통과해 …… 그리고 갈리치아를 거쳐 이동할 수 있겠습니까? 소련 군대가 루마니아 영토를 건너는 것이 허용될 수 있겠습니까?"[13] 결정적인 질문이었다. 영국인들과 프랑스인들은 대답하지 못했다. 회담은 막다른 골목에 다다랐다. 8월 17일에 회담이 연기되었고, 결코 진지하게 재개되지 못했다.

러시아인들은 왜 이 질문을 그렇게 비켜주지 않고 완격하게 그리고 난데없이 불쑥 했을까? 단지 히틀러와 협상을 하고 있는 데 대한 핑계거리를 갖기 위해서였을까? 어쩌면 그럴 수도 있을 것이다. 하지만 그 질문은 제기되어야 하고 또 답변을 받아야 하는 실제적인 질문이었다. 폴란드와 루마니아는 1938년에 소련의 어떠한 행동에 대해서도 넘을 수 없는 장애물들을 가져다 놓았다. 만약 소련이 동등한 협력자로서 행동하려고 한다면, 이 장애물들이 극복되어야 했다. 오직 서유럽 국가들만이 이 장애물들을 밀쳐낼 수 있었다. 질문은 원칙에 관한 오랜 논쟁을 새로운 형태로 제기한 것이었다. 서유럽 국가들은 소련을 이용하기 편리한 보조 수단으로 원했고, 러시아인들은 주역으로 인정받아야 한다고 결심하고 있었다. 이제까지 덜 부각되어 왔지만 전략적 관점에도 차이가 있었다. 영국과 프랑스는 아직도 제1차 세계대전 동안 경험했던 서부 전선의 견지에서 생각하고 있었다. 따라서 그들은 방어 태세의 효력을 지나치게 강조했다. 군사 대표단은, 만약 독일이 서쪽에서 심지어 네덜란드와 벨기에를 통해 "조만간 공격한다면 이 전선이 고착될 것이다"라는 말을 들어 왔다. 동쪽에서는 폴란드와 루마니아가 독일의 전진 속도를 줄일 것이었다. 또한 러시아의 지원으로 그들은 독일의 전진을 완전히 저지할 수도 있을 것이었다.[14] 어쨌거나 붉은 군대는 전쟁이 시작되고 나서도 방어선을 구축하는 데 충분한 시간이 있을 것이었다. 그 후 모두는 봉쇄의 압력으로 독일이 붕괴할 때까지 안전하게 지켜질 것이었다. 이러한 견해를 지니면서 서유럽 국가들은 폴란드를 통과해 전진하겠다는 러시아의 요구에서 정치적 술책만을 보았다. 그들의 생각에는, 러시아인들이 폴란드에 모욕을 안겨 주거나 혹은 어쩌면 폴란드의 정치적 독립을 파괴하기를 원하는 것처럼 보였다.

어느 누구도 러시아인들이 그런 음모를 가지고 있었는지 말할 수 없다. 그러나 러시아인들은 자신들의 요구를 자신들 안에서 충분히 설명할 수 있는 상이한 전략 개념을 가지고 있었음이 분명하다. 러시아인들은 지난번 세계대전이 아니라 내전과 간섭 전쟁의 경험으로부터 출발했다. 이때에는 기병의 공격이 어디서나 승리를 거두었다. 더욱이 공산주의자로서 그들은 자연히 타락한 자본주의 서유럽에서 견지되는 것보다 과격하고 혁명적인 전략 교리를 선호했다. 러시아인들은, 이제 기계화된 형태의 기병의 공격이 어떠한 저항도 뚫을 수 있다고 믿었다. 아니 더 정확히 말해서, 그러한 공격에 대항할 수 있는 것은 전선의 다른 어딘가에서 그와 유사한 공격을 펼치는 것뿐이라고 믿었다. 전쟁이 일어날 경우에 기갑 부대를 독일에 투입하는 것이 그들의 계획이었다. 독일이 다른 어느 곳으로 공격해 들어오든지 말이다. 이것이 1941년에도 여전히 그들의 계획이었고, 그들이 계획을 실행에 옮기지 못했던 것은 오로지 그들이 준비를 갖추기 전에 히틀러가 공격해왔다는 사실 때문이다. 그들의 교리는 사실 잘못되었다. 서유럽의 교리보다 더 잘못되지는 않았지만 말이다. 그리고 1941년 히틀러의 기습은 회복될 수 없었을지도 모르는 재난으로부터 그들을 구했다. 이러한 이후의 경험은 1939년의 외교와 관련이 없다. 그때 러시아인들은 폴란드를 통과하게 해달라고 요구했다. 잘못 생각한 것이기는 했지만 그들은 이것이 전쟁에 이기는 유일한 길이라 믿었기 때문이다. 정치적 목적이 또한 있었을 수도 있다. 하지만 그것은 진정한 군사적 필요에 종속되었다.

영국과 프랑스 정부는 이러한 소련의 계산을 제대로 평가하지 않았다. 그러나 그들은, 질문이 제기되었기 때문에 답갑지 않더라도 답변해야 한다는 것을 깨달았다. 두 나라 모두 별로 기대를 걸지 않았지만 바르샤바로 향했다. 영국인들은 여전히 "히틀러가 전쟁을 벌이지 못하도록 소련과 합의를 이루는 일이 고려될 것"이라는 정치적 주장을 내세웠다. 달리 말해 만약 협상이 실패로 돌아간다면, "러시아가 독일과 노획물을 나누게 되거나 …… 아니면 전쟁이 끝났을 때 가장 큰 위협이 될 것"이라는 것이었다.[15] 베크도 마찬가지로 정치적인 대답을 했다. 그는 러시아 군대가 폴란드를 통과하도록 하는 협정은 히틀러를 억제하기는커녕 "독일 측의 즉각적인 전쟁 선포로 이어질 것"이라고 말했다.[16] 이러한 정치적 주장들은 둘 다 일리가 있었다. 그러나 둘 다 군사적 상황에 부적합했다. 프랑스인들은 좀 더 실제적인 견지에서 생각했다. 오로지 그들은 붉은 군대를 히틀러와의 싸움에 관련시키고자 했고, 이것이 폴란드를 희생해서 되는 것인지는 신경 쓰지 않았다. 그들은 고립무원의 처지에서 만일 러시아의 협력을 대가로 얻을 수 있다면 기꺼이 폴란드를 짐짝 던지듯 버릴 셈이었다. 런던은 어떠한 식으로든 그렇게 위협하는 것을 금했다. 따라서 프랑스인들은 여전히 설득을 시도해야 했다. 보네는 자신이 탈출구를 발견했다고 생각했다. 러시아인들은 전쟁이 시작되기 전에 폴란드인들과 군사적 협력을 위한 협정을 맺어야 한다고 주장했고, 반면에 폴란드인들은 전쟁이 이미 시작된 때라야 소련의 원조를 받아들일 것이었다. 그러므로 보네는 러시아인들에게는 아직 평화로 보이지만 폴란드인들에게는 전쟁으로 보이는 때가 왔다고 주장했다. 작전은 실패했다. "우리가 조인하도록 요구받는 것은 또 한 번의 폴란드 분할이다"라고 하며 베크가 고집을 부렸다. 8월 21일에 이르자 프랑스인들은 인내심을 잃어버렸다. 그들은 폴란드인들이 싫든 좋든 어쩔 수 없이 따라오게 할 수 있기를 바라며 폴란드의 거부를 무시하고 앞으로 나아가기로 결심했다. 모스크바로 파견된 군사 대표단의 수석 대표 두망크Joseph Aimé Doumenc는 러시아인들의 질문에 대해 "원칙적으로 긍정적인 대답"을 주라는 훈령을 받았다. 또한 그는 프랑스 정부가 최종 승인을 한다는 가정 하에 공동의 이익에 가장 잘 기여하는 협정을, 그것이 어떠한 것이든 협상하고 조인하도록 되어 있었다. 영국인들은 이러한 행동에 이의를 제기하지 않았지만 연루되기를 거부했다.

어쨌거나, 소련과 동맹을 맺을 가능성은, 그럴 가능성이 있었다면, 이제 사라졌다. 8월 14일, 보로실로프가 운명을 결정짓는 질문을 제기한 지 몇 시간 후에, 리벤트로프가 모스크바 주재 대사 슐렌부르크에게 초안 형태의 전문을 작성해 보냈다. "독일과 러시아 사이에 이해의 실제적인 충돌이 전혀 존재하지 않습니다. …… 발트 해와 흑해 사이에 양측이 완전한 만족에 이르기까지 풀지 못할 어떠한 문제도 없습니다." 리벤트로프가 모스크바로 올 준비가 되어 있었다. 모스크바에서 "독일-소련 관계의 최종 해결을 위한 기초를 놓기 위해서였다".[17] 이 전문은 독일-소련 관계에서 최초의 실질적 진전이었다. 그때까지는 관계가 정체되어 있었다. 뒷날 서유럽 저술가들이 그리도 중요하다고 생각했던, 하급자들 간의 논의는 단지 상대방의 의중을 탐색하는 데 불과했다. 라팔로의 친분이 사라진 데 대한 유감으로 깊이 들어가지 못하고 있었다. 이제 마침내 히틀러가 먼저 행동을 하고 있었다. 왜 정확히 이 순간이었을까? 고도의 정치적 기술이었을까? 영국-프랑스-소련 군사 회담이 시작된 지 이틀 만에 교착 상태에 이르게 되리라 꿰뚫어볼 수 있는 예지력이 있었을까? 보로실로프의 문제 제기와 리벤트로프의 접근이 동시에 일어났던 것이 스탈린과 히틀러 사이에 미리 은밀하게 조정된 일이었을까? 크렘린에 있는 어느 알려지지 않은 요원이 히틀러에게 바로 적당한 순간이 왔음을 말해주었을까? 아니면 순전히 우연의 일치였을까? 히틀러는 8월 12일에 치아노에게 모스크바의 초청을 거짓으로 자랑했을 때, 소련과 조약을 맺음으로써 영국과 프랑스의 결의를 무너뜨리겠다는 계획을 처음으로 입 밖에 내놓았고, 그렇게 함으로써 이탈리아인들의 불안을 잠재웠다. 어쩌면 히틀러가 허세를 부려야 할 순간에 머리를 짜내 이 전략을 생각해냈을 따름인지 모른다. 결국 그는 언제나 대담무쌍하게 즉각적으로 행동해버리는 사람이었다. 그는 번개 같이 신속하게 결정을 내렸으며, 그러고 나서 이를 장기 정책의 결과로 내놓았다. 리벤트로프는 8월 13일까지 베르히테스가덴에 머물렀다가, 8월 14일에 베를린으로 돌아갔다. 따라서 이날은 모스크바로 전보가 발송될 수 있는 첫날이었다. 아마도 우연이었다고 하는 것이 맞는 답일 것 같다. 그렇지만 이것은 우리가 결코 풀 수 없을 그러한 문제 중 하나다.

8월 15일에 슐렌부르크가 리벤트로프의 메시지를 전했다. 몰로토프는 재촉받기를 거부했다. 그는 전언은 "매우 관심 있게" 들었지만, 협상에는 얼마간 시간이 걸릴 것이라 생각했다. 그는 "독일 정부는 소련과 불가침조약을 맺는다는 생각에 대해 어떤 견해를 가지고 있습니까?"라고 물었다.[18] 24시간이 채 지나지 않아 답이 왔다. 독일은 불가침조약뿐 아니라 발트 국가들에 대한 공동 보장 그리고 독일이 소련과 일본 사이를 중재하는 것을 제안했다. 결정적으로 중요했던 일이 리벤트로프의 방문이었다.[19] 러시아인들은 아직 양측에

문을 열어놓고 있었다. 8월 17일 보로실로프가 영국과 프랑스의 군사 대표단에 그들이 폴란드에 관한 자신의 질문에 대답할 수 있을 때까지 더 이상 회담을 갖는 것이 무의미하다고 말했다. 그러나 몇 번 그렇게 자극한 후, 그는 8월 21일에 다시 만남을 갖기로 합의했다. 바로 그때 몰로토프가 슐렌부르크에게 독일-소련 관계의 개선이 장기적으로 추진할 일이 될 것이라고 말했다. 먼저 통상 협정이 있어야 하고, 다음으로 불가침조약이 있어야 했다. 그리고 나서 그들은 아마도 리벤트로프의 방문을 생각할 수 있었을 것이다. 그러나 소련 정부는 "소란 떨지 않고 실제적인 일을 해가는 편을 원했다".[20]

8월 18일에 리벤트로프가 어느 때보다도 힘차게 소련의 문을 두드렸다. "독일-폴란드 간에 일어날지 모르는 충돌을 갑자기 당하지 않기 위해서" 관계가 당장에 명확하게 정의되어야 했다.[21] 몰로토프는 다시 한 번 주저했다. 리벤트로프의 방문은 "대략적으로라도 확정될 수 없었다". 그런데 반시간이 안 되어 슐렌부르크가 크렘린으로 소환되었다. 그는 리벤트로프가 한 주 뒤에 방문할 수 있다는 말을 들었다.[22] 어떻게 해서 이렇게 갑자기 결정되었는지 알 방법이 없다. 슐렌부르크는 스탈린이 개인적으로 관여했다고 생각했다. 그러나 이후에 이러한 식으로 생각된 다른 모든 일과 마찬가지로 추측일 따름이었다. 소련의 초청이 히틀러에게는 충분히 신속하게 이루어지는 것이 아니었다. 그는 리벤트로프의 소련 방문이 당장 이루어지기를 원했다. 이는 단지 오랫동안 머뭇거리고 나면 항상 조급함이 따라와서였을 수도 있다. 하지만 아마도 좀 더 심층적인 설명이 있을 것 같다. 만약 히틀러가 단지 9월 1일에 있을 폴란드 공격을 위한 길을 예비하는 것을 목적으로 했다면, 8월 26일이 충분히 빠른 것이었다. 그

러나 이 날짜는 그가 두 가지 작전을 벌이기에는 충분히 빠르다고 할
수 없었다. 두 가지 작전이란 먼저 소련과 조약을 맺음으로써 서유럽
국가들의 결의를 무너뜨리는 것과, 그러고 나서 서유럽 국가들의 도
움으로 폴란드인들의 용기를 꺾는 것이었다. 그러므로 히틀러가 서
두른 것은 그가 전쟁이 아니라 또 한 번의 "뮌헨"을 목표로 하고 있었
음을 강하게 암시해준다.

　　어쨌거나 히틀러는 이제 외교상의 수단을 통하지 않고 행동
했다. 8월 20일에 그는 스탈린에게 개인적인 서신을 보냈다. 소련의
모든 요구에 동의하며 리벤트로프가 곧 초청받기를 요청한다는 내
용이었다.[23] 이 전언은 세계사에서 하나의 이정표였다. 그것은 소련
이 강대국으로 유럽에 복귀한 시점을 나타냈다. 어느 유럽 정치가도
이전에 스탈린에게 직접 말을 걸었던 적이 없었다. 서유럽 지도자들
은 그가 마치 저 멀리 아무 힘도 없는 부하라 지사知事인 양 그를 대
했다. 이제 히틀러가 스탈린을 강대국의 통치자로 인식한 것이었다.
스탈린은 개인감정에 좌우되지 않았다고 여겨지고 있다. 그렇기는
하지만 히틀러의 접근으로 그는 틀림없이 기분이 좋았을 것이다. 결
정의 순간이 다가왔다. 8월 20일에 소련과 독일 간의 통상 조약이 체
결되었다. 소련이 제시한 첫 번째 조건이 충족되었다. 8월 21일 아침,
보로실로프가 두 나라의 군사 대표단을 만났다. 그들은 이야기할 것
이 없었고, 회담은 무기한 연기되었다. 오후 5시에 스탈린이 리벤트
로프가 즉시 ― 8월 23일 ― 모스크바로 올 수 있다는 데 동의했다.
이 소식이 같은 날 밤 베를린에 알려졌고, 다음 날 모스크바에서도
발표되었다. 프랑스인들은 아직 무엇인가 건져보려고 애썼다. 8월
22일에 두망크가 몸소 보로실로프를 만났다. 그는 달라디에의 훈령

에 따라 폴란드인들의 대답을 기다리지 않고 소련의 요구에 응하겠다고 제안했다. 보로실로프는 이 제안을 거절했다. "우리는 폴란드가 우리의 도움을 거절했다고 큰소리치며 내세우는 것을 원치 않습니다. 폴란드가 그러한 원조를 받아들이도록 강요하려는 의도가 우리에게 전혀 없는데 말입니다."[24] 영국-프랑스-소련 협상은 끝났다. 다음 날인 8월 23일에 프랑스인들은 마지막으로 폴란드인들을 구슬려서 그들이 별로 내켜하지 않는 상투적인 말 한마디를 얻어냈다. 프랑스인들은 러시아인들에게 이렇게 말할 수 있을 것이었다. "우리는 독일의 침략에 대해 공동 행동을 해야 할 경우에 폴란드와 소련 간의 협력이 배제되지 않는다(즉, 가능하다)는 확신을 얻었습니다."[25] 이 말은 러시아인들 앞에 결코 제시되지 못했다. 어쨌거나 그것은 기만적이었다. 베크는, 리벤트로프가 모스크바에 있다는 것과 소련이 폴란드에 원조할 위험이 없다는 것을 알고서야 동의했다. 그리고 그는 이에 낙담하지도 않았다. 그는 아직 독립된 폴란드가 히틀러와 합의에 이를 가능성이 더 크다고 믿고 있었다. 그가 생각하기에 소련은 유럽에서 발을 빼고 있었다. 이는 폴란드인들에게 반가운 소식이었다. 그는 득의양양하게 말했다. "이번에는 리트비노프가 소련의 배신을 경험할 차례다."[26]

리벤트로프는 그렇게 생각하지 않았다. 그는 조약을 성사시키기 위해 모스크바에 왔고, 즉시 성공을 거두었다. 8월 23일에 조인된 공개 조약은 상호 불가침을 규정했다. 비밀 의정서는 발트 국가와 폴란드 동부 — 즉 우크라이나인들과 백러시아인들이 거주하는 커즌선Curzon line 동쪽 영토 — 로부터 독일을 배제했다. 이는 결국 러시아인들이 서유럽 국가들로부터 얻어내려 했던 것이었다. 나치-소련 조약은 그 일을 해낸 또 다른 방법에 불과했다. 그다지 좋은 방법은 아니었지만 아무것도 하지 않은 것보다 나았다. 브레스트-리토프스크 조약의 결정 사항이 결국 서유럽 국가들의 도움 대신 독일의 동의로 무효화되었다. 소련이 핵심 파시스트 국가와 어떠한 것이든 조약을 맺었다는 사실은 틀림없이 불명예스러운 것이었다. 그러나 이러한 비난은 뮌헨에 갔었던, 그리고 당시 자기 나라에서 대다수의 지지를 받았던 정치가들의 악의적 평가일 뿐이었다. 사실 러시아는 서유럽 정치가들이 하고자 했던 일을 했을 뿐이었다. 또한 서유럽의 적의란, 공산주의가 한 일이 자신들의 민주주의가 한 일만큼이나 성실하지 못하다는 데 대한 분노가 섞인, 기대가 어긋남에 대한 원망이었다. 독일과 소련 간의 조약에는, 뮌헨 회의 다음날 체임벌린이 영국-독일 선언에 삽입했던 역겨울 정도로 지나친 우호의 표현이 하나도 들어 있지 않았다. 사실 스탈린이 그러한 표현을 하나라도 넣는 것을 거부했다. "소련 정부는 나치 정권이 6년 동안 양동이로 몇 양동이나 뿌린 오물을 뒤집어 쓴 채로 있다가 갑자기 대중에게 공개적인 독일-소련 우호의 보장을 내보일 수 없었다."

조약은 동맹도 아니었고 폴란드 분할 협정도 아니었다. 뮌헨이야말로 분할을 위한 진정한 동맹이었다. 영국과 프랑스는 체코인들에게 분할을 강요했었다. 반면 소련 정부는 폴란드인들에 대해 그런 행동을 취하지 않았다. 중립을 지키기로 약속했을 뿐이다. 이는 폴란드인들이 줄곧 그들에게 요구해왔던 바였고 또한 서유럽의 정책이 은근히 의도하던 바였다. 여기서 더 나아가, 조약은 결국 반독일적이었다. 즉, 폴란드 전역이 종료된 직후 윈스턴 처칠이 라디오 연설에서 강조했듯이, 조약은 전쟁이 일어날 경우에 독일의 동진을 제한했다. 8월에 러시아인들은 전쟁의 관점에서 생각하고 있지 않았다. 히틀러와 마찬가지로 그들은 서유럽 국가들이 소련과의 동맹 없이 싸우지 않을 것이라 생각했다. 폴란드는 어쩔 수 없이 굴복하게 될 것이고, 그리하여 폴란드라는 장애물이 제거되면 그때는 서유럽과의 방어 동맹이 좀 더 동등한 조건으로 이루어 질 수 있을 것이었다. 그렇지 않고 폴란드인들이 계속 저항한다면, 폴란드인들은 홀로 싸우게 될 것이었다. 그리고 그 경우에 그들은 결국 소련의 원조를 받아들여야만 할 것이었다. 이러한 계산은 전쟁에 폴란드와 서유럽 국가들이 모두 참전했다는 실제 결과를 통해 잘못된 것임이 입증되었다. 그러나 이조차도 소련 지도자들에게는 성공이었다. 그들이 가장 우려했던 것 — 소련에 대항한 자본주의 진영의 연합 공격 — 을 피한 것이었다. 그러나 그것이 소련의 정책이 원래 의도한 바는 아니었다. 8월 23일에는 9월 1일과 9월 3일의 사태가 예견되지 못했다. 히틀러와 스탈린은 둘 다 자신들이 전쟁을 야기한 것이 아니라 전쟁을 막았다고 생각했다. 히틀러는 자신이 폴란드에 대한 또 한 번의 뮌헨을 성공시키리라 생각했고, 스탈린은 자신이 적어도 현재 감당 못할 전쟁을 피했으며, 어쩌면 완전히 피해갔는지도 모른다고 생각했다.

우리가 마법의 수정 구슬을 돌려서 1939년 8월 23일의 관점에서 미래를 들여다보려고 아무리 애쓴다 해도, 소련이 다른 어떤 길을 따라갈 수 있었을지 알아내기 힘들다. 유럽이 러시아에 대항해 동맹을 맺을지도 모른다는 소련의 염려는 근거 없지는 않더라도 과장되었다. 그러나 이와는 완전히 별개로 — 폴란드가 소련의 원조를 거부하고 있음을 선세하고, 또한 모스크바에서 조약 체결을 위한 긴깨

한 노력을 기울이지 않고 협상을 지연시키려는 영국의 정책을 생각한다면 — 중립은, 공식적 조약으로든 아니든 소련 외교가 달성할 수 있는 최대한이었다. 또한 폴란드와 발트 국가에서 독일이 획득할 수 있는 바를 제한한 것은 공식 조약을 더 체결하고 싶도록 만들기 위해 유인한 것이었다. 외교의 정석을 따른다면 이러한 정책은 올바르다. 그렇지만 역시 중대한 실수가 포함되어 있었다. 명문화된 조약을 체결함으로써 소련 정치가들은 이전에 서유럽 정치가들이 그랬던 것과 마찬가지로, 히틀러가 약속을 지킬 것이라는 착각에 빠지게 되었다. 스탈린은 분명히 의심을 했다. 리벤트로프를 돌려보낼 때 그는 "소련 정부는 새로 맺은 조약을 진지하게 생각하고 있소. 나는 나의 명예를 건 맹세의 말로써 소련이 협력자를 배신하지 않을 것이라 보증할 수 있소"라고 말했다. 이 말에는 "당신들도 똑같이 하시오"라는 분명한 의미가 함축되어 있었다. 하지만 스탈린은 분명히 조약이 당장의 방책으로서뿐 아니라 장기적으로도 가치가 있다고 생각했다. 이는 흥미로운 일이기는 하지만 쉽게 찾아볼 수 없는 일은 아니다. 사람들은, 스스로는 거리낌 없이 하면서, 다른 사람들에게 기만당할 때 종종 불평을 쏟아낸다.

어쨌든 폭탄은 터져버렸다. 히틀러는 만면에 희색을 띠었고, 결정적인 성공을 거두었다고 확신했다. 8월 22일에 그는 주요 장성들을 초대해 그의 연설 가운데 가장 과격한 연설을 했다. "동정심이라고는 들어갈 수 없도록 마음을 닫아버리시오. 잔인하게 행동하시오." 별로 중요성이 없는 이 이야기는 행동하라는 진지한 명령이 아니었다. 이에 대한 어떠한 공식 기록도 남아 있지 않다. 히틀러는 자기 자신의 수완을 자랑하고 있었던 것이다. 연설의 한쪽 어딘가에 핵심이 감추어져 있었다. "이제 서유럽이 개입하지 않을 가능성이 크다."[27] 이번에도 히틀러는 일부러 효과를 노리고 말하고 있었다. 연설을 보고한 내용이 거의 즉시 영국 대사관에 전해졌다.[28] 의도적이든 아니든 소위 독일 내부의 "저항"이 히틀러를 위해 대신 일을 해주었다. 8월 23일 히틀러는 다음 조치를 취했다. 그는 폴란드 공격 시점을 8월 26일 오전 4시 40분으로 확정했다. 이것 역시 장성들의 마음을 흔들어놓고, 그들을 통해 서유럽 국가들에 영향을 주기 위한 연극이었다. 독일의 시간표는 오로지 9월 1일부터 작동할 수 있었다. 그 전에는 폴란드가 이미 항복했을 때라야 공격이 가능했다. 그러나 기술적인 고려는 더는 문제가 되지 않아 보였다. 나치-소련 조약으로 서유럽 국가들 측이 외교적 붕괴에 이르게 되었다고 여겨졌다.

프랑스인들은 히틀러의 예상에 거의 근접했다. 아니, 결국 그렇게 되었다. 보네는 항상 폴란드인들을 버리고 달아나기를 간절히 바랐다. 그는 체코 위기 동안 폴란드인들이 행동했던 방식에 분개했고, 단치히에 대한 독일의 입장을 수용했으며, 또한 폴란드군을 신뢰하지 않았다. 보네가 말하기를, 러시아인들이 공동의 전선이 형성되지 않으면 독일에 대항해 싸울 수 없다고 주장했다고 한다. 독일의 폴란드 정복으로 그러한 공동의 전선이 형성될 것이고, 그렇게 되면 프랑스-소련 조약이 되살아나 실제 효과를 갖게 되리라는 것이었다. 8월 23일, 리벤트로프의 모스크바 방문이 알려졌을 때, 보네는 달라디에에게 국방 위원회를 소집해달라고 요청했다. 거기서 그는 자신의 정책을 넌지시 비쳤다. "우리가 폴란드와의 동맹을 맹목적으로 가동해야만 합니까? 반대로, 바르샤바가 타협을 하도록 압박을 가하는 편이 낫지 않겠습니까? 그러면 우리는 장비를 완전히 갖추고, 군사력을 증강하며, 외교적 지위를 향상시킬 시간을 벌 수 있을 것입니다. 만일 이후에 독일이 프랑스에 적대한다면 독일에 좀 더 효과적으로 대항하기 위해서 말입니다." 그러나 보네는 호전적인 인물은 아니었다. 심지어 평화를 위해서라고 할지라도 전쟁을 좋아하지 않았다. 그는 다른 이들에게 결정을 미루었다. 장성들은 프랑스가 군사적으로 허약하다는 사실을 털어놓으려 하지 않았다. 이에 대한 책임이 자신들에게 있었기 때문이다. 어쩌면 그들은 이러한 사실을 제대로 판단하지도 못했다. 가믈랭은 프랑스군이 "준비가 되어 있다"고 선언했다(그것이 무엇을 의미하는 것이든 말이다). 더 나아가 그는 봄이 올 때까지 폴란드가 굴복하지 않고 견딜 것이라 말하고, 그때까지 서부 전선이 끄떡없을 것이라고 말했다.[29] 폴란드를 돕는 일이 실제로 가능한가 하는 물음을 제기하는 사람은 아무도 없었다. 분명히, 그 자리에 참석했던 이들은 모두, 가믈랭이 공세를 취하겠다고 폴란드에게 했던 약속이 있었음에도 불구하고, 프랑스군이 단지 마지노선에 병력을 배치할 것이라 생각했다. 정책을 토론하는 일은 없었다. 폴란드인들에게 위험을 경고하자는 제안도 없었다. 그들은 폴란드인들이 히틀러에게 저항을 하든지 아니면 그와 타협을 하든지 자신들의 선택에 따라 마음대로 하도록 내버려 두었다. 더욱 희한한 일은, 영국인들에게 도움을 얻으려고 접근하는 일도, 체코 위기 때 눈에 띄게 두드러졌던 영국-프랑스 각료 회담도 없었다. 프랑스인들은 영국인들에게 프랑스가 바라는 바나 프랑스의 군사력에 대해 어떠한 정보도 주지 않고 영국인들 역시 히틀러에 대항하든 타협하든 마음대로 하도록 내버려 두었다. 하지만 영국의 결정은 프랑스를 구속할 것이었다. 프랑스인들은 동유럽에서 결국에 물러나든지 아니면, 전적으로 런던이 택하는 바에 따라 거의 혼자서 대규모의 유럽 전쟁을 수행하는 짐을 져야 했다. 프랑스인들은 영국인들을 향해 아무 말이 없었고, 폴란드인들을 향해서도 침묵했으며, 독일인들에게도 거의 말을 하지 않았다. 달라디에가 히틀러에게 경고의 서신을 보냈다. 프랑스 정치가들은 향후 수년 동안 프랑스가 처하게 될 운명을 결정한 그 한 주일 동안 그밖에 달리 아무것도 하지 않았다.

기이하리만큼 수동적인 태도였다. 그러나 이상하기로 따지자면 지난 몇 해 동안의 프랑스 정책보다 더 이상할 것도 없었다. 프랑스인들은 어디로 발길을 돌려야 하는지 알지 못했다. 그들은 1919년의 결정 사항을 의도적으로 포기하려 하지는 않았지만 자신들이 결정 사항을 지킬 능력이 없음을 깨달았다. 그들은 독일의 재군비에 대해 이런 식으로 행동했었다. 재군비를 허용하기를 거부했지만, 막을 방법을 찾지 못했다. 오스트리아에 대해서도 마찬가지였다. 병합이 닥쳐올 때까지 "안 된다"는 말만 되풀이했다. 영국의 재촉이 없었더라면 체코슬로바키아 때도 똑같은 이야기가 진행되는 것을 또 한 번 보았을 것이었다. 그때는 영국인들이 포기를 강요했고, 프랑스인들은 순순히 따랐다. 지금은 영국인들로부터 아무 언급도 오지 않았고, 프랑스 정치인들의 최고 대표격인 달라디에는 무언의 저항을 하는 쪽으로 되돌아갔다. 프랑스인들은 체코슬로바키아의 독일어권 영토에 대해 관심을 갖지 않았던 것과 마찬가지로 단치히에 대해서도 신경을 쓰지 않았다. 그러나 그들은 자신들이 일단 이루어 놓았던 바를 스스로 무너뜨리지는 않았다. 그들은 어떻게든 끝내기를 원했다. "끝내야 한다"가 1939년 프랑스의 일반적인 정서였다. 그들은 결말이 무엇이 될지 알지 못했다. 군사적 패배를 예상한 프랑스인은 거의 없었다. 독일에 대한 승리도 마찬가지로 거리가 멀어 보였다. 프랑스 비밀 기관이 독일 내 반대 세력을 과장했다는 몇 가지 불충분한 증거가 있다. 그러나 8월 23일의 결정 뒤에 합리적 계산은 없었다. 프랑스인들은 무엇을 해야 할지 몰라 당황했고, 따라서 그들은 일이 어떻게 되든 일어나게 내버려 두기로 결정했다.

그러므로 결정은 전적으로 영국 정부에 달려 있었다. 그들의 정책 역시 실패한 것으로 보였다. 영국-소련 동맹이 지나가 버려 돌이킬 수 없게 되었다. 하지만 이는 영국의 입장에 대한 근본적인 오해 — 실로 다른 어떤 일 못지않게 제2차 세계대전의 원인이 된 오해 — 였다. 소련과의 동맹은 야당의 정책 — 노동당의 정책, 윈스턴 처칠의 정책, 그리고 로이드 조지의 정책 — 이었다. 소련이 연합국 측에 있을 때만 히틀러에 대항하는 것이 가능하다고 주장한 것이 바로 그들이었다. 정부는 이러한 견해를 공유하지 않았다. 정부는 소련과의 동맹에 결코 실제적인 가치를 두지 않았고, 의회와 나라 안의 소요에 이끌려 마지못해 협상에 끌려 들어갔던 것이다. 그들은 협상이 실패로 돌아가자 한시름 놓았고, "우리가 그렇게 말했잖소"라고 기뻐서 비평가들에게 말할 수 있었으며, 또한 당황하지 않을 수 있었다. 보수당의 평의원들은 여기서 더 나아갔다. 그들 중 많은 이들이 히틀러를 볼셰비즘에 대항하는 보루로 여겨 그에게 호의적이었으나, 그들의 눈에 이제 볼셰비키와 관계를 맺은 히틀러는 서구 문명의 대의에 대한 반역자가 되었다. 보수당원들이 히틀러에 적대하는 방향으로 돌아섬과 동시에 노동당도 거의 같은 정도의 적의를 가지고 스탈린에 적대했다. 적어도 그들은 자신들이 반파시즘에 충실하다는 것을 보여주려고 결심했다. 그것이 체임벌린에 대한 지지를 의미할지

476

라도 말이다. 어쨌든 합리적 계산에 따른다면, 나치-소련 조약으로 영국 국민들은 낙담했어야 했다. 그러나 이렇게 생각했던 인물은 로이드 조지가 거의 유일했다. 다른 사람들에게는 독일-소련 조약이 영국인들이 지난 20년 동안 보여주지 못했던 강한 결의를 발생시켰다. 8월 22일, 내각은 전원의 찬성으로 폴란드에 대한 의무를 다하기로 결의했다.

그런데 의무가 어떻게 이행될 수 있을 것인지에 대해서는 논의가 없었다. 사실 의무를 이행할 방법이 없었다. 런던의 민방위 문제를 검토하기 위해서 말고는 군사 고문들이 소환되지 않았다. 영국 정부는 여전히 행동이 아니라 정책의 견지에서 생각했다. 그들의 정책은 변함이 없었다. 한편으로는 독일이 폴란드를 공격한다면 전면전에 직면하게 될 것이라고 히틀러에게 단호하게 경고하고, 다른 한편으로는 평화적으로 행동한다면 양여를 받게 될 것이라고, 경고하는 것만큼 지속적으로 보장해주는 것이었다. 그들은 이 정책을 굳게 견지했다. 따라서 그들은 프랑스인들에게 전쟁이 실행될 수 있는지 의견을 구하지 않았고, 폴란드인들에게 어떤 양여가 이루어질 수 있는지 묻지 않았다. 사실 그들은 폴란드인들의 의견을 듣지 않고 양여에 대해 결심했다. 히틀러가 도리를 아는 사람이기만 하다면 그렇게 해도 무방할 테지만 말이다. 영국 정부는 단치히에 관해서 여전히 독일과 의견을 같이 하고 있었다. 그러나 아직까지도 단치히 문제는 공식적으로 제기되지 않았다. 히틀러는 한층 더 우려낼 수 있는 제안을 기다렸고, 영국인들은 좀 더 줄일 수 있는 요구를 기다렸다. 둘 중 어느 편이 먼저 장기말을 움직이든 먼저 두는 쪽이 지게 될 것이었고, 따라서 둘 다 움직이지 못했다. 영국 정부는 중도적인 방법을 찾았다. 그들은 히틀러에게 전쟁을 하지 못하도록 경고하면서, 동시에 평화가 그에게 가져다 줄 보상을 넌지시 제시할 것이었다. 그들이 가진 원래 의도는 특사 — 이번에는 체임벌린이 아니었고, 아마도 아이언사이드Edmund Ironside 장군이었다 — 를 보내는 것이었다. 그러나 나치-소련 조약이 서둘러 체결된 결과, 이는 불가능해졌다. 메시지를 대사 네빌 헨더슨이 전달해야 했고, 그가 8월 23일 베르히테스가덴으로 날아갔다.

불행한 선택이었다. 분명히 헨더슨은 단호하게 말하려고 애썼지만 그의 마음이 거기에 없었다. 좀 더 훌륭한 목적에나 어울릴 일관성을 가지고, 그는 여전히 폴란드인들이 틀렸다고 확신했다. 그는, 일 년 전에 체코인들이 어쩔 수 없이 양보하게 되었던 것처럼 폴란드인들이 양보하도록 강제되기를 바랐다. 며칠 전 그는 외무성의 한 친구에게 보낸 편지에 이렇게 적었다. "역사는 언론을 대체로 전쟁의 제일 원인이라고 판단할 것이다. …… 믿거나 말거나 모든 독일인들 중에서 히틀러가 단치히와 회랑 문제에 관한 한 가장 온건한 사람이다. …… 지난해에 우리는 전쟁의 수렁에 빠지기 직전에야 베네슈에게 겁을 줄 수 있었다. 그리고 지금 우리는 베크에게 야유를 퍼붓지 못하고 있다."[30] 그는 확실히 히틀러에게 비난의 말을 하지 못했다. 그는 충실하게 영국의 메시지를 전했지만, 여전히 영국의 회유적인 태도를 드러내 보였다. 그는 히틀러에게 "체임벌린이 우호적인 태도를 가지고 있다는 증거는 그가 처칠을 내각에 들이기를 거부했다는 사실에서 찾을 수 있을 것입니다"라고 정말 진심으로 말했다. 또한 그는 더 나아가 영국에서의 적대적인 태도는 유대인들, 그리고 나치에 대적하는 이들의 소행이라고 말했다. 이는 바로 히틀러 자신이 생각하고 있던 바였다.[31] 별로 맞설 생각이 없는 이런 상대를 맞아 히틀러는 위협을 하고 고함을 질렀다. 헨더슨이 방에서 나갔을 때 히틀러는 무릎을 치며 말했다. "이 면담으로 체임벌린은 살아남지 못할 것이다. 그의 내각이 오늘밤 무너질 것이다."[32] 헨더슨은 히틀러가 의도한 대로 대응했다. 그는 베를린으로 돌아가자마자 할리팩스에게 서신을 적어 보냈다. "저는 애초부터 폴란드인들이 전적으로 우둔하고 분별력이 없다고 생각해왔습니다." 그리고 또 "저는 개인적으로 독일 주재 폴란드 대사에게 오늘, 아니면 늦어도 내일까지 히틀러와 개인 면담을 신청하도록 훈령을 주지 않는다면 더 이상 전쟁을 피할 수 있는 희망이 없다고 생각합니다"라고 적었다.[33]

그러나 영국에서는 사태가 히틀러의 기대에 미치지 못했다. 정반대였다. 8월 24일에 의회가 열렸고, 의회는 정부의 단호한 입장이라 생각되는 바에 만장일치로 찬성했다. 히틀러는 의심을 품기 시작했다. 영국 정부로부터 그가 아직까지 기대하고 있던 양여를 받아내기 위해서는 확실히 더 많은 일이 필요했다. 8월 24일에 히틀러는 베를린으로 날아갔다. 그의 지시에 따라 괴링이 스웨덴인 달레루스를 불러들였고, 그에게 영국의 중재를 청하는 비공식적 요청을 들려서 런던으로 보냈다. 이는 교묘한 함정이었다. 만약 영국인들이 거절한다면 히틀러는 자신이 절대로 장기말을 움직이지 않았다고 주장할 수 있었다. 만약 그들이 응한다면 그들은 어쩔 수 없이 폴란드에 압력을 가하게 될 것이었다. 같은 날 저녁 히틀러는 괴링, 리벤트로프, 그리고 주요 장성들과 모임을 가졌다. 이제 서른여섯 시간 안에 시작하기로 되어 있는 폴란드 공격을 진행할 수 있을 것인가? 히틀러는 서유럽 국가들을 그들의 동맹국 폴란드로부터 떼어놓는 또 하번의 시도를 할 것이라 선언했다. 그 시도는 "최종 제안"의 형태를 띠었고, 8월 25일 정오가 조금 지나서 헨더슨에게 전달되었다. 히틀러가 선언하기를, 독일은 "동쪽 국경에 놓여 있는 마케도니아적 상황을 타개하기로 결심했다". 그가 아직 그 방법을 말하지는 않았지만 단치히와 회랑 문제가 해결되어야만 했다. 일단 이러한 문제들이 해결된다면, 독일은 "크고 포괄적인 제안"을 할 것이었다. 독일은 대영제국을 보장하고, 합의된 군비 제한을 수용하며, 독일의 서부 국경을 최종적인 것으로 다시 한 번 새롭게 보장할 것이었다.[34] 헨더슨은 늘 그랬듯이 마음이 움직였다. 그가 보고하기를, 히틀러는 "매우 진지하고 눈에 띠게 성실하게" 말했다.[35] 후대의 저술가들은 히틀러의 제안이 사기였다고 물리쳐왔고, 또한 어떤 의미에서 사기였다. 그 제안의 당면 목적은 폴란드를 고립시키는 것이었다. 하지만 제안은 또한 히틀러의 지속적인 정책을 나타냈다. 그는 분별력 있는 서유럽 여론마저도 참을 수 없다고 말했던 동유럽에서의 상황을 무너뜨리기 위한 행동의 자유를 원했지만, 영국과 프랑스에 대적해 무엇을 해보겠다는 야망은 없었다.

그러나 히틀러는 그때 상황에서 이 제안을 통해 무엇을 달성하기를 바랄 수 있었을까? 헨더슨은 8월 26일에 런던으로 가겠다고 약속했다. 그런데 그때가 되면 아마도 폴란드에 대한 공격이 시작될 예정이었다. 히틀러는 기록을 염두에 두고 — 후세 사람들의 눈에 혹은 심지어 자기 자신의 양심의 눈에 결백해 보이려고 — 말을 하고 있었을 따름이었을까? 아니면 일단 내려진 명령이 결국 수행될 것임일 인식하지 못하고 자신의 시간표를 잊었던 것일까? 후자가 좀 더 그럴듯한 설명인 것으로 보인다. 8월 25일 오후 내내 히틀러는 무엇을 해야 할지 확신이 서지 않아 수상 관저 여기저기에서 고함을 질렀다. 오후 3시에 그는 폴란드 공격을 실행해야 한다고 명령을 내렸다. 세 시간 후에 이탈리아 대사 아톨리코가 무솔리니의 메시지를 가지고 도착했다. 이탈리아는 무조건적으로 독일을 지지하지만, 독일이 이탈리아에 필요한 전쟁 물자를 즉시 공급해주지 않으면 "군사적으로 개입할 수 없다"는 것이었다. 목록이 제시되었을 때, 이 필요한 물자는— 치아노의 말을 빌리자면— "황소를 잡기에 충분했다. 만약 황소가 그것을 읽을 수 있다면 말이다". 무솔리니는 마지막 순간까지 강한 사람인 양 행동했으나, 막상 전쟁이 분명히 임박하자 달아났다. 이러한 충격이 있은 직후 또 다른 충격이 닥쳤다. 영국과 폴란드의 공식 동맹 조약이 런던에서 막 조인되었다고 리벤트로프가 전해왔다. 히틀러는 참모총장 카이텔을 소환했다. "즉시 모든 것을 중단하시오. (총사령관— 저자) 브라우히치Walther von Brauchitsch를 당장 데려오시오. 협상을 하기 위한 시간이 필요하오." 오후 7시가 조금 지나서 새로운 명령이 내려졌다. 때 이른 공격이 돌연 취소되었다.

또 하나의 확인되지 않은 이야기가 있었다. 히틀러는 왜 마지막 순간에 뒷걸음질했을까? 배짱이 움츠러들었을까? 무솔리니의 중립과 영국-폴란드 동맹이라는 두 가지 사건이 정말로 허를 찔렀을까? 다른 사람들에게 비난을 돌리는 것이 정치가들의 일반적인 성향이듯, 히틀러는 즉시 모든 일이 무솔리니의 잘못이라고 불평했다. 이탈리아가 싸우지 않겠다고 결정했다는 소식을 듣고 영국인들이 굴복하기 직전에 태도를 바꿔 단호한 입장을 취하게 되었다는 것이다. 말도 안 되는 이야기였다. 영국인들은 폴란드와 동맹 조약을 체결할 때 무솔리니의 결정에 대해 알지 못했다. 충분히 추측할 수는 있었지만 말이다. 또한 동맹이 그 특별한 시점에 효과를 나타내도록 정해진 것도 아니었다. 동맹 조약의 체결이 소련과의 협상 중에 지연되고 있었다. 소련과의 협상이 일단 실패로 돌아가자, 더 이상 지체할 이유가 없었고, 영국인들은 형식상의 절차가 완성되자마자 서명했다. 그들은 히틀러가 8월 25일을 운명의 날로 정했음을 알지 못했다. 히틀러가 오랫동안 9월 1일을 공격 개시일로 하는 견지에서 생각했던 것처럼 그들은 9월 첫째 주를 염두에 두고 앞일을 생각하고 있었다. 아마도 이는 그가 8월 25일에 눈에 띠게 주저했던 데 대한 설명이 될 것이다. 그 날짜로 공격 시점을 앞당겨 잡은 것은 "위장 전술"이었다. 좀 더 정확히 말해 지난해 고데스베르크에서 그가 비타협적인 면모를 과장한 것과 같은, 특별히 한 번 더 부르는 콜이었다. 8월 25일에 일어난 외교상의 사건들과는 별도로, 원래 날짜로 돌아가게 된 데는 충분한 군사적인 이유가 있었다. 8월 25일에 독일의 서부 국경은 아직 사실상 무방비 상태였다. 아마도 이후로 히틀러는 어떠한 형태로든 서유럽 국가들과의 전쟁이 바로 앞에 다가왔다는 사실을 직시했을 것이다. 그러나 그가 카이텔에게 협상을 하기 위해 시간이 필요하다고 한 말이 진실이었다는 것이 좀 더 그럴듯하다.

영국인들 또한 협상에 적극적이었다. 영국-폴란드 동맹의 체결은 이를 위한 예비 단계였다. 전쟁을 위한 굳은 결의가 아니었다. 영국인들이 동맹을 그리 심각하게 여기지 않았다고 하는 분명한 증거가 있다. 지금은 사라졌지만 영국인들의 초안이 영국-소련 동맹과 조화를 이루도록 구상되었다. 나치-소련 조약에 뒤따른 혼란의 와중에 폴란드의 초안으로부터 나온 조항들 또한 포함되었다. 그리고 이러한 조항들 중 하나는 영국인들이 이제까지 계속 회피해왔던 약속

— 단치히 문제를 포함하는 동맹의 완전한 확대 — 을 담고 있었다. 그러나 동맹이 체결되던 거의 그때에 외무성의 한 사람이 "히틀러 총통에게 제시할 수 있는 가능한 대응 제안"을 초안했다. 이것은 폴란드의 경제적 권리에 대한 인식을 조건으로, 단치히가 "자신의 정치적 충성을 결정할 권리"를 가져야 한다고 규정했다.[36] 또한 할리팩스 자신이 폴란드 대사에게 "폴란드 정부가 만약 단치히의 지위를 평화적으로 변경하는 데 대해 논의하는 것을 배제하는 입장을 취하려 한다면 중대한 실수를 하는 것"이라고 말했다.[37] 그러므로 영국 정부와 히틀러는 어떻게 위기가 종료되어야 할 것인지에 대해 의견의 일치에 다가갔고, 폴란드인들은 보조가 맞지 않고 따로 움직였다. 그러나 문제는 어떻게 협상이 종료되어야 하는가가 아니라 어떻게 시작되어야 하는가였다. 이를 위한 어떤 해결책도 찾지 못했다.

협상을 위한 예비 단계가 8월 26일에서 8월 29일 사이에 긴박하게 진행되었다. 영국인들은 자신들이 제공할 것을 암시했고, 히틀러는 자신이 요구할 것을 내비쳤다. 양측은 실제 협상의 국면으로 향하기를 주저했다. 이러한 탐색이 두 개의 차원에서 행해진다는 점에서 혼란이 한층 더했다. 네빌 헨더슨이 공식 교섭자로 행동했고, 달레루스가 훨씬 더 분주하게 베를린과 런던 사이를 오갔다. 그는 8월 25일에 런던으로 날아갔고 8월 26일에 베를린으로 돌아왔다. 8월 27일 하루에 런던에 다녀왔으며, 8월 30일에도 다시 그렇게 했다. 베를린에서는 괴링을 만났고 때로 히틀러를 만나기도 했다. 런던에서는 외부에 알려지지 않도록 철저하게 보안이 유지되는 가운데 영접을 받았고 체임벌린과 할리팩스를 만났다. 영국인들은 아마도 자신들이 달레루스에게 하는 언급을 "오프 더 레코드"라고 고집했을 것이다. 히틀러는 그래도 두 번째 뮌헨이 자신을 위해 준비되고 있다고 생각할 수밖에 없었다. 아마도 그는 영국-폴란드 동맹의 조인으로 정말 깜짝 놀랐을 것이다. 그러나 이 효과는 헨더슨과 달레루스가 노력을 더할수록 상실되었다. 그러나 동시에 영국인들은 달레루스의 말을 들으면서 자신들의 위치가 나아지고 있다고 생각했다. 외무성의 어떤 이가 달레루스의 활동에 대해 다음과 같이 논평했다. "이는 독일 정부가 갈팡질팡하고 있음을 보여주는 것입니다. …… 우리가 형식적으로는 회유적인 태도를 취할지도 모르고 또한 그래야만 하는 동안에도 실제로는 절대적으로 단호해야 합니다. …… 가장 최근에 나타난 징후는 우리가 뜻밖에 강한 힘을 갖고 있다는 것입니다." 기록의 말미에는 "이에 전적으로 동의한다고 말하는 외상이 이 기록을 보았다"[38]라고 언급되어있다. 명민함이 지나쳐 할리팩스는 두 번째 뮌헨이 영국 정부를 불신시키는 것이 아니라 히틀러를 믿지 못할 사람으로 만들 것이라고 믿기까지 했다. 그가 다음과 같이 적고 있다. "우리가 뮌헨에 대해 이야기할 때 우리는 그 후로 이 나라의 태도와 힘에, 그리고 많은 다른 방향 — 이탈리아 및 그 밖의 나라들이 있고, 또한 일본에도 기대를 걸어봅시다 — 에서 동시에 일어난 변화를 상기해야만 합니다. 그리고 히틀러가 온당한 해결책을 수용하게 된다면, 독일 내에서 그의 입지가 어느 정도 축소되리라고 믿는 것은 어쩌면 희망 사항만은 아닐 것입니다."[39]

그러므로 양측은 서로 맞붙기 전에 상대의 허점을 찾으려는 레슬링 선수들처럼 원을 그리며 돌고 있었다. 영국인들은 히틀러가 평화적으로 행동한다고 약속한다면 독일과 폴란드 간 직접 협상을 주선하겠다고 제안했다. 히틀러는 단치히에 대해 방해받지 않고 자신이 뜻하는 대로 된다면 전쟁은 없을 것이라고 대답했다. 이후 저술가들은 히틀러의 대답이 부정직했다고 주장해왔다. 또한 그가 전쟁을 피하는 것이 아니라 폴란드를 고립시키는 데 관심을 쏟았다고 주장했다. 이는 충분히 사실일 법하다. 그러나 영국 정부로부터 나온 제안 역시 정직하지 못했다. 즉, 전쟁의 위험이 일단 제거되고 나면 폴란드인들에게서 양여를 받아낼 가능성이 없었고, 영국인들은 그점을 알고 있었다. 지난해 베네슈가 영국의 지원을 호소했었다. 영국인들은 만약 베네슈가 충분히 화해하려는 태도를 갖고 있다면 이를 얻을 수 있을 것이라고 암시했고, 베네슈는 미끼를 삼켰다. 그러나 지금 영국은 이미 빠져나갈 수 없는 상태였다. 그들의 손은 폴란드와의 공식 동맹보다도, 단호한 국내 여론에 묶여 있었다. 그들은 폴란드인들에게 강제로 양여를 명할 수 없었고, 히틀러가 폴란드인들에게 명령하는 것을 좌시할 수도 없었다. 그러나 누군가 강제로 명하지 않는다면 양여가 불가능할 것이었다. 8월 23일에 호리스 윌슨 경이 체임벌린을 대신해 미국 대사 케네디Joseph Kennedy를 만났다. 대화가 있은 후, 케네디는 국무성에 전화했다. "영국인들이 우리에게 원하는 것은 한 가지입니다. 단 한 가지, 즉 우리가 폴란드인들에게 압력을 가해달라는 것입니다. 그들은, 자신들에게는 의무가 지워져 있어 이러한 종류의 어떤 일도 할 수 없으나 우리는 할 수 있다고 생각하고 있습니다."[40] 루스벨트 대통령은 이 생각을 그 자리에서 거부했다. 체임벌린은 — 다시 한 번 케네디에 따르면 — 이제 모든 희망을 잃게 되었다. "그는 어떻게 해보더라도 소용없다는 것은 끔찍한 일이다라고 말합니다. 결국 그들은 폴란드를 구할 수 없습니다. 그들은 전 유럽의 파괴를 의미하게 될 복수전을 수행할 수 있을 따름입니다."[41]

교착 상태가 8월 29일까지 계속되었다. 그러고 나서 히틀러에 의해 깨졌다. 영국인들이 알지 못했지만, 그의 입지는 더 취약했다. 9월 1일 전에 그가 외교적 성공을 거두기에는 시간이 많지 않았다. 오후 7시 15분, 그는 헨더슨에게 공식 제안과 공식 요구를 했다. 만약 폴란드의 전권 대표가 다음 날 베를린에 도착한다면 자신이 폴란드와 직접 협상을 하겠다고 했다. 이것은 히틀러가 3월 26일 이래로 엄격하게 단언했던 입장 — 다시는 폴란드인들과 직접 교섭을 하지 않겠다던 입장 — 에서 후퇴한 것이었다. 헨더슨은 이 요구가 위험천만하게도 거의 최후통첩과 같은 것이라고 불평했지만, 그는 수용하기를 간절히 바랐다. 그의 생각에 "전쟁을 막을 수 있는 유일한 기회"였다. 헨더슨은 자기 나라 정부에 요구를 받아들이라고 재촉했고, 또한 프랑스 정부에 베크의 즉각적인 방문을 충고하도록 간청했다. 베크는 폴란드 대사 립스키와 함께 모든 사람들 가운데 가장 고집이 셌다.[42] 립스키는 주의를 기울이지 않았다. 분명 그는 히틀러가 바르샤바에 요구한 것을 보고조차 하지 않았다. 프랑스 정부는 매우 분명하게 이와 반대 방향으로 대응했다. 그들은 베크에게 즉시 베를린으로 가라고 말했다. 그러나 결정은 영국 정부에 달려 있었다. 여기에 그들이 항상 원했고 히틀러에게 되풀이해 내비쳤던 제안이 있었다. 폴란드와 독일 간의 직접 협상이었다. 히틀러는 이제 자신의 몫을 했다. 그러나 영국인들이 제 역할을 다하지 못했다. 그들은 폴란드인들이 히틀러의 명령에 따라 베를린에 모습을 나타낼지를 가장 강하게 의심했다. 케네디는 체임벌린이 보이고 있는 감정을 워싱턴에 보고했다. "솔직히 그는 독일인들보다 폴란드인들을 이성적으로 만드는 데 대해 더 걱정하고 있습니다."[43] 영국인들은 8월 30일 내내 그 문제를 놓고 고심했다. 결국 그들은 어떤 종류의 해결책을 생각해냈다. 그들은 8월 31일 오전 12시 25분에 히틀러의 요구를 바르샤바에 전했다. 즉, 독일의 최후통첩 — 만약 독일의 요구가 그러한 것이라면 — 시한이 25분 지나서였다. 영국인들이 폴란드인들의 고집을 염려했던 것이 옳았다. 베크는 히틀러의 요구를 전해 듣고서 곧 이렇게 대답했다. "만약 베를린의 초청을 받는다면 나는 당연히 가지 않을 것이다. 왜냐하면 하하 대통령이 받은 것과 같은 대접을 받을 의향이 없기 때문이다."[44] 그러므로 영국인들은, 너무 늦게 행동함으로써, 자신들이 전달할 수 없음을 알고 있던 그 어떤 것, 즉 폴란드 전권 대표가 베를린으로 가는 것을 제안했다고 여전히 주장할 수 있었다.

히틀러는 이렇게 되리라 기대하지 않았다. 그는 협상이 시작되리라 예상했고, 그러고 나서 폴란드인들의 고집으로 협상이 실패로 돌아가게 되리라 생각했다. 그의 지시에 따라 구체적인 요구들이 최종적으로 마련되었다. 요구는 주로 단치히가 즉각적으로 복귀하는 것과 회랑에서 주민 투표가 시행되는 것이었다.[45] 이는 영국 정부와 프랑스 정부가 오랫동안 선호해왔던 조건이었다. 그러나 폴란드의 전권 대표가 없으면 독일인들은 자신들의 조건을 알리기가 어려웠다. 8월 30일 자정에 헨더슨이 리벤트로프에게 그날은 폴란드 전권 대표가 오지 않고 있다는 소식을 가지고 왔다. 리벤트로프는 히틀러가 수정한 내용을 갈겨 쓴, 독일 측의 조건이 제시된 엉성한 형태의 초고만 가지고 있었다. 헨더슨에게 내보여질 형편이 아니었다. 또한 리벤트로프는 히틀러에게서 그렇게 하지 말라는 지시를 받았다. 따라서 그는 조건을 처음부터 끝까지 천천히 읽었다. 훗날, 그가 오로지 선시용일 뿐인 조건으로 헨더슨을 의도적으로 속이기 위해 안아들을 수 없을 정도로 "빨리 지껄였다"는 신화가 생겨났다. 사실 헨더슨은 요점을 분명하게 파악했고, 깊은 인상을 받았다. 그의 생각에, 조건을 액면 그대로 받아들인다면 조건은 "터무니없는 것이 아니었다". 그는 영국 대사관으로 돌아오자마자, 새벽 2시에 립스키를 불렀다. 그리고 그에게 당장 리벤트로프와의 면담을 요청하라고 몰아댔다. 립스키는 귀담아듣지 않았고, 자러 돌아갔다.

독일인들은 그때 자신들의 조건이 헨더슨에게 제대로 공식적으로 표명되지 않았음을 염려했다. 그들은 다시 한 번 달레루스를 이른바 비공식 사절로 이용했다. 괴링은 자신이 히틀러에 저항해 행동하고 있다고 주장하면서 달레루스에게 조건을 제시했다. 그리고 달레루스는 새벽 4시경 영국 대사관으로 전화해 그 조건을 전했다. 괴링은 모든 전화 통화 내용이 적어도 정부의 세 기관(그중 하나는 괴링 자신의 기관)에 의해 도청되고 있음을 알고 있었기 때문에, 그가 히틀러에 저항하고 있다는 말은 확실히 꾸며 낸 말이었다. 다음 날 아침에 괴링은 이러한 주장을 철회했다. 달레루스가 독일의 조건이 적힌 사본을 받았고, 이를 다시 영국 대사관에 가져갔다. 헨더슨이 다시 립스키를 불렀고, 그는 오기를 거부했다. 달레루스와 영국 대사관의 참사관 오길비-포브즈Ogilvie-Forbes가 립스키를 만나기 위해 달려갔다. 립스키는 꿈쩍도 하지 않았다. 그는 독일의 조건을 검토하기를 거부했다. 달레루스가 방에서 나왔을 때, 립스키는 이 중개자를 개입시킨 데 항의했고 다음과 같이 말했다. "나는 독일의 사기가 무너지고 현 정권이 곧 붕괴되는 데 나의 명성을 걸 것이다. …… 독일의 이 제안은 함정이다. 이것은 또한 독일인들 측이 약하다는 징후다."[46] 똘똘 뭉친 고집을 뚫기 위해 한층 더해진 노력으로, 달레루스는 런던에 있는 호리스 윌슨에게 전화했다. 그는 독일의 조건이 "너무나도 관대"하고 "폴란드인들이 협상의 가능성을 가로막고 있다는 것이 '우리에게(달레루스? 괴링? 헨더슨? — 저자) 명백'하다"고 말했다. 윌슨은 독일인들이 도청하고 있음을 알아차렸고, 달레루스에게 당장 말을 그치고 수화기를 내려놓으라고 말했다.[47]

너무 늦게 조심했다. 지난 몇 시간 동안의 모든 움직임이 마치 신문에 발표된 것처럼 세상에 알려졌다. 헨더슨과 립스키 사이, 또한 달레루스와 헨더슨 사이의 전화 통화, 그리고 영국 대사관과 폴란드 대사관 사이에 오갔던 일, 이 모든 일이 독일인들에게 알려졌다. 이는 분명히 히틀러에게 알려졌다. 히틀러는 과연 어떤 결론을 내릴 수 있었을까? 유일한 결론은 그가 폴란드와 서유럽 동맹국들 사이에 쐐기를 박아 완전히 갈라놓는 데 성공했다는 것이다. 이는 프랑스 정부에 관해서 사실이었다. 헨더슨에 관해서도 사실이었다. 8월 31일 늦게 그가 다음과 같이 썼다. "독일의 제안을 이유로 해서는 전쟁을 정당화하는 것이 완전히 불가능합니다. …… 폴란드 정부가 이제 공표된 독일의 제안을 고려해 이러한 제안을 일반적인 조건에서 논의하기 위해 전권 대표를 파견하겠다는 의사를 내일 발표해야 합니다."[48] 히틀러는 헨더슨이 지난해에 런던에서 발휘했던 영향력을 더 이상 가지고 있지 않다는 것을 알 수 없었다. 그러나 영국 정부마저도 폴란드인들에 대해 인내심을 상실했다. 8월 31일 밤늦게 할리팩스가 바르샤바에 전화했다. "나는 왜 폴란드 정부가 폴란드 대사에게 독일 정부가 보내온 문서를 수용하도록 하는 권한을 주는 데 어려움을 느끼는 것인지 이해할 수가 없습니다."[49] 24시간이 더 주어진다면 간극이 더 멀어질 것이었다. 그러나 히틀러에게 그 24시간이 없었다. 그는 자기 자신의 시간표에 묶여버린 포로였다. 그의 장성들이 회의적으로 보았으므로, 그는 내보일 수 있는 확실한 무엇을 가지고 있는 것이 아니라면 폴란드 공격을 또다시 중지할 수 없었다. 그리고 폴란드인들이 아직 그가 이러한 것을 갖도록 해주지 않았다. 폴란드와 그 나라의 동맹국들 사이의 간극이 히틀러에게 기회를 제공했다. 그는 그것에 기대를 걸고 모험을 해야 했다.

8월 31일 오후 12시 40분에 히틀러는 공격을 진행하기로 결정했다. 오후 1시에 립스키가 리벤트로프와의 면담을 요청하는 전화를 걸어왔다. 독일인들은 그의 훈령을 중간에 엿들어, 그가 "어떠한 구체적인 협상"도 시작하지 말라고 지시받은 것을 알고 있었다. 오후 3시에 바이츠제커가 립스키에게 전화를 걸어 그가 전권 대표로 오고 있는지 질문했다. 립스키가 대답했다. "아니오, 대사의 자격으로입니다." 히틀러에게는 이것으로 충분했다. 폴란드인들이 계속해서 비타협적인 태도를 취하고 있는 것으로 보였다. 히틀러는 그들을 전쟁에서 고립시키는 모험을 계속해나갈 수 있었다. 오후 4시에 전쟁 명령이 확정되었다. 오후 6시 30분에 립스키가 마침내 리벤트로프를 만났다. 립스키는 자기 나라 정부가 폴란드-독일 간의 직접 협상에 관한 영국 정부의 제안을 "호의적으로 고려하고 있다"고 말했다. 리벤트로프는 그가 전권 대표인지 물었다. 립스키는 또다시 아니라고 대답했다. 리벤트로프는 독일의 조건을 전달하지 않았다. 만약 그렇게 하고자 했더라도, 립스키가 받아들이기를 거부했을 것이다. 그리하여 3월 26일 이래로 독일과 폴란드 사이에 있었던 유일한 직접 교섭이 끝나버렸다. 마지막 순간까지 폴란드인들의 용기가 꺾이지 않았다. 다음 날 아침 오전 4시 45분, 독일의 폴란드 공격이 시작되었다.

오전 6시에 독일의 비행기들이 바르샤바를 폭격했다.

여기에 영국과 프랑스 두 나라 모두에게 명백한 조약 해당 사유가 있었다. 그들의 동맹국이 이유 없이 공격을 당한 것이다. 남은 일은 침략자에게 전쟁을 선포하는 것뿐이었다. 그러나 그러한 종류의 일은 일어나지 않았다. 양국 정부 모두 히틀러에게 그만두지 않는다면 자신들이 참전할 수밖에 없다고 경고하면서 침통한 항의를 전달했다. 그러는 동안 그들은 어떤 일인가 일어나기를 기다렸다. 그리고 어떤 일이 일어났다. 8월 31일에 무솔리니가 조심스럽게 지난해의 전례를 따라 유럽 회의를 제안했다. 9월 5일에 만나서 유럽에 갈등이 생기게 된 모든 원인들을 검토하자는 것이었다. 단치히가 이에 앞서 독일에 복귀해야 한다는 전제 조건과 함께였다. 영국과 프랑스, 서유럽 두 나라의 정부는 제안을 처음 받았을 때 호의적이었다. 그러나 무솔리니가 타이밍을 잘못 잡았다. 1938년에는 그에게 전쟁을 피할 수 있는 사흘이 있었다. 그러나 1939년에는 24시간도 채 되지 못했고, 이것으로는 충분치 못했다. 서유럽 국가들의 정부가 무솔리니에게 회신을 한 9월 1일이 되었을 때, 그들은 폴란드에서 먼저 전투가 중단되어야 한다고 요구해야만 했다. 이것이 전부인 것도 아니었다. 보네는 무솔리니의 제안에 열광적으로 찬성했지만, 영국에서는 여론에 귀추가 달려 있었다. 하원은 체임벌린이 독일이 단지 "경고를 한 것"이라고 설명하자 반발했고, 다음 날 좀 더 확실한 무엇이 일어나기를 기다렸다. 할리팩스는, 평소와 마찬가지로 국민적 감정에 따라 흔들려서, 오로지 독일이 폴란드의 모든 영토에서 철수할 때만 회의가 개최될 수 있다고 주장했다. 이탈리아인들은 히틀러에게 그러한 요구를 하는 것은 가망이 없음을 알고 있었다. 그들은 더 이상 누력을 하지 않고 회의 개최를 포기했다.

그러나 영국 정부와 프랑스 정부, 특히 프랑스 정부는 열리기도 전에 사라진 회의에 계속해서 믿음을 두었다. 히틀러가 처음에는 만약 회의에 초청 받는다면 9월 3일 정오에 대답을 주겠노라고 무솔리니에게 답했다. 따라서 보네, 그리고 그와 더불어 체임벌린은 그때가 지날 때까지 선전포고를 필사적으로 미루려고 애썼다. 이탈리아인들이 더 이상 히틀러나 다른 누구를 초청할 의사가 없었음에도 불구하고 말이다. 보네는 선전포고를 하고 나면 독일의 공습으로 프랑스 군이 동원에 방해를 받으므로 선전포고 연기가 필요하다고 하는 이유를 생각해냈다(그런데 그들도 알고 있듯이 독일의 공습은 어떠한 경우에도 일어나지 않을 것이었다. 독일 공군은 전부 폴란드에 투입되었다). 체임벌린은 프랑스인들이 연기하는 것을 원하고 있고 동맹국과 일을 하는 것은 항상 어렵기 때문이라는 것 말고는 이유를 떠올리지 못했다. 9월 2일 저녁, 그는 여전히 가정상의 협상을 들먹이며 하원을 구슬리고 있었다. "만약 독일 정부가 철군하는 데 동의한다면 국왕 폐하의 정부는 우리의 입장이 독일군이 폴란드 국경을 넘기 전과 같은 것으로 기꺼이 간주할 것입니다. 다시 말해, 독일과 폴란드 정부 사이의 현안에 대한 논의의 길이 열려 있을 것입니다." 이는 충직한 보수당원들에게조차도 너무한 것이었다. 리오 에이머리Leo Amery가 야당 총재 대리를 맡고 있던 아서 그린우드Arthur Greenwood에게 전화해 "영국을 대변하시오"라고 말했다. 체임벌린은 할 수 없는 일이라면서 말이다. 사이먼 휘하의 각료들이 체임벌린에게 하원이 다시 열리기 전에 히틀러에게 최후통첩을 보내지 않는다면 내각이 붕괴될 것이라고 경고했다. 체임벌린은 굴복했다. 프랑스인들의 반대는 무시되었다. 영국의 최후통첩이 9월 3일 오전 9시에 독일인들에게 전달되었다. 오전 11시가 시한이었고, 전쟁 상태가 뒤따랐다. 보네는 영국인들이 어떠한 경우이든 전쟁으로 향하리라는 것을 알았을 때, 걷잡을 수 없는 불안 가운데 그들의 뒤를 따르게 될 것이었다. 참모 진의 반발이 예상됨에도 불구하고, 프랑스인들이 최후통첩을 할 시 간이 다가왔다. 최후통첩은 9월 3일 정오에 전달되었고, 오후 5시에 시한이 만료되었다. 이렇게 흥미로운 방식으로, 이십 년 동안 독일 에 대항하기를 주장해왔던 프랑스인들이 이십 년 동안 회유를 설득 해왔던 영국인들에 의해 전쟁으로 끌려 들어가게 된 것으로 보인다. 두 나라 모두 자신들이 오랫동안 어떻게든 지켜낼 수 있다고 생각하 던 강화조약의 일부분을 방어하기 위한 전쟁에 참전했다. 어쩌면 히 틀러가 계속해서 대규모 전쟁을 획책해왔는지 모른다. 하지만 기록 으로 보건대 그는 8월 28일에 시작했어야 하는 외교적 술책을 8월 29일에 착수함으로써 전쟁에 휘말리게 되었다.

이러한 일들이 제2차 세계대전, 아니 더 정확히 말해 서유럽 세 국가가 베르사유의 결정 사항을 놓고 벌인 전쟁의 기원이다. 이 전쟁은 제1차 세계대전이 끝난 순간부터 잠재되어 있었다. 사람들은 다시 일어난 이 전쟁을 보다 굳센 단호함이나 혹은 더욱 줄기찬 회유 로 막을 수 있었을지에 대해 오랫동안 논쟁을 거듭할 것이다. 그러나 이러한 가설적인 추측에 대해 어떠한 답도 찾을 수 없을 것이다. 어 쩌면 두 가지 가운데 어느 쪽이든 성공할 수 있었을 것이다. 일관되 게 추구되었다면 말이다. 영국 정부에 의해 실행된, 두 가지의 혼합 은 가장 실패할 것 같았다. 이러한 물음이 이제는 너무나도 오래 전 일처럼 보인다. 히틀러는 두 서유럽 국가가 결코 전쟁에 참여하지 않으리라 가정한 데에서 실수를 했지만, 그들이 전쟁에 많은 노력을 들이면서 임하지 않을 것이라는 예측은 옳은 것으로 드러났다. 영국과 프랑스는 폴란드인들을 돕기 위해 아무것도 하지 못했고, 스스로를 구하기 위해 거의 아무것도 하지 못했다. 독일의 휴전 협정 대표단이 르통드에서 열차 객실 안으로 들어가 포슈Ferdinand Foch 원수 앞에 모습을 드러냈던, 1918년에 시작되었던 유럽의 경쟁은 1940년에 프랑스 휴전 협정 대표단이 그때와 같은 객차에서 히틀러 앞에 나타났을 때 종료되었다. 유럽에 "새로운 질서"가 놓이게 되었다. 독일이 유럽을 지배했다.

영국 국민들은 히틀러가 이루어놓은 일을 원상태로 되돌려놓을 힘이 자신들에게 없었음에도 불구하고 대항하기로 결의했다. 히틀러 자신이 그들을 돕게 되었다. 그의 성공은 유럽이 유럽 밖의 세계로부터 고립되었던 데 따른 것이었다. 그런데 그는 이 성공의 근원을 아무런 이유 없이 파괴했다. 1941년에 그는 소련을 공격했고, 미국에 선전포고를 했다. 가만히 내버려 두기만을 요구했던 두 세계적 강대국에 대해서 말이다. 이렇게 해서 진정한 세계대전이 시작되었다. 우리는 아직도 그 전쟁의 그늘에서 살고 있다. 1939년에 발발한 전쟁은 역사적 호기심의 대상이 되었다.

주

1 라우즈 씨(A. L. Rowse)다. 그가 자신의 책《올 소울즈 칼리지와 유화 정책*All Souls and Appeasement*》에서 말한 바와 같다.

2 Burton H. Klein, *Germany's Economic Preparations for War* (1959). 클라인 씨는 랜드 연구소(RAND Corporation)에서 활동하는 경제학자다.

3 Ibid., pp. 16~7.

4 Fritz Tobias, *Reichstagbrand* (1962).

5 Keitel to Ribbentrop, 30 Nov. 1938. *German Foreign Policy*, series D, iv. No. 411.

6 Keitel directive, 22 March 1939. Ibid., vi. Appendix Ⅰ.

7 Keitel report, 4 April 1939. Ibid., Appendix Ⅲ.

8 볼프강 자우어(Wolfgang Sauer)가《국가 사회주의의 권력 장악*Die nationalsozialistische Machtergreifung*》(1960)에서 그리 하였다.

9 Churchill, *The Second World War*, i. p. 226.

10 Klein, *Germany's Economic Preparations for War*, p. 17.

11 Ibid., p. 26.

12 Ibid., p. 17.

13 호스바흐의 진술에 대해서는 *International Military Tribunal*, xlii, p. 228에 나온 진술과, 약간 차이가 있지만 Hossbach, *Von der militärischen Verantwortlichkeit in der Zeit vor dem Zweiten Weltkrieg* (1948), p. 28을 참조할 수 있다. 키르히바흐의 사본과 이에 따르는 의문점에 대해서는 G. Meinck, *Hitler und die deutsche Aufrustung 1933~37* (1956), p. 236을 참조할 수 있다. 베크의 대응하는 메모에 대해서는 W. Foerster, *Ein General kämpft gegen den Krieg* (1949), p. 62를 참조할 수 있다. 저항의 시작에 대해서는 Hans Rothfels, *Die deutsche Opposition gegen Hitler* (1951), p. 71을 참조할 수 있다. 블롬베르크, 괴링, 노이라트는 뉘른베르크에서 메모의 신빙성을 부정하는 증언을 했다. 그들의 증언은 대체로 가치가 없는 것으로 생각된다. 그러나 좀 더 정확히 말하면 그러한 증언은 히틀러에 대해서 불리하게 말하고 있는 한에서만큼은 가치가 있다.

14 이제 그들은 또한 히틀러의 제2의 책에 주의를 기울일 수도 있게 되었다. 이것은 영어판에서는 비밀의 책이라고 불리기도 하는 것인데 그가 1928년에 썼지만 최근에야 출판되었다. 물론 그 책에 비밀스러운 것이란 없다. 그 책은 히틀러가 당시에 했던 연설을 조금 손본 것이었으며, 책이 출판되지 않았던 것도 출판할 가치가 없기 때문이었다. "비밀"이란 것은 히틀러에 관련된 모든 것이 다루어질 때 따라오는 낭만적인 공상을 대표할 뿐이다.

15 Fritz Fischer, *Griff nach der Weltmacht* (1961).

3장

1 H. N. Brailsford, *The War of Steel and Gold* (1914), p. 35.

2 독일의 장성들은, 그들만이 가진 재주는 아닐지라도, 굉장한 솜씨로 이전에 군비에 소요되었던 것보다도 더 많은 돈이 무장을 해제하는 데 들어가도록 할 수 있었다. 독일의 납세자들은 1914년에 대규모의 육군과 해군을 유지할 때보다도 1919년 이후에 해군은 전혀 없고 소규모의 육군을 유지하는 데 더 많은 돈을 내야 했다.

3 Minutes of Five Power Meeting, 6 Dec. 1932. *Documents on British Foreign Policy*, second series, iv. No. 211.

4장

1 MacDonald, conversation with Paul-Boncour, 2 Dec. 1932. *British Foreign Policy*, second series, iv. No. 204.

2 That is for the street – or perhaps the gutter.

3 Minute by Simon on Phipps to Simon, 31 Jan. 1934. Ibid., vi. No. 240.

4 Memorandum by A. C. Temperley, 10 May 1933. Ibid., v. No. 127.

5 Phipps to Simon, 21 Nov. 1933. Ibid., vi. No. 60.

6 MacDonald, conversation with Daladier, 16 March 1933. Ibid., iv. No. 310.

7 Foreign Office Memorandum. 25 Jan. 1934. Ibid., vi. No. 206.

8 Minute by Eden on Tyrell to Simon, 8 March 1934. Ibid., vi. No. 337.

9 Anglo-French meeting, 22 Sept. 1933. Ibid., v. No. 406.

10 Conference of Ministers, 17 Oct. 1933. *German Foreign Policy*, series C. ii. No. 9.

11 Conference of Ministers, 7 April 1933. Ibid., i. No. 142.

12 Bülow to Nadolny, 13 Nov. 1933. Ibid. ii. No. 66.

13 Memorandum by Bülow, 30 Apr. 1934. Ibid. ii. No. 393.

14 Memorandum by Neurath, 15 June 1934; Hassell to Neurath, 21 June 1934. Ibid., iii. No. 5 and 26.

6장

1 Memorandum by Keppler, 28 Feb. 1938. *German Foreign Policy*, series D. i. No. 338.

2 Schulenburg to Foreign Ministry, 12 Oct. 1936. Ibid., iii. No. 97.

3 뛰어난 이론가들은, 만약 공화국이 승리했다면 히틀러는 프랑스를 점령한 후 곧장 에스파냐로 쳐들어갔을 것이므로, 프랑코의 승리는 연합국 측에 이로움을 가져온 것이라고 주장해 왔다. 역사에서 이러한 "만약에"라는 가정을 통해 얻는 것은 없다. 우리는 공화국이 승리했다면 파시즘이 약화되어 전쟁이 일어나지 않았을 것이라 고 주장할 수도 있다. 히틀러는 부분적으로는 자원이 부족하였기 때문에, 부분적 으로는 지중해 서부에 관심이 없었기 때문에 에스파냐 국경에서 멈추었다. 에스파 냐 정권의 성격은 그에게 많은 영향을 미치지 않았다.

7장

1 *Documents on German Foreign Policy*, series D. i. footnote on p. 29.

2 Memorandum by Hossbach, 10 Nov. 1937. Ibid., No. 19.

3 Memorandum, 19 Nov.; foreign ministry circular, 22 Nov. 1937. Ibid., No.31 and 33.

4 Ribbentrop to Neurath, 2 Dec. 1937. Ibid., No. 50.

5 Papen, report to the Führer, 8 Nov.; to Weizsäcker, 4 Dec. 1937. Ibid., No. 22 and 63.

6 Memorandum by Keppler, 1 Oct. 1937. Ibid. No. 256.

7 Papen, *Memoirs*, 408.

8 Memorandum (by Keppler), 21 and 26 Feb. 1938. *German Foreign Policy*, series D. i. No. 318 and 328.

9 Ciano to Grandi, 16 Feb. 1938. *Ciano' Diplomatic Papers*, p. 161.

10 Grandi to Ciano, 19 Feb. 1938. Ibid., p. 183.

11 Memorandum by Ribbentrop, 23 Feb. 1938. *German Foreign Policy*, series D. i. No. 123.

12 *Ciano' Diary 1937~1938*, p. 79.

13 Hitler to Mussolini, 11 March 1938. *German Foreign Policy*, series D. i. No. 352.

14 Memoranda by Ribbentrop. 11 March 1938. Ibid., No. 150 and 151.

15 Henderson to Halifax, 12 March 1938. *British Foreign Policy*, third series. i. No. 46.

16 Halifax to Palairet, 11 March 1938. Ibid., No. 25.

17 Henderson to Halifax, 12 March 1938. Ibid., No.46 and 48.

8장

1 Note by Schmundt, April 1938. *German Foreign Policy*, series D. ii. No. 132.

2 Report by Henlein, 28 March 1938. Ibid., No. 107.

3 Newton to Halifax, 18 May 1938. *British Foreign Policy*, third series. i. No. 229.

4 Halifax to Phipps, 12 March 1938. Ibid., No. 62.

5 Halifax to Phipps, 22 March 1938. Ibid., No. 106.

6 Hamilton to Phipps, 23 March Ibid., No. 107.

7 Hamilton to Phipps, Ibid., No. 109.

8 Halifax to Maisky, 24 March 1938. Ibid., No. 116.

9 Gamelin, *Servir*, ii. p. 324.

10 Phipps to Halifax, 24 March 1938. *British Foreign Policy*, third series. i. No. 112.

11 Paul Boncour, *Entre Deux Guerres*, iii. 101.

12 종종 반시타트 자신이 냉소적으로 이런 말을 했다. 체임벌린이 유화 정책을 맡을 사람으로 헨더슨을 선택했다고 하는 믿음은 근거가 없는 것이다.

13 Chilston to Halifax, 19 April 1938. *British Foreign Policy*, third series. i. No. 148.

14 Noël, *L'agression allemande*, pp. 198~202.

15 Anglo-French Conversations, 28 and 29 April 1938. *British Foreign Policy*, third series. i. No. 164.

16 Newton to Halifax, 16 May 1938. Ibid., No. 221.

17   Woermann to Ribbentmp, 7 May 1938. *German Foreign Policy*, series D. ii. No. 149.

18   Memorandum by Bismarck, 10 May 1938. Ibid., No. 151.

19   Kordt to Ribbentrop, 29 April 1938. Ibid., No. 139.

20   Draft by Keitel, 20 May 1938. Ibid., No. 175.

21   Fierlinger to Krofta, 28 April 1938. *New Documents on the History of Munich*, No. 7.

22   Litvinov to Alexandrovsky, 25 May 1938. *New Documents*, No. 14.

23   영국 문서(third series. i. No. 450)에 이러한 사실을 드러내 줄 듯 말 듯한 각주가 있
      다. "외무성은 자체로 가지고 있는 증거로부터 이 점에 대한 네빌 핸더슨 경이나 무
      관의 견해에 공감하지 않았다"라는 내용이다. 그러나 증거는 없다.

24   Halifax to Phipps, 22 May 1938. Ibid. No. 271.

25   Phipps to Halifax, 23 May 1938. No. 286. Welczeck to Ribbentrop, 26 May 1938,
      German Foreign Policy, series D. ii. No. 210.

26   Notes by Strang, 26~7 May, 28~9 May 1938. *British Foreign Policy*, third series. i. No.
      349 and 350.

27   Directive by Hitler, 30 May 1938. *German Foreign Policy*, series D. ii. No. 221.

28   General Strategic Directive, 18 June 1938. Ibid., No. 282.

29   Excerpt from a strategic study of 1938, 2 June 1938. Ibid., No. 235.

30   Halifax to Bonnet, 7 July 1938. *British Foreign Policy*, third series No. 472.

31   Halifax to Newton, 18 July 1938. Ibid., No. 508.

32   Philip of Hesse to Mussolini, Sept. 1938. *German Foreign Policy*, series D. ii. No. 415.

33   Phipps to Halifax, 10 Sept. 1938. *British Foreign Policy*, third series. ii. No. 843,
      footnote.

34   Litvinov to Alexandrovsky, 2 Sept.; Potyomkin, memoranda, 5 and 11 Sept. 1938. *New
      Documents*, No. 26, 27 and 30.

35   Halifax to Phipps, 9 Sept. 1938. *British Foreign Policy*, third series. ii. No. 814.

36   Halifax to Phipps, 12 Sept. 1938, and footnotes, Ibid., No. 843.

37   Phipps to Halifax, 8 Sept. 1938. Ibid., No. 807.

38   Phipps to Halifax, 13 Sept. 1938. Ibid., No. 855.

39   Phipps to Halifax, 13 Sept. 1938. Ibid., No. 857.

40   Phipps to Halifax, 13 Sept. 1938. Ibid., No. 861.

41   Phipps to Halifax, 14 Sept. 1938. Ibid., No. 003.

42 Henderson to Halifax, 12 Aug. 1938. Ibid., No. 613.

43 Anglo-French Conversations, 18 Sept. 1938. Ibid., No. 928.

44 Alexandrovsky to Litvinov, 19 Sept. 1938. *New Documents*, No. 36.

45 Fierlinger to Krofta, 20 Sept. 1938. Ibid., No. 39.

46 Alexandrovsky to Litvinov, 20 Sept. 1938. Ibid., No. 37.

47 Krofta to Masaryk and Osusky, 16 Sept. 1938. Ibid., No. 32.

48 Newton to Halifax, 20 Sept. 1938. *British Foreign Policy*, third series. ii No. 979.

49 Bonnet, *de Washington à la quai d'Orsay*, p. 250. Krofta to Masaryk and Osusky, 21 Sept. 1938. *New Documents*, No. 42.

50 Conversation between Hitler and Csáky, 16 Jan. 1939. *German Foreign Policy*, series D. v. No. 272.

51 Fierlinger to Krofta, 29 Sept. 1938. *New Documents*, No. 55.

52 Phipps to Halifax, 24 Sept. 1938. *British Foreign Policy*, third series. ii No. 1076.

53 Phipps to Halifax, 26 Sept. 1938. Ibid., No. 1119.

54 Anglo-French conversations, 25 Sept. 1938. Ibid., No. 1093.

55 Gamelin, *Servir*, ii. p. 352.

56 Conversation between Hitler and Wilson, 27 Sept. 1938. *British Foreign Policy*, third series. ii. No. 1129.

57 Halifax to Phipps, 27 Sept. 1938. Ibid., No. 1143.

58 Phipps to Halifax, 28 Sept. 1938. Ibid., No. 1160.

59 Halifax to Newton, 28 Sept. 1938 Ibid., No. 1184.

60 Halifax to Chilston, 29 Sept. 1938. Ibid., No. 1221.

61 Alexandrovsky to Litvinov, 30 Sept. 1938. *New Documents*, No. 57 and 58.

62 Conversation between Chamberlain and Hitler, 30 Sept. 1938. *British Foreign Policy*, third series. ii. No. 1228.

9장

1 Brailsford, *After the Peace* (1920), p. 47.

2 Coulondre, *De Staline à Hitler*, pp. 165, 169, 171.

3 Directive by Hitler, 21 Oct. 1938. *German Foreign Policy*, series D. iv. No. 81.

4 Directive by Keitel, 17 Dec. 1938. Ibid., No. 152.

5 Hitler, conversation with Darányi, 14 Oct. 1938. Ibid., No. 62.

6 Conversation between Hitler and Tuka, 12 Feb. 1939. Ibid., No. 168.

7 이는 립스키의 말에 따른 것이다. 리벤트로프는 단지 "폴란드가 반코민테른 협정에 동의할 것이다"라고 기록하였다. 그러나 결국은 마찬가지였다. Ibid., v. No. 81.

8 Conversation between Hitler and Beck, 5 Jan. 1939. Ibid., No. 119.

9 Minute by Ribbentrop, 1 Feb. 1939. Ibid., No. 126.

10 Anglo-French meeting, 24 Nov. 1938. *British Foreign Policy*, third series, iii. No. 325.

11 Halifax to Phipps, 1 Nov. 1938. Ibid., No. 285.

12 Anglo-French meeting, 24 Nov. 1938. Ibid., No. 325.

13 Halifax to Newton, 8 Dec. 1938. Ibid., No. 408.

14 Sargent to Phipps, 22 Dec. 1938. Ibid., No. 385, footnote.

15 Halifax to Phipps, 1 Nov 1938. Ibid., No. 285.

16 Halifax to Lindsay, 24 Jan. 1939. Ibid., No. 5.

17 Henderson to Halifax, 18 Feb. 1939. Ibid., No. 118.

18 *Hitler's Table Talk*, p. 204.

19 Phipps to Halifax, 14 March 1939. *British Foreign Policy*, third series. iv. No. 234.

20 Halifax to Phipps, 15 March 1939. Ibid., No. 280.

21 Templewood, *Nine Troubled Years*, p. 377.

22 Conversation between Halifax and Bonnet, 21 March 1939. *British Foreign Policy*, third series. iv. No. 458.

23 Feiling, *Chamberlain*, p. 403.

24 Anglo-French conversation, 22 March 1930. *British Foreign Policy*, third series. iv. No. 484.

25 Halifax to Kennard, 27 March 1939. Ibid., No. 538.

26 Memorandum by Ribbentrop, 21 March 1939. *German Foreign Policy*, series D. vi. No. 61.

27 Directive by the Führer, 25 March 1939. Ibid., No. 99.

28 British conversations with Beck, 4~6 April 1939. *British Foreign Policy*, third series. v.

No. 1, 2 and 10.

10장

1 히틀러의 이 연설은, 나중에 451-2쪽에서 좀 더 상세하게 논의하겠지만, 이 당시 그가 다른 데서 말한 것들과 충돌된다. 나는 처음부터 그 연설에 대해 미심쩍어했다. 이제 연설은 조작된 것이라고, 아마도 독일 참모부의 몇몇 사람이 영국인들에게 겁을 주기 위해서 꾸며낸 것이라고 알려지게 되었다. 히틀러는 5월 23일 연설을 하지 않았고 그 자리에 있었다고 주장되는 이들 대부분이 베를린에 있지도 않았다.

2 Halifax to Kennard, 3 May 1939. *British Foreign Policy*, third series. v. No. 346.

3 Kennard to Halifax, 4 May 1939. Ibid., No. 355.

4 Halifax to Kennard, 1 June 1939. Ibid., No. 692.

5 Bonnet, *Fin d'ne Europe*, p. 178.

6 *Hansard*, fifth series, vol. 345, pp. 2500~2.

7 vol. 345, pp. 2507~10.

8 19 April 1939, Ibid., vol. 112, pp. 697~8.

9 Foreign Office memorandum, 22 May 1939. *British Foreign Policy*. third series. v. No. 576.

10 Halifax conversation with Gafencu, 26 April 1939. Ibid., No. 280.

11 Foreign Office memorandum, 22 May 1939. Ibid., No. 576.

12 Foreign Office minute on Henderson to Halifax, 8 May 1939. Ibid., No. 413.

13 Strang to Sargent, 21 June 1939. Ibid., No. 122.

14 1938년에 이러한 제약을 알아차렸다고 소련을 비난하는 "냉전 시대"의 역사가들이, 소련이 1939년에는 유사한 어떠한 제약도 거부했다는 이유에서 마찬가지로 격렬하게 비난하기는 다소 어려운 일이다.

15 Seeds to Halifax, 18 April 1939. Ibid., v. No. 201.

16 Foreign Office memorandum, 22 May 1939. Ibid., No. 576.

17 *Hansard*, fifth series, pp. 347, 1815~19.

18 Halifax to Cadogan, 21 May 1939. *British Foreign Policy*, third series. v. No. 576.

19 Halifax to Seeds, 28 July 1939. Ibid., vi. No. 474.

20 Weizsäcker to Schulenburg, draft, 26 May 1939. *German Foreign Policy*, series D. vi. No. 441.

21 Ribbentrop to Schulenburg, 3 Aug. 1939. Ibid., No. 760.

22 Schulenburg to Ribbentrop, 4 Aug. 1939. Ibid., No. 766.

23 Conversation between Hudson and Wohltat, 20 July 1939. *British Foreign Policy*, third series. vi. No. 370.

24 Conversations between Wohltat and Wilson, 24 July; record by Dirksen, 21 July 1939. *German Foreign Policy*, series D. vi. No. 716. *Dirksen Papers*, No. 13.

25 Conversations between Schwerin and Marshall-Cornwall and Jebb, 7 and 8 July 1939. *British Foreign Policy*, third series. vi. No. 269 and 277.

26 디르크셴은 볼타트나 독일 대사관으로부터 정보가 새나가지 않는다고 말했다. Minute by Sargent, 24 July 1939. Ibid., No. 426.

11장

1 Directive by Keitel, 3 April 1039. *German Foreign Policy*, series D. vi. No. 149.

2 Directive by Hitler, 11 April 1939. Ibid., No. 185.

3 Minutes of conference, 23 May 1939. Ibid., No. 433.

4 Weizsäcker, *Erinnerungen*, p. 258.

5 Memorandum by Weizsäcker, 24 July 1939. *German Foreign Policy*, series D. vi. No. 712.

6 Memorandum by Erdrnannsdorff, 8 Aug. 1939. Ibid., No. 784.

7 Minute by Makins, 14 Aug. 1939. *British Foreign Policy*, third series. vi. No. 659.

8 Loraine to Halifax, 7 July 1939. Ibid., No. 261.

9 *Ciano' Diary 1939–1943*, p. 123.

10 Conversation between Hitler and Ciano, 12 Aug. 1939. German Foreign Policy, series D. vii. No. 43; *I documenti diplomatici italiani*, eighth series. xiii. No. 4.

11 8월 12일에는 모스크바로부터 어떠한 전보도 와 있지 않았다는 사실이 이제는 일반적으로 받아들여지고 있다. 그러나 베를린 주재 소련 대리 대사인 아스타호프 (Astakhov)를 통하여 독일의 협상자가 방문하는 데 동의가 이루어진 것이 아니냐는 견해가 종종 비춰지고 있다. 그러나 이 또한 사실과 다르다. 아스타호프는 "소련인들은 개별적인 문제들을 논의하는 데 관심이 있다"고 말했을 뿐이다. 그는 우호조약을 언급하지 않았으며, "누가 모스크바에서 내왕을 신행시켜 가기노 기내피는

사람인지, 대사인지 아니면 그밖에 다른 누구인지에 관해서는 결정짓는 것을 보류
하였다." *German Foreign Policy*, series D. vii. No. 50. 전에도 종종 그래 왔듯이 아스타
호프는 아마도 자기 자신의 판단에 따라 행동을 하고 있었던 것 같다. 어쨌거나, 정
보가 히틀러에게 전달되었다고 하는 증거는 없다.

12   Instructions to the British Military Mission, Aug. 1939. *British Foreign Policy*, third
series. vi. Appendix v.

13   Minutes of meeting, 14 Aug. 1939. Ibid., vii. Appendix ii.

14   Instructions to Military Mission, Aug. 1939. Ibid., vi. Appendix v. para. 83.

15   Halifax to Kennard. 17 Aug., 20 Aug. 1939. Ibid., vii. No. 38, 39, 91.

16   Kennard to Halifax, 18 Aug. 1939. Ibid., No. 52.

17   Ribbentrop to Schulenburg, 14 Aug. 1939. *German Foreign Policy*, series D. vii. No. 56.

18   Schulenburg to Ribbentrop, 16 Aug. 1939. Ibid., No. 70.

19   Ribbentrop to Schulenburg, 10 Aug. 1939. Ibid., No. 75.

20   Schulenburg to Ribbentrop, 18 Aug. 1939. Ibid., No. 105.

21   Ribbentrop to Schulenburg, 18 Aug. 1939. Ibid.. No. 113.

22   Schulenburg to Ribbentrop, 19 Aug. 1939. Ibid.. No. 132.

23   Ribbentrop to Schulenburg. 20 Aug. 1939. Ibid., No. 142.

24   Conversation between Voroshilov and Doumenc, 22 Aug. 1939. *British Foreign Policy*,
third series. vii. Appendix ii. No. 10.

25   Kennard to Halifax, 23 Aug. 1939. Ibid., No. 176.

26   Noël, *L'agression allemande*, p. 424.

27   Memorandum of speech by Hitler, 22 Aug. 1939. *German Foreign Policy*, series D. vii.
No. 192 and 193.

28   Ogilvie-Forbes to Kirkpatrick, 25 Aug. 1939. *British Foreign Policy*, third series. vii. No.
314.

29   Bonnet, *Fin d'une Europe*, pp. 303-4.

30   Henderson to Strang, 16 Aug. 1939. *British Foreign Policy*, third series. vii. No. 37.

31   Memorandum by Loesch, 24 Aug. 1939. *German Foreign Policy*, series D. vii. No. 200.

32   Weizsäcker, *Erinnerungen*, p. 252.

33   Henderson to Halifax, 24 Aug. 1939. *British Foreign Policy*, third series. vii. No. 241 and
257.

34   Henderson to Halifax, 25 Aug. 1939. Ibid., No. 283.

35   Henderson to Halifax, 25 Aug. 1939. Ibid., No. 284.

36   Memorandum by Makins, 25 Aug. 1939. Ibid., No. 307.

37   Halifax to Kennard, 25 Aug. 1939. Ibid., No. 309.

38   Minute to Kirkpatrick, 27 Aug. 1939. Ibid., No. 397.

39   Minute by Halifax on Henderson to Halifax, 29 Aug. 1939. Ibid., No. 455.

40   *Moffat Papers 1919–43* (1956), p. 253. 헐은 윌슨의 이름을 들고 있다. *Memoirs*, i. p. 662.

41   Kennedy to Hull, 23 Aug. 1939. *Foreign Relations of the United States*, 1939. Vol. I. General.

42   Henderson to Halifax, 29 Aug., 30 Aug. 1939. *British Foreign Policy*. third series. vii. No. 493, 510.

43   Kennedy to Hull, 30 Aug. 1939. *Foreign Relations of the United States*, 1939. Vol. I. General.

44   Kennard to Halifax, 31 Aug. 1939. *British Foreign Policy*, third series. vii. No. 575.

45   Schmidt, circular dispatch, 30 Aug. 1939. *German Foreign Policy*, series D. vii. No. 458.

46   Henderson to Halifax, 31 Aug. 1939. *British Foreign Policy*, third series. vii. No. 597.

47   Minute by Cadogan, 31 Aug. 1939. Ibid., No. 589.

48   Henderson to Halifax, 1 Sept. 1939. Ibid., No. 631.

49   Halifax to Kennard, 1 Sept. 1939. Ibid., No. 632.

참고문헌

이 목록은 나의 책과 마찬가지로 지금까지 우리가 살펴보았던 이전의 시기에 한정되어 선정된 것이며, 뒷부분으로 갈수록 좀 더 상세한 내용을 다루게 된다. 이것은 내가 그때그때 유용하다는 것을 알게 된 책들만을 포함하고 있다. M. Toscano, *Storia dei trattati e politica internazional*, I(2nd edition, 1963)은 자세한 해설을 붙인 좀 더 충실한 목록을 제공해준다.

1. 공식 문서집

당시 공개된 문서들을 선별한 것이 *Documents on International affairs*에 (1928년과 그 이후로) 매년 수록되어 있다. 1939년의 것은 전쟁이 끝날 때까지 발간되지 않았다가, 후에 공간된 문서들에서 선별한 것 또한 포함하여 발간되었다.

Documents on German Foreign Policy 1918~1945 (1948 et seq.). 수많은 미국, 영국, 프랑스 출신 주요 편집자들의 작업으로, 전쟁이 끝났을 때 연합국의 수중에 들어온 독일 외무성의 기록들을 포함하고 있다. 일부 문서들은 파기되었다. 어쨌거나, 발간된 기록들은 우리에게 히틀러보다 외무성의 직업 외교관들에 관한 것을 더 많이 말해주고 있다. 히틀러는 문서상에 자신을 드러내려 하지 않았기 때문이다. 편집자들은 전문(電文)을 복제하는 데는 다소 신중을 기하였다. 따라서 편집된 각권은 어쩌면 급박한 상황에서 일을 처리하는 당황한 사람들의 정책이라기보다는 매우 신중하게 고려된 정책이라는 잘못된 인상을 심어줄 수 있다. 발간은 불완전한 것이고, 아마 결코 완간되지 못할 것 같다. 나는 다음을 사용하였다.

Series C, Vols. I~III는 1933년 1월 30일부터 1935년 3월 31일까지 다루고

있다.

Series D, Vols. I~VII은 1937년 9월부터 1939년 9월 3일까지 다루고 있다. 이보다 약간 이전의 문서들도 몇 가지 포함되어 있다.

Documents and Materials relating to the Eve of the Second World War. Vol. I: November 1937~1938 (1947). Vol. II: Dirksen Papers 1938~1939 (1948). 이것들은 소련의 수중에 들어간 독일의 기록들을 담고 있다. 첫 번째 권은 위에 적어놓은 더 많은 것을 담고 있는 공간본에 의해 현재 대체되고 있다. 두 번째 권은 거기에 수록하지 않았더라면 사라졌을 몇 개의 문서들을 수록하고 있다.

Documents on British Foreign Policy 1919~1939 (1946 et seq.). 이것은 로앙 버틀러(Rohan Buttler)와 우드워드 경(Sir E. I. Woodward)이 편집한 것으로 최근에는 우드워드 경 대신 베리(J. P. T. Bury)가 참여하였다. 이 문서들은 거의 오로지 외무성의 공식 문서고로부터 취득된 것들이다. 외상들과 외무성 관리들의 비망록은 거의 출판되지 않았다. 세 시리즈가 발간 중에 있으며 그중 세 번째 것이 완간되었다. 나는 다음의 것들을 사용하였다.

First Series, Vols. I~IX, 1 July 1919 to 1920.

Second Series, Vols. I~VIII, 23 May 1929 to 1934.

Third Series, Vols. I~IX, 9 March 1938 to 3 September 1939.

I documenti diplomatici italiani (1952). 이것들은 최종적으로 1861년 이탈리아 왕국의 건립부터 1943년 무솔리니 몰락까지 이탈리아 외교 기록을 포괄할 것이다. 이는 9개의 시리즈로 나왔다. 이 책에서 포괄하는 기간에 대해 나는 다음을 사용하였다.

Sixth Series, edited by R. Mosca, Vol. I. 4 November 1918 to 17 January 1919

Seventh Series, edited by R. Moscati, Vols. I~III. 11 October 1922 to 14 May 1925

Eighth Series, edited by M. Toscano, Vols. XII~XIII. 23 May to 3 September 1939

New Documents on the History of Munich (1958). 이것은 1938년에 관한 체코 문서와 몇 가지 소련 문서들을 포함하고 있다. 그밖에, 소련에 대해서는 제인 데그라스(Janes Degras)가 선별한 공식적인 문서들만 *Soviet Documents on Foreign Policy*, 3 vols. (1953 et seq.)에 수록되어 있다.

Papers relating to the Foreign Relations of the United States. 이 문서들은 1931~1939년의 기간에 대한 2권의 보유(補遺)와 함께 매년 나오고 있다. 일찍이 나온 이 공간본은, 미 국무성이 사가들에게 거의 무제한적인 접근을 허용한 것과 더불어, 50여 년이 경과할 때까지 비밀이 지켜져야 한다는 다른 나라 정부들의 항변을 무색하게 만들고 있다.

2.개인 문서와 회고록

독일

G. Stresemann, *Diaries, Letters, and Papers, 3 vols.* (1935~1940). 이 선집은 슈트레제만 정책의 "서방" 지향적 경향을 지나치게 강조하고 있다. J. Curtius, *Sechs Jahre Minister der deutschen Republik* (1947).

나치 정권 기간: 히틀러는 자기 자신에 대해 밝히지 않았다. 리벤트로프는 수감되어 있을 때 자기 자신을 변호하는 회고록, *Memoirs* (1954)를 썼다. 파펜은 회고록, *Memoirs* (1952)에서 매우 그럴듯한 해명을 내놓았다. 정권 말기의 여러 해 동안 계속해서 외무 차관 자리에 있었던 바이츠제커는 *Erinnerungen* (1950)에서 죄가 없음을 해명하는 이야기를 썼다. 디르크센은 *Moskau-Tokio-London* (1949)에서 어느 정도 사죄하고 있다. E. Kordt, *Nicht aus den Akten* (1950)은 문서들로 인해 가치가 떨어졌다. P. Schmidt, *Statist auf diplomatischer Bühne* (1949)는 히틀러의 통역자가 전하는 일화를 담고 있다. B. Dahlerus, *The Last Attempt* (1947). 달레루스가 담당했던 영국과 독일 정부 사이의 비공식적 중재에 관한 중요한 출처다.

프랑스

C. Suarez, *Briand, sa vie, son oeuvre*, Volumes V and VI (1940~1941). 그의 대외정책에 관한 상당한 분량을 포함하고 있다. E. Herriot , *Jadis 1914~1936* (1958)는 너무 빈약해서 유용하다고 하기가 뭣하다. J. Paul. Boncou, *Entre deux Guerres*, 3 vols.는 반면에 너무나 중요할 정도다. P. E. Flandin, *Politique française, 1919~1940* (1947)는 1936년 라인란트 재점령과 관련된 위기에 대해서만큼은 유용하다. G. Bonnet, *Defense de la paix*. Vol. I: *De Washington au Quai d'Orsay* (1946) Vol. II: *Fin d'une Europe* (1948). 공식 문서집이 없는 상황에서 굉장한 가치를 지닌 출처이다. 보네는 부정확하고 얼버무리는 태도로 많은 비판을 받아왔으나, 그의 회고록은 외상들이 집필한 회고록의 평균 수준을 뛰어넘는다. Gamelin, *Servir*, Vol II (1947)도 참모 총장의 입장에서 본 정책이라는 측면에서 대단한 가치가 있다. 다음은 세 명의 대사들이 쓴 회고록이다. A. François-Poncet, *Souvenirs d'une ambassade a Berlin* (1946); R. Coulondre, *De Staline à Hitler* (1950); L. Noël, *L'agression allemande contre la Pologne* (1946).

영국

Lloyd George, *The Truth about the Peace Treaties*, 2 vols. (1938). 제1차 세계대전 직후의 시기에 관한 많은 양의 자료를 담고 있다. C. Petrie, *Austen Chamberlain*, 2 vols. (1934~1940)에는 몇 개의 서한이 있다. D'Abernon, *An Ambassador of Peace*, 3 vols. (1929~1931)는 로카르노 시기에 관련해 중요하다. 그러나 맥도널드에 관한 것은 없으며 볼드윈에 관한 것은 가치가 없다. K. Feiling, *Neville Chamberlain* (1946)에는 몇 개의 서한과 체임벌린의 일기에서 인용한 것이 있다. S. Hoare, *Nine Troubled Years* (1954). 기록이라기보다 변론이기는 하지만 가치가 있다. 할리팩스 경과 사이먼 경의 행적은 언급되지 않고 매우 잘 넘어가고 있다. N. Henderson, *Failure of a Mission* (1940)은 더 나은 평가를 받아도 될 만한 진솔한 저작이다. 나는 반시타트나 스트랭, 그리고 커크패트릭의 저술에서는 아무런 유용한 것을 끌어내지 못했다. W. S. Churchill, *The Second World War*, Vol. I: *The Gathering Storm* (1948)은 때때로 약간의 실속 있는 정보를 제공해주는, 한 비평가의 기록이다. Tom Jones, *A Diary with Letters* 1931~50 (1954)는 "유화론자들"에 편견 가득 훌륭한 설명을 제공해준다. *The History of the*

Times, Vol. IV (1952) 또한 이 주제에 관하여 중요하다.

이탈리아

무솔리니가 남긴 것은 없다. 가장 중요한 출처는 Ciano, *Diary 1937~1938* (1952)와 *Diary 1939~1943* (1947)이다. *Ciano's Diplomatic Papers* (1948)는 조만간 공식 문서집에 의해 대체될 것이다. 제네바 주재 이탈리아 대표단의 단장인 알로이시(Aloisi)는 일지, *Journal* (25 July 1932 to 12 June 1936)(1957)을 출간하였다. 이것은 직업 외교관들이, 무솔리니에 반대하여 아비시니아 문제에 대해 협상을 통한 해결을 원했다는 것을 보여준다. Raffaele Guariglia, *Ricordi* (1950). 지중해에서의 프랑스-이탈리아 관계에 대한 설명으로는 유용하나 많은 것을 밝혀주지는 않는다. M. Magistrati, *L'Italia a Berlino 1937~39* (1956) 은 공식 기록에서의 아톨리코의 설명을 보충하고 있다.

폴란드

베크가 루마니아에 억류되어 있을 때, 자신의 정책에 대한 변론을 저술한 것으로서 *Dernier rapport* (1951)가 있다. 스쳄베크(Szembek)의 일지, *Journal 1933~39* (1952)은 폴란드 외무성에 대한 생생한 묘사를 제공해준다.

루마니아

G. Gafencu, *Last Days of Europe* (1948)은 저자가 1939년 4월에 주요국의 수도를 방문한 것을 기술하고 있고 또한 그가 보네에게서 얻은 문서들을 사용하고 있다.

소련

아무것도 없다.

미국

극동 문제에 관해서는 그 분량이 방대하다. 유럽에 대해서는 그다지 많지 않다. 가장 중요한 것은 Cordell Hull, *Memoirs*, 2 vols. (1948)다. 히틀러 시절의 독일 대사인 도드(W. Dodd)는 *Diary* (1945)를 출간했다. Joseph E. Davies,

510

Mission to Moscow (1941)는 문서들에 관해서는 담고 있는 것이 거의 없다. 그러나 저자가 소련 정부에 호의적이라는 점에서 흔치 않은 책이다.

3. 2차 문헌

전반적인 설명.

W. N. Medlicott, *British Foreign Policy since Versailles* (1940).

E. H. Carr, *International Relations between the Two World Wars* (1947).

A. M. Gathome-Hardy, *Short History of Intenational Affairs 1920~1939* (1950).

W. P. Potyomkin, edited: *Histoire de la diplomatie*, Vol. 3. 소련의 관점을 제시하는 점에서만큼은 유용하다.

M. Baumont, *La faillite de la paix*, 2 vols. (1951).

P. Renouvin, *Histoire des relations internationales.* Vol. VII: *Les Crises du XXe siècle. I. de 1914 a 1929* (1957) Vol. VIII: *Les Crises du XXe siècle. II. de 1929 a 1945* (1958)

F. P. Walters, *History of the League of Nations*, 2 vols. (1951).

독일 문제의 다양한 측면을 논의하고 있는 책들로 다음이 있다.

E. H. Carr, *The Twenty Years' Crisis* (1938), 유화 정책에 호의적인 훌륭한 논의.

L. Schwarzschild, *World in Trance* (1948), 강경론에 호의적인, 똑같이 훌륭한 논의.

W. M. Jordan, *Great Britain, France and the German Problem 1919~1939* (1948).

R. B. McCallum, *Public Opinion and the Last Peace* (1944).

Etienne Mantoux, *The Cartbaginian Peace* (1946), 케인즈에 의해 퍼졌던 배상과 강화 조약에 대한 견해들을 뒤집는 책.

H. W. Gatzke, *Stresemann and the Rearmament of Germany* (1948).

독일-소련 관계가 필요 이상 주목받고 있는 책들로는 다음과 같은 것들이 있다.

E. H. Carr, *German-Soviet Relations between the Two World Wars* (1952), 가장 훌륭한, 간결한 저작.

L. Kochan, *Russia and the Weimar Republic* (1954).

G. Hilger and A. G. Meyer, *The Incompatible Allies. A memoir-history of the German-Soviet Relations 1918~1941* (1958).

G. Freund, *Unholy Alliance* (1957), 드물게 도덕주의적인 작품.

소련 정책에 전반적으로 관련하여서는 다음의 책이 유일하다.

M. Beloff, *Foreign Policy of Soviet Russia 1929~1941*, 2 vols. (1947~1949). 어쩔 수 없이 대부분이 추측이다.

제2차 세계대전 발발 직전의 국제 관계에 대한 저작들은 거의가 상당한 분량을 담고 있는 공식 문서집이 나오기 전에 쓰인 것이다. 주요한 것으로는 다음과 같은 것들이 있다.

Alan Bullock, *Hitler* (1952). 히틀러의 대외 정책에 관한 좋은 부분이 있다.

E. Wiskemann, *The Rome-Berlin Axis* (1949).

J. W. Wheeler-Bennett, *Munich. Prologue to Tragedy* (1948).

J. W. Wheeler-Bennett, *The Nemesis of Power* (1953). 이 책은 히틀러에 대한 군부의 실패한 저항에 대한 몇몇 이야기를 포함하고 있다.

M. Toscano, *Le Origini del Patto d'Acciaio* (1948).

W. L. Langer and S. E. Gleason, *The Challenge to Isolation* (1952). 책 앞부분에 반소비에트적 경향이 예상됐다는 관점에서 유럽의 전전(戰前) 외교를 포괄하고 있다.

L. B. Namier, *Diplomatic Prelude* (1948). *Europe in Decay* (1950). *In the Nazi Era* (1952). 마지막 것은 두 권으로 된 보충적인 에세이다.

W. Hofer, *War Premeditated* (1954). 평화 기간의 마지막 10일에 대한 분석이다.

The Survey of International Affairs (1925년부터 매년 발간됨)는 국제 관계의 시사적인 해석을 제공해준다. 1938년의 첫 권은 이러한 형식으로 발간된 마지막 권이다. 시리즈가 중단되었다가 전쟁이 끝나고 다시 발간되었을 때는 좀 더 역사학적인 성격을 갖게 되었다. R. G. D. Laffan, Vol. II for 1938 (1951)은 체코슬로바키아를 둘러싼 위기를 다루고 있다. Vol. III (1953)는 히틀러의 프라하 점령까지의 그 다음 6개월 동안을 포괄하고 있다. *The World in March 1939* (1952)은 전반적인 에세이들로 된 책인데 그 에세이들의 가치는 차이가 있다. 그중에서도 가장 뛰어난 것은 힐먼(H. C. Hillman)의 "Comparative Strength of the Great Powers"라는 연구이다. *The Eve of War 1939* (1958)은 마지막 6개월 동안 이루어진 외교에 대해 상세하게, 그러나 다소 혼란스럽게 서술하고 있다.

연표

국제 관계	• 윌슨 미 대통령, 14개 조항 발표 • 브레스트-리토프스크 조약 체결(독일, 소련) • 휴전 협정 조인 (연합국, 독일)	• 베르사유조약 체결	• 국제 연맹, 첫 공식 회합 • 스파 회의 개막
	1917년	**1918년**	**1919년**	**1920년**
독일		• 독일 혁명 • 빌헬름 2세 퇴위 • 샤이데만, 공화국 선포	• 에베르트 대통령 선출 • 바이마르 헌법 공포	
영국		• 국민대표법, 여성에게 선거권 부여		
프랑스			• 우파 국민 블록 총선 승리	
기타	• 러시아 혁명	• 러시아 내전 발발		• 미국 상원, 국제연맹 가입안과 베르사유조약안 비준 거부

• 프랑스-폴란드 동맹 조약 • 리가 조약 　(소련, 폴란드) • 국제연맹, 　상 슐레지엔 분할	• 워싱턴 해군 조약, 　중국에 관한 9개국 　조약 • 라팔로 조약 　(독일, 소련)	• 루르 점령 　(프랑스, 벨기에 연합군) • 코르푸 사건	• 프랑스- 　체코슬로바키아 　동맹 조약 • 도스안 채택 • 제네바의정서 채택	**국제 관계**

1921년	1922년	1923년	1924년	
		• 슈트레제만 수상 겸 　외상 취임 • 나치, 뮌헨 봉기 실패		**독일**
	• 로이드 조지 실각, 　보나 로 보수당 내각	• 볼드윈 수상 취임	• 맥도널드 제1차 　노동당 내각(2월 1일) • 소련 정부 승인 • 볼드윈 보수당 내각 　(11월 6일)	**영국**
• 브리앙 내각	• 푸앵카레 내각		• 좌파 연합 총선 승리 • 소련 정부 승인	**프랑스**
	• 소련, 스탈린 　당 총서기 선출 • 이탈리아, 　무솔리니 집권		• 레닌 사망 • 이탈리아, 　마테오티 암살사건	**기타**

연표

국제관계			
• 로카르노 조약		• 부전 조약 (켈로그-브리앙 조약)	• 영안 채택

	1925년	1926년	1928년	1929년
독일	• 에베르트 대통령 사망 후 힌덴부르크 대통령 선출	• 국제연맹 가입		• 슈트레제만 사망 • 사민당, 연립 내각 구성 • 쿠르티우스 외상 취임
영국	• 금본위제 부활	• 총파업		• 맥도널드 제2차 노동당 내각
프랑스		• 푸앵카레 국민 연합 정부	• 군복무 단축	
기타			• 소련, 제1차5개년 계획 실시	• 뉴욕 증시 폭락, 대공황 시작

	1930년	1931년	1932년	1933년	
	• 런던 해군 조약 • 연합군, 라인란트 철수	• 관세 동맹 조약 (독일, 오스트리아) • 후버, 모라토리엄 제안 • 만주 사변 발발	• 군축 회의 시작 • 로잔 회의, 배상 문제 청산 결정	• 국제연맹, 리튼 보고서 채택 • 일본, 국제연맹 탈퇴 • 4국 협정 조인 (독일, 영국, 프랑스, 이탈리아) • 독일 군축 회의와 국제연맹 탈퇴	**국제 관계**
	• 브뤼닝 내각 • 나치당, 제2당으로 부상	• 브뤼닝, 외상 겸임	• 파펜 내각(6월 1일) • 슐라이허 내각 (12월 4일)	• 히틀러 수상 임명 • 제국 의회 화재 사건 • 수권법, 제국 의회 통과 • 나치 일당 독재 체제 확립 • 정교협약	**독일**
		• 금본위제 포기 • 맥도널드 거국 내각			**영국**
			• 좌파, 총선 승리		**프랑스**
	• 리트비노프, 외무 인민 위원 취임		• 미국, 루스벨트 대통령 선출	• 미국, 소련 정부 승인	**기타**

국제 관계	• 독일-폴란드 불가침 조약 • 히틀러와 무솔리니, 베네치아 회담	• 스트레사 합의(이탈리아, 영국, 프랑스) • 프랑스-소련 동맹 조약 • 소련-체코슬로바키아 동맹 조약 • 영국-독일 해군 합의 • 이탈리아, 아비시니아 침공 • 국제연맹, 이탈리아 제재 결정	• 이탈리아, 아비시니아 합병 • 독일-오스트리아 합의(신사협정) • 에스파냐 내전 발발 • 로마-베를린 추축 결성 • 반코민테른 협정 (독일, 일본)
	1934년	**1935년**	**1936년**
독일	• 나치의 숙청 (장검의 밤) • 힌덴부르크 사망, 히틀러 승계	• 재군비 선언	• 라인란트 재점령
영국		• 볼드윈 수상 취임 • 이든 외상 취임	• 에드워드 8세 즉위 (1월 20일) • 조지 6세 즉위 (12월 11일)
프랑스	• 2월 폭동 • 두메르그 국민 연합 정부		
기타	• 소련, 국제 연맹 가입 • 오스트리아 수상 돌푸스 피살 • 유고 국왕 알렉산다르 1세 암살 사건		

• 영국-이탈리아 지중해 합의 • 중일 전쟁 발발 • 이탈리아, 반코민테른 협정 가입 • 이탈리아, 국제연맹 탈퇴	• 독일, 오스트리아 병합 • 영국-이탈리아 현안 타결 합의 • 카를스바트 대회 • 뮌헨 협정, 체코슬로바키아의 주데텐을 독일에 합병 • 영국-독일 불가침 조약 • 독일-프랑스 불가침 조약	**국제 관계**

1937년	1938년	
• 샤흐트 사임	• 히틀러 국방상 취임 • 리벤트로프 외상 취임 • 뉘른베르크 나치당 대회	**독일**
• 네빌 체임벌린 수상 취임	• 할리팩스 외상 취임	**영국**
	• 달라디에 국민 연합 정부	**프랑스**
• 소련, 대숙청 시작		**기타**

국제 관계	• 독일, 보헤미아와 모라비아 점령(3월 15일), 메멜 합병(3월 23일) • 에스파냐 내전 종결 • 독일-이탈리아 강철 동맹 • 영국-프랑스-소련 군사 회담 시작 • 독일-소련 불가침 조약 • 영국-폴란드 동맹 조약 • 독일, 폴란드 침공 • 영국과 프랑스, 독일에 선전 포고 • 소련, 폴란드(9월 17일)와 핀란드(11월 30일) 공격	• 독일, 덴마크와 노르웨이 공격 • 독일, 벨기에와 네덜란드 공격 • 이탈리아, 참전 • 독일-프랑스, 휴전 협정	• 독일, 소련 침공 • 일본, 진주만 공습 • 영국과 미국, 일본에 선전 포고 • 독일과 이탈리아, 미국에 선전 포고
	1939년	**1940년**	**1941년**
독일			
영국	• 징집 부활	• 처칠 전시 내각	
프랑스		• 페탱 내각(6월 16일) • 비시 정부 수립 (7월 10일)	
기타	• 소련, 몰로토프 외무 인민 위원 취임		

520

이 연표를 작성하기 위해 참고한 자료와 웹사이트는 다음과 같다.

- Neville Williams & Philip Waller, *Chronology of the Modern World 1763 to 1992* 2nd ed. (New York: Simon & Schuster, 1994).
- E. H. Carr, *International Relations between the Two World War 1919~1939* (New York: St. Martin's Press, 1967).
- 김용구,《세계외교사》(서울: 서울대 출판부. 2000).
- www.rulers.org

인물소개

ㄱ

가믈랭, 모리스Gamelin, Maurice G.(1872~1958년) 프랑스의 군인. 육군 참모 총장, 합참 의장 등을 지냈고 제2차 세계대전이 발발하자 서부 전선 연합군 총사령관이 되었다. 1940년 5월에 독일군의 공세로 서부 전선이 무너지자 경질되었다.

가펜쿠, 그리고레Gafencu, Grigore(1892~1957년) 루마니아의 외교관, 정치가. 1938년에 루마니아의 서유럽 접근의 의미로 외상이 된 그는 제2차 세계대전이 일어나자 루마니아의 중립을 유지하기 위해 노력했으나 1940년 6월에 추축국을 안심시키기 위한 의도에서 해임되었다.

고트발트, 클리멘트Gottwald, Klement(1896~1953년) 체코슬로바키아의 정치가. 체코 공산당의 지도자로 제2차 세계대전 후 연립 내각의 총리를 지내고 공산당의 정부 전복 후에 베네슈의 뒤를 이어 대통령(1948~1953년)이 되었다.

골, 샤를 드Gaulle, Charles de(1890~1970년) 프랑스의 군인, 정치가. 제2차 세계대전 발발 후 폴 레노 내각의 국방 차관을 맡았다. 페탱 정권이 들어설 무렵 런던으로 망명하여 자유 프랑스 위원회를 조직하여 대독 항전을 주장했다. 전후 임시 정부 수반, 수상 겸 국방상이 되었고, 1953년에 은퇴했지만 알제리 위기로 복귀하여 1959년에 제5공화국을 출범시켰다.

괴링, 헤르만Göring, Hermann(1893~1946년) 독일의 군인, 정치가. 1922년에 히틀러를 만나 나치당에 가입했다. 히틀러 집권(1933년) 후에 프로이센 주 내무 장관이 되어 관료 기구와 경찰 기구를 장악한 뒤 공군 총사령관과 경제상까지 지낸 나치 정권의 2인자였다.

괴벨스, 요제프Goebbels, Joseph(1897~1945년) 독일의 정치가. 1929년에 나치당의 선전 부장으로, 집권 후에는 선전상으로 일하면서 제3제국의 의식,

문화 정책을 총괄하였다.

그란디, 디노Grandi, Dino(1895~1988년) 이탈리아의 외교관, 정치가. 외상
(1929~1932년), 런던 주재 대사(1932~1939년)를 역임했고 이후 법무상,
파시스트 최고 평의회 의장을 지냈다.

그레이, 에드워드Grey, Edward(1862~1933년) 영국의 정치가. 외상
(1905~1916년)에 있으면서 영국-프랑스 협상 노선을 견지하며 독일의 세
계 정책에 대항했으며 전쟁이 일어나자 연합국의 단결을 위해 노력했다.

그린우드, 아서Greenwood, Arthur(1880~1954년) 영국의 정치가. 노동당의
지도자로 전전(戰前)에 나치에 대항할 것을 주장했다. 제2차 노동당 내각
의 보건상, 노동당 부총재(1935~1945년), 전시 내각의 무임소상 등을 지
냈다.

ㄴ

나지아르, 폴-에밀Naggiar, Paul-Emile(1883~1961년) 프랑스의 외교관. 체
코 주재 공사(1935~1936년), 중국 주재 대사(1936~1938년), 모스크바 주
재 대사(1938~1940년).

넬슨, 호레이쇼Nelson, Horatio(1758~1805년) 영국의 군인. 프랑스 혁명 전
쟁 중에 지중해 함대 사령관을 맡아 트라팔가 해전을 승리로 이끌었다.

노스, 프레드릭North, Frederick(1732~1792년) 영국의 정치가. 수상 재임
(1770~1782년) 중에 미국 독립전쟁을 치렀다.

노엘, 레옹Noël, Léon 프랑스의 외교관. 폴란드 주재 대사(1935~1939년).

노이라트, 콘스탄틴 폰Neurath, Konstantin von(1873~1956년) 독일의
외교관, 정치가. 1932년에 파펜 정부에서 외상으로 취임하여 히틀러
가 집권한 이후(1938년까지)에도 집무했고, 보헤미아 · 모라비아 총독
(1939~1941년)을 지냈다.

뉴턴, 배즐Newton, Basil(1889~1965년) 영국의 외교관. 특명 전권 공사로 독
일(1935년)과 체코슬로바키아(1937년)에 파견되었고, 여러 차례 베를린
주재 대리 대사 업무를 수행했다.

달라디에, 에두아르드Daladier, Edouard(1884~1970년) 프랑스의 정치가. 급진 사회당 출신으로 식민상, 육군상 등을 거쳐 1933년에 수상이 되었고 이후에도 몇 차례 수상 자리에 올랐다. 1938년 4월에 수상 겸 국방상이 되어 영국의 체임벌린과 함께 대독 유화 정책을 실행했고 1940년 3월에 수상 직에서 사임했다.

달레루스, 비르여르Dahlerus, Birger(1891~1957년) 스웨덴의 사업가. 괴링과 친분을 맺고 있다가 전쟁 직전(1939년)에 영국과 독일 사이에서 중개자의 역할을 했다.

데이비스, 조지프Davies, Joseph(1876~1958년) 미국의 외교관. 모스크바 주재 대사(1937~1938년), 벨기에 주재 대사(1938~1940년).

델보스, 이봉Delbos, Yvon(1885~1956년) 프랑스의 정치가. 문교상 등을 지냈고 1936년부터 1938년까지 외상으로 재직했다.

델카세, 테오필Delcassé, Théophile (1852~1923년) 프랑스의 정치가. 외상(1898~1905년)으로 있으면서 영국과 화해 분위기를 조성했고 러시아와 관계를 굳게 만들었다. 이후 해군상(1911~1913년), 외상(1914~1915년)을 지내면서 이러한 성과를 바탕으로 새로운 동맹 체제를 수립했다.

돌푸스, 엥엘베르트Dollfuss, Engelbert(1892~1934년) 오스트리아의 정치가. 1932년에 수상 겸 외상이 되었다. 독일과의 합병을 반대하고 가톨릭 국가 건설을 위해 사회주의를 비롯한 여러 세력을 탄압하다 정쟁의 혼란 중에 나치당원들에게 살해당했다.

두망크, 조제프Doumenc, Joseph Aimé(1880~1948년) 프랑스의 군인. 모스크바 파견 군사 대표단의 수석 대표.

디르크센, 헤르베르트 폰Dirksen, Herbert von(1882~1955년) 독일의 외교관. 일본 주재 대사(1933~1938년), 런던 주재 대사(1938~1939년).

라발, 피에르Laval, Pierre(1883~1945년) 프랑스의 정치가. 전간기에 두 차례에 걸쳐 수상 겸 외상(1931~1932/1935~1936년)이 되었다. 1935년에는 영국 외상 호와 함께 이탈리아의 아비시니아 침공을 저지하려는 타협안을 안출했는데 이것이 언론에 누출되어 1936년 1월에 사임했다. 비시 정부에서 부수상 겸 외상, 수상을 맡으면서 독일 정부에 협력했고, 종전 후에 반역죄로 처형되었다.

런시먼, 월터Runciman, Walter(1870~1949년) 영국의 해운업자. 정치가 상무위원회 의장, 국제 해운회의 의장을 역임했고 1938년 체코 위기에 중재자로 프라하에 파견되었다.

레더, 에리히Raeder, Erich(1876~1960년) 독일의 군인. 해군 총사령관(1928~1943년)으로서 독일 해군을 재건했고 1940년에 덴마크와 노르웨이 침공을 계획하고 실행했다. 그러나 1943년에 주요 전역(戰域)을 지중해로 옮길 것을 주장하여 히틀러와 충돌한 뒤 경질되었다.

레오폴트, 요제프Leopold, Josef(1889~1941년) 오스트리아 나치당의 지도자.

로, 앤드류 보너Law, Andrew Bonar(1858~1923년) 영국의 정치가. 1911년에 밸푸어의 후임으로 보수당 당수가 된 뒤 애스퀴스의 연립 내각에서 식민상으로, 로이드 조지의 전시 내각에서 재무상으로 일했다. 1922년 10월에 로이드 조지를 실각시키고 보수당 단독 내각을 탄생시켰으나 이듬해 5월 건강을 이유로 사임했다.

로이드 조지, 데이비드Lloyd George, David(1863~1945년) 영국의 정치가. 1890년에 자유당 소속으로 의회에 진출한 뒤 애스퀴스 내각에서 재무상, 군수상, 전쟁상을 지내다가 1916년에 보수당과 연합하여 애스퀴스를 밀어내고 수상이 되었다. 1922년까지 수상으로 있으면서 프랑스의 현실적인 안보 정책과 미국의 이상주의적 유럽 정책을 조화시키려 애썼다. 1918년 이후로는 보수당 세력과 충돌했으며 1922년에 보수당이 연립 내각에서 탈퇴함으로써 실각했다. 이후 자유당 당수(1926~1931년)를 맡았고, 1945년까지 하원에 남아 있었다.

루덴도르프, 에리히 폰Ludendorff, Erich von(1865·1937년) 독일의 군인. 제

1차 세계대전에서 힌덴부르크와 함께 타넨베르크 회전에서의 승리로 영웅이 되어 군사 독재를 폈다. 휴전 후 스페인으로 일시 망명했다가 극우 운동에 참가하여 나치당과도 관련을 맺었으나 곧 결별하였다.

루스벨트, 프랭클린Roosevelt, Franklin D.(1882~1945년) 미국의 정치가. 1910년에 민주당 상원 의원으로 정계에 입문한 뒤 소아마비로 은퇴했다. 1924년에 복귀한 뒤 1932년에 대통령에 당선되어 대공황의 위기를 뉴딜 정책으로 극복했다. 제2차 세계대전이 발발하자 처음에는 중립을 선언했으나 점차 영국과 프랑스를 지원하게 되었고 일본의 진주만 기습으로 참전했다. 이후 스탈린, 처칠과 함께 연합국의 정책을 주도했고 국제연합의 탄생에도 힘을 쏟았다. 1944년에 4선되었으나 1945년 종전 직전에 사망했다.

르브룅, 알베르Lebrun, Albert(1871~1950년) 프랑스의 정치가. 1900년에 하원 의원이 된 후 식민상, 상원 의장을 거쳐 대통령(1932~1940년)이 되었다. 1940년에 페탱이 대통령제를 폐지하는 개헌을 시행함으로써 물러났다.

리벤트로프, 요아힘 폰Ribbentrop, Joachim von(1893~1946년) 독일의 외교관, 정치가. 나치당에 가입한(1932년) 뒤 히틀러에게 발탁되어 대외 문제에 대한 조언자가 되었고, 무임소 대사(1935~1936년), 런던 주재 대사(1936~1938년)를 지냈다 1938년에 외상이 되어 강철 동맹과 독소 불가침 조약을 성립시키고 대전 중 나치 외교를 담당했다.

리트비노프, 막심Litvinov, Maxim M.(1876~1951년) 소련의 외교관. 1930년에 외무 인민 위원이 된 뒤 집단 안보와 유럽 강대국 간의 협력을 추진했다. 1933년에 미국으로부터 소련 정부에 대한 승인을 얻어냈으며, 1934년에는 국제연맹으로부터 가입 승인을 받았다. 평화를 유지하고 추축국의 침략적 행동에 공동으로 대항한다는 그의 정책 노선은 뮌헨협정 이후 스탈린에 의해 포기되었다. 이후 미국 주재 대사를 지냈다.

리퍼, 렉스Leeper, Rex(1888~1968년) 영국의 외교관. 본부 참사관(1933년), 루마니아 주재 공사(1939년).

린더만, 프레데릭Lindemann, Frederick A.(1886~1957년) 영국의 물리학자, 정치가. 독일 출신의 옥스퍼드 대학 교수로 1921년 이래 처칠과 교우했다. 처칠에게 조언을 했으며 영국 방공 체계의 개선을 주장했다. 재무성 지불 총감, 추밀원 고문관을 지냈다.

립스키, 유제프Lipski, Józef(1894~1958년) 폴란드의 외교관. 베를린 주재 대
　사(1934~1939년).

ㅁ

마사리크, 토마슈Masaryk, Tomáš G.(1850~1937년) 체코슬로바키아의 정치
　가, 철학자. 프라하 대학의 교수로 자치 운동 및 독립 운동을 주도했고 초대
　대통령(1918~1935년)을 맡았다.

마이스키, 이반Maisky, Ivan(1884~1975년) 소련의 외교관. 런던 주재 대사
　(1932~1943년).

마테오티, 자코모Matteotti, Giacomo(1885~1924년) 이탈리아의 정치가. 사
　회당의 당수로 의회에서 파시스트들의 폭력 행위를 비난하다가 암살되
　었다.

맥도널드, 제임스 램지MacDonald, James Ramsay(1866~1937년) 영국의 정
　치가. 노동당의 설립자 중 한 명. 1924년에 제1차 노동당 내각의 수상 겸 외
　상이 되어 도스안을 수용하고 제네바의정서를 채택하는 등 유럽 평화 유지
　에 진력했으나, 10개월 만에 보수당에게 자리를 내주었다. 1929년에 제2차
　노동당 내각의 수상으로 대외적으로는 런던 해군 회의를 성공시키는 등 평
　화 유지에 공헌했으나 대내적으로는 대공황으로 어려움을 겪었다. 1931년
　에 실업 수당 삭감 문제로 노동당이 분열되자 보수당, 자유당과 함께 거국
　내각을 성립시켰고, 이 일로 노동당에서 제명된 뒤 보수당에 밀려 정국을
　주도하지 못하다가 1935년에 볼드윈에게 내각을 이양하고 추밀원 의장이
　되었다.

메이틀런드, 프레드릭Maitland, Frederic W.(1850~1906년) 영국의 법사학자.
　영국 법제사를 연구하여 중요한 업적들을 내놓았으며, 문서 편집과 발간에
　도 노력을 기울였다.

메테르니히, 클레멘스 폰Metternich, Klemens von(1773~1859년) 오스트리
　아의 외교관, 정치가. 1809년에 외상이 되었고, 프랑스 혁명 전쟁 후 개최
　된 빈 회의의 의상이 되어 유럽을 혁명진의 복고적인 길서로 되돌려 놓았

으며, 1821년에 재상이 되어 1848년 혁명으로 실각할 때까지 유럽의 정치 질서를 주도했다.

모즐리, 오즈월드Mosely, Oswald(1896~1980년) 영국의 정치가. 당적을 여러 차례 바꾸다가 1931년에 사회당을 결성했고 1932년에 다시 파시스트 연합을 건설했다. 제2차 세계대전이 일어나자 구금되었다가 풀려났다.

몰로토프, 뱌체슬라프Molotov, Vyacheslav M.(1890~1986년) 소련의 정치가. 혁명에 참여하여 당 중앙 위원, 정치국원을 맡았고 1930년에 인민 위원회 의장이 되었다. 1939년부터 외무 인민 위원이 되어 독일-소련 불가침 조약을 성립시켰으며 1949년까지 소련 외교를 담당했다. 1941년에 스탈린이 인민 위원회 의장에 취임하자 부의장이 되었다. 스탈린 사후 외무장관을 지냈으나 흐루시초프 축출 계획이 실패하자 1961년에 당에서 제명되었다가 1984년에 복권되었다.

몰리, 존Morley, John(1838~1923년) 영국의 정치가. 1883년에 글래드스턴의 지지자로 하원에 들어가 아일랜드와 인도 장관을 지냈다. 1910년에 추밀원 의장이 되었으나 1914년 영국의 제1차 세계대전 참전을 반대하여 사임했다.

무솔리니, 베니토Mussolini, Benito(1883~1945년) 이탈리아의 정치가. 사회주의 운동을 하다가 제1차 세계대전 후 파시스트당을 설립하고 1922년에 쿠데타로 정권을 잡았다. 에티오피아 침공과 에스파니아 내전 간섭 등 팽창 정책을 취하는 한편, 독일과 추축을 결성하고 반코민테른 협정에 가입하는 등 파시즘 진영을 형성했다. 히틀러의 요청으로 제2차 세계대전에 참가했으나 패전을 거듭하다 1943년 7월에 연합군의 시칠리아 상륙으로 실각하여 유폐되었다. 그해 9월에 독일군에게 구출되어 괴뢰 정권을 세웠으나 1945년 4월에 반파쇼 의용군에게 체포되어 사살되었다.

미클라스, 빌헬름Miklas, Wilhelm(1872~1956년) 오스트리아의 정치가. 1923년 하원 의장이 되었고 1928년에는 대통령이 되었다. 1938년 독일의 오스트리아 병합에 반발하여 사임했다.

밀너, 앨프리드Milner, Alfred(1854~1925년) 영국의 정치가. 철저한 제국주의자로 남아프리카식민지 총독으로 있으면서 보어 전쟁의 발발에 일조했다.

바돌리오, 피에트로Badoglio, Pietro(1871~1956년) 이탈리아의 군인. 제1차
세계대전 휴전 교섭에 이탈리아 대표로 참여했고, 아비시니아 원정군 최고
사령관으로서 아비시니아를 정복했다. 무솔리니 실각 후 수상이 되어 연합
군과 휴전 협정을 체결하고 독일에 선전포고를 했다.

바르투, 루이Barthou, Louis(1862~1934년) 프랑스의 정치가. 1913년에 수상
이 되어 제1차 세계대전에 대비했고, 전후에는 푸앵카레와 함께 국민 블록
에 참여해 배상 위원회의 프랑스 대표로 참가했다. 1934년에 외상이 되어
동유럽의 로카르노를 실현시키기 위해 노력하다가 같은 해에 유고슬라비
아 국왕 알렉산다르 1세와 함께 피살되었다.

바이츠제커, 에른스트 폰Weizsäcker, Ernst von(1882~1951년) 독일의 외교
관. 외무 차관(1938~1943년). 바티칸 주재 대사(1943~1945년).

반시타트, 로버트Vansittart, Robert(1881~1957년) 영국의 외교관. 커즌 외상
의 보좌관을 거쳐 외무 차관(1930~1938년)이 되었다. 차관 시절 반독일적
태도를 취하나 간섭하지는 않는 정책 노선을 견지했다.

밸푸어, 아서Balfour, Arthur J.(1848~1930년) 영국의 정치가. 1902년부터
1905년까지 수상으로 자유 통일당 내각을 이끌었고 제1차 세계대전 중에
는 해군상(1915~1916년), 외상(1916~1919년)으로 일했다. 1917년에는
유대인들의 협력을 얻기 위하여 이른바 벨푸어 선언을 통해 팔레스타인에
유대인 국가 건설을 약속했다.

베네슈, 에드바르트Beneš, Edvard(1884~1948년) 체코슬로바키아의 정치
가. 마사리크와 함께 독립 운동을 했고, 독립 후 외상으로 국제연맹에서 활
약하는 한편 프랑스와 동맹을 맺고 소협상을 주도했다. 1935년에 대통령
이 되었으나 뮌헨협정으로 사직하고 런던으로 망명했다. 종전 후 귀국하여
대통령(1946년)이 되었으나 1948년에 공산당이 정부를 전복하자 사임하
였다.

베크, 루트비히Beck, Ludwig(1880~1944년) 독일의 군인. 1935년 재건된 육
군의 초대 참모 총장이 되어 독일군의 강화에 힘썼으나 히틀러의 무모한
전쟁 계획에 반대하여 1938년 면식되었나. 이후 반나치 저항 운동을 지도

했고 1944년 반란을 일으켰다가 실패하여 자살했다.

베크, 유제프Beck, Józef(1894~1944년) 폴란드의 군인, 정치가. 제정 러시아에 대항하여 싸우다가 독립 후 1926년에 피우수트스키의 신임을 받아 내각의 수반이 되었고 1932년에 외상이 되었다. 프랑스, 루마니아와의 동맹을 유지하면서 독일, 러시아와도 우호적인 관계를 맺으려 했고 1939년 3월에 독일이 체코를 침공한 뒤에는 폐신을 차지하였다. 같은 해 4월에는 영국과 동맹을 맺었다.

베트만-홀베크, 테오발트 폰Bethmann-Hollweg, Theobald von(1856~1921년) 독일의 정치가. 1909년 독일 제국의 재상이 되어 내정 개혁을 추진하고 영국과의 화해를 도모했으나 실패하고 제1차 세계대전을 맞았다. 1917년에 군부의 압력으로 실각했다.

보네, 조르주Bonnet, Georges(1889~1973년) 프랑스의 정치가. 재정 전문가로 배상 회의에 참석했고, 여러 차례 재무상을 지냈다. 쇼탕 내각에서 재무상(1937~1938년)을 지내다가 달라디에 내각의 외상(1938~1939년)이 되어 뮌헨협정을 성립시키고 제2차 세계대전을 맞았다.

보로실로프, 클리멘트Voroshilov, Kliment Y.(1881~1969년) 소련의 군인, 정치가. 1903년에 볼셰비키에 가담하여 혁명에 헌신했다. 내전에서 붉은 군대의 사령관으로 활약했으며 국방 인민 위원(1925~1940년)을 지냈다.

볼드윈, 스탠리Baldwin, Stanley(1867~1947년) 영국의 정치가. 보수당 의원으로 정계에 들어가 상무 위원회 의장, 재무상 등을 거쳐 1923년에 보너 로의 뒤를 이어 수상이 되었고, 1924년 1월에 노동당에 자리를 내주었다가 그해 11월에 다시 집권하여 1929년까지 내각을 이끌었다. 1931년에 탄생한 거국 내각을 실질적으로 주도하다가 1935년에 다시 수상이 되었다. 국제연맹을 지지하여 그해 선거에서 승리했으나 곧 호-라발 계획의 언론 누출 이후 독일의 라인란트 재점령, 에스파냐 내전 등 계속되는 국제적인 어려움을 겪었다. 1937년에 사직했다.

부르크하르트, 카를Burckhardt, Carl(1891~1974년) 스위스의 역사학자, 외교관. 취리히 대학 교수를 지냈으며 국제연맹의 단치히 주재 고등 판무관으로 있었다.

* 뷜로, 베르나르트 폰Bülow, Bernard von(1885~1936년) 독일의 외교관. 외무

차관(1929~1936년).

브라우히치, 발터 폰Brauchitsch, Walther von(1881~1948년) 독일의 군인.
1938년에 쫓겨난 프리치의 뒤를 이어 육군 총사령관이 되었고, 1939년 폴
란드, 1940년 서부 전선, 1941년 발칸 반도와 소련 전역을 계획하고 실행
했으나 1941년 12월 소련에서의 실패로 물러나게 되었다.

브라이트, 존Bright, John(1811~1889년) 영국의 정치가, 연설가. 리처드 콥
든과 함께 반곡물법 연맹을 결성하여 곡물법 폐지와 자유무역을 주장했다.
대외적으로 크림 전쟁과 이집트 간섭에 반대했다.

브레일스퍼드, 헨리Brailsford, Henry N.(1873~1958년) 영국의 언론인. 정치,
역사 분야의 많은 저술을 남겼다.

브뤼닝, 하인리히Brüning, Heinrich(1885~1970년) 독일의 정치가. 1930년에
수상이 되어 디플레이션 정책에 의한 공황 극복을 시도했으나 의회의 지지
를 얻지 못하자 대통령령에 의지한 권위주의 정치를 행했고 결국 바이마르
공화국의 몰락을 초래했다. 1932년에 반나치 정책을 둘러싼 대립으로 사
임했다.

브리앙, 아리스티드Briand, Aristide(1862~1932년) 프랑스의 정치가. 1909년
이래 11차례에 걸쳐 수상을 역임했다. 제1차 세계대전 후에는 국제연맹을
중심으로 국제 협조 주의와 집단 안보 체제의 확립을 추진했으며, 독일 배
상 문제를 평화적으로 해결하려 했다. 외상(1925~1932년)으로 재직하면
서 1925년의 로카르노조약을 주도했고, 1928년에는 정치적 수단으로써
전쟁을 포기하자는 부전 조약(不戰條約). 일명 켈로그-브리앙 조약을 성립
시켰다

블롬베르크, 베르너 폰Blomberg, Werner Eduard Fritz von(1878~1946년) 독
일의 군인. 히틀러 정권에서 국방상(1933~1938년)을 지냈고, 군내 보수
세력 중 히틀러에게 자발적으로 복종한 인물로 알려져 있다. 1938년 1월에
결혼 관련 추문으로 사임하였다.

블룸, 레옹Blum, Léon(1872~1950년) 프랑스의 정치가. 사회당 당수, 인민 전
선 정부 수반(1936~1937년), 쇼탕 내각 부수상 등을 지냈고, 1938년 3월
에는 잠시 내각을 이끌기도 했다. 제2차 세계대전이 발발하고 비시 정부에
의해 패전 책임자로 시독되어 깅세에시 후방되었다가 1946년 12월 수상

겸 외상으로 복귀하여 잠시 내각을 이끌었다.

비스마르크, 오토 폰Bismarck, Otto von(1815~1899년) 독일의 정치가. 프로이센의 관리로 시작하여 1848년 혁명 뒤에는 외교관으로 활약했다. 1862년 프로이센의 재상이 되어 군비를 확장하고 잇따른 전쟁에서 승리하여 독일 통일을 이룩했다. 독일 제국의 초대 재상으로 20년 동안 자리를 지켰으나 빌헬름 2세가 즉위하자 충돌이 잦아져 사임했다.

빌헬름 2세Wilhelm II(1859~1941년) 독일의 황제(1888~1918년). 즉위하자마자 비스마르크를 해임하고 전제 정치와 팽창 정책을 실행했다. 제1차 세계대전 중인 1916년에 힌덴부르크와 루덴도르프에게 실권을 빼앗겼고 1918년 혁명으로 퇴위하여 네덜란드로 망명했다.

ㅅ

사로, 알베르Sarraut, Albert(1872~1962년) 프랑스의 정치가. 급진 사회당 소속으로 인도차이나 총독을 지냈으며 이후 1940년까지 내각에 참여했다. 두 차례(1933/1936년)에 걸쳐 잠깐 동안 수상을 지냈고, 1936년 수상으로 있을 때 독일의 라인란트 재점령에 대항하여 군사 행동을 하는 데 찬성했다.

사이먼, 존Simon, John(1873~1954년) 영국의 정치가. 애스퀴스 내각에서 법무상, 내상을 지냈고, 맥도널드의 거국 내각의 외상(1931~1935년), 볼드윈 내각의 내상 (1935~1937년), 체임벌린 내각의 재무상(1937~1940년), 전시 내각의 대법관(1940~1945년)을 지냈다. 나치 독일과의 화해를 선호하여 이후로 유화론자로 간주되었다.

샤흐트, 히알마르Schacht, Hjalmar(1877~1970년) 독일의 금융가, 정치가. 연방 은행 총재를 지내다가 영안(Young Plan)을 둘러싼 논란으로 사임했다. 1933년에 히틀러 정권에서 다시 총재가 되었고 1934년에는 경제상을 겸임했다. 독일의 경제를 회복시키고 재군비의 금융, 재정 문제를 담당했으나 더 많은 지원을 요구하는 히틀러에 반대하여 1937년에 해임되었다.

쇼탕, 카미유Chautemps, Camille(1885~1963년) 프랑스의 정치가. 급진 사회

당지도자로 두 차례(1930/1933~1934년) 내각을 이끈 후 블룸 내각에 이은 제2차 인민 전선 내각에서도 수상(1937~1938년)을 맡았다. 비시 정권의 부수상으로 페탱을 도왔으나 대독 협력 태도에 불만을 품고 방미 중 귀국하지 않고 체류했다.

슈슈니크, 쿠르트 폰Schuschnigg, Kurt von(1897~1977년) 오스트리아의 정치가. 법무상, 문교상 등을 지내다가 1934년에 수상 돌푸스가 살해되자 수상에 올랐다가 1938년 히틀러의 압력으로 사임했다. 독일과의 합병 후 구금되었다가 1945년에 풀려났다.

슈트레제만, 구스타프Stresemann, Gustav(1878~1929년) 독일의 정치가. 1923년 인플레이션의 대혼란 중에 수상으로 선출되자 프랑스군에 대한 저항을 중지하고 통화 안정을 꾀했으며, 같은 해 11월부터 사망할 때까지 외상으로 있으면서 로카르노조약 체결, 국제연맹 가입 등을 통해 평화를 통한 국력 회복에 힘쓰는 한편, 배상 문제의 해결과 라인란트 점령군의 철수를 위해 노력했다.

슐렌부르크, 프리드리히 폰Schulenburg, Friedrich von(1875~1944년) 독일의 외교관. 모스크바 주재 대사(1934~1941년).

스뮈츠, 얀Smuts, Jan C.(1870~1950년) 남아프리카 공화국의 정치가. 남아프리카 연방 성립 후 국방상, 재무상 등을 역임했고 제1차 세계대전에서 동아프리카군 사령관, 영국 전시 내각 각료로 활약했다. 전후에는 국제연맹을 발전시키고 독일을 포용할 것을 주장했다. 나중에 수상, 법무상을 지냈고, 제2차 세계대전 발발 후 다시 수상이 되어 영국을 도왔고 국제연합 창설에 공헌했다.

스탈린, 이오시프Stalin, Iosif V.(1879~1953년) 소련의 혁명가, 정치가. 청년 시절부터 혁명 운동에 적극 가담하여 레닌의 인정을 받아 1912년에 당 중앙 위원이 되었다. 1917년 혁명 이후 민족 인민 위원이 되어 소련 연방 결성에 힘썼고 내전에서는 혁명 군사 위원으로 활약했다. 이후 레닌의 후계자로 소련 공산당 서기장, 수상, 원수를 지냈다. 제2차 세계대전 직전 독일과 불가침 조약을 맺어 서유럽을 위기로 몰아넣었으나 독일의 소련 기습 이후 연합국과의 공동 전선을 굳게 지켰다.

스트랭, 윌리엄Strang, William(1893~1978년) 영국의 외교관. 모스크바 대사

관의 참사관(1930~1933년)을 지내고 외무성(1933~1939년)에서 근무했
다. 이후 차관보(1939~1943년)와 사무차관(1949~1953년)에 올랐다.

시즈, 윌리엄Seeds, William(1882~1973년) 영국의 외교관. 모스크바 주재 대
사(1939~1940년).

○

아스타호프, 게오르기Astakhov, Georgi 소련의 외교관. 베를린 주재 대리 대사
(1938~1939년).

아이언사이드, 윌리엄Ironside, William E.(1880~1959년) 영국의 군인.
1938년에 중동 지역 사령관 및 지브롤터 총독이 되었고 1940년에 본토사
령관, 육군원수가 되었다.

아톨리코, 베르나르도Attolico, Bernardo(1880~1942년) 이탈리아의 외교관.
베를린 주재 대사(1935~1940년).

아틸라Attila(406?~453년) 훈족의 왕. 중앙아시아의 유목 민족이었던 훈족
은 4세기에 유럽에 침입하여 헝가리와 트란실바니아 일대를 지배했으며
이어 아틸라는 게르만 부족들을 복속시켜 흑해 북안에서 라인 강에 이르는
대제국을 건설했다.

알렉산다르 1세Aleksandar I(1888~1934년) 유고슬라비아의 국왕
(1921~1934년). 세르비아 국왕 베타르 1세의 차남으로 1918년에 세르브-
크로아트-슬로벤의 통일 국가(세르비아-크로아티아-슬로베니아 왕국)를
건설하여 1921년에 왕위를 계승했고, 1929년에 국명을 유고슬라비아로
바꾸었다. 1934년, 프랑스 방문 중 마르세유에서 크로아티아인에게 암살
되었다.

에이머리, 리오Amery, Leo(1875~1955년) 영국의 정치가. 해군상, 식민상 등
을 역임했다. 뮌헨협정을 강하게 비판했으며 체임벌린 내각을 붕괴시키는
데 일조했다.

애스퀴스, 허버트Asquith, Herbert H.(1852~1928년) 영국의 정치가. 글래드
스턴의 마지막 내각에서 내상을 지냈고, 보어 전쟁 이후에 자유당 내 제국

주의자 집단에 가담했으며, 자유무역 정책을 주창하여 기울던 자유당의 세력을 회복했다. 자유당 내각의 수상(1908~1915년)으로 사회 복지 입법과 독일에 대항하는 해군 정책을 실행했다. 1915년에 보수당과 연립 내각을 결성했으나 1916년에 로이드 조지와 보수당에 의해 축출되었다. 1926년까지 자유당을 이끌었다.

애틀리, 클레먼트Attlee, Clement R.(1883~1967년) 영국의 정치가. 노동당 당수(1935~1955년)로 있었고 전시 내각에 참여하여 국새 상서, 부수상을 지냈으며 전후 선거에서 승리하여 노동당 내각(1945~1951년)을 이끌었다.

에리오, 에두아르드Herriot, Édouard(1872~1957년) 프랑스의 정치가. 1905년 이래 리용 시장으로 이름을 떨쳤고, 1924년 좌익 연합의 수반으로서 안전 보장 조약 체결을 희망하여 루르에서 철병하는 한편 소련을 승인했다. 1926년과 1932년에 다시 수상이 되었고, 프랑스-소련 불가침 조약을 체결했다.

에인절, 노먼Angell, Norman(1872~1967년) 영국의 언론인, 경제학자. 국가들 사이의 경제적 이해가 밀접하게 연관됨에 따라 전쟁을 생각할 수 없게 되었다고 주장한 저서, 《거대한 환상》(1910년)으로 명성을 얻었다.

오길비-포브즈, 조지Ogilvie-Forbes, George(1891~1954년) 영국의 외교관. 베를린 대사관의 참사관, 대리 대사(1937년), 오슬로 대사관의 참사관, 대리 대사(1939년).

온드라시, 줄로Andrássy, Gyula(1823~1890년) 헝가리의 정치가, 헝가리 왕국의 수상. 오스트리아-헝가리 제국의 외상을 역임했다. 비스마르크와 함께 삼제 동맹 체제를 형성하는 데 노력했다.

워드, 아티머스Ward, Artemus(1834~1867년) 미국의 풍자 작가. 본명은 찰스 브라운(Charles F. Browne)으로 1858년부터 Cleveland Plain Dealer에 연재한 "Artemus Ward's Letters"가 인기를 끌며 유럽에까지 알려졌다. 문법을 파괴하고 철자를 바꿔가며 시사를 풍자했다.

윌슨, 우드로Wilson, Woodrow(1856~1924년) 미국의 학자, 정치가. 프린스턴 대학 교수, 총장을 지내다가 민주당 소속으로 정계에 입문한 뒤 1912년에 대통령으로 당선되었다. 제1차 세계대전에서 중립을 내세웠으나

1917년에는 세계 평화와 민주주의를 내세워 참전했다. 1918년에는 14개 조항의 강화 원칙을 발표했으며 휴전 후 파리 강화 회의에 참석하여 국제 연맹을 비롯한 새로운 세계 질서 수립에 노력했다. 그러나 상원이 베르사 유조약의 비준을 거부함으로써 큰 타격을 입었다.

윌슨, 호리스Wilson, Horace(1882~1972년) 영국의 관리. 관료 출신으로 정 부의 산업 분야 수석 자문(1930~1939년), 볼드윈과 체임벌린 수상의 수 석 자문(1935~1939년)으로 있었고 체임벌린 내각에서 재무성 사무차관 (1939~1940년)을 지냈다.

이든, 앤서니Eden, Anthony(1897~1977년) 영국의 정치가. 1923년 보수 당 소속으로 하원에 진출하여 국새 상서, 국제연맹 담당 장관이 되었고 1935년 12월에 호의 사임으로 외상이 되었다. 1938년 2월에 체임벌린의 유화 정책 특히 대 이탈리아 정책에 반발하여 사임했다. 처칠 전시 내각의 육군상, 외상을 지내며 전시 외교를 담당했다. 1951년 제2차 처칠 내각에 서는 외상, 부수상을, 이후에는 수상(1955~1957년)을 맡았다.

이즈볼스키, 알렉산드르Izvolski, Alexandr P.(1856~1919년) 러시아의 외교 관. 외상 재직 시(1906~1910년)에 삼국협상을 성립시켰으며 이후 프랑스 대사를 지냈다.

인스킵, 토머스Inskip, Thomas(1876~1947년) 영국의 정치가. 법무 차관, 장 관을 수차례 역임한 인물로 국방 조정상(1936~1939년)에 임명되었다. 이 후 자치령상, 대법관, 수석 재판관을 지냈다.

ㅈ

자이스-인크바르트, 아르투르Seyß-Inquart, Arthur(1892~1946년) 오스트리 아의 정치가. 히틀러의 압력에 힘입어 내상, 수상의 자리에 앉았다. 합병 후 오스트리아 총독이 되었다. 제2차 세계대전 당시에는 네덜란드 총독을 지 냈다.

자이펠, 이그나츠Seipel, Ignaz(1876~1932년) 오스트리아의 사제, 정치가. 성직자 출신으로 신학 교수로 재직하다가 1918년에 후생상으로 입각했고

1922년 이후 여러 차례 수상을 역임했다.

장제스蔣介石(1887~1975년)　중국의 정치가. 1911년에 신해혁명에 참가한 후 주로 군사 방면에서 활약했다. 1927년에 상하이에서 쿠데타를 일으켜 당과 정부를 장악하는 한편 공산당을 탄압하기 시작했다. 이후 국민당 정부를 이끌면서 군벌 세력과 공산당 세력을 제압하는 한편, 국공 합작을 통해 일본에 저항했다. 1946년에 재개된 공산당과의 내전에서 패하여 1949년에 타이완으로 정부를 옮겨 중화민국을 통치했다.

제베링, 카를Severing, Carl(1875~1952년)　독일의 정치가. 사회 민주당원으로 바이마르 공화국 시절 프로이센 주 내무 장관, 헤르만 뮐러 내각의 내상을 지냈다.

조지 6세George VI(1895~1952년)　영국의 국왕(1936~1952년). 조지 5세의 차남으로 형인 에드워드 8세가 심슨 부인과 결혼하여 물러남에 따라 즉위했다. 제2차 세계대전 당시 런던을 지켜 국민의 존경을 받았다.

ㅊ

차키, 이슈트반Csáky, István(1894~1941년)　헝가리의 외교관. 외상(1938~1941년).

처칠, 윈스턴Churchill, Winston S.(1874~1965년)　영국의 정치가. 보수당 의원으로 정계에 입문했으나 보수당의 보호 관세 정책에 반대해 자유당으로 당적으로 옮겨 1911년 이후 해군상, 군수상, 전쟁상 등을 지내다가 보수당에 복귀하여 볼드윈 내각에서 재무상을 지냈다. 1929년부터 10년간 주류의 인도 자치론과 유화 정책에 반대하여 입각하지 않았고 1939년에 해군상으로 내각에 복귀하여 1940년부터 수상 겸 국방상이 되어 전시 내각을 이끌었다. 이후 루스벨트, 스탈린과 더불어 전쟁을 승리로 이끌었다. 1945년 선거 패배 뒤에도 당수로 남아 있다가 1951~1955년까지 다시 수상으로 일했다.

체임벌린, 네빌Chamberlain, Neville(1869~1940년)　영국의 정치가. 1922년 이후 보수당 내각에서 우정상, 재무성 지불 총감, 보건상 등을 지냈고 기타

내각에서 보건상, 재무상으로 일했다. 대공황 이후의 재정 위기를 수습함
으로써 명성이 높아졌고 1937년에 수상이 되었다. 이후 고조되는 국제적
긴장을 유화 정책으로 해결하려 했고 1938년에는 뮌헨협정을 성립시켰다.
1940년에 노르웨이 작전 실패의 책임을 지고 사임했다.

체임벌린, 오스틴Chamberlain, Austen(1863~1937년) 영국의 정치가. 자유
통일당원으로 밸푸어 내각이 무너진 후 하야했다가 다시 재무상, 국새 상
서를 거쳐 볼드윈의 보수당 내각에서 외상으로 일했다. 유럽이 상대적으로
평화롭고 안정적인 시기에 외상을 맡아 로카르노조약을 성사시켰다. 네빌
체임벌린의 이복형.

치아노, 갈레아초 디Ciano, Galeazzo di(1903~1944년) 이탈리아의 외교관.
외상(1936~1943년)으로 일하면서 로마-베를린 추축, 강철 동맹을 성립시
켰다. 1943년에 무솔리니를 실각시키는 데 앞장섰다가 이듬해 북부 파시
스트 정권에 체포되어 총살되었다. 무솔리니의 사위.

치체린, 게오르기Chicherin, Georgi V.(1872~1936년) 소련의 외교관. 제정
러시아 외무성에서 일하다가 사회 민주당에 가담했다. 혁명 후 트로츠키의
뒤를 이어 외무 인민 위원(1918~1930년)으로 일했다. 라팔로 조약을 성립
시켜 서유럽을 긴장시키기도 했지만 서유럽 국가들로부터 소비에트 정권
의 승인을 얻어내어 외교적 고립을 타개했다.

칠스턴, 아리타스Chilston, Aretas(1876~1947년) 영국의 외교관. 모스크바
주재 대사 (1933~1938년).

ㅋ

카부르, 카밀로 디Cavour, Camillo di(1810~1861년) 이탈리아의 정치가. 사
르데냐 왕국의 수상으로 나폴레옹 3세의 지지를 얻어 오스트리아군을 격
퇴하여 롬바르디아를 해방하고 외교술로 토스카나와 모데나를 병합하는
등 사르데냐 왕국을 중심으로 한 이탈리아의 통일을 실현했다.

카이텔, 빌헬름Keitel, Wilhelm(1882~1946년) 독일의 군인. 국방성 참모
장을 거쳐 1938년에 군 최고 사령부 부장이 되었고 제2차 세계대전 중인

1940년에 육군 원수가 되었다. 작전 능력이 뛰어난 군인이라기보다는 히틀러의 충실한 심복으로 알려져 있다.

칼리굴라Caligula(12~41년) 고대 로마 제국의 황제(37~41년). 본명은 가이우스 카이사르이고, 칼리굴라는 어릴 적 군화를 신고 다닌 데서 붙은 별명이다. 독재와 재정 낭비로 즉위 후 얼마 안 되어 근위대 장교에게 암살되었다.

커크패트릭, 아이븐 Kirkpatrick, Ivon(1897~1964년) 영국의 외교관. 로마 주재 대사관 1등 서기관, 베를린 주재 대사관 1등 서기관(1933~1938년).

케네디, 조지프 Kennedy, Joseph P.(1888~1969년) 미국의 실업가. 증권 거래 위원회와 해상 위원회 의장을 지냈고 런던 주재 대사(1937~1940년)가 되었다. 케네디 대통령의 부친.

케인즈, 존 Keynes, John M.(1883~1946년) 영국의 경제학자. 정부 지출을 통한 수요의 창출을 주장한 《고용, 이자 및 화폐의 일반 이론》(1936년)으로 유명하다. 재무성 자문, 브레턴우즈 협정의 영국 대표, 국제통화기금과 세계은행 총재 등을 역임했다.

쿠르티우스, 율리우스 Curtius, Julius(1877~1948년) 독일의 정치가. 1926년에 바이마르 공화국의 경제상이 되었고, 1929년 슈트레제만 사후에 외상으로 일하면서 배상 문제 조정과 라인란트 철수를 촉구했다. 1931년에 오스트리아와의 관세 동맹을 다른 나라들이 반대하고 상설 국제 사법 재판소로부터도 부정적인 권고 의견을 받자 사임했다.

쿠퍼, 더프 Cooper, Duff(1890~1954년) 영국의 정치가. 1924년에 보수당 소속으로 의회에 진출하여 전쟁상(1935~1937년), 해군상(1938년)을 지내다가 뮌헨협정 체결에 반발하여 사임했다. 처칠의 전시 내각에서 정보부 장관, 극동 담당 장관 등을 지냈다.

쿨롱드르, 로베르 Coulondre, Robert(1885~1959년) 프랑스의 외교관. 모스크바 주재 대사(1936~1938년), 베를린 주재 대사(1938~1939년).

클레망소, 조르주 Clemenceau, Georges(1841~1929년) 프랑스의 정치가. 1870년 몽마르트 구장(區長)으로 정계에 입문한 뒤 1906년에 사리앙 내각의 내상, 이어 수상 겸 내상이 되어 1909년까지 일했다. 제1차 세계대전 때에는 전시 내각을 구성하고 수상 겸 육군상이 되어 신생을 송디모 이끌었으며 파리 강화 회의의 전권 대표로 참석했다.

ㅌ

타우트, 토머스Tout, Thomas F.(1855~1929년) 영국의 사학자. 맨체스터 대
학의 교수로 중세사의 권위자이며 역사의 진행 과정에서 행정을 강조했다.

탈레랑, 샤를-모리스 드Talleyrand, Charles-Maurice de(1754~1838년) 프랑
스의 정치가. 성직자 출신으로 혁명에 가담했고, 1797년 이후 여러 차례 외
상을 맡았다. 1815년, 빈 회의에 프랑스 대표로 참석하여 프랑스의 강대국
지위를 유지시켰다.

텔레키, 팔Teleki, Pál(1879~1941년) 헝가리의 정치가. 1939년 수상이 되어
제2차 세계대전 초기에 나치 독일에 협력한 인물이다. 제1차 세계대전으로
상실한 영토의 회복과 독일에 대한 독립을 추구했지만 독일이 헝가리가 우
호 조약을 맺고 있던 유고슬라비아 침공에 조력할 것을 요구하고 영국 또
한 히틀러에 협력하지 말라고 압력을 가하자 자살했다.

투하체프스키, 미하일Tukhachevsky, Mikhail N.(1893~1937년) 소련의 군인.
귀족 출신의 제1차 세계대전 참전 장교로 공산당에 입당하여 내전에서 군
사령관으로 활약하고 참모 총장, 국방 인민 부위원 등을 지내다가 1937년
에 숙청되었다.

트레비라누스, 고트프리트Treviranus, Gottfried(1891~1971년) 독일의 정치
가. 1930년에 점령 지역 담당 장관으로 입각하여 브뤼닝 내각에서 무임 소
상, 교통상을 지냈다.

트로츠키, 레프Trotsky, Lev(1879~1940년) 소련의 정치가. 멘셰비키의 일원
으로 공산주의 운동에 참가했다가 1917년에 볼셰비키가 되었고, 혁명 후
외무 인민 위원, 군사 인민 위원, 정치국원 등을 역임했다. 레닌 사후 스탈
린과 대립하여 제명, 추방되고, 각국을 전전하다가 멕시코에 정착했으나
암살되었다.

틸레아, 비오렐Tilea, Viorel V.(1896~1972년) 루마니아의 외교관. 국제연맹
루마니아 대표단, 런던 주재 공사(1939~1940년).

파시치, 니콜라Pašić, Nichola(1845~1926년)   세르비아의 정치가. 1891년에 수상이 된 이후 22번에 걸쳐 조각(組閣)을 했다. 발칸 전쟁과 제1차 세계대전 시 세르비아를 성공적으로 통치했다.

파펜, 프란츠 폰Papen, Franz von(1879~1961년)   독일의 정치가. 1932년 5월에 수상이 되어 나치를 회유하여 국정을 개혁하려 했으나 슐라이허에 의해 실각하고, 그 후 슐라이허 내각을 붕괴시키기 위해 히틀러와 관계를 맺고 힌덴부르크를 설득하여 그를 수상에 올려놓았다. 이후 부수상(1933~1934년), 빈 주재 대사(1934~1938년), 터키 주재 대사(1939~1944년) 등을 지냈다.

퍼싱, 존Pershing, John J.(1860~1948년)   미국의 군인. 제1차 세계대전에서 유럽 원정 군사령관을 지냈다.

페탱, 필리프Pétain, Philippe(1856~1951년)   프랑스의 군인, 정치가. 제1차 세계대전의 영웅으로 군의 요직을 두루 거쳤다. 1940년 6월 16일에 대독 항복 내각을 조직하여 수반이 되었으며 6월 22일에 독일과 휴전 협정을 체결하여 이후 독일에 협력하는 정책을 펴나갔다. 전후 반역죄로 사형을 언도받았으나 감형되어 복역 중에 사망했다.

포슈, 페르디낭Foch, Ferdinand(1851~1929년)   프랑스의 군인. 제1차 세계대전 중 각지에서 프랑스 군을 지휘했고 1918년 봄에 연합군 총사령관이 되어 전쟁을 마무리했다. 그해 11월 11일 연합국의 대표로 휴전 조약에 서명했다.

포촘킨, 블라디미르Potyomkin, Vladimir(1874~1946년)   소련의 외교관. 로마 주재 대사(1932~1934년), 파리 주재 대사(1934~1937년), 인민 부위원(1937~1940년).

폴-봉쿠르, 조제프Paul-Boncour, Joseph(1873~1972년)   프랑스의 정치가. 자주 입각한 인물로 1932~1933년까지 수상으로 있었으며 이후 세 차례 외상을 맡았다.

푸앵카레, 레몽Poincaré, Raymond(1860~1934년)   프랑스의 정치가. 1887년에 하원 의원이 된 이래 1912년에 수상 겸 외상, 1913년에 대통령이 되었나. 신생 긴에는 대독 깅경 경책을 취했고 건잰 중에는 클레망소를 수상으로 임명하여 전쟁을 승리로 이끌었다. 1920년에 독일과의 강화에 반발하여 사임했으나, 다시 수상 겸 외상(1922~1924년)이 되어 독일의 루르 지방을 점령하는 등 강경 정책을 취했다. 1926년에는 국민 연합 정부의 수반을 맡았다.

프란츠 페르디난트Franz Ferdinand(1863~1914년) 오스트리아의 대공. 황제 프란츠 요제프 1세의 조카로 황위 계승자였다. 슬라브인들을 참여시켜 제국을 개편하려 했으나 헝가리 , 세르비아의 반발을 사게 되고 1914년 6월에 사라예보에서 세르비아 만족주의자에게 암살되었다.

프랑코, 프란시스코Franco, Francisco(1892~1975년) 에스파냐의 독재자. 에스파냐 인민전선 정부에 반대하여 반정부 쿠데타를 일으킨 뒤 국민 정부의 주석 및 군 총사령관이 되어 내전을 지휘했다. 제2차 세계대전 중에는 명목상으로 중립을 유지했으나 실제로는 독일과 이탈리아를 지원하여 종전 후 국제적으로 고립되는 결과를 가져왔다.

프리드리히 대왕Friedrich der Grosse(1712~1786년) 프로이센의 왕(1740~1786년). 오스트리아 및 주변 강대국들에 대항하면서 프로이센을 강대국에 올려놓았다.

프리치, 베르너 폰Fritsch, Werner von(1880~1939년) 독일의 군인. 제1차 세계대전에 참전했다. 1935년에 육군 총사령관이 되었으나 보수 세력을 몰아내려는 히틀러의 음모로 1938년에 사임했다. 제2차 세계대전에 종군했다가 폴란드 전역에서 전사했다.

플랑댕, 피에르-에티엔Flandin, Pierre-Étienne(1889~1958년) 프랑스의 정치가. 여러 차례 내각에 참여했고 1934년 11월부터 1935년 5월까지는 수상으로 내각을 이끌었다. 1936년의 독일의 라인란트 재점령 시에는 외상으로서 군사 행동을 주장했다.

피우수트스키, 유제프Piłsudski, Józef (1867~1935년) 폴란드의 정치가. 폴란드 사회당을 결성하여 혁명 운동을 이끌다가 오스트리아의 도움으로 폴란드 병단을 조직하고 제1차 세계대전에 참전하여 러시아에 대항하였다. 독일의 충성 서약 강요로 투옥되었다가 1918년에 독일 붕괴로 폴란드에 되돌아와 정부 수반과 최고 사령관이 되었고, 러시아와 전쟁을 치렀다. 1922년에는 대통령직을 이양하고 1923년에는 군 지휘권을 내놓았으나

1926년에 쿠데타로 정권을 잡고 파시스트 독재를 실행하였다. 히틀러 등장 이후에 폴란드-프랑스 동맹이 강화되지 못하자 1934년에는 히틀러와 불가침 조약을 맺었다.

핍스, 에릭Phipps, Eric(1875~1945년) 영국의 외교관. 베를린 주재 대사 (1933~1937년), 파리 주재 대사(1937~1939년).

ㅎ

하셀, 울리히 폰Hassell, Ulrich von(1881~1944년) 독일의 외교관. 로마 주재 대사(1932~1938년).

하일러 젤라시Haile Selassie(1892~1975년) 에티오피아의 황제 (1930~1936/1941~1974년). 즉위 전부터 근대적 중앙집권을 추진했고 즉위 후 경찰 설립, 세제 일원화 등을 시행했다. 1935년 이탈리아의 침략에 대항했으나 1936년에 망명했다. 1941년, 영국의 도움으로 수도를 탈환하고 황제에 복위했다.

하하, 에밀Hácha, Emil(1872~1945년) 체코슬로바키아의 법률가, 정치가. 뮌헨협정으로 사임한 베네슈의 뒤를 이어 대통령(1938~1939년)을 맡았고 후에 독일 통치하의 보헤미아, 모라비아 지역을 관할했다.

할리팩스, 에드워드Halifax, Edward W.(1881~1959년) 영국의 정치가. 보수당 정치가로 인도 총독, 전쟁상, 국새 상서, 추밀원 의장을 거쳐 외상 (1938~1940년)으로서 네빌 체임벌린의 유화 정책을 강력히 지지했다. 체임벌린 내각이 무너진 후에도 계속해서 전시 내각에 참여했으며 미국 주재 대사를 지냈다.

허드슨, 로버트Hudson, Robert(1886~1957년) 영국의 정치가. 보건 차관, 해외 무역부 장관(1937~1940년).

헤센, 필리프 란트그라프 폰Hessen, Phillipp Landgraf von(1896~1980년) 독일의 정치가. 일명 헤센 공 필리프. 나치에 가담해 헤센 지사, 나치 돌격대(SA)사령관 등을 지냈으며, 이탈리아의 비토리오 에마누엘레 3세의 사위로 히틀러와 무솔리니 사이에서 중개자의 역할을 했다.

헨더슨, 네빌Henderson, Nevile(1882~1942년) 영국의 외교관. 베를린 주재 대사(1937~1939년).

헨더슨, 아서Henderson, Arthur(1863~1935년) 영국의 정치가. 노동당 지도 자로 1924년 제1차 노동당 내각의 내상 등을 지냈으며, 1929년 제2차 노동 당 내각에서 외상이 되어 국제연맹을 지원했다. 그해 8월에 노동당 내각이 무너짐에 따라 사임했으나 군축 위원회 의장직은 1935년까지 수행했다.

헨라인, 콘라트Henlein, Konrad(1898~1945년) 주데텐 독일인들의 지도자. 주데텐 독일당의 지도자로서 1935년에는 당을 체코 의회의 제2당으로 만 들었다. 1938년에 3월 히틀러와 만난 후 4월 카를스바트 대회에서 주데텐 자치를 요구했고, 9월 13일에 봉기 실패 후에 독일로 도피했다. 뮌헨협정 이 체결된 후 독일이 임명하는 행정관으로 활동했다.

호, 새뮤얼Hoare, Samuel(1880~1959년) 영국의 정치가. 보수당원으로 공군 상과 인도 장관을 거쳐 1935년 외상이 되었으나 호-라발 계획의 언론 누출 로 곧 사임했다. 이후 해군상, 내상, 국새 상서 등을 맡았다.

호-빌리셔, 레즐리Hore-Belisha, Leslie(1893~1957년) 영국의 정치가. 자유 당 의원으로 거국 내각에 참여하여 교통상, 전쟁상(1937~1940년)을 역임 했다.

호스바흐, 프리드리히Hossbach, Friedrich(1894~1980년) 독일의 군인. 1934년부터 1938년까지 참모부에서 히틀러의 부관으로 재직했으며 "호스 바흐 메모"를 기록했다.

호자, 밀란Hodža, Milan(1878~1944년) 체코슬로바키아의 정치가. 슬로바키 아 출신으로 체코 농민당의 당수였으며 독립 이후 여러 차례 장관을 맡았 고 1935년부터 1938년까지 수상으로 있었다. 사임 뒤에 미국으로 건너가 그곳에서 사망했다.

후버, 허버트Hoover, Herbert C.(1874~1964년) 미국의 정치가. 제1차 세 계대전 중 난민 구제 위원으로 활동하다가 1921년 상무 장관이 되었고 1928년 공화당 후보로 대통령(1929~1933년)에 당선되었으나 대공황으 로 경제 불황에 대한 대책을 세우는 데 임기를 다 보냈다.

힘러, 하인리히Himmler, Heinrich(1900~1945년) 독일의 나치 지도자. 나치 정권의 경찰 책임자로 비밀경찰을 지휘했고 제2차 세계대전 중에는 수용소 운영과 유대인 학살을 주도했다.

히틀러, 아돌프Hitler, Adolf(1889~1945년) 독일의 정치가. 오스트리아 출신으로 독일로 이주하여 제1차 세계대전에 독일군에 입대했다. 1919년에 독일 노동자당에 입당했고 1921년에는 나치당으로 이름이 바뀐 당을 이끌게 되었다. 1923년에 뮌헨에서 봉기를 일으켰으나 실패하여 투옥되었다가 풀려났다. 수감 중에《나의 투쟁》을 저술했으며 이후 당을 재건하고 합법적인 방법으로 집권을 모색하여 1930년 총선에서 사회 민주당에 이어 제2당이 되었다. 1933년 1월에 힌덴부르크에 의해 수상에 오른 후 의회를 해산하고 다시 선거를 치렀으며 기본권을 중지하는 긴급 명령을 내려 좌파를 탄압하고 의회의 권한을 정부에 이양하는 수권법을 통과시켜 나치 독재 체제를 수립했다. 이후 국내적으로 경제 위기를 극복해나가고 대외적으로 베르사유 체제를 무너뜨려 나감으로써 독일 국민들의 지지를 받았다. 1939년에 제2차 세계대전을 일으켜 초기에 크게 승리했으나 소련을 침공하고 미국에 선전 포고를 하는 등 실책을 한 후 패전을 거듭하고 결국 1945년 베를린 함락 직전에 자살했다.

힌덴부르크, 파울 폰Hindenburg, Paul von(1847~1934년) 독일의 군인, 정치가. 제1차 세계대전에서 크게 활약하여 명성을 얻었고, 1916년부터 군사 독재를 실행했다. 1925년에 보수파의 지지로 바이마르 공화국 대통령의 자리에 올랐다. 1933년에 히틀러를 수상에 임명함으로써 나치가 집권하는 길을 열어주었다.

여기에 소개되고 있는 인물들의 약력은 주로 이 책이 다루고 있는 두 차례 세계대전 사이의 기간에 초점을 맞추었으며, 그 외에 본문을 이해하는 데 필요하다고 생각되는 내용을 덧붙였다. 소개된 인물 가운데 몇 명은 자료상의 제약으로 생몰 연도를 적어 넣지 못했음을 밝힌다.

백과사전은 *The New Encyclopaedia Britannica*, 15th edition(Chicago: Encyclopaedia Britannica, Inc., 1985)을 참고하였고, 인명사전은 *The Cambridge Biographical Encyclopaedia*, 2nd edition (Cambridge: Cambridge University Press, 1998), *Deutsche Biographische Enzyklopädie* (Darmstadt: Wissenschaftliche Buchgesellschalt, 1995) 및 옥스퍼드 대학 출판부에서 5년에서 10년 주기로 발간되는 *The Dictionary of National Biography*를 참고하였다. 또한 www.rulers.org 등의 웹사이트를 참고하였다.

옮긴이의 말

이 책은 A. J. P. Taylor, *The Origins of the Second World War* (London, Penguin Books, 1991)를 우리말로 옮긴 것으로 제1차 세계대전이 마무리되어 가는 1918년부터 제2차 세계대전이 발발한 1939년까지의 유럽 외교를 다루고 있다. 1961년에 처음 출판된 이 책은 제2차 세계대전의 원인에 대한 기존의 견해를 거의 모든 점에서 반박하였으며, 그리하여 출판되자마자 역사학에서 벌어졌던 그 어떤 논쟁보다도 격렬한 논쟁을 불러일으키는 한편 저자인 테일러 교수에게 살아 있는 가장 뛰어난 역사가라는 찬사와 역사가도 아니라는 비난을 동시에 가져다주었다. 이렇게 벌어진 논쟁은 학계를 뒤흔들어놓았을 뿐 아니라 서구 세계 전체를 술렁이게 만들었다. 특히 영국에서는 대학가라면 어디서나 토론이 벌어졌으며 대중 매체는 물론 심지어 의회에서도 논쟁이 관심사가 되었다. 이 책이 유명해진 것은 이러한 논쟁에 힘입은 바 크지만 뜨거운 열기가 식은 후에도 사람들은 책이 지닌 강한 설득력에 매료되어 책을 손에서 놓지 못했고 이후로 발견된 적지 않은 오류에도 불구하고 외교사의 고전으로 꼽아 왔다. 이 책은 제2차 세계대전의 원인에 대한 본격적인 연구가 이루어지는 계기를 만들어주었고, 참신한 해석의 이면에 갖추어진 엄격한 사료 채택 방식과 논리적인 완결성으로 역사 서술의 모범이 되었다. 그러나 이 책이 고전으로 꼽히게 된 무엇보다 중요한 이유는 사람들로 하여금 두 차례의 세계대전이라는 전대미문의 끔찍한 시련을 겪으면서 왜곡되고 굳어져 버린 자신들의 사고를 돌아볼 수 있게 하였고, 20세기 전반의 유럽사를 바라보는 새로운 시작을 제공했다는 점이다.

역사상 어느 전쟁보다도 많은 나라가 참여해 전 세계를 전장으로 싸웠던 제2차 세계대전이 있은 후 역사가들은 이 전쟁이 왜 일어나게 되었는가에 대한 답을 내놓았다. 그런데 그들이 제시한 대전의 원인은 전쟁의 규모나 범위 또는 그 여파와 어울리지 않게 간단했다. 그들은 제2차 세계대전이 '히틀러의 전쟁'이었다고 말했다. 즉, 히틀러가 유럽 정복 내지는 세계 지배를 목표로 하는 침략 계획을 세워 놓았고, 나치즘의 이념으로 독일 국민들을 선동하여 독일의 권력을 장악한 후 그 계획에 따라 유럽의 현존 질서를 파괴하고 인접국으로 팽창하기 시작했으며, 결국 세계대전으로 이르게 되는 대규모 전쟁을 일으키게 되었다는 것이다.

그들은 자신들이 내놓은 답을 증명하기 위해 히틀러의 침략 계획을 밝혀냈다. 히틀러가 집권하기 십여 년 전 무장 봉기를 주도한 이유로 수감되었을 때 저술했던 《나의 투쟁》을 집중적으로 조명했고 몇 년 후 집필했던 《제2의 책》을 언급했다. 이 저술들에는 인종주의, 반유대주의, 생활공간과 같은 독일 대외 정책의 기본 방향이 제시되어 있고, 베르사유조약 군사 조항의 철폐, 프랑스가 잡고 있던 유럽 패권의 전복, 러시아 내 생활공간 추구 등의 전략이 들어 있다는 것이다. 또한 역사가들은 뉘른베르크 전범 재판에 증거로 제출되었던 호스바흐 메모를 인용하여 자신들의 견해를 보강했다. 호스바흐 메모는 1937년 11월 5일의 비밀 회의에서 논의된 내용을 기록한 문서로, 그 회의에서 히틀러가 독일 민족의 공간 문제를 해결하기 위한 생활공간의 확보를 독일 대외 정책의 기본 목표로 설정했으며 그러한 목표를 달성하기 위한 행동의 시기와 방법을 구상했음을 보여준다고 생각되었다. 그들은 따라서 독일이 군축 회의에서 철수한 일부터 재군비, 라인란트 재점령 등 히틀러가 집권한 후 벌인 일들이 모두 팽창을 위한 준비 과정이었으며, 1938년 3월의 오스트리아 병합, 1938년 9월의 주데텐 영토 합병, 1939년 3월 체코 점령, 그리고 1939년 9월 폴란드 침공은 이미 수립된 계획에 따른 결과였다고 말한다.

전후 십여 년간 이러한 견해에 거의 모든 사람들이 공감했고, 유일한 논쟁점은 히틀러의 사악한 음모에 제대로 대처하지 못했던 유화론자들을 놓고 그들이 어리석었거나 소심했기 때문에 그리되었던 것인지 아니면 그들이 히틀러가 소련을 히틀러가 소련을 제압해 주리라 기대했던 교활한 자본가들이었기 때문인지를 논증하는 것이었다.

히틀러가 전쟁을 계획했고 전쟁의 원인은 오로지 히틀러의 의지였다고 하는 기존의 견해에 대해 테일러는 히틀러가 아무리 사악할지라고 한 악인의 음모만으로 유럽 전체가 전쟁에 돌입하게 되었다고 하는 설명 방식에는 문제가 있다고 이의를 제기한다. 그는 히틀러 한 사람에게 모든 책임을 돌려왔던 것은 그러한 설명으로 모두가 만족을 얻을 수 있었기 때문이라고 말한다. 국내적으로는, 히틀러에 대항할 것을 주장했던 사람들이 만족할 수 있었던 것은 물론이고 유화론자들도 히틀러만 아니었다면 유화 정책이 성공을 거두고 전쟁을 막아냈을 것이라고 주장할 수 있었으며, 국제적인 측면에서도, 독일인들 역시 히틀러에게 전쟁 책임을 뒤집어씌움으로써 자신들의 책임을 면할 수 있었고 연합국은 그런 독일인들과 동맹을 맺기 쉬워졌다는 것이다.

테일러는 히틀러에 대해 그가 국내 정치에서 민주주의를 파괴하고 전쟁 중에는 유대인을 비롯한 여러 민족들을 학살하는 등 역사상 견줄 만한 예가 없는 사악한 행동을 서슴지 않았지만 집권한 이후로 보여진 대외 정책의 측면에서는 이전의 독일 정치가들과 동일한 목표 — 베르사유조약의 결정 사항을 무효화함으로써 독일 세력의 확대를 꾀하는 것 — 를 가지고 있었고, 그러한 목표를 성취하는 방법 또한 사람들이 흔히 생각하는 것과는 달랐다 — 무력 자체가 아니라 무력 사용의 위협이었고, 이로 인해 소규모 전쟁이 불가피할지도 모른다고 생각했을지 모르지만 대규모 전쟁은 아니었다 — 고 평가한다. 히틀러는 대규모 전쟁을 획책한 것이 아니라 위협과 속임수로 서유럽 국가들의 정책이 혼란한 틈을 타 이득을 얻어내려 했고, 서유럽과의 전면전에 휘말리게 된 것은 히틀러가 원치 않은 일이었다는 것이다.

테일러는 기존의 역사가들이 인용하는 《나의 투쟁》에 나타난 계획을 히틀러의 머릿속에 들어 있던 공상에 불과하다고 평가하고, 또한 그 내용은 전 시대의 정치가들이 가지고 있었던 독일의 팽창 계획과 다를 바 없고 - 오히려 동쪽으로만 팽창한다는 점에서 더 온건하고 - 동시대의 많은 저술가들도 꿈꾸고 있었던 일이라고 말한다. 그는 호스바흐 메모에 대해서는 공문서로 인용될 요건을 갖추지 못한 사료라고 주장하면서, 호스바흐 회의의 목적 또한 히틀러가 대외 정책을 천명하기 위한 것이 아니라 더 이상의 군비 증강에 반대하는 경제상 샤흐트를 다른 보수주의자들로부터 유리시키려는 국내 정치적 술책에 관련된 것이라고 해석한다.

히틀러는 그러한 공상적인 계획과는 상관없이 실제로 행동할 때는 주어진 상황을 최대한으로 이용하는 정치가였다고 테일러는 말한다. 그는 일례로 히틀러가 독일에서 1933년에 수상이 되고 곧이어 모든 권력을 장악하게 된 일이 사람들이 흔히 생각하듯이 오래 전부터 획책했던 음모로 이루어진 것이 아니라 우연한 기회와 다른 정치가들의 술수에 편승한 것이라고 지적한다. 그리고 국내 정치와 마찬가지로 히틀러의 대외적 행동 또한 주도면밀한 계획에 따른 침략의 행보라기보다 이득을 얻기 위해 국제 정치적 상황을 정확하게 예측하고 참을성 있게 기다린 결과라고 해석하고 있다. 예를 들어, 오스트리아 위기를 고조시킨 것은 히틀러가 아니라 그의 제지를 무시하고 지하 활동을 계속했던 지역 나치당원들과 그들의 근거를 급습했고 국민투표를 실시하려 했던 오스트리아 수상 슈슈니크 그리고 슈슈니크와 히틀러의 회담을 주선한 빈 주재 독일 대사 파펜이었다. 히틀러가 치밀한 계획에 따라 오스트리아에 대한 군사 행동을 한 것이 아니었음을 뒷받침하기 위해 테일러는 독일군이 병력을 이동하여 빈으로 들어오던 중에 수송수단의 70퍼센트가 고장 났다는 사실을 제시하기도 한다.

테일러는 이렇게 히틀러의 모습을 사악한 악마나 정복에 혈안이 된 미치광이가 아니라 이득만을 좇아 나간 기회주의자나 어떤 면에서 보면 독일 세력의 부흥이라는 목표를 그때그때 상황에 따라 성취해나간 합리적인 정치가로 그려내어 히틀러의 사악한 의지와 계획이 전쟁의 원인이 되었음을 주장하는 전통적인 견해를 지닌 역사가들로부터 가혹한 비판을 받게 되었고, 히틀러의 전쟁 책임을 믿는 사람들로부터 히틀러에게 면죄부를 주었다고 비난을 받게 되었다. 일례로 테일러의 비판자들 가운데 대표적 인물인 트레버-로퍼는 테일러 교수가 자신의 주장을 입증하기 위해 어떠한 원칙도 없이 오로지 편의에 따라 문서를 인용하기도 하고 무시하기도 했다고 말하며 테일러 교수는 이 책으로 인해 사이비 학자로 전락할 것이라고 비판했다. 이에 대해 테일러는 자신의 책을 트레버-로퍼가 요약하여 인용한 부분들과 자신의 원문을 대조해놓고 "인용 방법: 초보자를 위한 연습 문제"라는 제목을 붙여 답함으로써, 트레버-로퍼가 자신의 논지를 지나치게 단순화하여 매도했음을 꼬집어 응수했다. 비판과 인신공격은 이에 그치지 않았고, 테일러는 책이 출판된 지 2년이 지난 1963년에 '다시 생각함(Second Thoughts)'이라는 제목의 서문을 덧붙여서 자신의 입장을 밝히기도 했다. 이후로도 히틀러의 전쟁 계획 여부에 대해서 계속적인 논쟁이 벌어졌으며 다른 논점들에 대해서도 수없이 많은 비판이 쏟아져 나왔다. 최근까지도 이러한 논쟁과 관련된 저술들이 나오고 있다.

히틀러가 아니라면 결국 전쟁은 무엇 때문에 일어났는가? 테일러는 읽는 사람이 혼동될 정도로 많은 곳에서 전쟁의 원인에 대해 말하고 있다. 그는 제1차 세계대전이나 배상 문제를 전쟁의 원인으로 언급하기도 하고, 영국 수상 체임벌린을 히틀러에게 기회를 주고 전쟁의 길을 연 장본인으로 들기도 하며, 히틀러가 1939년 8월 28일에 시작했어야 하는 외교적 술책을 8월 29일에 착수함으로써 전쟁에 휘말리게 되었다고 말하기도 한다. 하지만 이러한 일 하나하나가 전쟁의 결정적인 원인으로 제시된 것은 아니다. 그는 히틀러의 사악한 의지와 장기 계획을 유일한 원인으로 설정해놓고 모든 사건들을 이에 따른 결과로 설명하는 데 반대해 그렇게 하는 대신에 사건들이 얽혀 가는 전체 과정을 따라가고 있고, 앞서 지적한 부분들은 그러한 과정에서 중요한 고비가 되는 일에 강조점을 둔 것이라고 이해할 수 있다.

좀 덜 직접적이지만 테일러가 제2차 세계대전이 왜 일어났다고 생각하고 있는지를 알려주는 단서가 있다. 그는 히틀러에 대해 다음과 같이 말한다. "히틀러는 엄청난 힘을 지닌 강력한 요소를 제공했다. 하지만 그 요소는 그저 연료였고, 엔진은 이미 존재하고 있었다. 히틀러는 어느 정도는 베르사유조약의 산물이었고, 어느 정도는 동시대 유럽에 널리 퍼져 있던 관념의 산물이었다. 무엇보다도, 그는 독일의 역사와 독일의 현재의 산물이었다." 즉, 테일러는 제2차 세계대전을 히틀러의 전쟁이 아니라 독일의 전쟁으로 보고 있고, 유럽 질서의 차원을 강조하고 있다. 그는 이미 1945년에 출판한 *The Course of German History*에서 히틀러와 나치즘의 출현은 독일 역사의 일탈이 아니라 독일 역사의 일부로, 단지 극단적인 형태를 띠었던 것일 뿐이라고 하면서 연속성을 강조해왔고, 이후로 곳곳에서 전쟁 책임을 논해야 한다면 독일인들에게 책임이 있음을 언급해왔다. 테일러에 따르면, 독일은 19세기에 급격한 성장과 함께 통일을 이루어 유럽 대류에서 지배적인 강대국으로 자리하기를 원했지만 기존 강대국들의 저항에 밀려 저지되고 있었다. 이렇게 실제로 지닌 힘에 걸맞은 지위를 차지하려는 독일의 추진력은 계속적인 팽창의 속성을 띠게 되었고, 유럽의 정치 질서는 독일에게 어떠한 자리를 부여해야 하는가의 문제로 흔들리게 되었다. 19세기 이후 독일의 팽창과 그로 인한 유럽 질서의 혼란은 제1차 세계대전의 원인 가운데 하나였다. 이러한 문제를 배경으로 제1차 세계대전이 치러졌고 연합국은 독일의 무력에 의한 팽창을 저지하기 위해 싸웠다. 그러나 전쟁이 독일의 패배로 끝나고 나서도 독일 문제는 해결되지 못했다. 연합국과 독일 사이에 베르사유강화조약이 체결되어 독일의 부흥을 저지했지만 독일이 사라지거나 분할된 것은 아니었다. 조약은 강제적으로 독일의 힘을 억제해 문제를 덮어놓으려는 시도일 뿐이었다. 독일은 언젠가는 정상적인 유럽 국가로 받아들여져야 할 것이었고, 독일이 근본적으로는 잃지 않고 지니고 있던 자신의 힘에 따라 유럽 질서에 강대국으로 재등장하게 되면 결국 독일의 지위 문제는 다시 떠오르게 될 것이었다. 제1차 세계대전과 전후 처리 과정은 독일 문제를 둘러싼 유럽 국가들 사이의 갈등을 심화시켜 결국에는 문제를 더욱 첨예하게 만들었고 이러한 갈등과 혼란함 속에서 유럽 국가들은 제2차 세계대전으로 향하게 되었다.

테일러는 이렇게 한 세기에 걸친 독일 문제가 전간기 유럽 정치 질서의 중심에 놓여 있었고 히틀러나 나치즘의 문제는 이에 종속되는 것으로 보고 있다. 결국 문제는 전쟁을 추구하는 개인의 차원이 아니라 오랜 기간 지속적인 팽창의 동력을 지닌 한 나라 차원의 문제이자 그 나라의 지위 문제를 해결하지 못해 불안정할 수밖에 없던 유럽 차원의 문제였으며, 도덕의 문제가 아니라 권력의 문제, 정치의 문제였다.

테일러는 19세기 이래로 팽창의 동력을 지니게 된 독일 역사의 차원, 그리고 그러한 독일의 지위를 어떻게 설정할 것인가의 문제를 안고 있는 유럽 질서의 차원에서 전쟁을 조망한다. 그러나 그가 서술하는 역사는 인간 외적인 동인만으로 설명되는 추상적 체계가 아니라 구체적인 시대와 장소에서 전개되는 사람들의 생각과 행동으로 이루어지는 사건들이다. 따라서 그의 이야기에서 중심이 되는 것은 독일 문제, 유럽 질서의 문제 자체가 아니라 그러한 문제가 벌어지는 상황에서 전쟁으로 휘말리게 되는 인간들이 만들어내는 과정이다. 19세기 이래의 독일 문제, 유럽 질서의 문제는 제2차 세계대전이 일어나게 된 무엇보다 근본적인 요인이기는 하지만 테일러가 서술하는 이야기에서는 유럽 정치가들이 직면한 상황으로서 이해된다. 이러한 상황을 염두에 두고 제2차 세계대전이 일어나게 된 과정을 살펴보면, 그 과정은 히틀러의 침략과 이에 대항한 사람들의 이야기라기보다는 독일 문제로 인해 흔들리는 유럽 질서 속에서 그 문제를 안고 고군분투하는 유럽 정치가들의 노력과 실패의 이야기로 보이게 된다. 테일러는 그 과정에서 국가의 이익을 지키려 하고 그 시대의 관념에 발목 잡혀 있으며 개인적인 관점을 고집하는 정치가들의 혼란된 모습을 발견했다. 그러므로 그렇게 재구성한 이야기에서 테일러가 생각하는 전쟁의 원인을 굳이 찾으라고 한다면 "전쟁의 원인은 독재자들 자신의 사악함만큼이나 다른 이들의 실수에도 있었다"라는 말을 인용할 수 있다.

A. J. P. 테일러는 20세기 영국에서 가장 뛰어난 역사가 중 하

사람으로 꼽히는 학자다. 물론 전술했듯이 테일러 교수는 역사가도 아니라는 비판이 있을 정도로 평가가 엇갈려 있음에도 불구하고, 논쟁을 통해 학계의 연구를 풍성하게 했다는 점과 대중매체를 통한 활동과 평이한 언어와 독특한 문체를 구사한 저작들로 역사학의 대중화에 기여했다는 점에 대해서는 이론이 없다. 또한 그를 높이 평가하는 사람들은 방대한 양의 문서에서 새로운 증거를 찾아내 의미를 부여하는 그의 직관에 찬사를 보내며, 이야기하듯 사건을 서술하면서도 논리 정연함을 잃지 않는 문장력을 칭송한다.

1906년에 출생하여 1990년에 사망한 그는 옥스퍼드 대학에서 수학했고, 맨체스터 대학에서의 강의 생활을 거쳐 옥스퍼드 대학의 교수로서 학문 활동에 힘쓰는 한편, 칼럼니스트, 전시의 라디오 해설자, TV토론의 단골 출연자로 활약하여 이름을 날렸다. 그는 전통적인 정치사의 서술 방식으로 근·현대의 유럽사에 관한 많은 저작을 내놓았다. 그 중에서도 19세기 유럽의 세력 균형의 역사를 중심으로 외교사를 서술한 *The Struggle for Mastery in Europe 1848~1918*과 전간기 국제 관계를 다룬 *The Origins of the Second World War*는 이미 고전의 반열에 오른, 가장 널리 읽히는 책이고, 빈의 프리브람 밑에서 수학하며 중부 유럽사에 천착하게 된 결과인 *The Course of German History*와 *The Habsburg Monarchy 1809~1918* 두 권의 책이 자주 언급되며, 옥스퍼드 영국사의 일부인 *English History 1914~1945*도 훌륭한 저작으로 평가받고 있다. 또한 테일러 자신이 수집한 사진을 덧붙인 *The First World War: An Illustrated History*와 *The Second World War: An Illustrated History*도 간결하면서도 저자의 독특한 필체가 느껴지는 필독서로 알려져 있다. 그밖에도 많은 저작들이 있는데, *From Napoleon* *to the Second International*을 비롯해 수많은 에세이를 묶은 여러 권의 책들이 있고, 비스마르크 전기인 *Bismarck: The Man and the Statesman*, 자서전인 *A Personal History*가 있다.

테일러는 자신만의 역사 철학이나 접근법이 있음을 부정한다. 또한 위에서 잠깐 언급했듯이 인간 외적이고 추상적인 일반론으로 역사를 설명하지도 않는다. 그는 단지 무슨 일이 일어났는지, 그 다음에는 무슨 일이 일어났는지를 이야기할 따름이다. 별다를 것이 없지만 놀랍게도 이러한 태도를 굳게 지키는 것이 다른 역사가들과 구분되는 그만의 특징이다. 그는 사람들의 구체적인 사고와 행동이 빚어내는 돌발적인 사건들을 서술하며 다시 이에 대처하는 사람들의 이야기를 엮어낸다. 그리고 그러한 과정은 항상 새롭고 독창적인 해석을 수반한다. 또한 적재적소에 등장하는 풍자와 비유는 긴 설명보다도 우리가 더 쉽게 이해할 수 있게 해준다.

우리 시대의 고전을 번역하는 무모한 일을 저질러 놓고 부끄러운 마음을 금할 길이 없었다. 그럼에도 이 책을 읽어보고 싶었다고 학생들에게 읽히고 싶었다고 격려의 말씀을 해주신 분들이 계셔서 괜한 일을 했다는 생각을 떨칠 수 있었다. 또 페이퍼로드 최용범 대표님께서 고전은 계속 읽혀야 한다고 하시며 오역을 손볼 기회를 주셔서 부끄러움을 면할 기회가 생겼다. 첫 번역본은 단어 하나하나를 빠짐없이 옮겼지만 이번 번역본은 쉽게, 특히 젊은 세대가 편하게 읽을 수 있게 하려고 노력했다. 격려해주신 최 대표님과 문장을 매끄럽게 해준 페이퍼로드 편집부에 감사드린다.

고전의 가치는 시대와 장소를 초월해 지식과 지혜를 줌과 동시에 이미도 읽는 사람마다 각기 다른 배움과 즐거움을 주는 데 있지 않나 싶다. 역자가 아닌 한 사람의 독자로서 이 책에서 얻은 배움과 즐거움에 대해 말하자면, 20세기 전반을 살았던 각 나라 사람들 그리고 국내 정치와 대외 정책을 꾸려간 정치가들의 머리와 가슴에 들어 있는 생각과 감정을 그려볼 수 있었다는 점이다. 또한, 우리가 15년 전이나 이제나 여전히 안고 있는 우리의 문제를 이해하고 풀어나가는 데 도움을 얻을 수 있지 않을까 희망한다.

옮긴이 **유영수**

서울대학교 외교학과를 졸업하고 미국 뉴욕주립 빙햄튼 대학교에서 정치학 박사학위를 받았다. 공군사관학교 전임강사를 지냈고, 현재 북한대학원대학교에서 조교수로 가르치고 있다. 논문으로 〈민주주의 국가의 인권 정치: 한국과 스페인의 양심적 병역 거부권 인정 문제를 중심으로〉, 〈체제 전환 과정의 제도, 선호, 그리고 인권 보호〉 등이 있다.

준비되지 않은 전쟁,
제2차 세계대전의 기원

초판 1쇄 발행 2020년 1월 31일
초판 3쇄 발행 2021년 12월 7일

지은이   A. J. P. 테일러
옮긴이   유영수
펴낸이   최용범

편집   박호진, 김소망
디자인   김태호
관리   강은선

펴낸곳   **페이퍼로드**
            paperroad
출판등록   제10-2427호(2002년 8월 7일)
주소   서울시 동작구 보라매로5가길 7 1322호
이메일   book@paperroad.net
페이스북   www.facebook.com/paperroadbook
전화   (02)326-0328
팩스   (02)335-0334
ISBN   979-11-90475-00-6(03920)